MATTHIAS VETTER

Antisemiten und Bolschewiki

Lektüre beendet 6.10.04

Reihe
DOKUMENTE, TEXTE, MATERIALIEN
Veröffentlicht vom Zentrum für Antisemitismusforschung der
Technischen Universität Berlin
Band 17

Die Serie ist Themen der deutsch-jüdischen Geschichte, der Antisemitismus- und Holocaustforschung gewidmet; sie dient der Veröffentlichung von Texten aller wissenschaftlich-literarischen Gattungen: Quellen von der Autobiographie, dem Tagebuch, dem subjektiven Bericht bis zur Edition amtlicher Akten. Hilfsmittel wie Bibliographien sind ebenso eingeschlossen wie Essays zu aktuellem Anlaß oder wissenschaftliche Monographien, aber auch Materialsammlungen, die einen ersten Überblick oder Annäherung an komplexe Fragestellungen erleichtern sollen.
Das Anliegen der Reihe ist die Förderung des deutsch-jüdischen Diskurses in Wissenschaft und Öffentlichkeit.

Matthias Vetter

ANTISEMITEN und BOLSCHEWIKI

Zum Verhältnis von Sowjetsystem und Judenfeindschaft 1917–1939

Metropol

Die Deutsche Bibliothek – CIP-Einheitsaufnahme

Vetter, Matthias:
Antisemiten und Bolschewiki: Zum Verhältnis von Sowjetsystem und Judenfeindschaft 1917–1939 / Matthias Vetter.
– Berlin: Metropol-Verl., 1995
(Reihe: Dokumente, Texte, Materialien/Zentrum für Antisemitismusforschung der Technischen Universität Berlin; Bd. 17)
Zugl.: Heidelberg, Univ., Diss., 1994

ISBN 3-926893-26-5

NE: Zentrum für Antisemitismusforschung ‹Berlin›; Reihe Dokumente, Texte, …

Kurfürstenstraße 135 · 10785 Berlin

Druck: Mikada

INHALT

Vorwort

Diese Arbeit wurde 1993 in Heidelberg an der Historisch-Philosophischen Fakultät als Dissertation angenommen. Für den Druck wurde sie überarbeitet und um einige Exkurse über die russische Emigration gekürzt. Mein Dank gilt Herrn Professor Eike Wolgast vom Historischen Seminar der Universität Heidelberg für die Unterstützung und Betreuung der Arbeit und Herrn Professor Heinz-Dietrich Löwe vom Seminar für Osteuropäische Geschichte Heidelberg für die Übernahme des Koreferats. Gedankt sei den Professoren D. Geyer (Tübingen), H. Neubauer und G. Freeze (Heidelberg), daß sie mir Gelegenheit gaben, die Arbeit in unterschiedlichen Stadien zur kritischen Diskussion in ihren Kolloquien zu stellen. Deren Teilnehmern, sowie – stellvertretend für alle – Professor D. Beyrau (Frankfurt/Tübingen), L. Hirszowicz (London), A. Grossman und I. Al'tman (Moskau) gilt für ihre Gesprächsbereitschaft und wichtige Hinweise mein Dank, besonders aber Herrn Professor Wolfgang Benz und seinen Mitarbeitern (vor allem Dr. W. Bergmann, A. Kuchenbecker und Dr. S. Rohrbacher) vom Berliner Zentrum für Antisemitismusforschung für die Aufnahme der Arbeit in ihre Publikationsreihe.

Einleitung

Gegenwart und Geschichte des Antisemitismus in Rußland

Seit Ende der achtziger Jahre reißen die Meldungen über einen zunehmenden Antisemitismus in der Sowjetunion und ihren Nachfolgestaaten nicht ab. Bewegungen wie Pamjat' könnten erreichen, daß die über zweihundertjährige russisch-jüdische Geschichte in einem Massenexodus zu Ende geht.[1] Dies fällt zusammen mit der Liberalisierung der ehemals sowjetischen Gesellschaft, durch die zum erstenmal eine freie Entfaltung jüdischer Kultur in Rußland, der Ukraine und den anderen Teilen des ehemaligen Sowjetimperiums möglich wird.[2]

Die Thesen der Parteien, Grüppchen und Publizisten der neuen Rechten sind nicht neu. Die nunmehr ungehindert verkündete, antisemitisch eingehüllte Zivilisationskritik haben Schriftsteller aus dem Kreis der »Dorfprosa«, verschiedene Künstler und Intellektuelle bereits seit den sechziger Jahren verbreitet.[3] Genau besehen, stehen die Aussagen der derzeitigen antisemitischen Agitatoren auch gar nicht so weit entfernt von dem, was ins Repertoire der staatlichen antizionistischen Propaganda gehörte. Die Flugblattschreiber von Pamjat' ziehen bevorzugt gegen den Universalfeind »Zionismus«, aus dem mühelos der Begriff »Jude« herauszulesen ist, ins Feld. Dieses Mittels bediente sich auch die sowjetische Propaganda der Brežnev-Zeit, die

1 Siehe G. Koenen/K. Hielscher, Die schwarze Front. Der neue Antisemitismus in der Sowjetunion, Reinbek 1991; M. Dejč L. Žuravlev, »Pamjat'« kak ona est', Moskau 1991; V. Pribylovskij (Hrsg.), Russkie Nacional'no-patriotičeskie organizacii. »Pamjat'«. Dokumenty i teksty, Moskau 1991; W. Laqueur, Der Schoß ist fruchtbar noch. Der militante Nationalismus der russischen Rechten, München 1993, bes. S. 212 ff., S. 257 ff. Über verbreitete Vorurteile außerhalb der extremistischen Gruppen (die nach Umfragen bei 6% der Bevölkerung Rückhalt finden) informieren L. Gudkov/A. Levinson, »Otnošenie naselenija SSSR k evrejam«, in: Vestnik Evrejskogo Universiteta v Moskve, Nr. 1, Moskau, Jerusalem 1992, S. 6 – 41. Etwas abweichende Ergebnisse bei R. J. Brym/A. Degtyarev, »Anti-Semitism in Moscow: Results of an October 1992 Survey«, in: Slavic Review, 52 (1993), S. 1 – 12. V. a. im Westen erschienene Zeitschriftenaufsätze sind erfaßt bei Y. Luckert, Soviet Jewish History, 1917 – 1991. An Annotated Bibliography, New York, London 1992, S. 163 ff. Regelmäßig referiert wurden die Texte der neuen Rechten in den westlichen Zeitschriften Jews and Jewish Topics in Soviet and East-European Publications (Jerusalem), Soviet Jewish Affairs (London) und IJA Briefing (London).

2 Verena Dohrn, »Massenexodus oder Erneuerung der jüdischen Kultur? Die jüdische Bewegung in der Sowjetunion«, in: Osteuropa, 2/1991, S. 105 – 121; Robert O. Freedman (Hrsg.), Soviet Jewry in the 1980s. The Politics of Anti-Semitism and Emigration and the Dynamics of Resettlement, Durham, London 1989; Yaacov Ro'i und Avi Beker (Hrsg.), Jewish Culture and Identity in the Soviet Union, New York 1991.

3 Zur Rechten unter den Schriftstellern siehe Christine Engel, »Pamjat'. ›Gedenken und Erinnern‹ als zentrale Begriffe im kulturellen Leben der heutigen Sowjetunion«, in: Osteuropa, 37 (1987), S. 891 – 903; Boris Paramonov, »The Culture of Soviet Anti-Semitism«, in: Partisan Review, 57 (1990), S. 193 – 201.

im »Zionismus« den Feind des Weltfriedens schlechthin entdeckt hatte und diesem Widersacher eine wahre Flut von propagandistischen Schriften entgegensetzte, die bis in die Perestrojka-Ära noch nicht völlig abgeebbt war.[4] Die heutigen antisemitischen Gruppen können sich also aus einem reichen Fundus bedienen, dessen implizite Grundthese – die »Zionisten« sind an allem schuld – sie zu einer Abrechnung mit 75 Jahren Sowjetepoche erweitern.

Die staatliche Propaganda der sechziger Jahre konnte kaum behaupten, die Juden seien die Schuldigen an allen Verbrechen seit der Oktoberrevolution – diese wurden schließlich nach Chruščevs Tauwetter-Periode verschwiegen. Doch die heutigen Antisemiten besitzen ein stets verfügbares Standardargument, mit dem sie alle Untaten der Sowjetgeschichte erklären können: die »Zionisten«/die Juden haben verhängnisvoll auf die Revolution eingewirkt, die ersten Konzentrationslager errichtet, waren die Drahtzieher der Tscheka usw. Sie waren Rußland stets fremd, können seine Seele nicht begreifen, verachten es, machen es zum Objekt ihrer utopischen Pläne.

Es wäre falsch, diese antisemitische Kritik der Sowjetgeschichte pauschal als »antikommunistisch« zu bezeichnen. Vielmehr bietet die Schuldzuweisung an »die Juden« die Möglichkeit, die angeblich Schuldigen an allem, was in den vergangenen Jahren falsch war, zu denunzieren, ohne das Ganze in Frage zu stellen. Die Gruppe, zu der man sich selbst zugehörig fühlt, wird aus der Schußlinie der Kritik genommen, die sich nun auf eine Gruppe von Sündenböcken konzentriert. Der Antisemitismus unter den Bedingungen der Sowjetunion (oder als Reflex deren Untergangs) ist einerseits so etwas wie der »Antikommunismus des dummen Kerls«, andererseits aber eine sehr verschwommene Ideologie, die sowohl affirmative als auch kritische Elemente vereinigt.

Die vorliegende Arbeit zeigt, daß der »neue Antisemitismus« nicht nur Produkt des in der Brežnev-Zeit institutionalisierten staatlichen »Antizionismus« oder der aktuellen rechtsradikalen russischen Szene ist. Aus der Analyse der Erscheinungsformen antisemitischer Einstellungen in den ersten beiden Jahrzehnten der Sowjetgeschichte ergibt sich, daß sich nach den Umwälzungen von 1917 ein spezifischer Sowjetantisemitismus herausgebildet hat, der sich von dem vorausgehenden zaristischen Antisemitismus – weniger in seinen Inhalten als in seiner Funktion – unterscheidet: Vor 1917 war antijüdische Propaganda ein Instrument im Kampf von staatstragenden Schichten gegen noch ausstehende Veränderungen in der Gesellschaft, die gänzlich abgelehnt und als Werk der Juden denunziert wurden. Beim nachrevolutionären Antisemitismus ist zu untersuchen, in welchen Spielarten er sich als Reaktion auf die tatsächlichen Veränderungen in der

4 A. Najman, Antisemitizm – komu ėto vygodno?, Kiev 1991; Robert S. Wistrich (Hrsg.), Anti-Zionism and Antisemitism in the Contemporary World, Basingstoke, London 1990.

Gesellschaft äußert. Er ist vor 1939 keine Staatsideologie, sondern ein Ressentiment, das bis in den Staats- und Parteiapparat hineinreicht.

In Rußland hatte der moderne Antisemitismus weit weniger starke Vorläufer in einem religiös fundierten Judenhaß als in Westeuropa. Es gab im Kiew der vormongolischen Zeit eine jüdische Gemeinde, doch verloren sich deren Spuren nach dem Mongoleneinfall.[5] Aus der Folgezeit liegen nur wenige Nachrichten vor über Juden in den russischen Fürstentümern und im erstarkenden Moskauer Zartum. Im 15. Jahrhundert entstand vor allem in Nowgorod innerhalb der russischen Orthodoxie die Sekte der »Judaisierenden«, die auf Betreiben des Moskauer Metropoliten verfolgt wurde. Dies und die feindselige Haltung der Orthodoxie gegen fremde Glaubenseinflüsse verfestigten ein negatives Judenbild, das in der »Zeit der Wirren« Grundlage von gezielt gestreuten Gerüchten war, Thronprätendenten (Pseudo-Dmitrij) seien jüdischer Abstammung. Als Vertreter eines anderen Glaubens, Angehörige einer fremden Kultur und angebliche Parteigänger des polnischen Feindes, für den sie eine wirtschaftliche Mittlerrolle als Steuereintreiber, Händler und Verwalter einnahmen, fielen die Juden in der zu Polen-Litauen gehörenden Ukraine 1648 dem Kosakenaufstand unter Chmel'nickij und 120 Jahre später der antipolnischen Erhebung der Haidamaken zum Opfer.[6]

Im Gegensatz zu Polen-Litauen gab es in Rußland bis zu den polnischen Teilungen kaum eine jüdische Bevölkerung. Als »Feinde Christi« wurden die wenigen Juden aus dem Reich gewiesen. Berühmtheit erlangte vor allem der Ausweisungsbeschluß der Zarin Elisabeth von 1742, dem drei Jahre später das Verbot an alle Juden folgte, Rußland auch nur zu besuchen. Nach der ersten Teilung Polens 1772 entstand eine für Rußland im Gegensatz zu anderen europäischen Staaten völlig neue »Judenfrage«, die Zarin Katharina mit dem Instrumentarium einer aufgeklärten Politik, die sich durchaus auf der Höhe ihrer Zeit befand, zu lösen suchte. Im Sinne einer Zuordnung bestimmter Tätigkeitsfelder an verschiedene Stände sollten die Juden an die Städte gebunden werden. Solche Eingrenzungen betrafen auch andere

5 Einen knappen Überblick über die mittelalterliche Geschichte der Juden in Rußland verschafft Salo W. Baron, The Russian Jew under Tsars and Soviets, London 1964, Neuausgabe New York 1987, S. 1 ff. In manchem korrekturbedürftig ist Peter Hauptmann, »Russische Christenheit und Ostjudentum«, in: K. H. Rengstorf/S. v. Kortzfleisch (Hrsg.), Kirche und Synagoge. Handbuch zur Geschichte von Christen und Juden, München 1988 (urspr. 1970), Bd. 2, S. 639 – 667. Mangels neuerer Arbeiten ist auch zurückzugreifen auf Julij Gessen, Istorija evrejskago naroda v Rossii, Bd. 1, Petrograd 1916, S. 1 – 17 (nicht in der Neuausgabe von 1925 und deren Nachdruck, Moskau, Jerusalem 1993, enthalten).

6 Einen Überblick über die Ereignisse gibt Jaroslaw Pelenski, »The Cossack Insurrections in Jewish-Ukrainian Relations«, in: P. Potichnyj/H. Aster, Ukrainian-Jewish Relations in Historical Perspective, Edmonton 1988, S. 31 – 42, hier. S. 32 ff. Die wirtschaftliche Rolle der Juden in Polen – und damit auch der Ukraine – ist beschrieben bei Hillel Levine, Economic Origins of Antisemitism. Poland and its Jews in the Early Modern Period, New Haven/London 1991.

Untertanen. Die durch das Verbot, sich in Innerrußland anzusiedeln, geschaffene čerta osedlosti war keine spezifisch antijüdische Maßnahme, da es keine allgemeine Freizügigkeit gab.[7] Allmählich breiteten sich judenfeindliche Klischees aus, die um die Vorstellungen von den Juden als Ausbeutern, Wucherern und Angehörigen einer geheimnisvollen und dem christlichen Glauben feindlichen Religion kreisten. Solche Vorurteile wurden Bestandteil der offiziellen Politik, die – wie in anderen europäischen Staaten auch – den Juden gleiche Rechte nicht pauschal verwehrte, aber vor ihrer Erlangung die Assimilation forderte. Wie groß die Skepsis war, daß die Juden sich »verbessern« und in die Gesellschaft einpassen ließen, wird an den Ideen des Dekabristenführers Pestel' deutlich, der für den Fall der Verweigerung der Kooperation durch die Juden ihre Ausweisung aus Rußland erwog.

Trotz einiger Verbesserungen während der Regierungszeit Alexanders II. blieb die große Mehrheit der russischen Juden erheblich benachteiligt. Allerdings gelang einem Teil von ihnen ein beachtlicher Aufstieg durch verbesserte Bildungsmöglichkeiten und die Partizipation am wirtschaftlichen Wachstum außerhalb des Ansiedlungsrayons, vor allem im Getreidehandel, Bankwesen und teilweise in der entstehenden Industrie. Mit dem Tod Alexanders II. ging für die russischen Juden die Ära zunehmender Liberalisierung zu Ende. Die Pogrome nach dem Attentat auf den Zaren gingen nicht auf eine zentrale Steuerung durch die Regierung zurück.[8] Ende der achtziger Jahre wurde an den Hochschulen eine Judenquote eingeführt, und zu Beginn der neunziger Jahre wurden Tausende Juden aus den beiden Hauptstädten ausgewiesen.[9]

Mit der beginnenden Industrialisierung, die aus der Sicht des konservativen Adels als Bedrohung seiner Lebensweise erschien, setzte eine verschärfte antijüdische Agitation ein. Die antisemitische Presse hämmerte ihren Lesern ein, die Juden beuteten die bäuerliche russische Bevölkerung aus. Die Juden wurden in der konservativen Publizistik zum Symbol des Kapitalismus, zu den Agenten der Modernisierung schlechthin gemacht. Besonders um das

7 Siehe Matthias Rest, Die russische Judengesetzgebung von der ersten polnischen Teilung bis zum »Položenie dlja evreev« (1804), Wiesbaden 1975; Manfred Hildermeier, »Die jüdische Frage im Zarenreich. Zum Problem der unterbliebenen Emanzipation«, in: Jahrbücher für Geschichte Osteuropas, 32 (1984), S. 321 – 357; John Doyle Klier, Russia Gathers Her Jews. The Origin of the »Jewish Question«, in: Russia, 1772 – 1825, Dekalb 1986; Artur Eisenbach, Emancypacja Żydów na ziemiach polskich 1785 – 1870 na tle europejskim, Warschau 1988.

8 Siehe vor allem Michael Aronson, Troubled Waters. The Origins of the 1881 Anti-Jewish Pogroms in Russia, Pittsburgh 1990; J. D. Klier/Sh. Lambroza (Hrsg.), Pogroms: Anti-Jewish Violence in Modern Russian History, Cambridge usw. 1992, bes. die Aufsätze von Aronson, Mishkinsky und Haberer (S. 39 – 134). Vgl. Mark Vishniak, »Antisemitism in Tsarist Russia. A Study in Government-Fostered Antisemitism«, in: Koppel S. Pinson (Hrsg.), Essays on Antisemitism, New York 1946, S. 121 – 144, bes. S. 132 ff.

9 Guido Hausmann, »Der Numerus clausus für jüdische Studenten im Zarenreich«, in: Jahrbücher für Geschichte Osteuropas 41 (1993), S. 509 – 531.

Innenministerium sammelten sich die Kräfte aus der Gutsbesitzerschicht, die seit den achtziger Jahren versuchten, jede Verbesserung der jüdischen Rechtssituation zu hintertreiben. Als Handlanger der drohenden »jüdischen Macht« wurde dabei das Finanzministerium gesehen, das sowohl für die Förderung der Industrialisierung als auch gegen die Diskriminierung der Juden eintrat.[10] Die Idee einer Weltverschwörung, die zur totalen Macht der Juden führen werde, wurde in den »Protokollen der Weisen von Zion« – einer Fälschung der zaristischen Geheimpolizei – verbreitet.[11] Auch ohne den Einfluß solcher zynischen Manipulationen gehörte diese Vorstellung, die sich – vor allem verglichen mit der Entwicklung in Deutschland – kaum mit Rassenlehren verband[12], zu den Überzeugungen eines Teils der städtischen Intelligencija. Deutlich ablesbar ist dies bei Dostoevskij.[13]

Die Pogrome von 1903 und 1905 zeigten, daß die Parteien der Rechten ihre Agitation bei unteren Volksschichten nicht erfolglos betrieben.[14] Antisemitismus diente nicht nur als Instrument der Abwehr gegen die kapitalistische Moderne, sondern auch als Mittel gegen die revolutionären Bestrebungen der Linken. Im »Juden« waren die Feinde der traditionellen agrarischen russischen Gesellschaft in einer Gestalt vereinigt. Der Propagierung des antijüdischen Feindbildes diente 1911 – 1913 der Bejlis-Prozeß. Diesen letzten

10 Der Antisemitismus als Bestandteil eines rückwärtsgewandten Gesellschaftsentwurfs ist analysiert bei H.-D. Löwe, Antisemitismus und reaktionäre Utopie. Russischer Konservatismus im Kampf gegen den Wandel von Staat und Gesellschaft, 1890 – 1917, Hamburg 1978, in erweiterter englischer Fassung: ders., The Tsars and the Jews. Reform, Reaction and Anti-Semitism in Imperial Russia, 1772 – 1917, Chur 1993; knapp auch ders., »Antisemitismus in der ausgehenden Zarenzeit«, in: B. Martin/E. Schulin (Hrsg.), Die Juden als Minderheit in der Geschichte, München 1981, S. 184 – 208. Zum Militär als Bastion der antikommerziellen Judenfeindschaft siehe auch Dietrich Beyrau, Militär und Gesellschaft im vorrevolutionären Rußland, Köln/Wien 1984, S. 275 f., S. 423 ff.

11 N. Cohn, Die Protokolle der Weisen von Zion. Der Mythos von der jüdischen Weltverschwörung, Köln/Berlin 1969; kaum Neues bei A. Pfahl-Traughber, »Die ›Protokolle der Weisen von Zion‹ – Der Nachweis der Fälschung und die tatsächliche Wirkungsgeschichte«, in: Judaica, 46 (1990), S. 22 – 31.

12 John D. Klier, »German Antisemitism and Russian Judeophobia in the 1880's: Brothers and Strangers«, in: Jahrbücher für Geschichte Osteuropas, 37 (1989), S. 524 – 540.

13 F. Ph. Ingold, Dostojewskij und das Judentum, Frankfurt a.M. 1981. Die zwischen Philo- und Antisemitismus oszillierende »jüdische« Obsession wird besonders deutlich bei V. Rozanov, dessen Meditationen über die »stärkeren« Juden für den russischen Antisemitismus paradigmatisch sind. Siehe Karl Schlögel, Jenseits des Großen Oktober. Das Laboratorium der Moderne. Petersburg 1909 – 1921, S. 125 – 152.

14 Daß die Pogrome nicht einfach Umsetzung zaristischer Regierungspolitik waren, bestätigt eine unveröffentlichte Arbeit, die sich auch auf Petersburger Archivalien stützt: Welf Zöller, »Der Bund des Russischen Volkes«. Ein Beitrag zur Geschichte der Rechten im ausgehenden Zarenreich, Magisterarbeit, Frankfurt 1993, bes. S. 49 ff., S. 68 ff. Die sozialen Hintergründe des Kischinjower Pogroms von 1903 betont Edward H. Judge, Easter in Kishinev: The Anatomy of a Pogrom, New York 1992; »Arbeiterantisemitismus« mit seinen offenen Grenzen zu Sozialprotest beschreibt Charters Wynn, Workers, Strikes and Pogroms: The Donbass-Dnepr Bend in Late Imperial Russia, 1870 – 1905, Princeton 1992, bes. S. 198 ff.

großen europäischen Ritualmordfall (nach dem Mord an einem Kind durch eine ukrainische Verbrecherbande wurde der Jude Bejlis angeklagt) benützte die Rechte, um den »Beweis« zu führen, wie sehr die Veränderungen seit 1905 (Duma, Verfassung) den Juden genützt hätten.[15]

Antisemitismus nach 1917: Zum Forschungsstand

Während sich Historiker trotz unzugänglicher Archive in der ehemaligen Sowjetunion des vorrevolutionären Antisemitismus angenommen haben, blieb das Thema der Pogrome des Bürgerkrieges in jüngerer Zeit unbearbeitet, obwohl dazu im YIVO-Institut New York zahlreiche unerschlossene Materialien vorliegen. Mittlerweile hat die Geschichte der Juden in der Ukrainischen Revolution 1917 – 1920 ihren Erforscher gefunden.[16] Das Problem des Antisemitismus in der Sowjetunion vor 1939 wurde nur ein einziges Mal von der Historiographie in Angriff genommen. Solomon Schwarz' immer noch wertvolle Pionierarbeit[17] ist in der Behandlung der zwanziger Jahre an die innersowjetische Interpretation angelehnt, deutlich etwa an der Übernahme der in der sowjetischen Literatur dieser Zeit üblichen Klagen, daß Anordnungen gegen Judenfeindschaft zu zaghaft umgesetzt würden oder daß die Gerichte zu mild urteilten.[18] Auch die Erklärung der Zu- und Abnahme des Antisemitismus ähnelt bei Schwarz dem sowjetischen – ökonomistischen – Ansatz.

Die Auseinandersetzung mit der sowjetischen Anti-Antisemitismus-Politik – ohne Beachtung der unterschiedlichen Tendenzen vor und nach 1928 – folgt allzu leicht der Logik: Antisemitismus ist schlecht – was zu seiner Bekämpfung getan wird, muß gut sein. Ein Überblick über die marxistischen Ansätze zur Antisemitismusforschung hält fest: »Nach 1920 begann in der Sowjetunion eine intensive Aufklärungsarbeit zur Überwindung antisemitischer Traditionen, die allerdings nicht konsequent durchgehalten wur-

15 H. Rogger, Jewish Policies and Right-Wing Politics in Imperial Russia, Berkeley, Los Angeles 1986, S. 40 ff.; Michail Bujanov, Delo Bejlisa, Moskau 1993; Albert S. Lindeman, The Jew Accused. Three Anti-Semitic Affairs (Dreyfus, Beilis, Frank) 1894 – 1915, Cambridge 1991 (ohne neue Details). Die sowjetische Monographie von A. S. Tager, Carskaja Rossija i delo Bejlisa. K istorii antisemitizma, Moskau 1933, zweite Auflage 1934, amerikanische Ausgabe 1935, ist die einzige wichtige sowjetische Arbeit zum russischen vorrevolutionären Antisemitismus, siehe dazu unten, Kap. 8.2.3.; zur sowjetischen Historiographie allgemein Kap. 4.5.1.

16 H. Abramson, »Jewish Representation in the Independent Ukrainian Governments of 1917 – 1920«, in: Slavic Review, 50 (1991), S. 542 – 550, als Teil einer in Kanda verfaßten Dissertation.

17 S. Švarc, Antisemitizm v Sovetskom Sojuze, New York 1952, ist im wesentlichen ein Auszug aus der englischen Ausgabe, die thematisch weiter gefaßt war (The Jews in the Soviet Union, Syracuse 1951).

18 Schwarz, The Jews, S. 284 f. Ähnlich ein weiteres Standardwerk: S. Baron, The Russian Jew under Tsars and Soviets, S. 179 ff. Eine weitere knappe Darstellung, die sich auf Schwarz stützt, ist der Beitrag von B. Weinryb, »Antisemitism in Soviet Russia«, in: L. Kochan (Hrsg.), The Jews in Soviet Russia since 1917, Oxford 1978, S. 300 – 332.

de.«[19] Während hier die sowjetische Politik gegen die Judenfeindschaft als eine im Grunde sinnvolle Maßnahme gesehen wird, die leider irgendwann abgebrochen wurde, neigen andere Darstellungen dazu, dem »Stalinismus« jede ehrliche Absicht im Kampf gegen den Antisemitismus abzusprechen: Der Kommunismus ist schlecht – also kann sein Kampf gegen die Judenfeindschaft nicht ernst gemeint sein. Eine neuere Gesamtgeschichte rückt schon durch ihre Kapitelüberschriften den Antisemitismus in »Stalins Eisernes Zeitalter«. Die Jahre 1929 bis 1934 seien gekennzeichnet von »Neuen Kontrollen, Repression und Antisemitismus«.[20]

S. Schwarz geht in seiner Darstellung eher beiläufig auf die Problematik des Antisemitismus »von oben« und seine mögliche Instrumentalisierung im Stalinismus ein.[21] Die von Trockij schon in den zwanziger Jahren gemachten Vorwürfe greift Schwarz nicht auf. Offenbar hat sich bis jetzt niemand kritisch mit diesem Aspekt der Fragestellung auseinandergesetzt. Dennoch liest man häufig in der Literatur über die zwanziger und dreißiger Jahre, daß Stalins Aufstieg von antisemitischen Strömungen in der Partei begünstigt wurde, daß die stalinistischen Propagandakampagnen von antisemitischen Anspielungen Gebrauch machten usw.[22]

Es wird auch immer wieder ein prinzipieller Zusammenhang zwischen dem in den dreißiger Jahren dekretierten Sowjetpatriotismus und einer allmählichen Hinwendung zu einem staatlichen Antisemitismus angedeutet.[23] Im Gegensatz zu den verschwommenen Andeutungen über eine Instrumentalisierung des Antisemitismus vor 1939 wurde das Vordringen des Antisemitismus in die stalinistische Regierungspolitik nach 1945 – und

19 R. Rürup, Emanzipation und Antisemitismus, Frankfurt a.M. 1987 (urspr. Göttingen 1975), S. 149 f. Der Text entspricht größtenteils dem Eintrag in: Sowjetsystem und Demokratische Gesellschaft, Bd. 3, Freiburg 1970, Sp. 381 – 382 u. 395 – 408. Vgl. ebd. den immer noch gültigen Beitrag von Z. Gitelman, Sp. 383 – 394.

20 N. Levin, The Jews in the Soviet Union, New York 1988, Bd. 1, S. 259 ff. Die Autorin sieht hinter den nur kurzen und erfolglosen Anstrengungen, »den Antisemitismus zu bändigen«, eine alte russische Phobie aus der Zeit der Judaisierenden. Diese Darstellung ist nicht auf die Analyse des Antisemitismus konzentriert, weshalb sie die Ergebnisse von Schwarz fortschreibt. Der ähnlich breite Ansatz wirkt sich auch bei B. Pinkus auf die Behandlung des Antisemitismus aus, die für die Zeit vor 1939 knapp ausfällt (B. Pinkus, The Jews of the Soviet Union. A History of a National Minority, Cambrigde 1988, Paperback 1989, S. 84 ff.).

21 Die Schauprozesse seit 1936 seien in der Geschichte des sowjetischen Antisemitismus ein »Wendepunkt« (Schwarz, The Jews, S. 297 f.). In einer späteren Arbeit setzt Schwarz den »Beginn der offiziellen Förderung des Antisemitismus« mit der Zerschlagung des Jüdischen Antifaschistischen Komitees 1948 an, obwohl es in der zweiten Hälfte der dreißiger Jahre – vielleicht unbewußten – Antisemitismus der Sowjetbürokratie gegeben habe (S. Švarc, Evrei v Sovetskom Sojuze s načala vtoroj mirovoj vojny (1939 – 1965), New York 1966, S. 5 f., S. 198 ff.).

22 Die Quelle für diese Ansichten sind vor allem die bei I. Deutscher wiedergegebenen Zitate aus Trockijs Archiv sowie Trockijs Schriften selbst.

23 A. Low, Soviet Jewry and Soviet Policy, New York 1990, faßt die Jahre nach 1934 zusammen unter »Nationalismus – Antisemitismus«.

sein Export in die neuen Satellitenstaaten (Slánský-Prozeß usw.) – gründlich untersucht. Diese Phase wurde – soweit dies bei geschlossenen Archiven möglich war – erschöpfend behandelt.[24] Es liegen ferner seit geraumer Zeit praktisch alle sowjetischen Presseartikel dieser Zeit thematisch sortiert im Faksimile-Nachdruck vor.[25]

Antisemitismus in einer Gesellschaft, in der es ihn nicht geben darf

Da Antisemitismus in der Sowjetunion verboten war und offiziell als konterrevolutionär galt, fand er kein Forum, sich publizistisch zu entfalten. Man kann also nicht auf einen soliden Bestand schriftlicher Quellen zurückgreifen, wie das etwa für das vorrevolutionäre Rußland der Fall ist, wo rechte Parteien ihre Ansichten, die sich oft genug mit denen von Regierungsvertretern deckten, in einer Vielzahl von Periodika kundtaten. Für die Zeit nach 1917 bedeutet die Illegalität von Antisemitismus in der Sowjetperiode, daß man sich vor allem auf Quellen stützen muß, die den Antisemitismus in gebrochener Form schildern: in Berichten darüber, daß unter den Arbeitern die Zahl antisemitischer Übergriffe zunehme, daß die Vergabe von Land an jüdische Kolonisten auf aggressiven Protest seitens ukrainischer Bauern stoße usw. Diese in der Sowjetpresse, Propagandabroschüren und wissenschaftlichen sowjetischen zeitgenössischen Darstellungen beschriebenen angeblich judenfeindlichen Arbeiter oder Bauern haben aber selbst kaum Pamphlete verfaßt, Wahlaufrufe oder weitausholende Erörterungen zur »Judenfrage« geschrieben.

Es läßt sich kaum feststellen, wie verbreitet antisemitische Einstellungen in der Bevölkerung Ende der zwanziger Jahre waren – jedoch ist es aufschlußreich, die dieser Bevölkerung von der Parteipropaganda unterstellten Gedankengänge nachzuzeichnen. Diskutiert werden muß aber auch, vor welchem Hintergrund die Anti-Antisemitismus-Propaganda zunahm, woher die Impulse zur Verschärfung der Kampagne kamen, ob es Druck von der Basis oder Anordnungen von oben waren. Dabei muß untersucht werden, wie die Thematisierung des Antisemitismus in den Kontext sowohl der Zeit des »sozialistischen Angriffs« ab 1928 paßt als auch der innerparteilichen Auseinandersetzungen um Konzepte des »Sozialismus in einem Land« oder der »permanenten Revolution«.

Mit dem letzten Punkt ist die Frage eines Antisemitismus »von oben« in der Vorkriegsepoche verbunden. Häufig wird unterstellt, Stalin habe gegen

24 Y. Gilboa, The Black Years of Sowjet Jewry, Boston, Toronto 1971.

25 Benjamin Pinkus (Hrsg.), Evrei i evrejskij narod. 1948 – 1953. Sbornik materialov iz sovetskoj pečati, 7 Bde., Jerusalem 1973; eine Auswahl in englischer Übersetzung: B. Pinkus, The Soviet Government and the Jews 1948 – 1967. A documented Study, Cambridge 1984; eine Analyse dieses Materials: B. Pinkus, »Soviet Campaigns against ›Jewish Nationalism‹ and ›Cosmopolitism‹, 1946 – 1953« in: Soviet Jewish Affairs, 4 (1974) Nr. 2, S. 53 – 72.

die »jüdische« Opposition spezielle Propagandisten beauftragt. Es muß genau geprüft werden, ob dies – wie in der Nachkriegszeit bis zu Stalins Tod 1953, als in der Kampagne gegen den »Kosmopolitismus« ganz eindeutig antisemitische Klischees in der offiziellen Politik auftauchten – vor 1939 vorkam. Es ist der Mühe wert, die offiziellen Verlautbarungen dieser Zeit genauer zu untersuchen – bis hin zu den Texten des Sowjetpatriotismus und den Protokollen der Schauprozesse, die stets eine beachtliche Anzahl Angeklagter jüdischer Abstammung präsentierten. Auch hier ist wieder Quellenmaterial anders zu interpretieren, als es eigentlich gemeint ist. In der oben skizzierten Fragestellung sollen gegen den Antisemitismus gemünzte Texte untersucht werden, um hinter den propagandistischen Brechungen ein realistischeres Bild der Judenfeindschaft in der Bevölkerung auszumachen. Hingegen sind im Fall der Schauprozesse, der antitrotzkistischen Kampagne usw. die offiziellen Materialien auf Anspielungen, möglicherweise ans Unterbewußte appellierende Klischees abzusuchen.

Es ist zu untersuchen, wieso Trockij sich als Objekt einer antisemitisch getönten Kampagne sieht – und unter welchen Bedingungen er daraus Stalin einen Vorwurf macht.[26] Gerade weil es ein immer wiederkehrender Topos der Literatur über die Juden unter der Sowjetdiktatur ist, daß die kommunistische Herrschaft fast per se Neigungen zum Antisemitismus hat, soll in dieser Arbeit nüchtern Bilanz gezogen werden, wie weit vor 1939 die stalinistische Propaganda zumindest Elemente des Antisemitismus aufgenommen hat – und wo die Grenzen einer »antijüdischen« Deutbarkeit des »russischen« Sowjetpatriotismus lagen.

Wie kompliziert die Auseinandersetzung mit diesen Fragen ist, macht ein Blick über die zeitlichen Grenzen unserer Untersuchung hinaus deutlich. Der zaristische Antisemitismus richtete sich gegen jeden einzelnen Juden des russischen Reiches (definiert durch die Religion, da der Übertritt zum Christentum von allen rechtlichen Beschränkungen befreite). Dagegen blieb der offene stalinistische Antikosmopolitismus auch nach 1947 in der Sphäre des Symbolischen: zwischen »Kosmopolit« und »Jude« bestand nur teilweise Identität, und nicht jeder sowjetische Jude war durch die Kampagne automatisch Diskriminierungen ausgesetzt oder gar offen von Verfolgungen bedroht. Auch noch unbekannte Quellen werden den grundsätzlichen Widerspruch des stalinistischen Antisemitismus nicht erklärend auflösen können. Selbst in der Zeit, als öffentliche Hinrichtungen der Ärzte, »spontane Pogrome« und Deportationen geplant wurden, gab es in der Staats- und Parteiführung, aber auch im Kulturleben der Gesellschaft prominente Juden,

26 Die mittlerweile gedruckt vorliegenden Materialien des Trockij-Archivs erleichtern diese Untersuchung: Kommunističeskaja oppozicija v SSSR 1923 – 1927. Iz archiva L'va Trockogo v četyrech tomach, hrsg. v. Ju. Fel'štinskij, New York 1988, Nachdruck Moskau 1991.

deren Verdienste in denselben Blättern gefeiert wurden, in denen gegen die Verschwörer im »Auftrag der jüdischen Organisation Joint« gehetzt wurde.

Somit ergibt sich bei dem unten begründeten Zeitrahmen, daß ich mich auf die Sicht von außen, auf die Präsentation des Themas in der Presse, in Propagandaschriften, aber auch auf die Interpretation durch Betroffene und außenstehende Beobachter konzentriere statt auf den inneren Prozeß der Entscheidungsfindung im Parteiapparat, auf verborgene Absichten der Führung usw. Konkret heißt das, daß in dieser Arbeit beschrieben wird, wie Stalin als »nationaler« Führer erscheint, der das »jüdische Übergewicht« an der Macht bekämpft. Die Frage, ob dies die bewußt inszenierte Selbstdarstellung Stalins ist, wird damit aber nicht endgültig beantwortet – und kann es vielleicht nie werden, was auch für die Frage gilt, inwiefern Stalin selbst überzeugter Antisemit war.

Der Zeitrahmen der Untersuchung

Diese Arbeit konzentriert sich auf Aspekte des Verhältnisses von Antisemitismus und Sowjetmacht in den ersten beiden Jahrzehnten der Sowjetgeschichte. Das Abstecken eines Zeitraums ging bei Beginn der Arbeit an dem Thema auch von der Voraussetzung aus, daß eine Detailstudie, die auf dichterer Quellenbasis sich eines spezielleren Problems annimmt, wegen der unsicheren Archivlage kaum möglich erscheint. Statt einer chronologisch und eventuell sogar lokal (zu denken wäre an die Ausgliederung der Ukraine) konzentrierten Analyse wird ein Längsschnitt vorgenommen. Das vielschichtige Verhältnis von kommunistischer Parteidiktatur und Judenfeindschaft soll nachgezeichnet werden für den Zeitabschnitt von der Errichtung der sich selbst als internationalistisch, als Vorhut der Weltrevolution definierenden Sowjetmacht bis zur Etablierung des stalinistischen Sowjetpatriotismus unverkennbar russozentrischer Prägung.

Die Zeitgrenze »1939« begründet sich damit, daß sich in diesem Jahr grundlegende Bedingungen für die »Judenfrage« änderten, als das Territorium der Sowjetunion um eine jüdische Bevölkerung von erheblichem Ausmaß vergrößert wurde. Dazu wurden auch ukrainische, polnische, litauische usw. Einwohner der annektierten Gebiete zu Sowjetbürgern, die massiv antisemitische Einstellungen mitbrachten. In den Ereignismeldungen der deutschen Einsatzgruppen nach 1941 ist später zu lesen, daß vor allem diese Bevölkerungsteile zu antijüdischen Aktionen zu bewegen waren.[27] Die Propagierung des Judenhasses durch die deutschen Besatzer macht es darüber hinaus erforderlich, vor dieser Epoche einen Trennstrich zu ziehen.

27 Siehe Raul Hilberg, Die Vernichtung der europäischen Juden. Die Gesamtgeschichte des Holocaust, Berlin 1982, S. 221 ff.

Quellen

Speziell über die letzte Phase der Stalinschen »Judenpolitik« sind in der sowjetischen und russischen Publizistik und Historiographie der Glasnost'-Ära mit Ausnahme der Rehabilitierungsakten der im August 1952 hingerichteten jiddischen Schriftsteller und einiger Memoiren von persönlich Betroffenen keine zuvor unbekannten Details veröffentlicht worden.[28] Dabei gibt es keine Gewähr, daß sich in Archiven überhaupt etwas befindet, was Aufschluß gibt über die Entscheidungsprozesse, die dabei zutage getretenen Absichten der Sowjetführung usw. Etwa aus den Erinnerungen des emigrierten Historikers Nekrič war bekannt, daß bereits eine Broschüre gedruckt war, welche die Deportation der großstädtischen Juden nach Sibirien rechtfertigen sollte. Bisher ist jedoch vom Vorhandensein von Exemplaren dieses Textes in Archiven nichts bekannt geworden, geschweige denn von schriftlichen Befehlen, Protokollen der betreffenden Politbürositzungen oder ähnlichem.[29] Vorstellbar ist durchaus, daß der ganze Vorgang nur auf mündlichen Instruktionen basierte. Das ist auch bei der Beantwortung der Frage in Betracht zu ziehen, ob Stalin möglicherweise vor 1939 Anweisungen gab, den Anteil von Juden im diplomatischen Apparat zu reduzieren. Außerdem könnten schriftliche Zeugnisse – vor allem über die »Ärzteverschwörung« – nach Stalins Tod von den Nachfolgern vernichtet worden sein, schließlich hatten sie ganz augenscheinlich den ungeheuren Deportationsplänen zugestimmt.

Mein Aufenthalt im Rossijskij Centr Chranenija i Izučenija Dokumentov Novejšej Istorii, dem ehemaligen Archiv des Instituts für Marxismus-Leninismus beim ZK der KPdSU, bestärkt die Zweifel, daß man bei geöffneten Archivtüren Antwort auf jede Frage findet. Ich habe auf der Suche nach der politischen Entscheidung für die offensivere Behandlung des Antisemitismus in der sowjetischen Öffentlichkeit die Tagesordnungen und Ergebnisprotokolle des Politbüros der betreffenden Zeit (1927 – 1930) durchgesehen – ohne Erfolg. Auch in anderen Akten der ZK-Abteilung für Agitation und Propaganda fand ich keine verwertbaren Materialien. Hingegen lohnte sich die Durchsicht der Akten der Evsekcija im selben Archiv. Dabei darf man sich nicht davon abschrecken lassen, daß die ausführlichen Inhaltsangaben der Findbücher das Stichwort »Antisemitismus« nicht verzeichnen. Besser er-

28 Reabilitacija. Političeskie processy 30 – 50-ch godov, Moskau 1991, S. 322 ff.; dt: Schauprozesse unter Stalin 1932 – 1952. Zustandekommen, Hintergründe, Opfer, Berlin 1990, S. 403 ff.; Ja. L. Rapoport, Na rubeže dvuch ėpoch. Delo vračej 1953 goda, Moskau 1988; in engl. Übersetzung um Erinnerungen der Tochter erweitert: Yakov Rapoport, The Doctor's Plot of 1953, Cambridge 1991; Ja. Ėtinger, »›Delo vračej‹ i sud'ba odnoj sem'i«, in: Nauka i Žizn', 1/1990, S. 126 – 129.

29 Alexander Nekritsch, Entsage der Angst. Erinnerungen eines Historikers, Frankfurt/Berlin/Wien 1983, S. 105. Siehe auch die jüngste Darstellung der Ereignisse bei Arkadi Waksberg, Die Verfolgten Stalins. Aus den Verliesen des KGB, Reinbek 1993, bes. S. 229 ff.

schlossen sind die Akten des Smolensker Parteiarchivs.[30] An ihnen, am Material der Evsekcija, an mittlerweile publizierten Papieren der GPU und Quellen der Gewerkschaften, die mir im Moskauer Gosudarstvennyj Archiv Rosskijskoj Federacii[31] zugänglich waren, ist zu erkennen, daß offenbar vor allem in der Zeit, in der über judenfeindliche Einstellungen und Handlungen in der Bevölkerung offen berichtet wurde, dazu auch intern Material gesammelt wurde (Material, das dann teilweise aus Zeitungsberichten bestand). Es wäre sehr unvorsichtig anzunehmen, daß die Kampagne erst deshalb begonnen wurde, weil sich soviel Material angehäuft hatte. Es ist genausogut möglich, daß die Klagen etwa über Angriffe auf jüdische Arbeiter von Seiten russischer Kollegen erst dann gezielt zusammengetragen wurden, als bereits von weiter oben eine Kampagne angeordnet war. In den dreißiger Jahren, spätestens nach dem »Parteitag der Sieger« 1934, durfte in einem Land, in dem die Bolschewiki den Sozialismus durchgesetzt hatten, kein Antisemitismus in der Arbeiterschaft mehr vorkommen. Deshalb wird er in den Propagandamedien, aber auch im Smolensker Parteiarchiv nicht mehr (oder nur noch am Rande, in Akten zu ganz anderen Themen) erwähnt. Diese Marginalisierung der Problematik erschwert die Arbeit mit Archivalien. Wollte man einen längeren Zeitabschnitt erfassen, müßte man verstreute Hinweise aus einer riesigen Menge unerschlossener Dokumente herausfiltern – ohne Gewähr für relevante Funde.

Da die Rezeption und Interpretation des Antisemitismus bei meiner Arbeit eine wichtige Rolle spielt, habe ich auch das Politische Archiv des Auswärtigen Amtes in Bonn benützt, das nicht nur Material über russische Emigranten enthält, sondern auch Botschafterberichte über die Juden in der Sowjetunion und den Antisemitismus – teilweise mit sowjetischen Presseausschnitten, die mir sonst nicht zugänglich waren.

Hauptquelle sind zeitgenössische Periodika und Publizistik.[32] Besonders wichtig war das »Organ der sowjetischen jüdischen Öffentlichkeit« Tribuna,

30 Zu diesem Archiv siehe M. Fainsod, Smolensk under Soviet Rule, Cambridge 1958, S. 3 ff., S. 456; Margareta Mommsen, Hilf mir, mein Recht zu finden. Russische Bittschriften von Iwan dem Schrecklichen bis Gorbatschow, Berlin 1987, S. 161 ff. Eine Teilsammlung der Akten bietet Sergej Maksudov (Hrsg.), Neuslyšannye golosa. Dokumenty smolenskogo archiva. Kniga pervaja 1929: Kulaki i partejcy, Ann Arbor 1987.

31 Das GARF ist das ehemalige Zentralarchiv der Oktoberrevolution. Bei der Auswahl der dortigen Akten konnte ich zurückgreifen auf die Vorarbeit von N. Brateško, Dokumenty po istorii bor'by s antisemitizmom v SSSR v 20-e gody, Moskau 1993, Diplomarbeit an der Fakultät für Archivwesen der Geisteswissenschaftlichen Universität von Rußland. Mein besonderer Dank gilt in diesem Zusammenhang I. Al'tman. Die GPU-Unterlagen entstammen demselben Archiv und wurden – bearbeitet von N. Tepcov – veröffentlicht unter dem Titel »Monarchija pogibla, a antisemitizm ostalsja«, in: Neizvestnaja Rossija. XX Vek, Bd. 3, Moskau 1993, S. 324 – 358.

32 Ich habe für diese Arbeit Bestände von Bibliotheken in Moskau (einschl. des Zeitungsarchivs in Chimki), Heidelberg, Frankfurt, Mainz, Köln, Tübingen, Freiburg, Darmstadt und Mün-

das von 1927 – 1937 erschien.[33] Weißrussische und ukrainische Presse stand mir nicht zur Verfügung. Vorfälle in diesen Republiken wurden aber in den gesamtsowjetischen Blättern ausführlich behandelt. Die mir zugänglichen Einzelschriften in ukrainischer und weißrussischer Sprache lassen den Schluß zu, daß das Thema »Antisemitismus« sich in seiner Behandlung durch die Partei nicht wesentlich vom gesamtsowjetischen Standard unterschied. Spezifische Unterschiede gab es in der jiddischen Publizistik, in der parallel zum Kampf gegen den Antisemitismus der »jüdische Chauvinismus« angegriffen wurde. Lücken in den Periodika (auch der republikbezogenen jiddischen Presse) werden durch die täglichen Berichte der Jewish Telegraphic Agency geschlossen, deren Korrespondenten in der Sowjetunion kontinuierlich die sowjetischen Presseberichte wiedergaben. Die JTA-Bulletins sind auch durch ihre Informationen, die nicht der Presse entnommen waren, eine Quelle, die von Forschern bislang kaum benützt wurde.[34]

Gliederung der Arbeit

Kapitel 1 gibt einen Überblick über die antijüdischen Gewalttaten des Bürgerkriegs bis 1921. Es erhebt nicht den Anspruch, die angerissenen Probleme vollständig darzustellen, geschweige denn zu deuten. Kapitel 2 geht zur Geschichte der Juden in den linken Parteien seit dem Ende des 19. Jahrhunderts zurück und setzt deren Geschichte – auch im Verhältnis zu den Bolschewiki – bis in die Revolution fort. Bei der Erörterung der grundsätzlichen bolschewistischen Position zur »Judenfrage« und zum Antisemitismus (einschließlich der Pogrome des Bürgerkriegs) erfolgt ein Ausblick auf die nachrevolutionäre Zeit. Solche Ausblicke gibt es auch in Kapitel 3, das die Lebensbedingungen der Juden unter der Sowjetdiktatur – so wie sie sich seit 1921 konstituierten – zusammenfaßt. Da hier keine Gesamtgeschichte der sowjetischen Juden geschrieben werden soll, werden die Fakten besonders in Hinblick auf das Thema »Antisemitismus« diskutiert. Die Kapitel 4 und 5 beziehen sich auf die Jahre zwischen 1926 und 1931, als Antisemitismus ein relativ

chen vor Ort benutzt. Einige Schriften konnte ich in der Bibliothek des Londoner Institute of Jewish Affairs durcharbeiten, seltene Bücher und Zeitschriften fand ich in der Prager Nationalbibliothek und der dortigen Slovanská knihovna.

33 Zu dieser Zeitschrift siehe Yehuda Slutsky, »Tribuna – a Soviet Jewish Russian Journal, 1927 – 1937«, in: Soviet Jewish Affairs, 12 (1982), Nr. 1, S. 45 – 53; Nr. 2, S. 37 – 52.

34 Der JTA-Vorläufer Jewish Correspondance Bureau wurde 1915 in Den Haag gegründet, 1919 wechselte die Zentrale nach London, 1922 nach New York. Redaktionen gab es in New York, London, Paris, Berlin (ab 1933 in Prag), Jerusalem und Warschau. Ihre Geschichte in der Sowjetunion ist bisher nicht geschrieben, über Polen liegt ein Aufsatz vor (S. R. Mozes, »Żydowska Agencja Telegraficzna w Polsce (1920 – 1939)«, in: Biuletyn żydowskiego institutu historicznego w Polsce, 1/1976, S. 109 – 122). Die Erinnerungen des JTA-Mitarbeiters B. Smolar sind leider hinsichtlich seiner Tätigkeit nicht sehr informativ (B. Smolar, Soviet Jewry Today and Tomorrow, New York, London 1971). Zu den Arbeitsbedingungen der JTA in der Sowjetunion siehe unten, Kap. 4.2.

offen und häufig behandeltes Thema in der Sowjetunion war. Dabei wird der Versuch gemacht, die Erscheinungen des Antisemitismus, ihre offizielle Deutung und die Maßnahmen dagegen getrennt zu schildern – ein schwieriges Verfahren, das die Gefahr von Wiederholungen birgt, da man sich für alle Aspekte oft auf dieselben Quellen stützen muß. Kapitel 6 ist eine zusammenfassende Deutung der »antisemitischen Welle«, die über die innersowjetischen Erklärungen hinausgeht. Dabei sollen die Bemühungen der Partei gegen den Antisemitismus ebenso vor dem Hintergrund der Entwicklungen in der Sowjetgesellschft gesehen werden wie die Judenfeindschaft selbst. Dieses Kapitel wird von einem Ausblick auf Alltagsantisemitismus nach 1931 abgeschlossen. In Kapitel 7 wird diskutiert, welche Interferenzen es zwischen der konstatierten volksläufigen Judenfeindschaft und innerparteilichen Auseinandersetzungen in der zweiten Hälfte der zwanziger Jahre gab. Dazu gehört auch ein Versuch, Stalins – vor allem inoffizielle – Haltung zur Judenfeindschaft zu erfassen. Dies bezieht sich auf den gesamten Untersuchungszeitraum. Kapitel 8 bezieht sich auf den Hochstalinismus der dreißiger Jahre, wobei die Fragestellung des vorigen Kapitels nach möglicher Instrumentalisierung des Antisemitismus weitergeführt wird. Kapitel 9 behandelt die Rezeption des Antisemitismus außerhalb der Sowjetunion durch diese – und ihre Reaktionen darauf – in den zwanziger und vor allem dreißiger Jahren.

Ich habe darauf verzichtet, die Schlüsselbegriffe zu definieren und theoretisch zu untermauern. »Jude« besagt im Kontext des untersuchten Antisemitismus soviel wie »ein Mensch, der sich selbst oder den andere für einen Juden halten«. Antisemitismus bedeutet eine pauschal negative Haltung zu Juden. Eine begriffliche Trennung zu »Judenfeindschaft«, »Judophobie«, »Judenhaß« gibt es dabei nicht. Jede vorige Aufladung dieser Begriffe schon vor der eigentlichen Untersuchung scheint mir ein Vorwegnehmen möglicher Ergebnisse zu bedeuten.

Bei der Schreibung von Eigennamen habe ich die wissenschaftliche Transliteration verwendet, bei alternativ vorkommenden ukrainischen und russischen Schreibweisen aus Gründen der Einheitlichkeit die russische Form bevorzugt (Grigor'ev statt Hryhor'ev). Ortsnamen sind in den Duden-üblichen Formen und Transkriptionen geschrieben. Bei der Transliteration aus dem Jiddischen habe ich die diakritischen Zeichen wie für das Russische verwendet. Einige russische Wörter blieben mangels deutscher Äquivalente unübersetzt, vor allem der beleidigende antijüdische Ausdruck žid.

1. Juden als Opfer im Zusammenbruch des russischen Imperiums

1.1. Zunahme der Judenfeindschaft vor der Februarrevolution

Pogrome und die Verbreitung des Antisemitismus unter zuvor kaum betroffenen Bevölkerungsschichten begannen schon im Ersten Weltkrieg.[1] Die patriotische Begeisterung vieler Juden, die im Gegensatz zu anderen inorodcy [»Fremdstämmige«] zum Kriegsdienst verpflichtet waren, aber in ihren militärischen Karrieremöglichkeiten diskriminiert blieben, wirkte selbst auf Vertreter der Rechten beeindruckend. Das schützte die jüdische Bevölkerung nicht vor der permanenten Verdächtigung, Spitzeldienste für die Deutschen und Österreicher zu leisten. Den Juden wurden in Galizien sicher nicht zu Unrecht Sympathien für die Habsburger-Monarchie unterstellt, die ihnen im Vergleich zu Rußland viel mehr Rechte gewährt hatte. In Polen trat das deutsche Heer als »Befreier« der Juden auf, wie in Flugblättern in jiddischer Sprache verkündet wurde.[2] Die von der russischen Seite vorgebrachten Verratsvorwürfe und Behauptungen über Spekulationsgeschäfte der Juden führten an vielen Stellen zu Pogromen durch Kosaken und die lokale Bevölkerung. Beim Rückzug der russischen Armee bis in den Sommer 1915 wurde über eine halbe Million Juden aus dem Kampfgebiet ausgewiesen. Daraus folgte die Lockerung des Ansiedlungszwangs; ab August 1915 durften die Juden in allen Städten Rußlands außer den beiden Hauptstädten und dem Siedlungsgebiet der Donkosaken wohnen. Sie blieben auch im russischen Hinterland von administrativen Diskriminierungen und pauschalen Beschuldigungen nicht verschont. Selbst in der sibirischen Stadt Krasnojarsk kam es zu einem Pogrom gegen jüdische Händler.[3]

Mit den zunehmenden wirtschaftlichen Schwierigkeiten im Kriegsverlauf wuchs – auch seitens der Behörden – die Neigung, die Juden wegen ihrer angeblichen Wuchertätigkeit zu diffamieren. In der Duma wurde die antisemitische Agitation verstärkt, als die radikale Rechte versuchte, den »Pro-

1 Zum Folgenden siehe H.-D. Löwe, Antisemitismus und reaktionäre Utopie, S. 146 ff.; M. Altshuler, »Russia and her Jews – The Impact of the 1914 War«; »Iz ›černoj knigi‹ rossijskogo evrejstva. Materialy dlja istorii vojny 1914 – 1915«, in: Evrejskaja Starina, X (1918), S. 195 – 296; Doklad po evrejskomu voprosu C. Komiteta partii K.-D.; »Dokumenty o presledovanii evreev«, in: Archiv Russkoj Revoljucii, XIX (1928), S. 245 – 284. Zur Zitierweise im folgenden: Außer bei einigen Titeln zu Nebenaspekten sind in den Fußnoten Erscheinungsort und -jahr weggelassen und dem Literaturverzeichnis zu entnehmen, das in die Hauptteile gegliedert ist: 1: gedruckte Quellen, zeitgenössische Darstellungen, Erinnerungen usw. und 2: Darstellungen nach 1945.

2 Siehe dazu knapp Fritz Fischer, Griff nach der Weltmacht. Die Kriegszielpolitik des kaiserlichen Deutschland 1914/18, Düsseldorf 1984, S. 123 ff.

3 »Pervyj evrejskij pogrom v Sibiri«, in: Evrejskaja Letopis', 3 (1925), S. 124 – 134.

gressiven Block«, in dem sich liberale Kräfte mit einstigen Gegnern der Judenemanzipation zusammengeschlossen hatten, durch das Hochspielen der Judenfrage einer Zerreißprobe auszusetzen. Der Krieg wirkte auf die radikalen Rechten wie eine Bestätigung ihrer dunklen Phantasien über geheime, Rußland feindliche Kräfte. Überall sahen sie die židomasony [Juden-Freimaurer] im Parlament oder unter den Revolutionären am Werk, im Bund mit den Deutschen, das russische Volk zu betrügen.[4]

Gegen den wachsenden Antisemitismus stand eine Gruppe Intellektueller auf, die sich 1915 in einer »Russischen Gesellschaft zum Studium des jüdischen Lebens« zusammenschlossen.[5] Nach der Veröffentlichung eines Fragebogens zur Judenfrage in verschiedenen Zeitungen erhielt diese Gesellschaft Briefe, in denen die Motive der Judenfeindschaft am Vorabend der Revolution wie in einem Brennglas gebündelt sind: Die Juden seien Verräter, verkauften den Deutschen Lebensmittel, trieben die Preise für die Russen nach oben. Ihre angeblichen Sympathien für Deutschland bewiesen, daß die Juden dem »Pangermanismus« anhingen. Deutsche und Juden seien Schurken, die den von seiner Natur her weichen russischen Menschen übertölpelten. Der Beschuldigung der Juden als Verbündete Deutschlands stehen rassistische Aussagen entgegen, die schon in ihrer Wortwahl aus dem Arsenal des deutschen Antisemitismus gespeist waren – einige der Briefschreiber beriefen sich auf H. St. Chamberlain (andere auch auf Dostoevskij). Da »Arier« die »Semiten« nicht ertragen könnten, wurde teilweise ein eigener Judenstaat – »Zion« – gefordert. In einem Schreiben einer Gruppe »Petrograder Bauern« wurde den Juden unterstellt, mit ihrem Kapital die ganze Welt beherrschen zu wollen, und als Lösung des Judenproblems die Kastration aller Juden empfohlen. Auch religiöse Vorurteile wurden ausgesprochen: die »barbarische, rückständige« jüdische Religion sei der Grund des Antisemitismus. Häufig war die Ablehnung der Juden ein kaum verhüllter Ausdruck von Unterlegenheitsgefühlen und nationalen Selbstzweifeln der russischen Briefschreiber. Die Juden erschienen einem ukrainischen Bauern wie »schreckliche Kolosse, denen man an Belesenheit, Bildung oder Wissenschaft nicht gleichkomme«. Die Russen würden von den Juden in die Passivität gedrängt, die Schriftsteller sollten sich nicht um sie, sondern um die Not der Millionen Bauern kümmern, die noch im Anfangsstadium der Entwicklung, in einer »Kinderperiode«, steckten.[6]

4 Siehe das Rundschreiben des Sojuz Russkogo Naroda vom Oktober 1915, abgedruckt in: Sojuz russkogo naroda. Po materialam črezvyčajnoj sledstvennoj komissii, S. 99 ff.

5 1916 erschien bereits die dritte Auflage der von L. Andreev, M. Gor'kij und F. Sologub herausgegebenen Sammlung Ščit. Literaturnyj sbornik. Vgl. die Anmerkungen von M. Agurskij/ M. Šklovskaja in: M. Gor'kij, Iz literaturnogo nasledija. Gor'kij i evrejskij vopros, S. 216 f.

6 Der Vortrag Gor'kijs »Po povodu odnoj ankety« wurde zuerst in der Zeitschrift Letopis' Nr. 1/ 1916 veröffentlicht, nachgedruckt in: M. Gor'kij, Iz literaturnogo nasledija, S. 181 – 214. Die

Solche Vorstellungen beherrschten vor der Revolution das Denken eines Teils der »Intelligencija«, aber auch von Bauern und Arbeitern. Die hereinbrechende Katastrophe des verlorenen Krieges und der Revolution koppelte diesen diffusen Antisemitismus an die Wahrnehmung einer neuen Rolle der Juden. Daraus ergab sich der geistige Boden der neutralen bis ermunternden Haltung zur antijüdischen Pogromgewalt, die die russische »Intelligencija« in den höheren Rängen der antibolschewistischen weißen Armeen im Bürgerkrieg an den Tag legte.

Die ländliche Bevölkerung Zentralrußlands und Sibiriens kannte aus eigener Anschauung keine Juden und war von Antisemitismus kaum affiziert.[7] Für viele Russen bäuerlicher Herkunft, die als Soldaten in den ehemaligen Ansiedlungsrayon kamen, bedeutete dies den ersten Kontakt mit Juden, die sie als »fremdartige« Menschen kennenlernten. Ihre Sprache ähnelte der des deutschen Feindes[8], offizielle Erlasse und die Praxis des Militärs stempelten sie zu Verrätern. Das systematische Verschweigen der militärischen Auszeichnungen an Juden und ihre massenhafte Entlassung aus der Armee verfestigten Bilder von der Feigheit der Juden. Ihre wirtschaftliche Rolle als Händler ließ sie in den Augen derer, die gezwungen waren, bei ihnen Waren zu kaufen, als Profiteure der Güterknappheit erscheinen. Viele Vorurteile, die Parteiinstruktoren bei Propagandaveranstaltungen unter der Arbeiterschaft der sich industrialisierenden Sowjetunion feststellten, dürften ihre Wurzeln im Ersten Weltkrieg haben. Zugleich begann in den Wirren des Krieges und mit den Deportationen aus den westlichen Siedlungsgebieten die Zerstörung der traditionellen jüdischen Lebensgrundlagen.[9] Wohnungs-, arbeits- und schutzlos gewordene Juden strömten in die zentralrussischen Städte, bereit, in den Dienst der neuen Machthaber zu treten – schon um zu überleben. Damit wurde ein Grundstein für die jüdischen Karrieren unter der Sowjetdikatur gelegt, die dem sich konstituierenden spezifischen Sowjetantisemitismus Nahrung geben sollten.

Am 20. März 1917 (nach dem alten Kalender) hob die Provisorische Regierung alle zaristischen Beschränkungen gegen die Juden auf. Von der extremen Rechten wurden »Enttarnungen« der jüdischen Abstammung

Gesellschaft erhielt 267 Briefe, teilweise als kollektive Äußerung mit vielen Unterschriften, 93 Briefe waren dabei gegen den Antisemitismus gerichtet. Gor'kij macht keine verläßlichen Angaben zur sozialen Zuordnung der Briefschreiber. Von den Identifizierbaren waren 127 Intellektuelle, 85 Arbeiter, 57 Bauern.

7 Polnische Juden, die nach 1939 in die Sowjetunion geflohen, deportiert – oder beides hintereinander – waren, trafen im russischen Hinterland bisweilen auf Einheimische, die nicht wußten, was Juden sind. Siehe A. Brossat/S. Klingberg, Le Yiddishland révolutionaire, S. 283.

8 Vgl. Doklad po evrejskomu voprosu, S. 21 f.

9 M. Altshuler, »Russia and her Jews – The Impact of the 1914 War«, S. 15. Altshuler schätzt, daß ein Fünftel der gesamten jüdischen Bevölkerung durch den Krieg aus seiner traditionellen Umgebung gerissen wurde.

Kerenskijs in die Welt gesetzt, aber auch bei der Denunzierung der Bolschewiki als Verräter verzichtete die Kerenskij-Regierung im Juli 1917 nicht auf die Aufdeckung der Pseudonyme als »Apfelbaum«, »Bronstein« oder »Rosenfeld«. Dabei spielte natürlich auch die Möglichkeit eine Rolle, die Bolschewiki als »deutsch« zu entlarven.[10] Von jüdischer Seite wurde aber auch der Vorwurf gegen die Bolschewiki laut, daß sie »in organisatorischer Nähe« zu den Schwarzhundertern stünden.[11] Tatsächlich war zu beobachten, wie sich unter Soldaten in Petrograd die Sympathie für den Bolschewismus mit Antisemitismus paarte, »wie sich Soldaten, die so eifrig die extremsten Parolen der Leninisten verteidigen, von der Pogromhetze gewisser Leute verführen lassen, die ihnen einreden, der jüdische Einfluß im »Arbeiter-und-Soldaten-Rat« sei übermächtig«.[12] Einem »Sozialismus« der Bürger und Intellektuellen wurde dabei ein »Bolschewismus« des Volkes gegenübergestellt.

Gegen linken Antisemitismus in der Bevölkerung wurden Aufklärungsbroschüren herausgegeben, die mit Zahlen über die jüdische Sozialstruktur der Legende von den reichen Juden entgegenwirken sollten.[13] Wie schon vor der Revolution wurde Gor'kij zu einem Chronisten der wachsenden Judenfeindschaft. Er verteidigte in Kolumnen die Emanzipation der Juden, die besser als die Russen zu arbeiten imstande seien. Gleichzeitig griff er die grassierende Gleichsetzung von Juden und Bolschewiki an.[14]

1.2. Minderheitenrechte und Verfolgungen unter Rada und Hetmanat

Das Hauptkampfgebiet des Bürgerkriegs und zugleich das Ansiedlungsgebiet der Juden läßt sich ungefähr mit der heutigen Ukraine und Weißrußland umschreiben. Dieses Gebiet wurde Schauplatz eines Massenmordes an den

10 L. Poliakov, Geschichte des Antisemitismus, Bd. 8, S. 50.

11 Evrejskaja Nedelja, 13. 8. 1917, S. 1. Das liberale Blatt polemisierte auch gegen »rote Antisemiten«, die trotz Schwörens auf die neue Ordnung wieder bei der Monarchie landen würden. Lenins Aufforderung, vom Wort zur Tat zu schreiten, würden die Schwarzhunderter als Aufforderung, mit den židy abzurechnen, auffassen (15. 10. 1917). Nach der Oktoberrevolution sahen sich die Kommentatoren zunächst bestätigt und behaupteten, auf Befehl »Bronštejns« sei beim Sturm auf das Winterpalais von den Soldaten der žid Kerenskij gefordert worden (19. 11. 1917). Die gegen den Umsturz durch die Bolschewiki gerichtete Resolution des Bund-ZK vom 7. (20.) 11. 1917 ist nachgedruckt bei M. Rafes, Očerki po istorii »Bunda«, S. 421 f. Vgl. ebd., S. 263 ff.; Gitelman, Jewish Nationality and Soviet Politics, S. 95; A. Gelbard, Der jüdische Arbeiter-Bund Rußlands, S. 39 ff., S. 196; V. I. Kolonickij, »Pravoėkstremistskie sily v marte – oktjabre 1917. Na materialach petrogradskoj pečati«, in: Nacional'naja pravaja prežde i teper', S. 111 – 124, bes. S. 117 ff.

12 Novaja Žizn', 10. 7. 1917, in: Maxim Gorkij, Unzeitgemäße Gedanken über Kultur und Revolution, S. 57.

13 M. Stogov, Komu nužny pogromy?, S. 7. Die Broschüre erschien in dem der Kerenskij-Regierung nahestehenden Verlag Narodnaja vlast'. Kerenskij selbst hat im amerikanischen Exil mehrfach gegen die Gleichsetzung von Bolschewismus und Judentum Stellung genommen. Siehe Z. Szajkowski, Jews, Wars, and Communism, Bd. 2, S. 324.

14 Novaja Žizn', 31. 5. 1917, 1. 7. 1917, in: M. Gorkij, Unzeitgemäße Gedanken, S. 57, S. 64 ff.

Juden, der nur mit den Chmel'nickij-Pogromen von 1648 und den von den deutschen Besatzern während des Zweiten Weltkriegs verübten Massakern verglichen werden kann. Dabei wird man aber stets zu dem Ergebnis kommen, daß die Ereignisse des Bürgerkriegs denen des Kosakenaufstandes aus dem 17. Jahrhundert in gewisser Weise ähneln mögen[15], den kaltblütig durchgeführten Ausrottungsplänen Deutschlands aber nicht als gleichwertig an die Seite gestellt werden dürfen. Aus einem wichtigen Grund können – unabhängig von Opferzahlen – die Pogrome des Bürgerkriegs nicht als »Vorläufer« der Verbrechen der deutschen Einsatzgruppen angesehen werden. Während diese einem relativ einheitlichen Plan folgten und von Tätern mit Auftrag aus den obersten Rängen der Hierarchie und mit einer einheitlichen Weltanschauung und Zielsetzung verübt wurden, ist das Eigentümliche an den Morden im Bürgerkrieg, daß sie auf das Konto durchaus unterschiedlicher Gruppierungen gingen. Teilweise wurden Pogrome im Namen der ukrainischen Regierung verübt, deren Minderheitenpolitik im Ansatz vorbildlich genannt werden kann.

In ihrem ersten Universal im Juni 1917 erklärte die ukrainische Regierung, die Rada[16], daß sie in einer gesamtrussischen Föderation verbleiben möchte und erhielt dafür die Zustimmung aller jüdischen Parteien.[17] Die Rada legte als Rechte der nationalen Minderheiten fest, daß Gesetze in Ukrainisch, Russisch, Jiddisch und Polnisch veröffentlicht werden mußten. Für die drei

15 In letzter Zeit ist die Zahl der Opfer dieser Pogrome, die meistens mit Ziffern von 100 000 bis 250 000 angegeben wurde, in Frage gestellt worden: J. Pelenski gibt als Minimum 6000 bis 7000 und als Maximum 12 bis 14 000 Tote an (»The Cossack Insurrections in Jewish-Ukrainian Relations«, in: P. Potichnyj/H. Aster, Ukrainian-Jewish Relations in Historical Perspective, S. 31 – 42, hier S. 32 ff.). Die Pogrome 1905 forderten nach offiziellen Angaben über 800, womöglich aber 4000 Menschenleben (BSĖ, 1. Auflage, Bd. 24, »Evrejskie pogromy«, Sp. 146). Vgl. Die Judenpogrome in Rußland, Köln 1909, Bd. 1, S. 214, wo mindestens 1000 Tote 1905 geschätzt werden.

16 Rada heißt Rat und ist das ukrainische Äquivalent zu russ. Sovet. Nach dem Allukrainischen Nationalkongreß im April 1917 konstituierte sich die Rada mit 150 Mitgliedern, die eine Mala Rada mit 20 Mitgliedern als Regierung bildeten. Diese Mitgliederzahlen vergrößerten sich in der Folgezeit erheblich. Der Regierung saß der Sozialdemokrat Vinničenko vor. Die große Rada verabschiedete in ihrer Geschichte vier universaly, politische Absichtserklärungen. Siehe J. Reshetar, The Ukrainian Revolution 1917 – 1920, S. 47 ff.

17 Siehe H. Abramson, »Jewish Representation in the Independent Ukraine«, S. 542 ff. Dieser Aufsatz ist die Vorarbeit zu einer Dissertation und ein Versuch einer objektiven Darstellung der Geschichte der Juden in der ukrainischen Revolution. Viele der in diesem Kapitel benützten Darstellungen haben einen tendenziösen Einschlag, sind dennoch als Quellen zu gebrauchen: aus den verschieden gewichteten Einzeldarstellungen ergibt sich am Ende ein ausgewogenes Gesamtbild, und es finden sich in den Arbeiten wenig widersprüchliche Angaben über einzelne Ereignisse. Daß selten unterstellt wird, der Gegner behaupte mit den Pogromvorwürfen die Unwahrheit, ist ein Indiz für die Zuverlässigkeit der Quellen. Zur Historiographie der Pogrome siehe J. Klier/S. Lambroza (Hrsg.), Pogroms: Anti-Jewish Violence in Modern Russian History, S. 380 – 386.

großen Minderheitengruppen wurde je ein Ministerium eingerichtet, die Minderheiten bekamen in der kleinen Rada Quoten reserviert.[18]

Wie widersprüchlich die Motivation der antijüdischen Propaganda schon vor der Oktoberrevolution war, zeigen die Reaktionen auf die ukrainische Unabhängigkeitserklärung. Als die Rada mit der Provisorischen Regierung in Petrograd am 3. Juli 1917 über die ukrainische Unabhängigkeit ein Abkommen schloß, sprach sich der jüdische Bund dagegen aus. Daraus leiteten ukrainische Antisemiten den Vorwurf der Illoyalität zur Ukraine und des Verrats an »Moskau« ab. Nicht nur jüdische Organisationen, auch die russisch-imperial und anti-ukrainisch orientierten Blätter Kievskaja Mysl' und Kievljanin wandten sich gegen die ukrainische Selbständigkeit.[19] Die russischen Monarchisten versuchten, prorussische mit antisemitischer Propaganda zu verknüpfen.[20]

Die ersten Gewaltausbrüche gegen die jüdische Bevölkerung fanden im Herbst 1917 statt. Schon im Spätsommer wurde in der jüdischen Presse von der Zunahme antisemitischer Agitation unter den Soldaten, aber auch von Resolutionen dagegen auf Bauernkongressen berichtet.[21] Im Oktober kam es in Wolhynien zu Plünderungen unter der jüdischen Bevölkerung durch ehemalige Einheiten der russischen Armee, denen sich einheimische Bauern anschlossen.[22] Nach dem Zusammenbruch der Front vereinigten sich zurückströmende Truppenteile mit Bauernbanden, die bisweilen den marodierenden Soldaten mit Taschen nachzogen, um Beutegut einzusammeln. Die Rada reagierte darauf mit dem Erlaß, daß alle, die Pogromagitation betreiben, festzunehmen und Gerichten zu überstellen seien. Die Pogrome wurden als Überbleibsel des Zarismus gebrandmarkt.[23] Der Generalsekretär für Militärangelegenheiten S. Petljura erließ Mitte November 1917 eine weitere Verfügung gegen die Pogrome. Gegen den Wunsch der zionistischen Parteien entschied er im Einklang mit dem Minister für jüdische Angelegenheiten, daß keine eigenen jüdischen Verteidigungseinheiten eingerich-

18 Documents sur les Pogromes en Ukraine et l'assassinat de Simon Petlura à Paris, S. 11. Der erste »Vize-Sekretär« (= Minister) für jüdische Angelegenheiten war M. Zil'berfarb von der liberalen Folkspartaj. Siehe Joseph Schechtman, »Jewish Community Life in the Ukraine (1917 – 1919)«, in: G. Aronson u.a. (Hrsg.), Russian Jewry 1917 – 1967, S. 39 – 57, bes. S. 41; A. Gelbard, Der jüdische Arbeiter-Bund Rußlands, S. 219.

19 A. A. Gol'denvejzer, »Iz Kievskich vospominanij«, in: Archiv Russkoj Revoljucii, VI (1922), S. 161 – 303, S. 173, S. 198.

20 Material Concerning Ukrainian-Jewish Relations, Vorwort von F. Pigido, S. 11.

21 Evrejskaja Nedelja, 27. 8. 1917, Sp. 14, 3.9.1917, Sp. 20 ff., 12. 9. 1917, Sp. 1.

22 Committee of the Jewish Delegations, The Pogroms in the Ukraine under the Ukrainian Governements, S. 7 f. Dabei wurden einige Juden ermordet.

23 Documents sur les Pogromes, S. 4 f., Erlaß Vinničenkos vom 20. 10. 1917. Man darf nicht übersehen, daß die einfache Formel »ukrainischer Nationalismus = Antisemitismus« schon deshalb nicht stimmt, weil ukrainische Nationalisten sich gemeinsam mit den Juden als Opfer russischer zaristischer Unterdrückung sehen konnten!

tet werden sollten.[24] Sehr früh wurde von jüdischer Seite jedoch kritisiert, daß den Erlassen gegen die Pogrome keine konkreten Maßnahmen folgten, obwohl vereinzelte Beispiele gezeigt hätten, daß Pogrome schon durch Warnschüsse verhindert worden seien.[25]

Antisemitische Agitation breitete sich zunehmend unter den ukrainischen Truppen aus, die gegen die Bolschewiki kämpften. Ukrainische Rada-Abgeordnete sprachen sich gegen Pogrome aus, erklärten aber die Zunahme des Antisemitismus mit der illoyalen Haltung der jüdischen Rada-Abgeordneten, die die Regierung stets nur kritisierten. Tatsächlich hatte der Bund im Januar den vierten Universal, der die volle Unabhängigkeit der Ukraine beinhaltete, abgelehnt, während die anderen jüdischen Parteien sich der Stimme enthielten.[26] Die ukrainischen Juden konnten wenig Interesse an einer Trennung vom Kern des ehemaligen Russischen Reichs haben. Der zeitweilige ukrainische Minister für jüdische Angelegenheiten Revucki sprach von dem Interesse der »jüdischen Kleinbürger«, ihre Geschäfte nach dem Wegfall des Ansiedlungszwangs ausdehnen zu können.[27] Eine unabhängige Ukraine mußte für viele Juden in ihrer Konsequenz wie eine Neuauflage der čerta osedlosti erscheinen.

Als in Kiew nach der kurzzeitigen Herrschaft der Bolschewiki die deutschen Truppen die Rada wiedereinsetzten, kam es zu massiven antijüdischen Ausschreitungen – »zuerst in der Form von Selbstjustiz an des Bolschewismus verdächtigen Personen«.[28] Für die Juden brachte die Zeit der Rada paradoxe Resultate. Die Verwirklichung des Konzepts der »national-personalen Autonomie« gewährte ihnen als Minderheit auch ohne festes Territorium in der Geschichte bisher noch nie dagewesene Rechte, ohne daß diese Emanzipation mit Assimilierungsforderungen verbunden war.[29] Juden waren in den Machtorganen vertreten und besaßen eigene politische Einrichtungen wie sonst nirgendwo in der Welt. Gleichzeitig wurde klar, daß die Macht, die diese Rechte einräumte, nicht in der Lage war, die jüdische Bevölkerung vor der hereinbrechenden Gewalt zu schützen, die ihr von demoralisierten Truppen und der bäuerlichen Bevölkerung drohte.

24 A. Revucki, In di švere teg ojf ukraine. Zichronot fun a jidišn ministr, S. 284; Committee, The Pogroms in the Ukraine, S. 7.

25 Naje cajt, 30.10.17, nach Committee, S. 9.

26 Schechtman, »Jewish Community Life«, S. 47. Die Deklaration des Bund ist abgedruckt bei M. Rafes, Očerki po istorii »Bunda«, S. 423 ff.

27 Revucki, In di švere teg, S. 16. Vgl. Mordechai Altshuler, »Ukrainian-Jewish Relations in the Soviet Milieu in the Interwar Period«, in: Potichnyj/Aster (Hrsg.), Ukrainian-Jewish Relations, S. 281 – 305, bes. S. 284 f.

28 Gol'denvejzer, »Iz kievskich vospominanij«, S. 210. Insgesamt dauerte diese Terrorphase in Kiew eine Woche, sie kostete 22 Menschen das Leben.

29 Zu diesem Autonomie-Konzept siehe Jonathan Frankel, »The Dilemmas of Jewish National Autonomism: the Case of the Ukraine 1917 – 1929«, in: Potichnyj/Aster (Hrsg.), Ukrainian-Jewish Relations, S. 263 – 279.

Der Sturz der Rada Ende April 1918 und die Einsetzung des »Hetmans« Skoropadskij, eines Protegés der Deutschen, sorgte für die Eindämmung der Pogrome.[30] Jedoch wurden im Juli 1918 die von der Rada eingerichteten Ministerien für die nationalen Minderheiten aufgelöst. In Publikationen, die den Hetman-Ministerien nahestanden, wurden die ukrainischen und weißrussischen Juden als »Außenseiter« denunziert, die auf der Seite des Feindes (Moskau) stünden. Der Innenminister der Hetman-Regierung Kistianovskij erklärte, daß Antisemitismus psychologisch verständlich wäre bei dem hohen Anteil der Juden unter den Bolschewiki.[31] Auch die Besatzer trugen einen Teil zur Verfestigung antisemitischer Vorurteile bei. Plakate der deutschen und österreichischen Militärstellen warnten vor jüdischen Taschendieben und vor Juden, die Gerüchte über die Beschlagnahme der Ernte durch die Deutschen ausstreuten. In einem Rundschreiben der obersten k.u.k. Militärverwaltung wurde die jüdische Bevölkerung von Podolien, Poltawa und Cherson ermahnt, die Soldaten nicht zu Verbrechen anzustiften, sonst würde die ganze jüdische Bevölkerung bestraft. In Werchnodneprowsk wurde den Juden der Kontakt mit den österreichischen Soldaten verboten.[32] Insgesamt kam es zwischen Herbst 1917 und Dezember 1918 – einer erklärtermaßen unvollständigen Zählung zufolge – zu 25 »Exzessen« (eher individuellen Gewaltakten) und 21 »Pogromen« (mit massenhafter Gewaltanwendung).[33]

1.3. Pogrome unter »revolutionären« Vorzeichen

1.3.1. Truppen der Ukrainischen Volksrepublik

Nachdem im Dezember 1918 Skoropadskij die deutsche Unterstützung verloren hatte, übernahm ein sogenanntes »Direktorium« unter der Leitung der Sozialdemokraten Petljura und Vinničenko die Macht in der »Ukrainischen Volksrepublik«. Das Direktorium stellte Vertretungsorgane für die nationalen Minderheiten, wie sie zuvor unter der Rada bestanden hatten,

30 Zwischen Juni und September 1918 ereigneten sich in kleinen Städten des Gouvernements Kiew Pogrome, die vor allem auf das Konto von Bauern gingen. In einem einzelnen Ort wurden allein 40 Juden getötet und 50 verwundet. Verglichen mit der Verstrickung späterer Machthaber und kämpfender Parteien in die Pogrome ist die Verantwortung des Hetmanats geringer. Allgemein bemühten sich Skoropadskij und die deutschen Besatzer um die Unterdrückung von Unruhen, die sich nicht nur gegen Juden, sondern häufig gegen Landbesitzer richteten. Vgl. Reshetar, The Ukrainian Revolution, S. 172 f. Es ist Reshetar aber in seiner Feststellung nicht zuzustimmen, es habe unter dem Hetmanat keine Pogrome gegeben (ebd., S. 253).

31 Committee, Pogroms, S. 19 ff.; zur Auflösung der Minderheitenvertretung siehe auch Gol'denvejzer, »Iz kievskich«, S. 225.

32 Es gab jedoch auch deutsche Strafexpeditionen gegen Pogrome, und einer der in der Pogromagitation zu hörenden Vorwürfe gegen die Juden war, daß sie die Deutschen gerufen hätten. Siehe I. Tšerikover, Antisemitizm i pogromy na Ukraine 1917 – 1918gg, S. 164 ff., S. 173, S. 179. Vgl. Gol'denvejzer, »Iz kievskich«, S. 222; Committee, Pogroms, S. 20 f.

33 N. Gergel, »The Pogroms in the Ukraine in 1918 – 21«, S. 239.

wieder her. National-personale Autonomie wurde jetzt aber nur noch den Juden, nicht mehr den Polen und Russen gewährt.[34] Die ukrainischen Juden waren in der Regierung durch einen Minister vertreten. Dennoch unterstellte das offizielle Militärorgan der sozialistischen Republik der Ukraine, daß die Bourgeoisie stets Polnisch, Russisch oder Jiddisch spreche, nie aber Ukrainisch. In Flugblättern der ukrainischen Armee wurden die Juden als Spekulanten und Bolschewiki bezeichnet.[35]

Vor diesem Hintergrund nahmen die Gewaltakte von Direktoriumstruppen gegen die jüdische Bevölkerung zu. Unter dem Vorwand des Kampfes gegen die Bolschewiki wurde von »Todesabteilungen« der Armee Jagd auf die jüdische Bevölkerung gemacht. Typisch sind die Vorfälle in Owrutsch, wo der »Ataman« [Kosakenführer] den Rabbi verhaftete und ihm drohte, daß alle »Bolschewiki« umgebracht würden. Nach der zeitweiligen Vertreibung der Kosaken kam es zu einem Pogrom, der 17 Menschenleben forderte. Der Ataman erklärte in einer Rede vor der zusammengerufenen männlichen jüdischen Bevölkerung, daß er das Recht habe, alle Juden zu vernichten, wenn seinen Kosaken etwas geschehe, und forderte eine Kontribution, nach deren Erhalt er durch einen Befehl das Plündern unterband. Insgesamt wurden während der gesamten Dauer der Besetzung von den Kosaken 1200 Häuser geplündert und 80 Menschen umgebracht. Zu Erschießungen mußten jüdische Musikanten aufspielen.[36] Solche Vorfälle fanden in zahlreichen anderen Orten und unter anderen Atamanen ihre Wiederholung. Juden wurden kollektiv für »Bolschewismus«, »Unruhen« oder Attentate haftbar gemacht; es wurden ihnen »Strafen« bis in Millionenhöhe auferlegt.[37]

Schon im Winter 1918 hatte das Direktorium ein Dekret erlassen, wonach Plünderer und Marodeure vor Gericht gestellt werden mußten.[38] Im Januar 1919 wandte sich das Direktorium mit einem Appell an die Bevölkerung, in dem erklärt wurde, daß Gewaltakte gegen die Juden von isolierten Kosakengruppen verübt worden seien, die aber von Russen und »sich Bolschewiki Nennenden« angestiftet worden seien. Einige dieser Provokateure seien bereits erschossen worden. Von der jüdischen Bevölkerung wurde verlangt, gegen diejenigen unter ihren Glaubensgenossen zu kämpfen, deren anarchistische und kommunistische Tendenzen sich in feindseligen Akten gegen das ukrainische Volk manifestierten. Diese verkappte Legitimierung einer

34 S. Gol'del'man, Žydivs'ka nacional'na avtonomija v Ukraïni 1917 – 1920, S. 100 f.

35 Siehe z.B. Ukraïnska Stavka, 14. 1. 1919, zit. in: Committee, Pogroms, S. 26 ff.

36 Ein ausführlicher Bericht für das Rote Kreuz ist abgedruckt bei Heifetz, The Slaughter of the Jews in the Ukraine 1919, S. 185 ff.; vgl. Gusev-Orenburgskij, Bagrovaja kniga. Pogromy 1919 – 20 gg. na Ukraine, S. 55 ff.; E. Tšerikover, Di ukrainer pogromen in jor 1919, S. 80 ff.; Committee, Pogroms, S. 39 ff.; Revucki, In di sĕre teg, S. 137.

37 Siehe Committe, Pogroms, S. 32 ff. Bis Anfang Februar 1919 kam es zu Pogromen an 55 Orten.

38 Documents sur les Pogromes, S. 26. Im Dezember kam es auf dieser Grundlage auch zu Erschießungen von Plünderern.

Haftung der Juden für den Bolschewismus wurde allerdings dadurch relativiert, daß die guten Beziehungen zu den ukrainetreuen, also antibolschewistischen Juden, beschworen wurden.[39] Das Direktorium richtete Ende Januar eine Untersuchungskommission ein; Regierungsmitglieder wie der Presseminister verurteilten öffentlich die Verbrechen.[40] Einer der berüchtigtsten Atamane wurde verhaftet, kam nach einem Monat schon wieder frei und kehrte an die Spitze seiner »Todesabteilung« zurück. Praktisch alle Atamane blieben völlig unbehelligt.[41]

Die ersten Pogrome zeigten, wie wichtig das Moment der Frustration als Auslöser der Gewalt gegen die jüdische Bevölkerung war, die als Sündenbock bei Niederlagen gegen die Bolschewiki herhalten mußte. Um so bedrohlicher mußte die Lage für die Juden werden, als das Direktorium Kiew räumen mußte und nach Winiza auswich. Entlang der Rückzugslinie kam es zu weiteren Pogromen, bei denen nicht mehr Plünderungen im Mittelpunkt standen. Ein besonders drastisches Beispiel sind hierfür die Ereignisse vom Februar 1919 in Proskurow in Podolien. Auch dort wurden die Juden, die die Hälfte der 50 000köpfigen Bevölkerung der Stadt bildeten, für einen bolschewistischen Aufstand verantwortlich gemacht. Der Ataman Semesenko erklärte, daß die Juden die größten Feinde des ukrainischen Volkes seien und abgeschlachtet und bis zum letzten vernichtet werden müßten. Die Kosaken mußten einen Eid ablegen, daß sie die Juden töten, aber nicht berauben werden, was auch eingehalten wurde. Das folgende dreieinhalbstündige Massaker forderte 1500 Menschenleben, bis es durch einen Kommissar des Direktoriums unterbunden wurde. Die Leichtigkeit, mit der dies geschah, zeigt, daß Pogrome nicht durchweg auf rauschartige Gewaltorgien zurückgingen, sondern auch kaltblütig geplant und durchgeführt wurden.[42] Auch diese Massenmorde waren nicht vom Direktorium angeordnet. Bei der späteren Untersuchung wurde allerdings ein Telegramm entdeckt, das vom Holovnyj Otaman (Petljura) unterzeichnet war und in dem

39 Abgedruckt in: Documents sur les Pogromes, S. 29 f. Vgl. R. Mark, »Symon Petljura und die UNR«, S. 51 f. Das Direktorium reagierte außerdem mit einer restriktiven Pressepolitik. Vinničenko soll erklärt haben, daß die Pogrome nicht unterbunden werden könnten, solange jüdische Jugend und Arbeiterklasse die Bolschewiki unterstützten. Siehe Committee, Pogroms, S. 44; Evrejskie pogromy. 1918 – 1921, S. 12. Über die Haltung Vinničenkos, bei dem trotz des Abscheus vor Pogromen atavistische Judenfeindschaft habe durchbrechen können, siehe Revucki, In di švere teg, S. 43 f.

40 Documents sur les Pogromes, S. 39; S. Gol'del'man, Lysty žydivs'koho social-demokrata pro Ukraïnu, S. 43.

41 Committee, Pogroms, S. 47; Revucki, In di švere teg, S. 149 ff., S. 285 f.

42 Bericht Hillersons bei Heifetz, S. 202 ff. Vgl. E. Tšerikover, Di ukrainer pogromen in jor 1919, S. 118 ff., S. 153 f.; Gusev-Orenburgskij, Bagrovaja kniga, S. 40 ff.; Committee, Pogroms, S. 58 ff.; Evrejskie pogromy, S. 31 f. Der verantwortliche Ataman Semesenko zog von Proskurow in die nahegelegene Ortschaft Felschtin weiter, wo in einem neuerlichen Pogrom 500 Menschen umgebracht wurden.

vor einem bolschewistischen Aufstand seitens der jüdischen Bevölkerung gewarnt wurde.[43] Eine Untersuchungskommission über die Pogrome in Proskurow und Felschtin wurde erst am 9. April 1919 eingerichtet.[44] Der von der Poale Zion gestellte Direktoriumsminister für jüdische Angelegenheiten trat zurück, Hilfskomitees für die Pogromopfer lehnten aus Protest Gelder von der Regierung ab.[45]

Besonders S. Petljuras Verantwortung für die Pogrome, die oft unter dem Schlachtruf »es lebe bat'ko [Vater] Petljura«[46] vonstatten gingen, wurde später zum Gegenstand heftiger Debatten. Im März 1919 wurden bei einem Pogrom in Shitomir 371 Menschen umgebracht, während Petljura sich in der Stadt aufhielt.[47] Petljura und die übrigen Regierungsmitglieder der Ukrainischen Volksrepublik waren angesichts der antijüdischen Gewalt untätig, doch hat das Direktorium niemals zu Pogromen aufgerufen oder ihre Erwünschtheit insgeheim zu verstehen gegeben. Erst am 26. August 1919 erließ Petljura seinen ersten Befehl gegen die Pogrome als Oberbefehlshaber der Armee, nachdem er mehrfach vom Ministerrat dazu aufgefordert worden war.[48] In diesem Befehl hieß es, daß die Juden unter dem Bolschewismus gelitten hätten. Wer zu Pogromen aufrufe, müsse die Armee verlassen und werde vor Gericht gestellt.[49] Daß es dann auch zu Erschießungen von pogromščiki gekommen ist, läßt sich nicht leugnen.[50] 1920 und 1921, als die Pogrome in Westeuropa bekannt geworden waren, wurde sehr viel entschiedener von den Kommandanten im noch von Direktoriumstruppen gehaltenen Teil der Ukraine gegen die Judenverfolgungen eingeschritten.[51]

Wenn Petljura in dem Befehl erklärte, alle jüdischen Parteien stünden auf der Seite einer unabhängigen Ukraine, so wurde damit der wirkliche Zustand kaschiert, da keine der jüdischen Parteien der ukrainischen Souveränität im Januar 1918 zugestimmt hatte. Im Frühjahr 1919 entschied sich der ukrainische Bund für die Bolschewiki und gegen das ukrainische Direk-

43 Friedman, Pogromchik, S. 160.

44 Documents sur les Pogromes, S. 44.

45 Committee, Pogroms, S. 68 f.; Revucki, In di švere teg, S. 248 ff.; Abramson, »Jewish Representation«, S. 549; E. Tšerikover, Di ukrainer pogromen , S. 161.

46 Siehe die Zeugenaussage vor dem Pariser Prozeß gegen den Petljura-Attentäter Švarcbard, in: Process Švarcbarda v parižskom sude, S. 41.

47 Committee, Pogroms, S. 77 ff. Petljura soll den Bürgermeister der Stadt, der ihm von den Ausschreitungen berichten wollte, abgewiesen haben.

48 Vgl. eine solche Aufforderung vom 18. August 1919, die bei Lewitzkyj/Specht, Die Lage der Juden in der Ukraine, S. 36, abgedruckt ist.

49 Documents sur les Pogromes, S. 104 f.

50 Beispiele bei Hunczak, »A Reappraisal of Symon Petliura and Ukrainian-Jewish Relations«, S. 179.

51 Committee, Pogroms, S. 99; vgl. Heifetz, Slaughter, S. 54.

torium.[52] Auch ohne antisemitische Grundeinstellung waren die ukrainischen Politiker skeptisch gegenüber dem politisch aktiven Teil der ukrainischen Juden gestimmt. Die Neigung, ihnen durch Schutz vor Pogromen zu Hilfe zu kommen, war getrübt durch die Sorge, sich bei den eigenen Truppen unbeliebt zu machen. Petljura soll einer jüdischen Delegation erklärt haben, daß er sich nicht in den Konflikt mit seiner eigenen Armee bringen lassen wolle. Auf Nachrichten über Pogrome habe er mit Verwünschungen der Juden, die nicht in die ukrainische Armee eintreten wollten, reagiert.[53] Vor die Wahl gestellt, den Forderungen jüdischer Delegationen nachzukommen oder eine stets von Auflösung bedrohte Truppe bei Laune zu halten, haben die Führer der ukrainischen Volksrepublik sich für die vermeintliche Schlagkraft ihrer Armee entschieden. Man muß dies einen impliziten Antisemitismus durch Passivität gegenüber den Judenverfolgungen nennen. Dieser wird selbst dadurch nicht widerlegt, daß Petljura sich 1907 in einem Vorwort für ein Theaterstück als geradezu judeophil gezeigt hatte.[54] Petljura fand bedeutende jüdische Fürsprecher wie z.B. schon im Herbst 1919 den zionistischen Politiker I. Zangwill.[55] 1925 äußerte sich der Zionistenführer Žabotinskij zugunsten Petljuras[56], ferner der Anwalt Grusenberg, der im Blutbeschuldigungsprozeß 1913 den Angeklagten Bejlis verteidigt hatte.[57]

Diesen entlastenden Aussagen stehen aber die Beschuldigungen seitens ehemaliger politischer Partner entgegen. Direktoriumsmitglied Vinničenko warf in seinen Erinnerungen Petljura vor, nichts gegen die Pogrome unternommen zu haben, obwohl er nicht prinzipiell judenfeindlich eingestellt gewesen sei.[58] Belastet wurde Petljura auch von seinen ehemaligen Ministern für jüdische Angelegenheiten Krasnyj[59] und Revucki[60] sowie von A. Mar-

52 Z. Gitelman, Jewish Nationality, S. 157 f., S. 170; M. Rafes, Dva goda revoljucii na Ukraine, S. 111 ff.; ders., Očerki po istorii »Bunda«, S. 284 ff. Vgl. A. Gelbard, Der jüdische Arbeiter-Bund, S. 232 f.

53 Lecache, Au pays des Pogromes, S. 177; Revucki, In di švere teg, S. 291.

54 Friedman, Pogromchik, S. 336; Hunczak, »A Reappraisal«, S. 171. Angeblich wurde der junge Petljura wegen seines Eintretens für die Juden von den Klassenkameraden »Judenvater« genannt (Hunczak, S. 170).

55 Hunczak, S. 182; Material Concerning the Ukrainian-Jewish relations, S. 76; Friedman, S. 77. Vgl. auch R. Mark, »Symon Petljura und die UNR«, S. 52 f.

56 Razsvet, 20. 9. 1925, S. 3. Vgl. Documents sur les Pogromes, S. 268, S. 168.

57 JTA, 5. 6. 1926, S. 1.

58 V. Vynnyčenko, Vidrodžennja naciï, Wien 1920, Bd. 3, S. 367 ff., nach A. Chvylja, Antysemityzm, S. 67 ff. Vgl. Committee, Pogroms, S. 72 f. Siehe auch ähnliche Anschuldigen eines ehemaligen hochrangigen ukrainischen Militärangehörigen in: E. Tšerikover, Di ukrainer pogromen, S. 156 f.

59 P. Krasnyj, Tragedija ukrainskogo evrejstva, passim, bes. S. 15, wo Krasnyj behauptet, schon 1919 Petljura einen pogromščik genannt zu haben. Siehe auch seine Antwort an Žabotinskij ebd., S. 56 ff. Krasnyj wurde Anhhänger der Bolschewiki, vgl. Lecache, Au pays des pogromes, S. 82.

60 Revucki warf Petljura vor, ein geheimes Zirkular gegen Spione erlassen zu haben, das sich vor allem für die Juden nachteilig auswirkte. Er habe auch angesichts der Massaker niemals Mitgefühl gezeigt (In di švere teg, S. 285 ff.).

golin, der schon 1919 aus Protest gegen die Pogrome von seinem Posten als stellvertretender Außenminister zurückgetreten war. Nach Margolin habe das Direktorium aus Begeisterung für die nationale Unabhängigkeit unterlassen, Schwarzhundertern und Kriminellen den Zugang zur Armee zu verwehren. Nachdem es aus Angst vor der Desorganisation der Truppen zunächst gezögert habe, die Banditen zu eliminieren, habe erst nach drei Monaten ein entschlossener Kampf gegen die Pogrome begonnen.[61]

Im Mai 1926 wurde Petljura in seinem Pariser Exil von S. Švarcbard erschossen, der in seiner Familie Opfer der ukrainischen Pogrome zu beklagen hatte.[62] Im Oktober 1927 fand in Paris der Prozeß gegen den Attentäter statt, der sich schnell in ein Tribunal über die ukrainischen Pogrome und Petljuras Verantwortung für diese verwandelte, nachdem ukrainische Nationalisten erfolglos versucht hatten, den Täter als bolschewistischen Agenten zu entlarven. Der Staatsanwalt forderte die Todesstrafe für Švarcbard, doch die Aussagen von über 150 Zeugen über Petljuras Verstrickungen in die Pogrome, denen er zumindest viel zu wenig Widerstand entgegengesetzt hatte, überzeugten die Geschworenen, so daß sie den Attentäter freisprachen.[63]

1.3.2. Banditen und Anarchisten

Nachdem das ukrainische Direktorium im April 1919 die Ächtung der Pogrome deutlich gemacht hatte, ging der Schwerpunkt der Pogromaktivität von den militärischen Einheiten auf unabhängig marodierende Banden über. Im April 1919 tat sich dabei besonders der Ataman Struk mit dem Motto »Tötet die Juden, macht die Ukraine sicher« hervor. An seiner Karriere wird die politische Richtungslosigkeit der von ihm verübten Massaker deutlich. Der 23jährige Bauernsohn hatte Verbindungen zur Kiewer Unterwelt, fand sich zeitweilig auf der Seite der Bolschewiki, kämpfte dann gegen diese

61 A. Margolin, The Jews of Eastern Europe, S. 139. Margolin kehrte nach seinem Rücktritt in den Dienst der ukrainischen Regierung zurück und wurde ihr Vertreter in London. Vgl. generell über die Versuche, Petljura gänzlich reinzuwaschen: Z. Szajkowski, »A Reappraisal of Symon Petliura and Ukrainian-Jewish Relations, 1917 – 1921: A Rebuttal«, passim.

62 Geschildert bei Friedman, Pogromchik, S. 41 ff.; über Švarcbards Geschichte ebd., S. 49 – 67. Diese Darstellung ist von einer gewissen Parteilichkeit. Ganz einseitig ist der gegenteilige (exilukrainische) Standpunkt bei A. Jakovliv, Pariz'ka trahedija. (Do processu Švarcbarda), Paris 1959. Švarcbard verfaßte in den USA Erinnerungen (Inem lojf fun jorn, Chicago 1933), Teile daraus in englischer Übersetung bei L. Dawidowicz (Hrsg.), The Golden Tradition. Jewish Life and Thought in Eastern Europe, S. 448 – 457.

63 TA, 27. 10. 1927, S. 1 ff.; eine Zusammenfassung der Argumente, die zu dieser Entscheidung führten, bei Friedman, Pogromchik, S. 372 f. In der Sowjetunion wurde ein ähnlicher Racheakt verübt. Der ehemalige Denikin-General Slaščev, der in einer technischen Einheit der Roten Armee Dienst tat, wurde von einem Juden erschossen, dessen Bruder auf Befehl Slaščevs hingerichtet worden war. Siehe JTA, 17.1., 18. 1. 1929. Der General, der als Antisemit bekannt war, war 1921 aus der Emigration zurückgekehrt. Siehe V. Burcev, »Protokoly sionskich mudrecov« – dokazannyj podlog, Nachdruck 1991, S. 277, S. 407.

unter der Parole »Schlag die židy, rette die Sowjetmacht ohne die Kommune« – und wechselte schließlich zu den Weißen unter Denikin.[64]

Banden, die von Atamanen wie Struk angeführt wurden, stützten sich auf einen bäuerlichen Anarchismus, der nach den dauernden Machtwechseln auf ukrainischem Territorium zu einer Ablehnung jeder Staatsmacht geführt hatte. Wo politische Mächte und Ideologien kein Vertrauen fanden, wuchs die Autorität der »Väterchen« – der »bat'ki«. Viele Bauern identifizierten sich mit der Revolution, die ihnen das Ende des Weltkrieges und Land gebracht hatte, lehnten aber den »Kommunismus« der »Kommissare« ab. Diesen Kommunismus identifizierten sie mit der traditionell im Widerspruch zum Dorf liegenden Stadt – und diese wiederum mit den Juden. Die »Stadt« waren Händler russischer und jüdischer Nationalität. Die Angst, von diesen ausgebeutet und übervorteilt zu werden, übertrugen ukrainische Bauern auf die jüdische urbane Bevölkerung, der pauschal Parteinahme für die Bolschewiki unterstellt wurde.[65] So hatten es die »bat'ki« nicht schwer, mit antisemitischer Agitation Bauern für ihre Banden zu gewinnen. Neben dem bereits erwähnten Struk erlangte besonders der Ataman Grigor'ev traurige Berühmtheit. Dieser ehemalige Stabskapitän der zaristischen Armee war zunächst auf der Seite der Rada, diente dann dem Hetman, später in der Petljura-Armee und schließlich bei den Bolschewiki.[66] Bei diesen bediente er sich – ohne Verengung auf die Juden – einer klassenkämpferischen Rhetorik gegen »Kapitalbesitzer und Vertreter der gewissenlosen Bourgeoisie«, die aus blutsaugenden »Menschenfressern« bestehe.[67] Später verließ er die Bolschewiki und führte Pogrombanden an. In einem »Universal« beschuldigte er die Sowjetregierung, aus fremden Elementen des »ewig hungrigen Moskauer Landes und des Landes, wo Christus ans Kreuz geschlagen wurde«, zu bestehen. Er forderte die Verteidigung der Religionsfreiheit und freie Sowjets – »ohne Kommunisten und mit proportionaler Vertretung der Juden«.[68] Mangels eines positiven politischen Programms zerfiel seine Anhängerschar teils in kleinere unabhängig operierende Banden, teils schloß sie sich den anderen kämpfenden Parteien an.

64 Seine Truppe wütete besonders im April 1919 in Tschernobyl und in umliegenden Dörfern. Evrejskie pogromy, S. 51; Heifetz, Slaughter, S. 66, S. 79; Gusev-Orenburgskij, Bagrovaja kniga, S. 7 f.; Štif, Pogromy na Ukraine. Period dobrovol'českoj armii, S. 55; E. Tšerikover, Di ukrainer pogromen, S. 77 ff., S. 225 ff.

65 Vgl. Adams, Bolsheviks in the Ukraine. The second Campaign, S. 10, S. 142. Siehe auch weiter unten, Kap. 1.6.

66 D. Golinkov, Krušenie antisovetskogo podpol'ja v SSSR, Bd. 1, S. 305.

67 So in einem Appell vom März 1919, zit. in: Antonov-Ovseenko, Zapiski o graždanskoj vojne Bd. 3, S. 224.

68 Heifetz, Slaughter, S. 68; Adams, Bolsheviks, S. 334; E. Tšerikover, Di ukrainer pogromen, S. 291 f., S. 303 ff. Besonders im Mai und Juni 1919 fielen der grigor'evščina Zehntausende zum Opfer.

Banden mit diffuser politischer Ausrichtung verwandelten – zusammen mit polnischen Truppen – Weißrußland nach der Ukraine in den zweiten Schauplatz für Massenmorde an der jüdischen Bevölkerung.[69] Die Soldateska operierte – straffer organisiert als in der Ukraine – unter der Führung von S. Bulak-Balachovič.[70] In diesem Fall muß man die formal Verantwortlichen für die Pogrome – im Gegensatz zu den ukrainischen Atamanen – vom Vorwurf des Antisemitismus freisprechen, insofern sie die Gewalttaten nicht angeordnet oder gebilligt haben. Das gilt vor allem für den mit Bulak-Balachovič verbündeten ehemaligen sozialrevolutionären Terroristen Savinkov.[71] Savinkov erließ im Dezember 1920 einen Aufruf gegen die Pogrome, in dem besonders desertierten Rotarmisten die Beteiligung an antijüdischen Ausschreitungen vorgeworfen wurde. Bulak-Balachovič befahl, alle an Pogromen Beteiligten zu erschießen und eigene jüdische Einheiten zu formieren.[72] Im Juli 1921 verkündeten Flugblätter an die »Juden«, die »balachovcy« hätten konsequent »pogromščiki« erschossen.[73]

Eine der konkurrierenden Bewegungen zur »grigor'evščina« – den Banden unter ihrem Führer Grigor'ev – war die in der Frage des Antisemitismus und der Pogrome mit ihr oft gleichgesetzte »machnovščina«. Der Anarchist Machno wurde später häufig als Pogromurheber geschildert.[74] Von Machno-Einheiten wurden Pogrome verübt[75], doch ist das Urteil über die gesamte

69 Die polnische Pogromagitation ähnelte den in der Ukraine üblichen Vorwürfen gegen die Juden: »Bolschewismus« und Loyalität zu einer anderen Macht – nur daß in Polen den Juden nicht pro-russischer wie in der Ukraine, sondern pro-ukrainischer Verrat vorgeworfen wurde. Siehe L. Chasanowitsch, Die polnischen Judenpogrome, S. 23; Evrejskie pogromy, S. 53; Information Bureau of the Committee for the Defence of Jews, Evidence of Pogroms in Poland and Ukraina, S. 75 ff.; I. Chejfec, Mirovaja reakcija i evrejskie pogromy, S. 49 ff. Vor allem werden die Ereignisse in Pinsk beschrieben, wo 37 jüdische Gemeindevertreter als »Bolschewiki« hingerichtet wurden. Siehe über Pinsk auch I. Danilov, »Vospomianija o moej podnevol'noj službe u bol'ševikov«, in: Archiv Russkoj Revoljucii, XIV (1924), S. 39 – 131, bes. S. 122 ff.; Frank Golczewski, Polnisch-Jüdische Beziehungen 1881 – 1922. Eine Studie zur Geschichte des Antisemitismus in Europa, Wiesbaden 1981, S. 219 ff.

70 Sein Weg führte von der zaristischen Armee 1918 zu den »Roten«, dann zum weißen General Judenič, schließlich zu Piłsudski. Schon 1919 wurden seinen Truppen über 20 000 Fälle von Raub, 300 Morde und 500 Vergewaltigungen vorgeworfen (Evrejskie pogromy, S. 55). Die balachovcy waren noch lange in Weißrußland aktiv. Siehe Jewish Chronicle, 29. 10. 1920, S. 8; 3. 6. 1921, S. 10; 15. 7. 1921, S. 12.

71 Evrejskie pogromy, S. 68 ff. In Savinkovs vorrevolutionären literarischen Werken kamen positive jüdische Gestalten vor, siehe B. Gorev, »Russkaja literatura i evrei«, in: V. L'vov-Rogačevskij, Russko-evrejskaja literatura, S. 3 – 29, bes. S. 27 f.

72 I. Chejfec, Mirovaja reakcija i evrejskie pogromy, S. 125 f. Dieser Darstellung zufolge wurde Bulaks erster Befehl selten, der zweite überhaupt nicht in die Tat umgesetzt.

73 Ebd., S. 148. Über die Pogrome der balchovcy ebd., S. 157 ff.

74 Jewish Chronicle, 30. 9. 1921, S. 14: Machno als »notorious pogrom-leader«. Bei B. Mirsky, Les Juifs et la Révolution Russe, S. 44 f., ist Machno ein Paradebeispiel für »roten Antisemitismus«. Siehe auch unten, Kap. 3.5.2., über ein Poem Esenins mit Machno als Gegenfigur zu einem »jüdischen Kommissar«.

75 Siehe z.B. Gusev-Orenburgskij, Bagrovaja kniga, S. 71 f.

Bewegung teilweise auf propagandistische Verzerrungen zurückzuführen: so bezeichnete eine bolschewistische Proklamation nach dem Sieg über Vrangel' von 1920 die »machnovščina« gemeinsam mit der »petljurovščina« als Ausdruck der Kulakeninteressen, die den Antisemitismus geschürt und Pogrome veranstaltet hätten.[76] Anders fiel das Urteil in einer 1927 in Leningrad veröffentlichten Monographie aus: Nicht nur sei die Führung der Machnobewegung frei von Antisemitismus gewesen, sondern auch ihre Anhänger hätten wenig zur Identifizierung von sozialen und nationalen Gruppen geneigt, da im Zentrum des Machno-Gebiets ein viel geringerer Anteil jüdischer Händler als in der sonstigen Ukraine, hingegen viel mehr jüdische landwirtschaftliche Kolonisten anzutreffen gewesen seien.[77] Bereits vor der Revolution gab es unter den Anarchisten in der Ukraine zahlreiche Juden.[78] Nach 1917 hatte Machno in seinem Stab auch einige jüdische Intellektuelle, schon von daher ist er nicht mit Pogromhetzern vom Schlage eines Grigor'ev gleichzusetzen. Wie Machnos Mitkämpfer Aršinov und Volin, der Ideologe der »machnovščina« – selbst jüdischer Abstammung –, später betont haben, gab es neben zahlreichen jüdischen Machno-Kämpfern, die über die Truppen verteilt waren, sowohl eine rein jüdische Artillerie-Batterie als auch eine jüdische Infanterieabteilung.[79]

Gerade in der Distanz zu Pogromen gegen die jüdische Bevölkerung, auf der anderen Seite aber in der aus utopischem Denken geschöpften Radikalität und Grausamkeit gegen »Klassenfeinde« steht die Machnobewegung den Bolschewiki so nahe, daß kaum ein Unterschied in den Proklamationen bemerkbar ist. In einer Erklärung vom Mai 1919 wurde zugegeben, daß sich in die Reihen der Machno-Bewegung »negative, verbrecherische Elemente« eingeschlichen hätten und es zu Judenpogromen gekommen sei. Es müsse aber laut gerufen werden, »so daß die dunklen Mächte der Reaktion erzittern, daß wir gegen einen gemeinsamen Feind ankämpfen – gegen das Kapital und gegen die Regierungen, welche die Werktätigen in gleicher Weise knechten«. Die Ausbeuter gehörten allen Nationalitäten an.[80] Die bolschewistische Pravda veröffentlichte am 3. Juni 1919 einen Aufruf Machnos gegen die Judenpogrome. Vom Mai bis in den Juni unterstützte Machno die

76 Abgedruckt bei Peters, Nestor Machno. Das Leben eines Anarchisten, S. 106 f.; vgl. Malet, Nestor Makhno in the Russian Civil War, S. 32.

77 M. Kubanin, Machnovščina, S. 163 ff., S. 28 f.

78 V. Litvinov, »Machno i evrei«, S. 194 ff.

79 Arschinow, Anarchisten im Freiheitskampf, S. 274 f.; Volin, Die unbekannte Revolution, Bd. 3, S. 164 ff., auch mit Aussagen von jüdischer Seite, die die Machno-Bewegung entlasten, so auch bei Malet, Nestor Makhno, S. 169.

80 Zit. bei Volin, S. 167; in einer längeren Fassung auch bei Arschinow, S. 279 f.; vgl. die Resolution der zweiten Sowjetkonferenz in Guljaj-Pole aus dieser Zeit bei Litvinov, »Machno i evrei«, S. 203 f.

Bolschewiki gegen Grigor'ev. Vor dem Zusammengehen hatten die Bolschewiki Pogrome durch die Machno-Einheiten beklagt und eine Bekämpfung des Antisemitismus gefordert.[81] Ende Juli 1919 warf Machno bei einem Treffen Grigor'ev seine Pogromtätigkeit vor und ließ ihn kurzerhand erschießen.[82] Machno dürfte tatsächlich von allen am Bürgerkrieg Beteiligten am unerbittlichsten gegen Pogrome eingeschritten sein – er ließ ohne Zögern einen Anhänger niederschießen, der ein Plakat hochhielt, auf dem zu lesen war: »Schlagt die Juden tot, rettet die Revolution, es lebe Batjko-Machno!«[83]

Nicht nur das Vorgehen gegen Pogrome, auch die Proklamationen der Machnobewegung nach dem Bruch mit den Bolschewiki sprechen eine deutliche Sprache: Im Befehl Nr. 1 vom 5. August 1919 wurde verkündet, es sei kein Platz für die, welche unter dem Deckmantel der Revolution ihre Profit- und Plünderungsinstinkte auf Kosten der jüdischen Bevölkerung befriedigen wollten. Feinde seien die Bourgeoisie, die sowjetischen Kommissare und die Tscheka. Deren Vertreter und Helfer müßten festgenommen werden, wer Widerstand leiste, werde erschossen. Ebenso wurde für Gewalttaten an »Werktätigen, gleichviel, welcher Nation sie angehören mögen«, ein schimpflicher Tod angekündigt.[84]

Im Zusammenhang mit dem Švarcbard-Prozeß, der vor allem in Frankreich, wo Machno 1927 lebte, die Massenmorde an den ukrainischen Juden ins Bewußtsein der Öffentlichkeit rückte, wurden Anschuldigungen gegen Machno laut, an den Pogromen aktiv beteiligt gewesen zu sein. Machno hat sich in zwei Beiträgen in seinem Organ »Delo Truda« dazu geäußert und den Vorwurf zurückgewiesen. Er behauptete dabei unter anderem, daß sich Budennyj- oder Petljura-Kavalleristen aufgrund der Gerüchte über den Judenhaß der Machno-Leute als solche ausgegeben hätten, als sie unter Juden Plünderungen unternahmen.[85] In seiner Autobiographie erklärte Machno, den Antisemitismus seit 1905 zu hassen. 1918 habe sich unter seinen bäuerlichen Anhängern wegen der Beteiligung von Juden an der Verhaftung des

81 D. Dahlmann, Land und Freiheit. Machnovščina und Zapatismo, S. 110; Malet, Nestor Makhno, S. 32 ff.

82 Malet, S. 42; Litvinov, S. 204.

83 Arschinow, S. 277. Es finden sich auch in der Erinnerungsliteratur außerhalb der Machno-Bewegung Zeugnisse davon, wie Machno gegen Pogrome eingeschritten ist. Siehe È. Markiš, Stol' dolgoe vozvraščenie, S. 18 f. Die dort geschilderte Szene ist typisch für die Stimmung unter den Machnoanhängern: der pogromščik erklärt seine Mordabsicht gegenüber dem bat'ko Machno: »Es sind doch židy...«

84 Arschinow, S. 281. Wie bei den Bolschewiki war nur der Angriff auf den jüdischen »Werktätigen« als Pogrom geahndet.

85 Delo Truda, Nr. 30 – 31, Nov. – Dez. 1927, S. 15 – 18, unter der Überschrift »La Makhnovchtchina et l'antisémitisme« abgedruckt in: Makhno, La lutte contre l'État et autres écrits, S. 45 – 50; hier S. 50; der andere Artikel »K evrejam vsech stran« erschien in: Delo Truda, Nr. 23 – 24, S. 8 – 10; vgl. Dahlmann, Land und Freiheit, S. 142.

anarchistischen Revolutionskomitees das »Gespenst des Antisemitismus« breitgemacht; er sei aber dagegen mit Überzeugungsarbeit vorgegangen.[86]

1.3.3. Rotgardisten

Schon früh hatte sich gezeigt, daß auch in den Reihen der »Roten« Bereitschaft zu Pogromen vorhanden war und Versorgungsschwierigkeiten zu Plünderungsaktionen führten.[87] Als Rechtfertigung für Gewalttaten diente zum einen die Identifikation von Juden mit der Bourgeoisie, zum anderen wurde die Legende verbreitet, die Juden seien den Truppen in den Rücken gefallen.[88] Als im März 1918 die Stadt Gluchow eingenommen wurde, verübten die roten Truppen einen blutigen Pogrom in Zusammenwirken mit Bauern und Pöbel, die sich der Parole anschlossen, alle »buržui« und »židy« abzuschlachten.[89] Die bolschewistische Presse behandelte den Vorfall wie ein normales Kriegsereignis und meldete nur, in Gluchow sei ein Sowjet errichtet worden.[90] Aufsehen erregte ein Vorfall aus Kursk, wo vom roten Kommandeur behauptet wurde, die jüdische Selbstverteidigung habe auf Rotgardisten geschossen und einige getötet. Nachforschungen eines eigens aus Moskau angereisten »Evkom«-Vertreters [Jüdisches Kommissariat] ergaben die Haltlosigkeit dieser Vorwürfe, die damit zum Nachweis antijüdischer Vorurteile in den roten Einheiten wurden.[91] In der Unübersichtlichkeit des Bürgerkriegs, bei den wechselnden Koalitionen und angesichts des Übertritts ganzer Truppenteile in die Reihen früherer Gegner ist verständlich, daß Maßnahmen gegen die Pogromneigung keinen völligen Erfolg haben konnten.[92] Es konnte vorkommen, daß ein roter Kommandeur mit dem angeblichen Ziel, die »Sowjetregierung von Juden [zu] reinigen«, Tschekisten erschießen ließ.[93]

86 N. Machno, Vospominanija, S. 191 ff., nach Machnos Tod – von Volin 1937 redigiert – veröffentlicht. Machno behauptet, in Frauenkleidern in das vom Feind besetzte Lager geschlichen zu sein, um seinen Anhängern den Kampf gegen die Judenfeindschaft zu erklären.

87 Siehe O. Figes, »The Red Army and Mass Mobilization During the Russian Civil War«, S. 190 ff.

88 Tšerikover, Antisemitizm, S. 144.

89 Tšerikover, ebd., S. 146. Offenbar wurde dabei auch Jagd auf Menschewiki gemacht. Siehe Scheibert, Lenin an der Macht, S. 350, ein Beispiel aus Witebsk.

90 Tšerikover, ebd., S. 147, Pravda-Meldung vom 18. 3. 1918. Die Moskauer Evrejskaja Nedelja berichtete am 27. 4. 1918, Sp. 14 f., von 140 Toten. Nach Protestnoten aus Wien und Bukarest setzte das Zentralexekutiv-Komitee eine Untersuchungskommission ein.

91 Evrejskaja Nedelja 25. 5. 1918, Sp. 13 f.; Jewish Chronicle, 23. 8. 1918, S. 11; Agurskij, Evrejskij rabočij v kommunističeskom dviženii, S. 152. Dort weitere Beispiele für roten Antisemitismus, ebenso bei Tšerikover, Antisemitizm, S. 149 f.

92 Der Jewish Chronicle meldete »rote Pogrome« noch am 12. 7. 1919, am 19. 7. und am 26. 7. Vgl. auch Gusev-Orenburgskij, Bagrovaja kniga, S. 74 ff., mit einer ausführlichen Schilderung. Siehe auch Heifetz, Slaughter, S. 85 ff.; Tšerikover, Di ukrainer pogromen, S. 274 ff., S. 282 ff.

93 S. Melgunow, Der rote Terror, S. 50 f.; Krasnyj terror v gody graždanskoj vojny, S. 33 f. Gegen solche Aktionen wurde freilich von oben eingeschritten, siehe Izvestija, 23.5.1920, zit. bei Scheibert, Lenin an der Macht, S. 62; vgl. Jewish Chronicle, 2. 7. 1920, S. 1.

Unter den Anhängern der »Roten« gab es eine Ablehnung des »jüdischen Kommunismus«, der nicht selten dem »Russischen Bolschewismus« gegenübergestellt wurde. Ein Beispiel dafür findet sich in einem Bericht aus der Stadt Jekaterinoslaw, wo sich vor dem Feldzug nach Polen große Mengen Kosaken einfanden. Von ihnen soll einer erklärt haben, nachdem man ihn damit aufgezogen hatte, daß er unter dem Kommando von »žid-Trockij« in den Kampf ziehe: »Trockij ist kein žid ... Trockij ist ein Kämpfer! Einer von uns! ... Ein Russe! ... Aber dieser Lenin da – ein Kommunist ... žid, aber Trockij gehört zu uns ... Kämpfer ... Russe!«[94]

Beim Polen-Feldzug 1920 wurden zahlreiche Pogrome – zumeist Plünderungen – von der Reiterarmee Budennyjs verübt. Das Tagebuch I. Babels enthält Beschreibungen solcher Vorfälle. Die Juden hatten nach den Schikanen durch die polnischen Einheiten die Rote Armee oft als »Befreierin« erwartet, mußten aber von den Kosaken Plünderungen, Beleidigungen als »židy«, Vergewaltigungen und Ausschreitungen unter der Parole »Schlag die Juden, rette Rußland!« erdulden.[95] Die jiddische Presse in New York und in Polen veröffentlichte Berichte über Pogrome der Budennyj-Armee, die in Einzelfällen bis zu 47 Todesopfer forderten.[96]

Noch 1921 gab es Berichte von Pogromen sowjetischer Einheiten, die im Kampf gegen ukrainische Banden lagen.[97] Diese Pogrome waren ebensowenig wie die der Direktoriumstruppen von oben angeordnet, und sicher kam im Falle der gegen Juden marodierenden bolschewistischen Einheiten noch weniger vermeintliche Unterstützung durch Schweigen von der obersten Führung. Die meisten der »roten« Pogrome wurden von Truppenteilen ver-

94 Z. Ju. Arbatov, »Ekaterinoslav 1917 – 22 gg.«, in: Archiv Russkoj Revoljucii, XII (1923), S. 83 – 148, hier S. 118. Vgl. über die – mit Pogromen verbundene – Besetzung Jekaterinoslaws Documents sur les Pogromes, S. 145. Später hat Trockij genau diese Episode als Beweis dafür angeführt, daß der Versuch der Weißen, »bei ihrer Agitation innerhalb der Roten Armee antisemitische Motive zu verwenden«, keinen Erfolg gehabt habe (Mein Leben, S. 312 f.). Er verwies dabei auch auf die Verwendung dieses Motivs in Babels »Reiterarmee«. Vgl. dazu Deutscher, Trotzki II, S. 476; Babel, Tagebuch 1920, S. 182 (Nachwort).

95 I. Babel, Tagebuch 1920, S. 31, S. 150. russ. in: Isaak Babel, Sočinenija, Tom pervyj. Rasskazy 1913 – 1924gg., publicistika, pis'ma, Moskau 1990, S. 369, S. 431. Babel nennt die eigenen Truppen »Judenfresser und Plünderer« und spricht von einem »Mittel, vor dem die Partei nicht zurückschreckt« (Tagebuch, S. 132, S. 127; russ. S. 422, S. 419).

96 Eine Zusammenfassung solcher Berichte befindet sich in den Akten des Zentralbüros der jüdischen Parteisektionen in der RKP (RCChIDNI F 445, O 1, D 86, Bl. 57). Die Meldungen stammten aus den Blättern Die cajt, Der tog, Der morgen zšurnal, Moment und Di jidiše štime. In den Evsekcija-Akten wird der Wahrheitsgehalt der Meldungen nicht diskutiert, wohl aber der politische Charakter der betreffenden »kleinbürgerlichen« Blätter. Vgl. auch die Tscheka-Berichte über antisemitische Stimmungen und Pogrome, wie sie Trockij vorgelegt wurden, bei D. Volkogonov, Trockij. Političeskij portret, Bd. 1, S. 283 f. Verweis auf ähnliche Dokumente, die ebenfalls im (ehemaligen) CGAOR [Zentr. Staatsarchiv d. Okt.-rev.], jetzt GARF, F 130 abgelegt sind, bei O. Figes, »The Red Army and Mass Mobilization«, S. 195 f.

97 Documents sur les Pogromes, S. 158.

übt, die zuvor anderen Herren gedient hatten und – vor allem im Fall ehemaliger Denikin-Einheiten – dort antisemitischer Propaganda ausgesetzt waren, was für die breite Masse der Roten Armee nicht zutraf. Eine statistische Untersuchung hält fest, daß von allen 106 erfaßten antijüdischen Ausschreitungen »roter« Truppen 72 eindeutig von ehemaligen ukrainischen oder weißen Einheiten verübt worden seien.[98]

Wie bei den Machno-Einheiten bestand bei den »Roten« ein Widerspruch zwischen der offiziellen Politik und ihrer Umsetzung in den unteren Reihen.[99] Oft dürften die Unterschiede im Selbstverständnis der Banden, die im Namen einer diffusen Sowjetmacht – aber ohne Juden – gegen Großgrundbesitz und »Kapital« agierten, zu bolschewistischen Einheiten fließend gewesen sein. Auch in von roten Einheiten besetzten Gebieten kursierten Proklamationen von Grigor'ev. Dagegen versuchte die bolschewistische Zentrale in Charkow unter der Führung von Rakovskij mit der Androhung der Todesstrafe anzugehen.[100] Diese Bemühungen waren glaubhafter und wirkungsvoller als die der Gegner. Hinter den Pogromen verbarg sich oft ein »Ersatz-Antibolschewismus«, den die Bolschewiki natürlich nicht propagieren konnten. Das ukrainische Direktorium, das zwar kein antisemitisches Programm hatte, beraubte sich durch die Bekämpfung der Pogrome eines Teils seiner mobilisierenden Kräfte – der Gleichsetzung der Bolschewiki mit »jüdischen Kommissaren«. Diese Losung war für die Bolschewiki bedrohlich – unabhängig davon, wie viele Juden in ihren Reihen vertreten waren. Da die Atamane und ihre Banden »Juden« und »Kommunisten« gleichsetzten, war der Kampf gegen den Antisemitismus für die Bolschewiki geradezu eine Selbstschutzmaßnahme.

1.4. Pogrome der konterrevolutionären »Freiwilligenarmee«

1.4.1. Gewalt gegen Juden als antibolschewistisches Kampfmittel

Die »Dobrovol'českaja Armija«, die »weiße« Freiwilligenarmee, wurde von den ukrainischen Juden nicht selten zunächst mit gewissen Hoffnungen auf Stabilisierung begrüßt.[101] Sie schien als prorussische Kraft Schutz zu bieten vor dem allzuoft in antijüdische Exzesse mündenden ukrainischen Natio-

98 Gergel, »The Pogroms in the Ukraine«, S. 246. Gergel, dem keine einseitige Parteinahme zugunsten der Bolschewiki nachgesagt werden kann, hielt fest, daß 1920, als die Roten die ganze Ukraine kontrollierten, dort nur drei Pogrome gezählt wurden. Erst unter dem Druck der Polen seien von Budennyj-Einheiten (die aus der Denikin-Armee stammten), insgesamt 27 Pogrome verübt worden (ebd., S. 242). Vgl. Gitelman, Jewish Nationality, S. 164; Ilya Trotzky, »Jewish Pogroms in the Ukraine and Byelorussia (1918 – 1920)«, in: G. Aronson u.a. (Hrsg.), Russian Jewry 1917 – 1967, S. 72 – 87, bes. S. 85.

99 Zur Haltung der Bolschewiki siehe weiter unten, Kap. 2.3.3.

100 Heifetz, Slaughter, S. 94.

101 Evrejskie pogromy, S. 15; Heifetz, Slaughter, S. 100; Štif, Pogromy na Ukraine, S. 15.

nalismus und vor sozialem Radikalismus sowohl bolschewistischer als auch agraranarchistischer Art. Als in Petrograd die Massaker durch ukrainische Truppen bekannt wurden, setzte der jüdische Historiker Dubnov seine Hoffnung immer noch auf Denikin und Kolčak, mußte aber bald vermerken, daß die Weißen sich nicht besser als die Roten gebärdet hätten.[102]

Die Pogrome der Freiwilligenarmee hatten zunächst hauptsächlich die Form von Attacken auf Einzelpersonen und Raub. Aufgrund der ärmlichen Versorgung der Truppen setzte sich allmählich die Selbstversorgung durch geduldete Plünderung durch.[103] Seit dem Sommer 1919 nahm dies stark zu. Immer häufiger wurden Brände gelegt, Juden wurden gezwungen, sich freizukaufen. Die Gewaltakte gingen aber weit über das hinaus, was durch Versorgungsinteressen einer marodierenden Truppe zu erklären ist. Im Oktober 1919 wurden in Fastow 1500 bis 1800 Menschen in einem Pogrom umgebracht.[104]

Von Dezember 1919 bis zum Februar 1920 steigerten sich die Pogrome zu blutigen Exzessen, vor allem an Orten, wo es ein mehrfaches Hin und Her zwischen den kämpfenden Parteien gab. Güter wurden systematisch zerstört, es kam zu Massenvergewaltigungen von vorher unbekanntem Ausmaß.[105] Die Pogrome gingen nun vermehrt auf das Konto von Tätern, die zuvor nicht mit ihren Opfern zusammengelebt hatten. Die größere Distanz zu den Opfern erklärt vielleicht die nunmehr zu registrierende dauernde Anwendung von Folter. Häufig wurden Körperteile abgeschnitten oder Lebende vergraben, um Geld von den Angehörigen zu erpressen.[106]

Während das ukrainische Direktorium keine systematische Pogromagitation betrieb, trifft diverse Gruppierungen, welche die »weiße« Koalition stützten, der Vorwurf, den Boden für die Massenmorde bereitet zu haben. Während das Direktorium allenfalls eine Zeitlang duldete, daß in seinen militärischen Einheiten mit antisemitischen Parolen gegen die Bolschewiki

102 S. Dubnov, Kniga Žizni, Bd. 2, S. 290 f. In einem von Dubnov 1919 herausgegebenen Band über die Geschichte der Pogrome des Jahres 1903 schrieb er von der angebrochenen vierten Pogromepoche seit 1918, die noch einen »schrecklichen Epilog« haben werde. Materialy dlja istorii antievrejskich pogromov v Rossii. Tom I. Dubossarskoe i Kišinevskoe dela 1903 goda, unter der Red. und v. S. Dubnov/G. Krasnyj-Admoni, Petrograd 1919, S. XIII, geschrieben im Sept. 1919.

103 Štif, Pogromy, S. 36, S. 56.

104 Heifetz, Slaughter, S. 111.

105 Štif, Pogromy, S. 26 f. Allein in Jekaterinoslaw wurden über tausend Frauen vergewaltigt, das Alter der Opfer spielte dabei keine Rolle. Vgl. die Memoiren des weißen Generals Škuro, der für die Verbrechen die ansässige Bevölkerung verantworlich macht (Škuro, Zapiski belogo partizana, Buenos Aires 1961, S. 216 ff., nach Karmann, Freiheitskampf der Kosaken, S. 407 f.). Die örtliche Bevölkerung war jedoch weniger als bei den vorangegangenen Pogromen beteiligt. Verstärkt wurden Juden von ihren Mitbürgern vor Soldaten versteckt, Geistliche baten das Militär förmlich um die Beendigung der Gewalttaten. Siehe Štif, Pogromy, S. 24 f.

106 Štif, ebd., S. 29 f. Besonders grausam agierten tschetschenische Einheiten (Committee, Pogroms, S. 16).

agitiert wurde, war dies bei den Denikin-Truppen gängige Praxis. Schon in einer Proklamation der Südarmee an das russische Volk vom Dezember 1918 waren die Schuldigen am Niedergang Rußlands benannt worden: Die »židy Bronštejn (Trockij), Nachamkes (Steklov), Cederbaum (Martov), Gol'dman (Gorev), Kirbis (Kerenskij), Liberman (Černov)« wollten Rußland vernichten und dem russischen Volk seine Kräfte rauben. Um das Volk zu übertölpeln, hätten sie ihre Familiennamen verändert. Ihr Programm der Enteignung des Grundbesitzes bedeute, daß sich das Volk selbst etwas nehme – der Gutsbesitzer sei ja ein Russe aus dem Volk und gebe diesem etwas.[107] Da die restaurative Propaganda nicht verfing, übernahm die antisemitische Hetze die Funktion des Mobilisierungs- und Integrationsmittels. Wegen eines weiteren Dilemmas wurde der Antisemitismus für die propagandistische Argumentation der Freiwilligenarmee wichtig: Auch mit ihren großrussischen Ambitionen konnte sie bei den ukrainischen Bauern kaum Erfolg verbuchen. Damit trat praktisch zum erstenmal eine politische Kraft auf den ukrainischen Kriegsschauplatz, die – um von ihren sonst unpopulären Zielen abzulenken – auf den Antisemitismus setzen mußte. Dabei spielte wiederum die Gleichsetzung von Bolschewismus und Judentum die Hauptrolle. Der bereits bei fast allen Parteien in Erscheinung getretene Ataman Struk, der mittlerweile für die Freiwilligenarmee kämpfte, ließ in einer Proklamation verkünden: »Trockij-Bronštejn reißt orthodoxe Kirchen ein, teilt unter seinen Glaubensgenossen unsere fruchtbaren Böden auf und macht uns zu Sklaven bis zum Ende des Jahrhunderts. Nieder mit dem roten Judenstern!«[108]

Häufig wurde die jüdische Parteinahme für den »Bolschewismus« damit »bewiesen«, daß die »samooborona«, die jüdische Selbstwehr gegen Pogrome, hinterrücks auf die Kämpfer der Freiwilligenarmee geschossen habe.[109] Eine Zeugin berichtet über die Zeit nach der Vertreibung der Bolschewiki aus Kiew, es habe in der Masse nur noch das Gesprächsthema »žid« gegeben. Der Haß auf žid, židovka, komissar, komissarša habe alle vereint, alle forderten die Bestrafung der Juden für den Bolschewismus.[110] Geschürt wurde diese Stimmung durch eine Pressekampagne. Vor allem der berühmte Politiker der Rechten, V. Šul'gin, betrieb russisch-nationalistische Agitation gegen ukrainische Nationalisten und jüdische »Henker«. Traurige Berühmtheit erlangte sein Artikel »Folter durch Angst« vom 8. 10. 1919 im »Kievljanin«.Er

107 »Golos k russkomu narodu ot Južnoj Armii«, zit. bei: Štif, Pogromy, S. 59 f. Das Loblied auf die Gutsbesitzer wurde in einer zweiten Auflage des Flugblatts weggelassen – der Effekt auf die Soldaten war offenbar zu negativ.

108 Zit. bei Šechtman, Pogromy Dobrovol'českoj Armii na Ukraine, S. 301 f. Vgl. den Text eines in Kiew an die Wände geklebten Plakats gegen »Lejba Bronštejn«, zit. bei Štif, Pogromy, S. 65.

109 Koigen, Apokalyptische Reiter, S. 115; vgl. Štif, S. 65; V. Poljakov, »Žutkie dni na Ukraine«, in: Evrejskaja Letopis', 1923, S. 17 – 36, bes. S. 21 ff.

110 L. L-aja, »Očerki žizni v Kieve v 1919 – 20 gg.«, in: Archiv Russkoj Revoljucii, III (1921), S. 210 – 233, hier S. 217.

beschrieb, wie die Kiewer Juden nachts mit Angstschreien marodierende Soldaten von größeren Ausschreitungen zurückhielten. Šul'gin riet allen Juden, die diese Schreie gehört hatten, darüber nachzudenken, was es heiße, nach den Rezepten ihres »großen Lehrers« Marx Klassen aufeinander zu hetzen. »Wird nun das Judentum, indem es sich an die Brust schlägt und Asche über sein Haupt streut, vor dem ganzen Volk bereuen, daß die Söhne Israels so schicksalhaft an der bolschewistischen Raserei teilgenommen haben?«[111] Šul'gin rief nicht zur Gewalt gegen die Juden auf, vielmehr erklärte er, ein Pogrom würde doch nur zuviel Mitleid mit den Opfern hervorrufen.[112]

In der offiziellen Erklärung der Denikinschen Propagandaabteilung, die überall an den Wänden klebte, wurde den pogromščiki praktisch recht gegeben: »Kampforganisationen der jüdischen Parteien« hätten mit Maschinengewehren, Flinten und Handgranaten die Freiwilligen unter Beschuß genommen, weshalb in der christlichen Bevölkerung eine kaum von den Behörden zurückzuhaltende Empörung herrsche.[113]

Die Militärzensur unterband die Veröffentlichung von Adressenlisten angeblicher Bolschewiki, doch dies hielt den Pogrom nicht auf.[114] In den fünf Tagen kamen 600 Menschen ums Leben. Die bevorzugten Opfer der Ausschreitungen waren nun die wohlhabenden Juden der Stadt.[115]

1.4.2. Der »weiße« Antisemitismus

Die antisemitische Agitation hatte in den Reihen der weißen Truppen eine bei ihren Vorgängern und Gegnern auf dem ukrainischen Kriegsschauplatz nicht anzutreffende Intensität erlangt. Diese Propaganda war jedoch nicht zentral gelenkt; Denikin versuchte gelegentlich, mäßigend einzuwirken. Ein Flugblatt der Freiwilligenarmee zeigte Trockij auf der Kremlmauer, unter

111 Der Artikel »Pytka strachom« ist nachgedruckt bei Šechtman, Pogromy Dobrovol'českoj Armii, S. 368 f.; vgl. Gol'denvejzer, »Iz Kievskich vospominanij«, in: ARR, 1922, S. 260 ff.; Koigen, Apokalyptische Reiter, S. 118 f. Zu Šul'gin siehe auch unten, Kap. 6.4.

112 Fast ein Jahrzehnt später rechtfertigte Šul'gin seine Angriffe auf die Juden mit ihrer »tatkräftigen Teilnahme an der Schaffung und Stabilisierung des Roten Drachens«. In der Kiewer Tscheka seien von 25 Mitgliedern 23 Juden gewesen (V. Šul'gin, Čto nam v nich ne nravitsja, S. 89 ff.). Vgl. Listen der russischen Tscheka-Opfer ebd., S. 313 ff. Nach seiner Flucht mit dem weißen Heer nach Konstantinopel zog Šul'gin Bilanz der weißen Bewegung, die Ehre und Moral verloren habe, indem die Weißen wie die Roten geworden seien: »Wir verhalten uns zu den ›židy‹ so wie sie zu den ›buržui‹« (1920 in: Dni. 1920, S. 290 ff., S. 298 ff.).

113 Evrejskie pogromy, S. 50. Der Kiewer Metropolit forderte von den Juden, sie sollten ihren Glaubensgenossen nahelegen, aus allen bolschewistischen Einrichtungen auszutreten. Kievskoe Ėcho, 28. 10. 1919; Kievljanin, 7. 11. u. 21. 11. 1919, zitiert bei: Štif, Pogromy, S. 71 ff.

114 Siehe auch Gusev-Orenburgskij, Bagrovaja kniga, S. 248 ff.; Šechtman, Pogromy Dobrovol'českoj Armii, S. 89 über derartige Häuserverzeichnisse, aber auch über Presseartikel gegen die Pogromstimmung.

115 Die Losung, so schreibt später ein Zeuge, sei jetzt gewesen: »Bej bogatogo žida!« V. Poljakov, »Pytka strachom«, in: Evrejskaja Letopis', 1924, S. 60 – 70, hier S. 63; ähnlich Gol'denvejzer, »Iz kievskich«, S. 267.

der sich Totenschädel häuften. Eine Gruppe von Chinesen führte gerade die Exekution eines mužik durch. Der damalige Armee-Agitator Schwarz-Bostunitsch berichtete später, daß Denikin auf diesem Plakat mit schwarzer Farbe einen »jüdischen Todeskommissar« übermalen ließ.[116] Nur ein General mußte wegen der Pogrome zurücktreten.[117] Untersuchungskommissionen, wie sie das ukrainische Direktorium ins Leben gerufen hatte, gab es nicht. Im Oktober wurde ein Erlaß in den Zeitungen veröffentlicht, in dem Denikin forderte, »daß entschiedene Maßnahmen ergriffen werden zur Beendigung dieser Erscheinungen, indem harte Strafen über die Schuldigen verhängt werden«. Offenbar hat Denikin jedoch selbst nicht an die Erfüllung dieser Forderung glauben wollen, wie er einer jüdischen Delegation anvertraute.[118] Er hielt später in seinen Erinnerungen fest, daß die Pogrome noch tragischer ausgefallen wären, »wenn die Truppen den geringsten Anlaß zur Annahme gehabt hätten, daß die Oberste Heeresleitung die Pogrome begünstigt«.[119] Doch auch er ging von Stereotypen wie dem Übergewicht der jüdischen Kommissare aus[120], und er scheint – ähnlich wie Petljura – bereit gewesen zu sein, die Pogrome als Kampfmittel gegen den Bolschewismus stillschweigend in Kauf zu nehmen. Er beschreibt selbst, wie er einer jüdischen Delegation gegenüber erklärte, daß er keinerlei Grund zu besonderer Sympathie zum jüdischen Volk habe, daß er aber aus christlicher Moral und staatlicher Zweckmäßigkeit alles tun werde, was er könne, um die Gewalt von den Juden abzuwenden. Die jüdischen Delegierten hätten aber nicht verstehen können, daß die von ihnen geforderte Verurteilung der Pogrome nur ihre Lage erschwert hätte, da die Massen geglaubt hätten, er (Denikin) habe sich »den židy verkauft«.[121] Auf eine Anordnung Denikins hin mußten alle jüdischen Offiziere in der Freiwilligenarmee zurücktreten. Denikin mußte dieser Forderung seines Generals Maj-Maevskij nachgeben, setzte aber durch, daß Juden in den unteren Rängen verbleiben konnten.[122]

116 Plakat bei David King/James Ryan, Trotsky. A Photographic Biography, New York 1986, S. 111; Gregor Schwarz-Bostunitsch, Jüdischer Imperialismus. 3000 Jahre hebräischer Schleichwege zur Erlangung der Weltherrschaft, o.O., 1937 (3. Auflage), S. 107. Das Plakat sei unter dem »liberalistisch-demokratischen« Denikin verpönt gewesen, erklärte Schwarz-Bostunitsch, der später zu den Nationalsozialisten in Deutschland stieß.

117 Štif, Pogromy, S. 87.

118 Štif, ebd., S. 90 f.

119 Denikin, Očerki russkoj smuty, Bd. V, S. 146.

120 Ebd., S. 147. Vgl. Šechtman, Pogromy Dobrovol'českoj Armii, S. 210.

121 Denikin, Očerki V, S. 150; nach einer anderen Quelle: er habe erklärt, daß er die Juden nicht möge, seine Haltung zu ihnen basiere aber auf Humanität, weshalb er Pogrome bestrafen werde; nach D. Tichobrazov, Vospominanija, S. 10, (Manuskript im Archiv der Columbia University), zit. n. P. Kenez, Civil War in South Russia, 1919 – 1920, S. 174. Vgl. ders., »Pogroms and White Ideology in the Russian Civil War«, in: J. Klier/S. Lambroza (Hrsg.), Pogroms: Anti-Jewish Violence in Modern Russian History, S. 292 – 313.

122 Denikin, Očerki V, S. 145 f.; Štif, Pogromy, S. 73 f.; Heifetz, Slaughter, S. 106.

Denikin wandte sich gegen die Pogrome, um die militärische Disziplin zu verteidigen und dem allgemeinen Verfall seiner Truppe entgegenzuwirken. Immerhin unterschied er sich von dieser in der Frage des Antisemitismus merklich, da innerhalb der Freiwilligenarmee ein kaum zu steigernder Judenhaß virulent war. Dies belegt ein Lagebericht, den ein Agent der weißen Armee verfaßte. Dort war die Rede von den Juden als Mikroben, die unschädlich gemacht werden müßten; solange die Juden am Werk seien, sei die Front in Gefahr; jüdische Agenten lockten unter der Maske des Patriotismus die jungen Soldaten mit Spielkarten, Frauen und Wein in ihr Netz usw.[123] In verschiedenen Städten, die sich im Machtbereich der Weißen Armee befanden, gründeten monarchistische Kreise angeblich eine »Liga zur Vernichtung der Juden«. Jedes Mitglied mußte sich beim Eintritt in diese Vereinigung durch Eid dazu verpflichten, in seinem Leben 500 Juden im Alter von mehr als drei Monaten auszurotten.[124]

In Rostow agitierte der bekannte Schwarzhunderter Puriškevič unter den Truppen und verteilte Ausgaben der »Protokolle der Weisen von Zion«.[125] Teilweise wurden Zusatzfälschungen beigegeben, in denen fiktive jüdische Organisationen sich über den bevorstehenden Sieg und ihre Alleinherrschaft ausließen.[126]

Ein anderer Aspekt war die Forderung auf manchen Flugblättern, die Juden nach Palästina zu vertreiben. In einem Blatt der Kadetten war die Rede davon, daß die Untertanschaft der Juden unter eine fremde Macht (Palästina) anerkannt werden solle, weshalb sie auch von jeglichen Verpflichtungen in Rußland entbunden werden sollten. Zugleich sollten ihre Rechte beschränkt werden.[127] Auch von Anhängern der Kadetten wurde Gewalt gegen die jüdische Bevölkerung implizit gerechtfertigt, wenn es wenig später in der Sovbodnaja Reč' hieß, daß alle russischen Patrioten Haß verspürten auf die Juden, die aktiv an der Zerstörung Rußlands teilnähmen. Es könne daher keine andere Lösung geben, als die Juden als fremde Subjekte zu betrachten.[128]

123 Bericht aus Taganrog vom 14. 11. 1919; Wrangel Military Archives (Hoover Institution Stanford), File 166, S. 22 – 25, zit. bei Kenez, Civil War, S. 172 f. »The same motives appear in dozens of other reports.« (Kenez)

124 Lewitzkyj/Specht, Die Lage der Juden in der Ukraine, S. 75.

125 V. Burcev, »Protokoly sionskich mudrecov« – dokazannyj podlog, Nachdruck 1991, S. 279 ff.; N. Cohn, Die Protokolle der Weisen von Zion, S. 151 f.

126 Denikin, Očerki V, S. 148. Burcev bestätigt, daß Denikin die Protokolle ablehnte (»Protokoly«, S. 273 ff.).

127 Svobodnaja Reč', 10. 10. 1919, zit. bei Šechtman, Pogromy Dobrovol'českoj Armii, S. 85. Vgl. ebd., S. 78. Immerhin sprachen die Kadetten sich gegen die Pogrome aus, forderten aber von den Juden Loyalität, damit sie Sicherheit erlangten. Siehe Heifetz, Slaughter, S. 116; Evrejskie pogromy, S. 20.

128 Zit. in: Jewish Chronicle, 23. 1. 1920, S. 10.

Eine erhebliche Rolle in der Aufheizung der antijüdischen Stimmung spielte die Agitation durch kirchliche Kreise. Ein im Organ des Heiligen Synod in Moskau 1918 erschienener Artikel, den jeder Priester verlesen sollte, erklärte das Vorgehen der neuen Machthaber als »Christenverfolgung«:

> Der Haß der Juden [iudej] und Judaisierenden ist besonders sichtbar in den Lassalles, Marx, Kautskys und Engels im Ausland und in denen, die bei uns über die Geschicke der Kirche in Rußland gegenwärtig verfügen. Dadurch ist die Grausamkeit und der Extremismus zu erklären, Eigenschaften, die schon immer von der judäischen Psychologie an den Tag gelegt worden sind.[129]

Der Verfasser dieses Textes war ein schon vor der Revolution bekannter geistlicher Anhänger der radikalen Rechten, der im Sommer 1918 von den Bolschewiki erschossen wurde.[130] Nach sowjetischen Angaben sollen zwischen Februar und Mai 1918 bei kirchlichen Demonstrationen gegen die Trennung von Staat und Kirche, die sich überall in Pogrome gegen Juden verwandelt hätten, 687 Menschen umgebracht worden sein.[131]

Im Gefolge der weißen Truppen war die antijüdische Hetze von kirchlichen Gruppen und Einzelpersonen teilweise noch heftiger. Eine »Brüderschaft des lebensspendenden Kreuzes« wurde von einem Vater Vostokov mit dem Ziel der Bekämpfung der »jüdischen Freimaurerei« [židomasonstvo] gegründet. Er schlug einen Kreuzzug gegen die jüdischen Bolschewiki mit Ikonen vor.[132] Als im Oberkommando über die Weiße Armee Denikin durch Vrangel' abgelöst wurde, schritt dieser gegen den Prediger ein und verbot »jegliche öffentlichen Auftritte, Predigten, Vorlesungen und Dispute, die politische oder nationale Zwietracht säen«.[133] Zwar ist es damit gelungen, besonders auffällige Agitatoren wie jenen Priester in die Schranken zu verweisen, aber die antisemitische Grundeinstellung war auch unter Vrangel's Führung in den Truppen allgegenwärtig. Vrangel' stimmte in einer Begegnung mit V. Burcev allen Argumenten gegen den Antisemitismus zu, erklärte aber, daß diejenigen, mit denen er zu tun habe, dies nicht verstünden.[134] Auch

129 Vostorgov, »Kustodija«, in: Cerkovnye Vedomosti, Nr. 17 – 18/1918, S. 562 – 566, zit. von M. Gorev in der Komsomol'skaja Pravda am 25. 2. 1927, auch in Gorev, Protiv antisemitov, S. 99; G. Žigalin, Proklatoe nasledie, S. 79.

130 Vgl. M. Agursky, »Stalin's Ecclesiastical Background«, S. 4 ff. Der betreffende Vater Vostorgov gehörte zur selben Zeit wie J. Stalin dem Theologischen Seminar in Tiflis an.

131 M. Gorev, Protiv antisemitov, S. 99.

132 Denikin, Očerki V, S. 157; vgl. Kenez, Civil War, S. 173. Vostorgov und Vostokov dürfen nicht verwechselt werden, siehe Burcev, »Protokoly sionskich mudrecov«, Nachdruck 1991, S. 408.

133 Vospominanija Generala Barona P. N. Vrangelja, Teil 2, in: Beloe Delo, Bd. 6, Berlin 1928, Nachdruck Frankfurt 1969, S. 197; vgl. Nikolaj Ross, Vrangel' v krymu, Frankfurt 1982, S. 254. Beispiele für die Rolle kirchlicher Propaganda, wie sie noch unter Vrangel' typisch war, bei Pigido in Material Concerning the Ukrainian-Jewish Relations, S. 20 f.

134 Burcev, »Protokoly«, S. 276 f.

wenn Vrangel' und Denikin keinen offenen Antisemitismus förderten – ihre propagierte Selbstsicht als Kämpfer gegen die »Feinde des Glaubens und des Vaterlandes«[135] ließ sich sehr leicht antisemitisch umdeuten.

1.4.3. Antisemitismus außerhalb des jüdischen Siedlungsgebiets

Auch Sibirien, in dem nur wenige Juden lebten, war Pogromschauplatz. Im Juli 1919 gab es in Jekaterinburg angeblich 2000 bis 3000 Opfer. Verantwortlich waren hier Kolčak unterstellte Einheiten.[136] Der Pogrom entstand aus einer Versammlung von Sozialrevolutionären, bei der rote Fahnen mit der Aufschrift »Land und Freiheit« und »Es lebe die Bauernregierung« getragen worden seien. In der Masse soll der Ruf »Rette Rußland, schlage die Juden« zu hören gewesen sein.[137] In ihrer offiziellen Haltung zum Antisemitismus unterschieden sich die Sozialrevolutionäre kaum von den Bolschewiki. Auch sie erklärten den Antisemitismus als Ventil für das unterdrückte und ausgebeutete Volk. Jüdische Kapitalisten seien nicht besser oder schlechter als andere, die meisten Juden seien arm, usw.[138]

Nach diesen Vorfällen meldete der Jewish Chronicle, daß Kolčak die Pogrome unter Strafe stelle.[139] Im September 1919 sprach Kolčak sich in einem Interview dagegen aus, die Juden, die normalerweise loyaler und konservativer als die russische Mittelklasse seien, für die Taten von Trockij und anderen verantwortlich zu machen.[140] Gegenüber offen antisemitischen Militärs lehnte Kolčak Terrormaßnahmen gegen die führenden (jüdischen) Bolschewiki ab, da dies der Offiziersehre widerspreche.[141]

Ähnlich bescheinigte ihm ein Mitglied der britischen Sibirien-Mission, daß er im Gegensatz zu den ihn umgebenden Angehörigen der ehemaligen zaristischen Oberklasse kein Antisemit sei. In einer Proklamation »Sibirischer Schützen« vom 10. 2. 1919 sei behauptet worden, alle Kommissare seien Juden, die schon immer den russischen Bauern gehaßt hätten und

135 So im Ernennungsbefehl Denikins an Vrangel' am 24. 3. 1920, abgedruckt in: Beloe Delo. »Letopis' beloj bor'by«, Berlin 1926, S. 76.

136 J. A. White, The Siberian Intervention, Princeton 1950, S. 120, zit. n. W. Bruce Lincoln, Red Victory. A History of the Russian Civil War, S. 263; vgl. Z. Szajkowski, Kolchak, Jews and the American Intervention in Nothern Russia and Siberia, S. 68 ff. Siehe auch Scheibert, Lenin an der Macht, S. 351, über einen Pogrom in Simbirsk.

137 Bericht eines Agenten der amerikanischen Militäraufklärung in den National Archives RG 120, box 51, zit. bei Szajkowski, Kolchak, S. 73.

138 Abramova, Vragi li trudovomu narodu evrei (1917), passim.

139 JC, 11. 7. 1919, S. 10: »Kolchak bans Jew baiting.« Interessant ist auch in ihrem Wortlaut eine Meldung zuvor: »A holocaust of Jews in Russia is effectuated« (JC, 30. 5. 1919).

140 Heifetz, Slaughter, S. 118. Das Interview wurde in den Blättern Evrejskaja Žizn' und Dal'nevostočnoe Obozrenie publiziert und in Le Temps, 14. 12. 1919, abgedruckt; daraus zitiert Heifetz. Z. Szajkowski, Kolchak, S. 68, bezweifelt, daß dies Kolčaks ehrliche Meinung war.

141 Konstantin W. Sakharow, Die verratene Armee, Berlin 1938, S. 288 f. Vgl. dort S. 240, S. 246, S. 293.

nun aus ihnen den letzten Blutstropfen herauspressen wollten. Im Blatt Vpered haben Leitartikel täglich den Tag der Rache an den jüdischen Kommissaren angedroht. In anderen Artikeln wurde auf die angebliche Feigheit der Juden im Krieg eingegangen. Juden sollen aus den Schulen geworfen worden sein.[142] Antisemitische Proklamationen waren – auch wenn sie nicht von ganz oben angeordnet waren – an der Tagesordnung. Ein Flugblatt zum Beispiel erklärte, bei den Juden werde vom Vater auf den Sohn weitergegeben, daß die Juden mit allen Mitteln die Gojim unter ihre Herrschaft bringen müßten. Dann folgte eine längere Liste mit den »Pseudonymen« und den »wahren Namen« der bolschewistischen Führer von »Trockij – Bronštejn« bis »Lenin – Caberbljum«.[143]

In Sibirien erschien auch eine Ausgabe der »Protokolle der Weisen von Zion«, an deren Wahrheitsgehalt Kolčak selbst geglaubt haben soll.[144] Noch nach dem Bürgerkrieg erschien im japanisch besetzten Wladiwostok ein Edikt gegen die Pogromneigung, die unter dem Ataman Semenov, einem notorischen Judenhasser, zugenommen hatte.[145]

Auch an der nördlichen Front gegen die Bolschewiki – unter Judenič im Baltikum – spielte Antisemitismus eine Rolle. Die Agitation gegen die »židy« tauchte in den Proklamationen der dort operierenden estnischen Truppen an die Bolschewiki auf.[146] Allerdings sind aus dieser Gegend keine nennenswerten Pogrome bekannt, aber selbst die alliierten Verbündeten trauten Judenič keine volle Kontrolle in dieser Frage zu. Churchill wies im Oktober 1919 den britischen General Haking an, Judenič dürfe nach der Eroberung Petrograds zwar eine Militärdiktatur errichten, aber Massenhinrichtungen seien zu verhindern. »Vor allem würde alles in der Art eines Judenpogroms der russischen Sache gewaltigen Schaden zufügen.«[147]

Daß es in einem von weißen Truppen eroberten Petrograd zu einem Pogrom gekommen wäre, ist zu vermuten. Jüdische Organisationen in Lettland veröffentlichten 1928 Dokumente, die auf geplante Pogrome durch Judenič-Truppen schließen ließen.[148] Gor'kij hielt Beispiele antisemitischer

142 Das Interview mit einem Captain Sanderson erschien im Jewish Chronicle am 20. 2. 1920, S. 20 f.

143 National Archives RG 120, box 51; faksimiliert abgedruckt bei Szajkowski, Kolchak, Faksimile Nr. 31.

144 K. Sakharow, Die verratene Armee, S. 303; Cohn, Die Protokolle der Weisen von Zion, S. 151. Anders – aber ohne überzeugende Belege – Burcev, »Protokoly«, S. 281.

145 Jewish Chronicle, 1. 7. 1921, S. 13. Vgl. Z. Szajkowski, Kolchak, S. 105 ff. über antisemitische Vorurteile auch unter den japanischen Besatzern.

146 M. S. Margulies, God intervencii, Bd. 2, Berlin 1923, S. 175. In Judeničs Stab gab es auch einige Juden (A. Margolin, The Jews of Eastern Europe, S. 19).

147 War Office 106 626, zit. n. Alex P. Schmid, Churchills privater Krieg. Intervention und Konterrevolution im russischen Bürgerkrieg, November 1918 – März 1920, Zürich 1974, S. 266.

148 JTA, 15. 2. 1928, S. 3.

Aufrufe fest, die auch in Petrograd verteilt wurden und die Russen aufforderten, sich »von der jüdischen Pest zu säubern«.[149] Ausländische Korrespondenten berichteten während des Bürgerkriegs von einem Mob, der fordere: »Nieder mit den Juden! Gebt uns Brot!« Die übliche Meinung sei, daß ein jüdischer Kommunist sich unbewußt für die Missetaten an seiner Rasse während vergangener Jahrhunderte rächen wolle.[150] Schon ein Jahr vorher war die Lage kaum anders gewesen; antisemitische Reden gegen Trockij waren von Soldaten zu hören.[151] Noch 1921 wurden im Zusammenhang mit dem Kronstadter Aufstand in Petrograd immer wieder antijüdische Parolen laut.[152]

Die Allgegenwart des Stereotyps vom »jüdischen Bolschewismus« wird an Proklamationen deutlich, wie sie im August 1919 – von russischen Stellen gebilligt und gedruckt – an die englischen Truppen verteilt wurden: Sie seien nicht zu Eroberungen nach Rußland gekommen, sondern um den Bolschewismus zu bekämpfen. Die Soldaten sollten auf Rußland blicken, wo die Macht in den Händen vor allem von Juden sei, die es geschafft hätten, jede Ordnung zu zerstören.[153] Bürgerkrieg und Intervention hatten in Kreisen weit über den traditionellen russischen Antisemitismus hinaus Ideen von einer »jüdischen Machtübernahme« in Rußland entstehen lassen. In einem von der britischen Regierung herausgegebenen Weißbuch fanden sich zahlreiche Aussagen über die herausragende Rolle von Juden bei der Revolution und bei der Ermordung der Zarenfamilie. Sowohl in der Times als in eigenständigen Veröffentlichungen des Petrograder Korrespondenten dieses Blattes wurde der jüdischen Abstammung der bolschewistischen Führer große Aufmerksamkeit zuteil.[154] Wie sehr der Bolschewismus als innerjüdische Angelegenheit gesehen wurde, wird bei W. Churchill erkennbar, der von einem Konflikt in der »jüdischen Rasse« zwischen Zionismus und

149 Ein Aufruf eines »Verbandes christlicher Sozialisten«, zit. in: Novaja Žizn', 20. 5. 1918, in: Maxim Gorkij, Unzeitgemäße Gedanken über Kultur und Revolution., S. 219 ff.

150 JC, 30. 5. 1919, S. 10. Auch I. Steinberg, als Sozialrevolutionär in der ersten Sowjetregierung Justizkommissar, berichtet, wie er bei seinen Gesprächspartnern die Angst vor der jüdischen Rache spürte (I. Steinberg, Als ich Volkskommissar war. Episoden aus der russischen Oktoberrevolution, München 1929, S. 165 ff.).

151 JC, 1. 2. 1918, S. 8.

152 Siehe P. Avrich, Kronstadt 1921, S. 35 f., S. 46 f., S. 142, S. 155, S. 178 ff., S. 197.

153 Faksimilierte Proklamation von der Archangelsk-Front vom 30. 8. 1919 in: Szajkowski, An Illustrated Sourcebook of Russian Antisemitism, Bd. 2, S. 115; weitere Beispiele für eine derartige Agitation, die sich dann meistens auch in russischer Übersetzung an die russischen Truppen wandte, bei Szakjowski, Kolchak, S. 93 ff.

154 A Collection of Reports on Bolshevism in Russia, presented to Parliament by Command of His Majesty; R. Wilson, Russia's Agony, London 1918, zit. in: The Protocols and World Revolution, S. 82 ff. Besonders hervorgehoben wurde die angeblich deutsch-jüdische Abstammung der führenden Bolschewiki, allen voran der »Jew of the Jews« Trockij. Mit dem Geld amerikanisch-jüdischer Bankiers werde eine Politik finanziert, die nicht mehr wie im Weltkrieg eine »Pax Germanica« sondern eine »Pax Judaeica« befürchten lasse. Vgl. Z. Szajkowksi, Jews, Wars, and Communism, Bd. 2, S. 167 ff.

Trockijs internationalem System sprach. Letzteres sei eine »weltweite Verschwörung zum Sturz der Zivilisation«; eine Bande aus der Unterwelt der europäischen und amerikanischen Städte herrsche jetzt in Rußland.[155]

Es liegen schließlich sogar Nachrichten darüber vor, daß auch der Bürgerkrieg in Mittelasien, wo in den Städten orientalische Juden lebten, von Pogromen begleitet war. Im Frühjahr 1918 sollen in Kokand (im heutigen Usbekistan) 300 Juden umgekommen sein. Bei solchen Pogromen in anderen Städten kam es auch zu Zwangsbekehrungen zum Islam.[156] Es kam ferner zu Pogromen der »Weißen« gegen die kaukasischen Bergjuden.[157]

1.5. Ausmaß und Auswirkungen der Massenmorde

Wieviele Menschenleben die Pogrome des Bürgerkriegs kosteten, kann man nicht mit letzter Sicherheit sagen. Die Aufgabe, die gezielt antijüdischen Gewaltaktionen von allgemeinen Bürgerkriegshandlungen zu isolieren, scheint unlösbar. Unter den Pogromopfern ist eine unbestimmte Anzahl von Juden, die allgemeinen Plünderungen, Vergewaltigungen, Folterungen und anderen Bürgerkriegsverbrechen zum Opfer fielen, ohne daß ihr Judesein der Grund dafür war.

Die Angaben, die in kurzem zeitlichen Abstand zu den Ereignissen gemacht wurden, differieren beträchtlich. War zunächst nur von 19 000 in »Südrußland« Umgekommenen die Rede[158], wurden wenig später 30 000 genannt, mit dem Vorbehalt, es könnten auch 100 000 oder 250 000 sein.[159] Eine frühe Berechnung, die nur die Pogrome bis zum September 1919 erfaßte, stützte sich auf genaue Angaben über 35 000 Tote.[160]

Am zuverlässigsten ist eine Studie, die auf Materialien basiert, die sich in den zwanziger Jahren im Osteuropäischen Historischen Archiv in Berlin be-

155 Churchills unter dem Titel »Zionism versus Bolshevism. A Struggle for the Soul of the Jewish People« im Januar 1920 in Sunderland gehaltene Rede veröffentlichte der Illustrated Sunday Herald, 8. 2. 1920, zit. bei A. Schmid, Churchills privater Krieg, S. 312. Zur Kritik daran siehe Jewish Chronicle, 9. 1. 1920, S. 1; 23. 1. 1920, S. 13 f. Vgl. auch Sharman Kadish, »Bolsheviks and British Jews: The Anglo-Jewish Community, Britain and the Russian Revolution«, in: Jewish Social Studies, 1988/1993, Nr. 3 – 4, S. 239 – 252.

156 Evrejskaja Nedelja, 19. 4. 1918, Sp. 13; 27. 4. 1918, Sp. 22.

157 Ju. Larin, Evrei i antisemitzm, S. 128. Die Bergjuden stellten in Dagestan angeblich 70 % der Roten Garden. Offenbar waren auch hier die Pogrome »Bestrafungsaktionen« für den »jüdischen Bolschewismus«.

158 Jewish Chronicle, 16. 1. 1920, S. 12.

159 Jewish Chronicle, 5. 3. 1920. Ein US-amerikanischer General berichtet Ende 1919 von 10 712 Getöteten, erklärte aber gleichzeitig, daß er 29 000 für wahrscheinlicher halte (JC, 23. 7. 1920, S. 15).

160 S. Gusev-Orenburgskij, Bagrovaja kniga, S. 13 ff. Daraus wurden für die Zeit bis September 1919 200 000 Tote geschätzt. Pogromopfer der Freiwilligenarmee sind noch kaum erfaßt. Eine weitere frühe Darstellung stützte sich auf registrierte 15 000 Tote, geschätzt wurden 120 000 (Heifetz, Slaughter, S. 177 ff.).

fanden.[161] Aufgrund dieser Quellen ließen sich Aussagen über Pogrome an 524 Orten machen, wobei 164 mangels genauerer Angaben nicht berücksichtigt sind.[162] Dazu wurden 7 Städte in Zentralrußland miterfaßt, womit sich eine Zahl von 531 Orten ergab, in denen 1236 antijüdische Ausschreitungen verübt wurden. Diese zerfielen in 887 regelrechte Pogrome und 349 Exzesse, wo es nicht zu massenhafter Gewaltanwendung kam. Betrachtet man das Mißverhältnis von Zahl der Pogrome und Zahl der Pogromorte genauer, ergibt sich, daß über die Hälfte aller Orte mehr als einmal, ein Drittel sogar mehr als zweimal von einem Pogrom betroffen war. Spitzenreiter in dieser Statistik ist ein Städtchen mit 14 Pogromen.[163] Die Anteile der verschiedenen Gruppierungen an der Gesamtzahl der Ermordeten und der Ausschreitungen belaufen sich wie folgt: Die Armee Petljuras mit allen verbundenen Atamanen ist verantwortlich für 53,7 % der Toten und 40 % der Pogrome; Denikins Armee für 17 % der Toten und 17,2 % der Pogrome; Grigor'ev: 11,2 % Tote und 4,2 % Pogrome (damit besonders grausam); Sowjetarmee: 2,3 % und 8,6 % (damit verhältnismäßig »mild«); polnische Armee: 0,4 % und 2,6 %; Balachovičs Armee: 0,5 % und 0,7 %; Banden und Aufständische: 14,8 % der Toten und 24,8 % der Pogrome. Insgesamt wurden 31 071 Todesopfer gezählt[164], von denen über die Hälfte im Gouvernement Kiew zu beklagen waren. Da das Archiv über eine Liste von 16 262 Namen verfügte, aus der in 15 026 Fällen das Geschlecht und in 9916 das Alter der Opfer zu ermitteln war, konnten weitere Angaben gemacht werden: 76 % der Getöteten waren Männer, 3,5 % waren unter 8 Jahren, 19,1 % von 8 bis 20 Jahren alt. 21 bis 40 Jahre waren 36,5 %, 41 bis 50 waren 15,1 % und über 50 waren 26 % der Pogromopfer. Diese Statistik ist vor allem wegen der genau belegten relativen Größen wertvoll – ihre absoluten Angaben liegen sicher viel zu niedrig, da sie nur die tatsächlich dokumentarisch erfaßten Opfer berücksichtigt. Ihr Autor, der die Situation nicht nur aus Archivalien, sondern auch von seiner Tätigkeit als Referent des Flüchtlingskomitees des Russischen Roten Kreuzes kannte, schätzt mindestens 100 000 Tote und Verwundete.[165]

Dem französischen Journalisten Lecache wurde im August 1926 in Moskau erklärt, es habe 1520 Pogrome gegeben, 911 Dörfer seien verwüstet worden. An einer Karte an der Wand wurde jeder Pogrom mit Fähnchen mar-

161 Über das Archiv siehe JTA, 8. 6. 1926, S. 2; Friedman, Pogromchik, S. vii. Heute gehört es zum Bestand des YIVO-Instituts in New York (Philip P. Mason, Directory of Jewish Archival Institutions, Detroit 1975, S. 60 ff.).

162 Gergel, »The Pogroms in the Ukraine«, S. 237.

163 Ebd., S. 243.

164 Ebd., S. 248.

165 Ebd., S. 251. Die 31 000 Toten dürfen als konservativste Zahl und damit als gesichert angesehen werden.

kiert, von denen 226 Denikin, 211 Petljura, 47 Polen, 47 Balachovič und 989 Banditen symbolisierten. Drei Viertel aller Pogrome (1285) fanden in der Ukraine statt.[166] Die Zahlen dürfen als die offiziellen sowjetischen Angaben gelten. Gegenüber den von Lecache referierten Angaben ließe sich nach weiteren sowjetischen Quellen noch hinzufügen, daß im Gouvernement Kiew für 92 Pogrome Denikin-Truppen, 47 mal Petljura-Einheiten, 8 mal Polen und in 359 Fällen Banden verantwortlich waren. Von den nichtukrainischen Pogromen ereigneten sich 196 in Weißrußland und 29 im Gouvernement Homel. Die geschätzte Gesamtzahl der Todesopfer ist hier 180 bis 200 000 in der Ukraine und Weißrußland, dazu 300 000 Waisen und 700 000 materiell Geschädigte.[167] Spätere verstreute sowjetische Angaben lagen bei über 200 000 Ermordeten.[168]

Verständlich ist die Tendenz zu hohen Zahlen, die von Hilfsorganisationen vorgelegt wurden. In einer Denkschrift des Zentralkomitees zur Unterstützung der Pogromopfer, das sich im Operationsgebiet der Denikin-Armee gebildet hatte, war die Rede von 170 000 Opfern.[169] Noch höher ist die Zahl der Todesopfer in einem Spendenaufruf einer Londoner Hilfsorganisation, wo von 400 000 Ermordeten in 300 kleinen und 200 großen Pogromen die Rede ist.[170]

Die tiefgreifenden Folgen der Massenmorde sind am Rückgang der jüdischen Bevölkerung im Bereich des späteren sowjetischen Territoriums um 2 % von 1897 bis 1926 abzulesen. Während die Bevölkerung der Ukraine in diesem Zeitraum um 35,7 % zunahm, nahm die jüdische Bevölkerung um 4,7 % ab, ihr Anteil an der ukrainischen Gesamtbevölkerung fiel von 8 auf 5,6 %. Dabei stieg die jüdische Bevölkerung zwischen 1923 und 1926 jährlich um 1,3 % wieder an.[171] Von 6707 Häusern in 21 Orten des Gouverne-

166 Lecache, Au pays des Pogromes, S. 31 f. Lecache wurde auch in ein Archiv geführt, das 50 000 Aussagen von jüdischen Pogromopfern enthielt, angeblich 8000 davon waren Klagen gegen Petljura. Lecache selbst schätzte die Zahl von 300 000 Ermordeten, davon 90 000 von Petljura (ebd., S. 241). Daneben habe es etwa fünfzig »rote« Pogrome gegeben, erklärte er in einem privaten Gespräch (zu P. Pascal am 3. 10. 1926, Journal de Russie, Bd. 3, S. 173).

167 Evrejskie pogromy. 1918 – 1921, S. 74 ff.

168 Ju. Larin, Evrei i antisemitizm, S. 43. Der ukrainische Erziehungsminister Skrypnik erklärte 1930, daß im Bürgerkrieg einschließich der Toten durch Hunger und Krankheiten 300 000 Juden umgebracht wurden, allerdings sprach Dimanštejn bei einem Auftritt in Berlin 1932 nur von Zehntausenden Pogromtoten im Bürgerkrieg. Siehe JTA, 1. 11. 1930, S. 4; 10. 12. 1932, S. 5.

169 Lewitzky/Specht, Lage der Juden, S. 74. Hier stehen aufgrund der proukrainischen Haltung der Verfasser die Opfer der Freiwilligenarmee im Vordergrund.

170 Jewish Chronicle, 22. 4. 1921, S. 26; offenbar bezog sich die Zahl des Central Committee for the Relief of Jews in Russia and Eastern Europe auch auf alle osteuropäischen Länder, in denen allerdings in den jeweiligen Pogromen im Vergleich mit den Ereignissen in der Ukraine sehr wenige Menschen (einige Hundert) umgebracht wurden.

171 M. Altshuler, Soviet Jewry since the Second World War, S. 3. Noch drastischer wirkt der Vergleich der Daten von 1897 und 1923: In diesem Zeitraum nahm die Zahl der Juden auf dem sowjetischen Territorium insgesamt um 1,9 % ab, in der Ukraine aber um 15,7 % (L. Zinger,

ments Kiew waren 1923 nur 1556 von ihren jüdischen Besitzern bewohnbar. Eine halbe Million Menschen war aus den Städten geflohen, 48 Städte, die 1897 von 87 777 Juden bewohnt waren, hatten 1920 nur noch 17 089 Einwohner. Zwischen 1918 und 1922 flohen 200 000 Juden in Nachbarländer, allein in Bessarabien waren 73 000 dieser Flüchtlinge.[172]

Die Resonanz auf die Pogromwelle war im Westen zunächst gering. Das Augenmerk der westlichen Öffentlichkeit war zunächst stärker auf die polnischen Pogrome gerichtet.[173] Die Bolschewiki wiesen nur selten darauf hin, daß ihre Widersacher, die mit dem Westen verbündeten Weißen, für Pogrome verantwortlich sind.[174] Erst 1920 fanden die von den jüdischen Organisationen vorgelegten Informationen in der englischen, französischen und nordamerikanischen Presse Widerhall. Nun wurden auch weltweit Demonstrationen organisiert.[175] Hilfsaktionen kamen in Gang, in deren Folge es zu einer Erfassung der Pogromauswirkungen kam.[176] Dabei wurde ermittelt, daß zahlreiche Frauen nach Vergewaltigungen durch die Bürgerkriegssoldateska schwanger geworden waren; 60 % der jüdischen Frauen sollen mit Geschlechtskrankheiten infiziert gewesen sein.[177]

Evrejskoe naselenie SSSR [1927], S. 8). Beim Rückgang des jüdischen Bevölkerungsanteils ist zu berücksichtigen, daß viele nach dem Wegfall der zaristischen Wohnbeschränkungen aus dem ehemaligen Ansiedlungsgebiet wegzogen, ferner der enorme Rückgang schon vor dem Ersten Weltkrieg durch die Emigration vor allem in die USA. Aber trotz der Auswanderung von 1,3 Mio. war zwischen 1897 und 1917 die jüdische Bevölkerung von 3,1 auf 3,8 Mio. gewachsen (Evrejskoe Statističeskoe Obščestvo, Evrejskoe naselenie Rossii, S. vi ff.).

172 Zur Wohnungssituation vgl. die Reportage von Lecache, Au Pays de Pogromes, S. 93, S. 180; auch Evrejskie pogromy, S. 74. Über die Flüchtlinge siehe Universal Jewish Encyclopedia, Bd. 9, S. 674; vgl. JC, 13. 5. 1921. S. 11. Zum allgemeinen Trend vgl. Diane Koenker, »Urbanization and Deurbanization in the Russian Civil War«, in: Journal of Modern History, 57 (1985), S. 434 – 450, bes. S. 425.

173 Committee, Pogroms, S. v. Eine frühe Darstellung, die sich hauptsächlich auf die Ereignisse in Polen konzentrierte, deutete vage an, daß aus der Ukraine noch sehr wenig Nachrichten vorlägen, daß sich aber bereits Parallelen zum Massenmord an den Armeniern in der Türkei abzeichneten (Information Bureau, Evidence of Pogroms in Poland and Ukrainia, New York 1919, S. 173).

174 Dem New Yorker Nansen-Büro wurde im November 1919 von Čičerin mitgeteilt, daß unter den verschiedenen weißen Gegenregierungen Pogromliteratur verbreitet sei und Petljura-Truppen Massaker verübt hätten (Russian-American Relations March 1917 – March 1920. Documents and Papers, hrsg. v. C. Cumming/W. Pettit, New York 1920, S. 334).

175 Committee of the Jewish Delegations, The Pogroms, S. ix f.

176 M. Miller, »The Ukraine Commission of the Joint Distribution Committee«, über die Not der Überlebenden bes. S. 54. Eine Delegation der Joint Distribution Commission war ausgestattet mit 35 Millionen Dollar für die polnischen und ukrainischen Überlebenden. Siehe auch die Meldungen im Rewaler Evrejskoe Slovo, 12. 5. 1920, S. 11; 6. 8. 1920, S. 9 f.

177 Insgesamt erhöhte sich das Übergewicht der Frauen in der jüdischen Bevölkerung durch Emigration (oft unverheirateter Männer), den Krieg und die Pogrome. 1897 kamen auf 1000 Männer 1046 Frauen, 1926 aber 1115 Frauen (BSĖ, 1. Auflage, Bd. 24, Sp. 86). Der gesamtsowjetische Frauenüberschuß belief sich auf 1069 zu 1000. Vgl. M. Altshuler, Soviet Jewry since the Second World War, S. 89.

1.6. Hintergründe der Pogromwelle

In der durch den Welt- und den Bürgerkrieg verschärften wirtschaftlichen Situation, nachdem das bereits fünf Jahre andauernde Gemetzel, der Zusammenbruch tradierter Orientierungen in zwei aufeinanderfolgenden Umstürzen den moralischen Halt der Menschen zerstört hatte, brach eine Gewaltbereitschaft hervor, die schon länger aufgestaute Antipathien gegen die vermeintlich besser lebenden und ihre Umgebung ausbeutenden Juden zur Explosion brachte. Für die Bauern, die sich den verschiedenen plündernden Atamanen anschlossen, bot sich die Gelegenheit, einen seit Generationen weitergegebenen Haß auf jüdische Zwischenhändler gewaltsam auszuleben. Dabei spielte der soziale Utopismus, der sich in allen Spielarten zu verbreiten begann, eine wichtige Rolle. Ideologen verschiedener Schattierungen verkündeten, die Stunde des ausgebeuteten Bauern sei gekommen, der nun Rache nehmen dürfe an allen, die ihn zuvor bedrückt hatten. Dieser Glaube, es gebe nun ein Recht, sich an den Reichen, zu denen die Juden pauschal gerechnet wurden, schadlos zu halten, zog die arme Landbevölkerung in die Reihen von marodierenden Abenteurern – aber auch in die Reihen der Anarchisten oder Bolschewiki. Zwar war von Seiten der letzteren die Beteiligung an derartig motivierten Pogromen sicher nur gering, doch der Übergang vom Leninschen »Raubt das Geraubte« bis zu nur noch antisemitisch begründeten gewalttätigen Umverteilungsaktionen ist fließend. So ist ein Teil der Motivation zu Pogromen durchaus als Erscheinung des revolutionären Umbruchs zu sehen, als Verwirklichung radikaler Konzepte einer Sowjetmacht, die den Wohlhabenden (und zu denen gehörten die jüdischen Bourgeois auch nach bolschewistischer Instruktion) den Garaus machte.

Daß eine den bolschewistischen Postulaten nicht unähnliche Haltung die vorwiegend bäuerliche Bevölkerung ins Lager von Pogromhelden geraten ließ, ist nur ein Aspekt der Geschehnisse. Die Pogrome drückten den Widerspruch zwischen zwei Revolutionen aus. Die Agrarrevolution verteidigte sich gegen den städtischen Angriff der bolschewistischen Revolution, die den Bauern durch die rücksichtslosen Getreiderequirierungen wie ein Krieg gegen das Dorf erschien. Zum Sündenbock wurde die jüdische Bevölkerung der štetlech gemacht, der die Verantwortung für den Bolschewismus aufgeladen wurde. Dies war ein paralleles Verhalten zum Vorgehen der Bolschewiki. Die Haftbarmachung der jüdischen Bevölkerung für den roten Terror entspricht dem Vorgehen der Bolschewiki insofern, als diese stets auf ein durch seine Klassenzugehörigkeit definiertes Segment der Bevölkerung zurückgreifen konnten, um mit Geiselnahmen, Erschießungen, Plünderungen und Requirierungen ihre Ziele durchzusetzen. Die Gegner der Bolschewiki verfügten über kein derartiges Instrument, das ihnen sofort Schuldige in die

Hände lieferte, die stellvertretend bestraft werden konnten. Mit der immer weiter um sich greifenden Behauptung der Wesensgleichheit von Judentum und Bolschewiki zogen Teile der antibolschewistischen Kräfte mit ihrem Gegner gleich. Der Bürgerkrieg, der häufig genug die Form eines Hin und Her von Eroberung, Verlust und Wiedereroberung von Ortschaften hatte, bot wenig offene Auseinandersetzung der kämpfenden Parteien. Um so massiver richteten sich die Aggressionen auf Ersatzgegner, deren Identität mit dem Feind qua Klassenzugehörigkeit – oder Judentum bewiesen war. Sowohl die revolutionären wie die konterrevolutionären Pogrome nahmen an Grausamkeit zu, als die Gegner der Bolschewiki zurückgedrängt wurden – die jüdische Bevölkerung mußte für die militärischen Mißerfolge der Atamane und der Weißen bezahlen. Dabei folgte der Beweis der angeblichen Neigung der Juden zum Bolschewismus einer fatalen Logik. Im Sinne einer Self-fulfilling-prophecy sorgte das Stereotyp des jüdischen Bolschewismus für seine scheinbare Bestätigung. Vielen Juden blieb nichts anderes übrig, als sich den »Roten« anzuschließen, da sie sämtliche Gruppierungen bereits als »Bolschewiki« denunzierten und bedrohten. Bevor man sich als angeblicher Bolschewik umbringen ließ, schloß man sich lieber tatsächlich den Bolschewiki an. Die jüdischen Kommunisten – oft kurz zuvor noch in den jüdischen sozialistischen Parteien – erkannten auf dem Territorium des Ansiedlungsrayons: »Die Verteidigung der Sowjetmacht fällt hier mehr als irgendwo mit dem Schutz gegen physische Ausrottung zusammen.«[178] Im »Dilemma der einen Alternative« (Gitelman) schlossen sich zum Beispiel Jeschiwa-Studenten aus Proskurow der Roten Armee an und bildeten dort eine ganze Einheit.[179] Ein objektiver Augenzeuge schildert, wie in Pinsk nach der Eroberung der Stadt durch die Bolschewiki sich überall »Klubs« der jüdisch-kommunistischen Jugend in den beschlagnahmten Häusern der Bürger, darunter auch der jüdischen, eingerichtet hätten. Die Bolschewiki hätten zur Verteidigung der Stadt auf neugebildete Einheiten aus der jüdischen Jugend zurückgreifen können.[180]

Die »antibolschewistische« Pogrommotivation wurde nicht erst durch den Bolschewismus erzeugt, sondern war mit dem tradierten, letztlich an religiöse Vorstellungen gekoppelten Antisemitismus untrennbar verbunden.

178 »Denkschrift des Zentralbüros der Jüdischen Kommunistischen Sektionen beim ZK der KP Rußlands und des Hauptbüros der Jüdischen Sektionen beim ZK der KP der Ukraine« von 1919, in: Lenin, Über die Judenfrage, S. 7 ff.

179 Z. Gitelman, A Century of Ambivalence, S. 106 f.; ders., Jewish Nationality , S. 191. Vgl. E. Tšerikover, Di ukrainer pogromen in jor 1919, S. 158 f.; A. Yarmolinsky, The Jews and Other Minor Nationalities Under the Soviets, S. 57. Zu den politischen Orientierungen der Juden bis zur Revolution allgemein siehe weiter unten, Kap. 2.1. und 2.2.

180 I. Danilov, »Vospomianija o moej podnevol'noj službe u bol'ševikov«, in: Archiv Russkoj Revoljucii, XIV (1924), S. 39 – 131, hier S. 123 f.

Nur durch das bereits existierende Vorurteil gegen die »fremden« Juden war die Schaffung und breite Akzeptanz des Mythos vom »Judäo-Bolschewismus« möglich. Im Licht festsitzender antijüdischer Vorstellungen erschien die Brutalität, mit der die Bolschewiki ihre Abrechnung mit der »Bourgeoisie«, aber auch die Requirierung von landwirtschaftlichen Produkten durchführten, als Tat einer fremden Macht, deren Vertretern gegenüber jede Grausamkeit gerechtfertigt war. An jedem Rabbi durfte Rache für die Taten der »Roten« genommen werden, deren Terror, wie eine Denikin-Kommission behauptete, 1918 und 1919 angeblich 1,7 Millionen Opfer forderte.[181]

Hieraus leitet sich auch der instrumentale Aspekt der Pogrome ab. Viele Kommandeure antibolschewistischer Einheiten waren von der Verantwortung der jüdischen Bevölkerung für den Bolschewismus überzeugt. Nicht selten wurde die Beschwerde jüdischer Gemeinden über marodierende Truppen von hohen Militärs mit der Aufforderung gekontert, die Juden selbst sollten dafür sorgen, daß aus ihren Reihen nicht so viele mit dem Bolschewismus gemeinsame Sache machten. Der Pogrom wurde damit zur flächendeckenden »Bolschewismus-Bekämpfung – je mehr Juden man umbrachte, desto mehr Bolschewiki schien man damit zu beseitigen. V. Šul'gin, der in Kiew 1919 Artikel verfaßte, die die Pogrome rechtfertigten, hat im Exil später erklärt: »Die Weißen mußten einfach erkennen, daß die Roten zerbröckeln werden, wenn man die Juden aus dem Spiel bringt. Gegen diese Behauptung kann man anführen, was immer man will. In den Köpfen der Weißen saß unbestreitbar die Überzeugung fest, daß es sich genau so verhält – mochte dies auch gar nicht der Wirklichkeit entsprechen.«[182]

Auch das Verhältnis fast aller Führer der antibolschewistischen Fronten zu den Pogromen war instrumental. Die Oberbefehlshaber wie Petljura, Denikin, Kolčak stellten sich nicht als Kämpfer gegen die »jüdischen Bolschewiki«. Sie wußten aber sehr wohl, daß viele ihrer Soldaten so dachten. Gegen die Pogrome einzuschreiten, hätte also bedeutet, daß man seinen Truppen verbietet, gegen die »Bolschewiki« zu kämpfen. Zwar wußte Petljura, daß die Pogrome sich gegen Unschuldige richteten – das aber hielt er für nicht vermittelbar an die Truppen. Lieber ließ man die pogromščiki gewähren, als daß man sich auf eine so schwerwiegende Auseinandersetzung

181 Melgunow, Der rote Terror in Rußland, S. 169. In anderen Dokumenten dieser Kommission findet man auch Belege über Juden, die Opfer der »Roten« wurden (Krasnyj terror v gody graždanskoj vojny, S. 283 ff.). Nach eigenen Angaben erschoß die ČK einige Tausend Menschen, siehe Scheibert, Lenin an der Macht, S. 91. Solche Zahlen illustrieren einen Aspekt der Pogrome als Rache für die Taten der Bolschewiki. Dabei spielte es keine Rolle, ob diese selbst meinten, erst auf den »weißen« Terror zu reagieren. In den Wirren des Bürgerkrieges gab es kein klares Schema von Aktion und Reaktion mehr, der eine Seite als zuerst schuldige erkennen läßt.

182 V. Šul'gin, »Čto nam v nich ne nravitsja ...«, S. 83.

einließ, die nur zu dem Resultat führen mußte, daß den Soldaten von ihrem Befehlshaber befohlen wurde, gegen die »Bolschewiki« (für welche sie sämtliche Juden hielten) nicht vorzugehen. So sind die Befehlshaber der antibolschewistischen Heere zwar nicht für die Pogrome, aber für das Unterlassen ihrer Bekämpfung verantwortlich. Nicht aktiver, aber doch passiver, gewährenlassender Antisemitismus leitete sie. Dies gilt besonders für die Plünderungen, die in der weißen Armee ein halblegales Mittel der Truppenversorgung waren.

Schließlich rührt ein Teil der antijüdischen Gewalt aus Motiven, die im klassischen russischen Antisemitismus ihre Wurzel hatten. Die im Wortsinn reaktionären (zurück zur Monarchie strebenden) Kräfte im weißen Lager knüpften an Vorstellungen der jüdischen Weltverschwörung, oft in Einheit mit der Freimaurerei, an. Die Juden waren als die Macht zu bekämpfen, die im Begriff sei, ihren langgehegten Plan der Machtergreifung in Rußland zu verwirklichen. Sie galten in diesem Kontext als Agenten der Modernisierung, des Anschlusses an den Westen, in dessen Auftrag sie agierten.[183]

Mit der antisemitischen Propaganda hatten die Reaktionäre ein Mittel gefunden, von ihrem kläglichen Versagen abzulenken (der Monarchist Šul'gin hatte selbst die Rücktrittserklärung Nikolaus' II. entgegengenommen) und für den Untergang des zaristischen Imperiums nicht dessen Schwächen, sondern das Wirken einer fremden Macht verantwortlich zu machen. Für die Niederlage im Krieg und die Revolutionen durfte nicht die eigene Schwäche die Schuld tragen. Viele Anhänger der weißen Verlierer sahen sich als Opfer einer weltumspannenden dunklen Macht, gegen die nun jedes Mittel erlaubt schien.

War die konservative Judenfeindschaft vor 1917 vor allem eine Sache des Adels und dessen Auseinandersetzung mit der Modernisierung Rußlands, so sorgte der Bürgerkrieg für eine Infizierung von weiteren Bevölkerungsteilen mit Motiven dieses Antisemitismus. Hier war sogar ein Brückenschlag zwischen der konservativ-reaktionären Judophobie monarchistischer Schwarzhunderterkreise und dem revolutionären bäuerlich-anarchistischen Antisemitismus möglich. Beide Male ist der Kapitalismus im Visier. Es ist daher nicht unbedingt Abenteurertum und prinzipienlose Mordlust, was etwa den Ataman Struk von den Bolschewiki bis zu den Denikin-Truppen führte – es ist auch der Kampf gegen immer dieselbe Macht, die sich nur verschieden tarnt. Im tradierten Agrarantisemitismus des ukrainischen Kriegsschauplatzes hatte die weiße Propaganda einen Anknüpfungspunkt, alle Unzufriedenheit der Bauern (die Weißen hatten ihnen in der Landfrage nichts zu bieten) auf den Sündenbock der »jüdischen Ausbeuter« abzulenken. Dieser

183 Siehe die Ausführungen des weißen Generals A. V. Meller-Zakomel'skij, Strašnyj vopros. O Rossii i evrejstve, Paris 1923, bes. S. 25, S. 31, S. 42 f.

»jüdische Ausbeuter« war mit dem »jüdischen Kommunisten« identisch. Dieser Mythos, der weder mit der ökonomischen Realität, noch mit den politischen Überzeugungen der großen Mehrheit der Juden des untergehenden russischen Imperiums zu tun hatte, verschwand auch nach dem Bürgerkrieg nicht von der Bildfläche.

2. Die russische Revolution und die Juden

2.1. Traditionelle jüdische Parteien

Im Bürgerkrieg wurden die Juden Opfer einer stillschweigenden Koalition aus Revolutionären, die eine Art antikapitalistisch-antisemitischer Umverteilung betrieben, und Konterrevolutionären, die den Juden vor allem ihre Verantwortlichkeit für den Bolschewismus und ihre revolutionäre Einstellung allgemein – revoljucionnost' – vorhielten. Diese Vorwürfe waren nicht erst nach der Revolution entstanden, sie gehörten schon zu den Standardargumenten des russischen Antisemitismus im späten Zarismus. »Jeder Jude ist ein Revolutionär«, verkündete 1911 Markov, der Führer des Sojuz Russkogo Naroda.[1] Tatsächlich spielten Juden in den revolutionären Bewegungen eine wichtige Rolle, hatten aber am Bolschewismus keinen wesentlichen Anteil.[2]

Die hohe Beteiligung von russischen Juden an revolutionären Bewegungen ist schlüssig zu begründen – man muß dazu nicht geistige Traditionen des Judentums wie Messianismus o.ä. bemühen. Viel schwerer wogen die Beschränkungen, die der Zarismus den Juden auferlegte: Der Numerus clausus an den Hochschulen blockierte berufliche Karrieren bei einem Teil der jüdischen jüngeren Generation, deren Anteil an ihrer Altersgruppe in den Städten der čerta osedlosti die 10 %-Quote der Hochschulen überstieg. Als Stadtbevölkerung – mit verbreiteteren Lesekenntnissen als die russische Landbevölkerung – waren die Juden leichter zu organisieren und in Kontakt mit neuen Ideen zu bringen. Die Werte der russischen Majorität »Gott, Zar, Orthodoxie« hatten bei der jüdischen Minderheit keine immunisierende Wirkung gegen radikales Gedankengut.

1 Löwe, Antisemitismus und reaktionäre Utopie, S. 135. Im vorrevolutionären Antisemitismus verwischten sich die Grenzen dessen, was als Zersetzung der Gesellschaft durch ökonomische Veränderungen oder durch linke revolutionäre Bestrebungen aufgefaßt wurde. Vgl. dazu Löwe, S. 26, S. 74, S. 126 und passim; H. Rogger, Jewish Policies and Right-Wing Politics in Imperial Russia, bes. 56 – 112, S. 212 – 232.

2 Einen allgemeinen Überblick über die politischen Strömungen im russischen Judentum vor 1917 gibt Gregor Aronson, »Ideological Trends Among Russian Jews«, in: J. Frumkin u.a. (Hrsg.), Russian Jewry (1860 – 1917), S. 144 – 171. Bis in die Mitte der zwanziger Jahre wurde die jüdische Arbeiterbewegung in der sowjetischen Historiographie und politischen Publizistik noch objektiv dargestellt und nicht pauschal als »kleinbürgerlich« und »konterrevolutionär« abgestempelt. Siehe z.B. N. Buchbinder, Istorija evrejskogo rabočego dviženija v Rossii, wo die Geschichte bis in den Ersten Weltkrieg hinein beschrieben wird. 1925 wurde eine Arbeit des menschewistischen Emigranten L. Dejč über Juden in der Frühzeit der revolutionären Bewegung gedruckt (Rol' evreev v russkom revoljucionnom dviženii); die Durchsicht läßt keinerlei Kürzungen gegenüber der 1923 in Berlin veröffentlichten jiddischen Ausgabe erkennen (Di jidn in der rusišer revolucie). Die wohl letzte faire Darstellung ist Dimanštejns Artikel in der BSĖ, 1. Auflage, Bd. 24 (1932), Sp. 102 ff.

Bis in die siebziger Jahre des neunzehnten Jahrhunderts entsprach der statistische Anteil der Juden an allen revolutionären Bewegungen ihrem Anteil an der gesamten Bevölkerung des russischen Imperiums. Erst die Pogrome Anfang der achtziger Jahre ließen den jüdischen Anteil ansteigen. Nach der Revolution waren ein Viertel der Mitglieder der politkatoržanin-Gesellschaft (zur Zwangsarbeit Verurteilte und Verbannte) Juden.[3]

Nach Polizeiangaben über Verhaftungen lag der jüdische Anteil an den »russischen Radikalen« in den achtziger Jahren des letzten Jahrhunderts um zehn Prozent, verdoppelte sich vor der Jahrhundertwende und erreichte um das Revolutionsjahr 1905 dreißig bis vierzig Prozent.[4] Eine höhere Fähigkeit zur Revolte attestierten Unternehmer, da die jüdischen Arbeiter besser als andere Nationalitäten organisiert waren.[5] Die breite Masse der jüdischen Handwerker war weniger revolutionär gestimmt, als ihr unterstellt wurde. Dies lag auch an der Sozialstruktur der jüdischen Arbeiterschaft mit ihren geringen Unterschieden zum »Kapital«, die oft schwerlich das Bewußtsein von Klassengegensätzen aufkommen ließen. Zur Zeit ihrer Formierung war die jüdische Arbeiterbewegung betont legalistisch, später fanden unter jüdischen Arbeitern Ideen des Zubatovschen »Polizeisozialismus« breiten Anklang.[6]

Als Teil der russischen Sozialdemokratie, daher nicht als eigene Partei, sondern als Bund, wurde 1897 der »Allgemeine jüdische Arbeiterbund in Rußland und Polen« (ab 1901: »in Litauen, Polen und Rußland«) gegründet. Seine russisch assimilierten Führer erkannten erst in der Praxis die Notwendigkeit jiddisch-sprachiger politischer Arbeit. Mit der Forderung nach nationaler Autonomie wuchs der Bund zu einer schlagkräftigen Organisation der jüdischen Arbeiterschaft. Schon 1896 nannte Plechanov die jüdischen Arbeiter die Vorhut der Arbeiterarmee in Rußland.[7] Der russischen Sozialdemo-

3 S. Dimanštejn, »Evrejskaja Avtonomnaja Oblast' – detišče oktjabrskoj revoljucii«, in: Revoljucija i Nacional'nosti, 6/1934, S. 13 – 25, hier S. 15; L. Shapiro, »The Role of the Jews in the Russian Revolutionary Movement«, S. 270. Vgl. auch D. Šub, »Evrei v russkoj revoljucii«, in: Sojuz Russkich Evreev v N'ju Iorke, Evrejskij Mir, S. 123 – 145.

4 R. Brym, The Jewish Intelligentsia and Russian Marxism, S. 3, S. 129. 1920 lag der jüdische Anteil nach diesen Berechnungen unter 20 %.

5 E. Mendelsohn, Class Struggle in the Pale, S. 22; Y. Peled, Class and Ethnicity in the Pale, S. 116. Vgl. zur Streikbewegung Brym, Jewish Intelligentsia, S. 91; Löwe, Antisemitismus und reaktionäre Utopie, S. 36

6 Mendelsohn, Class Struggle, S. 49 f., S. 139 ff.; H. Tobias, The Jewish Bund in Russia. From its Origins to 1905, S. 120 ff., S. 141 ff.; über die Rolle des späteren Evsekcija-Funktionärs Čemeri[s]skij in dieser Strömung siehe Krasnyj Archiv, 1 (1922), S. 289 – 328.

7 Mendelsohn, Class Struggle, S. 32 f., S. 64 ff., S. 156. Plechanov nannte den Bund aber auch «eine nicht-sozialdemokratische, vielmehr einfach ausbeuterische Organisation, die die Russen ausbeute [...], die Juden seien durchweg Chauvinisten und Nationalisten, und die russische Partei müsse russisch sein, sie dürfe sich nicht ›in die Gefangenschaft‹ derer vom ›Stamme Gads‹ [Viper/Scheusal] begeben ...« zit. in: Lenin, Werke, Bd. 4, S. 332 f. Plechanov, der mit einer Jüdin verheiratet war, hat an anderer Stelle den Antisemitismus auch verurteilt; entsprechende Schriften tauchen sogar noch in sowjetischen Literaturlisten zum Antisemitis-

kratie, auf deren ersten Kongreß er 1898 ein Drittel der Stimmen stellte, war der Bund an Mitgliederzahl sehr schnell überlegen.[8] Nach Pogromen in Polen entschloß sich der Bund zur Bildung bewaffneter Selbstwehren, der samooborona.[9] Bei den späteren Vorwürfen gegen den »jüdischen Bolschewismus«, der hinter der bewaffneten Selbstverteidigung (auch) der Bundisten angeblich stand, spielte keine Rolle, daß der Vereinigungsversuch des Bund mit den Bolschewiki nach der Trennung von 1903 (wegen des Leninschen Zentralismus) im Jahre 1906 erfolglos geblieben war.[10]

1917 hatte der Bund etwa 33 700 Mitglieder. Nach der Februarrevolution waren zahlreiche Bundisten auf führenden Posten in den Sowjets, standen aber häufig auf defensistischen Positionen, forderten also die Fortsetzung des Krieges gegen Deutschland. Der Oktoberumsturz wurde von den Bundführern abgelehnt.[11] Doch schon im Frühjahr 1918 billigte das ZK des Bund die Mitarbeit in den Sowjets, der ukrainische Bund entschied sich für die Bolschewiki und gegen das ukrainische Direktorium.[12] Im Mai 1919 schloß die ukrainische kommunistische Richtung des Bund, der Kombund, sich mit der prokommunistischen Fraktion der zionistischen Farejnigte zum Komfarband zusammen. Die weißrussischen Bundisten und Farejnigten zerfielen etwa ein Jahr später. Im April 1920 beschloß die 12. Bund-Konferenz den Eintritt in die RKP unter Bewahrung der Selbständigkeit, was vom ZK der Kommunisten abgelehnt wurde. Unter der Leitung einer Kominternkommission sollte nach dem Einlenken des Bund-ZKs die Fusion durchgeführt werden.[13] Alle Kombund-Mitglieder durften nach einer Überprüfung in die RKP aufgenommen werden.[14]

mus auf, so »Policejskij antisemitizm« aus Plechanov, Sočinenija, Bd. 12, empfohlen für die Ozet-Propagandaarbeit in: RCChIDNI F 441, O 1, D 87, Bl. 15. Plechanov steht in der Tradition antisemitischer Ausfälligkeiten bei Führern der russischen revolutionären Bewegung, wozu auch Bakunin gehört, siehe B. Gorev, »Russkaja literatura i evrei«, in: V. L'vov-Rogačevskij, Russko-evrejskaja literatura, S. 3 – 29, S. 15.

8 Divergierenden Angaben zufolge hatte er 1903 schon 30 000 Mitglieder, die russische Sozialdemokratie 1905 hingegen nur 8400. Siehe Tobias, The Jewish Bund, S. 239 ff.; Löwe, Antisemitismus und reaktionäre Utopie, S. 70.

9 Tobias, The Jewish Bund, S. 314 f.

10 J. Frankel, Prophecy and Politics, S. 210 ff., S. 246 ff. N. Levin, While Messiah Tarried, S. 297 ff., S. 343 ff.; K. Heller, Revolutionärer Sozialismus und nationale Frage, S. 192 ff.

11 S. Agurskij, Evrejskij rabočij v kommunističeskom dviženii, S. 20 ff. Vgl. A. Gelbard, Der jüdische Arbeiter-Bund Rußlands im Revolutionsjahr 1917, S. 173, S. 180. Es wurde sowohl die Ablehnung der Bolschewiki als Partei, die friedlich mit Schwarzhundertern koexistiere, als auch die Angst vor antisemitischen Konsequenzen der Konterrevolution vorgebracht.

12 Gitelman, Jewish Nacionality, S. 92 ff., S. 100 f., S. 153, S. 170.

13 Desjatyj s-ezd RKP(b), sten. otčet, S. 804; M. Rafes, Očerki po istorii »Bunda«, S. 293 ff., S. 425 ff. Siehe auch »Ob otnošenii k ›Bundu‹« und »O vstuplenii evrejskich rabočich v krasnuju armiju«, in: Izvestija, 11. 11. 1921, auch in: Spravočnik partijnogo rabotnika, 1 (1921), S. 68 f. Vgl. Gitelman, S. 193 ff.

14 »Instrukcija o vstuplenii Bunda v RKP«, in: Pravda, 1. 4. 1921, auch in: Spravočnik partijnogo rabotnika, 2 (1922), S. 109 f. Vgl. Gitelman, S. 214 f.; H.-H. Schröder, Arbeiterschaft, Wirtschaftsführung und Parteibürokratie während der Neuen Ökonomischen Politik, S. 56.

Noch größere Bedeutung als der Bund hatten unter den russischen Juden die verschiedenen zionistischen Parteien: die Poale Zion (»Arbeiter Zions«) seit 1900, die Sozialisten-Zionisten (S.S.) seit 1904 und die Sejmisten (auch Jüdische Sozialistische Arbeiter-Partei) seit 1905 mit der Forderung nach einer territorialen Lösung innerhalb Rußlands.[15] Im April 1917 fusionierten die Sejmisten und Sozialisten-Zionisten zur Farejnikte, die in der Ukraine stärker als der Bund wurde. Die zionistischen Parteien zusammen hatten 1917 angeblich 300 000 Mitglieder. Bei der Wahl zu einem jüdischen Kongreß im Januar 1918 erhielten sie 60 % der Stimmen.[16]

Die Farejnikte teilte das Schicksal des Bund; sie spaltete sich im März 1919. Es entstand die Komfarejnikte, die dann mit der kommunistischen Abspaltung des Bundes fusionierte. Der so entstandene Komfarband bewies seine Unterwerfung unter den Kommunismus im Sommer 1919 durch eine antizionistische Kampagne.[17] Die kurzzeitige Freiheit für die verschiedenen zionistischen Gruppen resultierte aus der Schwäche der jüdischen Institutionen der Sowjetmacht und der Bolschewiki, der Evkomy und Evsekcii, die vor allem mit dem Kampf gegen die jüdischen Gemeindeorganisationen beschäftigt waren. Im Sommer 1918 fand der erste Angriff des Evkom (jüdisches Kommissariat, s.u.) auf den Zionismus statt, dessen »bürgerliche Ideologie das Klassenbewußtsein verneble«. Die Evsekcija forderte im Juni 1919 die Unterdrückung des Zionismus außer der Poale Zion, wenn diese vorbehaltlos die Rote Armee unterstütze. Doch im Juli verfügte das Zentralexekutivkomitee, also die oberste Regierungsinstanz, daß die Tätigkeit der Zionisten allgemein nicht behindert werden solle.[18] Auf der dritten Evsekcija-Konferenz im Juli 1920 wurde erklärt, daß der Zionismus nicht mehr vorsichtig angegangen werden dürfe, sondern total liquidiert werden solle.[19]

15 Siehe J. Frankel, Prophecy and Politics, S. 288 – 363; N. Levin, While Messiah Tarried, S. 400 ff. I. Yago-Jung, Die nationale Frage in der jüdischen Arbeiterbewegung in Rußland, Polen und Palästina bis 1928, S. 222 ff., S. 252 ff.

16 Gitelman, S. 71, S. 79. Im Juli 1918 gab es in der Ukraine Wahlen zu einem provisorischen jüdischen Parlament mit 10 % Wahlbeteiligung. Die Zionisten waren mit 60 % klarer Sieger vor dem Block der sozialistisch-nationalen Parteien (H. Abramson, »Jewish Representation in the Independent Ukrainian Gouvernments«, S. 546). Im November 1917 erhielten unter den jüdischen Listen die »nationalistischen«, worunter die meisten Zionisten zu fassen sind, 83,7 % der Stimmen, der Bund 6,2 %, die Poale Zion 4,1 % und andere sozialistische Gruppen 5,9 %. Siehe O. Radkey, Russia Goes to the Polls, S. 19, zur regionalen Verteilung ebd., S. 152 f. Vgl. A. Gelbard, Der jüdische Arbeiter-Bund, S. 147 f., S. 153; A. Heller, Die Juden in Rußland seit der Märzrevolution, S. 24; Gregor Aronson, »Jewish Communal Life in 1917 – 1918«, in: G. Aronson u.a. (Hrsg.), Russian Jewry 1917 – 1967, S. 13 – 38; Joseph Schechtman, »Jewish Community Life in the Ukraine (1917 – 1919)«, in: ebd., S. 39 – 57.

17 G. Goldman, Zionism under Soviet Rule (1917 – 1928), S. 49.

18 Gitelman, Jewish Nationality, S. 286.

19 Ebd., S. 56 ff. Vgl. Scheibert, Lenin an der Macht, S. 351.

Obwohl die Poale Zion in der Ukraine lange das Direktorium unterstützt hatte, blieb sie wegen ihrer »proletarischen« Ausrichtung von der Bekämpfung des Zionismus verschont.[20] Auch von ihr spaltete sich Anfang 1919 eine prokommunistische Fraktion ab, die sich »Jüdische Kommunistische Partei« nannte und die kommunistischen Parteien Rußlands und der Ukraine als »ideelle Führer« anerkannte, aber organisatorisch selbständig bleiben wollte.[21] Der Versuch, parallel eine linke Poale Zion als Sektion der Internationale zu etablieren, schlug fehl, da die sowjetische Außenpolitik keine jüdische Staatsgründung in Palästina unterstützen wollte. Die Aufnahme der Rest-Poale Zion in die Kommunistische Internationale scheiterte an ihrem Unwillen, sich dem bolschewistischen Zentralismus zu beugen.[22] Im Dezember 1922 trat die Jüdische Kommunistische Partei, die permanent von der Evsekcija angegriffen worden war, in die RKP ein, der Rest blieb als Poale Zion bis 1928 legal bestehen.[23]

2.2. Juden bei den Menschewiki und Bolschewiki

Die politische Orientierung der jüdischen Intelligencija hing stark mit ihrem Wohnort zusammen. Die große Mehrheit der Bundisten stammte aus dem Ansiedlungsrayon. Die jüdischen Anhänger der Menschewiki lebten zur Hälfte außerhalb des Rayons, die jüdischen Bolschewiki zu zwei Dritteln.[24] Für die große Masse der nicht-assimilierten Juden der čerta spielten die Bolschewiki überhaupt keine Rolle, so daß die Bolschewiki Anfang der zwanziger Jahre resümieren mußten, daß der »Oktober bei den Juden mit großer Verspätung« eingetreten sei.[25]

Unter den prominenten Menschewiki spielten Juden wie P. Aksel'rod und Martov (Cederbaum) eine herausragende Rolle. Martov, der selbst einem russisch assimilierten Milieu entstammte, befürwortete 1895 die Notwendigkeit einer eigenen jüdischen Organisation, da eine russische Arbeiterpartei Forderungen nach Minderheitsrechten übergehe. Er selbst schloß sich dem Bund nicht an, sondern bekämpfte dessen »Separatismus« an der Seite Lenins.[26]

20 S. Agurskij, Evrejskij rabočij v kommunističeskom dviženii, S. 57 f.

21 Evrejskaja Kommunističeskaja Partija, Rezoljucii i postanovlenija, 1920, S. 19.

22 Siehe B. Gurevitz, »Un cas de communisme national en Union Soviétique. Le Poale Zion – 1918 – 1928«, S. 343 ff.; N. Levine, »Lenin on Jewish Nationalism«, S. 52 ff.

23 Siehe das Zirkular vom 16.2.1923 , in: Spravočnik partijnogo rabotnika, 4 (1924), S. 114. Vgl. B. Gurevitz, »Un cas de communisme national«, S. 349 f.; Z. Gitelman, Jewish Nationality, S. 216 f.; G. Goldman, Zionism under Soviet Rule, S. 90 ff. Zur weiteren Geschichte des Zionismus in den zwanziger Jahren siehe unten, Kap. 3.2.

24 R. Brym, The Jewish Intelligentsia, S. 66.

25 M. Rafes, »Evrei i Oktjabrskaja Revoljucija«, in: Žizn' Nacional'nostej, 1/1923, S. 233 – 237.

26 L. Shapiro, Die Geschichte der kommunistischen Partei der Sowjetunion, S. 22, S. 37; Z. Gitelman, Jewish Nationality and Soviet Politics, S. 32, S. 106; N. Levin, While Messiah Tarried, S. 281, S. 289.

Auch Th. Dan, als zweiter Mann neben Martov an der Spitze der Menschewiki, war jüdischer Herkunft. Andere bedeutende jüdische Führer wie M. Liber und R. Abramovič entstammten dem Bund und schlossen sich erst spät den Menschewiki an.[27]

Auf dem Parteitag von 1907 waren unter den Menschewiki ca. ein Fünftel Juden, während es bei den Bolschewiki etwas über ein Zehntel waren.[28] Daß es zwischen Bolschewiki und Menschewiki eine gewisse russisch – jüdische Polarisierung gab, wird an einem Bericht über den Londoner Parteitag 1907 deutlich, den Stalin für den Bakinskij Proletarij verfaßte. Darin ging er auch auf die nationale Zusammensetzung dieses Parteitags ein:

> Die Statistik zeigt, daß in der menschewistischen Fraktion die Juden die Mehrheit bilden (die Bundisten natürlich nicht eingerechnet), dann folgen die Georgier und nach ihnen die Russen. Dagegen besteht die übergroße Mehrheit der bolschewistischen Fraktion aus Russen, dann folgen die Juden (die Polen und Letten natürlich nicht eingerechnet), nach ihnen die Georgier usw. Aus diesem Anlaß machte einer der Bolschewiki (ich glaube, Genosse Alexinski) im Scherz die Bemerkung, die Menschewiki seien eine jüdische, die Bolschewiki eine echt russische Fraktion, und es wäre nicht schlecht, wenn wir Bolschewiki in der Partei einen Pogrom veranstalten würden.[29]

Stalin erklärte die Ursachen der unterschiedlichen nationalen Gewichtung der Fraktionen folgendermaßen: Die Bolschewiki hätten ihre Basis in den russischen Gebieten mit Großindustrie, die Menschewiki aber in Zonen der Kleinproduktion, wo viele Juden und Georgier lebten. Damit ist eine lockere Assoziationskette vorgegeben: Russen sind echte Proletarier, neigen damit zu den Bolschewiki. Juden sind nur im Kleingewerbe und anderen nichtproletarischen Tätigkeiten zu Hause, streben daher zu den kleinbürgerlichen Menschewiki. Der emigrierte Menschewik Abramovič wurde später in der sowjetischen Parteipresse als »Führer des jüdischen Kleinbürgertums« bezeichnet.[30]

Die Bolschewiki und die Sozialrevolutionäre, die im Oktober 1917 die Macht übernommen hatten, waren von ihrer Verankerung in der breiten Masse der jüdischen Bevölkerung her die am wenigsten »jüdische« Teilströmung der Revolution. Daß sich dennoch das Schlagwort vom »jüdischen

27 N. Levin, While Messiah, S. 359.

28 Brym, Jewish Intelligentsia, S. 73. Schapiro, »Role«, S. 281 ff.

29 Veröffentlicht am 20. Juni 1907 mit der Unterschrift »Koba Ivanovič«, in: Stalin, Werke, Bd. 2, S. 46. Der Appell an antisemitische Vorurteile schimmert auch hinter Stalins Kommentar hervor, daß die bolschewistische Fraktion die Arbeiter repräsentiere, während sich die Menschewiki, stets im Einklang mit dem Bund, als »Fraktion der Intellektuellen« erwiesen hätten (Werke, Bd. 2, S. 61). Einer anderen Quelle zufolge soll Stalin in Georgien gegen die Menschewiki antisemitische Beleidigungen in seine Reden eingeflochten haben, siehe dazu Kap. 7.6.2.

30 M. Rafes, »Evrei i Oktjabrskaja Revoljucija«, in: Žizn' Nacional'nostej, 1/1923, S. 233 – 237. Noch beim »Menschewiki-Prozeß« von 1931 wurde in einigen Artikeln die jüdische Herkunft der Angeklagten behandelt, siehe unten, Kap. 8.1.1.

Bolschewismus« ausbreiten konnte, ist nicht allein damit zu erklären, daß Schlagwörter und Pauschalisierungen auch unabhängig von der Wahrnehmung der Realität Eigendynamik gewinnen können. Die Unterstellung eines »jüdischen Bolschewismus« hatte ihre reale Grundlage in der relativ großen Bedeutung von Parteipolitikern jüdischer Herkunft unter den Bolschewiki. Schon vor der Revolution war der Anteil von Juden in den verschiedenen Zentralkomitees relativ hoch – wofür natürlich auch deren absolut geringe Mitgliederzahl sorgte. So handelt es sich bei den 20 % Juden im ZK von 1907 um drei von 15 Personen: Zinov'ev, Gol'denberg und Viktor Taratuta. 1912 war ein Drittel der ZK-Mitglieder Juden; das waren unter sechs Personen Zinov'ev und Švarcman. Im April 1917 war der relative Anteil gleich hoch (Kamenev, Zinov'ev und Sverdlov unter neun ZK-Mitgliedern). Im August verdoppelte sich die Zahl der Juden im ZK (es kamen noch dazu: Trockij, Sokol'nikov, Urickij), ihr relativer Anteil war bei 21 Mitgliedern damit etwas gesunken. Dieser Trend setzte sich dann kontinuierlich fort.[31] Die Vorstellungen von der »jüdischen Vorherrschaft« wurden schließlich noch dadurch genährt, daß die ersten beiden Vorsitzenden des Zentralexekutivkomitees der Sowjets der Arbeiter- und Soldatendeputierten die Bolschewiki Kamenev und Sverdlov waren, die damit in etwa das Amt eines Staatsoberhaupts innehatten. Auch Zinov'evs Posten als Vorsitzender der Kommunistischen Internationale mußte Beobachter, die den »jüdischen Bolschewismus« sehen wollten, bestärken. Antisemitismus baut auf selektiver Wahrnehmung der Realität auf – neben den aufgeführten Gremien mit hohem Anteil von Juden gab es auch Institutionen, bei denen dies nicht der Fall war: In der ersten Sowjetregierung, dem Rat der Volkskommissare, gab es außer Trockij keinen Juden.

Die Eiferer gegen »Sowjet-Judäa« interessierte kaum, welche Rolle für die betreffenden Sowjetführer ihre jüdische Herkunft spielte. Tatsächlich stammten die prominenten jüdischen Bolschewiki überwiegend aus einem russifizierten Milieu. Kamenev (Rozenfel'd) etwa wurde als Sohn einer russischen Mutter und eines christlich getauften Juden in Moskau geboren. Jaroslavskij (Gubel'man) kam im sibirischen Tschita als Kind jüdischer Bauern zur Welt.[32] Sverdlovs Vater war Besitzer einer Gravurwerkstatt im russischen Nishni Nowgorod.[33] Die späteren Bolschewiki jüdischer Herkunft hatten kaum un-

31 Die Angaben sind zusammengefaßt bei B. Pinkus, The Jews in the Soviet Union, S. 76 ff. Zahlen über die Repräsentierung der Juden in den verschiedenen Körperschaften in späterer Zeit unten, Kap. 6.3., Kap. 8.3.3.

32 Angaben aus den oft autobiographischen Einträgen in: Dejateli SSSR i Oktjabrskoj revoljucii. Ėnciklopedija Granat, Bd. 41, T. 1 – 3. Vgl. Sovetiše jidn. Faktn un cifern, S. 7 über Sverdlov, Volodarskij, Urickij, Lozovskij.

33 Er erklärte, dort keinen Antisemitismus erfahren zu haben, siehe M. Agursky, The Third Rome, S. 238; auch über Sverdlovs Bruder, der bei M. Gor'kij aufwuchs und später bei den »Weißen« aktiv war.

ter den zaristischen Diskriminierungen zu leiden und gehörten nicht zu den Ärmsten des Ansiedlungsgebiets. Zinov'evs (Radomysl'skij) Vater besaß eine kleine Milchfarm, arbeitete später als Lehrer. Der spätere Landwirtschaftskommissar Jakovlev (Ėpštejn) entstammte einer Lehrerfamilie, der Außenpolitiker A. Ioffe einer reichen karaimischen Kaufmannsfamilie von der Krim. Trotz der Quoten an den Hochschulen konnte etwa D. Rjazanov in Odessa, der spätere Finanzkommissar Sokol'nikov (Brilliant) in Moskau eine höhere Schulbildung genießen. Sokol'nikov ist der einzige, der von antijüdischer Hetze gegen die eigene Person berichtet. Alle Genannten wuchsen in einer russisch-sprachigen Umgebung auf oder schlossen sich einer solchen an wie der Sohn eines Bankangestellten Litvinov (Vallach), der in seiner Kindheit wohl nur Jiddisch sprach, als junger Mann aber freiwillig in der russischen Armee diente.[34] Den Weg über die traditionellen jüdischen Parteien war von der ersten Garde der jüdischen Bolschewiki niemand gegangen. Dem Bund entstammten nur die Finanzfachleute Vajnštejn und Frumkin, allerdings auch der 1918 erschossene Kommissar für Presse und Agitation Volodarskij. Neben dem ebenfalls 1918 einem Attentat zum Opfer gefallenen Urickij, der religiös erzogen wurde, war der einzige prominente Bolschewik, der dem traditionellen Judentum entstammte, S. Dimanštejn, der sogar eine Rabbinerausbildung abgeschlossen hatte.[35]

Die Betroffenen interessierte das Thema ihrer Herkunft nicht. Ihre geringe absolute Zahl erschwert es, sinnvolle Aussagen darüber zu machen, warum die Bolschewiki auf assimilierte Juden anziehend wirkten. Eventuell spielte bei ihrer Radikalisierung eine Rolle, daß sie sich keinem Milieu zugehörig fühlten und deshalb Partei für die entschlossenste Veränderung ihrer Umgebung ergriffen – damit Partei für die geringste Rücksicht auf historisch gewachsene Hindernisse gegen eine sofortige Revolutionierung aller Lebensverhältnisse. Vielleicht spielte aber auch die Erfahrung mit der persönlichen Assimilation eine Rolle bei der Formierung eines Weltbildes, das die rasche Veränderbarkeit der Verhältnisse einschloß. Das hieße, daß die biographische Erfahrung der Machbarkeit einer neuen Identität im russischen Umfeld auf die Machbarkeit einer neuen Identität der Gesellschaft durch den bolschewistischen Voluntarismus übertragen wurde.

Mit diesem Problem setzten sich mehr die Anhänger anderer jüdischer politischer Richtungen auseinander. Gleich nach der Revolution stellte die liberale Evrejskaja Nedelja Überlegungen an über die »Psychologie des jüdischen Sklaventums« und das »Verlangen, jemanden zu beherrschen, das Verlangen nach Macht über die Masse, nach politischer Karriere, nach Rache

34 Vgl. S. Baron, The Russian Jew under Tsars and Soviets, S. 392; Z. Sheinis, Maxim Litvinov, S. 19 f.

35 Z. Gitelman, Jewish Nationality and Soviet Politics, S. 110, S. 130.

für die vorige rechtlose Lage« bei den jüdischen Bolschewiki. Ihr Schicksal müsse aus ihrer intellektuellen Überlegenheit über ihre Umwelt erklärt werden, ferner aus ihren Erfahrungen in der Emigration, wo die »umherirrende jüdische Jugend den Sozialismus erlernt« habe.[36] In der Folgezeit beschäftige diese Fragestellung die jüdische Emigration, in der es Tendenzen zur »Selbstbezichtigung« gab wie in der Gruppe um J. Bikerman[37], aber auch beachtenswerte Erklärungsansätze wie den vom »peripheren Judentum«, der von Anhängern der Eurasier-Bewegung entwickelt wurde.[38]

Hier kommt man über Spekulationen nicht hinaus, da die autobiographischen Materialien nicht aussagekräftig genug sind. Das beste Beispiel liefert L. Trockij – unter allen Bolschewiki als »fremd seinem Blut nach dem russischen Volk« der meistgehaßte[39] – der von sich schrieb, es seien ihm »nationale Leidenschaften und Vorurteile rationalistisch unfaßbar gewesen« und hätten in ihm »in gewissen Fällen ein Gefühl des Ekels, manchmal sogar einen moralischen Brechreiz hervorgerufen«.[40] Er selbst verstand sich weder als Russe noch als Jude, sondern als Sozialdemokrat, wie er seinen bundistischen Kritikern erklärte.[41]

Trockij hat sich nie als Vertreter jüdischer Interessen gefühlt oder verhalten.[42] Er glaubte, daß die Machtübernahme durch die Sowjets die Pogromneigung verschwinden lasse. Seine Bereitschaft, Pogromstimmung als Sozialprotest zu deuten, kam seiner Abneigung entgegen, dem Antisemitismus

36 Evrejskaja Nedelja 19. 11. 1917, Sp. 4. Vgl auch den Artikel vom 1. 6. 1918, Sp. 6 ff.: »Intelligentskij antisemitizm i naši zaščitniki«.

37 Otečestvennoe ob-edinenie russkich evreev zagranicej, Rossija i evrei, darin G. Landau, »Revoljucionnyja idei v evrejskoj obščestvennosti«, S. 97 – 119, bes. S. 110. Vgl. Bikerman, K samopoznaniju evreja, S. 69 f. Die innersowjetische Reaktion auf die »kajuščiesja« [Bereuenden] war verhalten; die Rede war vom tiefen moralischen Fall der jüdischen Bourgeoisie, die zum Bündnis mit Schwarzhundertern bereit sei. Siehe »Obzor evrejskoj žizni za-granicej«, in: Žizn' Nacional'nostej, 3/4 1923, S. 165 f. In den Evsekcija-Akten (RCChIDNI F 445, O 1, D 86, Bl. 168) befindet sich eine unkommentierte Abschrift eines Appells der Bikerman-Gruppe.

38 Ja. Bromberg, Rossija, Zapad i evrejstvo, S. 27 ff.; ders., »Evrejskoe vostočnistvo v prošlom i buduščem«, in: Tridcatye gody: Utverždenie evrazijcev, Paris 1931, S. 191 – 211; vgl. L. P. Karsavin, »Rossija i evrei«, in: Versty (Paris), 3/1928, S. 65 – 86; A. Z. Štejnberg, »Otvet L. P. Karsavinu«, in: Versty, 3/1928, S. 87 – 93

39 So zitierte die Evrejskaja Nedelja am 31. 12. 1917 grassierende Ansichten.

40 Mein Leben, S. 295. Trockijs autobiographische Äußerungen zum Judentum sind auch gesammelt bei L. Dawidowicz (Hrsg.), The Golden Tradition. Jewish Life and Thought in Eastern Europe, S. 441 ff.

41 Überliefert ist diese Aussage, die bei einer Diskussion in Karlsruhe gemacht wurde, von Vladimir Medem, Cum cvancikste jorcajt (1865 – 1935), New York 1943, S. 10 f., zit. nach L. Nevin, While Messiah Tarried, S. 291.

42 Nicht weil er die jüdische Herkunft für etwas Schlechtes hielt, aber weil er sie in Kenntnis der Angriffsfläche, die er damit seinen antisemtischen politischen Gegnern bot, nicht in den Vordergrund stellen wollte. Schon 1905 soll er seinem Anwalt Gruzenberg widersprochen haben, der vor Gericht die Pogrome als vorrangiges Argument zur Verteidigung Trockijs ins Feld führen wollte (J. Nedava, Trotsky and the Jews, S. 61).

offensiv entgegenzutreten. Er berichtet in seiner Autobiographie, daß er sich nach der Oktoberrevolution von allen Führungsposten zurückziehen wollte, während Lenin von ihm verlangte, »an die Spitze der inneren Angelegenheiten« zu treten und den Kampf gegen die Konterrevolution zu führen. Trockij erwiderte, daß man damit »den Feinden eine solche Waffe wie mein Judentum in die Hand« gebe. Lenin habe dies als Lappalie abgetan; dennoch setzte sich Trockij durch und übernahm nach der Vermittlung durch Sverdlov das Außenkommissariat.[43]

Nennenswerte Anteile jüdischer Mitglieder an der Parteibasis hatten die Bolschewiki erst seit 1917. Der größte Zustrom jüdischer Mitglieder in die Kommunistische Partei – auch aus anderen Parteien – erfolgte während des Bürgerkriegs.[44] 1922 gab es 19 564 jüdische Kommunisten, die 5,21 % aller Parteimitglieder stellten und 0,72 % der gesamten jüdischen Bevölkerung. Das war deutlich mehr als bei den Russen (0,38 % Parteimitglieder bezogen auf die Bevölkerung), aber weniger als die Anteile der lettischen, litauischen, estnischen und sogar ossetischen Kommunisten an ihren Nationalitäten.[45]

Juden waren als Minderheit und typische Stadtbevölkerung in erhöhtem Maße Parteimitglieder. Daß Juden sich den Bolschewiki anschlossen, weil diese am wenigsten in Pogrome verwickelt waren, wurde bereits ausgeführt.[46] Besonders in Weißrußland übertraf die Vertretung der Juden in den Kreiskomitees der Partei deutlich den Anteil der jüdischen Parteimitglieder.[47]

43 Trotzki, Mein Leben, S. 295. Innerparteilich kam Trockij 1923 nochmals auf diesen Vorfall zu sprechen, als er sich vor dem ZK und dem ZKK gegen die Vorwürfe verteidigte, er habe für sich zuviel Macht beansprucht. Lenin habe Trockijs Hemmungen, Posten zu übernehmen, häufig Trockijs »Pünktchen« [punktik] genannt. Das Protokoll dieser Sitzung ist unter der Überschrift »L. D. Trockij zaščiščaetsja« abgedruckt in: Voprosy istorii KPSS, 5/1990, S. 32 – 43, hier S. 36.

44 Anfang der zwanziger Jahre war die vorrevolutionäre Mitgliedschaft der jüdischen Bolschewiki: 41,6 % Russische Sozialdemokratie (nicht aufgeteilt in Menschewiki und Bolschewiki), 32,8 % Bund, 10,2 % Poale Zion, 9,9 % Zionisten-Sozialisten, 4,6 % Farejnigte. Zahlen aus der sowjetischen Parteipresse, übernommen von der Evrejskaja Tribuna, Nr. 181, 29. 2. 1924, S. 5.

45 Evrejskaja Tribuna, Nr. 183, 7. 4. 1924, S. 5. Angaben ursprünglich aus dem Emes. 0,163 % der Esten, 018 % der Letten, 0,78 % der Litauer und 0,8 % der Osseten waren in der Partei.

46 Siehe oben, Kap. 1.6. Zur städtischen Repräsentation: In Minsk lag anfang der zwanziger Jahre der Anteil von Juden unter allen Parteimitgliedern bei 35,8 %, in Homel bei 21,1 % und in Witebsk bei 16,6 % (was in diesen Städten weniger als der jüdische Bevölkerungsanteil war), in den Gouvernements Moskau und Petrograd bei 3,9 % bzw. 1,3 % (Evrejskaja Tribuna, Nr. 164, 1.6.1923, S. 5).

47 P. Kretzer, Die beruflichen und sozialen Verhältnisse der Juden in der Sowjetunion, S. 8 f., S. 18. 1922 betrug der jüdische Anteil in Kreiskomitees 45,9 %, sank 1923 auf 40,9 % und 1924 auf 25,4 %. Was das – bei einem Bevölkerungsanteil in Weißrußland von 8,2 % – für die Entstehung des Bildes vom »jüdischen Übergewicht« bedeutete, soll weiter unten diskutiert werden (siehe Kap. 6.3.).

2.3. Die Bolschewiki und die Juden

2.3.1. Marxistisch-leninistische Theorie zur »Judenfrage«

Man könnte erwarten, daß in einem Staat mit marxistischer Doktrin die Grundlage jeder Auseinandersetzung mit »jüdischen« Fragen die Ausführungen des Begründers dieser Ideologie sein müßte. Doch Marx' Schrift »Zur Judenfrage«[48] spielte in der gesamten sowjetischen Diskussion über den Antisemitismus oder andere Aspekte der jüdischen Problematik nur eine geringe Rolle. Sie für unseren Untersuchungszeitraum zur Grundlage eines spezifischen sowjetischen Antisemitismus zu machen, entbehrt jeder Grundlage.[49] Stalin berief sich 1913 auf die Schrift von Marx[50], doch später wurde auf sie kaum Bezug genommen. Auch Marx' jüdische Herkunft wurde – bis auf seltene Ausnahmen – tabuisiert.[51]

Der von M. Vol'fson verfaßte Eintrag unter dem Stichwort »evrejskij vopros« in der ersten Auflage der Großen Sowjetenzyklopädie ist offenbar der einzige Versuch, sich in der Sowjetunion mit Marx' Anmerkungen zur Judenfrage systematisch auseinanderzusetzen. Die »jüdische Frage« stelle sich nach dem Verhältnis der Juden zu den herrschenden Klassen und den unter deren Einfluß stehenden Bevölkerungsschichten. Im Mittelalter, als die jüdische Frage unter religiösem Blickwinkel gesehen wurde, hätten die Juden als Prototyp der zukünftigen bürgerlichen Gesellschaft im Feudalismus eine Sonderexistenz geführt. Der Haß der breiten Volksschichten habe in dieser Zeit nur religiösen Ausdruck finden können. Die »religiöse« Behandlung der Judenfrage habe sich aber noch bis ins 19. Jahrhundert halten können. In dessen letzten Jahrzehnten seien dazu noch die biologischen

48 Sie wurde 1919 in der Übersetzung Lunačarskijs im Staatsverlag in Petrograd herausgegeben. I. Knižnik, Čto čitat' po obščestvennym naukam (1924), S. 47, empfiehlt die Schrift, spätere Propagandaanweisungen gegen den Antisemitismus führen sie höchst selten als Lesevorschlag auf, z.B. Na bor'bu s antisemitizmom (1929), S. 25 (dort nach dem ersten Band der Marx-Ausgabe von 1928).

49 Marx – »sein Leben lang ein Antisemit« – ist für E. Silberner »Wegbereiter« der kommunistischen Theorie und Praxis in der Judenfrage (Kommunisten zur Judenfrage, S. 16 – 42, S. 311). Vgl. dagegen Wolfgang Fritz Haug, »Antisemitismus in marxistischer Sicht«, in: H. Strauss/N. Kampe (Hrsg.), Antisemitismus. Von der Judenfeindschaft zum Holocaust, S. 234 – 255, bes. S. 235 ff.; R. Rürup, Emanzipation und Antisemitismus, S. 148 ff.

50 Siehe weiter unten in diesem Kapitel.

51 In einer Anti-Pogromschrift von 1919 werden Marx und Lasalle anonymen »jüdischen Konterrevolutionären« gegenübergestellt, um zu belegen, daß die Juden »Christus und Judas« hervorgebracht hätten (Evrei, klassovaja bor'ba i pogromy, hrsg. v. Petrograder Sowjet der Arbeiter- und Soldatendeputierten, S. 5). In einer Propagandaanweisung von 1929 werden Marx, Rosa Luxemburg, Sverdlov und Volodarskij als Persönlichkeiten aufgezählt, die nichts gemein hätten mit den jüdischen antibolschewistischen Attentätern Kanegiser und Kaplan. Es sollte hier gezeigt werden, daß es keine jüdische Frage als nationale, sondern nur als Klassenfrage gebe (Na bor'bu s antisemitizmom, S. 14). Zu einer Rede Molotovs mit posthumer Dankadresse an Marx siehe Kap. 9.3.

Theorien des Rassismus gekommen. Die wirkliche bürgerliche Behandlung der Judenfrage sei jedoch die Forderung der jüdischen Assimilation, die dann aber durch Unterdrückung durch die bürgerlichen Nationalisten verdrängt werde. Durch den verschärften Klassenkampf wachse unter dem Bürgertum die Neigung, auch gegen die Bourgeoisie der »eigenen« Minderheiten Feindschaft zu hegen, was Assimilationsbestrebungen im jüdischen Bürgertum den Boden entziehe. Die Judenfrage sei nur im Klassenkampf des Proletariats und der Errichtung der sozialistischen Gesellschaft zu lösen. Marx habe erstmals die Judenfrage ökonomisch behandelt und sei zu dem Schluß gekommen, daß erst die Gesellschaft, die dem »Schacher« (so bei Marx, russ: torgašestvo) den Boden entziehe, die Existenz des Juden unmöglich mache.[52]

Die Kritik an B. Bauers Artikeln, die den Rahmen von Marxens Überlegungen bildeten, hatte nicht die Judenfrage zum Thema, sondern die Kritik der bürgerlichen Gesellschaft. Schon daher war es schwierig, auf ihr eine stringente Theorie der Judenfrage aufzubauen. Noch schwerer wog aber die Unmöglichkeit, sie auf die russische Situation zu übertragen. Dem Einwand, Marx habe mechanisch die Verhältnisse der deutschen Juden auf alle übertragen, entgegnete Vol'fson mit dem Argument, daß die ökonomische Rolle der Juden in der Tat überall gleich sei. Diese Erwiderung mußte knapp ausfallen: Tatsächlich ließ sich die Prognose von Marx, mit der bürgerlichen Gesellschaft werde das Judentum verschwinden, nicht auf die russischen/sowjetischen Verhältnisse übertragen. Hier begann man ja, ein »nationales Judentum« zu »erbauen«, ihm ein eigenes Territorium zur Verfügung zu stellen, alle Rechte einer Nationalität zu gewähren usw. Entsprechend konnte die Schlußfolgerung aus Marxens Ausführungen nur lauten: »Die jüdische Frage ist in der kapitalistischen Gesellschaft unlösbar.«[53] Da Marx für die nicht-kapitalistische Gesellschaft aber die »Befreiung vom Judentum« vorausgesagt hatte, mußte sein Artikel angesichts jüdischer Territorialeinheiten in der Ukraine oder in Birobidshan in Vergessenheit geraten. Allenfalls die Umdeutung, Marx habe in der Judenfrage die »Befreiung vom Bürgertum« versprochen, war noch möglich. So ließ sich die Politik der Sowjetmacht als Erfüllung von Marx' Voraussage deuten, daß die »Judenfrage« [also nicht: das »Judentum«] mit der bürgerlichen Gesellschaft verschwinden werde.[54]

52 BSĖ, 1. Auflage (1932), Bd. 24, Sp. 149 ff. Vol'fson war der Assistent des Enzyklopädieherausgebers Šmidt, 1932 verlor er anscheinend aus politischen Gründen seine Stelle als Chef des Sowjetischen Staatsverlags (JTA, 26. 1. 1932, S. 2). In dem Enzyklopädie-Beitrag widersprach Vol'fson auch den Antisemitismus-Vorwürfen gegen Marx, da dieser ja für die jüdische Gleichberechtigung plädiert habe.

53 Ebd., Sp. 154. Der Rest des Artikels besteht aus der Widerlegung der Ansichten der Sozialisten verschiedener Couleur, die alle die einzig richtige Lösung der Judenfrage in der proletarischen Revolution verkannt hätten.

54 D. Zaslavskij, Evrei v SSSR, (1933) S. 6, S. 48.

Der einzige Versuch einer »Gesamtdarstellung der Judenfrage auf marxistisch-leninistischer Grundlage« war – neben dem Lexikonartikel – das 1931 in einem Parteiverlag erschienene Buch des (aus Wien stammenden) Kommunisten O. Heller »Der Untergang des Judentums«.[55] Es wurde nie ins Russische übersetzt oder in der Sowjetunion herausgegeben. Heller gab darin zu, daß Marx das Problem »zu eng« umrissen habe.[56] Innerhalb der Sowjetunion wurde eine marxistische Deutung der jüdischen Geschichte nur bruchstückhaft unternommen. Wenn der Versuch gemacht wurde, konnte das Ergebnis nur in der »Enthüllung« des Klassencharakters der jüdischen Religion als Instrument der Herrschenden bestehen.[57] Dieser Ansatz führte etwa zu schematischen Gegenüberstellungen eines reaktionären »Rabbinismus« (als Ausdruck der Kahal-Oligarchie) und des sozialkritischen »Chassidismus« wie in einer 1930 erschienenen Arbeit über die Geschichte der gesellschaftlichen Bewegung der Juden in Polen und Rußland.[58] Wie sehr die sowjetische Behandlung der jüdischen Geschichte in den Schuhen der bürgerlichen Forscher stand, wird an dem bereits erwähnten sowie den anderen Artikeln (und Literaturangaben!) in der ersten Auflage der Großen Sowjetenzyklopädie deutlich, die vor 1932 unter der Redaktion von S. Dimanštejn entstanden und auf 70 Spalten die Weltgeschichte der Juden (ohne Sowjetunion) referierten.[59]

Bei der Klärung der Frage, wer überhaupt ein Jude sei, taten die Bolschewiki sich schwer. Rassische Erklärungen gab es keine. Die weiter unten zitierten Auslassungen Lunačarskijs über eine russisch-jüdische Blutmischung sind einerseits untypisch, andererseits weniger strikt biologistisch, sondern symbolisch gemeint.[60] Das Problem für die Bolschewiki bestand in der Ein-

55 Siehe das Vorwort zur zweiten Auflage 1933, S. 8. In dieser Auflage setzte sich Heller kurz mit den Vorwürfen gegen den angriffslustigen Titel des Buches auseinander: Gemeint sei der Untergang des »jüdischen Händlers und der Begleiterscheinung seiner Existenz« (S. 7). Zur Kritik daran siehe E. Fromm in: Zeitschrift für Sozialforschung, 1 (1932), S. 438 f.; Salomon Goldelman, Löst der Kommunismus die Judenfrage?, S. 205 und passim.

56 Heller, Untergang, S. 16 f. Hellers Beschreibung der Politik der Sowjetunion ist eine parteiliche, aber informative Beschreibung einer Politik, die nicht zum »Untergang der Juden« führen, sondern dafür sorgen werde, daß in Birobidshan die »Kinder einer freien jüdischen Arbeiter- und Bauerngeneration in blühenden Gärten herumspringen werden« (ebd., S. 374). Ihr Inhalt soll hier nicht referiert werden, da sie nicht zur engeren Geschichte der sowjetischen Publizistik gehört.

57 Z. B. M. Šachnovič, Social'naja suščnost' Talmuda, passim, v.a. S. 26 ff.

58 T. B. Gejkel'man, Istorija obščestvennogo dviženija evreev v Pol'še i Rossii, passim. Dort werden auch die Probleme einer marxististen Geschichte der Juden deutlich, die sich auf nichtmarxistische Autoren stützen mußte. Das Zitieren von Engels und Lenin konnte kaum verhüllen, daß die Quellen in den Arbeiten von Dubnov und W. Sombart lagen.

59 BSĖ, 1. Auflage, Bd. 24., Sp. 13 – 85 (Autor des »istoričeskij očerk« war Gejkel'man).

60 Untypisch ist auch die Deutung des Antisemitismus als »Form des nationalen und Rassen-Kampfes« in einer der Anti-Antisemitismus-Schriften (V. Glebov, Sovremennyj antisemitzm i bor'ba s nim, 1927, S. 4).

ordnung der Juden als »Nation«: In einer frühen Schrift zählte J. Stalin die »unterdrückten Nationen und Glaubensbekenntnisse in Rußland« auf und kam nach den Polen und Finnen auf die »ständig verfolgten und geschmähten« Juden zu sprechen.[61] Danach folgten die Georgier und Armenier, was erkennen läßt, daß Stalin die Juden durchaus auch als eine unterdrückte Nationalität auffaßte. Das sollte ihn aber nicht daran hindern, den russischen Juden in einer späteren Schrift den Status einer Nation abzusprechen. Die Juden dienten Stalin als Argument, die Theorie des österreichischen Sozialdemokraten O. Bauer zu widerlegen, der von der Nation als »Charaktergemeinschaft«, herausgebildet durch eine »Schicksalsgemeinschaft«, ausgegangen war. Stalin widersprach dem: »[...] von was für einer ›Schicksalsgemeinschaft‹ und nationalen Verbundenheit kann, sagen wir, bei den georgischen, daghestanischen, russischen und amerikanischen Juden die Rede sein, die voneinander gänzlich getrennt sind, auf verschiedenen Territorien leben und verschiedene Sprachen sprechen?«[62] So setzt er den Forderungen des Bund, den er schon in einem früheren Artikel als Urheber »nationalistisch-föderalistischer« Bestrebungen attackiert hatte[63], lapidar entgegen: »Die jüdische Nation hört auf zu existieren – für wen sollte man also die nationale Autonomie fordern? Die Juden werden assimiliert.«[64] Diese Auslassungen Stalins kann man nicht als Ausdruck persönlicher Abneigungen auffassen. Der in der Partei kaum bekannte Georgier, der in Wien jenen Aufsatz schrieb, lag ganz auf der Parteilinie, derzufolge Forderungen nach nationaler Autonomie seitens des Bund Ablenkung vom Klassenkampf waren – eine Position, die man nicht mit Antisemitismus verwechseln darf.

Schon bei Lenin findet sich die Inkonsequenz, zwar die Juden nicht für eine Nation zu halten, von ihnen aber als solcher zu sprechen.[65] Dabei schlingerte er wie Stalin zwischen den Begriffen und hatte keine Mühe, das Schicksal der Juden als »unterdrücktester Nationalität« zu bedauern, ihnen aber dann nur den Status einer »Kaste« zuzubilligen. Er hatte schon 1903 dezidiert geäußert:

61 Stalin, »Die sozialdemokratische Partei Rußlands und ihre nächsten Aufgaben« (Nov./Dez. 1901), in: Werke, Bd. 1, S. 10 – 27, hier S. 19.

62 Stalin, »Marxismus und nationale Frage« (März – Mai 1913), in: Werke, Bd. 2, S. 266 – 333, hier S. 275.

63 Stalin, »Welche Auffassung hat die Sozialdemokratie von der nationalen Frage?« (1904) in: Werke, Bd. 1, S. 35, zuerst in georgischer Sprache erschienen.

64 Ebd., S. 303; Stalin berief sich dabei auf Marx' Schrift über die Judenfrage und auf Kautsky.

65 So in seiner Schrift von 1913, »Kritische Anmerkungen zur nationalen Frage«, die die Juden die unterdrückteste Nationalität nennt, um ihr dann diesen Status in der Theorie wieder abzuerkennen. Auch in der sozialdemokratischen Forderung nach Gleichberechtigung vor der Duma 1914 wurden die Juden als Nationalität behandelt. Vgl. N. Levine, »Lenin on Jewish Nationalism«, S. 47; M. Altshuler, »The Attitude of the Communist Party of Russia to the Jewish National Survival«, S. 68 ff.; Y. Peled, Class and Ethnicity in the Pale, S. 92 ff.; T. Sawyer, The Jewish Minority in the Soviet Union, S. 6 ff.

Die jüdische Frage steht so und nicht anders: Assimilation oder Absonderung? – und die Idee der jüdischen »Nationalität« trägt offen reaktionären Charakter nicht nur bei ihren konsequenten Anhängern (den Zionisten), sondern auch bei denen, die versuchen, sie mit den Ideen der Sozialdemokratie in Einklang zu bringen (den Bundisten). Die Idee der jüdischen Nationalität widerspricht den Interessen des jüdischen Proletariats, da sie in ihm unmittelbar eine der Assimilation feindliche Stimmung, eine »Getto«-Stimmung, erzeugt.[66]

Trotz dieser theoretischen Grundlegung wurden nach der Oktoberrevolution die Juden gleichrangig mit anderen Minderheiten als »Nationalität« behandelt – die Praxis machte hier die Theorie obsolet. Nation oder nicht – die Juden erhielten wie andere nationale Minderheiten, beginnend 1917 mit den Polen, nach der Oktoberrevolution ein Kommissariat, um die jüdischen Arbeitermassen »vom Bund und anderen nationalistischen Parteien abzuspalten«.[67] Ab März erschien die jiddische Varhejt, im August als Emes. 1920 wurden die Nationalitätenkommissariate dem Volkskommissariat für Nationalitätenfragen als Abteilungen unterstellt. Dabei wurden die Juden gleichrangig mit den Deutschen und Ukrainern mit einer eigenen Abteilung bedacht.[68] Ende 1918 entstanden die jüdischen Sektionen der Kommunistischen Partei, die Evsekcii, nicht selten zunächst aus den Evkomy gebildet.[69]

In der Propaganda gegen den Antisemitismus wurde dieser auch bisweilen als Unwissen um die Gleichheit aller Völker der Sowjetunion dargestellt[70] – die Juden waren unter diesem Blickwinkel bereits ein Volk wie alle anderen. Die Parteipublizisten mußten sich mit dem »dialektischen Umstand« behelfen, daß Stalin zwar recht habe und die Juden keine Nation seien, daß aber auch die (vom Zarismus erzwungene) gedrängte Siedlung der Juden ermögliche, daß »nationale Formen« nicht aufgehoben werden müßten.[71] Die zwischen Theorie und Praxis klaffende Lücke wurde erst mit der

66 »Die Stellung des ›Bund‹ in der Partei«, urspr. Iskra, 22. 10. 1903, in: LW, Bd. 7, S. 82 – 93, hier S. 91; auch in: I. Fetscher (Hrsg.), Marxisten gegen Antisemitismus, S. 161.

67 S. Dimanštejn, Einführung in: Lenin, O evrejskom voprose, S. 14. Vgl. S. Agurskij, Evrejskij rabočij v kommunističeskom dviženii, S. 39 ff. Das Kommissariat und seine Unterorganisationen hießen Evrejskij Komissariat, daraus der Abkürzungsplural Evkomy. Dimanštejn, Kommissar für die jüdischen nationalen Angelegenheiten, erinnerte sich später daran, daß sich Sverdlov Ende 1917 gegen diese »bundistische« Entscheidung gewandt habe. Vgl. Silberner, Kommunisten zur Judenfrage, S. 141 f.

68 Alfred Abraham Greenbaum, »Soviet Nationality Policy and the Problem of the ›Fluid‹ Nationalities«, in: B. Vago/G. Mosse (Hrsg.), »Jews and Non-Jews« in Eastern Europe. 1918 – 1945, S. 257 – 269, hier S. 259. Vgl. auch G. P. Makarova, Narodnyj Komissariat po delam nacional'nostej RSFSR. 1917 – 1923gg., passim.

69 In der Ukraine hießen sie nicht sekcii, sondern otdely. Siehe »Položenie o evrejskich sekcijach pri komitetach RKP«, in: Izvestija, 11. 11. 1920, auch in: Spravočnik partijnogo rabotnika, 1 (1921), S 67 f.; vgl. Z. Gitelman, Jewish Nationality, S. 141 ff. Siehe auch unten, Kap. 3.2.

70 Em. Jaroslavskij, »Na bor'bu s antisemitizmom«, in: V. Vešnev (Hrsg.), Neodolennyj vrag, S. 19.

71 D. Zaslavskij, Evrei v SSSR, (1933) S. 27 ff. Vgl. L. Radiščev, Jad. Ob antisemitizme našich dnej (1930), S. 93.

Errichtung des geschlossenen jüdischen Siedlungsgebiets im Fernen Osten geschlossen.[72] Die totale Umkehrung der bolschewistischen Theorie von der völligen Verneinung einer jüdischen Nation bis zur Schaffung eines Territoriums für diese Nation beweist die Nebensächlichkeit dieses Themas für die Bolschewiki. Sie glaubten, im Marxismus den Schlüssel zu allen Problemen zu besitzen und alle nationalen Fragen – gestellt als Klassenfrage – lösen zu können. Diese grundsätzliche Marginalisierung der Problematik gilt auch für ihre Einstellung zum Antisemitismus.

2.3.2. Philosemiten und Gegner des Antisemitismus

Im anti-antisemitischen Sammelband Ščit hatte Gor'kij 1915 geschrieben: »Als alte kräftige Hefe der Menschheit haben die Juden stets deren Geist emporgehoben, indem sie ruhelose, edle Gedanken in die Welt brachten und in den Menschen das Streben zum Besseren weckten.«[73] Ähnlich dachte Lenin, der laut Gor'kij erklärte: »Wir sind als Volk zwar intellektuell ganz begabt, aber zu träge. Der wirklich intelligente Russe ist fast immer ein Jude oder jemand mit etwas jüdischem Blut in seinen Adern.«[74] Dieser Philosemitismus wird durch einen Disput zwischen Lenin und Dimanštejn belegt, den letzterer 1924 an die Öffentlichkeit brachte: M. Gor'kij hatte 1919 gegen die Pogrome ein Flugblatt verfaßt, das die Juden sehr positiv darstellte, und ließ es in großer Auflage verteilen.[75] Dimanštejn habe sich mit dem Hinweis, daß ein Lob der Juden unerwünschte Wirkungen haben und den Antisemiten für ihre Zwecke dienen könnte, an Lenin gewandt. Zu Dimanštejns Überraschung habe Lenin aber Gor'kij zugestimmt und die lettischen und jüdischen Arbeiter gelobt, die durch die Evakuierungsmaßnahmen des Ersten Weltkrieges ins russische Hinterland gebracht wurden und dort durch Sabotagetätigkeit der Revolution in einem schweren Augenblick geholfen hätten.[76]

72 Siehe auch weiter unten, Kap. 6.6.

73 Ščit, S. 61. Siehe dazu oben, Kap. 1.1.

74 Gor'kij schrieb dies nach Lenins Tod in dem Emigrantenblatt Russkij Sovremennik, 1/1924, S. 229 – 244, hier zitiert nach der Übersetzung in: Bertram D. Wolfe, Brücke und Abgrund. Maxim Gorki und Lenin, Wien/Frankfurt/Zürich, S. 236 f. Russischer Text auch bei M. Gor'kij, Iz literaturnogo nasledija, S. 351. In sowjetischen Ausgaben der Erinnerungen Gor'kijs an Lenin wurde die Passage weggelassen. Vgl. auch F. Čuer, Sto sorok besed s Molotovym, S. 273.

75 Abgedruckt unter der Überschrift »Tovarišči i graždane«, in: M. Gor'kij, O evrejskom narode, S. 117 ff. Gor'kij lobte die Juden nicht nur, weil sie besser als die Russen arbeiteten, sondern auch wegen des Christentums – der Lehre der Menschenliebe, die von jüdischen Fischern in die Welt gebracht worden sei.

76 Lenin, O evrejskom voprose, S. 16 f. Außenminister Čičerin erklärte ganz ähnlich bei der Eröffnung eines jüdischen Pavillons in einer Moskauer Ausstellung, die jüdischen Arbeiter seien die aktivsten in der Revolution gewesen (JTA, 15. 9. 1923, S. 1). Es ist typisch, daß sich die nichtjüdischen Bolschewiki am ehesten lobend über die Verdienste der jüdischen Revolutionäre äußerten, nachdem der Kampf der Evsekcii gegen den »jüdischen Nationalismus« begonnen hatte (siehe unten, Kap. 6.5.).

Bei Gor'kij kam ein Philosemitismus zum Ausdruck, dessen Kehrseite regelrechter Haß auf das Russische war. Durch den Judenpogrom wurde für Gor'kij der russische Bauer als tierischer Rohling entlarvt.[77] In einer 1919 vom Petrograder Arbeiter- und Bauernsowjet herausgegebenen, von Gor'kij schon vor dem Ersten Weltkrieg verfaßten Schrift »Über die Juden« werden die Juden als »psychologischer Typ« bezeichnet, der »kulturell höher, schöner« als die Russen sei. Deren sprichwörtliche Gutmütigkeit sei der asiatischen Gleichgültigkeit ähnlich, sie könnten aber von den »europäischeren« Juden lernen, deren Weisheit allgemein menschliche Gültigkeit besitze.[78] Lenin war sich mit Gor'kij einig in der Hochschätzung vor allem der assimilierten Juden »in zivilisierten Ländern, wo es keine kastenmäßige Absonderung der Juden gibt«:

> Dort haben sich die großen universal-fortschrittlichen Züge der jüdischen Kultur: ihr Internationalismus, ihre Empfänglichkeit für die fortschrittlichen Strömungen des Zeitalters (der Prozentsatz der Juden in den demokratischen und proletarischen Bewegungen ist überall höher als der Prozentsatz der Juden innerhalb der Gesamtbevölkerung) klar und deutlich gezeigt.[79]

Damit liegt der wichtigste nationale Zug der Juden in ihrer Anationalität. Die assimilierten Juden sind gewissermaßen Vorboten der künftigen Weltgesellschaft mit der Verschmelzung aller Nationen. Das Beharren auf einer eigenen jüdischen Nationalität ist damit ein Schritt zurück. Hier liegt die Wurzel der Leninschen Ablehnung einer eigenen jüdischen Nationalität, die von Stalin aufgegriffen wurde. Lenins Philosemitismus bezieht sich auf Juden, die keine Juden mehr sind. Die Bolschewiki sahen sich aber nicht nur mit einigen assimilierten Juden, sondern mit großen jiddisch-sprachigen Massen konfrontiert, die sie nach 1918 auf ihre Seite ziehen mußten, weil deren traditionelle politische Orientierung nicht bolschewistisch war. Für Lenins Philosemitismus blieb also in der realen Politik der Sowjetunion kein Platz. Lenins Würdigung der »hervorragenden Eigenschaften« der Juden wurde höchst selten erwähnt[80], aber es wäre falsch, wenn man den Schluß zöge, weniger Philosemitismus (der Leninschen Art) hätte mehr Antisemitismus

77 Maxim Gorki, »Vom russischen Bauern«, in: Alexander W. Tschajanow, Reise ins Land der bäuerlichen Utopie [ursprünglich Berlin 1922], Frankfurt 1984, S. 89 – 110, hier S. 98.

78 M. Gor'kij, O evrejach, Petrograd 1919. Das von Dimanštejn kritisierte Flugblatt ist in Titel, Erscheinungsort und -jahr identisch, im Umfang aber erheblich geringer.

79 »Kritische Bemerkungen zur nationalen Frage«, urspr. in: Prosveščenie, Oktober 1913, nachgedruckt in: Lenin, Über die Judenfrage (1932), S. 40 – 43; um das Lob der assimilierten Juden gekürzt in der russischen Textsammlung Lenin, O evrejskom voprose, S. 61. Vollständig in LW, Bd. 20, S. 1 – 37.

80 S. Dimanštejn, »V otvet na vopros, sostavljajut li evrei v naučnom smysle naciju«, in: Revoljucija i Nacional'nosti, 10/1935, S. 73 – 77.

(etwa Stalinscher Art) bedeutet: Lenin machte wie Stalin nicht Politik für oder gegen die Juden. Juden als solche gab es für die Bolschewiki nicht – es gab nur Klassen.

Bei der innersowjetischen Publikation judeophiler Aussagen Lenins wurde höchst restriktiv verfahren – nicht nur, weil sie in die offizielle Ideologie mit ihrem reinen Klassenschema nicht paßten. Es war klar, daß Lenins Lob der Juden Wasser auf die Mühlen der antisemitischen Kritiker der Sowjetunion sein mußte, denen die Gestalt Lenins in ihrer Argumentation vom »jüdischen Bolschewismus« hinderlich war.[81] Aus ähnlichen Gründen war es auch ausgeschlossen, daß die von Lenins Schwester Anna bei der Erforschung der Lebensgeschichte des 1924 Verstorbenen in Leningrader und Moskauer Archiven gefundenen Belege über Lenins jüdische Herkunft öffentlich gemacht wurden. Bei dieser Ahnenforschung tauchten Akten auf, die die christliche Taufe von Lenins Großvater Aleksandr Blank belegten. Die Dokumente erhielt nach der Entdeckung 1924 das Lenin-Institut unter der Leitung von L. Kamenev, das sich aber für die Geheimhaltung der Entdeckung aussprach. Erst 1932 wandte sich Lenins Schwester an Stalin und schlug die Veröffentlichung der Dokumente vor. Der Antisemitismus in der Bevölkerung könne bekämpft werden, wenn man die Verdienste der Juden, deren Wert ihr Bruder geschätzt habe (er habe von seiner Herkunft nichts gewußt), herausstelle. Stalin lehnte 1932 lapidar ab: »Zur gegebenen Zeit ist nicht der Moment.« Auch ein zweiter Vorstoß Anna Uljanovas Mitte 1934 blieb erfolglos.[82] Die Tabuisierung von Lenins teilweise jüdischer Herkunft ergab sich schon daraus, daß diese Behauptung als Beispiel für die absurdesten Kapriolen der »weißen« antibolschewistischen Propaganda galt.[83] Natürlich wollte man der weißen Propaganda nicht noch nachträglich mit biographischen Details über Lenins Großvater recht geben.

81 So vertrat in der Emigration V. Šul'gin die Ansicht, die von Gor'kij verbreitete Äußerung Lenins belege, daß das russische Volk in seiner Einschätzung des Bolschewismus als Herrschaft der Juden Recht habe (Čto nam v nich ne nravitsja, S. 126 f.).

82 Die betreffenden Dokumente wurden zusammengefaßt und teilweise zitiert von Natal'ja Davydova, »Razgovor so Stalinym o deduške Lenina. Kak staršaja sestra Il'iča ubeždala voždja narodov raskryt' odnu iz ›strašnych tajn partii‹«, in: Moskovskie Novosti, 23. 2. 1992, S. 8. Zu Lenins Großvater siehe V. V. Caplin, »O žizni sem'i Blankov v gorodach Starokonstantinove i Žitomire«, in: Otečestvennye Archivy, 2/1992, S. 38 – 45; siehe auch die Archivauskunft ebd., S. 46; vgl. D. Loeber, »Neues über die Vorfahren Lenins«, in: Osteuropa, 12/1992, S. 1118 ff. Dort auch Hinweise auf frühere Vermutungen über Lenins Vorfahren; vgl. dazu Z. Szajkowski, Jews, Wars, and Communism Bd. 2, S. 321.

83 So Ju. Larin 1926 in einer Diskussion (Rabočaja Moskva, 7. 12. 1926, S. 2). Dieses Argument gegen die antibolschewistisch-antisemitische Agitation, das bisweilen in Propagandamaterialien der ersten Hälfte der zwanziger Jahre auftauchte, wurde später in der Kampagne selten wiederholt. Es ist noch zu finden bei E. Kantor, Komu nužna vražda narodov, S. 40; E. Kočetkov, Vragi-li nam evrei?, S. 4.

Anzeichen für bolschewistischen Philosemitismus finden sich neben Lenin nur noch bei Lunačarskij. Er dankte 1924 bei einer unionsweiten Konferenz der jüdischen Kulturschaffenden im Namen der Menschheit den Juden für den größten aller Revolutionäre, K. Marx[84], und erklärte später den Antisemitismus als Haß auf eine höhere städtische Kultur, der die Juden seit Jahrhunderten angehörten. Auch im zaristischen Rußland sei der Neid auf die jüdischen Hebammen, Rechtsanwälte oder Zahnärzte mit ihrer größeren Geschicklichkeit im Vergleich mit ihren ehemals bäuerlichen russischen Konkurrenten zu erklären. Die Juden seien geistig beweglicher, ihnen fehle die »Schwere des Denkens« der provinziellen russischen Existenz. Als Symbol der Revolution hätten sie durch die Pogrome besonders leiden müssen, weshalb die russischen, ukrainischen oder tatarischen Bolschewiki besondere Hochachtung vor diesem Volk empfinden müßten. Lunačarskij plädierte für die jüdische Assimilation, und zwar mit einem in der sowjetischen Literatur wohl singulären Argument: »In unserem slawischen Blut ist noch viel dörflicher Most, es fließt satt und dicht, aber ein wenig langsam, und unser ganzes biologisches Tempo ist ein wenig zu dörflich. Doch unsere jüdischen Genossen haben ein sehr schnell fließendes Blut. Also, mischen wir unser Blut, und in dieser fruchtbaren Mischung finden wir jenen Menschentyp, in den das Blut des jüdischen Volkes eingeht wie ein bedeutender, in Jahrtausenden ausgegorener Wein.«[85] Unausgesprochen blieb dabei, ob der sowjetische Bildungsminister durch diese Blutmischung nicht nur die Russen veredeln, sondern auch die Juden gesunden lassen wollte. Er schrieb ihnen nämlich aufgrund ihrer städtischen Existenz neben den guten auch einige kritikwürdige Eigenschaften zu: »Den Juden gab ihre Stadtkultur einen spekulativen, kommerziellen, verfeinert-philosopohischen und dialektischen Verstand, eine Neigung zum Artistischen und zur Kunst. Aber damit kam auch die Schwindsucht, Überspanntheit, die Hysterie mit einem großen Prozentsatz an Selbstmorden und psychischen Krankheiten.«[86] Diese Aussagen stehen im sowjetischen Schrifttum fast ohne Parallelen dar, sieht man von Molotovs Lobrede auf das jüdische Volk von 1936 ab.[87] Ein durchgängiger sowjetischer Philosemitismus läßt sich keineswegs daraus konstruieren. Lunačarskijs Autorität war aber noch 1929 groß genug, daß sein Text unkritisiert, allerdings auch unbeachtet, erscheinen konnte. Die

84 JTA, 27. 11. 1924, S. 2.

85 A. Lunačarskij, Ob antisemitizme, S. 29 ff., S. 36, S. 46 f.

86 Ebd., S. 45.

87 Siehe zu Molotov weiter unten, Kap. 9.3. Noch 1930 wurde ein Text von V. Bonč-Bruevič veröffentlicht, der noch einige Züge des Intelligencija-Philosemitismus eines Lenin oder Lunačarskij erkennen läßt (»Ob Antisemitizme«, in: Protiv antisemitizma, S. 7 – 19). 1932 wurde ein Text von Gor'kij in der Pravda veröffentlicht, in dem von den »klügeren und energischeren Juden« die Rede war. Siehe unten, Kap. 5.3.

Tribuna oder andere Schriften gegen Judenfeindschaft, die stets Lesehinweise gaben, erwähnten Lunačarskijs Büchlein nicht.[88]

Die Bolschewiki waren als Marxisten und Internationalisten entschiedene Gegner des Antisemitismus. Das hat nichts damit zu tun, daß sie in den Juden vielleicht besonders wertvolle Vorkämpfer der Modernisierung oder der Revolution sahen. Vielmehr sahen sich die Bolschewiki als Streiter für eine Gesellschaft ohne Ausbeutung, Krieg und Unterdrückung gleich welcher Minderheiten – die freilich dann erst erreicht werden konnte, wenn die jetzt noch selbst unterdrückenden Minderheiten beseitigt sein würden. Judenfeindschaft entstehe, wenn eben diese Ausbeuterklassen, um die Gefahr ihres Sturzes abzuwenden, die Unterdrückten auf Sündenböcke wie die Juden hetzten. Im Gegensatz zum Bund bestritten Lenin und die Iskra die Gefahr der Judenfeindschaft seitens der Arbeiter.[89] Diese wurden etwa in einem Flugblatt im Oktober 1905 darüber aufgeklärt, daß die Juden deshalb Opfer der Pogrome würden, weil sie einerseits rechtlos seien, andererseits aber den Zorn des Zarismus auf sich gezogen hätten, weil sie »zusammen mit den Polen, Kaukasiern, Letten und anderen Fremdstämmigen die ergebenste und mutigste Kampfabteilung der gesamten russischen revolutionären Arbeiterarmee« stellten.[90] Die hier durchschimmernde »Dankbarkeit« an die Juden dürfte auch damit zu erklären sein, daß trotz der Verneinung eines Arbeiterantisemitismus die »revolutionäre« Dimension der Judenfeindschaft – wogegen die revolutionären Klassen durch das »Lob« der Juden immunisiert werden sollten – Lenin nicht entgehen konnte: »Unser Schwarzhundertertum enthält einen überaus originellen und äußerst wichtigen Zug, der ungenügend beachtet wird, und zwar den unbewußten Bauerndemokratismus, der äußerst grobschlächtig ist, aber auch sehr tief sitzt.«[91] Gerade die Sozialstruktur der russischen Juden machte sie zur Zielscheibe eines primitiven »anti-kapitalistischen« Antisemitismus in der bäuerlichen Bevölkerung des Ansiedlungsrayons. Die Bolschewiki haben jedoch zu keiner Zeit zu erkennen gegeben, daß sie diese Strömungen instrumentalisieren und den Antisemitismus dabei unkritisiert oder unbekämpft lassen wollten.[92]

88 Ähnlich vereinzelt gab es in der sowjetischen Publizistik gegen den Antisemitismus in der Frage russischer und jüdischer Kulturleistungen auch die gegenteilige Argumentation wie bei Lunačarskij: Larin erklärte das jüdische Assimilationsstreben mit der Überlegenheit der russischen Kultur gegenüber der jüdischen Existenz im Ansiedlungsrayon (Ju. Larin, Evrei i antisemitizm, S. 305).

89 »Braucht das jüdische Proletariat eine ›selbständige politische Partei‹?«, urspr. Iskra, 15. 2. 1903, in: LW, Bd. 6, S. 324 – 329. Vgl. H. Tobias, The Jewish Bund in Russia, S. 192 f.; K. Heller, Revolutionärer Sozialismus und nationale Frage, S. 51 f.

90 »Carskaja Konstitucija i pogromy«, Flugblatt des Petersburger Komitees der RSDRP, im Original ausgestellt im Muzej političeskoj istorii Rossii, St. Petersburg.

91 »Über das Schwarzhundertertum«, Pravda Truda, 26. 9. 1913, in: LW, Bd. 19, S. 381 f.

92 Zu den Traditionen eines »revolutionär-antikapitalistischen« Antisemitismus unter den Narodniki des 19. Jahrhundertes siehe Michael Aronson, Troubled Waters. The Origins of the

Durch ihren Dogmatismus blieben die Theoretiker der Bolschewiki von revolutionär-antisemitischen Anwandlungen frei. Sie wußten, wen sie als Feinde zu betrachten hatten – die Juden benötigten sie an dieser Stelle nicht. Man sollte Lenin und seinen Anhängern weder zynisches Machtkalkül noch besondere Humanität unterstellen, wenn es um ihre Einstellung zum Antisemitismus geht. Sie unterschieden sich kaum von anderen sozialistischen Parteien, die im Bürgerkrieg mit Proklamationen gegen den Antisemitismus auftraten, die – auch im Falle der als pogromščiki beschuldigten Machno oder Petljura – dasselbe aussagten wie die im folgenden behandelten Texte der Bolschewiki. Allenfalls findet sich bei Lenin eine wohl eher persönlich denn ideologisch-theoretisch begründete besonders rabiate Abwehr des Antisemitismus. 1911 erklärte er, daß es in Rußland »keine andere Monarchie gibt noch geben kann als eine Monarchie der Schwarzhunderter und der Pogrome«. Man müsse in Rußland »wohl mindestens hundert Romanow enthaupten, um ihren Nachfolgern abzugewöhnen, Morde durch Schwarzhunderter sowie Judenpogrome zu organisieren«.[93]

Wie sehr der Antisemitismus-Vorwurf gegen den Zarismus zum agitatorischen Standardrüstzeug der Bolschewiki gehörte, wird gerade an Stalin – der über einen »Pogrom« an den jüdischen Menschewiki lachen konnte[94] – deutlich. Vor der Revolution griff er in Reden regelmäßig die Regierung wegen der von ihr inszenierten Pogrome an.[95] Pogrome seien in Rußland als »halbasiatischem Land« die besonders rohe Form von Anschlägen auf die Freiheit von Minderheitsvölkern – im zivilisierten Westeuropa kämen sie daher nicht vor.[96] In Stalins Reden und Artikeln fehlt der Begriff »Antisemitismus«. In den Vorwürfen gegen den Zarismus verwendet er nur die Chiffre »Pogrom«, was sich nicht nur auf Juden beziehen muß.[97] Man kann eine gewisse Routine im Argumentationsgang herauslesen, etwa wenn Stalin en passant bemerkt: »Die Politik des Zarismus bestand darin, diese Minderheiten mit allen Mitteln – selbst Pogrome (Judenpogrome) nicht ausgenommen – aus-

1881 Anti-Jewish Pogroms in Russia, Pittsburgh 1990, S. 198 ff.; Stephen M. Berk, »The Russian Revolutionary Movement and the Pogroms of 1881 – 1882«, in: Soviet Jewish Affairs, 1972, Nr. 2, S. 22 – 39.

93 »Zu den Losungen und zur Gestaltung der sozialdemokratischen Arbeit«, in: Social-Demokrat, Dez. 1911, in: LW, Bd. 17, S. 320 – 330, hier S. 326. Es können hier nicht Lenins gesamte Äußerungen zum Antisemitismus referiert werden. Einen Überblick findet man bei E. Silberner, Kommunisten zur Judenfrage, S. 80 ff.

94 Siehe oben, Kap. 2.2.

95 So 1905 in verschiedenen Aufrufen, siehe Stalin, Werke, Bd. 1, S. 71 f., S. 162.

96 Stalin, »Marxismus und nationale Frage« (März – Mai 1913), in: Werke, Bd. 2, S. 266 – 333, hier S. 307.

97 Etwa im März 1917 in der Pravda (25.3.), wo allerdings »Judenpogrome« eigens von »Massakern« (Armenier und Tataren) unterschieden werden (Werke, Bd. 3, S. 15); oder im Januar 1918 in einem Referat zur nationalen Frage vor dem 3. Allrussischen Kongreß der Arbeiter-, Soldaten- und Bauerndeputierten (Werke, Bd. 4, S. 26).

zutilgen.«[98] Daß Stalin als Nationalitätenkommissar wenig zu diesem Problem zu sagen hatte, darf als Spezifikum seines Umgangs mit dem Thema, das er regelrecht mied, angesehen werden. Das mußte nicht von möglichen antisemitischen Vorurteilen herrühren. Auch Trockij legte eine Abneigung gegen die Beschäftigung mit dieser Frage an den Tag, wie weiter unten gezeigt wird.

2.3.3. Maßnahmen gegen die Pogrome im Bürgerkrieg

Auf dem Ersten Sowjetkongreß im Juni 1917 wurde auf einen Vorschlag der Bolschewiki, den Preobraženskij einbrachte, einstimmig eine Resolution angenommen, die alle Sowjets zur Aufklärungs- und Propagandaarbeit gegen die Judenfeindschaft aufforderte.[99] Trockij veröffentlichte am Vorabend der Oktoberrevolution einen Artikel, in dem er die Pogromagitation ansprach, die überall in Petrograd zu vernehmen sei. Diese Agitation stütze sich auf den Hunger und die Verzweiflung der unteren Schichten der Werktätigen. Da die Revolution ihre Lage verschlechtert habe, seien die arbeitslosen ehemaligen Dorfbewohner bereit, ihre Verbitterung auf jeden abzuwälzen: die Regierung, die Juden, die Sozialisten, die Sowjets »und überhaupt auf alle, die ein Jackett und einen Hut tragen«. Die Pogromstimmung sei Resultat einer Entwicklung, die den Armen nichts gegeben habe, während die Reichen nach wie vor zu allem Zugang hätten; sie sei »der elementare Protest der dunkelsten, unglücklichsten Arbeiter, Soldaten und Bauern gegen die Schwere des Lebens, gegen Krieg und Hunger, gegen Ungerechtigkeit und Betrug«. Erst die revolutionäre Macht gegen Bankiers, Wucherer, Marodeure und Spekulanten könne die Versorgung der Massen sicherstellen: »Der einzige ernstzunehmende Weg, mit dem Schwarzhundertertum der Unterschichten zu kämpfen, ist der Übergang der gesamten Macht in die Hände der Sowjets.«[100] Bereits am 2. Dezember 1917 wurde gegen Pogrome und Alkoholmißbrauch ein eigener außerordentlicher Kriegskommissar ernannt.[101] Doch dies und später eine außerordentliche Sitzung des Stadtsowjets, auf der die Bevöl-

98 »Über die nächsten Aufgaben der Partei in der nationalen Frage« (Thesen für den X. Parteitag in der Pravda v. 10. 2. 1921), in: Werke, Bd. 5, S. 23.

99 A. Gelbard, Der jüdische Arbeiter-Bund Rußlands, S. 64. Mitte Oktober gab es auf Antrag von Abramovič (Menschewiki) einen weiteren Auftrag an die Sowjets, Pogromversuche zu unterdrücken (ebd., S. 196).

100 L. Trockij, »Pogromnaja agitacija«, in: Rabočij i Soldat, 31. (18.) 10. 1917, in: Trockij, Sočinenija, III. 2, S. 23 f. Gemessen an dem, was wenig später mit einem von Lenin unterzeichneten Dekret die offizielle Richtschnur der Anti-Antisemitismus-Politik wurde, sind Trockijs Auslassungen geradezu milde.

101 Trockij, Sočinenija, III. 2, S. 140 f.

102 Golos Trudovogo Krest'janstva, 11. 5. 1918; Novyj Večernij Čas, 22. 4. 1918, nach Scheibert, Lenin an der Macht, S. 350, S. 651. Zinov'ev soll 1919 selbst zur Zielscheibe wütenden Protests von Rotarmisten geworden sein, in den sich auch Rufe wie »Nieder mit den Juden« mischten. Zur Beschwichtigung der Soldaten sei Gor'kij herbeigeholt worden. Siehe Z. Hippius, »Peters-

kerung ermahnt wurde, sich nicht gegen die unschuldigen Juden aufhetzen zu lassen, haben offenbar wenig bewirkt, ebensowenig eine Rede Zinov'evs gegen die Pogrome.[102]

In den ersten Broschüren, die in Petrograd gegen den Antisemitismus veröffentlicht wurden, war von den aktuellen Pogromen noch gar keine Rede. Teilweise wurden lediglich die Pogrome von 1905 behandelt.[103] Es wurde auf die vorrevolutionäre Erfahrung Bezug genommen, wonach die Reaktion (besonders unter Pleve) stets in Zeiten der Bedrängnis die Arbeiter nach dem Motto »Teile und herrsche« gegen die Juden gehetzt habe. Aber schon damals hätten jüdische Bankiers den Zaren unterstützt.[104]

Nach der Revolution wurde der Kampf gegen den Antisemitismus besonders vom Moskauer Evkom forciert. Dies ging offenbar auf die Tätigkeit des Poale-Zion-Anhängers Fridljand zurück.[105] Im April 1918 waren die Pogrome Thema einer Sitzung des Zentralexekutivkomitees des Arbeiter- und Soldatenrates. Mit einem Referat dazu trat der rechte Sozialrevolutionär Davidovič auf, der den von »roten« Truppen verübten Pogrom in Gluchow schilderte.[106] Allen Arbeiter- und Bauernsowjets wurde aufgetragen, besondere Sitzungen zum Thema Antisemitismus einzuberufen, in schriftlicher und mündlicher Form Kampagnen zu führen, besonders streng die Geistlichen zu überwachen und deren konterrevolutionäre Agitation zu bekämpfen. Zuvor waren von der Kirche organisierte Demonstrationen gegen die Trennung von Kirche und Staat in antijüdische Ausschreitungen ausgeartet.[107] Besondere jüdische Kampforganisationen dürften keinesfalls geschaffen werden, alle überprüften Fakten über Pogrome müßten veröffentlicht werden. Das Kommissariat für jüdische Angelegenheiten sollte zusammen mit dem Kriegskommissariat Vorbeugemaßnahmen gegen die Pogrome ausarbeiten.[108] Obwohl jüdische Einheiten, die durch den Übertritt schon existierender jüdischer Selbstwehren zu den Bolschewiki in der Ukraine entstanden waren, den Ruf besonderen Heldenmuts hatten, kamen von den Vertretern des jüdischen Kommissariats gewichtige Argumente gegen rein jüdische Einheiten: 1) Im Falle ihrer Gefangennahme würden alle ihre Mit-

burger Tagebuch«, in: Dmitrij Mereschkowskij, Zinaïda Hippius, Dmitrij Philossow, Wladimir Slobin, Das Reich des Antichrist. Russland und der Bolschewismus, München 1921, S. 82.

103 So bei A. Evgen'ev, Carskie pogromščiki, Petrograd 1919, ebenso in der nichtbolschewistischen Broschüre von M. Ančarova, Kto i počemu ustraival evrejskie pogromy?, Moskau 1917.

104 Vragi li evrei rabočim i krest'janam?, hrsg. v. Petrograder Sowjet 1918, passim.

105 Z. Gitelman, Jewish Nacionality, S. 137.

106 Evrejskaja Nedelja, 27. 4. 1918, Sp. 14, Sp. 22. Zu dem Pogrom siehe oben, Kap. 1.3.3.

107 Siehe oben, Kap. 1.4.2.

108 Dieser Erlaß wurde in den Izvestija am 28. 4. 1918 veröffentlicht und ist nachgedruckt bei S. Agurskij, Evrejskij rabočij, S. 153. Bei M. Gorev, Protiv antisemitov, S. 100 f., wo der Erlaß ebenfalls nachgedruckt ist, wird die Ablehnung eigener jüdischer Einheiten folgendermaßen erklärt: Eine samooborona wie zur Zeit des Zarismus sei bei der Stärke der Roten Armee überflüssig. Vgl. dazu auch A. Gelbard, der jüdische Arbeiter-Bund, S. 197.

glieder umgebracht werden. 2) Bei der Konzentration auf isolierte jüdische Einheiten würde die feindselige Behauptung innerhalb der Roten Armee erleichtert, es gebe unter der kämpfenden Truppe keine Juden.[109]

Im April 1918 erging vom Volkskommissariat für Nationalitätenfragen des westlichen Gebiets ein Erlaß gegen die Pogrome, der besonders die »jüdischen Bürger und Organisationen« aufforderte, alle pogromartigen Vorfälle zu melden, und versprach, daß die Stärke der revolutionären Soldaten und Arbeiter »Leben und Ehre der jüdischen Massen« schützen werde.[110] Lenin lagen Eingaben vor, in denen Anhänger der Bolschewiki den Rücktritt der prominenten jüdischen Führer forderten.[111] Der Kommissar für jüdische Angelegenheiten Dimanštejn berichtete Lenin über »Formen und Ausmaße der Erscheinungen des Antisemitismus, und er [Lenin] sagte voll Zorn, [...] sogar in einer Art Scham für die schändlichen Überbleibsel der Vergangenheit, die die Revolution entehren, daß der Antisemitismus eine scharfe Waffe der Konterrevolution sei und daß man ihn mit entsprechenden Maßnahmen bekämpfen müsse«.[112] Die von Dimanštejn daraufhin ausgearbeitete Proklamation, die von Lenin redigiert wurde, richtete sich nicht zuletzt an die eigenen Truppen. Sie war auf die Sicht derer zugeschnitten, die schon auf der Seite der Revolution standen. Das Dekret machte die »bürgerliche Konterrevolution« für die Pogromagitation verantwortlich, wobei auch unterstellt wurde, daß unter dem Zarismus, dessen Waffe die bürgerlichen Gegner der Bolschewiki aufgegriffen hätten, stets die reichen Juden geschont worden seien. Dann wurde erklärt, daß die »antisemitische Bewegung und die Judenpogrome [...] verderblich für die Sache der Revolution der Arbeiter und Bauern« seien. Dieser Text zeigt im Keim die Probleme des kommunistischen Umgangs mit dem Antisemitismus auf. Diesem wird zwar entschieden eine Absage erteilt, zugleich aber soll er gewissermaßen aufgehoben und in Antikapitalismus verwandelt werden. Dabei ist die Gefahr ganz offensichtlich, daß er dabei nur sehr oberflächlich abgewandelt wird. Der Antisemitismus wird nach dem Leninschen Postulat nicht überwunden, sondern

109 S. Agurskij, Evrejskij rabočij, S. 147. Vgl. auch Z. Gitelman, Jewish Nationality, S. 165 ff.; E. Tšerikover, Di ukrainer pogromen, S. 287 f.; B. Gurevitz, »Un cas de communisme national«, S. 340 ff. Zur Rolle von Juden in der Roten Armee des Bürgerkrieges siehe auch Aron Abramovič, V rešajuščej vojne. Učastie i rol' evreev v vòjne protiv nacizma, Tel Aviv 1982, S. 49 – 61, wo der Versuch einer Auflistung der Namen aller Juden auf Kommandoposten gemacht wird. Da Vergleichszahlen fehlen, ist dies aber ebensowenig aussagekräftig wie zahlreiche antisemitische Pamphlete, die mit umfangreichen Namenslisten nicht wie A. Abramovič den soldatischen Mut, sondern den verderblichen Einfluß von Juden belegen wollen.

110 Agurskij, Evrejskij rabočij, S. 154.

111 Ein solcher Brief, gezeichnet von einem mit den Bolschewiki sympathisierenden »alten narodovolec« ist zitiert bei D. Volkogonov, Trockij. Političeskij portret, Bd. 1, S. 166 (Schreiben aus dem Zentralarchiv der Sowjetarmee).

112 Lenin, O evrejskom voprose, Einleitung Dimanštejns, S. 15.

es wird ein Teil des Judenhasses ausgeblendet – nämlich der, der sich gegen den »proletarischen« Juden richtet. In der Form des Hasses auf den jüdischen »Kapitalisten« dagegen kann der Antisemitismus ein Reservat finden: »Die jüdischen Bourgeois sind nicht als Juden, sondern als Bourgeois unsere Feinde.« Damit ist die kommunistische Antisemitismus-Analyse determiniert. Wenn man später in den publizistisch aufbereiteten Fällen über Judenhaß in den Fabriken der Sowjetunion stets liest, dieser richte sich gegen die »jüdische Armut«, aber auch wenn Jahre später erklärt wird, die deutschen Nationalsozialisten vertreten die Interessen auch des jüdischen Kapitals, sind das logische Konsequenzen aus den von Lenin fixierten Ansichten.

Lenin war es ernst mit der Bekämpfung des Antisemitismus. Er selbst versah den Entwurf Dimanštejns mit dem handschriftlichen Zusatz, daß die antisemitische Bewegung »mit der Wurzel auszurotten« sei: »Pogromisten und Pogromagitatoren sind außerhalb des Gesetzes zu stellen.«[113] Dieses Dekret, das jeden roten Kommandeur aufforderte, Antisemiten in den eigenen Reihen zu erschießen, wurde in den Izvestija am 27. Juli 1918 veröffentlicht. Es wurde nie außer Kraft gesetzt, weshalb Ende der zwanziger und Anfang der dreißiger Jahre, als der Kampf gegen den Antisemitismus zum Schwerpunkt publizistischer Kampagnen gemacht wurde, an diese Proklamation erinnert wurde.[114] Auch von Ch. Rakovskij, dem Chef der Ukrainischen Sowjetrepublik, wurde im Februar 1919 ein Dekret zum Kampf gegen den Antisemitismus erlassen.[115] Später wurden diese Erlasse jedoch vergessen; auf dieses Instrument innerstaatlicher Feinderklärung, mit dem jeder »žid«-Ruf zu einer konterrevolutionären Attacke hochstilisiert werden konnte, griff man gerade nach 1934, als Menschen unter den absurdesten Beschuldigungen in die Lager geschickt wurden, nicht mehr zurück.

Für Propagandazwecke wurde 1919 eine Schallplatte mit einer Rede Lenins aufgenommen, die inhaltlich dem Text des im Juli 1918 in den Izvestija erschienen Dekrets ähnelte. Antisemitismus wird wiederum zum Erbe der Zarenzeit erklärt, in der – wie in anderen Ländern – Polizei, Gutsbesitzer und Kapitalisten Judenpogrome organisierten, um den Haß der Ausgebeuteten abzulenken. Diese Feindschaft gegen die Juden könne sich nur halten, solange die Arbeiter und Bauern durch die Leibeigenschaft in Unwissenheit

113 »Dekret des Rates der Volkskommissare über die Ausrottung der antisemitischen Bewegung«, in: Lenin, Über die Judenfrage, S. 65 f.

114 Zum Beispiel von V. Bonč-Bruevič, »Ob antisemitizme«, in: Protiv antisemitizma, S. 7 – 19, hier S. 13 f. Auch er berichtet, Lenin zu dieser Zeit täglich von den Pogromen »der Weißgardisten« berichtet zu haben. Zur praktischen Umsetzung im Bürgerkrieg und zur weiteren Rolle des Lenin-Dekrets siehe unten, Kap. 5.4.1. Es sei noch erwähnt, daß laut Lunačarskij der Text auf Sverdlov zurückgeht (Lunačarskij, Ob antisemitizme, S. 38).

115 »Bor'ba s antisemitizmom«, im Kiewer Staatsarchiv der Oktoberrevolution F 2, O 1, Sprava 46, nach H. Abramson, »Jewish Representation in the Independent Ukrainian Governments«, S. 549.

gehalten würden. Nicht die Juden seien die Feinde der Werktätigen, sondern die Kapitalisten aller Länder. Unter den Juden bildeten die Arbeiter die Mehrheit, welche »unsere Brüder, unsere Genossen im Kampf für den Sozialismus« seien. »Unter den Juden gibt es Kulaken, Ausbeuter, Kapitalisten, wie auch unter uns allen. Die Kapitalisten sind bemüht, Feindschaft zwischen den Arbeitern verschiedenen Glaubens, verschiedener Nationen, verschiedener Rassen zu entfachen.« Während das in den Izvestija veröffentlichte Dekret die damals von Lenin eigenhändig hinzugefügte Drohung enthielt, schon die Pogromagitation »außerhalb des Gesetzes« zu stellen, war auf der Platte der Ton der Schlußsequenz weniger drohend gegen die eigenen Reihen: »Schmach und Schande über den verfluchten Zarismus, der die Juden peinigte und verfolgte. Schmach und Schande dem, der Feindschaft gegen die Juden, der Haß gegen andere Nationen sät.«[116] Der Unterschied in der Schärfe gegenüber dem oben zitierten Dekret Lenins verdient Beachtung. Die Proklamation richtet sich nun weniger an die eigenen Reihen, sondern auch an die konkurrierenden Einheiten. Das wird auch durch die nochmalige Betonung der Herkunft des Antisemitismus aus dem Zarismus deutlich. In der Tat kämpften die zum Zeitpunkt der Aufnahme der Platte für die Pogrome verantwortlichen Parteien nicht durchweg für die Restauration der Monarchie, auch nicht für die Interessen des »Kapitals« oder der Gutsbesitzer. Lenins Intention könnte gewesen sein, die verschiedenen Gegner zu kompromittieren, indem er ihnen mit dem Antisemitismus die geistige Verwandtschaft mit dem von allen Seiten abgelehnten Zarismus vorwarf. Verglichen mit anderen Texten gegen Antisemitismus und Pogromneigung aus der gleichen Zeit sticht Lenins Rede keineswegs durch besondere Originalität hervor. Ihre Argumente finden sich in zahlreichen Broschüren der frühen Sowjetzeit: Es gebe reiche und arme Juden, zwei Klassen im weltweiten Bürgerkrieg. Der Behauptung, es gehe Rußland wegen der Juden jetzt so schlecht, wurde entgegengehalten, daß die Juden – als Teil Rußlands – sich damit ja selbst schaden würden.[117] Es wurde auch gegen die religiösen Wurzeln der Judenfeindschaft argumentiert: Es gebe keinen »russischen« Glauben, auch das Christentum stamme von den Juden. Wenn die Kolčak-Anhänger sagten, die Juden seien schlauer, gerissener, »kulakischer« als die gutmütigen und einfältigen Russen, sei dies nichts als Hetze der buržui, die

116 »Über die Pogromhetze«, in: Lenin, Judenfrage, S. 61 f., auch (in geringfügig anderer Übersetzung) in: Lenin Werke, Bd. 29, S. 240; im russ. Original in: Lenin O evrejskom voprose, S. 57. Der Text dieser Rede wurde in den meisten Schriften gegen den Antisemitismus Ende der zwanziger Jahre vollständig zitiert, so auch in der Illustrierten Ogonek (12. 6. 1927, S. 3 f.), hier sogar mit einer Abbildung der Schallplatte. In ukrainischer Übersetzung in: A. Chvylja, Antysemityzm, S. 125 f.

117 N. Gorlov, Temnye sily, vojna i pogromy (hrsg. v. Petrograder Sowjet der Arbeiter- und Soldatendeputierten), 1919.

eigentlich gegen die russischen Werktätigen gerichtet sei.[118] Die Mitschuld der jüdischen Bourgeoisie an den Pogromen wurde damit begründet, daß die jüdischen Bankiers Frankreichs und Deutschlands Rußland mit Krediten unterstützt hätten. Das jüdische Proletariat jedoch stehe auf einem »Ehrenplatz«.[119] Es wurde nicht verschwiegen, daß es auch in den eigenen Reihen, die teilweise vom Ausdruck des »jüdischen Übergewichts« wie hypnotisiert seien, zur »Infektion mit der üblen Krankheit des Antisemitismus« gekommen sei.[120] Gegen dieses »unterirdische teuflische Werkzeug« der Bourgeoisie könne nur unter der Losung »Klasse gegen Klasse – und nicht Nation gegen Nation« angegangen werden.[121] In der Ukraine setzte die Propaganda teilweise andere Akzente: Hier waren auch die verschiedenen ukrainisch-nationalistischen Gegner der Bolschewiki im Visier, die Rada, das Hetmanat, Petljura. Sie wurden als Regierungen der Kulaken und Gutsbesitzer, die auch jetzt (1920) noch Banden organisierten, bezeichnet. Gleichzeitig wurde aber auch behauptet, sie seien mit Geld von jüdischen Bankiers unterstützt worden.[122]

Es gab auch Ansätze, antisemitischer Kritik nicht durch Aufklärung, sondern auch durch partielles Nachgeben zu begegnen. Im April 1919 erklärte Trockij, daß ein enormer Anteil der Tscheka-Mitarbeiter im Frontbereich, der Exekutivkomitees im Frontbereich und im Hinterland und in zentralen Sowjetbehörden aus Letten und Juden bestehe, während deren Anteil direkt an der Front vergleichbar gering sei. Deshalb werde unter den Rotarmisten chauvinistisch agitiert, was auch einigen Widerhall finde. Er forderte daher eine Umverteilung bis zu einem ausgeglichenen Verhältnis aller Nationen an der Front und im Hinterland.[123] Tatsächlich kam es in Kiew und an anderen Orten zu Umbesetzungen zu Lasten des jüdischen Anteils unter den Tschekisten.[124]

118 A. Divil'kovskij, Gonenie na evreev – gonenie na samych sebja! (hrsg. v. CIK des Sowjets der russischen Arbeiter-, Bauern- und Soldatendeputierten), Moskau 1919.

119 Vragi li evrei rabočim i krest'janam? (hrsg. v. der Ukrainischen Sozialistischen Sowjetrepublik), Odessa 1919.

120 Evrei, klassovaja bor'ba i pogromy (hrsg. v. Petrograder Sowjet der Arbeiter- und Soldatendeputierten), Petrograd 1919.

121 Doloj pogromy (hrsg. v. der Ukr. Soz. Sowjetrep.), Odessa 1920.

122 Dlja čoho i jak kulaky c'kujut' proty jevreïv (hrsg. v. der Ukr. Sowjetrep.), Odessa 1920. Generell ist festzuhalten, daß diese Broschüren keine ausgiebigen Beschreibungen der Pogrome und ihrer Grausamkeit enthielten. Darauf wird auch verwiesen von Peter Kenez, »Pogroms and White Ideology in the Russian Civil War«, in: J. Klier/S. Lambroza (Hrsg.), Pogroms: Anti-Jewish Violence in Modern Russian History, S. 292 – 313, hier S. 300. Kenez vermutet, daß dahinter bewußtes Verschweigen (wie im Zweiten Weltkrieg) stand. Dies darf bezweifelt werden – die Broschüren waren in ihrem Umfang klein (nicht über 20 Seiten), und man wollte den Platz für ideologische Belehrungen nützen. Außerdem ist zu fragen, welche konkreten Informationen den Verfassern vorlagen. Vgl. Fußnote 96 in Kap. 1.3.3.

123 Trotsky Papers, Bd. 1, S. 360; Dok. 181 (Sitzung des Politischen Büros 18. 4. 1919) mit Lenin, Stalin, Krestinskij, Trockij.

124 Legett, The Cheka, S. 413.

Daß sich die Bolschewiki nicht offensiver als »Anti-Pogrom-Partei« präsentierten, dürfte nicht nur daran gelegen haben, daß sie sich nicht als »projüdisch« vor der nichtjüdischen Bevölkerung präsentieren wollten. Ihnen schien klar, daß ihre Gegner schon den Umstand, daß die Revolution ohne Pogrome vonstatten gegangen sei, so hinstellen würden, daß sie »von den Juden gemacht und in ihren Interessen« sei.[125] Nur Kalinin machte wenig Hehl daraus, daß die Bolschewiki allen Juden Schutz vor Pogromen bieten sollten. Er erklärte im Juni 1919 vor einer Versammlung jüdischer Kommunisten, daß es beim Sieg der Konterrevolution Leichenberge der Juden geben werde, nicht nur der Kommunisten, sondern auch der jüdischen Bürger. Sowjet-Rußland sei damit die einzige Möglichkeit für alle Juden, denn nur dieses kenne »keine Hellenen und keine Judäer«.[126] Hingegen herrschte besonders in der Evsekcija die Angst, für die »falschen Klassen« unter den Juden zu attraktiv zu sein. Auch Trockij warnte vor den Juden, die nur aus nationalistischen Gründen, d.h. wegen der Pogrome, in die Kommunistische Partei eintraten.[127] Schon bei der ersten Parteisäuberung 1921 versuchte man, sich solcher Mitglieder zu entledigen.[128] Nur selten wurde darauf verwiesen, daß man den Bolschewiki keine Pogrome vorwerfen könne, um mit diesem Hinweis Einfluß auf die jüdische Intelligenz zu gewinnen.[129]

2.3.4. Schnelles Vergessen der Pogrome

An den sowjetischen Darstellungen über den Bürgerkrieg fällt auf, welch geringe Rolle das Thema der Pogrome spielt.[130] Es überrascht, wie zurückhaltend die bolschewistische Propaganda von der Tatsache Gebrauch machte, daß praktisch alle Gegner der Bolschewiki in Massenmorde an der jüdischen

125 So rückblickend bei G. Žigalin, Proklatoe nasledie (1927), S. 30. Zur Interpretation der Pogrome in der Sowjetunion in den zwanziger Jahren siehe unten, Kap. 2.3.4. und 4.5.1.

126 Kalinin »O evrejach«, Rede am 11. 6. 1919 in Witebsk, in: Kalinin, Evrejskij vopros, S. 5 ff. Vgl. auch Gitelman, Jewish Nationality, S. 248, über herbe Kritik der Evsekcija an ähnlichen Äußerungen Kalinins von 1918.

127 Emes, 17. 6. 1923 nach Z. Szajkowski, Jews, Wars, and Communism, Bd. 2, S. 202. Ähnlich im Veker am 21. 6. 1923, nach Gitelman, Jewish Nationality, S. 166. Noch in seiner Auseinandersetzung mit Stalins »Antisemitismus« sprach Trockij von den opportunistischen kleinbürgerlichen jüdischen Intellektuellen in der Partei (siehe unten, Kap. 8.1.3.) und von den halbassimilierten Juden, die trotz revolutionärer Haltung nicht in die Massen eindringen könnten (Trotsky, Œuvres, Bd. 21, S. 49).

128 Z. Gitelman, Jewish Nationality, S. 222 f.

129 So Litvakov in Kiew, nach JTA, 12. 1. 1924, S. 4.

130 Erkennbar bereits an der Darstellung Antonov-Ovseenkos, Zapiski o graždanskoj vojne, Bd. 3, S. 143; mit einer kurzen Erwähnung der Pogrome. Die vor 1941 erschienenen Beiträge zu der historischen Zeitschrift Krasnyj Archiv über den Bürgerkrieg klammerten den Aspekt der Pogrome aus: »V tylu Vooružennych sil juga Rossii«, in: KA, 34 (1929), S. 224 – 228; »Denikincy o sostojanii svoego tyla«, in: KA, 71 (1935), S. 190 – 199; »Revoljucionnoe kazačestvo Dona v bor'be s kontrrevoljuciej«, in: KA, 76 (1936), S. 24 – 30; »Agitpoezdki M. I. Kalinina v gody graždanskoj vojny«, in: KA, 86 (1938), S. 93 – 163; »Iz istorii graždanskoj vojny na Ukraine v 1918g«, in: KA, 95 (1939), S. 73 – 102.

Bevölkerung verstrickt waren. Dies gilt auch für die Behandlung der Verbrechen NS-Deutschlands, die nach dem Kriegsende nur noch unter Ausklammerung des antijüdischen Aspekts behandelt wurden. Der Grund liegt beide Male nicht so sehr im Antisemitismus des verantwortlichen Apparats, sondern in der Angst, sich angesichts antisemitischer Vorstellungen eine Blöße (als die vermeintlich pro-jüdische Seite) zu geben.

Zwei 1924 bzw. 1926 veröffentlichte Bände unter dem Titel Evrejskie Pogromy sind die einzigen sowjetischen Monographien über die gesamte Pogromwelle des Bürgerkriegs neben einigen Büchern, die gegen bestimmte an den Pogromen beteiligte Parteien (Ukrainer, Polen, Weiße) gerichtet waren. Nachdrucke nichtbolschewistischer Darstellungen erschienen nur zensiert.[131] Bevor die sowjetische Historiographie das Thema »Pogrome« dann weitgehend dem Vergessen anheimfallen ließ, wurde aus den gesammelten Materialien eine Ausstellung zusammengestellt, die 1923 in Moskau gezeigt und dann als 13seitiges Bändchen mit Illustrationen in einer Auflage von 10 000 Exemplaren verbreitet wurde. Aus »technischen Gründen« verzögerte sich die Herausgabe der ausführlichen Fassung der Broschüre. Die erweiterte Fassung erschien erst 1926 mit 5000 Exemplaren bei der Aktiengesellschaft »Schule und Buch«.[132] Offenbar wurde eine geplante Buchreihe, die über Pogrome als Mittel der »Weltreaktion« in der Ukraine, Polen und schließlich Ungarn berichten sollte, an ihrem Erscheinen gehindert. Die sowjetischen Herausgeber setzten durch, daß der Band über Polen zuerst erschien. Der zum Abschlußband erklärte Teil über die Ukraine kam nicht mehr heraus.[133]

Als in Paris Ŝcarcbard sich vor Gericht für das Attentat auf Petljura verantworten mußte, unternahm sein Anwalt mit dem Journalisten Lecache eine Informationsreise in die Sowjetunion. Die Behörden ließen diese Reise natürlich nicht ohne GPU-Überwachung geschehen, versuchten aber, auf die französische Öffentlichkeit mit möglichst objektiven Materialien einzuwirken. Sie griffen die Initiative eines Ja. Lifšic auf, der sich selbständig an die

131 In der sowjetischen Ausgabe des zunächst in Harbin verlegten Buches Bagrovaja Kniga des Schriftstellers S. Gusev-Orenburgskij, die in einer geringen Auflage in Petrograd erschien, sind die Passagen über Ausschreitungen roter Truppen gestrichen (z.B. S. 74 ff.) – insgesamt wurden 100 Seiten wegzensiert, siehe das Vorwort zum amerikanischen Nachdruck v. R. Bronskaja, S. VII.

132 Über die Ausstellung siehe JTA, 18. 7. und 6. 8. 1923. Der Titel der ersten Broschüre war Evrejskie Pogromy. Al'bom illjustracij pogromnogo perioda 1918 – 1921 gg, Moskau 1924. 1924 erschien auch eine Schrift, die Pogrome des Zarismus und des Bürgerkriegs schilderte (S. Leningradskij, Kto i za čto ustraival pogromy nad evrejami).

133 I. Chejfec, Mirovaja reakcija i evrejskie pogromy, Bd. 1, S. 13. Eine vom Volkskommissariat für Nationalitäten breit angelegte Buchreihe Materialy ob antisemitskich pogromach kam über die Serie 1, »Pogrome in Weißrußland« und da über den ersten Band über »Pogrome, die von den Weißpolen verübt wurden«, nicht hinaus. Siehe B. Pinkus/A. Greenbaum, Russian Publications on Jews and Judaism, S. 60; vgl. Vestnik evrejskogo otdela Narodnogo Komissariata po delam nacional'nostej, 3/1920, S. 18.

Pravda gewandt hatte, um offizielle Dokumente einer Untersuchungskommission des ukrainischen Direktoriums weitergeben zu können.[134] In Moskau wurde ein Švarcbard-Verteidigungskomitee gegründet und dessen Material an den Verteidiger nach Paris weitergeleitet.[135] Über das Buch Lecaches »Au pays des pogromes« wurde innerhalb der Sowjetunion behauptet, daß er es in Frankreich nur mit Mühe habe veröffentlichen können.[136] In Wirklichkeit konnte Lecaches Buch in der Sowjetunion zunächst nicht erscheinen – wegen Passagen, die dem Sowjetregime feindlich seien, außerdem sei es »in einem hysterischen Ton geschrieben«.[137] Das Hauptinteresse der sowjetischen Propaganda anläßlich des Šarvcbard-Prozesses war nicht die Aufarbeitung der Pogrom-Geschichte, sondern die Möglichkeit, Feinde der Sowjetmacht zu entlarven. Die Tribuna bezweifelte, daß in dem Prozeß die »ganze Wahrheit« über die Pogrome ans Tageslicht komme, nämlich ihr »Klassencharakter«. Schließlich war Frankreich nach sowjetischer Lesart an den Pogromen mit schuld – Petljura sei nur die Interessenagentur der alliierten Interventen gewesen.[138] Besonders zielte die Entlarvung auf den »ukrainischen Nationalismus« im Innern der Sowjetunion und die ukrainischen Organisationen in Polen, deren Reaktionen auf den Prozeß sowjetische Darstellungen als Beweis für die Gefährlichkeit des »ukrainischen Nationalismus« referierten.[139] Das Wesen des »faschistischen Zionisten« Žabotinskij, der sozialistischen Internationale, des ukrainischen Nationalismus und der polnischen Reaktion unter Piłsudski »aufzudecken«, war auch das Ziel einer Schrift von P. Krasnyj, dem ehemaligen Minister für jüdische Angelegenheiten aus der Regierung Petljuras, die 1928 in Charkow herausgebracht wurde.[140]

134 Siehe den Briefwechsel in: RCChIDNI F 445, O 1, D 86, Bl. 112 ff. (23. 9. 1926). Zu dem Prozeß siehe oben, Kap. 1.3.1.

135 JTA, 28. 8. 1926, S. 3.

136 Ja. Lapkes, »K processu Švarcbarda«, in: Tribuna, 6–7/1927, S. 21 f.

137 P. Pascal, 29. 5. 1927, Mon Journal de Russie, Bd. 3, S. 131. Mit Unterstützung Larins erschien 1928 eine 141seitige russische Übersetzung in einer Auflage von 3000 Exemplaren. Larin bezog sich später auf Lecaches Angaben, warf ihm aber auch vor, die Fakten nicht zu erklären (Larin, Evrei i antisemitizm, S. 39). Teile des Lecache-Buches erschienen auch in: Protiv Antisemitzma, 1930, S. 139–150; in: V. Vešnev (Hrsg.), Neodolennyj vrag, S. 281–289; ukrainisch in: M. Kiper (Hrsg.), Na borot'bu z nacional'noju vorožnečeju i šovinizmom, S. 125 ff.

138 Dies wurde z.B. im Vorwort zu einer 1928 in einer Auflage von 30 000 erschienen Sammlung der Prozeßprotokolle behauptet, die der französischen Tagespresse entnommen waren (Process Švarcbarda v parižskom sude). Diese Schrift enthält auch die Aussage M. Gor'kijs, der vor Gericht wegen einer Krankheit nicht aussagen konnte, dessen Stellungnahme dann nur zu den Akten kam. Siehe auch den Pravda-Artikel zum Švarcbard-Prozeß am 25. 10. 1927, S. 1.

139 P. Kanceljarskij, Sovetskaja vlast' i evrejskoe naselenie v SSSR, S. 23 ff. Es entstand 1926 in Odessa auch ein Film über die Pogrome mit Szenen über Petljura (JTA, 16. 6. 1926).

140 Im Vorwort wurde Krasnyj von den Herausgebern vorgeworfen,seine Rolle als Verteter des jüdischen Nationalismus in der Petljura-Regierung bis heute nicht zu verstehen (P. Krasnyj, Tragedija ukrainskogo evrejstva, passim, Vorwort S. 6).

Unmittelbar nach dem Bürgerkrieg war noch zu lesen, die Pogrombanden hätten zur »Ausrottung des jüdischen Volkes« – also nicht etwa der jüdischen Proletarier – aufgerufen.[141] In einem der meistzitierten Bücher gegen den Antisemitismus behauptete Ju. Larin 1929, daß die Pogrome nur die armen Juden betroffen hätten – unter den über 200 000 Umgebrachten seien keine Reichen gewesen; jüdische Bankiers oder Fabrikdirektoren hätten unter dem Schutz der Weißgardisten gestanden.[142]

Die Behauptungen von einer Schonung der jüdischen Bourgeoisie entbehrte jeder Grundlage. Das geht nicht nur aus den Schilderungen der Augenzeugen und Hilfsorganisationen hervor, auch die Bolschewiki waren anders informiert. 1923 forderte das agitotdel des Moskauer Parteikomitees Angaben über die Klassenstruktur der Pogromopfer an und erhielt von der Evsekcija detaillierte Auskünfte. Es wurde dabei der Anteil der verschiedenen Erwerbsformen der jüdischen Bevölkerung vor und nach den Pogromen in ausgewählten Orten verglichen und festgestellt, daß infolge der Pogrome der relative Anteil der »bürgerlichen und nichtproduktiven Tätigkeit« überall zurückging, während das Gewicht der Arbeiter zunahm. Dies wurde mit dem Unterton einer gewissen Zufriedenheit über die Stärkung des »proletarischen Elements« unter den Juden kommentiert.[143]

141 V. Bonč-Bruevič, Znamenie vremeni. Ubijstvo Andreja Juščinskogo (1921), S. 14. Eine Ausnahme ist bereits, wenn eine Arbeit noch 1926 feststellt: »Die Schwarzhunderter treiben sogar die mittlere Bourgeoisie zur Sowjetmacht.« So in einem Beitrag in: V. G. Tan-Bogoraz (Hrsg.), Evrejskoe mestečko v revoljucii, S. 23.

142 Larin, Evrei i antisemitizm, S. 43.

143 RCChIDNI F 445, O 1, D 86, Bl. 161 ff. (4. 12. 1923) Einige typische Beispiele für die Veränderungen durch die Pogrome: in Uman nahm der Anteil der Händler von 38,7 % auf 27,3 % ab, der der Arbeiter von 47,8 % auf 68,0 % zu. In Charkow: Händler von 17,5 % auf 9,2 %; Arbeiter von 60,3 % auf 82,6 %. In Odessa: 12,0 % auf 6,8 % Händler, 48,6 % auf 64,9 % Arbeiter.

3. Lebensbedingungen der Juden seit Beginn der zwanziger Jahre

3.1. Juden und die Neue Ökonomische Politik

Vor der Revolution waren nur 29,3 % der jüdischen Bevölkerung erwerbstätig, über 70 % waren abhängige Familienangehörige.[1] Die Juden galten als das »Handelsvolk« des russischen Reiches schlechthin. Nur 2,2 % aller Russen, auch nur 7,5 % der Armenier, insgesamt 12,42 % der nichtjüdischen Stadtbevölkerung, aber 38,6 % der Juden waren im Handel tätig. 72,8 % aller Händler des Zarenimperiums waren Juden. Der von ihnen erzielte Umsatz machte aber wegen der großen Zahl der Kleinsthändler nur 28,8 % des gesamten Handels in Rußland aus. Im Ansiedlungsrayon lag der »jüdische« Anteil am gesamten Handelsumsatz bei drei Vierteln.[2] 37,3 % der Erwerbstätigen waren im Handwerk beschäftigt, 90 % davon als Handwerker in Heimarbeit [kustari-remeslenniki]. Diese Gruppe setzte sich aus je einer Hälfte selbständiger »Unternehmer« (überwiegend im Ein-Mann-Gewerbe unter ärmlichen Bedingungen) und einer Hälfte abhängig Beschäftigter zusammen. Somit gehörten vor der Revolution zwei Drittel der Juden nicht den beiden »revolutionären« Klassen, dem Proletariat (im Sinne einer Industriearbeiterschaft) und der Bauernschaft an (nur 2,6 % der erwerbstätigen Juden waren Bauern). Die Bolschewiki sahen ihre Revolution als Machteroberung durch die Arbeiter und Bauern, als Sieg über den Kapitalismus, über eine Wirtschaftsform, die auf privatem Handel, privaten Produktionsstätten und selbständiger ökonomischer Tätigkeit aufgebaut war. In diesem Sinne konnten die russischen Juden als das konterrevolutionäre Volk schlechthin erscheinen – ganz im Gegensatz zum Vorwurf, die Juden seien zu revolutionär.

Nach der Revolution setzte eine große Wanderungsbewegung der jüdischen Bevölkerung des ehemaligen Ansiedlungsrayons nach Osten ein. 1897 hatten 6 % der Juden außerhalb des Rayons gelebt, 1926 waren es

1 BSĖ, 1. Auflage, Bd. 24, Sp. 85.

2 Zahlen von 1897 zusammengefaßt in der Evrejsakaja Ėnciklopedija, Bd. 13, Sp. 649 ff. (Stichwort »Rossija«). Vgl. P. Kretzer, Die beruflichen und sozialen Verhältnisse der Juden in der Sowjetunion, S. 32 f. Ju. Larin, »Social'naja struktura evrejskogo naselenija SSSR. (K voprosu ob antisemitizme)«, in: Bol'ševik 15/1928, S. 40 – 55, ausführlicher in: Evrei i antisemitizm, S. 70, spricht von 42 % Händlern unter den Juden. Unterschiede in der Statistik sind teils durch differierende Kategorisierungen, teils durch unterschiedliche Bezugsgruppen zu erklären. Beim Vergleich nicht mit der erwerbstätigen, sondern der gesamten Bevölkerung verschoben sich die Gewichte, da bestimmte Berufe mehr miterfaßte Familienmitglieder hatten. Das gilt für die Händler, die unter den jüdischen Erwerbstätigen (ohne die von ihnen Abhängigen erfaßt) 31 % ausmachten, damit mehr Erwerbslose miternähren mußten als etwa die Handwerker (Anteil bei Familien und reinen Erwerbstätigen gleich). Siehe Ju. S. Novakovskij, »Prošloe, nastojaščee i buduščee evrejskogo truda«, in: Protiv antisemitizma, S. 66 ff.

schon 26 %.[3] Verglichen mit 1897 war 1923 der jüdische Bevölkerungsanteil im Gouvernement Petrograd von 1 % auf 8,1 % angestiegen.[4] Zwischen 1923 und 1926 nahm die Zahl der Juden in Weißrußland ab, in der Ukraine stieg sie nur gering, aber im Teil der Sowjetunion östlich der alten čerta nahm sie von 525 000 auf 620 000 zu. Dieser Zuwachs von 95 000 Menschen machte allein für Moskau und Leningrad 72 000 aus.[5] Schon im Bürgerkrieg war zu beobachten, daß Juden aus den štetlech in den größeren Städten Schutz vor den marodierenden Pogrombanden suchten, während die Nichtjuden die Städte verließen, um sich besser mit Naturalien versorgen zu können.[6]

Die Grundstrukturen der jüdischen Sowjetbevölkerung, wie sie bei der Volkszählung von 1926[7] festgestellt wurden, waren folgende: etwa 30 % (jeweils der Erwerbstätigen) waren selbständige Produzenten, die keine Lohnarbeiter beschäftigten. Darunter fielen die meisten der jüdischen Bauern, die 1926 bei den jüdischen Erwerbstätigen 8,5 % ausmachten, aber auch Heimarbeiter, die sich auf die Mithilfe ihrer Familienangehörigen stützten.[8] Die jüdischen selbständig Erwerbstätigen ohne Mithilfe von Familienangehörigen teilten sich folgendermaßen auf: 43,4 % kustari, 27,9 % Kleinhändler und 22 % Bauern. Alle Erwerbstätigen, die Familienmithilfe in Anspruch nahmen, machten 8,7 % der jüdischen Erwerbstätigen aus, die mithelfenden Familienmitglieder selbst stellten 10,1 %. »Kapitalistische Elemente«, Personen ohne eindeutige Beschäftigung, und sonstige stellten 12,7 %.[9]

3 1939 bereits 37 %. Gleichzeitig gab es eine Bewegung in die großen Städte. Lebten 1897 36 % der Juden im typischen štetl, so waren es 1926 nur noch 26 %, aber schon 64 % in Städten. Diese Angaben sind gut zusammengefaßt bei M. Altshuler, Soviet Jewry since the Second World War, S. 5 f.

4 JTA, 4. 12. 1923, S. 4. Siehe auch die Zahlen für Moskau und Petrograd 1923 bei L. Zinger, Evrejskoe naselenie SSSR, S. 36 f.

5 Alec Nove/J. A. Newth, »The Jewish Population: Demographic Trends and Occupational Patterns«, in: L. Kochan (Hrsg.), The Jews in Soviet Russia since 1917, S. 132 – 167, hier S. 139.

6 JTA, 31. 3. 1923, S. 3.

7 Im folgenden beziehen sich die Zahlen – wenn nichts anderes angegeben ist – auf dieses Jahr. 1926 liegt für unsere Untersuchung günstig: Es erfaßt einerseits die Bevölkerungsdynamik seit der Revolution, gleichzeitig hält es die Sozialstruktur zu Beginn des weiter unten diskutierten »neuen Antisemitismus« fest.

8 Genauere Angaben zu den Handwerkern siehe bei Kretzer, Die beruflichen und sozialen Verhältnisse, S. 50 ff. Die hier zusammengetragenen Daten können für die Zeit nach der Revolution noch ergänzt werden durch Evrei v SSSR (1929), für Weißrußland sogar noch detaillierter in: Jidn in vssr. Statistiše materialn (1929), passim. Allgemein muß man mit den sowjetischen Statistiken vorsichtig umgehen. Setzt man einmal voraus, daß die Daten korrekt erhoben wurden, so ließen sie sich doch unter ganz verschiedenen Gesichtspunkten zusammenstellen. Man konnte die kustari als »produktives Element« fassen, die Mithilfe von Familienangehörigen von der Ausbeutung von Lohnarbeit trennen (dies fast immer) usw. Da man der Judenfeindschaft auf der Grundlage der jüdischen Sonderrolle entgegentreten wollte, wurde in den Texten gegen den Antisemitismus z.T. so lange gerechnet, bis man auf drei Viertel »Lohnarbeiter« unter den Juden kam. Siehe Ju. Sandomirskij, Puti antisemitizma v Rossii, S. 39.

9 BSĖ, 1. Auflage, Sp. 87. Vgl. auch Larin, »Social'naja struktura evrejskogo naselenija«, in: Bol'ševik, 15/1928, S. 43; ders., Evrei i antisemitizm, S. 75. Larin faßt die »Arbeiter« anders und

Unter diese Rubrik fielen auch Angehörige freier Berufe, wie Zahnärzte, Musiker, Lehrer, Anwälte, Synagogenbedienstete.[10]

Lohnabhängig beschäftigt in größeren Betrieben (also nicht nur Familienunternehmen) waren etwa 38 % der Juden. Diese Zahl setzte sich zusammen aus 23,3 % Angestellten und 14,9 % Arbeitern. Die Gruppe der jüdischen Arbeiter zerfiel in 44,7 % Industriearbeiter und 24,2 % abhängige kustari als Hauptgruppen, die übrigen waren beschäftigt im Bauwesen, als körperlich Arbeitende im Handel, bei Behörden usw. »Proletarier« im Sinne von Produktionsarbeitern in der Industrie waren 1926 etwas weniger als 7 % der Juden. Dies lag über dem Arbeiteranteil in der Gesamtbevölkerung, der 1926 bei 6,4 % lag.[11] In den großen Städten konnte jedoch der Eindruck entstehen, Juden gehörten weniger zur Arbeiterschaft als die übrige Bevölkerung. In Moskau und Leningrad waren jeweils 2 % aller Arbeiter Juden, was deutlich weniger als ihr Anteil an der Bevölkerung war.[12] Die jüdischen Arbeiter waren aufgrund der Handwerkstraditionen in anderen Industriezweigen beschäftigt als die übrige Bevölkerung. 38,4 % von ihnen war in der Schwer-, 61,6 % in der Leichtindustrie beschäftigt. Bei der übrigen Arbeiterschaft war das Verhältnis umgekehrt: 69,8 % arbeiteten in der Schwer-, aber nur 30,2 % in der Leichtindustrie.[13] Dieses Mißverhältnis war der Hintergrund von Ansichten, »Juden wollten nicht körperlich arbeiten«. Die andere Wurzel war der oben schon erwähnte Anteil von 23,3 % Angestellten unter den Juden bei 4,6 % Angestellten in der Bevölkerung überhaupt. Dieser Unterschied hatte seine Ursache in der bäuerlichen Struktur Rußlands und der anderen Republiken. Verglichen mit den nichtjüdischen Stadtbewohnern waren die Juden unter den Angestellten nicht überrepräsentiert, nur als kustari (zweifach stärker als die Nichtjuden) und Händler (dreifach).[14]

Auch der bis 1926 auf 8,5 % angestiegene Anteil der Bauern unter den Juden, konnte Vorurteile auf der Basis der jüdischen Berufstruktur nicht so leicht entkräften. Weiter unten wird deutlich, daß gerade die Landvergabe an jüdische Kolonisten das Vorurteil von den Juden als privilegierter Grup-

kommt auf einen höheren Anteil. Man darf dabei nicht vergessen, daß er seinen Abriß über die Sozialstruktur als Beitrag zum Kampf gegen den Antisemitismus verstand.

10 Zahlen in: Evrei v SSSR, S. 11.

11 Ju. S. Novakovskij, »Prošloe, nastojaščee i buduščee evrejskogo truda«, in: Protiv antisemitizma, S. 75. Auch unter den Nichtjuden wäre noch zwischen »echten« Industriearbeitern und Bau-, Bahn- und sonstigen Arbeitern zu unterscheiden. Eine andere Aufstellung zählt 120 000 Industriearbeiter unter 3 Millionen Juden, mithin nur 4 %. Hier lenkte das Bestreben, die Situation der »jüdischen Armut« besonders drastisch zu schildern, den Blick (M. Gorev, Protiv antisemitov, S. 128).

12 Evrei v SSSR, S. 8.

13 Larin, »Social'naja struktura evrejskogo naselenija«, in: Bol'ševik, 15/1928, S. 46. Gezählt wurden hier die Gewerkschaftsmitglieder.

14 Ju. S. Novakovskij, »Prošloe, nastojaščee i buduščee evrejskogo truda«, in: Protiv antisemitizma, S. 75 f.

pe zu bestätigen schien – die im Verwaltungsapparat dominierenden Juden begünstigten eben »ihre Leute«. Für das Bild der Juden – gerade wenn es um die Verstärkung antisemitischer Ressentiments geht – dürfte ihre Rolle im Handel der NĖP-Zeit viel bedeutsamer als ihre Beteiligung an der Arbeiter- und Bauernschaft gewesen sein. Da auch ein großer Teil der Arbeitslosen zumindest zeitweise im Handel beschäftigt gewesen sein dürfte und sich auch unter den »Sonstigen« der Statistik etliche »Spekulanten« und andere »kapitalistische Elemente« verbergen, lassen sich die oben vorgestellten Zahlen so zusammenfassen, daß über 20 % der jüdischen Bevölkerung mit Handel befaßt war. Das ergibt einen Anteil von Juden an allen im Handel beschäftigten von über 50 %.[15] Hier sind diejenigen noch nicht erfaßt, die als Angestellte in staatlichen Unternehmen oder in Kooperativen ebenfalls mit Handel (und Kreditwesen) zu tun hatten, nämlich 30 % der jüdischen Angestellten überhaupt.[16]

Nach Weltkrieg, Revolution, Bürgerkrieg und Kriegskommunismus gab die Neue Ökonomische Politik Juden die Möglichkeit, wieder traditionelle Positionen einzunehmen. In Kiew gehörten 1921 sämtliche Läden für Leinen- und Baumwollwaren, 78,4 % der Drogerien und Apotheken – insgesamt 62,4 % aller Läden überhaupt – jüdischen Inhabern.[17] Auch Juden, die in die vor der Revolution ihnen weitgehend verschlossenen zentralen Städte zogen, waren in Handelsberufen tätig. 1924 waren in Moskau 74,4 % der Geschäfte mit Apotheken- und Parfümeriewaren in jüdischem Besitz, 54 % bei den Manufakturwaren, 48 % bei den Juwelier-, 26,3 % bei den Lederwaren – durchschnittlich 32,8 % aller Läden.[18]

Kiewer und Moskauer Ladeninhaber konnten sicher die jüdischen Massen einschließlich der armen Händler des ehemaligen Ansiedlungsrayons nicht repräsentieren. In Weißrußland waren 90 %, in der Ukraine 66 % der Handeltreibenden Juden. In Moskau waren es immerhin 15 %; noch größer war der jüdische Anteil an den »wohlhabenden Händlern«, der sich für die Hauptstadt mit etwa 25 % ermitteln ließ. Diese standen – auf hervorgehobener Position – für ihre nichtjüdische Umgebung als Zeichen für den Erfolg der jüdischen »NĖP-Bourgeoisie«.[19] Die Ablehnung des nėpman war mit antisemitischen Ressentiments verflochten. Selbst die antireligiöse Literatur

15 M. Altshuler, Soviet Jewry since the Second World War, S. 9.

16 BSĖ, 1. Auflage, Bd. 24, Sp. 87. Weitere Zahlenangaben über die Juden im Staatsapparat, die ich im Zusammenhang mit dem Antisemitismus in der Bevölkerung diskutiere, in Kap. 6.3.

17 P. Kretzer, Die beruflichen Verhältnisse, S. 37. Die angegebenen Zahlen sind nur einige Beispiele. Vgl. auch A. Borisow, »›Nep‹ and the Jews. A New Element in Soviet Russia«, in: Jewish Chronicle, 22. 9. 1922, S. 16.

18 Zahlen aus: Vsja Moskva na 1925g., hrsg. v. Moskauer Sowjet, nach Larin, Evrei i antisemitizm, S. 121 f. Vgl. Kretzer, Berufliche Verhältnisse, S. 36.

19 Ju. Larin, »Social'naja struktura evrejskogo naselenija«, in: Bol'ševik, 15/1928, S. 53 ff.; ders., Evrei i antisemitizm, S. 98 ff.

nannte die Synagogen »Gewerkschaften der nėpmany«.[20] Ein den Bolschewiki kritisch gegenüberstehender Beobachter meinte, der neue sowjetische Bourgeois sei »nicht zufällig auf den Namen nėpman getauft worden«, der Namen stehe im Zusammenhang mit der Verschärfung des Antisemitismus durch die Marktkonkurrenz der NĖP.[21] In dieser Bezeichnung, die nicht von oben dekretiert war[22], klang durch das nichtslawische Suffix »-man« die Affinität von sozialer und nationaler Fremdheit unüberhörbar an. Spätestens seit den pauschalen Beschuldigungen der Juden als Wucherer und Verräter an die Deutschen im Ersten Weltkrieg verschmolz der Volksantisemitismus antideutsche und antijüdische Ressentiments, die in diesem Namen anklangen. Zudem war »-man« als Bestandteil zahlreicher jüdischer Familiennamen bekannt.

Die Literatur gegen den Antisemitismus Ende der zwanziger Jahre versuchte, durch die anschauliche Schilderung der Lebensverhältnisse der jüdischen Kleinhändler der NĖP den Vorurteilen über die »reiche Handelsnation« der Juden entgegenzutreten. Untersuchungen ergaben, daß die wirtschaftliche Situation der štetl-Bevölkerung sich 1923 im Vergleich zur Zeit vor 1914 verschlechtert hatte.[23] Anfang 1924 waren von 11 000 Arbeitslosen in Homel 8000 Juden, noch höher war der Anteil in Mohilew mit 90 %.[24] Zwischen 30 und 40 % der Juden in den typischen štetlech waren arbeitslos, unter den Jugendlichen sogar 70 %.[25] Noch 1927 waren 23,3 % der Arbeitslosen in der Ukraine Juden.[26]

Eine Untersuchungskommission im Auftrag des ZK der KP Weißrußlands ermittelte 1926 die wirtschaftliche Situation jüdischer Kleinhändler in Weißrußland. Das Inventar eines typischen Ein-Personen-Geschäfts hatte einen Wert von 15 – 20 Rubeln, die Ernährung der davon existierenden Familien bestand aus Suppe, Brot und Äpfeln. Nicht viel besser war die Lage der kustari, von denen die Hälfte ein Monatseinkommen unter 50 Rubeln hatte.[27] Der durchschnittliche Tageslohn bei Leningrader Metallarbeitern

20 M. Šachnovič, Komu služit »Religija Izrailja«?, S. 16. Damit war weniger die Denunziation der Nepleute als der Religion selbst bezweckt.

21 Socialističeskij Vestnik, 18. 5. 1928, S. 2.

22 Lenin hielt fest, der Ausdruck sei zuerst in der Presse aufgetaucht für Kleinhändler und solche, die den freien Handel mißbrauchten. Siehe A. Ball, Russia's Last Capitalists: The Nepmen, 1921 – 1929, S. 127. Vgl. ebd., S. 99 f., S. 165 f. zum antisemitischen Element in der Feindschaft gegen die NĖP.

23 Z. Gitelman, Jewish Nationality, S. 356.

24 JTA, 27. 2. 1924, S. 4.

25 M. Gorev, Protiv antisemitov, S. 130.

26 A. Bucenko, Čoho chočut' antysemity, S. 36. Der jüdische Bevölkerungsanteil insgesamt betrug 5,4 %.

27 M. Gorev, Protiv antisemitov, S. 131 ff. Auch übernommen in: Ledat, Antisemitizm i antisemity (1929), S. 47. Siehe auch Tribuna, 2/1927, S. 8 ff.; nachgedruckt auch in: L. Radiščev, Jad. Ob antisemitizme našich dnej, S. 80 ff. Neben diesen Darstellungen, die Vorurteile über den

lag in dieser Zeit etwa bei 5 Rubeln, in der Baumwollindustrie im Gebiet Iwanowo bei 2,45 Rubeln.[28]

Ganz anders im Sinne der Entstehung eines negativen Judenbilds in den NĖP-Jahren mußte sich der enorme Anteil der Juden an den Wahlrechtslosen auswirken. Schon seit 1918 war ein lišenec (»Jemand, dem etwas entzogen ist«) als Person ohne Wahlrechte wegen ihrer Verwendung fremder Lohnarbeit, wegen ihres Einkommens aus Kapitalerträgen oder wegen der Tätigkeit als Händler definiert.[29] Neben dem Wahlrecht war den lišency – und den von ihnen materiell abhängigen Nachkommen – auch der Dienst in der Roten Armee, die Mitgliedschaft in Gewerkschaften und Kooperativen, aber auch zahlreiche Bildungsmöglichkeiten verwehrt. Diese Beschränkungen galten auch nach der Einführung der NĖP und der Legalisierung des Privathandels. Die Zahl der lišency insgesamt nahm vor allem nach 1925 stark zu. 1927 waren in der Russischen Föderation 6,8 %, zwei Jahre später 7,2 % der städtischen Erwachsenen ohne Wahlrecht, in der Ukraine jeweils über 10 bzw. 11 %. Hingegen bewegte sich der Anteil der lišency an der ländlichen Bevölkerung relativ konstant um 4 %.[30] Als Stadtbevölkerung mit ihrem beruflichen Schwerpunkt als Händler waren die Juden des ehemaligen Ansiedlungsrayons damit fast lišency per se. In der Ukraine war 1925/26 der Anteil der Juden an den Wahlrechtslosen aller Nationalitäten bei den Wahlen zu den Stadtsowjets 68,7 %, zu den Dorfsowjets 81,5 % und zu den Landsowjets 29,7 %. Zusammen waren damit 44,6 % aller lišency in der Ukraine Juden! Anders ausgedrückt: Während der Anteil aller lišency an der gesamten ukrainischen Bevölkerung 1925/26 1,4 % und 1926/27 4,6 % betrug, war der Anteil der lišency an der jüdischen Stadtbevölkerung 23,6 % bzw. 39,1 %.[31] Der Spitzenwert von 1925 von über 44 % sank im folgenden Jahr auf 29,1 % Juden unter allen ukrainischen lišency. 1926/27 waren aber immer noch 30 % aller erwerbstätigen Juden ohne

jüdischen Reichtum zerstreuen sollten, siehe auch: V. G. Tan-Bogoraz (Hrsg.), Evrejskoe mestečko v revoljucii. Očerki, passim; daraus ein kurzer Auszug in: Protiv antisemitizma, S. 155 ff. Die ausführlichste Darstellung ist I. Vejcblit, Deražnja. Sovremennoe evrejskoe mestečko.

28 Ergebnisse der Gewerkschaftsumfrage 1929, siehe G. Meyer, Sozialstruktur sowjetischer Industriearbeiter, S. 155 f.

29 E. Kimerling, »Civil Rights and Social Policy in Soviet Russia. 1918 – 1936«, S. 30. Weiter waren Priester und Ordensmitglieder, zaristische Polizisten, aber auch geistig Behinderte usw. ohne Wahlrechte. Vgl. auch A. Ball, Russia's Last Capitalists, S. 75 ff.; O. Heller, Der Untergang des Judentums, S. 192 ff. Hellers Zusammenfassung spricht apologetisch von »aus revolutionärer Notwendigkeit unumgänglichen Bestimmungen«, ist aber in der Aufbereitung der Fakten gut brauchbar.

30 Kimerling, »Civil Rights«, S. 27.

31 BSĖ, 1. Auflage, Bd. 24, Sp. 96 ff.; Kimerling, S. 44. Die Gründe für den Wahlrechtsentzug verteilten sich so: 68,8 % der jüdischen lišency waren Händler, 20,8 % verdienten ihren Lebensunterhalt nicht durch eigene Arbeit, 4,4 % waren Unternehmer und 1,6 % Synagogenpersonal (B. Pinkus, The Jews of the Soviet Union, S. 93).

Wahlrecht, während der jüdische Anteil an der ukrainischen Erwerbsbevölkerung 6,7 % betrug.[32] Seit 1927 wurden für Juden, die auf die Landkolonien umsiedelten, Ausnahmebestimmungen bei der Erteilung des Wahlrechts angewandt (nicht für ehemalige »Großkaufleute und Ausbeuter«), 1929 und 1930 gab es weitere Lockerungen, welche die lišency aller Nationalitäten betrafen und für die Juden unter anderem zugunsten von Angehörigen von Pogromopfern und Übersiedlern nach Birobidshan spezifiziert wurden.[33]

3.2. Die jüdischen Sektionen und die Durchsetzung der Einparteiendiktatur

Die ersten Ansätze, politische Arbeit »in der Judengasse« zu betreiben, waren die Jüdischen Komitees, die Evkomy. Da bei ihnen auch Anhänger der linken Sozialrevolutionäre und der Poale Zion mitarbeiteten, setzten sie zu Beginn nicht nur die Ansichten der Bolschewiki um. Damit ist zu erklären, daß in der Evkom-Tätigkeit der Kampf gegen den Antisemitismus eine größere Rolle spielte als in der Arbeit der jüdischen Parteisektionen.[34] Die jüdischen Bolschewiki – das sollte sich besonders im Kontrast zur unionsweiten Kampagne gegen den Antisemitismus Ende der zwanziger Jahre zeigen – legten hier eine gewisse Distanz an den Tag, weil sie hinter der Bekämpfung des Antisemitismus »jüdischen Nationalismus« witterten. Es war auch offensichtlich Druck auf die jüdischen Kommunisten seitens des Außenministers Čičerin nötig, daß diese den Angeboten finanzieller Unterstützung durch bürgerliche amerikanisch-jüdische Hilfsorgansiationen zustimmten.[35]

Das zentrale Evkom wurde 1920 zu einer Abteilung des Kommissariats für Nationalitätenfragen. Ähnliche Einrichtungen gab es in der Ukraine und in Weißrußland. In letzterem Fall wurde das Narkomnac schon 1922 geschlossen; in der Ukraine und der gesamten Sowjetunion war dies 1924 der Fall. Jüdische Angelegenheiten fielen dadurch in die Zuständigkeit der jeweiligen Zentralen Exekutivkomitees, also der Regierungen.[36] Wichtigstes Instru-

32 BSĖ, 1. Auflage, Bd. 24, Sp. 68. Dieses Mißverhältnis wird hier als »nicht normal« bezeichnet.

33 Heller, Untergang, S. 194 ff.; Ja. Kantor, Nacional'noe stroitel'stvo sredi evreev v SSSR, S. 37 f.; Y. Bauer, My Brother's Keeper, S. 70 f.; Kimerling, »Civil Rights«, S. 34 ff. Zwar führte für manche sozialen Gruppen die Ansiedlung auf dem Land zur Wiedererlangung der Wahlrechte, aber gerade unter den lišency war die Bereitschaft zur Landansiedlung geringer als unter anderen Teilen der jüdischen Bevölkerung. Vgl. Z. Gitelman, Jewish Nationality, S. 385.

34 Die Evkomy hatten eigene Unterabteilungen für den Kampf gegen Antisemitismus. Siehe Z. Gitelman, Jewish Nationality, S. 137.

35 Gitelman, ebd., S. 238. Siehe auch Vestnik evrejskogo otdela Narodnogo komissariata po delam nacional'nostej, 1920, Zirkular 10, S. 8: Es soll eine Kampagne gestartet werden, das amerikanische jüdische Proletariat zum Verzicht auf die Zusammenarbeit mit den bürgerlichen Organisationen zu bewegen.

36 Gitelman, Jewish Nationality, S. 244 f. Neben Gitelmans Standardwerk siehe zu den Evsekcii auch die kompakte Zusammenfassung bei E. Silberner, Kommunisten zur Judenfrage, S. 141 ff.; ferner M. Altshuler, »The Attitude of the Communist Party of Russia to the Jewish National Survival«, bes. S. 74 ff.

ment, die sowjetische Politik für die jüdische Minderheit zu »übersetzen«, wurden die jüdischen Sektionen. Solche Parteisektionen gab es auch für andere Minderheiten ohne eigenes Territorium, wobei die Evsekcii im Vergleich zu anderen die aktivsten und – trotz ihrer geringen absoluten Mitgliederzahl – die stärksten Sektionen waren. Im Gegensatz etwa zu den polnischen Sektionen bestanden sie bis zur Auflösung sämtlicher bestehender Minderheitensektionen im Jahre 1930.[37] Ihre Aufgabe war die jiddische Parteipublizistik, die Gründung jiddischsprachiger Klubs und die Rekrutierung neuer jüdischer Parteimitglieder. Es gab sie als Unterabteilungen der Kommunistischen Parteien Rußlands, Weißrußlands und der Ukraine. Auch in den Randgebieten wie in Turkestan 1919 wurden Evsekcii gegründet. Besonders in der Ukraine herrschten gegen die Evsekcija seitens der nichtjüdischen Parteimehrheit Vorbehalte, die führende Evsekcija-Aktivisten teilweise mit dem Antisemitismus in der ukrainischen Partei erklärten.[38]

Die Evsekcija war durch interne Auseinandersetzungen um die Frage größerer jüdischer Autonomie, die von ihrem rechten Flügel gefordert wurde, aber vor allem durch ihre geringe Mitglieder- und Aktivenzahl kein sehr schlagkräftiges Organ. Ihre Presse erreichte nur einen geringen Teil der jüdischen Leserschaft. Der Gebrauch des Jiddischen, das 1926 über 36 % der jüdischen Kommunisten als Muttersprache bezeichneten, wurde nur zu 4,4 % in der politischen Arbeit verwendet.[39] Der Evsekcija, so resümiert der kompetenteste Erforscher ihrer Geschichte, gelang es nicht, das Jiddische mit den Attributen von Fortschritt und Moderne zur versehen.[40] Doch hinter ihr – als von der Sowjetmacht befugte Instanz zur Durchsetzung der Parteipolitik unter den Juden – stand die gesamte Gewalt des Sowjetstaats. So gelang es der Evsekcija ohne Mühe, unabhängige Hilfsorganisationen unter ihre Kontrolle zu bringen oder aufzulösen, vor allem aber den Kampf gegen eigenständige Einrichtungen des jüdischen Lebens wie die zionistischen Parteien oder die Religion zu führen.[41]

37 Alfred Abraham Greenbaum, »Soviet Nationality Policy and the Problem of the ›Fluid‹ Nationalities«, in: B. Vago/G. Mosse (Hrsg.), Jews and Non-Jews in Eastern Europe, S. 257 – 269, bes. S. 262 f. 1930 wurden die Evsekcii sowie die anderen nationalen Sektionen aufgelöst, da sie ihre Aufgabe erfüllt hätten und der Sowjetmacht nun genügend andere Mittel zur Verfügung stünden, ihre Politik an die Juden zu vermitteln. Der Auflösung ging die Überführung in ein Evbjuro zur Überwindung »noch zu beobachtendender nationalistischer Tendenzen« voraus (BSĖ, 1. Auflage, Bd. 24, Sp. 337).

38 Gitelman, Jewish Nationality, S. 253 f. Hauptsächlich wurde aber die zu geringe »Verbundenheit mit den Massen« der jüdischen Kommunisten selbst verantwortlich gemacht.

39 In der Ukraine sprachen 75,6 % der Bevölkerung, aber 39,4 % der jüdischen Kommunisten Jiddisch, in Weißrußland war dieses Verhältnis 91,1 zu 73,7, in der RSFSR 50,3 zu 24,5. Siehe N. Gergel, »Jidn in der ruslendišer komunistišer partej un in komunistišn jugntfarband«, S. 68.

40 Gitelman, Jewish Nationality, S. 333, S. 366 ff.

41 Zur Stellung zum Zionismus siehe Alfarbandiše baratung fun di jidiše sekcies, S. 152 ff., S. 226, zur Religion siehe weiter unten, Kap. 3.3.

Anfang der zwanziger Jahre gab es in der Sowjetunion eine starke Hechaluz-Bewegung (nach dem hebräischen Wort für »Pionier«), die sozialistische Ideen mit einem Landansiedlungsprogramm verband.[42] Ihre Anhänger unterstützten die bolschewistische Regierung anfangs, wurden aber seit 1919 von der Evsekcija attackiert. Doch im März 1920 wurde der Bewegung vom Zentralexekutivkomitee bestätigt, daß sie nicht verboten sei. Bis 1923 wuchs die Zahl der Chaluzim und ihrer Unterorganisationen beständig an. Im August jenes Jahres wurde ihr Programm vom Kommissariat für Inneres offiziell anerkannt. Ein rechter Flügel blieb jedoch illegal, und ab 1924 kam es zu verstärkten Verhaftungen unter den Chaluzim, die bis 1926 immer mehr zunahmen. Zwischen 1927 und 1929 wurden die noch existierenden Bauernhöfe dieser Bewegung allmählich liquidiert.[43]

Noch weniger Toleranz kannte der Sowjetstaat gegenüber den verschiedenen zionistischen Organisationen und Parteien. 1922 kam es nach Verhaftungen bei einer illegalen Zeire-Zion-Konferenz in Kiew zu einer Welle antizionistischer Aktionen. Den Zionisten wurde vorgeworfen, mit den pogromščiki Tjutjunik und Petljura, mit Lloyd George und dem Papst zusammenzuarbeiten. 1924 wurden alle der damals zu Haftstrafen Verurteilten aus der Sowjetunion deportiert.[44] 1924 gab es nach einem weiteren illegalen Kongreß der Zeire Zion in Leningrad wieder eine Verhaftungswelle.[45] Im September 1925 zitierte das in Paris erscheinende zionistische Organ Razsvet aus einem geheimen Zirkular der Evsekcii, in dem Klage geführt wurde über die verbesserte Situation der nėpmany, über den schwachen sowjetischen Einfluß auf die Juden und über den Einfluß der ausländischen Bourgeoise über den Zionismus.[46]

Gelegentliche Vorstöße amerikanischer Organisationen, die gegen die Zionistenverfolgungen protestierten, hatten wenig Wirkung. Zionistische Organisationen in Palästina berichteten, daß gefangene Zionisten mißhandelt würden. Ausländischen Delegationen habe man auf deren Nachfrage keine Einzelzellen gezeigt und derartige Vorwürfe zurückgewiesen.[47] Die Vertreter der amerikanischen Organisationen, die an der jüdischen Landansiedelung

42 Einen subjektiven und romanhaft gestalteten Einblick gibt Abraham T'homi, Between Darkness & Dawn. A Saga of the Hehalutz, New York 1986, bes. S. 87 ff.

43 G. Goldman, Zionism under Soviet Rule, S. 100 ff. Noch Ende 1929 berichtete die JTA von Schließungen von Hechaluz-Siedlungen (30. 11. 1929, S. 8); allerdings wurde schon vorher erklärt, die letzte Kolonie sei aufgelöst (JTA, 4. 5. 1929, S. 13).

44 G. Goldman, Zionism under Soviet Rule, S. 75 f. Siehe auch P. Brod, Die Israel- und Zionismuspolitik der Sowjetunion, S. 27 ff.

45 JTA, 25. 3., 26. 3., 8. 4. 1924. Im Oktober sollen von 2400 verhafteten Zionisten noch 600 in Haft gewesen sein (JTA, 6. 10. 1924).

46 »Presledovanie sionistov v sovetskoj Rossii«, in: Razsvet, 38/1925, 20. 9. 1925, S. 3.

47 In klem … cu di farfolgungen fun der cionistišer jugnt in ratn-rusland, S. 66 ff.; B. West, Struggels of a Generation, S. 169 ff.

in der Ukraine und auf der Krim beteiligt waren und den besten Zugang zu Sowjetvertretern hatten, hielten sich eher zurück. Dabei dürfte nicht nur das Bedürfnis eine Rolle gespielt haben, durch Parteinahmen sich die Arbeit in der Sowjetunion nicht zu erschweren, sondern auch Desinteresse am Schicksal einer mit der innersowjetischen Kolonisierung konkurrierenden Bestrebung.[48]

Zionismus wurde in der Sowjetpresse als »Faschismus« diffamiert, und es wurde erklärt, daß zwischen seinen Anhängern und den Antisemiten »Seelenverwandtschaft« bestehe.[49] Die Parteipresse stellte zur Denunzierung des Zionismus besonders den emigrierten Publizisten D. Pasmanik heraus.[50] Er wurde zunächst als »tragischer« Fall dargestellt, als Konterrevolutionär, der vergesse, wie eng der Antisemitismus mit der Monarchie verbunden sei. Dabei verstünde – im Gegensatz zu Pasmanik – sogar ein Teil der jüdischen Bourgeoisie, daß sie nur von der Sowjetmacht geschützt werde.[51] Obwohl in Pasmaniks Veröffentlichungen im Exil zionistische Ideen keine Rolle mehr spielten, diente er der sowjetischen Propaganda als wohlfeiles Beispiel, nicht die »tragische«, sondern gerade die »logische« Verwandtschaft von Zionismus, jüdischer Bourgeoisie und Antisemitismus zu belegen: »Und jetzt erörtert der nicht ganz unbekannte Zionist Pasmanik zusammen mit dem nicht weniger bekannten Markov II in Paris Organisationspläne neuerlicher Aktionen konterrevolutionärer Banden gegen die UdSSR, die unweigerlich die Blutspur neuerlicher Pogrome mit sich bringen werden.«[52]

48 Z. Szajkowski, Jews, Wars, and Communism, Bd. 1, S. 403 ff. Offenbar machten Zionisten aber auch von den Kolonialisierungsprojekten auf der Krim als Zwischenschritt nach Palästina Gebrauch. Siehe Y. Bauer, My Brother's Keeper, S. 62.

49 JTA, 17. 10. 1925; V. Glebov, Sovremennyj antisemitzm i bor'ba s nim (1927), S. 6.

50 Pasmanik hatte um die Jahrhundertwende im Ausland Medizin studiert und kehrte als Zionist 1905 nach Rußland zurück. In den Blättern Evrejskaja Žizn' und Razsvet plädierte er für einen evolutionären Zionismus, kandidierte aber gegen den Beschluß der russischen Zionisten 1918 bei den Kadetten. Im Bürgerkrieg stand er auf der Seite der Weißen Armee, mit der er »für den Erhalt der gesunden russischen Staatlichkeit« kämpfen wollte (Pasmanik, Russkaja revoljucija i evrejstvo, S. 200). 1919 emigrierte er nach Paris. Noch während des Bürgerkriegs versuchte er in Interviews, die Denikin-Armee von der Pogrombeschuldigung reinzuwaschen (Jewish Chronicle, 5. 9. 1919, S. 14). Er beteiligte sich an den Sammelbänden der jüdischen Emigranten-Gruppe um Bikerman, in denen auch die Frage der jüdischen Schuld am Bolschewismus diskutiert wurde: »Čego my dobivaemsja«, in: Otečestvennoe ob-edinenie russkich evreev zagranicej, Rossija i evrei, S. 207 – 228; »The Condition of the Russian Jews before and after the Revolution«, in: J. Bickermann (Hrsg.), Ten Years of Bolshevic Domination, S. 145 – 173. In seinem Blatt Dnevnik Kontr-revoljucionera verteidigte er die Idee der Monarchie damit, daß es den Juden in den neugegründeten Republiken des Baltikums, aber auch in Deutschland, Österreich und Ungarn schlechter gehe als in den Vorläufern dieser Staaten (1/1923, S. 23).

51 G. Kramarov, »Tragedija evreja belogvardejca«, in: Žizn' Nacional'nostej, 9/1921 (23. 4. 1921), S. 2. Vgl. auch G. Goldman, Zionism under Soviet Rule, S. 60, S. 86.

52 G. Ledat, Antisemitizm i antisemity, S. 7. Ähnlich Tribuna, 4 – 5/1927, S. 1; 8/1929, S. 9 f. An anderer Stelle wurde erklärt, Pasmanik und der Kadett Vinaver verbündeten sich mit den

Die Programme der jüdischen Landansiedlung wurden als Widerlegung der »Lügen der Zionisten« bezeichnet.[53] Dennoch blieb die Poale Zion bestehen – als zionistische Partei mit dem Ziel eines sozialistischen jüdischen Staates in Palästina. Innersowjetische Autonomie-Pläne für die Juden kritisierte sie, bekannte in ihren Publikationen jedoch ihre Loyalität zur Sowjetunion.[54] Die Partei dürfte allerdings nur einige Hundert Mitglieder gehabt haben. Nach der Auflösung ihres ZKs und der Beschlagnahmung ihrer Druckerei und Buchhandlung Ende Juni wurde sie im August 1928 aufgelöst. Bis zu diesem Zeitpunkt war sie die einzige politische Gruppierung, die neben den Bolschewiki eine Zeitlang existieren durfte. Bei ihrer Liquidierung wurde erklärt, diese Partei sei nicht mehr länger notwendig.[55] Die Anhänger der Poale Zion störten Ozet-Veranstaltungen und protestierten gegen die Pläne, im Fernen Osten ein geschlossenes Territorium für eine jüdische Besiedlung zu nützen. Die Entscheidung für die Ansiedlung von Juden in Birobidshan dürfte den Ausschlag gegeben haben, die Partei aufzulösen, die aus propagandistischen Gründen, vor allem aber wegen der offenen Frage eines jüdischen Territoriums, unbehelligt geblieben war.[56]

Vor 1939 zielte der Kampf gegen den »Zionismus« tatsächlich auf diesen oder zumindest seine angeblichen Anhänger. Es lassen sich keine Indizien dafür anführen, daß schon in den zwanziger Jahren »Zionist« zur Chiffre für »Jude« überhaupt wurde. Die Verkleidung antisemitischer Ressentiments in eine »antizionistische« Rhetorik begann erst in der späten Stalinzeit, wurde zur Regel in der Brežnev-Ära und ist noch heute in der Propaganda der russischen Rechten üblich.[57]

3.3. Religion, jüdische Kultur und Assimilation

Im Januar 1918 wurde die völlige Trennung von Kirche(n) und Staat verfügt und der Religionsunterricht an Schulen verboten. Für das religiöse Cheder-Schulwesen bedeutete dies die Verwandlung in säkulare jiddische Schu-

russischen Reaktionären, weil sie ihre »Fabriken« zurückhaben wollten (M. Aleksandrov, Klassovyj vrag v maske, S. 63). Später wurde Pasmanik zum »Klerikalen« stilisiert, um mit ihm die reaktionäre Tätigkeit der »sowjetfeindlichen« Rabbiner mit ihren Synagogen als »Schmuggler-Zentren« zu brandmarken (F. Olešuk, »Lico evrejskogo duchovenstva«, in: Sputnik Agitatora, 10/1937, nachgedruckt in: Tribuna, 14/1937, S. 20 ff.).

53 Rezoljucija pervoj vsekrymskoj konferencii trudjaščichsja evreev, S. 7. Zu den Landkolonien siehe unten, Kap. 4.3.1.

54 Von 1922 bis 1926 erschien die Evrejskaja Proletarskaja Mysl', bis 1927 der Proletarišer gedank. Siehe B. Gurevitz, »Un cas de communisme national en Union Soviétique«, S. 352 ff.

55 JTA, 5. 7. 1928, S. 1; 13. 8. 1928, S. 3. Ergebnisprotokoll des Politbüros zur Poale Zion: RCChIDNI F 17, O 3, D 696 vom 7. 7. 1928 und D 688 vom 24. 5. 1928.

56 JTA, 24. 2. 1928, S. 4; 28. 7., S. 5. Siehe B. Gurevitz, »Un cas de communisme national«, S. 357 ff.; ders., »The Liquidation of the Last Independent Party in the Soviet Union«, passim.

57 Der Kontrast der antizionistischen Politik vor und nach dem Zweiten Weltkrieg wird gut deutlich bei J. B. Shechtman, »The U.S.S.R., Zionism, and Israel«, in: L. Kochan (Hrsg.), The

len.[58] Um die innerjüdische Rechtsprechung aufzuheben, wurden die Zentralbüros der jüdischen Gemeinden geschlossen, ihr Besitz fiel an die örtlichen jüdischen Kommissariate.[59] Religiöse Traditionen wurden nicht verboten, aber ihre Befolgung behindert. Es gab Kampagnen gegen die Einhaltung des Sabbats und der religiösen Feiertage, meistens mit denselben Methoden wie im Kampf gegen christliche Feiertage, z.B. karnevalistisch anmutende antireligiöse Umzüge.[60] Parallel zur prosowjetischen »lebenden Kirche« wurde eine »lebende Synagoge« mit »Roten Rabbinern« gegründet. Religiöse Praktiken waren mit der Parteimitgliedschaft unvereinbar, es gab z.B. Parteiausschlüsse wegen Beschneidung von Söhnen.[61]

Schlachter für koscheres Fleisch und Beschneider wurden nicht durch Verbote, sondern durch Hygiene-Vorschriften bedrängt.[62] Häufig erfolgten Angriffe auf religiöse Traditionen auf Umwegen. Ein groß angelegter Schauprozeß gegen einen Cheder richtete sich gegen die rückständigen pädagogischen Methoden.[63] Die Verfolgung der jüdischen Religion war Aufgabe der Evsekcii, die dabei mit großer Rücksichtslosigkeit vorgingen.[64] Der Lubawitscher Rabbi Šneerson erklärte nach seiner Ausreise, daß das Sowjetregime nie so feindlich gegen ihn gewesen sei wie die jüdischen Kommunisten.[65]

Jews in Soviet Russia since 1917, S. 106 – 131. Das offene Bekenntnis in einer aktuellen Schrift, daß man von einer »Verschwörung der Zionisten« spreche, um nicht als Antisemit zu gelten, ist zitiert in: M. Dejč/L. Żuravlev, »Pamjat'« kak ona est', S. 133.

58 Siehe J. Rothenberg, »Jewish Religion in the Soviet Union«, in: L. Kochan (Hrsg.), The Jews in Soviet Russia since 1917, S. 168 – 196, bes. S. 170 f. In diesem Aufsatz finden sich auch grundsätzliche Überlegungen über den Zusammenhang von jüdischer Religion und Nationalität. Da die russischen Juden ihre Identität nicht durch ein einheitliches Territorium definieren konnten, lassen sich die Angriffe auf die Religion stärker als bei anderen Glaubensgemeinschaften als Angriff auf die Nationalität deuten.

59 S. Agurskij, Evrejskij rabočij, S. 126. Als Grund für die Schließung wurde auch die Feindschaft der Gemeinden zur Arbeiterklasse angegeben.

60 Ein frühes Beispiel (Jom Kippur in Minsk 1921) ist beschrieben bei I. Voroncov, Leninskaja programma ateističeskogo vospitanija v dejstvii, S. 67 f. 1924 stellte die Evsekcija antireligiöse Karnevalveranstaltungen und Demonstrationen ein, nachdem der 13. Parteitag beschlossen hatte, daß antireligiöse Kampagnen mit den Methoden von Agitation, Propaganda und Erziehungsmaßnahmen durchgeführt werden sollen (Gitelman, Jewish Nationality, S. 313).

61 JTA, 2. 1. 1923, S. 1. Die 1925 gegründete Gottlosenliga, deren Vorsitzender Jaroslavskij jüdischer Abstammung war, hatte einen überproportionalen jüdischen Anteil unter den Mitgliedern. Dies ist mit stärkeren Säkularisierungstrends unter den Juden (Stadtbevölkerung im Gegensatz zur nichtjüdischen Umwelt) zu erklären. Vgl. B. Pinkus, The Jews of the Soviet Union, S. 102.

62 Y. Gilboa, A Language Silenced. The Suppression of Hebrew Literature and Culture in the Soviet Union, S. 34 f.

63 J. Carlebach, »Der Witebsker Prozess gegen den Cheder«, S. 395 ff. Vgl. Ja. Kantor, Nacional'noe stroitel'stvo, S. 171 f.

64 Siehe die Beschlüsse der Evsekcija-Konferenz vom Dezember 1926 in Alfarbandiše baratung fun di jidiše sekcies, S. 75 ff., S. 117 f., S. 150 f., S. 225.

65 JTA, 25. 2. 1928, S. 5. Vgl. die Schilderung von Schriftrollenverbrennungen auf der Straße u.ä. in einem Brief zweier Rabbiner, der abgedruckt ist bei L. Eckman, Soviet Policy towards Jews and Israel, S. 44 f.; ähnlich in: ders., The History of the Musar Movement 1840 – 1945, New York 1975, S. 114 f. Vgl. auch Gitelman, Jewish Nationality, S. 291 ff.

1927 waren 4,3 % aller Synagogen geschlossen. In der Folgezeit wurde die Umwandlung von Synagogen in Arbeiterklubs forciert.[66] Politiker außerhalb der jüdischen Sektionen traten hierbei nicht in Erscheinung; sogar Stalin soll sich im Fall einer umstrittenen Synagoge gegen deren Schließung ausgesprochen haben, um einen »Aufstand« der Juden zu vermeiden.[67] Die Evsekcija-Aktivisten wachten darüber, daß die Synagogenschließungen nicht hinter der Aufhebung christlicher Kirchen zurückblieben. 1921 gestattete Präsident Kalinin, daß eine geschlossene Witebsker Synagoge wieder geöffnet werden dürfe. Die Evsekcija protestierte dagegen heftig und wies darauf hin, daß nur fünf von 73 Synagogen geschlossen worden seien. Schwarzhunderterkreise würden angesichts geschlossener Kirchen und Klöster bei ihren Behauptungen vom žid-Zarentum überflüssige Unterstützung erhalten.[68]

Seit der Revolution wurden die Maßnahmen der Sowjetmacht gegen das Christentum in der antisemitischen Propaganda und von Teilen der Bevölkerung als Diktatur des religiös verstandenen Judentums interpretiert. Auf dem Lande kursierte das Gerücht, Lenin und Trockij wollten alle Bauern zu Juden machen und sie beschneiden lassen.[69] Ein Tscheka-Bericht von 1922 zeigt, wie sehr die ländliche Bevölkerung Judentum und Sowjetmacht als Feinde des Christentums gleichsetzte. In Roslawl – südöstlich von Smolensk – wurde die Drohung laut, die dort ansässigen Juden in einer Nacht zu töten, wenn das Kirchengold konfisziert werden sollte.[70] Die Bevölkerung versuchte hier, die Juden als Geisel zu nehmen, um damit Druck auf deren vermeintliche Schutzmacht – die christenfeindliche Sowjetregierung – auszuüben.

Im gesamten antireligiösen Schrifttum hatte der Kampf gegen das Judentum keine herausragende Bedeutung.[71] In den zwanziger Jahren erschienen

66 Vergleichszahlen 1927: 4,3 % der Synagogen, 5,4 % der orthodoxen, 6,8 % der katholischen, 3,6 % der lutherischen Kirchen geschlossen, 2,8 % der Kirchen der Altgläubigen, 6,4 % der Baptisten (JTA, 14. 10. 1927, S. 3). Vgl. A. Yodfat, »The Closure of Synagoges in the Soviet Union«; bis 1939 war dieser Prozeß demnach fast völlig abgeschlossen.

67 Abdurakhman Avtorkhanov, Stalin and the Soviet Communist Party. A Study in the Technology of Power, München 1959, S. 184. Siehe auch JTA, 17. 3. 1930, S. 1, mit der Meldung, die Sowjetführer seien gegen die antireligiöse Kampagne. In der Folgezeit wurde mehrfach von wiedereröffneten Synagogen berichtet.

68 RCChIDNI F 445, O 1, D 162, Bl. 190 (11. 4. 1921, Brief von Oršanskij).

69 Izvestija, 4. 7. 1919, nach Scheibert, Lenin an der Macht, S. 350.

70 WKP 273, S. 154, in: M. Fainsod, Smolensk under Soviet Rule, S. 157. Tatsächlich wurden dort unter der Parole »Schlage die Juden! Rette Rußland!« auf den Straßen Juden verprügelt. Die Tscheka hielt auch 1922 fest, daß die Bauern überzeugt seien, daß die Sowjetregierung nicht ihre Befreiung, sondern ihre Versklavung plane. Jetzt würden die Bauern nicht mehr den Gutsbesitzern, sondern der jüdischen Bourgeoisie gegeben (WKP 375, S. 283 ff., in: Fainsod, Smolensk, S. 43).

71 Unter den 80 antireligiösen Schriften, die der Verlag Ateist 1929 anbot, war nur eine gegen den Antisemitismus, eine gegen den Talmud, zwei gegen den Islam, aber drei gegen den Katholizismus gerichtet. Der Rest nahm die Religion an sich oder die russische Orthodoxie aufs Korn. Siehe die Verlagswerbung auf den Einbandseiten von M. Šachnovič, Social'naja suščnost' Talmuda.

mehr Bücher gegen den Judaismus auf Russisch als auf Jiddisch, im folgenden Jahrzehnt war das Verhältnis umgekehrt.[72] In der Zeitschrift Bezbožnik wurde in der Zeit, als in anderen Medien häufig Artikel gegen den Antisemitismus erschienen, nur selten über das Judentum berichtet. Rabbiner und chassidische Juden wurden mit Karikaturen dargestellt, die man – isoliert betrachtet – »antisemitisch« nennen könnte[73], die aber hinter der Darstellung von Vertretern anderer Religionen nicht zurückstanden. Wie solche Zeichnungen – auch Spottgedichte, die jüdischen Geschäftsinn aufs Korn nahmen – selektiv wahrgenommen werden konnten, ist eine andere Frage. Möglicherweise wirkten manche Aktionen wie Synagogenschließungen auf »nichtjüdische Zuschauer [...] unverkennbar antisemitisch aufhetzend«[74] – daß dies intendiert war, kann aber nicht belegt werden. Die Bolschewiki versuchten auch nach außen klarzumachen, daß die jüdische Religion nicht besonders verfolgt werde. Im Juni 1922 gab Außenkommissar Čičerin der Zürcher Jüdischen Pressezentrale ein Interview, in dem er vor allem die vollkommene Gleichstellung der Juden betonte: »Die Lage der Juden in Rußland sei nicht schlimmer als die der übrigen Bürger Russlands.« Es gebe damit keine Judenfrage mehr, Behauptungen über Religionsverfolgungen entsprächen nicht der Wahrheit.[75]

72 Zwischen 1921 und 1928 erschienen 35 russische und 21 jiddische Titel, 1929 bis 1939 waren es 26 russische und 52 jiddische (B. Pinkus, The Jews of the Soviet Union, S. 101 ff.). Einige antireligiöse Schriften kritisierten das Alte Testament und damit Judentum und Christentum gleichermaßen. Es erschienen auch Broschüren, die gegen die Feiertage beider Religionen (Ostern/Pessach) gerichtet waren. Siehe die Bibliographie von Pinkus/Greenbaum, Russian Publications, S. 21 – 36.

73 M. Heller erinnern sie »in ihrer Grobheit an die antisemitischen Karikaturen aus der Hitlerzeit« (Michail Heller/Alexander Nekrich, Geschichte der Sowjetunion, Bd. 1: 1914 – 1939, Frankfurt a.M. 1985, S. 164). Schon in den zwanziger Jahren schrieb der Emigrant B. Mirskij, der »Komsomolzen-Antisemitismus« sei den Illustrationen des Gottlosen-Magazins Bezbožnik abzulesen, in dem »Schwarzhunderter«-Karikaturen von Juden mit krummen Nasen und gewölbten Lippen erschienen seien. Die Juden würden ausschließlich als Spekulanten, Kulaken, Ausbeuter und Händler gezeigt (Evrejskaja Tribuna, Nr. 187, 12. 6. 1924, S. 3). Solche Karikaturen gab es. Man darf aber den Zusammenhang nicht übersehen, wie er in Abbildungen geschaffen wurden, die wie das Titelbild im Juli 1928 »Sem'ja vreditelej« den Rabbi neben dem Popen, dem Mullah, dem katholischen Priester und einem mit einem Hakenkreuz versehenen Kapitalisten zeigen. Siehe die Nummer im Dezember 1927 (Bezbožnik, 23/1927) mit dem Themenschwerpunkt »Zionismus«. Vgl. auch Bezbožnik, 14/1928; 3, 14, 16, 20/1929.

74 Dies berichtete das deutsche Konsulat in Odessa im Juli 1925. Bei der Verwandlung der schönsten Synagoge in ein jüdisches Arbeiter-Klubhaus seien »sehr aufreizende Reden gegen Zionismus, Nepmännertum, Konter-Revolution und kapitalistische Kultur« gehalten worden (PA AA IV Rußland, Pol. 6, Nationalitätenfragen, Fremdvölker: Ukraine, o. S. Meldg. v. 7. 3. 1925). Möglicherweise sahen sich Täter, die in der Ukraine religiöse Bücher aus Synagogen verbrannten und jüdische Friedhöfe schändeten, durch die antireligiöse Propaganda ermutigt. Siehe die Meldungen der JTA, 20. 10. 1925, S. 3; 21. 10. 1925, S. 7.

75 PA AA IV Rußland, Pol. 6, Bd. 1, Bl. 21 ff.; RCChIDNI F 445, O 1, D 117. Wie die Religionsverfolgungen das Verhältnis der Sowjetunion zu jüdischen Organisationen belastete, zeigt der im Jewish Chronicle, 6. 10. 1922, S. 9, abgedruckte Notenwechsel zwischen L. Wolf und dem Geschäftsträger Rußlands in London.

Wegen des Verzichts der sowjetischen Propaganda, die Angriffe auf die jüdische Religion mit denen auf die Judenfeindschaft zu verbinden, war die antireligiöse Kampagne kaum ein Versuch, Antisemitismus in der Bevölkerung zu kanalisieren oder zu demonstrieren, daß die Kommunisten nicht die Juden begünstigen und von ihnen dominiert würden.[76] Der Kampf gegen das religiöse Judentum wurde mit der Auseinandersetzung mit dem Antisemitismus nur selten vermischt, obwohl der Antisemitismus stets als »Waffe« der Geistlichkeit hingestellt wurde.[77] Auf der zweiten Konferenz des »Bundes der militanten Gottlosen« ermahnte 1930 Staatspräsident Kalinin die Versammelten, den Kampf gegen Antisemitismus besonders hervorzuheben – ansonsten spielte dieses Thema bei diesem Gremium offenbar keine Rolle.[78] Nur Larin, einer der wichtigsten Autoren der Anti-Antisemitismus-Literatur, forderte als Maßnahme gegen den Antisemitismus auch das Ende der »Privilegien für nichtproletarische Schichten der jüdischen Bevölkerung«, wie etwa den Import von Mazzen, die in den Synagogen kostenlos verteilt würden, während ringsum eine Versorgungskrise herrsche.[79] Tatsächlich wurde während der zwanziger Jahre immer wieder der Import von Mazzen gestattet, die mit amerikanischen Spendengeldern finanziert waren, wogegen jüdische Arbeiter regelmäßig in Resolutionen von Fabrikkollektiven protestierten.[80]

Die relative Freiheit für jüdische Kultur in der Anfangszeit der Herrschaft der Bolschewiki ist oft gerühmt worden.[81] Dabei wird häufig übersehen, daß dieser Aufschwung vor den Revolutionen des Jahres 1917 begonnen hatte.[82] Diese Entwicklung setzte sich auch nach 1917 fort, doch bald versuchte die Evsekcija die noch bestehende kulturelle Autonomie zu unterbinden. Den-

76 Dieser Aspekt ist angedeutet bei Walter Kolarz, Die Religionen in der Sowjetunion. Überleben in Anpassung und Widerstand, Freiburg/Basel/Wien 1963, S. 370 ff. Verschiedentlich ist auch die Verfolgung der jüdischen Religion als »antisemitisch« gedeutet worden, z.B. Hans Jörg Pommer, Antisemitismus in der UdSSR und in den Satellitenstaaten, Bern 1963, S. 23. Davon kann nur gesprochen werden, wenn ein deutliches Übergewicht gegenüber Angriffen auf die anderen Religionen festzustellen ist. Das war vor 1945 nicht der Fall. Nach dem Krieg sollen sich hingegen bis zu 1/3 der antireligiösen Attacken gegen den jüdischen Glauben gerichtet haben (E. Wiesel, Die Juden in der UdSSR. Antisemitismus im Sowjetreich, S. 139).

77 Ein solcher Artikel aus dem Antireligioznik, Nr. 1 u. 4/1927 ist nachgedruckt bei M. Kiper (Hrsg.), Na borot'bu z nacional'noju vorožnečeju, S. 85 ff.

78 Stenografičeskij otčet vtorogo vsesojuznogo s-ezda sojuza voinstvujuščich bezbožnikov, S. 319.

79 Ju. Larin, Evrei i Antisemitizm v SSSR, S. 285.

80 Verhandlungen darüber sind beschrieben in den JTA-Meldungen 20 – 28. 3. 1923. Proteste dagegen schildert L. Radiščev, Jad. Ob antisemitizme našich dnej, S. 78 f.

81 Stellvertretend für viele H. Haumann, Geschichte der Ostjuden, S. 170: »In Dichtung, Wissenschaft und Publizistik kam es zu einer neuen Blüte des Judentums.«

82 Siehe z.B. über die 1916 gegründete Gesellschaft »zur Ermutigung der jüdischen Kunst« oder die von An-skij vor dem Krieg zusammengetragene Ausstellung Seth L. Wolitz, »The Jewish National Art Renaissance in Russia«, in: R. Apter-Gabriel (Hrsg.), Tradition and Revolution, S. 21 – 42. Anteil an der Entdeckung des Judentums hatten auch die Initiativen russischer Schriftsteller, die in den Sammelband Ščit mündeten, von dem weiter oben bereits die Rede war. Siehe Kap. 1.1.

noch konnten sich sowohl russisch- wie auch jiddischsprachige unabhängige Literatur, Wissenschaft und Publizistik in bestimmten Nischen halten. 1922 erschien z.B. eine Abhandlung über die Ursprünge des Antisemitismus in der Antike, die damit erklärt wurden, daß die Juden auch ohne eigenes Territorium ein »nationalstaatlicher Organismus« geblieben seien.[83] Wenige Jahre später wäre dies als »jüdischer Nationalismus« denunziert worden. 1923 brachten nicht-staatliche Verlage eine dreibändige Arbeit Dubnovs und 1925/27 noch J. Gessens Geschichte der Juden in Rußland heraus, ohne daß diese Darstellungen einen Kotau vor den Machthabern enthielten.[84] Gessens Arbeit erschien auch als Beilage zur Zeitschrift Evrejskaja Letopis', die 1923 – 1926 erschien und sich häufig mit der Geschichte des Judentums und des Antisemitismus in Rußland befaßte.

In den Sammelbänden der Gesellschaft zur Verbreitung der Aufklärung unter den Juden Evrejskaja Mysl' wurden Publikationen von Bolschewiki kritisiert.[85] Bis 1930 konnten in der von der Jüdischen Ethnographischen Gesellschaft herausgegebenen Evrejskaja Starina Thesen diskutiert werden, die dem Gedankengut der Bolschewiki fremd waren.[86] Ende 1929 wurde das Museum der Ethnografischen Gesellschaft mit der Begründung aufgelöst, es habe eine »fremde Ideologie« verbreitet, sei mit dem »Weißgardisten« S. Dubnov verbunden – und schließlich würden die Exponate ihres Museums für die antireligiöse Propaganda gebraucht.[87] An der Bewertung der Arbeit Dubnovs wird der Wandel innerhalb der zwanziger Jahre deutlich, denn noch 1924 waren seine Arbeiten in offiziellen Literaturempfehlungen zu finden.[88]

83 S. Lur'e, Antisemitizm v drevnem mire, S. 11. In sowjetischen Abhandlungen zur Geschichte der Juden wird Lur'e praktisch nie zitiert. Eine Ausnahme: M. Gorev, Protiv antisemitov, S. 45, S. 126, aber ohne Bezug auf Lur'es Hauptthese.

84 S. M. Dubnov, Evrei v Rossii i Zapadnoj Evrope v ėpochu antisemitskoj reakcii, Moskau, Petrograd 1923; Julij Gessen, Istorija evrejskogo naroda v Rossii, 2 Bde., Leningrad 1925, 1927. Dubnov war bereits emigriert, Gessen überarbeitete in der Sowjetunion seine 1916 erstmals erschienene Arbeit und brachte sie im Selbstverlag heraus. Die Auflagen lagen bei 2000 bzw. 2500 Exemplaren. Daß diese Bücher erscheinen konnten, hat mit dem »jüdischen Thema« wenig zu tun: 1922 erschienen nach sowjetischer Terminologie 337 »bourgeoise« Publikationen in Moskau, 83 in Petrograd (L. Običkina, »Iz istorii bor'by RKP(b) protiv antisovetskich partij i tečenij«, S. 101; vgl. S. Fedjukin, »Iz istorii bor'by s buržuaznoj ideologiej v pervye gody nėpa« S. 80).

85 So. z.B. die Kritik an einem Beitrag von Rafes durch die Evrejskaja Mysl', Petrograd 1922, S. 196 ff., siehe auch Evr. Mysl', 2 (1926), hrsg. v. Obščestvo rasprostranenija prosveščenija sredi evreev.

86 1924 zum Beispiel die »jüdische Nationalpsychologie« im Rahmen des »biologischen Erbes eines Volkes« (B. Višnevskij, »K antropologii evreev v Rossii«, in: Evrejskaja Starina, XI (1924), S. 266 – 305). L. Šternberg diskutierte Charaktereigenschaften wie den »jüdischen Optimismus« u.ä. (»Problema evrejskoj nacional'noj psichologii«, ebd., S. 5 – 44).

87 JTA, 31. 12. 1929, S. 6. Die ersten beiden Gründe waren auf die ethnographische Gesellschaft selbst übertragbar.

88 Iv. Knižnik, Čto čitat' po obščestvennym naukam, S. 47 f. Die Literaturliste war für »Bibliothekare, Lektoren, Mitglieder marxistischer Zirkel und das Selbststudium«; Autoren wie Dubnov waren mit dem Hinweis »nationalistisch« oder »Autor kein Marxist« versehen.

Der Partei genehme jiddische Literatur nahm einen beträchtlichen Aufschwung von 1924 bis zum Beginn der dreißiger Jahre, vor allem was die Zahlen der verlegten Bücher und ihre Auflagen betrifft.[89] Ähnliches gilt für die jiddische Presse, während zahlreiche russisch-jüdische Periodika, die 1917/18 existierten, von den Bolschewiki eingestellt wurden.[90] Nicht in jeder Hinsicht kann von Wachstum geredet werden: die Zahl der jüdischen Zeitungen in der Ukraine verringerte sich im Vergleich mit 1913 von vier auf drei im Jahre 1928.[91]

Der Gebrauch des Hebräischen, das in Rußland durchaus eine literarische Tradition hatte[92], wurde in der Sowjetunion formal nicht verboten. Hinter den ständigen Behinderungen, denen sein Gebrauch ausgesetzt war, stand nicht die sowjetische Nationalitätenpolitik oder Antisemitismus, sondern in erster Linie die Tätigkeit der jüdischen Parteisektionen. Sie stellten Jiddisch als die Sprache des Proletariats dar, während Hebräisch dem Kleinbürgertum und dem Zionismus zugeordnet wurde. Im Januar 1920 legte ein Erlaß des Narkompros Jiddisch als jüdische National- und Schulsprache fest.[93] Zwischen 1923 und 1926 erschienen drei hebräische Publikationen in der Sowjetunion. Danach konnten hebräische Schriftsteller ihre Arbeiten noch im Ausland veröffentlichen, ab 1934 ging dies nicht mehr.[94] Außerhalb des Einflußbereichs der Evsekcija, in Georgien, konnte sich Hebräisch-

89 Einen Überblick bietet das Stichwort »Evrejskaja literatura« in der BSĖ, 1. Auflage, Bd. 24, Sp. 133 ff.; Ch. Shmeruk, »Yiddish Literature in the U.S.S.R.«, in: L. Kochan (Hrsg.), The Jews in Soviet Russia, S. 242 – 280; Judel Mark, »Yiddish Literature in Soviet Russia«, in: G. Aronson u.a. (Hrsg.), Russian Jewry 1917 – 1967, S. 223 – 249; knapp B. Pinkus, The Jews of the Soviet Union, S. 111 ff. Eine ausführliche Bibliographie der jiddischen Literatur findet man in: Kh. Shmeruk, Jewish Publications in the Soviet Union 1917 – 1960, S. 128 – 140. Zur weiteren Entwicklung bis in die dreißiger Jahre siehe unten, Kap. 8.3.2.

90 Siehe B. Pinkus/A. Greenbaum, Russian Publications on Jews and Judaism, S. 205 – 236; ferner die von M. Altshuler erstellte Bibliographie der russischsprachigen Periodika in: Kh. Shmeruk, Jewish Publications, S. 419 – 444. Jiddische Periodika dort S. 330 – 402; 417 – 418.

91 S. Ingulow, Die Presse in Sowjetrussland. Ihre Lage und Arbeitsverhältnisse, S. 27. 1924 betrug die Auflage von Emes und Komunistiše fon zusammen 10 000 Exemplare gegenüber 45 000 des Frajnd 1905 (JTA, 30. 4. 1924, S. 1). Selbst die nackten Zahlen beweisen also nicht mit zwingender Notwendigkeit eine »jüdische Kulturblüte« dank der Sowjetherrschaft in den zwanziger Jahren.

92 Siehe zum Beispiel den Überblick in der BSĖ, 1. Auflage, Bd. 24, »Evrejskaja literatura«, Sp. 124 ff. Dort hieß es aber auch, gegenwärtig werde Hebräisch nur in Palästina als Sprache des Zionismus, des »jüdischen Faschismus«, benützt (Sp. 128).

93 Z. Gitelman, Jewish Nationality, S. 276 ff.; A. Greenbaum, »Hebrew Literature in Soviet Russia«, S. 136 f.; am ausführlichsten Y. Gilboa, A Language Silenced. The Suppression of Hebrew Literature and Culture in the Soviet Union, S. 70 ff.; mit neuen Archivfunden: A. Blyum, »Hebrew Publications and the Soviet Censor in the 1920s«, passim.

94 Gilboa, Language, S. 178. Siehe auch Y. Gilboa, »Hebrew Literature in the U.S.S.R.«, in: L. Kochan (Hrsg.), The Jews in Soviet Russia since 1917, S. 226 – 241. Eine Bibliographie der wenigen erschienenen Titel und Periodika enthält Kh. Shmeruk, Jewish Publications in the Soviet Union 1917 – 1960, S. 17 – 41, S. 406 – 409.

Unterrricht eine Zeitlang entwickeln.[95] Außenminister Čičerin und Bildungsminister Lunačarskij erklärten mehrfach (auch außerhalb der Sowjetunion), nicht gegen hebräische Schulen zu sein, wenn sich »die Juden« untereinander einig seien.[96] Es war daher kein Paradox, daß sich ein offizielles sowjetisches Theater mit hebräischer Sprache halten konnte, die Habimah [Tribüne], allerdings von der Evsekcija bekämpft. Es erhielt jedoch Unterstützung von nichtjüdischen Politikern. Stalin vermerkte 1920 auf einem Schreiben des Theaters, daß die Evsekcija-Proteste wirkungslos seien und staatliche Unterstützung gewährt werde.[97] 1926 benützte die Habimah-Truppe eine Auslandstournee, um die Sowjetunion für immer zu verlassen. Das hebräische Theater war noch vor der ersten jiddischen Bühne entstanden. Das staatliche jüdische Theater in Moskau, das Anfang 1919 seine Tätigkeit aufnahm, hatte es allerdings weniger schwer als die hebräische Konkurrenz.[98] Es wurde auch als Beweisstück der erfolgreichen sowjetischen Nationalitätenpolitik und der erfolgreichen Überwindung des Antisemitismus auf Europa- und Amerikatournee geschickt.[99]

Bei der Volkszählung 1926 gaben – bezogen auf die gesamte Sowjetunion – 73 % der Juden eine »jüdische« Sprache als ihre Muttersprache an. Dabei handelte es sich überwiegend um Jiddisch, mit Ausnahme der Juden in Mittelasien und der Transkaukasischen Föderation, deren (nur zu 50 % gesprochene) Muttersprache in erster Linie das (iranische) Tatisch war. In der Ukraine sprachen 76,1 % Jiddisch, in Weißrußland 90,7 %, in der Russischen Föderation 50,3 %.[100] In Weißrußland beherrschten weite Teile der jüdischen Bevölkerung weder Weißrussisch noch Russisch. Ein Zehntel der Sowjetbürger jüdischer Abstammung erklärte sich 1926 als »russisch«, »ukrainisch« usw. Im selben Jahr waren unter allen von Juden und Jüdin-

95 Gilbaoa, Language, S. 84 ff.

96 PA AA IV Rußland, Pol. 6, Bd. 1; Bl. 8 f. (19. 1. 1922); JTA, 5. 10. 1928, S. 4.

97 Gilboa, Language, S. 151. Vgl. auch Giorgio Richetti, Il teatro Habimah. Da Mosca a Tel-Aviv, (Documenti di teatro, 27), Bologna o. J., S. 72 ff.; Béatrice Picon-Vallin, Le Théâtre juif soviétique pendant les Années vingt, Lausanne 1973, S. 157 ff. (die beiden letztgenannten Bücher sind theaterhistorisch orientiert); Gershon Swet, »The Jewish Theatre in Soviet Russia«, in: G. Aronson u.a. (Hrsg.) Russian Jewry 1917 – 1967, S. 283 – 299.

98 Knapp über die jüdischen Theatergründungen informieren Ja. Kantor, Nacional'noe stroitel'stvo, S. 180; B. Pinkus, The Jews, S. 120 ff.; S. Kopel'man, Synovnim serdcem, S. 21 ff. B. Picon-Vallin, Le Théâtre juif soviétique, passim, behandelt vor allem ästhetische Fragen. Das gilt auch für den Überblick über die Arbeitsbedingungen sowjetischer jüdischer Komponisten von Joachim Braun, Jews in Soviet Music, (Hebrew University, Soviet and East European Research Center, Paper No. 22), Jerusalem 1977.

99 Zum Deutschlandbesuch des Moskauer Jüdisch-Akademischen Theaters siehe Joachim Hemmerle, »Jiddisches Theater im Spiegel deutschsprachiger Kritik von der Jahrhundertwende bis 1928. Eine Dokumentation«, in: Michael Brocke (Hrsg.), Beter und Rebellen. Aus 1000 Jahren Judentum in Polen, Frankfurt a.M. 1983, S. 277 – 311, bes. S. 296 ff.

100 L. Zinger, Evrejskoe naselenie SSSR v tablicach i diagrammach, Tab. 22.

nen geschlossenen Ehen in Weißrußland 3,2 % mit nichtjüdischen Partnern, in der Ukraine 5 % und in der Russischen Föderation 21 %, was für die gesamte Sowjetunion einen Anteil von 8,5 % ergab.[101]

Auch wenn Stalin 1913 die Zukunft der Juden in ihrer Assimilation sah, hat die Sowjetunion keine erklärt assimilatorische Politik verfolgt. Es wurde zwar gegen die Behinderung gemischtnationaler Ehen durch Eltern polemisiert, diese Ehen selbst wurden aber nicht aktiv gefördert. Die Komsomol'skaja Pravda schilderte z.B. ausführlich den Fall einer jüdischen Mutter, die ihre Tochter keinen Russen heiraten ließ.[102] Normative Äußerungen zur Assimilation gibt es wenige. Die Bolschewiki fürchteten, in den Ruch großrussischen Zwangsassimilatorentums zu geraten. Assimilation – nicht nur der Juden – wurde als naturwüchsiges Resultat einer späteren kommunistischen Weltgesellschaft hingestellt.[103] Für die Bolschewiki waren deshalb keine Schritte erforderlich, die Assimilation irgendwelcher Nationen zu forcieren. Larins verhaltene Forderung nach der Förderung des Esperanto-Unterrichts in der Sowjetunion als erstem Schritt zu einer Weltsprache ist eine Ausnahme.[104] In einem Artikel von 1934 sprach sich Dimanštejn gegen das »Assimilatorentum« aus, dem er das harmonische Verschmelzen der Nationen unter der proletarischen Diktatur entgegenstellte. Die »Judenfrage« sei letztlich nur in der »Menschheitsfrage« lösbar.[105] Mit den Plänen, in Birobidshan ein jüdisches Territorium zu schaffen, änderte sich die Bewertung der jüdischen Assimilation, die Marx, aber auch Lenin und Stalin vor der Revolution als Lösung der »Judenfrage« gegolten hatte. Über die Assimilation war nun auch zu lesen, sie sei die von der liberalen Bourgeoisie forcierte einzige Lösung der Judenfrage durch die »Zerstörung der jüdischen Nationalität, die volle Verschmelzung der Juden mit den herrschenden Völkern«.[106]

101 Ju. Larin, Evrei i antisemitizm, S. 304. M. Altshuler hat etwas andere Zahlen zusammengestellt, deren Tendenz jedoch gleich ist. Im europäischen Teil der russischen Föderation (möglicherweise daher die Unterschiede) war der Mischehenanteil demnach 1926 sogar 34,4 % und stieg 1927 auf 38,1 %. In der Ukraine 9,7 % (1926) und 10 % (1927); Weißrußland: 6,1 bzw. 6,9 % (M. Altshuler, Soviet Jewry since the Second World War, S. 25).

102 Komsomol'skaja Pravda, 26. 3. 1929, S. 1; 30. 3. 1929, S. 2; 31. 3. 1929, S. 4. Die Leserschaft wurde zur Kommentierung aufgefordert. Die veröffentlichen Briefe drückten eine einhellige Verurteilung des geschilderten Verhaltens aus.

103 Siehe Ju. Larin, Evrei i antisemitizm, S. 303 ff. Larin wandte sich auch gegen den jüdischen Übereifer, möglichst angepaßt an die Umgebung zu erscheinen.

104 Ebd., S. 311.

105 »Otnošenie marksizma-leninizma k voprosu ob assimiljacii nacional'nostej«, in: RN, 7/1934, S. 57–63.

106 D. Zaslavskij, Evrei v SSSR, S. 4. Die Assimilierungstendenzen unter der jüdischen Bevölkerung waren in den dreißiger Jahren stark genug, der jüdisch-sowjetischen Nationalkultur so sehr den Boden unter den Füßen wegzuziehen, daß diese die Auswirkungen der Terrorwelle besonders 1937 nicht kompensieren konnte. Siehe dazu Kap. 8.3.2.

3.4. Die sowjetische Minderheitenpolitik und ihre schleppende Umsetzung

Den sowjetischen Juden standen – wie anderen Minderheiten – Rechte auf muttersprachliche Sowjets, Kultureinrichtungen und Gerichte zu, wo sie die lokale Mehrheit stellten. Die Aufgabe war aber nicht, den Juden eine eigenständige nationale Existenz zu gewährleisten, sondern sie zu säkularisieren – die jüdischen Sowjets, Rayons, Schulen usw. sollten die »alte patriarchalische Struktur und Lebensweise« zerschlagen helfen.[107] Das jiddische Schulwesen wurde ab 1923 verstärkt ausgebaut. 1928 besuchten 29,4 % aller jüdischen Schüler in der Sowjetunion jiddische Schulen. In der Ukraine waren es 31,8 %, in Weißrußland 48,9 %, in der Russischen Föderation jedoch nur 7,9 %.[108] Der prozentuale Höhepunkt im Besuch der jiddischen Schulen war in den betreffenden Republiken zu verschiedenen Zeitpunkten anfangs der dreißiger Jahre erreicht.

Jüdische Sowjets gab es in der Ukraine, wo zwischen 1925 und 1931 ihre Zahl von 38 auf 168 anstieg, in Weißrußland (1924: 7, 1931: 27 jüdische Sowjets) und im Westen der Russischen Föderation (1 rein jüdischer Sowjet). Anfang der dreißiger Jahre gab es in der Ukraine 46 jiddisch-sprachige Gerichte, in Weißrußland 10 und in der Russischen Föderation 11.[109]

Besonders die jüdischen Rayons blieben hinter dem allgemeinen Tempo der rajonirovanie zurück. Während Bulgaren, Griechen oder Albaner in der Ukraine schon zu über 80 % in nationalen Rayons lebten (die Deutschen unter 70 %), waren die nicht auf dem flachen Land, sondern in Städten lebenden Juden in viel geringerem Ausmaß in Rayons zusammenzufassen. Da in der Ukraine die Sowjets nicht nur für einzelne Städte eingerichtet waren, sondern auch für das umliegende Land (mit vorwiegend ukrainischer Bevölkerung), lag der Teil der jüdischen Bevölkerung mit eigenen jüdischen Sowjets 1927 nur bei 14 %.[110] Teilweise hatte diese Verzögerung auch andere Ursachen. Schon vor der großen Propagandawelle gegen die Judenfeindschaft wurde deutlich, daß in den verschiedenen Partei- und Staatsorganen Angestellte saßen, die ihre amtlichen Befugnisse zum Nachteil der Juden einsetzten. Beobachter meinten, in den Auseinandersetzungen um die Min-

107 BSĖ, 1. Aufl., Bd. 24, Sp. 92.

108 B. Pinkus, The Jews of the Soviet Union, S. 109. 1926/27 besuchten 70,9 % der jüdischen Kinder überhaupt eine Schule (M. Altshuler, Soviet Jewry, S. 100). Vgl. Ja. Kantor, Nacional'noe stroitel'stvo, S. 172 f.; Judel Mark, »Jewish Schools in Soviet Russia«, in: G. Aronson u.a. (Hrsg.) Russian Jewry 1917 – 1967, S. 250 – 258; generell auch A. Greenbaum, Jewish Scholarship and Scholarly Institutions in Soviet Russia 1918 – 1953.

109 Die Zahlen sind übernommen aus den Zusammenfassungen bei S. Baron, The Russian Jew under Tsars and Soviets, S. 188 f.; Ja. Kantor, Nacional'noe stroitel'stvo, S. 21 ff. Zu den nationalen Rayons und Sowjets allgemein siehe G. Simon, Nationalismus und Nationalitätenpolitik in der Sowjetunion, S. 77 ff.

110 Tribuna, Mai 1927, S. 9.

derheitenrechte feststellen zu können, daß die Ablehnung einer jüdischen Territorialeinheit »mit leichtem antisemitischen Unterton« vorgebracht wurde.[111] In der ersten Hälfte der zwanziger Jahre war die Errichtung der Minderheiteninstitutionen eher schleppend vorangekommen, da sie bisweilen boykottiert wurde. Immer wieder wurden Sowjetvorsitzende, Polizeichefs und Richter angeklagt, die jüdische Bevölkerung schikaniert zu haben. Der Gebrauch des Jiddischen soll in Städtchen in Podolien verboten worden sein; Juden wurde untersagt, jiddische Zeitungen zu abonnieren, während sie zum Bezug ukrainischer gezwungen wurden. Sie wurden mit überzogenen Steuern und Geldstrafen belegt und in ihren religiösen Gefühlen verletzt. Den angeklagten ukrainischen Beamten wurde vorgeworfen, religiöse Einrichtungen der jüdischen Bevölkerung vorzugsweise an deren hohen Feiertagen geschlossen zu haben. Auf diesen Geist in Teilen des ukrainischen Sowjetapparats wurde auch zurückgeführt, daß Juden in den Repräsentationsorganen nicht ihrem Bevölkerungsanteil entsprechend vertreten waren. Durch einen Erlaß der ukrainischen Regierung wurde dann verboten, jemanden zum Abonnieren ukrainischer Zeitungen zu zwingen. Gegen einige Beamte, die systematisch von Juden überhöhte Steuern eingenommen hatten, wurden Todesurteile verhängt. Ihr Prozeß ergab, daß sie vor der Revolution Mitglieder rechtsradikaler Organisationen gewesen seien.[112]

Solche Vorfälle beunruhigten die Bolschewiki erheblich weniger als der in den großen Städten und den Fabriken in den folgenden Jahren bekämpfte »neue« Judenhaß. Sie beruhigten sich damit, daß die Schuldigen ihre Einstellungen aus vorrevolutionären Zeiten mitgebracht hätten. Von ehemaligen Schwarzhundertern oder Petljura-Anhängern war aus der Sicht der Partei nichts anderes zu erwarten. Daher reagierten die Parteiinstanzen zunächst anders als in der zweiten Hälfte der zwanziger Jahre. Die mangelhaft umgesetzte Minderheitenpolitik ging zu Lasten einer jüdischen Bevölkerung, die zu einem großen Teil aus lišency, aus »klassenfremden Elementen« bestand. Dies war etwas anderes als die Angriffe auf jüdische Fabrikarbeiter, Agrarkolonisten und Technikum-Studenten, die in der Propagandakampagne gegen den Antisemitismus in den Mittelpunkt gerückt wurden. Erst allmählich nahmen die Bolschewiki zur Kenntnis, daß die Judenfeindschaft unter Teilen der Bevölkerung, die sie als ihre Klassenbasis ansahen, existierte und möglicherweise zunahm. Doch auch schon in der ersten Hälfte der zwanziger Jahre wurde mit Erlassen auf die Diskriminierungen gegen Juden reagiert. In Dekreten wurde gefordert, daß in allen Organen die jüdische Bevölkerung entsprechend ihrem Anteil repräsentiert sein muß, daß minde-

111 PA AA IV Rußland, Pol. 6, Nationalitätenfragen, Fremdvölker: Ukraine, o. S. Meldg. v. 16. 5. 1924 über eine Diskussion auf der 8. Allukrainischen Parteikonferenz.

112 JTA, 13. 6. 1925, S. 1; 22. 6. 1925, S. 5; 1. 7. 1925, S. 2 f.

stens ein Beauftragter eines gemischtnationalen Sowjets Jiddisch können muß, daß alle offiziellen Erlasse auch in Jiddisch herausgegeben und Steuern ohne Rücksicht auf Nationalität eingetrieben werden müssen.[113]

Bei Verhaftungen angeblicher Spekulanten, die sich besonders stark gegen Juden richteten, sollen sich GPU-Agenten mit antisemitischen Beleidigungen und Rufen wie »bej židov« nicht zurückgehalten haben.[114] Einem amerikanischen Journalisten erzählten noch Ende der zwanziger Jahre sowjetische Juden, daß es bei der GPU viele Beamte gebe, die in ihrem Herzen Schwarzhunderter seien. Bei Verfahren wegen unerlaubten Besitzes von Valuta, von denen überproportional viele Juden auch wegen ihrer wirtschaftlichen Rolle in der NĖP und wegen ausländischer Verwandter betroffen waren, waren häufig Ausdrücke wie žid oder židovskaja morda zu hören.[115] Daß sich gegen die jüdische Bevölkerung wegen ihrer Verbindungen mit dem Ausland nicht nur Mißtrauen von Strafverfolgern, sondern auch Neid richtete, ist verständlich. Juden profitierten besonders von Hilfsmaßnahmen amerikanischer Organisationen, hatten aber auch das Privileg, in bestimmten Quoten emigrieren zu können.[116] Die mit amerikanischem Geld finanzierte jüdische Emigration förderte einerseits das Mißtrauen gegen die Juden, dürfte aber andererseits sich auch auf die Entstehung eines Neidkomplexes gegen die Juden ausgewirkt haben. Sie mußte wie ein weiterer Beweis der angeblichen Privilegierung der Juden wirken.[117]

Diskriminierungen von Juden durch den Sowjetapparat gab es in der Ukraine und in Weißrußland. Es gibt wenig Anhaltspunkte für Fälle ähnlicher Art in Rußland, obwohl die Partei in der ersten Hälfte der zwanziger Jahre allgemein Klage über den »großrussischen Chauvinismus« vieler Sowjetangestellter führte.[118] Man sollte dabei das Ausmaß nicht überschätzen, in dem Anhänger der alten antisemitischen Gruppierungen in den Organen

113 JTA, 23. 7. 1925, S. 5; 4. 8. 1925, S. 2 f.; 5. 9. 1925, S. 1.

114 JTA, 7. 1. 1924, S. 2. Jüdische Kommunisten machten die zahlreichen jüdischen »Schmuggler« und »Spekulanten« für den wachsenden Antisemitismus verantwortlich. Vgl. Evrejskaja Tribuna, Nr. 178, 17. 1. 1924, S. 5.

115 E. Lyons, Assignement in Utopia, S. 454 ff. Juden profitierten aufgrund der großen Zahl von Auswanderern in die Vereinigten Staaten besonders von ausländischer Unterstützung. Siehe A. Ball, Russia's Last Capitalists: The Nepmen, 1921 – 1929, S. 123 f.

116 Siehe dazu B. Zil'pert, »Ob evrejskoj ėmigracii v Ameriku«, in: Žizn' Nacional'nostej, 1923/2, S. 75 – 77. Es gab auch andere Abkommen zur Auswanderung von Minderheiten, z.B. mit den neugegründeten baltischen Staaten. Siehe Y. Felshtinsky, »The Legal Foundations of the Immigration and Emigration Policy of the USSR«, bes. S. 336 ff.

117 Zum Beispiel durfte die ICA (Jüdische Kolonisierungsagentur) in Minsk, Mohilew, Charkow, Odessa, Kiew, Shitomir, Winiza und Proskurow Beratungsbüros für auswanderungswillige Juden einrichten (JTA, 11. 5. 1929, S. 1). Schon im Jahr zuvor waren Gerüchte verbreitet, daß eine Million Juden emigrieren dürften, was zu einem enormen Ansturm auf angebliche Registrierungszentren führte.

118 Dvenadcatyj s-ezd RKP(b), sten. otčet, S. 695 f.

der Sowjetmacht Unterschlupf fanden. Ihre Anzahl war schon am Vorabend der Revolution zu gering für eine bedeutende spätere Infiltration des Sowjetapparates, ferner kamen im Bürgerkrieg viele um oder emigrierten.[119]

Judenfeindliche Vorurteile müssen nicht nur bei vorrevolutionären Antisemiten vermutet werden, sondern auch bei Angehörigen der Intelligenz, die keineswegs zum Kreis der »Schwarzhunderter« oder »ukrainischen Nationalisten« gezählt werden können, die den Sprung in den Sowjetapparat geschafft haben. Antijüdische Vorurteile lassen sich auch bei Vertretern des liberalen Bürgertums feststellen. Im Tagebuch des bedeutenden Historikers Got'e treten – stets in Form der Klage über die überall zu beobachtenden »Vertreter des herrschenden Stamms« – antisemitische Klischees deutlich zu Tage.[120] Immer wieder bringt Got'e den Ekel vor den Zuständen mit der Präsenz von Juden in Verbindung. Die Tätigkeit von Juden im Außenhandelskommissariat etwa kommentiert er mit dem Stoßseufzer »Ist das nicht Rußland!?«[121] Man findet wenig später ähnliche antijüdische Ressentiments in den Aufzeichnungen M. Bulgakovs, ähnlich wie bei Got'e auch in ironischen Anmerkungen über die nichtrussische Abstammung hoher Sowjetpolitiker.[122]

3.5. Endemischer Antisemitismus

3.5.1. Pogromangst und gelassener Umgang mit Judenfeindschaft

Das Welt- und Bürgerkriegsgeschehen wirkte wie ein Brutofen für den Virus des Antisemitismus, der vor 1914 in weiten Teilen Rußlands schon durch das Fehlen einer jüdischen Bevölkerung wenig Grundlagen hatte. Russische Bauern aus Zentralrußland und Sibirien lernten Juden zum erstenmal an der

119 M. Agurskij, »Existait-il une infiltration de droite dans le système politique Soviétique?«, passim. Agurskij kommt zu dem Schluß, daß eine Mitarbeit der verbliebenen Schwarzhunderter aufgrund einiger ideologischer Affinitäten zu den Bolschewiki »nicht ausgeschlossen« gewesen sei.

120 Got'e, Time of Troubles, S. 242; über Historikerkollegen: S. 219. Die betreffenden Tagebuchaufzeichnungen wurden zwischen Dez. 1918 und Dez. 1921 gemacht. Immer wieder ist von Juden in pejorativer Weise die Rede (S. 249). Bei Got'e findet sich allerdings auch eine massive Abneigung gegen die russische Bevölkerung, die er häufig als »Gorillas« bezeichnet (S. 306).

121 Ebd., S. 386. Siehe auch die Schilderung einer Tscheka-Inspektion mitsamt der Beschreibung des Gesichtsausdrucks des jüdischen Beamten (S. 427). Neben den brutalen jüdischen Tschekisten und den allgegenwärtigen Bürokraten findet man aber auch das Stereotyp von den Juden, die über die Finanzen verfügen (S. 435).

122 Michail Bulgakov, »Ja mogu byt' odnim – pisatelem ...«, in: Teatr, 2/1990, S. 143 – 161, S. 153, S. 154, S. 156. Vgl. zu jüdischen Problematik bei Bulgakov allgemein Michail Zolotonosov, »›Evrejskie tajny‹ romana M. Bulgakova ›Master i Margarita‹«, in: Soglasie, 5/1991 S. 34 – 50. Abfällige Äußerungen über jüdische Politiker (Steklov, Urickij) enthalten auch die Erinnerungen Vladimir Nabokovs (des Vaters des Schriftstellers), »Vremennoe Pravitel'stvo«, in: Archiv Russkoj Revoljucii, 1 (1922), S. 9 – 97, bes. S. 65 f., S. 95.

Kriegsfront kennen – und gleich als angebliche Spione, Agenten der Deutschen, deren Sprache sie sprachen. Es gab kaum eine Partei des Bürgerkriegs, an deren diffuses Programm sich Feindschaft gegen die Juden – als angebliche Vertreter der Bourgeoisie, als Händler, die auf Kosten anderer lebten, aber auch als Bolschewiki, als Tschekisten, als Zaren- und ewige »Christusmörder« – nicht adaptieren ließ. »Die Juden« konnten zur Erklärung aller Nöte herangezogen werden, die das neue Regime seinen Untertanen auferlegte: »Uns haben sie gequält und erniedrigt, und wie wissen wir, wann die jüdische Herrschaft aufhört?«[123]

Wenn die Propagandaschriften der Sowjetregierung Ende der zwanziger Jahre klagten, daß nun Schichten antisemitisch eingestellt seien, bei denen dies unter den Zaren nicht der Fall gewesen sei, kann das auch daran liegen, daß die Jahre 1917 – 1921 zu einer Intensivierung antisemitischer Denk- und Verhaltensweisen führten. Eine andere Folge des Bürgerkriegs war eine Brutalisierung des Alltags, wie sie typisch für Gesellschaften ist, die in einer Welle von Gewalt untergehen. Besonders schlimm war dies für die vielen Waisen des Bürgerkrieges. Es wurde berichtet, daß es in der Ukraine 100 000 obdachlose jüdische Kinder gebe. Der Antisemitismus unter den nichtjüdischen Waisen mache es aber nötig, die beiden Gruppen zu trennen.[124] Einen Eindruck davon vermittelt das »Pädagogische Poem« Makarenkos, der sich in seiner Erziehungs-Kommune bei Poltawa 1922 mit Schikanen gegen jüdische Zöglinge auseinandersetzen mußte. Er schildert, wie ein junger Jude permanent verhöhnt und verprügelt wurde, wie ihm nachts Papierstreifen zwischen die Zehen gesteckt und angezündet wurden.[125] Die jüdischen Jugendlichen hatten wie die russischen und ukrainischen Altersgenossen Krieg und Bürgerkrieg bewußt miterlebt und waren offenbar fest in den dort entstandenen Verhaltens- und Wertmustern gefangen. Das wird nicht nur im passiven Dulden der jüdischen Opfer deutlich, sondern auch in der Selbstverständlichkeit, mit der die Juden angegriffen wurden, um einem verletzten Geltungsbedürfnis Luft zu machen.[126] Dieses Zeugnis belegt, daß die Vorfälle vor allem an ukrainischen Lehreinrichtungen, die Ende der zwanziger Jahre in der Sowjetpresse geschildert wurden, nicht prinzipiell neu waren, sondern schon im Mikrokosmos der pädagogischen Kolonie aufgetreten waren. Diese Beobachtungen bestätigen Berichte in der

123 Von der Zensur abgefangener Brief vom 20. 11. 1920, WKP 512, zit. in: Scheibert, Lenin an der Macht, S. 351.

124 JTA, 21. 4. 1923, S. 4.

125 A. Makarenko, Ein pädagogisches Poem, S. 121 f.

126 So erklärt Makarenko das Verhalten des Rädelsführers der »Antisemiten«. Er berichtet, daß er das Problem in den Griff bekam, daß sich aber im Verhalten zu einem Juden, der mit der russischen Sprache Probleme hatte, »noch lange eine gewisse Ironie bemerkbar« machte (ebd., S. 386).

Emigrantenpresse, in denen ebenfalls von der Zunahme judenfeindlicher Stimmungen unter Schülern die Rede war.[127]

Daß die Diskussion in der Emigration häufiger um das Thema »Antisemitismus« kreiste, als sie die Spalten der Sowjetpresse einnahm, ist symptomatisch. Innerhalb der Sowjetunion wurde von dieser Diskussion nur Notiz genommen, um Kritiker der Sowjetmacht zu diskreditieren – so 1922, als der Dichter Scholom Asch ein Gespräch mit Gor'kij veröffentlichte. Gor'kij erklärte dabei den Antisemitismus in Rußland mit der »Taktlosigkeit der jüdischen Bolschewiki«, denen er die Teilnahme »an der Besudelung der Heiligtümer des russischen Volkes« vorwarf: »Sie haben Kirchen in Kinos und Lesehallen verwandelt, sie haben nicht auf die Gefühle des russischen Volkes geachtet. Die jüdischen Bolschewiki hätten diese Dinge den russischen Bolschewiki überlassen sollen.«[128] Gor'kij betonte wenig später, er habe mit seinem Vorwurf an die »taktlosen« jüdischen Bolschewiki nicht den Antisemitismus an sich, sondern dessen gegenwärtiges Wachsen erklären wollen.[129]

Die Zeitschrift des Kommissariats für Nationalitätenfragen kommentierte, Gor'kij sei kein Antisemit, fordere aber eine čerta osedlosti für jüdische Revolutionäre. Daß die Juden am Antisemitismus schuld seien, habe bisher nur der zaristische Minister Pleve behauptet.[130] Unbeachtet blieb in der So-

127 Jüdische Lehrer seien dem Haß ihrer Schüler ausgesetzt, weil in der »jüdischen Schule« der Religionsunterricht verboten sei. Genauso wie jene Gymnasiasten »aus radikalen Familien« beklagten sich die Erwachsenen über die »jüdische Gewalt«: »Es reicht, es reicht! Sie haben gezeigt, wer sie sind, sie haben uns genügend gequält.« E. Kuskova »Kto oni i kak byt'«, in: Evrejskaja Tribuna, Nr. 144 (1922), S. 1 ff., nachgedruckt bei V. Šul'gin, Čto nam v nich ne nravitsja, S. 262 ff. Kuskova war eine unabhängige Sozialistin, die schon bald nach der Oktoberrevolution gegen den wachsenden Antisemitismus auftrat (siehe »Intelligentskij antisemitizm i naši zaščitniki«, in: Evrejskaja Nedelja, 1. 6. 1918, Sp. 6 ff.). Sie emigrierte 1922 nach ihrer zeitweiligen Inhaftierung. In dem zitierten Artikel reagierte sie auf die Aufforderung von S. L. Litovcev-Poljakov (»K probleme russkago antisemitizma«, in: ET Nr. 138 (1922), S. 3 f.), zu erklären, was der »neue Antisemitismus der Intelligenz« sei. Litovcev-Poljakov gab darauf Kuskova recht und wies darauf hin, daß am »neuen« Antisemitismus nicht die Juden, sondern das System schuld sei. (»Intelligentskij antisemitizm«, in: ET, 28. 12. 1922).

128 M. Gor'kij, Iz literaturnogo nasledija, S. 303. Ursprünglich im Forverts v. 29. 4. 1922. Gor'kijs Kritik richtete sich dabei nicht prinzipiell gegen die jüdischen Bolschewiki, er verklärte immer noch die Juden als »fähigste, aktivste und energischste Kraft«. Auch sei er sich darüber im klaren, daß die jüdischen Bolschewiki nicht nur die russischen, sondern auch die jüdischen Heiligtümer antasteten. Vgl. die zustimmenden Kommentare in: Razsvet, 23. 7. 1922, und bei D. Pasmanik, Russkaja revoljucija i evrejstvo, S. 209 f.

129 Razsvet, 10. 6. 1922, S. 3; auch in: Žizn' Nacional'nostej, 26. 6. 1922, S. 7. Gor'kij kritisierte die Wiedergabe durch Asch. Die Formulierung »Hände weg von den russischen Heiligtümern« könne nicht von ihm [Gor'kij] stammen. Siehe auch seinen Brief vom 9. 5. 1922 an den Forverts in: Iz literaturnogo nasledija, S. 309. 1924 klagte er über den wachsenden Judenhaß in der sowjetischen Gesellschaft, der bereits zur Vernichtung des jüdischen Volkes geführt hätte, wenn die Angst vor den Machthabern nicht so groß wäre. I. Kariėli, »Beseda s Gor'kim o sovetskich evrejach«, in: Iz literaturnogo nasledija, S. 494 f.

130 M. Trajnin, »Ot derzanii burevestnika k bolotu obyvatelja. Gor'kij o evrejach«, in: Žizn' Nacional'nostej, 1. 6. 1922, S. 2 ff. Ähnlich ebd., 15. 6. 1922, S. 2 ff. (Trajnin, »Ešče o Gor'kom

wjetpresse, daß in Paris eine »Liga zum Kampf gegen den Antisemitismus in Rußland« gegründet wurde. Ihre Mitglieder waren über Meldungen aus Rußland beunruhigt und fürchteten Pogrome im Falle des Sturzes der bolschewistischen Herrschaft.[131] E. Kuskova entwarf daher ein Erziehungs- und Aufklärungsprogramm gegen den Antisemitismus für die Zeit nach dem Sturz der bolschewistischen Herrschaft.[132]

Tatsächlich rissen seit dem Sieg der Bolschewiki außerhalb ihres Herrschaftsbereiches die Nachrichten über Judenhaß und Pogromstimmung nicht ab. Diese Meldungen enthalten eine merkwürdige Mischung aus Befürwortung der »sowjetischen« und Ablehnung der »jüdischen« Macht. Es wurde von Aufrufen berichtet, mit den židy und Kommissaren wegen der »Schändung orthodoxer Kirchen« abzurechnen: »Es lebe die Sowjetmacht! Schlage die židy! Rette Rußland!« Unter den Rotarmisten richte sich diese Haltung nicht gegen »christliche« Kommissare, sondern unterschiedslos gegen alle Juden.[133] Es wurde berichtet, es gebe in nicht-bolschewistischen Kreisen eine Wiedergeburt russisch-nationaler Gefühle und eines kirchlich-religiösen Lebens und auch in bolschewistischen Arbeiterkreisen Antisemitismus. Selbst russische Angestellte im Stab Trockijs sollen die Überfälle von Banden auf Juden gebilligt haben.[134]

Immer wieder flohen Juden vor angeblich angekündigten Ausschreitungen. 1920 wurde in Witebsk ein Prozeß gegen 47 Personen geführt, die mit Waffen aus der demobilisierten Armee eine Fabrik überfallen und dort Juden ermordet hatten.[135] Im Februar 1922 wurde aus Kiew ein Pogrom gemeldet,

i evrejach«). In Moskau wurde später bei einer öffentlichen Veranstaltung Gor'kij vom Vorwurf des Antisemitismus freigesprochen (JTA, 5. 3. 1923, S. 2).

131 Siehe die Proklamation der Liga bor'by s antisemitizmom v Rossii in: Evrejskaja Tribuna, 18. 5. 1923, S. 5. Dieses Blatt repräsentierte das liberale Spektrum um den Kadetten Vinaver und wurde teilweise von der amerikanischen, in der Sowjetunion tätigen Jewish Colonization Association finanziert (Z. Szajkowski, Jews, Wars, and Communism, Bd. 1, S. 450). Es war Podium für Angriffe gegen Bolschewiki und Monarchisten, denen Wesensverwandtschaft als »schwarze« und »rote« Reaktion bescheinigt und deren blutige bzw. »stille« Pogrome verglichen wurden. Siehe z.B. St. Ivanovič, »Pogromy i ravenstvo«, Nr. 133 (1922); Ju. Delevskij, »Strachovka protiv pogromov« Nr. 180 (1924); ders., »Antisemito-bol'ševistskija paralleli« (Nr. 193, 30. 10. 1924).

132 »Neobchodimaja rabota«, in: ET, Nr. 150 (1922), S. 1 f. Vgl. die Prophezeiungen, die Volkserhebung gegen die Bolschewiki werde in einem »furchtbaren Judenmassaker enden«, wenn die Sozialisten die Führung nicht erlangten, bei Karl Kautsky, Die Internationale und Sowjetrußland, Berlin 1925, S. 50 ff.

133 Socialističeskij Vestnik, 15. 8. 1921, S. 13 f. Vgl. Meldungen amerikanischer Diplomaten, zit. bei Z. Szajkowski, Jews, Wars, and Communism, Bd. 1, S. 622.

134 PA AA IV Rußland, Pol. 6, Bd 1; Bl. 1 ff. Agentenmeldung aus Moskau vom 19. 2. 1921. Vorošilov soll sich sogar gegen weitere jüdische Offiziere wegen der antijüdischen Stimmung unter den Soldaten ausgesprochen haben, meldete die Rul' aus Berlin (JTA, 14. 7.1923, S. 1).

135 Evrejskij pogrom na zavode »Novki«, S. 5 ff. Es soll sich dabei um »Grüne Banden« aus Kulaken gehandelt haben, die in engem Umgang mit den Fabrikarbeitern standen.

der sieben Menschenleben forderte.[136] Noch immer gab es in der Ukraine vereinzelte Banden, die Juden bedrohten. Verstärkt operierten sie im polnisch-ukrainischen Grenzgebiet.[137] Die westliche Presse veröffentlichte bisweilen Meldungen über Pogrome, die sich schnell als falsch herausstellten.[138] Die Pogromgerüchte wurden von der sowjetischen Regierung dementiert oder – wohl nicht ganz zu Unrecht – als Erfindung monarchistischer Emigrantenkreise hingestellt.[139] Behauptungen machten die Runde, Lenins letzte Worte hätten gelautet: »Tötet die Juden!«[140] Sein Tod galt manchen Emigranten als Signal zum Verfall des Sowjetreiches, der – wie oft vorhergesagt worden war – von Pogromen begleitet sein würde. Aus Angst vor einer Massenflucht sowjetischer Juden sperrte Rumänien daraufhin die Grenze zur UdSSR.[141] Auf geflohene jüdische Familien gehen Meldungen zurück, daß in der Ukraine die Bauern ihre Wut über erhobene Steuern an der jüdischen Bevölkerung ausgelassen hätten.[142]

Solche Nachrichten wurden in einer unbeabsichtigten Koalition von jüdischen und antisemitisch-weißgardistischen Emigranten verbreitet. Ähnlich wie bei der späteren sowjetischen Pressekampagne gilt es die zugrunde liegenden Interessen nicht zu übersehen. Flüchtlinge stehen unter dem Druck, die Umstände, die sie zum Verlassen des Landes gezwungen haben, in den schwärzesten Farben zu schildern – und die »weißen« Emigranten meinten mit drastischen Pogromnachrichten die Belege für den baldigen Sturz der Sowjetmacht in den Händen zu haben. Sie entwickelten damit eine Bewertung des angeblich wachsenden Judenhasses, die der späteren sowjetischen Propaganda gegen den Antisemitismus glich. Beidemal galt die Judenfeindschaft als Indikator konterrevolutionärer Tendenzen. Nüchternere Einschätzungen findet man in deutschen Botschaftspapieren. Das deutsche Konsulat in Odessa ging beispielsweise im Januar 1924 einem

136 Jewish Chronicle, 14. 4. 1922, S. 13.

137 JTA, 1. 1. 1923, S. 2; 14. 2. 23, S. 2; 12. 8. 23, S. 4.

138 So aus Odessa (JTA, 30. 1. 23, S. 4) und Shitomir (JTA, 7. 4. 23, S. 1). Die US-Presse berichtete von einer 50 000 Mann starken jüdischen Selbstverteidigungsarmee, die in der Ukraine stehe (JTA, 22. 1. 23, S. 1). Es soll im Distrikt Welisch bis 1923 Pogrome gegeben haben, siehe JTA, 15. 9. 23, S. 2; auch den Brief aus Minsk in: Razsvet, 2. 7. 1922, S. 13. Im Rückblick gaben sowjetische Publikationen zu, daß es in den Gebieten mit jüdischer Bevölkerung bis Ende 1923 noch Banditentum gegeben habe; siehe Ja. Kantor, Nacional'noe stroitel'stvo, (1934), S. 21.

139 Die Agentur Russpress hatte von Bürgerkriegszuständen in der Ukraine berichtet, bei denen weit über 100 Juden von Ausschreitungen betroffen worden seien und die GPU 12 Personen erschossen habe. Siehe JTA, 24. 1. 1924, S. 2 f.; Evrejskaja Tribuna, 1. 2. 1924, S. 5.

140 JTA, 31. 1. 1924, S. 2; 2. 2. 24, S. 1.

141 JTA, 22. 2. 1924, S. 1. Vgl. die Meldungen der amerikanischen Botschaft in Riga über in der Sowjetunion aufgetauchte antisemitische Hetzplakaten und die enorme Nachfrage dort nach antijüdischer und »nationalistic-Fascisti«-Literatur, zit. bei Z. Szajkowski, Jews, Wars, and Communism Bd. 1, S. 622.

142 JTA, 24. 10. 1923, S. 1; auch diese Meldung stammte aus Riga, das sich in dieser Zeit zu einer Umschlagbörse für wilde Gerüchte über innersowjetische Vorgänge entwickelte.

Bericht des Vorwärts über blutige Pogromen in der Ukraine nach und kam zu dem Schluß, daß hier eine Falschmeldung in die Welt gesetzt worden sei, um »Unfrieden zu stiften«.[143] Die aus der Sowjetunion ins Ausland dringenden Berichte über Pogrome müssen mit Fragezeichen versehen werden. Sie geben aber einen Eindruck von der psychischen Situation, in der sich große Teile vor allem der ukrainischen Juden befunden haben müssen. Für sie war die Diktatur der Bolschewiki die Garantie relativer Stabilität, ein Schutz vor neuerlichen Pogromen. Dies erhöhte die Bereitschaft von Juden, sich mit den neuen Machthabern zu arrangieren.

Judenfeindliche Strömungen interpretierten die Bolschewiki als Angriff auf sie selbst – vor allem wenn sie sich an der jüdischen Beteiligung am Sowjetapparat entzündeten.[144] Dieser Antisemitismus erschien um so bedrohlicher, wenn er nicht von rückständigen Bevölkerungsteilen wie der Bauernschaft ausging, sondern sich auch bei hauptstädtischen Arbeitern beobachten ließ. 1922 legten Moskauer Parteiagitatoren schriftliche Antworten auf einen Fragenkatalog Trockijs über Lebensgewohnheiten und Denkweisen der Bevölkerung vor. Diese Bestandsaufnahmen veröffentlichte Trockij im Anhang seines Büchleins »Voprosy byta«. Unter anderem wurde berichtet, daß unter »rückständigen Arbeitern und sogar unter den mittleren Bauern« eine heimliche Erbitterung gegen die Juden herrsche, weil die Juden in der Fabrik nicht körperlich arbeiteten, sondern Sekretäre der Parteizellen oder Deputierte seien.[145] Antisemitismus sei, da es »früher keinerlei Vorträge und keinerlei Gespräche über dieses Thema gegeben hat«, auch bei Parteimitgliedern zu beobachten. Es komme vor, daß »das Publikum sogar in Pogromstimmung ist«. Dennoch läßt sich aus den Berichten ein gewisser Optimismus herauslesen. Die Arbeiter, die schon früher feindselig gegen die Juden gewesen seien, hätten begonnen, »nicht alle über einen Kamm zu scheren«.[146] Der Antisemitismus wurde hier als Erbe vorrevolutionärer Zeiten

143 PA AA IV Rußland, Pol. 6, Nationalitätenfragen, Fremdvölker: Ukraine, o. S., Meldg. v. 29. 1. 1924; der Vorwärts-Bericht erschien am 16. 1. 1924. Siehe auch JTA, 21. 1. 1924, S. 2 f.

144 Ein häufig zitierter Witz aus einer Moskauer Zirkusnummer, in der zwei Clowns folgenden Dialog führen: »Weißt du, wer die Sowjets unterstützt?« – »Die Sowjets werden von jüdischen Gehirnen, lettischen Bajonetten und russischen Narren unterstützt.« So nach einem amerikanischen Botschaftsbericht vom März 1920 in: Z. Szajkowski, Jews, Wars, and Communism, Bd. 1, S. 610. Dieser Witz wurde auch von Vrangel'-Truppen im Bürgerkrieg auf einem Flugblatt verbreitet (N. Ross, Vrangel' v Krymu, Frankfurt 1982, S. 255). Die Hauptkommission für das Theaterrepertoire verbot 1923 die in den Kabaretts populären antisemitischen Songs sowie Stücke, in denen mit jüdischem Akzent gespielt wurde (JTA, 5. 8. 1923, S. 4).

145 L. Trotzki, Fragen des Alltagslebens, S. 154. Die Berichte sind nicht frei von Widersprüchen: Einmal wird behauptet, die Ablehnung richte sich nur gegen den »abstrakten Juden«, nicht aber gegen Kollegen und Vorgesetzte (S. 155 f.). Anderswo heißt es, alle Arbeiter seien Internationalisten, wenn es theoretisch um die nationale Frage gehe, »wenn aber im Unternehmen zum Beispiel ein oder zwei Letten oder Esten oder Juden sind, dann ist die Sache eine andere« (S. 160).

146 Ebd., S. 161 f.

gesehen und mit Berichten über das religiöse Verhalten der Arbeiter unter eine Rubrik gefaßt. Er wurde noch nicht als eine spezifische Reaktion auf bestimmte soziale Vorgänge innerhalb der sowjetischen Gesellschaft diskutiert, sondern als Überbleibsel aus einer Zeit der Unbildung, das allmählich verschwinden werde. Von Antisemitismus innerhalb der sowjetischen Intelligenz war noch nicht die Rede. Die Bolschewiki waren zuversichtlich, daß der Judenhaß zusammen mit der Religion aussterben werde. Diese Zuversicht mag dazu beigetragen haben, daß sie die weitere Entwicklung des Antisemitismus kaum beachteten. Lenin hatte in seiner Rede gegen die Pogrome die Richtung vorgegeben mit der Formel: »Diese alte feudalistische Unwissenheit geht zu Ende. Das Volk wird sehend.«[147]

Die von den Parteiagitatoren beklagte Religiosität in der Arbeiterschaft – oder zumindest das Festhalten an religiös tradierten Bräuchen – war nicht aus der Luft gegriffen: 1923/24 besaßen von den Haushalten in der Hauptstadt 40 % Bücher, aber 72 % Ikonen. In der Provinz war das Verhältnis 28 % der Haushalte mit Büchern zu 80 % mit Ikonen.[148] Wie sehr unter der Stadtbevölkerung religiöser Antijudaismus mit allen seinen Vorstellungen verbreitet war, zeigt eine Moskauer Episode von 1922: Kurz vor dem Pessach-Fest wurde ein Jude festgenommen, der einen Sack getragen hatte, aus dem Blut tropfte. Als man darin die Leiche eines Säuglings entdeckte, verbreiteten sich explosionsartig Gerüchte über den angeblichen Ritualmord. Der Fall wurde dann (in besonderem Auftrag Lenins) untersucht, und es stellte sich heraus, daß der Betreffende Beerdigungen von Kindern ausführte.[149]

Solche Vorfälle beunruhigten in der ersten Hälfte der zwanziger Jahre die Bolschewiki nicht sonderlich. Das Volkskommissariat für Nationalitäten erklärte 1923, die Sowjetunion habe ein Ende mit der Erziehung von Millionen Kindern im Geist der Intoleranz und des Antisemitismus gemacht, wie sie in den Schulen und zahlreichen Kirchen praktiziert worden sei. Genauso sei die politische Propaganda in den Synagogen verboten worden.[150] Die Bolschewiki glaubten, dem Antisemitismus durch ihr Monopol auf die Erziehungspolitik den Boden entzogen zu haben. Nervös wurden sie nur, wenn Grund zur Annahme bestand, daß die Arbeiterklasse vom antisemitischen Virus befallen sei. Typischerweise machte Larin noch auf der 15. Parteikonferenz im Herbst 1926 die wirtschaftliche Stagnation für die Zunahme des

147 Rede gegen die Pogrome von 1919 auf Schallplatte, in: LW, Bd. 29, S. 239.

148 S. G. Strumilin, Problemy ėkonomiki truda, Moskau 1957, S. 317, nach H.-H. Schröder, Arbeiterschaft, Wirtschaftsführung und Parteibürokratie während der Neuen Ökonomischen Politik, S. 261. Bei Schröder auch ein Hinweis auf Sekten, die in Arbeitervierteln Antisemitismus verbreiteten.

149 Ju. Sandomirskij, Puti antisemitizma v Rossii, S. 29 ff.

150 JTA, 17. 1. 1923, S. 3. Erklärung von Kliško an das Joint Foreign Committee. Dies ist auch festgehalten in: PA AA IV Rußland, Pol. 6, Rußland, Bd. 1, Bl. 57; ferner nochmals erwähnt in: JTA, 16. 1. 1931, S. 1 (als Ansicht Stalins!).

Antisemitismus unter Parteimitgliedern verantwortlich, hob aber davon die Arbeiter hervor, bei denen die ökonomischen Probleme nur zu ideellen Schwankungen wie in der Leningrader Parteiorganisation führten.[151]

Parallel zum Vertrauen der Bolschewiki in die Erziehbarkeit der Massen und die Immunität des Proletariats gegenüber dem Judenhaß existierte Konsens, daß Antisemitismus ein typisches Zeichen der Rückständigkeit der überwiegend bäuerlichen Bevölkerung der Sowjetunion war, die beim gegenwärtigen Entwicklungsstand kaum anders denken konnte. Das erklärt die Beiläufigkeit, mit der etwa Zinov'ev in einem Redebeitrag gegen eine überstürzte Propagierung der Abschaffung des Sonntags den Antisemitismus der Bevölkerung in seinen Argumentationsgang einbaute: »Ihr könnt Euch vorstellen, wie die Bauern in der Ukraine, wo der Antisemitismus so stark ist, eine solche Agitation aufnehmen.«[152] Dieser Bauernantisemitismus wurde auch mit der Preisentwicklung erklärt, die von den Bauern immer größere Mengen von Getreide für Industriewaren forderte. Die Schuld werde dann auf die – oft jüdischen – Zwischenhändler als »feindliche Gesandten der Stadt« geschoben.[153]

Als 1924 eine Sammlung von Lenintexten zur Judenfrage herausgegeben wurde, stellte das Vorwort des Bandes keine Bezüge zu aktuellem Antisemitismus her.[154] Das gilt auch für die zu dieser Zeit recht spärliche Parteipublizistik gegen nationale Vorurteile und Judenhaß. Anfang der zwanziger Jahre wurde hier nur rückblickend argumentiert und Antisemitismus in seiner Funktion als Blitzableiter erklärt, der den Reichen diene. Die Sowjetmacht sei die Macht von Arbeitern oder Bauern, bei denen es egal sei, in welchem Glauben sie geboren seien. Juden seien nicht besser oder schlechter als andere.[155] In einer der wenigen Schriften über die Pogrome vor und nach der Revolution ist nur wenig von einem aktuellen Antisemitismus zu lesen: Ku-

151 Pjatnadcataja Konferencija, sten. otčet, S. 165. Larin wiegelte zu dieser Zeit die Antisemitismus-Vorwürfe im Zusammenhang mit den Agrarkolonien noch massiv ab, siehe unten, Kap. 4.3.1.

152 Bericht auf der Versammlung der Moskauer Bezirksorganisation der RKP über die Tagung der Erweiterten Exekutive der KI vom 6. 7. 1923, in: Wolter, Linke Opposition in der Sowjetunion, Bd. 1, S. 147.

153 A. Bragin/M. Kol'cov, Sud'ba evrejskich mass, (1924), S. 9 f.

154 Hingegen wurde Lenins Lob auf jüdische Arbeiter als »Retter« der Revolution veröffentlicht, was nach Dimanštejns damaliger Auffassung (1919) Wasser auf die Mühlen von Antisemiten sein mußte. Daß man sie nicht unterschlug, zeigt, daß man 1924 Lenins Worte unantastbar, aber auch das Problem des Antisemitismus nicht für so ernst hielt, daß man derartige Rücksichten nehmen mußte. Siehe zu den Lenin-Äußerungen oben, Kap. 2.3.2.; die betreffenden Textsammlungen sind Lenin, O evrejskom voprose; Über die Judenfrage, Wien/Berlin 1932 (auch erschienen in deutscher Sprache [!] in Moskau 1932). Lenins philosemitische Äußerungen wurden weder hier noch anderswo in sowjetischen Editionen (auch solchen zum »Export«) nach 1924 nicht mehr herausgebracht.

155 E. Kantor, Komu nužna vražda narodov (1923); auch ukrainisch: Komu potribna vorožneča narodiv (1925), passim

laken, Bourgeois, Popen und Mönche flüsterten von der Macht der Juden oder verbreiteten unzutreffende Gerüchte, daß die Juden nicht in der Armee dienten. Es regierten aber in Wirklichkeit nicht die Juden, sondern Arbeiter- und Bauerndeputierte, auch wenn es stimme, daß unter den Juden viele Feinde der buržui und Adligen seien.[156]

3.5.2 S. Esenin: Der »letzte Dichter des Dorfes« als antisemitischer Hooligan

Im Werk und im persönlichen Verhalten des Dichters S. Esenin finden sich einige Züge, die als geradezu paradigmatisch für den russischen Antisemitismus nach 1917 gelten dürfen. Im dichterischen Werk tritt dies am deutlichsten zutage in dem Versdrama »Strana negodjaev« (»Das Land der Schurken«)[157] – und das nicht nur deshalb, weil im Manuskript statt evrei das Schimpfwort žid steht.[158] In dem Poem wird in einem Gespräch zwischen dem jüdischen Kommissar Čekistov (ein sprechender Name, »Tscheka-Mann«, von diesem selbst als Pseudonym gewählt!) und dem mit den Kommunisten sympathisierenden Zamaraškin (der Name bedeutet »Schmutzfink«) die Figur des rücksichtslosen, fanatischen Weltverbesserers vorgeführt, der das Volk, das er für rückständig hält und das er eigentlich verachtet, zu seinem Glück zwingen will. Čekistov sagt:

> Euer Volk sitzt, ist untätig,
> und will sich nicht helfen.
> Es gibt nichts Unbedarfteres und Heuchlerischeres
> als euren russischen Mužik aus dem Flachland!

Sein russischer Widerpart antwortet:

> Seit wann bist du denn Ausländer geworden?
> Ich weiß, daß du Jude bist,
> dein Name ist Lejbman,
> und zum Teufel mit dir,
> daß du im Ausland gelebt hast ...
> Trotzdem ist in Mohilew dein Haus.

Čekistov:

> Ich bin Bürger aus Weimar
> und hierher nicht als Jude gekommen,
> sondern mit der Gabe,

156 S. Leningradskij, Kto i za čto ustraival pogromy nad evrejami (1924), S. 55 ff.

157 Esenin nannte es »seine entscheidende Arbeit«(S. Gorodeckij, in: Žizn' Esenina, Moskau 1988, S. 298).

158 Mc Vay, Sergey Esenin. A Life, London u.a. 1976, (Fotographie des Manuskripts); ders. in: Russian Literature Triquarterly, 8, Winter 1974, S. 455 f. mit weiteren Hinweisen. Die antisemitischen Teile wurden in den ersten Zeitschriftenveröffentlichungen des Poems nicht gedruckt, erst in der Ausgabe der gesammelten Gedichte von 1925.

mit Idioten und Tieren abzurechnen.
Ich beschimpfe euch und werde euch
wohl tausend Jahre verfluchen,
weil ...
weil ich auf eine Toilette möchte,
und Toiletten gibt es in Rußland nicht.
Ein seltsames und komisches Volk seid ihr!
Habt elend seit alters her gelebt
und Gotteshäuser gebaut ...
Ich hätte sie schon längst in Abtritte umgebaut.[159]

Hier wird das ganze Inventar der Vorstellungen über den jüdischen Kommunisten ausgebreitet: Er ist grausam, verleugnet seine Herkunft, tarnt sich mit einem falschen Namen, hat im Ausland gelebt, ist Vorkämpfer für überflüssige zivilisatorische Neuerungen, hat kein Verständnis für die Russen und ihre geistige Kultur, verfolgt die orthodoxe Religion – ein Vorläufer des »wurzellosen Kosmopoliten« späterer Jahre. Das Gegenbild verkörpert der Bandit Nomach (Akronym von Machno!), der in anarchistischer Weise einen Festtag für die Armen veranstalten will, die Gleichmacherei der Kommunisten aber für Lüge und Betrug hält.[160] Als Verantwortlicher für Pogrome tritt der Bauernführer bei Esenin allerdings nicht auf. Der Dichter könnte diesen Zusammenhang im Auge gehabt haben. Machno galt – im Grunde unverdientermaßen – allgemein als Pogromheld und wurde in der späteren Anti-Antisemitismus-Literatur auch so dargestellt.[161]

Sympathieträger und Sprachrohre des Dichters sind auch die russischen Kommunisten, die Nomach überfallen will. Der Kommissar Rassvetov, der überzeugt ist, daß Rußland durch seinen Reichtum allein bestehen und jede Blockade überstehen kann, kennt aus eigener Anschauung die Verdorbenheit der (amerikanischen) kapitalistischen Welt:

159 Esenin, Sobranie sočinenij v dvuch tomach, Moskau 1990, Bd. 1, S. 409 f. Die russischen Rechten der Glasnost'-Ära haben es geschafft, die geheimnisvollen Bezüge »aufzudecken«: mit Čekistov sei Trockij gemeint, »Lejba Bronštejn«, der in Weimar gelebt habe. Esenins Poem, »eine mutige Tat«, richte sich also gegen Trockij, dessen Ideen mit denen von Esenins »Čekistov-Lejbman« zusammengefallen seien. (S. Kunjaev, »Vse načinalos' s jarlykov ...«, in: Naš Sovremennik, 9/88, S. 82 f.). Vergessen wird hierbei, daß Esenin mehrfach große Bewunderung für Trockij äußerte, siehe S. A. Esenin. Materialy k biografii, Moskau 1992, S. 232, S. 251.

160 Schon früher hatte Esenin mit Machno sympathisiert. In einem Brief verglich er ihn mit einem Fohlen, das er dabei beobachtete, wie es mit einer Lokomotive um die Wette lief. Das untergehende Dorf und das Bild Machnos »ähneln in unserer Revolution schrecklich diesem Fohlen im Wetteifer der lebendigen Kraft mit der stählernen« (Brief Esenins an E. Lifšic, August 1920, Sob. Soč., 1990, Bd 2, S. 338).

161 Machno-Leute als Pogromhelden z.B. bei I. Chejfec, Mirovaja reakcija i evrejskie pogromy (1925), S. 6. 1926 veröffentlichte Majakovskij sein Gedicht »Evrej«, in dem der machnovščina die Mitschuld an den Pogromen angelastet wurde (Izvestija, 16. 11. 1926).

Alle Kuriere, Kuriere, Kuriere,
Makler, Makler, Makler,
Vom Juden bis zum Chinesen
Gauner und Gentlemen,
alle passen in ein Schema
einerlei – business men,
[…]
Das ist sie – die Weltbörse!
Das sind sie – die Betrüger aller Länder.

Die bereits vorgeführten jüdischen Kommunisten werden also durch die jüdischen Makler ergänzt, denen noch die Chinesen hinzugesellt werden – passend zum Stereotyp der Chinesen in den Diensten der jüdischen Bolschewiki. Es ist kein Wunder, daß Nomach am Ende beinahe durch die Aktivitäten eines chinesischen Spitzels gefangen wird. Juden und Chinesen als Tschekisten – Juden und Chinesen an der Börse – damit hat Esenin die antisemitische Lehre von einer Weltverschwörung poetisch auf den Punkt gebracht.

Auszüge aus »Strana negodjaev« trug Esenin in New York einem Kreis emigrierter russischer Juden vor. Wo es in dem Werk um Juden ging, verwandte er jedoch nicht das Wort evrej, sondern žid.[162] Die Verwendung des antisemitischen Schimpfwortes durch den betrunkenen Esenin beschwor einen Skandal herauf, wobei der Dichter die »verfluchten židy beschimpfte und schrie, daß er sie bei Trockij [!] anschwärzen werde«. Er versuchte, aus dem Fenster zu springen und rief: »Kreuzigt mich!«[163]

Esenin war kein ideologischer Antisemit. Er beschrieb in seiner Prosaskizze über die USA sehr freundlich die New Yorker Juden, welche die Pogrome dorthin getrieben hätten und die einige Namen von Weltgröße hervorgebracht hätten.[164] Esenins Enttäuschung über die mangelnde Anerkennung für ihn als Dichter in Amerika, den nur die emigrierten Juden verstehen konnten, mischt sich mit einem ambivalenten Respekt vor dem Kulturinteresse der Juden allgemein: »Anscheinend sind die Juden die allerbesten Kunstkenner, deshalb hat uns ja in Rußland außer den jüdischen Mädchen niemand gele-

162 A. Jarmolinskij, »Esenin v N'ju Iorke«, in: Novyj Žurnal, 51 (1957), S. 112–119, hier S. 115. Erst anläßlich der Veröffentlichung des Poems in der Sowjetunion ersetzte Esenin im Manuskript žid durch evrej.

163 Jarmolinskij, S. 116; Mc Vay, Isadora and Esenin, Ann Arbor 1980, S. 286. Tags darauf verfaßte Esenin jedoch einen Entschuldigungsbrief an den jüdischen Dichter Mani-Leib, dem er ins Gesicht gespuckt hatte, siehe Esenin, Sobranie sočinenij, 1979, Bd. 5, S. 135 f. Esenin fiel während seiner Reise mehrfach durch Randalieren und durch antisemitische Reden auf, etwa in Berlin. Siehe Roman Gul', Ja unes Rossiju. Apologija ėmigracii. Tom 1. »Rossija v Germanii«, New York 1981, S. 163.

164 »Železnyj Mirgorod«, Sobranie sočinenij v dvuch tomach, Moskau 1990, Bd. 2, S. 266; der Reisebericht erschien am 22. 8. 1923 in den Izvestija.

sen«, schrieb er seinem Freund Marienhof aus New York.[165] Hier wird das im russischen Antisemitismus häufige Minderwertigkeitsgefühl des »kulturlosen Russen« deutlich.

Zwischen November 1923 und März 1934 zog Esenin in Moskau mehrfach die Aufmerksamkeit der Behörden auf sich, als er in betrunkenem Zustand randalierte und dabei auch mit »bej židov « und ähnlichen Rufen gegen Juden tätlich wurde.[166] Vor dem Schriftstellerverband wurde darauf ein Prozeß geführt, der von einigem publizistischen Interesse begleitet war. Esenin konnte auf Krankheit und Alkohol verweisen, und so wurde das Strafverfahren bis zu seiner Heilung aufgeschoben und nach seinem Selbstmord eingestellt. Ein Artikel gegen ihn in der Rabočaja Gazeta wurde in dem Verfahren sogar als »übertrieben« zurückgewiesen.[167] Dennoch wurde der Vorfall in vielen Blättern zum Anlaß genommen, eine Kampagne gegen den rebellischen Dichter mit Karikaturen, Gedichtparodien usw. zu starten. Esenin fühlte sich von einem Komplott verfolgt – »sie« bezeichneten ihn als Antisemiten, obwohl er selbst jüdische Kinder habe.[168]

Esenins Judophobie trägt alle Züge des russischen Antisemitismus als antimodernen Affekt. Auf den »Juden« wird die Angst vor dem gesellschaftlichen Wandel projiziert. Der Haß auf diesen symbolischen Juden, der nach dem Bruch der dünnen Zivilisationskruste unter Alkoholeinfluß als Tätlichkeit gegen konkrete Personen hervorbrach, stand freundschaftlichen Beziehungen mit Juden nicht im Wege. Juden symbolisierten für Esenin eine Macht, die Rußland aus der Bahn geworfen und ihm etwas seinem Wesen Fremdes aufgezwungen hat. Die Liebe zu Rußland äußerte sich in Haß auf das Ausland, der mit Rabaukentum einherging. Die antisemitischen Pöbeleien passen in Esenins Selbststilisierung als Hooligan, in der er seine Protesthaltung gegenüber den Änderungen seit der Oktoberrevolution demonstrativ ausdrückte. Er erlangte offenbar große Popularität bei Jugendlichen mit antisemitischen Vorurteilen, deren Stimmungen er in poetische Form goß. Ein Korrespondent berichtete aus Moskau von der Beerdigung Esenins, bei der ein junger Bauerndichter über die »Hunde, die den großen Poeten gehetzt hatten«, sprach. Auf Gedenkabenden »wurde darauf angespielt,

165 Esenin, Sobranie Sočinenij, Bd. 5, 1979, S. 135. In der Ausgabe von 1990 ist dieser Satz weggelassen.

166 Die Ermittlungsakten sind nachgedruckt in: S. A. Esenin, Materialy k biografii, Moskau 1992, 311 ff. Vgl. JTA, 9. 2. 1924; G. McVay, Esenin. A Life, S. 232 ff., S. 269 ff.; E. Watała/W. Woroszylski, Życie Sergiusza Jesienina, Warschau 1982, S. 424 ff., S. 433 f.

167 F. Mierau, Sergej Jessenin, Leipzig 1991, S. 315 ff.; vgl. ebd. S. 406. Siehe auch den Vortrag A. Lunačarskijs 1927 über die »Eseninščina«, in: Upadočnoe nastroenine sredi molodeži, S. 36.

168 J. Davies, Esenin. A Biography in Memoirs, Letters, and Documents, Ann Arbor 1982, S. 173. Esenin hatte mit Z. Rajch, deren Großmutter Jüdin war und von der er 1921 geschieden wurde, zwei Kinder (Mc Vay, Esenin. A Life, London usw. 1976, S. 149, S. 301 f.). Vgl. S. A. Esenin. Materialy k biografii, S. 144.

daß die Hetze der Juden auf den Poeten – wegen seiner antisemitischen Ausfälle – Esenin zum Selbstmord getrieben habe«. Die Jugend in Moskau und der Provinz wiederhole dies.[169]

Esenins Rang als Dichter schützte ihn posthum vor massiven Angriffen. Noch 1927, als gegen die eseninščina in der Jugend (Rowdytum, Alkoholismus, Kriminalität usw...) angegangen wurde, spielte dabei die Verbindung mit dem Antisemitismus keine Rolle, und Esenin fand als Poet durchaus Fürsprecher in Parteikreisen.[170] Auch in einer Kritik an antisemitischen Klischees in der zeitgenössischen Literatur wurde Esenin nicht erwähnt.[171] Daß trotz Esenins Verhaltens und trotz seines dichterischen Angriffs auf die jüdischen Bolschewiki keine gezielt »anti-antisemitische« Kampagne begonnen wurde, zeigt gerade im Vergleich mit 1926 ff., wie zögerlich bis 1925 (Esenins Todesjahr) das Antisemitismus-Problem von den Parteiinstanzen angegangen wurde. Erst aus dem Jahr 1926 findet sich ein Dokument der GPU, in dem Esenin und seine Dichterkollegen zum Musterfall der gesamten Intelligenz erhoben wurden.[172] Der Kontrast in den Reaktionen sei an einem Beispiel mit zahlreichen zufälligen Parallelen demonstriert. In Leningrad wurde 1928 ein (im Gegensatz zu Esenin freilich unbekannter) Mann vor Gericht gebracht, der mit einem Prügel bewaffnet durch die Straßen gezogen sei und gerufen habe: »Tod den Juden, sie unterdrücken uns Russen, sie haben unseren Jesus gekreuzigt!« Vor Gericht erklärte er (wie Esenin), er sei betrunken gewesen. Er liebe die Juden; sein Freund heiße Chajm. Immer wenn er sich über zu zahlende Steuern ärgere, betrinke er sich und randaliere. An den antijüdischen Parolen sei der »verfluchte Zarismus« schuld, der zum Völkerhaß erzogen habe. All diese Erklärungen nützten nichts – der Betreffende wurde zu drei Jahren Haft und drei Jahren Verbannung aus Leningrad verurteilt.[173]

169 Socialističeskij Vestnik, 4. 9. 1929, S. 14. Die Behauptung, schon die Beerdigung sei eine Manifestation gegen die »Juden« geworden, die den Dichter auf dem Gewissen hätten, ist eine nachträgliche Legendenbindung. Am offenen Grab wurden keine Reden gehalten; vgl. F. Mierau, S. 427 ff. Der Mythos vom Mord der »Juden« an Esenin erwies sich als langlebig. 1990 wurde über derartige Behauptungen bei einer Gedenkfeier für den Dichter berichtet. Siehe IJA-Briefing, 2/1, Feb. 1991, S. 5; vgl. M. Dejč/L. Žuravlev, »Pamjat'« kak ona est', S. 51.

170 Upadočnoe nastroenie sredi molodeži, S. 76, S. 143.

171 L. Radiščev, Jad, S. 101 ff.

172 GARF F 374, O 27 D 1096, abgedr. in: »Monarchija pogibla, a antisemitizm ostalsja« S. 349.

173 Krasnaja Gazeta, 2. 6. 1928, S. 3.

4. Die antisemitische Welle 1926 – 1931

4.1. Antisemitismus als Pressethema

Antisemitismus hatte seit dem Ende des Bürgerkrieges kaum Aufmerksamkeit auf sich gezogen. Dieses Thema tauchte erst ab 1926 in der Presse auf. Auftakt der Serie von Artikeln in den wichtigen Blättern war ein Beitrag von Präsident Kalinin in den Izvestija. Dahinter scheint eine bewußte Entscheidung zu stehen: Kalinin repräsentierte durch seine Herkunft das bäuerliche Rußland. Sein Rang als Staatsoberhaupt unterstrich einerseits die Wichtigkeit des Anliegens, andererseits signalisierte seine politische Funktions- und Machtlosigkeit, daß Antisemitismus auf der politischen Tagesordnung nicht an erster Stelle rangierte. Kalinin stand über den Parteiungen und symbolisierte, daß die Ablehnung des Antisemitismus gemeinsame Plattform aller Kommunisten und Sowjetbürger (der Artikel erschien nicht in der Partei-, sondern der Regierungszeitung!) sein sollte.[1] Kalinin antwortete auf teils »offen antisemitische« Beschwerden, teils interessierte Anfragen über die Haltung der Sowjetregierung zu den Juden.[2] Vor allem die Zeitschrift Bednota hatte im Zusammenhang mit den Versuchen, Juden auf der Krim als Bauern anzusiedeln, zahlreiche Zuschriften erhalten. Kalinin verteidigte dieses Programm mit dem geringen beanspruchten Landanteil auf der Krim von 2,5 %. Seine Argumente über die Herkunft der Juden waren gleichzeitig eine Beschwichtigung judenfeindlicher Stimmungen und eine Spitze gegen zionistische Forderungen. Er widersprach der Ansicht, daß die Juden ein »erst später angekommenes Element« und ihre Heimat in Palästina sei.

Diesem ersten Beitrag folgte bald in der Pravda ein zweiter Artikel, in dem nun auch von wachsender Judenfeindschaft unter den Arbeitern die Rede war. Der Parteisekretär des Moskauer Krasnopresenski-Rayon M. Rjutin beklagte, daß dem Antisemitismus bis jetzt keine Aufmerksamkeit geschenkt worden sei. Unerfahrene Parteiarbeiter wüßten bei Rückfällen von Arbeitern in den Nationalismus nichts zu erwidern. Rjutin schlug vor, in der Presse aufklärende Artikel zu veröffentlichen, eigens Broschüren herauszubringen, das Thema in den Kursen für politische Bildung zu behandeln und in den Be-

1 Kalinin befaßte sich auch in der Folgezeit häufig mit der »Judenfrage« und engagierte sich für die Programme, Juden auf dem Land anzusiedeln; der Grund liegt möglicherweise in persönlichen Kontakten Kalinins; vgl. J. Miller, »Kalinin and the Jews: A Possible Explanation«, passim. Für eine persönliche Motivation Kalinins und dagegen, daß er nur den Auftrag der Parteiführung erfüllte, spricht auch, daß Kalinin mit seinen Plädoyers für die jüdische Nationalität sich nicht nur in offenen Widerspruch zur Lenin/Stalinschen Lehre, sondern auch zur Evsekcija setzte. Vgl. auch A. Kagedan, The Formation of Soviet Jewish Territorial Units, S. 28.

2 M. Kalinin, »Everejskij vopros i pereselenie evreev v Krym«, in: Izvestija, 11. 7. 1926, S. 3. Häufig nachgedruckt, z.B. in: Kalinin, Evrejskij vopros, S. 8 – 24; Protiv antisemitizma, S. 185 – 192. Siehe auch weiter unten, Kap. 4.3.1.

trieben spezielle Vorträge abzuhalten.[3] Es waren die gesamtsowjetischen Blätter, die sich zuerst dem Antisemitismus zuwandten und nicht etwa die Zeitungen der jüdischen Parteisektionen. Erst im Oktober 1926 ging der Emes auf dieses Thema ein, Verfasser des Beitrags war Lunačarskij – also kein Evsekcija-Vertreter.[4]

Eine in der Pravda veröffentlichte Rede Bucharins erklärte die Judenfeindschaft aus der Konkurrenzsituation der russischen Ladenbesitzer und der russischen Intelligencija mit jüdischen Kapitalisten und Intellektuellen. Diese Deutung wurde in der Folgezeit immer wieder vorgebracht. Seltener aufgegriffen wurde jedoch Bucharins Warnung vor einem panrussischen Chauvinismus. Bucharin skizzierte die Entstehung einer »bourgeoisen Ideologie« in der Sowjetunion: Zuerst gebe es nur den Antisemitismus, dann komme der großrussische Chauvinismus dazu, die Forderung nach einem starken Hausherrn [krepkij chozjain], und schließlich werde die Notwendigkeit der internationalen Revolution in Frage gestellt.[5] Der nächste Beitrag in der Pravda stammte von dem Vertreter der Opposition E. Preobraženskij. Er sah im Antisemitismus ein gezielt eingesetztes Instrument des antisowjetischen Angriffs der Bourgeoisie, die einen Teil ihrer selbst – den jüdischen – preisgebe.[6] Wie in vielen anderen Fragen glich der Tonfall der innerparteilichen Opposition dem, was 1929 Parteilinie wurde. Nach einem Artikel des Vorsitzenden des Moskauer Gebietsparteikomitees K. Bauman, der den Antisemitismus als Haß der kleinbürgerlich beeinflußten Arbeiter auf die Bourgeoisie erklärte[7], kam ein bekannter Vertreter der Rechten zu Wort, der Sekretär des Moskauer Parteikomitees N. Uglanov. Er schrieb, daß weißgardistische Elemente und Sektenmitglieder die Judenfeindschaft schürten. Die Moskauer Parteiorganisation führe den Kampf gegen den Antisemitismus seit 1925 – wenn auch zu schwach.[8]

3 »Partijnaja žizn'. Antisemitizm i partijnaja rabota«, Pravda, 13. 8. 1926, S. 5. Rjutin gehörte eher zum rechten Flügel der Partei und unterstützte Stalin gegen die Opposition. 1930 wurde er wegen »Rechtsopportunismus« aus der Partei ausgeschlossen, 1932 wegen seines berühmten Manifests gegen Stalin verhaftet und 1937 erschossen. Siehe Reabilitacija. Političeskie processy 30 – 50-ch godov, S. 92 ff.

4 »Der antisemitizm«, in: Emes, 7. 10. 1926, S. 2.

5 Pravda, 2. 2. 1927, S. 4. Rede vor einer Parteikonferenz in Leningrad, auch zitiert in: G. Strel'cov, »Ob antisemitizme«, S. 16. Dies war eine verhaltene Warnung, die Parole vom »Sozialismus in einem Land« nationalistisch, gar antisemitisch zu mißdeuten. Bucharin ging auf dem 8. Komsomolkongreß im Mai 1928 so weit, von der Gefahr des Hinüberwachsens des Antisemitismus in Faschismus zu sprechen (Pravda, 13. 5. 1928, S. 3).

6 Pravda, 17. 3. 1927, S. 5. E. Preobraženskij hatte 1923 zu den Unterzeichnern des Manifests der 46 Oppositionellen gehört und gehörte an Trockijs Seite zu den unerbittlichsten Kritikern der NĖP. Im Januar 1927 wurde er ins Präsidium der Kommunistischen Akademie gewählt, Ende des Jahres aber aus der Partei ausgeschlossen.

7 Pravda, 29. 3. 1927, S. 6.

8 Pravda, 1. 4. 1927, S. 5. Uglanov erklärte auch, bis 1924 in Nishni Nowgorod keinen Antisemitismus in der Arbeiterschaft festgestellt zu haben. Dies habe aber daran gelegen, daß in die-

Man kann festhalten, daß die großen Artikel von Politikern stammten, die nicht jüdischer Herkunft waren. Es kamen dabei häufiger die Vertreter der »Rechten« zu Wort, denen der Zugang zur Presse leichter war als der linken Opposition. Offenbar wurde an der Basis die Pressekampagne als zu schwach eingestuft. Arbeiter fragten in Versammlungen im August 1928, warum »Bucharin, Stalin und andere Mitglieder des Politbüros nie in der Pravda über Antisemitismus schreiben.«[9] Tatsächlich fehlte lange Zeit eine Stellungnahme Stalins.[10] Doch nachdem Jaroslavskij in der Pravda am 12. 11. 1927 gegen die Verwendung antisemitischer Anspielungen im Kampf gegen die Opposition Stellung bezogen hatte,[11] schien es Stalin notwendig, sich selbst zu äußern. Auf der zweiten Sitzung des 15. Parteitages am 3. 12. 1927 kam der Generalsekretär in seinem Rechenschaftsbericht kurz auf den Antisemitismus zu sprechen als ein Übel, das sogar unter Parteimitgliedern anzutreffen sei und bekämpft werden müsse.[12]

Aus der Sicht des Komsomol mußte Antisemitismus unter der Jugend, der nicht als Erbe des Zarismus erklärt werden konnte, besonders bedrohlich erscheinen, da er das Versagen von Erziehungsbemühungen signalisierte. In der Folgezeit schaltete sich daher besonders die Komsomol'skaja Pravda in die Kampagne ein. Sie widmete ganze Nummern – erstmals im September 1927 – fast ausschließlich dieser Problematik. Jüdische Arbeiter berichteten in Briefen, daß sie bei Bekanntwerden ihrer Herkunft alle Autorität unter Kollegen verlören, andere, daß sie wegen ihres Akzents verspottet würden.[13] Die Meldungen antisemitischer Vorfälle hatten stets nicht nur diese Ereignisse selbst, sondern auch die Tatenlosigkeit von Komsomol-, Partei- oder Gewerkschaftszellen zum Inhalt.[14]

ser Stadt – im Gegensatz zu Moskau – nur jüdische Arbeiter und keine jüdischen Bourgeois gelebt hätten. Siehe Komsomol'skaja Pravda, 11. 9. 1927, S. 5 (Artikel v. M. Gorev).

9 Larin, Evrei i antisemitizm, S. 242. Offenbar gingen die seltenen Beiträge etwa Bucharins in der Masse sonstiger Artikel unter. Weitere Fragen an Larin waren: »Warum kämpft die Partei schwach mit dem Antisemitismus, die Antisemiten in der Partei halten dies für bedeutungsvoll.« »Warum führt die Partei in den Zeitungen keine Kampagne gegen die antisemitische Strömung?«

10 Allenfalls die in der Pravda veröffentlichte Antwort des Generalsekretärs auf Fragen einer US-Arbeiterdelegation könnte als marginaler Beitrag aufgefaßt werden: Über die Nationalitätenpolitik erklärte Stalin, daß es in der Sowjetunion keine Völker »zweiten Ranges« mehr gebe (Pravda, 15. 9. 1927, S. 4; Stalin Werke, Bd. 10, S. 109).

11 Pravda, 12. 11. 1927, S. 2; genauer unten, Kap. 7.2.

12 Pravda, 6. 12. 1927, S. 3; Werke, Bd. 10, S. 281. Eine Rolle könnte gespielt haben, daß Stalin nicht als Nutznießer eines gegen die Opposition gerichteten Antisemitismus erscheinen wollte, siehe dazu unten, Kap. 7.4.

13 Komsomol'skaja Pravda, 8. 9. 1927, mit Artikeln u.a. von den Ozet-Vertretern Larin, Semaško, Smidovič. Vor allem die Berichterstattung über die jüdischen Kolonien stand im Mittelpunkt.

14 Siehe z.B. die Auflistung von Meldungen unter der Überschrift »Vrag nastupaet pod prikrytiem dymovoj zavesy – antisemitizma. Kto dolžen borot'sja« am 23. 12. 1927, S. 3.

Das ganze Jahr 1928 über brachten die Zeitungen Einzelbeispiele über Judenverfolgungen, Vorurteile und Diskriminierungen. Auch die Diskussion von Gegenmaßnahmen tauchte auf den Spalten der großen Blätter auf.[15] 1929 wurde als das Jahr angekündigt, in dem Erscheinungen wie Judenfeindschaft endgültig beseitigt würden. Am 1. 1. 1929 druckten die Izvestija auf der Titelseite eine Karikatur, die das personifizierte Neue Jahr darstellte, das die einzeln aufgezählten Laster unter der Überschrift: »An die Arbeit« mit einem Besen wegfegt: »Starrsinnigkeit, Speichelleckerei, Rowdytum, Analphabetismus, Vetternwirtschaft, Flegelei und Antisemitismus.« Letzterer wurde damit verschiedenen anderen Erscheinungen der Rückständigkeit gleichgestellt. Im letzten Leitartikel gegen den Antisemitismus war hingegen stärker vom Klassencharakter der Judenfeindschaft die Rede. Die Zunahme des Antisemitismus sei kein Zufall, sondern Folge der Verschärfung des Klassenkampfes.[16]

Die Pravda ließ in der Folgezeit keine prominenten Parteipolitiker oder unbekannten Leitartikler mehr über den Antisemitismus zu Wort kommen. Mehrfach wurden noch Beiträge von M. Gor'kij abgedruckt. Damit wurde eine gewisse Zurückstufung des Themas signalisiert.[17] Offenbar sollte das Thema »Antisemitismus« nicht mehr an exponierter Stelle auftauchen. Die seltenen Berichte über Attacken auf Juden in Fabriken erschienen nun in der Zeitschrift für jüdische Themen Tribuna und der jiddischen Presse.

4.2. Betroffene und unabhängige Beobachter

Die oben umrissene Berichterstattung ist mit Aussagen von Zeugen zu vergleichen, die nicht die offiziellen Einstellungen teilten. Zunächst sind dabei die Opfer des Antisemitismus zu befragen – sowjetische Juden, die die Zeit seit der Oktoberrevolution bewußt erlebt haben. Die mir bekannten Memoiren kommen jedoch höchst selten auf Antisemitismus im sowjetischen Alltagsleben zu sprechen – auch wenn es um das Ende der zwanziger Jahre geht. Eine eindeutige Häufung von Verspottung, Beschimpfung, Diskriminierung der Juden in den fraglichen Jahren läßt sich aus diesen Darstellungen nicht belegen. Wenn Pöbeleien gegen Juden zur Sprache kommen wie in den Erinnerungen L. Kopelevs, ist daraus nichts über Zu- und Abnahme dieser Erscheinungen zu entnehmen. Vielmehr werden hier die Beleidigungen, die Juden hinterhergerufen wurden, relativiert und Spottversen auf alle anderen nationalen Minder- und Mehrheiten an die Seite gestellt.[18] Schil-

15 Pravda, 5. 5. 1928. Siehe unten, Kap. 5.1.2.

16 »Vnimanie bor'be s antisemitizmom«, in: Pravda, 19. 2. 1929, S. 1.

17 Beiträge Gor'kijs erschienen schon im Oktober 1928, dann im September 1929, im Juni 1931 und März 1932. Siehe weiter unten, Kap 5.3.

18 L. Kopelew, Und schuf mir einen Götzen, S. 131. Wie problematisch persönliche Erinnerungen an erlebten Antisemitismus sein können, wird bei dem 1940 geborenen Iosif Brodskij

derungen des Alltagsantisemitismus, wie sie Ė. Markiš aus Schule und Hochschule bietet[19], sind nicht in die Darstellung von einer größeren Häufigkeit solcher Vorkommnisse eingebettet. Nadežda Mandel'štam erinnert sich: »Was den Judenhaß anbelangt, so kann ich aus eigener Erfahrung sagen, daß es ihn im Volk nicht gibt. Er kam und kommt immer von oben. Ich habe nie verheimlicht, Jüdin zu sein, und in all diesen Familien – bei Arbeitern, Kolchosbauern, kleinen Angestellten – behandelte man mich immer wie eine der ihren. Nie habe ich solche Dinge erlebt wie später an den Hochschulen der Nachkriegszeit, wo man auch heute noch den Judenhaß riecht.«[20] L. Šatunovskaja hingegen verneint einen staatlichen Antisemitismus in den ersten beiden Jahrzehnten der Sowjetmacht: »Das Aufflackern eines alltäglichen, spontanen Antisemitismus wurde von der Macht ziemlich entschlossen unterdrückt.«[21]

Aufzeichnungen von unbeteiligten Beobachtern können weiteren Aufschluß geben. Doch gilt hier zu bedenken, daß diese Beobachter von Pressemeldungen beeinflußt waren. Wenn wir in den Tagebuch-Aufzeichnungen des französischen Slavisten P. Pascal Nachrichten über eine zunehmende Judenfeindschaft finden, können wir nicht ausschließen, daß die Aufmerksamkeit dieses Zeugen auch durch die sich häufenden Presseberichte geschärft worden war. Es fällt jedoch auf, wie Pascal ab 1926 immer wieder Vorfälle notiert, die zu bestätigen scheinen, was in Zeitungen stand. Als 1927 jemand von einem antisemitischen Ausfall in einer Straßenbahnschlange berichtet, kommentiert ein anderer Beobachter, daß man vor drei Jahren den Ruf »dreckiger Jude« nicht gehört habe.[22] Er berichtet über Arbeitslose, die sich über die große Zahl der Juden auf hohen Posten beklagen, über Bauern, die sich beschweren, daß die Russen nach Sibirien müßten, während die Juden Land auf der Krim bekämen. Ein Gastwirt möchte den Juden die Köpfe einschlagen;[23] jüdische Kinder werden von ihren Spielkameraden schlechter behandelt als andere; ein armenischer Arzt hat wegen seines »jüdischen Aussehens« Probleme. Im aristokratischen Milieu plädiert jemand für die auf ein Gebiet begrenzte Landvergabe an Juden, damit sie sich nicht überall ausbreiten könnten.[24]

deutlich, der berichtet, daß ihm als siebenjährigem Jungen in Leningrad die Bezeichnung »evrej« diskriminierender vorkam als »žid«. Siehe Joseph Brodsky, Less Than One. Selected Essays, London 1987, S. 8 f.

19 Ė. Markiš, Stol' dolgoe vozvraščenie, S. 27 f.

20 N. Mandelstam, Das Jahrhundert der Wölfe, S. 342.

21 L. Šatunovskaja, Žizn' v Kremle, S. 327.

22 P. Pascal, Russie 1927. Mon Journal de Russie. Tome quatrième: 1927, S. 139 (Eintrag vom 10. 6. 1927). Pascal war im Ersten Weltkrieg als Mitglied der französischen Militärmission in Rußland und verbrachte als Mitarbeiter des Marx-Engels-Instituts die zwanziger Jahre in Moskau.

23 Pascal, Mon état d'âme. Mon Journal de Russie. Tome troisième, 1922 – 1926, S. 172, S. 207, S. 211.

24 Pascal, Russie 1927, S. 23, S. 28, S. 60, S. 139, S. 250.

Pascal hielt fest, daß ihm der von einer Reise durch die Ukraine nach Moskau zurückgekehrte Journalist Lecache anvertraute, daß sich die Pogrome aus dem Bürgerkrieg wiederholen könnten – die Macht von Juden in der GPU zum Beispiel sei zu groß und zu sichtbar.[25] Solche Beobachtungen wurden unter der Aufsicht der Sicherheitsorgane gemacht. Wollte jemand sich beispielsweise davon überzeugen, welche Stimmung in der Arbeiterschaft herrscht, war ihm der ungehinderte Zutritt zu Fabriken nicht ohne weiteres möglich.[26] Dies galt auch für den Korrespondenten der Jewish Telegraph Agency, dessen Beobachtungen vor Ort den offiziellen Stellen bekannt waren. Weil diese daran interessiert waren, daß das Ausland vom Antisemitismus in der Bevölkerung und vom Kampf der Sowjetmacht dagegen erfuhr, öffneten sie Korrespondenten die Tür zu Betrieben.[27] Die JTA-Repräsentanten in Moskau, Kiew und Charkow waren nicht nur durch Reisen über Stimmungen in der Bevölkerung, sondern auch durch persönliche Gespräche mit Sowjetführern über deren Einschätzungen informiert.[28] Bei Korrespondentenberichten wie den JTA-Meldungen ist zu berücksichtigen, daß diese der sowjetischen Zensur unterlagen und teilweise ins Schußfeld der Kritik aus der Partei kommen konnten.[29]

Die meisten Reiseberichte, die in den zwanziger Jahren in den Vereinigten Staaten erschienen, waren von einer positiven Haltung gegenüber der So-

25 Pascal, Mon état d'âme, S. 173. Lecache meldete auch in Frankreich nach seiner endgültigen Rückkehr, daß es bereits die Gefahr von Pogromen gebe (JTA, 16. 10. 1926, S. 3), ging aber in seinem bald darauf erschienen Buch »Au pays des pogromes« auf den gegenwärtigen Antisemitismus gar nicht ein.

26 In einem der wenigen Berichte, die auf relativ ungehinderten Beobachtungen basierten, ist zu lesen, daß es in einer Leningrader Fabrik Anfang der dreißiger Jahre zwar ein Verfahren gegen einen antisemitischen Arbeiter, aber im Alltagsleben keine antisemitischen Vorfälle gegeben habe (Lili Körber, Eine Frau erlebt den roten Alltag. Ein Tagebuch-Roman aus den Putilowwerken, Berlin 1932, S. 113). Solche Aufzeichnungen aus dem Alltag sind als Quelle nicht zu unterschätzen, vor allem wenn die Verfasser – wie die in Moskau aufgewachsene L. Körber – Sprache und Kultur kannten.

27 So ergänzt es die Nachrichten der JTA, die in erster Linie aus der Lektüre der Sowjetmedien gewonnen waren, wenn der JTA-Vertreter direkt in Gesprächen mit Arbeitern in Weißrußland oder Leningrad sich ein Bild vom zunehmenden Antisemitismus machen konnte (JTA, 27. 12. 1928, S. 8 f.; 12. 3. 1929, S. 7).

28 B. Smolar berichtet, daß er in seiner Zeit als Korrespondent Reisen in 30 Städte unternahm und häufig im Kreml, vor allem bei Kalinin, war (B. Smolar, Soviet Jewry Today and Tomorrow, S. 2 f.). Das polnische Büro der JTA (ŻTA) veröffentlichte zusätzlich Meldungen aus Moskau, Minsk, Charkow und Odessa. In den dreißiger Jahren gaben sowjetische Diplomaten in Polen zu verstehen, daß sie diese Berichterstattung nicht wünschten (S. Mozes, »Żydowska Agencja Telegraficzna w Polsce 1920 – 1939«, S. 117).

29 JTA, 14. 12. 1929, S. 8; 19. 6. 1929, S. 6. Dabei ging es um den Vorwurf der Einmischung in die Kollektivierung, um deren Aufschub wegen Jom Kipur der JTA-Repräsentant Smolar gebeten habe, und um sein Engagement für Hebräisch-Unterricht. Vgl. auch B. Smolar, Soviet Jewry, S. 4 f., der sich aber nur sehr einsilbig äußert. Vgl. allgemein Wolfgang Müller, »Informationen über die Sowjetunion: Zum Problem der deutschen Berichterstattung über die UdSSR 1924 – 1933«, in: G. Niedhart (Hrsg.), Der Westen und die Sowjetunion, S. 53 – 60.

wjetunion geprägt. Daher spielte Antisemitismus dort eine nebensächliche Rolle. Die Hauptbeachtung fanden die Bemühungen, Juden als Bauern anzusiedeln.[30] Vor diesem Hintergrund mußten Meldungen über Ausschreitungen gegen jüdische Landkolonien in den Vereinigten Staaten und in Westeuropa, wo die jüdischen Gemeinden beträchtliche Spendengelder gerade für die Agrarprojekte aufbrachten, alarmierend wirken. Die Vertreter der Hilfsorganisationen vor Ort hatten durchaus ein Interesse daran, daß nicht allzu schwarzmalerisch über Pogrombereitschaft und Ablehnung der Kolonien durch nichtjüdische Bauern berichtet wurde. Der Vertreter des Agro-Joint in Moskau J. Rosen widersprach stets den Nachrichten über angebliche Pogrome und meldete beschwichtigend, daß der Widerstand der Bauern gegen die Kolonien kein organisierter sei und außerdem von der Regierung mit Erziehungsmaßnahmen eingedämmt werde. Alle Prophezeiungen der Emigranten über drohende Pogrome seien lächerlich.[31] Andere Mitarbeiter von Hilfsorganisationen beteuerten, daß der Antisemitismus unter den Bauern keineswegs zunehme, da ja alle Bauern davon profitieren würden, etwa wenn Traktoren angeschafft würden. Die Nachbarn würden daher die jüdischen Kolonien begrüßen und feststellen, daß die Juden nun keine »Parasiten« mehr seien. Es wurde sogar mit dem Argument geworben, daß die Pogromgefahr im Falle der Konterrevolution für die Juden auf dem Land geringer als in den Städten sei.[32] Leugnen konnten die Joint-Vertreter den Antisemitismus nicht, und so wiesen sie auch darauf hin, daß er in Palästina unter den Arabern nicht geringer sei.[33] Wir müssen auch bei dieser Quelle eine gewisse Interessenleitung voraussetzen.

In den Akten der Deutschen Botschaft findet man erst in der zweiten Hälfte der zwanziger Jahre ausführlichere Berichte über eine »vielfach bis zum Hass gesteigerte Erbitterung gegen das Judentum.« Auch bei diesen Nachrichten ist nicht zu übersehen, daß sie von offiziellen sowjetischen Verlautbarungen beeinflußt waren, und daß die »Abneigung gegen die Juden« der »breiten Volksmassen« aus Reaktionen sowjetischer Politiker abgelesen wurde.[34] Aus der Ukraine wurde berichtet, wie ukrainische Spitzenpolitiker

30 Siehe dazu die reichhaltigen bibliographischen Hinweise auch auf die Zeitschriftenpublizistik bei Z. Szajkowski, Jews, Wars, and Communism, Bd. 1, S. 607 ff.

31 JTA, 8. 1. 1926, S. 2; 25. 10. 1926, S. 5; J. Rosen, Founding a New Life for Suffering Thousands, S. 19. Rosen stammte aus Rußland, kam als Kind in die USA und wurde dort Agronom.

32 JTA, 1. 8. 1925, S. 5 f.; 4. 7. 1926, S. 1 f.; 4. 9. 1926, S. 4; ebenso noch am 20. 2. 1928, S. 4.

33 A. Kagedan, »American Jews and the Soviet Experiment. The Agro-Joint Project«, S. 156. Siehe auch die Berichte von 1929 bei Z. Szajkowski, Jews, Wars, and Communism, Bd. 1, S. 386, S. 398.

34 PA AA IV Rußland, Pol. 6, Nationalitätenfragen, Fremdvölker in Russland, Bd. 1, Bl. 134 f., Meldung vom 16. 5. 1927 des Konsulats Charkow. Die Konsulatsberichte waren häufig aus der lokalen Presse zusammengestellt, deren Meldungen durch eigene Beobachtungen kaum ergänzt wurden. Siehe z.B die Berichte aus Odessa und Leningrad, ebd., Bl. 153 f., Bl. 160 f.

(Čubar', Skrypnik) auf öffentlichen Versammlungen auf Fragezettel des Publikums reagierten, »in denen gegen die übermässige Besetzung der amtlichen Stellen mit Juden Front gemacht wurde«. Die Reaktionen unterschieden sich nicht von dem, was die Zeitungen schrieben. Nach der Zunahme von Berichten über antisemitische Ausschreitungen (Auslöser war ein Fall in Leningrad) fragte die Deutsche Botschaft in Moskau bei den Konsulaten in der Sowjetunion nach solchen Vorkommnissen nach. Aus Wladiwostok wurde vom »offenen Geheimnis, dass selbst in der Partei und Verwaltung« ein stiller Kampf gegen die Juden geführt werde, berichtet. Seitens der Arbeiter sei es zu Beleidigungen und Anrempelungen gegen jüdische Kollegen gekommen; von offener Gewalt schreibe die Presse nicht. »Ich möchte dies als Bestätigung dessen werten, daß der russisch-jüdische Gegensatz hier noch nicht die Schärfe angenommen hat, die der Sowjetregierung es für geraten erscheinen läßt, dem bei der Bevölkerung angesammelten Judenhaß Entladung durch das Sicherheitsventil der Tagespresse zu ermöglichen.«[35] Auch das Konsulat in Odessa deutete die bis dahin unbekannten Presseberichte über die »heikle Judenfrage« als Indiz eines neuen Stadiums der verbreiteten Judenfeindschaft, da »es plötzlich nicht mehr als eine Sünde wider den heiligen Geist gilt, ›judophob‹ zu sein«.[36] Emigrantenblätter veröffentlichten bisweilen herausgeschmuggelte Briefe, mit denen sich das Bild der Judenfeindschaft Ende der zwanziger Jahre weiter vervollständigen läßt. Offen antisemitische Organe der russischen Emigranten berichteten mit Genugtuung über wachsende Judenfeindschaft – als Quelle für tatsächliche Vorgänge in der Sowjetunion kann dies jedoch keine Rolle spielen.[37] Es gibt auch kaum neue Einblicke, wenn im trotzkistischen Bjulleten' Oppozicii im Herbst 1929 in einem Brief von einer »Verstärkung des Antisemitismus und der religiösen Propaganda, allgemein des ideologischen Ein-

35 Ebd., Bl. 136 f.; Bl. 138 ff. Der Nowosibirsker Bericht enthält neben der eigenwilligen Interpretation der Presseberichte als Ventil auch eine Schilderung der Haltung »alteingesessener«, russifizierter Juden, die angeblich ihre »Glaubensgenossen«, in der Partei vor der Zunahme der Judenfeindschaft warnten.

36 PA AA IV Rußland Pol. 6, Nationalitäten, Fremdvölker: Ukraine, Meldung des Konsulats Odessa vom 18. 4. 1927, o. S. Der Bericht sprach auch von »Wühl- und Hetz- Arbeit jüdischer Emissäre« – nicht selten deuteten sich in der Wortwahl der Meldungen antisemitische Vorurteile der Berichtenden an; vgl ebd. die Meldung aus Kiew v. 21. 3. 1927, o. S. Ein anderer Report streitet hingegen die Identität von Judentum und Bolschewismus ab. Die herausragende Stellung der Juden sei vielmehr auf deren »den Russen überlegene Regsamkeit und Intelligenz« zurückzuführen. Die Unterdrückung des Privathandels sei »dem Juden« unerwünscht. Den Machthabern sei der Antisemitismus eventuell willkommen, da sie über den möglichen Zusammenbruch des Systems den Glauben an die sozialistische Idee hinüberretten könnten, indem sie auf die am »privatwirtschaftlich eingestellten Judentum« gescheiterte Umsetzung dieser Idee verwiesen (ebd., Bericht der Botschaft Moskau »Über die ukrainische Frage« vom 28. 4. 1927, S. 16 ff.).

37 Typisch z.B. D. Petrovsky, La Russie sous les Juifs, Paris 1931, S. 16, S. 62, S. 323 ff.

flusses der Bourgeoisie« die Rede war[38] – dies konnte nicht nur als Meldung, sondern auch in der Interpretation wörtlich den sowjetischen Zeitungen entnommen worden sein. Eine andere Note hat eine Artikelreihe der Prager Zeitschrift Volja Rossii, in der 1926 aus dem Moskauer Leben berichtet wurde. Der Antisemitismus wurde als »vollkommen neue Krise« beschrieben, die von den offiziellen Zeitungen verschwiegen werde. Judenfeindschaft sei nicht mehr nur eine Sache der ukrainischen Bauernmassen, sondern unter Moskauer Angestellten, darunter auch Kommunisten, verbreitet. Wo man früher keinen Antisemitismus gekannt habe, sei jetzt die Rede vom »jüdischen Übergewicht« [evrejskoe zasilie]. Man erzähle sich, daß die Juden an der Wohnungskrise schuld seien, daß sie jetzt aber aus den Hochschulen und Konzernleitungen geworfen würden. Empörung rufe die ausländische Finanzhilfe für die jüdischen Landkolonien hervor, durch die die Juden privilegiert würden.[39]

Genaue Beobachtungen enthielten vor allem Korrespondentenbriefe des menschewistischen Socialističeskij Vestnik. Seinen Meldungen zufolge hatte es bis 1924 in Moskau keinen Antisemitismus gegeben, erst danach sei er eine Massenerscheinung geworden. Seit 1926 komme er besonders massiv vor.[40] Die Zunahme der judenfeindlichen Stimmung, die allgegenwärtigen Judenwitze, das Geschimpfe auf die Juden, das in der Luft liege, lasse sich nicht nur auf vorrevolutionäre Traditionen zurückführen. Direkt nach der Revolution sei der Antisemitismus viel schwächer gewesen als 1928. Alte »eingefleischte Judenfresser nach Prägung des alten Regimes« gebe es zwar immer noch, aber »die Judenhetze ist Sache der Jugend, des Komsomol.«[41] Nicht einmal die Tatsache, daß »ehemalige Gendarmen, Wachtmeister und Schwarzhunderter aller Schattierungen« in den Behörden untergekommen seien, könne das Wachstum des Antisemitismus erklären. Er gehe nicht von der Regierung, sondern von unten aus, komme von Klassen, die früher keinen Antisemitismus gekannt hätten. Die »tierischen Mißhandlungen« von

38 Bjulleten' Oppozicii, 3/4 1929 (September), S. 12.

39 B. Nevidimcev, »Moskovskaja Mozaika«, in: Volja Rossii, VIII – IX (=August) 1926, S. 104 – 112. Der Beitrag wurde noch vor den ersten sowjetischen Artikeln über Antisemitismus verfaßt. Als er veröffentlicht wurde, wies die Redaktion der Volja Rossii auf die Bestätigung seines Inhalts im fast gleichzeitig erschienen Pravda-Artikel Rjutins hin (siehe oben, Kap. 4.1.).

40 SV, 25. 1. 1929, S. 15. In dem Bericht wurde auch behauptet, es gebe keine Erlaubnis für die Presse, über Antisemitismus zu schreiben.

41 SV, 18. 5. 1928, S. 2. Die Bolschewiki – so die angebotene Deutung – benutzten zur Machterhaltung die »elementare Kraft einer nationalen Bewegung«, jetzt seien sie darin gefangen: »Der Spießer, der sich mit dem ›Zerfall‹ Rußlands in halbunabhängige nationale Republiken nicht abfindet, macht die ›jüdische Macht‹ verantwortlich. In Sowjetrußland bringt der ›Sozialismus der dummen Kerls‹ den Antisemitismus hervor.« Der Antisemitismus sei der letzte Strich im Bild des Verfalls der Revolution. Man erkennt auch hier, wie die Beobachtung des Phänomens beeinflußt ist von dem Interesse, »Verfallserscheinungen« der bolschewistischen Herrschaft zu erkennen.

Juden und auch von Frauen seien früher undenkbar gewesen. Die menschewistischen Kommentatoren erklärten dies ähnlich wie die sowjetische Regierungspropaganda: Die bäuerlich-kapitalistischen Elemente sammelten sich, Stagnation und Krise führten zu einem Überlebenskampf – daß dieser jedoch in Antisemitismus kanalisiert werde, war nach Ansicht der Menschewiki Resultat der Diktatur, denn in einer Demokratie würden die zahlreichen Juden auf Leitungsposten keine so scharfe Reaktion hervorrufen.[42] Diese Berichte zeigen, daß die offiziellen sowjetischen Darstellungen keineswegs nur propagandistisch brauchbare Einzelerscheinungen übertrieben.

4.3. Brennpunkte des »neuen Antisemitismus«

4.3.1. Das Programm der jüdischen Landansiedlung

Jüdische Agrarprojekte gab es in Rußland schon im 19. Jahrhundert, an dessen Ende Bauern etwa 2 % der jüdischen Erwerbstätigen im Zarenreich stellten. Offenbar überstanden die meisten jüdischen Bauern die Pogromwelle des Bürgerkriegs[43], doch die ersten Versuche, anfang der zwanziger Jahre weitere jüdische Kolonien in der Ukraine zu gründen, stießen auf Feindschaft der benachbarten Bauern.[44] Das hatte aber keinen Einfluß darauf, daß die Landansiedlung von Juden Mitte der zwanziger Jahre Hauptelement der sowjetischen Lösung der neuen »Judenfrage« wurde. In erster Linie ging es dabei um die »Produktivierung« der jüdischen Massen des ehemaligen Ansiedlungsrayons. Die Verwüstungen der Pogrome, der Kriegskommunismus, die Einschränkung, die auch in der NĖP bestanden, aber auch die Konkurrenz eines staatlichen sowjetischen Handelssystems behinderten die Rückkehr zur alten ökonomischen Funktion der Juden als Händler. Der Anteil der Handeltreibenden war immer noch hoch, ihre Armut und Perspektivlosigkeit waren ungelöste Probleme. Eine weitere Triebfeder der Agrarisierungsbemühungen lag in der innerjüdischen Tradition, die eigene Nation »normalisieren« und in der »Erde verwurzeln« zu wollen.[45] Zur Förderung der Projekte, gegen die es vor allem von ehemaligen Bundisten in der Evsekcija

42 SV, 9. 2. 1929, S. 1. Das Resumee war, daß der Bolschewismus mit der einen Hand den Antisemitismus bekämpfe, mit der anderen fördere er aber dessen Entstehungsbedingungen.

43 Von 58 im Süden der Ukraine bestehenden jüdischen Kolonien wurden zwei (von Machno-Einheiten) vernichtet. Vgl. N. Platunov, »Evrejskie krest'jane južnoj Ukrainy v 20 – 30-e gg.«, in: Maločislennye nacional'nosti juga Ukrainy: Istorija i sovremennost', S. 65. Andere Kolonien mußten aber Zerstörungen am Gebäudebestand von bis zu 80 % erleiden. Vgl. den Beitrag von E. Govberg, ebd., S. 69 f. In diesem Thesenpapier einer Saporoshjer Konferenz von 1990 sind einige Einzelheiten aus ukrainischen Parteiarchiven erhalten. Vgl. auch J. Isler, Rückkehr der Juden zur Landwirtschaft, S. 36 f.

44 Z. Gitelman, Jewish Nationality, S. 242.

45 Siehe dazu allgemein T. Bermann, Produktivierungsmythen und Antisemitismus; die frühen Darstellungen von A. Ruppin/I. Klimow, Die jüdische landwirtschaftliche Kolonisation in Rußland; J. M. Isler, Rückkehr der Juden zur Landwirtschaft, (1927 abgeschlossen), mit einem

Widerstand gab[46], wurde 1924 ein »Komitee für die Landansiedlung der werktätigen Juden« (russ. Komzet, jidd. Komerd) gegründet. In der Öffentlichkeit sichtbarer agierte seit 1925 die nicht-staatliche, »gesellschaftliche« Organisation zum selben Zweck Ozet.[47] Als Ziel der Agrarisierung wurde die Übersiedlung von 100 000 Familien insgesamt festgesetzt. 1926 waren etwa 3500 Familien in der Ukraine, 360 in Weißrußland und 270 auf der Krim angesiedelt worden. Der Hauptgeldgeber war der amerikanische Agro-Joint, der auch bereit war, Nachbarn der jüdischen Kolonien zu unterstützen, um Feindseligkeiten den Boden zu entziehen.[48]

Die Proteste gegen die Landansiedlung waren der Einstieg in die publizistische Auseinandersetzung mit dem Antisemitismus. Wie oben erwähnt, erfolgte diese in der Form einer Erwiderung des Staatspräsidenten Kalinin auf erbitterte Briefe, etwa folgenden:

> Unsere Söhne und Brüder kämpften bei Perekop, zu Zehntausenden fielen dort unsere Brüder, wir, heißt es, haben um die Krim gefochten und sie erobert, teuer ist uns der Sieg gekommen, und was sehen wir jetzt, unsere Bewerbungen auf die Übersiedlung auf die Krim hat man abgelehnt und uns vorgeschlagen, nach Sibirien überzusiedeln. Womit haben die Juden denn diese Aufmerksamkeit verdient, daß man ihnen erlaubt, sich auf der Krim anzusiedeln.[49]

Schon hier ist zu erkennen, daß das, was in der Folgezeit als Antisemitismus bekämpft werden sollte, so konterrevolutionär nicht war. Die Bauern traten nicht als »Agenten der Weißgardisten« auf, sondern präsentierten sich als Veteranen der Roten Armee. Kalinin wandte gegen ihre Klagen ein, daß die

Überblick über die Kolonisierung im 19. Jahhundert, S. 11 – 35; Mark Wischnitzer, »Die Judenfrage in der Sowjetunion«, in: Osteuropa, 2 (1926/27), S. 189 – 200; ders., »Die jüdischen Agrarkolonien in Sowjetrußland«, in: Osteuropa, 1 (1925/26), S. 462 – 467. Die relevanten Dekrete sind veröffentlicht in: Pereselenčeskoe delo. Sbornik dekretov i rasporjaženij, S. 322 ff. Materialreich über die Anfangsphase sind die 1925 und 1926 erschienenen Sammelbände Evrejskij krest'janin, sie berichten noch nichts von Feindseligkeiten gegen die Kolonien.

46 Gitelman, Jewish Nationality, S. 243; A. Kagedan, The Formation of Soviet Jewish Territorial Units, S. 147. Ė. Frumkin z.B. nannte die Idee, aus den Juden Bauern und nicht Industriearbeiter zu machen, »konterrevolutionär«.

47 Russ. obščestvo – »Gesellschaft« für Landansiedlung usw., daher im folgenden die Ozet, auch jidd. geserd. Sie war keine Behörde wie das Komzet, sondern bestand aus freiwilligen – auch nichtkommunistischen – Mitgliedern und diente als Hauptverhandlungspartner für die amerikanischen jüdischen Wohltätigkeitsorganisationen, die die Landansiedlung finanziell und mit Beratern unterstützten. Siehe auch Sobranie zakonov i rasporjaženij Rabočego i Krest'janskogo Pravitel'stva SSSR, 26. 10. 1925, Nr. 69/509.

48 JTA, 15. 6. 1925, S. 3 f. Wer die finanziellen Lasten trug, mögen die Ausgaben von 1925 und 1926 illustrieren: 1, 96 Mio. Rubel kamen direkt aus dem sowjetischen Staatshaushalt, dazu 0,15 Mio. von der Ozet und 0,51 von sowjetischen Banken. 1,81 Mio. kamen von den Kolonisten selbst; 3,8 Mio. stellte der Agro-Joint (USA); 0,14 Mio. andere ausländische Hilfsorganisationen. Vgl. allgemein auch Y. Bauer, My Brother's Keeper, S. 61 ff.

49 M. Kalinin, »Everejskij vopros i pereselenie evreev v Krym«, in: Izvestija, 11. 7. 1926, S. 3; auch in: Protiv antisemitizma, S. 185. Siehe auch oben, Kap. 4.1.

Juden einer besonderen Förderung der Umsiedlung durch den Staat bedürften, weil sie keine eigene Regierung wie andere Nationalitäten hätten, die sich für sie einsetze. Auf die Krim sollten sie, da sie aufgrund der zaristischen Ansiedlungszwänge nur das »weiche südliche Klima« gewöhnt seien. Auf diese Argumentation reagierten ukrainische Bauern in weiteren Briefen, die freilich in der zentralen Presse nicht mehr nachgedruckt wurden:

> Genosse Kalinin schreibt, daß die Juden zur Zeit des Zarismus sehr unterdrückt waren. Damit sind wir Bauern aus Romanowka, die diesen Artikel lasen, einverstanden, aber wir sagen: »Waren denn nur die Juden unterdrückt? Und die Ukrainer, Moldauer und andere Nationen, wurden die nicht noch mehr unterdrückt?« [...] Weiter schreibt Kalinin, daß das Recht auf Landzuteilung nur die armen Juden haben. Aber bei der Station Ruchowka hat man jüdischen Spekulanten Land gegeben, die dasselbe nicht bearbeiten, sondern spekulieren und lassen das Land von Mietlingen bearbeiten.[50]

Besonders die ukrainische Publizistik versuchte, die Klagen über die jüdischen Kolonisten aufzugreifen, und gab zu, daß einzelne Fälle des Mißbrauchs dem Antisemitismus Nahrung gegeben hätten.[51] In der unionsweiten Publizistik wurde auf die verbreiteten Argumente gegen die Kolonisten weniger eingegangen. »Ozet-Arbeit« und Kampf gegen die Judenfeindschaft wurden stets gleichgesetzt.[52] Dies hatte seinen Grund in der Auffassung, Antisemitismus sei Reaktion auf die jüdische Wirtschaftsrolle. Paradoxerweise verstärkten die Maßnahmen, die den Judenhaß eindämmen sollten, ihn gerade. Daher rührte die Abneigung der Ozet-Funktionäre, sich überhaupt mit der Judenfeindschaft zu beschäftigen. Auf der ersten Ozet-Konferenz meinte Larin, die Feinde der Sowjetmacht erklärten, »daß der Antisemitismus breite Massen der Werktätigen ergriffen habe, [...] daß wir die jüdische Armut in einen Pogrom führten. Nur ein Weißgardist kann aber nicht begreifen, daß dem russischen Bauern der Jude als Bauer lieber ist, denn als Händler.«[53] Noch 1927 wurden auf der 10. Allukrainischen Sowjetkonferenz die Klagen gegen »zu viele« jüdische Kolonisten von Čubar' zurückgewiesen, ohne daß sie mit Antisemitismus in Verbindung gebracht wurden.[54] Diese Vorbehalte gegen die öffentliche Diskussion des Antisemi-

50 Červonyj Step, Nr. 276 (Sommer 1926), hier zitiert nach der Übersetzung des Deutschen Konsulats Odessa, PA AA IV Rußland, Nationalitäten, Fremdvölker, Ukraine, o. S.

51 A. Chvylja, Antysemityzm, S. 87.

52 Siehe z.B. Ju. Larin, Evrei i antisemitizm, S. 294.

53 Pervyj vsesojuznyj s-ezd »Ozet« v Moskve, sten. otčet, S. 79.

54 V. Ja. Čubar, »Pro nacpolitiku, politiku radvlady ta pro jevrejs'ke pytannja«, in: Kiper, Na borot'bu z nacional'neju vorožnečeju, S. 221 ff. Das Zugeben von Antisemitismus in der Bevölkerung mußte ein Eingeständnis der Schwäche der Sowjetmacht sein. Wahrscheinlich spielte dabei eine Rolle, daß gerade in den ersten Jahren nach der Revolution russischen Emigranten angebliche Pogrome und wachsende antisemitische Stimmungen ein Indikator da-

tismus belegen, daß die beteiligten Sowjetpolitiker das Problem tatsächlich ernst nahmen, als die Kampagne begann.

Die ersten Meldungen über gewalttätige Angriffe von Bauern auf jüdische Siedler drangen im Frühsommer 1925 nach Westen.[55] Wie schon in der Zeit nach dem Bürgerkrieg gab es dabei offensichtlich einige Übertreibungen, vor allem wenn von Pogromen die Rede war. Solche wurden normalerweise dementiert, aber zugegeben, daß bei Auseinandersetzungen zwischen alteingesessenen Bauern und Kolonisten Menschen ums Leben kamen.[56] Häufig bestanden die Attacken auf die Kolonien jedoch aus Steinwürfen auf Gebäude, dem Abschneiden von Feldfrüchten, Prügeleien. Harmlosere Feindseligkeiten bestanden im Verweigern von Weidemöglichkeiten für das Vieh jüdischer Kolonisten.[57] Es wurde auch berichtet, daß ukrainische Bauern eine jüdische Nachbarkolonie gegen gewalttätige Angriffe verteidigten.[58]

Die Kollektivierung führte zu einer Verstärkung der Aggression gegen die jüdischen Kolonien, die von den umliegenden Bauern offenbar nicht selten als Vorposten der Staatsmacht, die ihnen den Krieg erklärt hatte, angesehen wurden. So ist es zu erklären, wie es zu Beschlüssen wie im Dorf-Sowjet von Koso-Bobrowsk kam, wo gefordert wurde, alle »Zigeuner, Juden und Diebe« müßten das Dorf verlassen.[59] Gebäude jüdischer Kolonien wurden angezündet, weil sich diese weigerten, die Kollektivierung nach der Lockerung des Zwangs wieder rückgängig zu machen.[60]

Über die Abwehr gegen die jüdischen Agrarkolonien sollte man nicht vorschnell das Urteil »Antisemitismus« fällen. Die Presse und die Korrespondenten der Jüdischen Telegraphenagentur hielten die Taten fest, berichteten aber nur wenig über deren Motive. Nicht immer werden diese in prinzipieller Judenfeindschaft bestanden haben. Gegen die Kolonisten richtete sich schon deshalb Ablehnung, weil sie als Eindringlinge und Konkurrenten um Böden, Weidegründe, Wasser und Finanzmittel, die der Staat

für waren, die Macht der Bolschewiki stehe vor dem Zusammenbruch. Siehe dazu oben, Kap. 3.5.1.

55 JTA, 29. 5. 1925, S. 2; 2. 6., S. 2.

56 JTA, 26. 10. 1926, S. 4; auch am 29. 4. und 12. 11. 1929.

57 JTA, 17. 7. 1928, S. 2; 19. 4. 1928, S. 3; 11. 5. 1929, S. 3. Fälle von Diebstahl durch benachbarte Bauern und pogromähnliche Überfälle werden auch geschildert bei V. Fink, »Evrei na zemle«, in: Protiv antisemitizma, S. 237 f.

58 JTA, 20. 10. 1929, S. 4 (ein Fall bei Shitomir).

59 JTA, 10. 6. 1929, S. 4; eine ähnliche Meldung am 29. 11. 1929, S. 10. Gegen die Roma herrschten dem Antisemitismus ähnliche Vorurteile, die mit der Sonderrolle und »Unproduktivität« dieser Nationalität zu tun haben. Siehe Komsomol'skaja Pravda, 11. 9. 1929 über anticyganizm. Wie für Juden gab es für die Roma Landansiedlungsprojekte. Siehe A. P. Barannikov, Cygani SSSR. Kratkij istoriografičeskij očerk, Moskau 1931, S. 77.

60 JTA, 2. 6. 1930, S. 9; ähnlich 1. 7. 1930, S. 7. Vgl. Y. Bauer, My Brother's Keeper, S. 74; ders., »The Relations between the American Jewish Joint Distribution Committee and the Soviet Gouvernement, 1924 – 1938«, in: B. Vago/G. Mosse, Jews and Non-Jews in Eastern Europe, S. 276.

zur Verfügung stellen konnte, empfunden wurden. Solche Ablehnung kam selbst vom Vorsitzenden des Zentralexekutivkomitees der Krim, V. Ibraimov. Er protestierte im September 1926 in einem Interview der Sewastopoler Zeitung Krasnyj Krym gegen die Kolonisationspläne. Auf Betreiben Ju. Larins wurde eine Untersuchung gegen diese »kulakische Agitation« eingeleitet, die mit der Erschießung Ibraimovs endete.[61] Als die Kampagne gegen den Antisemitismus in Gang gekommen war, hatten die Staats- und Parteiorgane ein Etikett, das sie jeder Kritik an den Kolonien aufkleben konnten.

Trotz der Pauschalität des Antisemitismus-Vorwurfs ist plausibel, daß Elemente der Judenfeindschaft in der Auseinandersetzung um die Kolonien eine wesentliche Rolle spielten. Die tradierte Feindschaft gegen den jüdischen Händler wurde auf die Kolonisten, die ja nicht selten ehemalige Kleinhändler waren, übertragen. Die massive Förderung der Projekte mußte der verbreiteten Ansicht neue Nahrung geben, die Juden seien die privilegierte Nation der Sowjetunion – es sei »ihre« Revolution, »sie« herrschten jetzt in Moskau und verteilten die Reichtümer unter sich. Der Kritik, die Juden würden viel mehr als russische und ukrainische Bauern mit Geld unterstützt, hielt die Anti-Antisemitismus-Propaganda entgegen, daß aus sowjetischen Mitteln die (nichtjüdische) arme Bauernschaft 1925 – 27 über 30 Millionen Rubel erhalten habe, während für die jüdische Landansiedlung zwei Millionen ausgegeben worden seien.[62] Es seien auch weit mehr Ukrainer mit der Unterstützung des ukrainischen Kolonisationsfonds angesiedelt worden als Juden.[63] Ferner wurde – rechtfertigend – darauf hingewiesen, daß der Hauptteil des Geldes für die jüdische Landansiedlung von amerikanischen Organisationen stamme.[64] Doch auch dies rief – auch außerhalb des Kolonisierungsgebiets – Empörung unter der russischen Bevölkerung hervor: Wenn Ukrainer aus dem Ausland ähnliche Projekte wie der jüdische Joint finanzieren wollten, würde dies – anders als bei den Juden – sofort zu Angriffen gegen diese »bourgeoise, konterrevolutionäre Petljura-Agentur des Weltkapitals« führen.[65]

4.3.2. Antisemitismus unter der Fabrikarbeiterschaft

Der gesamtsowjetische Anteil der Juden lag bei 2,7 % der sowjetischen und 4 % der städtischen Arbeiter. Zwei Drittel dieser jüdischen Arbeiter waren in Handwerksbetrieben in den Städten und štetlech im Westen der Sowjetunion

61 Larin, Evrei i antisemitizm, S. 150 ff. Siehe auch zum Widerstand seitens der tatarischen Bevölkerung der Krim JTA, 18. 8. 1928, S. 4.
62 M. Gorev, Protiv antisemitov, S. 152 f.
63 A. Bucenko, Čoho chočut' antysemity, S. 41.
64 D. Burmenko-Ortenberg, Antysemityzm – zbroja našich vorohiv, S. 22.
65 B. Nevidimcev, »Moskovskaja Mozaika«, in: Volja Rossii, VIII – IX (= August) 1926, S. 104 – 112, hier S. 110.

beschäftigt, wo es wenig nichtjüdische Arbeiter gab. In Weißrußland waren 20 % der Arbeiter Juden, in der Ukraine 8,7 %. In Fabriken Zentralrußlands waren vor der Revolution Juden nur selten beschäftigt; Feindschaft gegen sie war eine Ausnahmeerscheinung. Hier mußte ein Wandel besondere Beunruhigung hervorrufen. Larin gab zu: »Der Unterschied des sowjetischen Antisemitismus zum vorrevolutionären liegt darin, daß es ihn vor der Revolution unter den Arbeitern fast nicht gab.«[66]

Briefe, vor allem an die Komsomol'skaja Pravda, schilderten typische Feindseligkeiten, die jüdischen Arbeitern entgegenschlugen:

> 1925/26 arbeitete ich in Smela [Ukraine] in der Zuckerfabrik. Antisemitismus war hier sehr stark verbreitet. Es kam vor, daß man einen neuangekommenen »židenek« auf einen Wagen stellte, den Wagen beschleunigte und verlangte, daß er von dem Wagen in voller Fahrt heruntersprang. Bald dachte man sich ein neues »besonderes« Vergnügen aus: den neuen »židenek« mit heißem Wasser zu übergießen. Oder man stellt sich in zwei Reihen auf und beginnt unter Geschrei und Gejohle den Juden von einer Reihe zur anderen zu jagen. Bei der Ausgabe der Arbeitskleidung auf dem Hof erklärte uns der Verwalter direkt: »Den langnasigen Chaims und Herschs gebe ich keine Arbeitskleidung aus – sollen sie doch gehen und Handel treiben.«[67]

Besonderes Aufsehen erregte der »Bejrach«-Fall (Name des Opfers) von Sereda (später Furmanow, nordöstlich von Moskau), wo sieben Arbeiter, darunter zwei KP-Mitglieder, vor Gericht standen, weil sie einen jüdischen Lehrling mißhandelt hatten.[68] Ein Kommentar der Pravda kontrastierte die mangelnde Reaktion der Sowjetöffentlichkeit auf den Fall mit dem Verhalten von Petersburger Arbeitern von 1914, die mit einem Streik reagierten, als ein zu Unrecht des Diebstahls beschuldigter Jude sich erhängt hatte.[69] Auf die Vorfälle wurde dann mit einer Welle von Resolutionen aus Fabriken reagiert, die die Bestrafung der Schuldigen forderten.[70]

Gerade dort, wo Juden früher nicht lebten und wo daher unter der Arbeiterschaft keine den Antisemitismus erklärende Ablehnung des privaten Handels vorherrschen konnte, wurden Judenfeindschaft und Passivität ihr gegenüber als besonders gefährlich geschildert: so in einem Nähereiwerk in

66 Larin, Evrei i antisemitizm, S. 247.

67 M. Gorev, Protiv antisemitov. Očerki i zarisovki, S. 10; M. Aleksandrov, Klassovyj vrag v maske (o nacionalizme i antisemitizme), S. 50.

68 S. Bezborodov, Signaly (Ob antisemitizme), S. 18 ff.; Na bor'bu s antisemitizmom, S. 17; G. Strel'cov, »Ob antisemitizme«, S. 13 f.; JTA, 10. 3. 1927, S. 4; 12. 3. 27, S. 2.

69 L. Sosnovskij, »101 dnej«, in: Pravda, 10. 4. 1927. Diese Episode wurde in einer anderen Beschreibung auch den Komsomol-Aufklärungsmaterialien beigefügt (Komsomol protiv antisemitizma, S. 7 f.).

70 Einige sind nachgedruckt bei M. Gorev, Protiv antisemitov, S. 25 f.

Twer, wo systematisch gegen eine jüdische Arbeiterin gehetzt worden sei, oder ähnliche Vorfälle in einer Leningrader Gießerei.[71] In einem Fall soll sich ein jüdischer Arbeiter in Rostow am Don vor Nachstellungen gerettet haben, indem er sich als Deutscher ausgab.[72] Einzelfälle wurden – vor allem seit 1928 – von den Parteiinstanzen genau erfaßt. Das Smolensker Parteiarchiv enthält eine Akte über die Mißhandlung eines jüdischen Arbeiters und Parteimitglieds bei Brjansk (östlich des ehemaligen Ansiedlungsrayons). Die Vorfälle waren zuerst in einem Artikel der Lokalzeitungen Brjanskij Rabočij und Lesnoj Rabočij geschildert worden, worauf von der Partei jedoch keine Reaktion erfolgte. Untersuchungen begannen erst mit zweieinhalbmonatiger Verzögerung. Sie brachten die Erkenntnis zutage, daß das betreffende Gebiet kulturell und politisch zurückgeblieben sei. Im März 1929 seien aus der Ukraine 238 Arbeiter eingetroffen, darunter solche ohne Wahlrecht, auch ein ehemaliger Diakon. Es sei viel Alkohol konsumiert worden, und es habe dauernd Schlägereien gegeben. Ein jüdischer batrak [Landarbeiter, also kein Ex-Händler!] sei ständig verspottet worden. Die namentlich erwähnten Täter hätten ihn mit Brot beworfen, ihn mit heißer Suppe übergossen oder Sand in seine Hose geschüttet, hätten ihn mit Ausdrücken wie židovskaja morda [Judenfresse] beschimpft. Parteimitglieder sollen erklärt haben, »unsere Führung arbeitet gerne mit den židy zusammen«, oder: »Ein žid ist für mich kein Genosse.« Wichtiger als die einzelnen Vorkommnisse waren für die Verfasser des Berichts die Einordnung in die allgemeine politische Situation in dem betreffenden Betrieb: 1) Zur selben Zeit habe auch ein Streik von Schweißern stattgefunden, die mehr Lohn verlangten. Die Gleichzeitigkeit der antisemitischen Hetze sei irrtümlich als zufällig angesehen worden, jedoch sei beides »Resultat einer kulakischen Kampagne«. 2) Das jüdische Opfer habe Angst gehabt zu protestieren, da Antisemitismus zuvor unbestraft geblieben sei. 3) Es handle sich um keine Einzelerscheinung, sondern es gebe weitere ähnliche Fälle.[73]

71 Tribuna, 9/1929, S. 9; Ef. Dobin, Pravda o evrejach, S. 5.

72 JTA, 31. 5. 1929, S. 4.

73 WKP 303. o. S. In der Dokladnaja zapiska an das Präsidium der Organisation der Landwirtschaftsarbeiter folgen Beschuldigungen gegen Mitglieder der Parteiorganisation; weitere Konzepte, die Ermittlungen fortzusetzen; Vernehmungsprotokolle, die sich alle auf die Untätigkeit der Fabrik-und Parteiführung beziehen; ferner Briefe (bis Juni 1930), alle mit dem Inhalt, daß die Ermittlungsinstanzen (Prokuratur) nichts unternommen hätten. Ähnlich auch »Šovinizm in antisemitizm sredi členov partii VKP(b)«, in: WKP 483: Das Ausmaß des Antisemitismus in den Parteizellen sei »nicht normal«. Bei den angeführten Beispielen (in der Art wie das oben zitierte) wird besonders hervorgehoben, daß unter den Tätern Parteimitglieder seien, die ihre Klassenzugehörigkeit verschwiegen hatten. Ähnlich auch WKP 523, Bl. 11, abgedr. in: Neuslyšannye golosa, S. 124 f.; vgl. auch den zusammenfassenden Bericht der Moskauer Gewerkschaftsorganisation vom Februar 1929, zit. bei Larin, Evrei i antisemitizm, S. 238 ff.

Neben Zentralrußland war der zweite Schwerpunkt der Berichterstattung über Arbeiterantisemitismus Weißrußland. Besondere Aufmerksamkeit in der Presse wurde dem »Baršaj-Fall« (Angriffe auf eine Arbeiterin dieses Namens) in einer Minsker Glasfabrik zuteil, dem ein Schauprozeß gegen die Täter folgte.[74] Im darauf folgenden »Dobrusch«-Fall (Name des betreffenden Ortes) waren es Prügeleien gegen mehrere Arbeiterinnen. Partei-und Gewerkschaftszellen hätten den Fabrikkorrespondentenberichten darüber keine Aufmerksamkeit geschenkt. Erst das Eingreifen höherer Instanzen bis hin zu einem Vertreter der weißrussischen Zentralkontrollkommission habe ans Tageslicht befördert, daß ein Teil des Leitungspersonals der betreffenden (Papier-)Fabrik systematische Hetze betrieben habe. Die Privatwohnung eines der Beschuldigten habe als Stab der Konterrevolution gedient. Popen, Nonnen, ehemalige Gendarmen, Bedienstete des ehemaligen Fabrikbesitzers hätten dort die Schürung nationaler Zwietracht abgesprochen. Kulakenelemente hätten versucht, unter der Parole »Dobrusch den Dobruschern« die Sowjetwahlen zu beeinflussen.[75]

Seit 1929 ist der Informationswert solcher Berichte gering. Was konkret vorfiel, spielte keine wichtige Rolle mehr, entscheidend war die Entdeckung von Klassenfeinden. Es muß vermutet werden, daß nun sogar einfache Arbeitsunfälle mit jüdischen Opfern als Antisemitismus präsentiert wurden, um damit »Schädlinge« zu entlarven.[76]

Ende 1929 ging die Berichterstattung über den Arbeiterantisemitismus zurück. In einer Reportage über ein Moskauer Elektrowerk hieß es, die dort beschäftigten 200 jüdischen Arbeiter spürten keinen Antisemitismus unter ihren 6000 Kollegen.[77] Berichte über Feindseligkeiten gegen Juden wurden in die Darstellung allgemeiner zwischennationaler Auseinandersetzungen eingebettet.[78] Im Industrialisierungsoptimismus scheinen alle Fehler der »alten Zeiten« als überwunden oder überwindbar.[79] Erst 1931 wurde der

74 Siehe weiter unten, Kap. 5.4.2. Ein typischer Fall aus Minsk, wo ein jüdischer Arbeiter mit Werkstoffen (hier Kalk) übergossen wurde, wird beschrieben in einem Gewerkschaftsbericht »O peozdke v Minsk«, 28. 11. 1928, in: GARF F 5451, O 12, D 6445.

75 Pravda, 20. 1. 1929, nachgedruckt in: Komsomol protiv antisemitizma, S. 11. Vgl. JTA, 22. 1. 1929, S. 1. Die Tribuna wußte noch zu berichten, daß nicht nur Juden, sondern auch ehemalige Budennyj-Partisanen Opfer der Hetze mit Pogromflugblättern geworden seien (4/1929, S. 1 ff.).

76 Ein Beispiel: Zwei Arbeiter werden beschuldigt, einem jüdischen Arbeitskollegen flüssiges Metall in die Augen gegossen zu haben. Die Betriebsparteizelle wertete dies als Unfall, bis das Distriktparteikomitee den zugrundeliegenden Antisemitismus aufdeckte. Siehe JTA, 4. 5. 1929, S. 13; ähnlich JTA, 14. 8. 1929, S. 7.

77 K. Nel'son, »Na gigante industrializacii«, in: Tribuna, 24/1929, S. 9 f.

78 Siehe S. Dimanštejn, »Ideologičeskaja bor'ba v nacional'nom voprose«, in: Revoljucija i Nacional'nosti, 3/1930, S. 3 – 20, bes. S. 8, über Inschriften an Fabrikwänden in Kasan, die sowohl gegen Juden als auch Tataren gerichtet waren.

79 Siehe dazu weiter unten, Kap. 8.2.3.

Antisemitismus wieder entdeckt: Er sei in der Industrie alltäglich, wo viele junge Juden untergekommen seien, meldete das Ozet-Organ Tribuna.[80] Der in Weißrußland erscheinende Oktiaber berichtete über Kommunisten, die die Juden wegen ihrer angeblich guten Posten attackierten. Juden würden nur deshalb als Spezialisten ausgebildet, weil sie schlechte Arbeiter seien.[81] Auch von Schikanen gegen Arbeitskollegen wurde nun wieder berichtet. Arbeiter in Rogatschew (Weißrußland) hatten einen jüdischen Kollegen gezwungen, Speck zu essen, und wurden nun zu zwei Jahren Gefängnis verurteilt. In einer großen Moskauer Fabrik mit einer Belegschaft von 6000 Arbeitern wurde im Frühjahr 1931 eine Werbeversammlung für die Ozet gesprengt. Rufe wurden laut, daß die »židy niemals arbeiteten und niemals arbeiten werden«. Im Kertsch wurden jüdische Neuarbeiter, die die Agrarkolonien verließen und in dem dortigen »Giganten« [Großfabrik] unterkamen, wegen ihres Akzents verspottet. Dabei wurde eine Mischung aus Verachtung für die »Fremden«, die bestimmte Wörter und das »r« nicht aussprechen können, mit dem Vorwurf gekoppelt, sie wollten überall »nach oben klettern«. Die Konsequenzen nach Vorfällen wie Prügeleien gegen jüdische Arbeiter in Tscheljabinsk folgten nun schon eingespielten Ritualen. Die lokale Presse veröffentlichte Resolutionen der Belegschaft gegen »versöhnlerische Haltungen gegenüber dem National-Chauvinismus«, gegen den »Klassenfeind und seine antisemitische Agentur«.[82] In der Berichterstattung über Vorfälle grausamer »Scherze« in den Fabrikhallen bis hin zu Scheinerhängungen eines jüdischen udarnik [»Stoßarbeiter« mit bes. Leistungen] rückt die Tat selbst in den Hintergrund. An erster Stelle steht der »Schlag gegen den Bund der Antisemiten und Opportunisten«, die durch fehlerhafte Erziehungsarbeit es erst zu den Angriffen auf jüdische Arbeiter haben kommen lassen.[83]

Gegen Ende der Kampagne gegen den Antisemitismus wurde nicht nur von Angriffen auf jüdische Arbeiter berichtet, sondern auch davon, daß man Juden erst gar nicht als Arbeiter einstellte. Solche Meldungen bezogen sich auf die Eisenbahnbetriebe.[84]

80 Tribuna, 9/1931, S. 3 f. Vgl. auch JTA, 21. 4. 1931, S. 5 f.

81 JTA, 19. 12. 1931, S. 9.

82 Tribuna, Nr. 4-5/1931, S. 27; Nr. 6, S. 5; Nr. 9, S. 3 f.; Nr. 10, S. 4 f.; Nr. 12, S. 10 f.

83 »Sokrušitel'nym udarom uničtožim sojuz antisemitov i opportunistov«, in: Tribuna, 16/1931, S. 14 ff. Vgl auch JTA, 16. 5. 1931, S. 2. Zur Entwicklung in der Propaganda allgemein vgl. unten, Kap. 5.1.3.

84 Schon 1930 wurde geklagt, daß Juden nicht als Arbeiter bei den Eisenbahnen angenommen würden (JTA, 18. 6. 1930, S. 6). Ebenso 1932 in der Tribuna, 3/1932, S. 10 f.; vgl. auch Schwarz, The Jews in the Soviet Union, S. 299. Den Eisenbahnarbeitern wurde wiederholt ihre Judenfeindschaft vorgeworfen, z.B. soll in Wolhynien eine Gruppe von Eisenbahnern jüdische Wohnhäuser attackiert haben (JTA, 14. 8. 1929, S. 7). Vgl. auch Larin über den »traditionellen« Antisemitismus unter Angestellten im Volkskommissariat für Verkehrswesen (Evrei i Antisemitizm, S. 108; auch Protiv antisemitizma, S. 27). M. Gorev erklärte in der Komsomol'skaja

4.3.3. Judenfeindschaft in Bildungseinrichtungen

1923 betrug der Anteil der jüdischen Studenten an den ukrainischen Vuzy [Höhere Lehreinrichtung, Hochschule] 47,7 %, der Prozentsatz der Ukrainer 24,7. 1925 lag der jüdische Anteil bei 39 %, 1926/27 bei 26 % und sank bis 1929 weiter ab auf 23,3 %. Dafür war neben dem Wachstum der ukrainischen elementaren Bildungseinrichtungen auch verantwortlich, daß Juden aufgrund ihrer nicht-proletarischen Klassenherkunft ausgeschlossen oder in geringerer Zahl zugelassen wurden. Beobachter waren aber auch der Ansicht, daß Antisemitismus dabei eine Rolle spielte.[85] Fabrikarbeit und das dadurch ermöglichte Studium an den Rabfaki [Arbeiterfakultäten] konnte Personen, die wegen der »falschen« Klassenherkunft nicht in die Hochschulen aufgenommen wurden, einen Ersatz bieten: In der Ukraine stieg von 1925 bis 1929 der Anteil der jüdischen Rabfak-Studenten von 15 auf 18 %, in Weißrußland zwischen 1926 und 1929 von 17 auf 23 %.[86] In der RSFSR lag 1926/27 der Judenanteil an allen Hochschulen bei 11,4 %, woraus sich ein Anteil für die RSFSR und die Ukraine zusammen von 13,5 % ergibt. Diese Zahl entspricht der hauptsächlichen Herkunftsgruppe der sowjetischen Hochschüler, nämlich der gesamten nicht-landwirtschaftlichen Bevölkerung, an der die Juden ebenfalls einen 13,5 %igen Anteil hatten.[87]

Die hohe Zahl jüdischer Studenten in der Ukraine rief in der dortigen Bevölkerung Aversionen hervor, die sich in Briefen an Zeitungen artikulierte: »Wer lernt in den Wusy (Hochschulen)? Lauter Juden. Sie dachten sich auch den Konkurs (Examen) aus, damit ja kein Bauer hinein kommen kann. Überall, wo man hinschaut – lauter Juden. Wäre aber bei uns die Ukrainische Volksrepublik, so wäre das nicht der Fall.«[88] Von Übergriffen auf jüdische Studenten wurde überwiegend aus der Ukraine berichtet. Besonders aus der Hauptstadt Charkow häuften sich die Fälle, deren meistzitierter oder -paraphrasierter der »Ljašenko«-Fall war:

> Im geodätischen Institut wurde systematisch monatelang tagaus, tagein, hinter den verschlossenen Türen des Studentenwohnheims der jüdische Student

Pravda, 11. 9. 1927, dies mit der Konfrontation der Eisenbahner mit den jüdischen Spekulanten, die auf der Bahn ihre Waren verschöben.

85 Socialističeskij Vestnik, 19. 3. 1925, S. 16.

86 Zahlen nach Z. Halevy, »Jewish Students in Soviet Universities in the 1920s«, S. 58 f., S. 64 f.; Larin, Evrei, S. 110 ff.; Protiv antisemitzma, S. 28 f.

87 Larin, Evrei, S. 111. S. Fitzpatrick gibt für 1926 folgende Daten an: in der RSFSR an allen Vuzy 15,3 % Juden, bei gesellschaftlich-wirtschaftlichen Fächern 19,5 %, bei technischen 18,4 %. S. Fitzpatrick, Education and Social Mobility in the Soviet Union, S. 109 (nach Statističeskij sbornik po narodnomu prosveščeniju RSFSR, 9/1926, S. 170). Zu Säuberungen in der Studentenschaft der RSFSR siehe Fitzpatrick, S. 100.

88 Červonyj Step, Nr. 276 (Sommer 1926), hier zitiert nach der Übersetzung des Deutschen Konsulats Odessa, PA AA IV Rußland, Nationalitäten, Fremdvölker, Ukraine, o.S. Vgl. JTA, 14. 9. 1926, S. 1, mit der Zusammenfassung ähnlicher Briefe.

der Arbeiterfakultät Š. hartnäckig verfolgt. Er fühlte sich unter den Genossen wie ein Tier behandelt. Alle seine Schritte, Bewegungen, jede unbedacht fallengelassene Bemerkung riefen einen Schwall von großem Gelächter, unflätigen Anwürfen und Spott hervor. Der junge Geodäsie-Student Ljašenko, ein Komsomolze, trieb seinen Spott nur deshalb mit Š., weil er der einzige Jude im Wohnheim war. Ljašenkos Busenfreund, der Geodät Mikula, wollte hinter seinem Freund nicht zurückstehen. Den harmlosen und – vielleicht – unangemessen unterwürfigen Š. übergossen sie mit Eiswasser, zwangen ihn, nächtelang wachzubleiben, und mit weit geöffneten Augen auf dem Bett zu liegen. Mit Schlägen mit dem Lineal auf den Kopf weckten sie ihn auf, übergossen ihn im Schlaf mit kaltem Wasser und stachen ihn mit dem Zirkel in die nackten Fersen. Tiefe und langandauernde Ohnmachtsanfälle waren die Folge dieser Angriffe. Man erkannte den Arbeiterstudenten kaum wieder: Er war gealtert, abgemagert und zu einem Invaliden mit zitternden Händen geworden. Aber die Rowdies machten mit ihrem Spott weiter. Ljašenko schlug Š. auf die Backe. Das erschien Mikula lobenswert und er wiederholte tags darauf das Experiment: Š. wurde verprügelt. Am dritten Tag waren es keine Hände mehr in seinem Gesicht, sondern schmutzige Stiefel.[89]

Unmittelbar nach Bekanntwerden des Falls wurde der Hauptschuldige aus dem Institut geworfen. Es folgten landesweite Unterschriftensammlungen für die Forderung, alle Studenten, die des Antisemitismus verdächtig [!] seien, zu entfernen. Schließlich mußten vier Komsomolzen die Organisation verlassen, und ein Lehrer wurde entlassen.[90] Nach diesem Fall wurde an der Woronesher Universität, wo ein jüdischer Student Selbstmord verübt hatte, ein »antisemitisches Nest« ausgehoben und zwei Studenten verhaftet. Auch den Professoren wurde vorgeworfen, sie wehrten sich mit antisemitischen Methoden gegen studentische vydvižency [Aufsteiger].[91] Als in Woronesh eine Untersuchungskommission tätig wurde, äußerte ein Student in einem Leserbrief seinen Zweifel, daß sich in der friedlichen Universität ein »Herd des sogenannten Antisemitismus« befinde. Die Studentenschaft dürfe der Kommission nicht die Verantwortung abtreten, da diese im »Reinigungseifer« vollkommen Unschuldige in die Sache hineinziehe. In dem Brief wurde auch betont, daß »echte Russen« in der Revolution eine

89 Komsomol'skaja Pravda, 10. 4. 1928, S. 2; Ef. Dobin, Pravda o evrejach, S. 4. L. Radiščev, Jad. Ob antisemitizme našich dnej, S. 32 f. Dort sind auch Proteste gegen das Aufbauschen des Falls zitiert.

90 JTA, 31. 3. 1928, S. 3; 2. 4. 1928, S. 2; 14. 4. 1928, S. 4. Ljašenko bekam schließlich 10 Monate Gefängnis (JTA, 1. 6. 1928, S. 1). Weitere Berichte aus Charkow, so über Beleidigungen und Numerus-clausus-Forderungen gegen Juden, die von kommunistischen Studenten vorgebracht wurden, in: JTA, 26. 3. 1928, S. 2; 28. 5. 1928, S. 2.

91 JTA, 4. 12. 1928, S. 2; M. Aleksandrov, Klassovyj vrag v maske, S. 87 f. Angeblich gab es bis November 1928 acht Selbstmorde unter jüdischen Studenten wegen Antisemitismus (JTA, 28. 11. 1928, S. 3).

herausragende Rolle gespielt hatten.[92] Die inquisitorischen Bemühungen, hinter Vorfällen, bei denen Juden zu Schaden kamen, konterrevolutionär-antisemitische Verschwörungen zu entlarven, stießen offenbar auf massive Ablehnung. Sie provozierten auch eine Abwehrhaltung unter russischen Studenten, die sich um die Ehre gebracht sahen, einer revolutionären Nationalität anzugehören, da – so konnte es scheinen – die Juden die verdienstvollste Nation seien.

Eine Fragebogenaktion unter Leningrader Studenten brachte offenbar weitverbreitete Ansichten zutage, es seien die jüdischen Kommunisten »Gift für das Land« oder alle Juden »Spekulanten und Parasiten«.[93] Bei Säuberungen an der Smolensker Universität wurden 1929 wegen »Antisemitismus« – oder dem Verheimlichen der Klassenherkunft – 3 % der Studenten exmatrikuliert.[94]

Die seit 1930 nur noch gelegentlich publizierten Vorfälle von Ausschreitungen gegen jüdische Studenten standen nun unter dem Zeichen der politischen Mobilisierung der gesamten Bevölkerung (nicht nur der Studentenschaft) der Orte, an denen es zu diesen Vorfällen gekommen war. Kolchosenversammlungen bekannten sich zum Internationalismus und verabschiedeten Resolutionen, die härteste Bestrafung antisemitischer Studenten forderten.[95]

Antisemitismus an Bildungseinrichtungen wurde nicht nur als Indikator für Stimmungen im sozialen Umfeld der Studenten angesehen, sondern war auch Gradmesser für den ideologischen Zustand der Dozenten- und Lehrerschaft, unter der Gegner der Bolschewiki vermutet wurden. 1924 waren nur 3 % der Lehrer und Professoren der Hochschulen der RSFSR Parteimitglieder.[96] Während des Propagandafeldzuges gegen den Antisemitismus wurde beispielsweise festgestellt, daß es in Leningrad eine Schule gebe, wo von 30 Lehrern 19 »ehemalige Adlige« seien; im Kreis Melitopol (Ukraine) seien un-

92 L. Radiščev, Jad. Ob antisemitizme našich dnej, S. 7 f., S. 52 f. Bei Radiščev dient dieser Brief, den Schreiber als »klassenfremdes Element« zu denunzieren.

93 JTA, 2. 12. 1929, S. 9. Die Fragebogen wurden anonym ausgefüllt; es wurden 1500 ausgeteilt, 800 kamen zurück, 250 davon antisemitischen Inhalts. In 80 Bögen gab es positive Äußerungen über die Juden, der Rest erklärte die »Fehler« der Juden mit ihrem Leben, das sie vor der Revolution führen mußten.

94 WKP 51, S. 8 ff. nach Fainsod, S. 346; vgl. ebd., S. 361.

95 Z.B. geschildert in: Tribuna, 21/1931, S. 20 f. Vgl. auch JTA, 25. 5. 1931, S. 6. »Antisemitismus« wurde immer mehr aus den Zeitungsspalten genommen, Verfolgungen gegen armenische Studenten den Angriffen auf jüdische gleichgestellt. Dies war der allgemeine Ton der Kampagne zu diesem Zeitpunkt. Die Erkenntnisse, die sich aus den entsprechenden Artikeln über wirklich vorhandene Judenfeindschaft gewinnen lassen, sind minimal. Siehe auch die letzten Meldungen über studentische Judenfeindschaft, Tribuna, 29 – 30/1932, S. 20 f.; JTA, 10. 1. 1933, S. 13.

96 Rukovdjaščie kadry RKP(b) i ich raspredelenie, Moskau 1924, S. 135 f., nach S. Fedjukin, »Iz istorii bor'by s buržuaznoj ideologiej v pervye gody nėpa«, S. 85.

ter 1262 Lehrern nur 16 Kommunisten, aber 500 Abkömmlinge von Geistlichen oder Kulaken.[97] Teilweise regte sich unter den Lehrern Widerstand gegen die Vorwürfe von Komsomol-Vertretern, der Kampf gegen den Antisemitismus werde in ihren Schulen vernachlässigt.[98] Dabei gibt es auch in der sowjetischen Literatur Beispiele, die solchen Widerstand gegen die Ideologisierung jeder »bytovaja meloč'« [Alltagskleinigkeit] verständlich machen. Obwohl beispielsweise im Alltag einer Jugendkommune antijüdische Vorurteile bei einer Umfrage ein einziges Mal zum Vorschein kamen, mußte diese Problematik dort politisch diskutiert werden.[99]

Vereinzelte Vorfälle von Judenfeindschaft unter Schülern dienten dazu, »Klassenfeinde« unter der Eltern- und besonders der Lehrerschaft aufzuspüren.[100] Ausführlich wurde in der Presse ein Fall aus der Stadt Ostaschkow bei Pskow dargestellt, wo einige Schüler einen jüdischen Jungen über einen gefrorenen See auf eine Insel schleppten, ihn dort festbanden und das ganze als Rache für die Kreuzigung Christi ausgaben. Sie banden später ihr bereits bewußtloses Opfer wieder los, rühmten sich aber in der Schule ihrer Tat. Der darauf erfolgte Schulausschluß wurde auf Bewährung ausgesetzt, was in der Presse zu Kritik an der mangelnden Entschlossenheit im Kampf gegen den Antisemitismus führte. Daraufhin wurden die Betreffenden – deren Herkunft aus Kaufmannsfamilien stets erwähnt wurde – endgültig aus der Schule ausgeschlossen.[101] »Schüler-Antisemitismus« wurde immer wieder berichtet, so aus Werchno-Dneprowsk, wo Schüler erklärten, sie wollten nicht mit den židy zusammen sein, deshalb gingen sie nicht in den Pionierclub. Sie wünschten sich, daß die Juden wieder von einem Machno geschlagen würden. In Minsk wurde in einer Schulabschlußrede berichtet, wie jüdische Mitschüler gequält wurden, bis sich einer von ihnen sich das Leben nahm.[102]

97 L. Radiščev, Jad. Ob antisemitizme našich dnej, S. 25.

98 Beispiele in: O bor'be s antisemitizmom v škole, S. 15.

99 M. Jankovskij, Kommuna sta tridcati trech, S. 85 f. Auch ein anderes Beispiel aus dem Alltag einer Jugendkommune zeigt Antisemitismus nur als peripheres Problem, indem beiläufig von Wandzeitungen gegen das Wort žid die Rede ist (»V evrejskoj kommune«, in: Bezbožnik, 16/1929, S. 1 f.).

100 Ein gutes Beispiel ist ein Bericht im Smolensker Parteiarchiv, wo eine antisemitische Lehrerin beschrieben wird, der Schläge gegen jüdische Schüler vorgeworfen werden. Der Kampf dagegen wurde von den Kommunisten viel zu schwach geführt (Dokldanaja zapiska an den verantwortlichen Sekretär des Oblast'-Komitees, Dezember 1928, in: WKP 155). Siehe auch L. Larskij, »Antisemitizm v naši dni«, in: V. Vešnev (Hrsg.), Neodolennyj vrag, S. 324 f., zu Pädagogen in Smolensk; über Entlassungen von Lehrern dort vgl. JTA, 28. 3. 1929, S. 3.

101 Krasnaja Gazeta, 22. 3. 1928; Pravda, 26. 3. 1928. Siehe auch O bor'be s antisemitizmom v škole, S. 12 ff.; JTA, 28. 3., 3. 4. 1928.

102 JTA, 7. 6. 1928, S. 6. Siehe auch die Meldungen über ähnliche Vorfälle an Schulen für die deutsche Minderheit, JTA, 19. 3. 1928, S. 5; 6. 6. 1928, S. 2 f.

4.4. »Themen« des Antisemitismus

4.4.1. Tradierte religiöse Motive

Der sowjetische Antisemitismus der späten zwanziger Jahre ließ in manchem traditionelle Wurzeln erkennen. Das Auftauchen von Ritualmordvorwürfen zeigt, daß sich der »neue« Judenhaß nicht nur mit strukturellen Veränderungen in der Sowjetgesellschaft begründen läßt, sondern auch an seine Vorläufer anknüpft. Behauptungen, daß Juden christliche Kinder entführten, um ihr Blut für Kulthandlungen zu gebrauchen, waren von der antisemitischen Rechten noch zu Beginn des Jahrhunderts verbreitet worden.[103] Sie bekamen durch den Bejlis-Prozeß Auftrieb und wurden durch das Urteil unterstützt, das zwar den Angeklagten freisprach, aber indirekt die Behauptung vom jüdischen Ritualmord bestätigte, und hatten in den zwanziger Jahren noch große Virulenz. Beispielsweise lief am ersten Tag des Pessach-Festes 1926 eine blutende Frau durch Minsk und behauptete, Juden hätten ihr in einem Keller Blut abgezapft und dann in Flaschen abgefüllt.[104] 1929 sorgte in Moskauer Fabriken das Verschwinden eines vierjährigen Mädchens für Beschuldigungen gegen »die Juden«.[105] Immer wieder wird von Fragezetteln von Arbeiter an Vortragsredner berichtet, auf denen Auskünfte über den Gebrauch von Blut an jüdischen Feiertagen erbeten wurden.[106]

Das Verbreiten von Ritualmordlegenden wurde von den sowjetischen Zeitungen besonders Lehrern vorgeworfen, die entweder selbst behaupteten, Juden würden Christenblut benützen oder solchen Behauptungen seitens der Schüler nicht widersprachen. Mehrere Lehrer wurden von der GPU vernommen, weil sie Schülern erklärt hätten, die Juden benützten für ihren Pessach-Ritus möglicherweise das Blut von Christen, die Wahrheit im Bejlis-Fall sei bis heute nicht bekannt.[107]

Die Anti-Antisemitismus-Propaganda setzte besonders in der Frage religiös fundierter Vorurteile bei der Erziehung der Kinder an, weil anzunehmen war, daß hier die Stelle war, wo derartige Legenden weitergegeben wurden. Eine der Schriften gegen Judenfeindschaft erklärte ausführlich, wie kleine Kinder von ihren Eltern erst mit Figuren wie dem »bösen Buka« erschreckt würden, zum »guten Boženka« [»Gott«] aber beten lernten. Dann hörten sie, daß diesen Gott die židy getötet hätten, die jetzt noch Blut christlicher

103 H.-D. Löwe, Antisemitismus und reaktionäre Utopie, S. 134. In der weißen Emigration wurden solche Legenden mit antisemitischen Interpretationen des bolschewistischen Terrors vermischt, siehe Evgenij Brant, Ritual'noe ubijstvo u evreev, Belgrad 1926, Bd. 1, bes. S. 9 f.

104 JTA, 5. 4. 1926, S. 2. Angeblich handelte es sich um eine geistesgestörte Person.

105 M. Aleksandrov, Otkuda beretsja vražda k evrejam i komu ona vygodna, S. 10.

106 Z. B. Tribuna, 8/1929, S. 16.; JTA, 12. 2. 1929.

107 Pravda, 5. 5. 1928; JTA, 30. 4. 1928, S. 2. Ähnlich auch in: L. Radiščev, Jad. Ob antisemitizme našich dnej, S. 20.

Kinder tränken. So ersetze allmählich der žid den bösen »Buka«. Religiöse Erziehung vertiefe den Haß auf die »jüdischen Blutsauger«, denen auch der »Jude namens Judas« entstamme, der Christus verraten habe.[108]

Auch andere Klischees aus der Tradition eines religiös begründeten Antisemitismus sind anzutreffen. Weiter oben wurde schon von einem aufsehenerregenden Fall berichtet, bei dem russische Kinder einen jüdischen Schüler »kreuzigten«.[109] Den Bolschewiki wurde unterstellt, sie versuchten der russischen Bevölkerung religiöse Gebräuche des Judentums aufzuzwingen. Gewerkschafter beklagten, daß Arbeiter häufig auf Fragezetteln schrieben, die Sowjetmacht kämpfe ausschließlich mit der orthodoxen Religion.[110] Zu den antisemitisch inspirierten Protestaktionen gehörte, daß Unbekannte in Moskau eine Pseudo-Proklamation einer »Initiativgruppe der führenden Juden« verbreiteten, wonach der Samstag statt des Sonntags als Ruhetag eingeführt werden solle.[111] Auch Parteimitglieder waren vom traditionellen Antijudaismus nicht frei, wie ein z.B. Leserbrief erkennen läßt: »In ihrem Talmud steht geschrieben, daß die Juden das Gottesvolk sind und daß die Juden einen Andersstämmigen betrügen, ausbeuten, ausplündern, schlagen und töten dürfen. Bei ihnen gilt das nicht als Sünde. Haltet mich nicht für einen Antisemiten, teure Genossen. Ich staune, daß man sie, die Juden, in die Partei VKP aufnimmt, in die heilige, gerechte Partei. Ich werde nie einem žid in der Partei etwas glauben können.«[112]

Von Antisemitismus in der Bauernschaft außerhalb der ehemaligen čerta osedlosti war kaum die Rede. Da auf dem flachen Land kein Kontakt zwischen den russischen Bauern und Juden bestand, ist das nicht verwunderlich. Dennoch dürften auch unter den Bauern Zentralrußlands religiös motivierte Vorurteile gegen das Judentum, die ja nicht an konkrete Erfahrungen gebunden sein müssen, ihre Interpretation der Kollektivierung und vor allem des Kampfes gegen die Kirche beeinflußt haben. Es wird von Bauern bei Moskau berichtet, die 1929 wegen der Requirierung von Kirchenglocken gegen die Bolschewiki als »Verkäufer Christi«, »Juden«, »Judenfratze« usw. aufstanden. Dabei wurden solche Beleidigungen auch gegen einen Milizchef namens Ivanov laut, von dem jeder gewußt habe, daß er Russe sei. »Jude« war damit Synonym für die »gottlosen Kommunisten«, die »Feinde der Kirche«, die »sich den Juden verkauft haben«.[113]

108 Ju. Sandomirskij, Puti antisemitizma v Rossii, S. 5 f.

109 Pravda, 26. 3. 1928; siehe auch oben, Kap. 4.3.3.

110 Bericht der Moskauer Gewerkschaftsorganisation vom Februar 1929, bei Larin, Evrei i antisemitizm, S. 238 ff.

111 L. Ljadov, O vražde k evrejam, S. 28. Vgl. A. Yarmolinsky, The Jews and other Minor Nationalities Under the Soviets, S. 113.

112 L. Radiščev, Jad. Ob antisemitizme našich dnej, S. 31.

113 M. Liebermann, Im Namen der Sowjets. Aus Moskauer Gerichtsakten, S. 241 – 303, bes. S. 270 ff. Der ganze Vorfall wird in dieser Schilderung, die anscheinend nicht innerhalb der

Auch in muslimischen Teilen der Sowjetunion gab es religiösen Judenhaß. In Dagestan im Kaukasus kam es 1926 in mehreren Städten zu regelrechten Pogromen. Dabei spielte die Beschuldigung der dortigen »Bergjuden« eine besondere Rolle, sie hätten das Blut moslemischer Kinder zum Backen ihres Pessachbrotes verwendet. Diese Vorwürfe waren offenbar schon vor dem Ausbruch der Gewalttaten lautgeworden, als Kinder (die, wie Nachforschungen ergaben, ihren Eltern wegen deren Strenge davongelaufen waren) verschwunden waren. Die Judenverfolgungen, die den Ritualmordbeschuldigungen folgten, wurden in der Pravda als Beispiele dafür angeführt, wie aus verbalem [razgovornyj] Antisemitismus Taten hervorgehen könnten: »Nur auf dem Boden eines vollständigen Vertrauens in das Nicht-Gleichberechtigtsein der bergjüdischen Bevölkerung und in die Straflosigkeit jeder Art von Auftritten gegen sie – nur auf so einem Boden konnte sich die Aktivität der pogromščiki entfalten.«[114] In Usbekistan kam es 1928 zu Pogromen mit ebenfalls religiösem Hintergrund.[115] Auch später kam es in Dagestan noch zu ähnlichen Vorfällen. So wurde ein Polizeichef zu einem Jahr Gefängnis verurteilt, weil er aufgrund einer antisemitischen Denunziation ein jüdisches Wohnviertel durchsuchen ließ, wohingegen der Urheber der Behauptung, die Juden hätten zu rituellen Zwecken ein Kind entführt, wegen seiner Unbildung freigesprochen wurde.[116] Noch 1934 gab es in der kasachischen Hauptstadt einen Skandal, als die Miliz nach Blutbeschuldigungen bei Juden Hausdurchsuchungen vornehmen wollte.[117]

4.4.2. Protest gegen die »Privilegierung« der Juden

Die Motive des sowjetischen Alltagsantisemitismus sind für uns nur aus den Darstellungen zu greifen, die zu seiner Bekämpfung verfaßt wurden. Es schält sich dabei ein ziemlich eindeutiges Bild dieser Motive heraus. Ein

Sowjetunion erschien und aus dem russischen Manuskript ins Deutsche übertragen wurde, als Auswirkung gezielter Hetze von Popen und Kulaken »entlarvt«.

114 Ju. Larin, »Izvraščenie nacional'noj politiki«, in: Pravda, 23. 6. 1928. Die Lage der Bergjuden in Dagestan war besonders schwierig, da diese immer noch unter den Folgen des Bürgerkrieges litten. Die Pravda berichtete, viele der Siedlungen seien von den Weißen zerstört worden und die Juden seien in die Berge vertrieben worden und lebten nun in entsetzlicher Armut. Vgl. auch Larin, Evrei i antisemitizm, S. 130; der Pravda-Artikel ist dort auf S. 129 – 133 gekürzt abgedruckt; siehe zu den Vorfällen auch ebd., S. 34, S. 147. Vgl. auch Tribuna, 7/1929, S. 8 ff.; 15/1928, S. 7 f.

115 Aus Buchara wurden Ritualmordgerüchte gemeldet. Verschiedene Varianten widersprachen sich; es war nicht einmal klar, ob ein christlicher oder ein muslimischer Junge vermißt werde (JTA, 3. 9. 1928, S. 2). Vgl. Larin, Evrei i antisemitizm, S. 127.

116 JTA, 29. 4. 1929, S. 1; 22. 5. 1929, S. 5. Die Behauptung, Juden benützten für rituelle Zwecke das Blut von Muslimen, wurde noch in den sechziger Jahren in einem dagestanischen Parteiorgan aufgestellt. Siehe Georges Aranyossy, La Presse antisémite en U.R.S.S., (Cahiers de l'Est, 3), Paris 1978, S. 35.

117 Siehe dazu unten, Kap. 6.7.

Herabblicken auf die jüdische Minderheit wurde nur selten referiert.[118] Das Standard-Motiv ist die Ablehnung der Juden als überlegener Elite: »Ist es denn nicht wahr, daß unter der Sowjetmacht die Juden von besonderen Vorzügen, besonderen Rechten Gebrauch machen?«[119] Die gängigen Argumente waren: »Juden sind kultivierter als die Russen und verdrängen sie überall. Juden sind stark unter den Sowjetangestellten vertreten. Dabei sind sie mit Arbeiten auf niedrigen Posten unzufrieden und streben die Kommandoposten an, wollen höhere Gehälter bekommen. Wir sehen nirgends jüdische Arbeiter und Bauern. Bei ungelernten Arbeiten sind sie nirgendwo zu sehen. In der Armee gibt es keine Juden als gewöhnliche Soldaten.«[120] Juden – hieß es ferner – verdienen mehr als andere.[121] Anfang 1928 wurde der Eveskcija-Vorsitzende Čemerisskij vom Moskauer Parteikomitee aufgefordert, folgende Fragen, die von Arbeitern gestellt wurden, zu beantworten:

- Wie groß ist der prozentuale Anteil der arbeitslosen Juden in Moskau und in anderen Städten?
- Warum behandelte die Zarenregierung die Juden schlecht, aber nicht die anderen Nationalitäten?
- Wie kann man erklären, daß die Juden 1,5 % der Bevölkerung der UdSSR stellen, aber 10 % in Lehreinrichtungen und Hochschulen?
- Warum werden die Juden gerade auf die Krim umgesiedelt, aber nicht in andere Orte? Das vergiftet und verschärft die Beziehungen.
- Welcher Anteil der jüdischen Bevölkerung lebt in Moskau?
- Welcher Anteil der in Moskau lebenden Juden ist in der Produktion beschäftigt?
- Wodurch ist zu erklären, daß die jüdische Bevölkerung besonders in Moskau unter besseren Bedingungen lebt als die übrige Bevölkerung. (Belegung der besten Wohnungen in Moskau durch Juden usw.) Es ist auch interessant zu erfahren, was für ein Kulturniveau in der jüdischen Bevölkerung herrscht.
- Warum ist der ganze Antisemitismus gegen die Juden gerichtet?[122]

Die letzte Frage ist besonders interessant: Ein Fremdwort wie »Antisemitismus« war nicht jedem bekannt. Ju. Larin wurde im August 1928 von Moskauer Arbeitern auf Fragezetteln um die Erklärung dieses Wortes gebeten,

118 L. Radiščev, Jad. Ob antisemitizme našich dnej, S. 5: Antisemiten seien überzeugt, Juden leben immer im Schmutz, verbreiten einen typischen Geruch, eine Mischung aus Knoblauch und Hering, sie essen mit den Fingern, weil ihnen das Gesetz Mose Messer und Gabel verbietet.

119 E. Kočetkov, Vragi-li nam evrei?, S. 3.

120 [M. Rafes], »Nacional'naja politika sovetskoj vlasti i antisemitizm«, in: Sputnik Agitatora, 17/1926, S. 44–57, hier S. 51. Rafes (ein prominenter ehemaliger Bundist) ist in der Zeitschrift nicht als Autor angegeben, jedoch in: RCChIDNI F 441, O 1, D 87, Bl. 15.

121 Ab antysėmityz'me. (Matėryjaly dlja dakladčykaŭ i hrupavych ahitataraŭ), S. 21 f.

122 RCChIDNI F 441, O 1, D 87, Bl. 110. Auch diese in Evsekcija-Akten des Parteiarchivs festgehaltenen Fragen sind kein ungefiltertes Zeugnis der Stimmung in der Arbeiterschaft, da denkbar ist, daß bei der Abfassung der Anfrage an Čemerisskij ursprüngliche Formulierungen umgeändert wurden. Ähnliche Fragen wurden auch Lunačarskij 1929 gestellt, siehe Tribuna, 8/1929, S. 16.

und auch er wurde gefragt, warum sich »der Antisemitismus nur gegen die Juden entwickelt habe«. Offenbar entstand durch die Kampagne gegen den Antisemitismus der Eindruck, es gehe dabei allgemein um Auseinandersetzungen zwischen beliebigen Nationalitäten. Daß diese sich besonders gegen Juden richten, scheint manchen auch an den Juden selbst gelegen zu haben. Larin wurde gefragt, oder es wurde auf den Zetteln als Feststellung notiert:

- Warum lehnt der russische Arbeiter die jüdische Nationalität mehr als die georgische, deutsche oder andere ab?
- Man müßte den Grund des Antisemitismus in dieser Nation selbst suchen, in ihrer moralischen und psychologischen Erziehung.
- Die Juden halten sich seit alten Zeiten für das auserwählte Volk.
- Die Juden leben abgeschlossen, halten besondere Glaubensvorstellungen und Gebräuche ein, insbesondere den Ritus der Beschneidung, das stößt besonders von den Juden ab.
- Warum möchten einige Juden, daß man sie als Russen ansieht, halten sie ihre Nation auch für schlecht?[123]

Neben diesen Fragen und Feststellungen, in denen sich tradierte Vorstellungen spiegeln, dreht sich das Gros der eingereichten Anfragen um die »Privilegien« der Juden und um ihren großen Ehrgeiz:

- Warum wollen die Juden sich nicht mit schwerer Arbeit abgeben?
- Warum lebten die Juden früher gut und heute genauso?
- Sie wollen sich nicht mit normaler Arbeit abgeben, sie machen Karriere.
- Warum gibt es von ihnen so viele an den Hochschulen, fälschen sie nicht ihre Dokumente?
- Warum bekommen die Juden, die aus Berditschew und anderen Städten ankommen, sofort Wohnungen; es gibt auch eine Anekdote, daß aus Berditschew der letzte Jude ankam und Kalinin die Schlüssel übergab?
- Warum gab man den Juden gutes Land auf der Krim, aber den Russen gibt man irgendwo schlechteres?
- Warum stehen die Juden nicht Schlange?
- Warum ist unter den Juden eine so unverhältnismäßig starke Gruppe mit Bildung?
- Warum setzen die Juden sich überall an den guten Stellen fest?
- Gibt es ein Übergewicht der Juden an der Macht?

Schließlich unterstellten viele dieser Fragen den Juden Verrat, Unzuverlässigkeit, eine Illoyalität, die mit ihrem »bürgerlichen« Zustand zusammenhänge:

- Wie ehrlich verhalten sich die Juden zur Sowjetmacht und zum Proletariat allgemein?

123 Larin, Evrei i antisemitizm, S. 241 ff., auch für die folgenden Fragen.

- Warum hat die Regierung keine Maßnahmen gegen den Zuzug der jüdischen Bourgeoisie nach Moskau ergriffen?
- Sind die Juden im Kriegsfall nicht Verräter und drücken sie sich nicht vor dem Kriegsdienst?
- Wodurch ist die Ausreise von Juden aus der UdSSR zu erklären, jetzt herrscht hier doch volle Freiheit.
- Wie kann man die Hilfe der amerikanischen jüdischen Bourgeoisie für die jüdische Landwirtschaft in der UdSSR erklären?

Die vorgebrachten Vorwürfe kreisen zwar um die Themen »Zu viele in den russischen Städten« und »Wollen nicht arbeiten«, haben aber – wie Antisemitismus und andere Vorurteilssysteme – die Tendenz, in den Juden die Urheber überhaupt aller Probleme und die Träger schlechthin alles Negativen zu sehen. Die Juden, heißt es, kaufen die Wohnungen in Moskau und vergrößern damit die Wohnungsnot. Alle Juden sind nėpmany und Spekulanten, keine Bauern, stets auf Leitungsposten, auf die sie »ihre« nachholen. Sie arbeiten im Handel, aber nicht in der Fabrik und der Armee. Sie sind schuld an den hohen Preisen, sie haben die Sowjetmacht in ihrer Hand, werden außer der Reihe bedient, haben schlechte Eigenschaften wie Geiz oder Faulheit.[124] Kurz: »Das ist euer Zartum, wegen euch židy leiden wir.«[125]

Fabrikagitatoren kamen nach Diskussionen mit Arbeitern zu dem Schluß, daß neben der gegenüber dem Antisemitismus passiven – damit »schweigend zustimmenden« – Hauptmasse der Fabrikbelegschaft die Gruppe der »sehr stark infizierten« Arbeiter vier bis fünf mal so groß sei wie die Gruppe derjenigen, die sich ablehnend verhielten und zaghaft den anderen widersprächen. Die Betreffenden seien antisemitisch infiziert durch Angehörige der Intelligencija, die – durch die Revolution verschreckt – den Antisemitismus als Instrument verwende, um der Konterrevolution den Weg in die »Hauptbastion der Festung der Revolution« zu bahnen.[126] Interne Kommentatoren schätzten die Gefahr weniger bedrohlich ein und betonten, daß die große Masse der Arbeiter den Antisemitismus ablehne und seinen konterrevolutionären Charakter verstünde.[127] Doch wie konterrevolutionär war dieser Antisemitismus wirklich?

Häufig waren judenfeindliche Äußerungen mit durchaus revolutionärer Rhetorik verknüpft. Larin wurde von Arbeitern gefragt, wie man Engels verstehen solle, der gesagt habe, daß man den Juden gegenüber sehr vorsichtig

124 Zusammengestellt aus Na bor'bu s antisemitizmom, S. 21 f.; V. Glebov, Sovremennyj antisemitizm, S. 32; A. Bucenko, Čoho chočut' antysemity, S. 19.

125 L. Radiščev, Jad. Ob antisemitizme našich dnej, S. 18.

126 A. Čemerinskij, »Antisemitizm orudie kontr-revoljucii«, in: Kommunističeskaja Revoljucija, 5/1929, S. 68 – 75.

127 GARF F 5451, O 13, D 519, Bl. 2 ff. »Antisemitizm sredi členov provsojuzov« (28. 4. 1929), hier Bl. 5.

sein müsse.[128] Nishni Nowgoroder Arbeiter hatten gerufen: »Auf, Komsomolzen, ich bin für die Revolution, für die Komintern, aber gegen die Juden, mir nach!«[129] Von Leningrader Studenten wurde erklärt, die Juden seien eine »nichtarbeitende, einklassige bürgerliche Nation«, die planmäßig assimiliert werden müsse.[130] Offenbar wurde hier nicht Feindschaft zum Sowjetstaat und seiner Ideologie zum Ausdruck gebracht, sondern die vermeintliche Sowjetideologie zustimmend auf die »Juden als kapitalistische Nation« angewandt. Lunačarskij faßte – ablehnend – solche Ansichten folgendermaßen zusammen:

> Im Grunde genommen sind wir nicht gegen die Kommunisten, nicht gegen die Revolution; wir sind natürlich keine Monarchisten, natürlich nicht für die Bourgeoisie. Aber wir können nicht umhin, der Wirklichkeit ins Gesicht zu sehen: unter den Kommunisten sind sehr viele Juden, Juden besetzen viele Staatsstellen; sie stellen 2,7 von 140 Millionen Bewohnern unserer Republik – aber schauen Sie, wieviele von ihnen es auf den Führungsposten gibt! Und andererseits, gibt es denn in den großen Städten nicht einen großen Anteil reicher jüdischer Spekulanten? Das heißt doch, dieses Regime hat die Entwicklung und irgendwie die Zunahme des Einflusses der Juden gefördert.[131]

Gerade in der Anfangsphase der Kampagne wurde der Antisemitismus häufig als irregeleiteter Antikapitalismus gedeutet. Am Zunehmen des Antisemitismus gerade in Moskau und Leningrad sei besonders die neue jüdische Bourgeoisie schuld: »Dieser Teil der jüdischen Bevölkerung ernährt sich natürlich gut, zieht sich nicht übel an und fährt in Leihwagen, hat sich in großartigen Wohnungen eingerichtet.« Besonders unter Eisenbahnern verbreite sich Haß auf die Juden, weil sie mit ansehen müßten, wie jüdische Spekulanten ihre Waren auf der Bahn beförderten. Erst unter dem Einfluß des »antisemitischen Eingeweidewurms« werde der »berechtigte Klassenhaß« national eingefärbt.[132] Aus Moskau wurde 1927 berichtet, wie sich die Bevölkerung auf den Straßen versammelt und sich über die politische Ordnung und die wirtschaftliche Situation beklagt habe, als Brot und Zucker knapp wurden. Der Protest gegen die Regierung geschehe über die »legale Form« des Antisemitismus: »wir sind – heißt es – nicht gegen die Kommunisten, sondern gegen die Juden.«[133]

128 Larin, Evrei i antisemitizm, S. 242.

129 GARF F 5453, O 12, D 202, Bl. 10, B. 13 (Bericht der Gewerkschaft der Lederarbeiter vom 10. 11. 1928).

130 Festgehalten von D. Zaslavskij, nach L. Radiščev, Jad. Ob antisemitizme našich dnej, S. 30 f.; auch bei Lunčarskij, Ob antisemitizme, S. 9 f. Zaslavskij zieht daraus den Schluß, hier werde die zaristische Prozentnorm für die Universitäten gefordert.

131 A. Lunačarskij, Ob antisemitizme, S. 7 f. Ähnlich formulierte Lunačarskij in einer Rede vor einem Arbeiterpublikum die antisemitischen Ansichten, siehe den Bericht darüber in: Tribuna 8/1929, S. 16; vgl. auch L. Ljadov, O vražde k evrejam, S. 29.

132 M. Gorev, Protiv antisemitov, S. 30 f.; auch in der Komsomol'skaja Pravda, 11. 9. 1927.

133 SV, 7. 10. 1927, S. 14.

»Wir sind für die Sowjets, aber ohne Juden « – diese weit verbreitete Sicht wurde in sowjetischen Propagandaschriften freilich als Trick der Konterrevolutionäre entlarvt, mit dem diese sich an die Arbeiterklasse »heranmachten«. Um dies zu belegen, wurde beispielsweise ausführlich der Brief eines Rotarmisten zitiert, der sich über einen jüdischen spec bitter beklagte, der von den Soldaten überhöhte Preise verlange. Eine Köchin habe sich über diesen žid beschwert, und man müsse ihr zustimmen, da ja schon Lenin erklärt habe, eine Köchin sei imstande, den Staat zu lenken.[134] Das konkrete Beispiel widerlegt, daß Antisemitismus eine List der Konterrevolutionäre sei. Der Autor mußte in der Tat zugeben, daß es sich um die »Vermischung von Klassen- mit nationalem Haß« handle: »Das Gesunde, Klassenmäßige, vermischt sich mit dem Krankhaften, dem für das Proletariat Schädlichen – es kommt am Ende ein Eintopf heraus.« Durch die richtige Erziehung müsse dieser »Eintopf-Antisemitismus« völlig auf den Klassenfeind und Ausbeuter, der jeder Nationalität angehören könne, gelenkt werden.[135]

Die Judenfeindschaft in der Sowjetbevölkerung trug weit weniger systemfeindliche Züge, als ihr in der sowjetischen Presse unterstellt wurde. Das Schimpfen auf die »Juden« war eine Form verhaltener Kritik, die gleichzeitig ein prinzipielles Einverständnis mit dem gesellschaftlichen Ganzen signalisierte. Darin gleicht diese Form des Antisemitismus der selektiven Kapitalismuskritik in »bürgerlichen« Gesellschaften. Dort wird nicht das privatwirtschaftliche System insgesamt kritisiert, es wird nur bemängelt, daß es von »den Juden« dominiert werde. Im Antisemitismus in der Sowjetunion drückte sich Identifizierung mit der Sowjetmacht aus, ein Türchen der Kritik blieb jedoch offen. Die Geschichte seit 1917 bedeutete einen oft als Krise empfundenen Einbruch der Moderne in die russische Gesellschaft. Die Juden erschienen als Modernisierungsgewinnler, als privilegierte Nation, als Elite, die geschäftlich erfolgreiche Individuen, Karrieristen oder Funktionäre stellte. Auf sie ließen sich aus kollektiven Minderwertigkeitsgefühlen entstandene Frustrationen ableiten.[136]

134 I. Bobryšev, Melkoburžuaznye vlijanija sredi molodeži, S. 21 ff. Dort wird auch von einem »russischen kommunistischen Bund der Jugend« berichtet, der sich auf Lenin berufe, mit dem er nur in der Nationalitätenfrage nicht einig sei (ebd., S. 19). Auch das muß man nicht unbedingt konterrevolutionär nennen.

135 Ebd., S. 24. Der Ausdruck war vermišel'nyj antisemitizm.

136 Zum Hintergrund des Krisenbewußtseins siehe unten, Kap. 6.2.; zur Klärung, warum gerade die Juden zu den Sündenböcken wurden, Kap. 6.3.

4.5. Deutungsversuche des Antisemitismus

4.5.1. Judenfeindschaft in der Geschichte

Die Zeit der offenen Auseinandersetzung mit aktuellen Erscheinungen des Antisemitismus ist auch die einzige Periode der Sowjetgeschichte, in der Bemühungen unternommen wurden, Judenfeindschaft aus vergangener Zeit zu beschreiben und zu erklären. 1929 legte S. Lozinskij[137] eine Arbeit vor, die als »erster Versuch einer marxistischen Geschichte des Antisemitismus« deklariert wurde. Dieser geriet jedoch erheblich differenzierter, als ein solcher Anspruch erwarten ließ: Bis ins 13. Jahrhundert habe es von der Kirche nur religiöse Agitation gegen die Juden gegeben, »soziale Schädlichkeit« sei den »religiös gefährlichen« Juden nicht vorgeworfen worden. Christen hätten sich sogar oft gegen die Vertreibung der Juden gewandt, weil sie Geldgeber benötigten. Erst das entstehende Kleinbürgertum habe begonnen, die jüdische Konkurrenz hartnäckig zu bekämpfen. In Rußland habe der Antisemitismus der Zarin Elisabeth, die gegen die Proteste des Senats die Juden vertreiben wollte, in der Tradition der ausländerfeindlichen Politik der Moskauer Fürsten gestanden. Mehrfach belegt Lozinskij den Widerstand von »herrschenden Klassen« gegen antisemitische Mythenbildungen. Selbst die römische Kurie sei gegen die Blutbeschuldigungen gewesen, ebenso der zaristische Minister Golicyn. Aber auch bei einer später sakrosankten Gestalt wie dem Dekabristenführer Pestel' werden dessen Pläne, Rußland »von den Juden zu befreien«, nicht verschwiegen. Die Pogrome wurden als politisches Kampfmittel gegen die Unzufriedenheit im Volk dargestellt. Doch während die Anti-Antisemitismus-Propaganda zur selben Zeit (1929) die ausländische »Bourgeoisie« bis zu den jüdischen Bankiers zu den Mitschuldigen an den Pogromen erklärte (als Geldgeber der Zaren), wird bei Lozinskij die bürgerliche deutsche Presse zitiert, die sich darüber empört habe, daß die zaristische Regierung die Pogrome inszeniere.

Die Arbeit von Lozinskij, die in einer Auflage von 20 000 Exemplaren erschien, fand bis auf eine Monographie über den Bejlis-Prozeß keine Nachfolger. Durch Sachlichkeit zeichnen sich allenfalls noch die Artikel in der ersten Auflage der Großen Sowjetenzyklopädie aus, vor allem in den bis 1932 erschienenen Bänden. Zum Stichwort »Antisemitismus« enthielt sie einen fundierten Abriß, der zwischen antiken, mittelalterlichen und neu-

137 Im folgenden: S. Lozinskij, Social'nye korni antisemitzma v srednie veka i v novoe vremja, passim. Wissenschaftlicher ist Lozinskij, »Ob ėkonomičeskoj roli evreev v srednie veka«, in: Evrejskaja Starina, XI (1924), S. 65 – 92. Die Monographie wurde von der Organisation Ateist im Rahmen der Kampagne gegen Antisemitismus bei Lozinksij bestellt, der sie in kurzer Zeit anfertigen mußte. Lozinskij war Mitglied des Redaktionskollektivs der Evrejskaja Starina (siehe zu dieser Zeitschrift oben, Kap. 3.3.). Er hatte schon vor dem Ersten Weltkrieg an der Evrejskaja Ėnciklopedija mitgewirkt.

zeitlichen Formen der Judenfeindschaft differenzierte. Dabei wurde auf Widersprüche in der antisemitischen Agitation hingewiesen, die den Juden sowohl die Ausbeutung als auch das Aufwiegeln der Bauern vorwarf. Auf solche Differenzierungen verzichteten die volkstümlich gehaltenen Darstellungen weitgehend, vor allem weil sie den Antisemitismus als monolithischen Moloch darstellen wollten.[138]

Die meisten Schriften gegen die Judenfeindschaft aus den zwanziger Jahren verbinden die Geschichte der Juden nicht mit ihrem Argumentationsgang, auch wenn 1928 in der Pravda gefordert wurde, verstärkt Historiker für die Aufklärungsarbeit gegen den Antisemitismus heranzuziehen.[139] Aus gelegentlichen historischen Rückblicken lassen sich die Umrisse einer Quasi-Theorie rekonstruieren. Einen wissenschaftlichen Wert haben diese Darstellungen selten. Die jüdische Sonderexistenz als Händlervolk, das sich im Schnittpunkt der Handelswege in Palästina[140] herausbildete, wird besonders betont. Der Antisemitismus habe im alten Ägypten unter dem Priester Manetho begonnen. Schon hinter den ersten Pogromen in Alexandria habe die Konkurrenz von Kaufleuten gestanden.[141] Andere setzten ihre historische Erklärung erst im Mittelalter an und betonten die Sonderstellung der Juden als fast ausschließliche Vertreter der Warenwirtschaft in einer sonst vom Naturalientausch geprägten Umgebung.[142] Bisweilen wurde die ökonomisch fortschrittliche Sonderrolle der Juden hervorgehoben und erklärt, daß sie in den westlichen Ländern stets nützliche Funktionen erfüllt hätten. Durch die gesetzlichen Einschränkungen, denen sie unterlagen, seien sie so flexibel geworden, immer als erste neuen ökonomischen

138 C. Fridljand, »Antisemitizm«, in: BSĖ, 1. Auflage, Bd. 3 (1926), Sp. 68 ff. Die Tendenz der Deutung des Antisemitismus als »Klassenphänomen« – bis hin zum »jüdischen« Geld hinter antisemitischen Blättern – ist auch hier unverkennbar. Zu der Darstellung des Bejlis-Prozesses siehe unten, Kap 8.2.3.

139 Pravda, 22. 8. 1928, S. 3.

140 Vereinzelt wurde diese Herkunft der Juden bestritten. Bei Larin, Evrei i antisemitizm, S. 15, taucht folgende Fußnote auf: »Einige Gelehrte streiten ab, daß die Juden überhaupt irgendwann in der Antike in Palästina lebten. Zum Beispiel gab der Direktor der Sternwarte Pulkowo N. Morozov vier Bände mit dem Titel Christos heraus, wo er eine Reihe überzeugender Beweise anführt, daß die Juden nicht aus Palästina, sondern aus Italien stammen.« Bei Larin dient dieser Verweis als Spitze gegen den Zionismus.

141 A. Chvylja, Antysemityzm, S. 13 f., S. 23 ff. Es war auch zu lesen, der Antisemitismus habe während des Kampfes der hellenischen mit der jüdischen Kultur begonnen, wobei es in Wirklichkeit um den Kampf der Römer (deren Agenten die Juden gewesen seien) und der Griechen um den Markt gegangen sei (G. Ledat, Antisemitizm i antisemity, S. 19). Hier gab es keine zentrale Steuerung der Inhalte, weil es für die Propaganda unerheblich war, ob nun die Ägypter, die Babylonier, die Griechen oder erst die Christen (all dies wurde behauptet) die ersten Vertreter des Antisemitismus waren.

142 M. Gorev, Protiv antisemitov, S. 36. Gorev stützte sich auf A. Tjumenev, Evrei v drevnosti i srednie veka, Petrograd 1922.

Anforderungen entsprechen zu können.[143] Ähnlich argumentierte Lunačarskij, der seinen Ausführungen den für ihn typischen philosemitischen Anstrich gab. Er führte aus, daß die Juden überall eine Ausnahmerolle spielten als Vertreter einer höheren, städtischen Kultur, und von der lokalen Bourgeoisie als entwickeltere Konkurrenz besonders gehaßt würden. Der Pogrom sei ein Kampfmittel gegen den »fremden Händler«. Schon im Altertum sei Palästina als Durchgangsland zum Zentrum des Handelskapitals geworden und die weltweit verstreuten Juden zum »Ferment der kapitalistischen Entwicklung« in bäuerlichen Kulturen. Das Judentum habe also überall den Fortschritt gefördert (zu sehen auch am Niedergang Spaniens nach der Vertreibung), sich aber überall den Zorn der ansässigen bäuerlichen Bevölkerung und des aus ihr entstandenen Bürgertums zugezogen. Auch die Römer hätten die Juden – da jene kulturell höher standen – für potentielle Revolutionäre gehalten. Das Christentum habe als proletarische Version des aristokratischeren Judentums die Armen um sich geschart. Mit der Verbreitung des Christentums sei auch der Haß auf die Juden als Verweigerer der neuen Religion angewachsen. Im Mittelalter habe die Kirche den Haß der von ihr Ausgebeuteten auf die ökonomischen Konkurrenten des Klerus abgelenkt. Erst als das einheimische Bürgertum so stark war, daß es die jüdische Konkurrenz nicht mehr fürchtete, sei das Getto verschwunden. Das Übergewicht religiöser Motive bei Ivan IV., der die Polozker Juden ertränken ließ, oder bei Elisabeth, die die jüdischen Kaufleute gegen den Willen der Gutsbesitzer vertreiben wollte, leugnete Lunačarskij nicht, vermochte es aber auch nicht einleuchtend zu erklären.[144] In einer anderen Darstellung wird das Vorgehen von Ivan IV. als Interessenvertretung der Moskauer Bourgeoisie gedeutet, welche die jüdische Handelskonkurrenz gefürchtet habe.[145] Tatsächlich betonten nur sehr wenige Texte die religiösen Motive der tradierten Judenfeindschaft oder nannten sie gar die Grundlage des Antisemitismus wie etwa unter der Zarin Elisabeth.[146]

143 »Social'no-političeskie korni antisemitizma. (K postanovke voprosa o bor'be s antisemitizmom)«, in: Kommunističeskaja Revoljucija, 20/1926, S. 25 – 32, hier S. 27. Der Autor des Artikels war S. Dimanštejn, siehe RCChIDNI F 441, O 1, D 87, Bl. 15.

144 A. Lunačarskij, Ob antisemitizme, S. 13 – 26. Er begründete den historischen Exkurs in seinem Buch damit, daß der Antisemitismus letzlich nur geschichtlich erklärt werden könne, da es in der gegenwärtigen Situation sonst einen dem Antisemitismus vergleichbaren Haß auf die Tataren [antitatarstvo] geben müsse. Vgl. auch Lunačarskijs Artikel »Der antisemitizm«, in: Emes, 7. 10. 1926, S. 2. Lunačarskijs Erklärung der Geschichte des Antisemitismus wird – ohne namentlich gemachten Bezug – in sehr einfacher Sprache wiederholt in: M. Aleksandrov, Otkuda beretsja vražda k evrejam i komu ona vygodna in der Reihe »Prostye besedy«, S. 13 ff.

145 M. Gorev, Protiv antisemitov, S. 51 f. Gorev verschweigt nicht, daß Elisabeth die jüdischen Kaufleute vertrieb – trotz ihres Nutzens für den Staat, er kann dies aber nicht in sein Erklärungsraster einpassen.

146 Dies geschah bei Ju. Sandomirskij, Puti antisemitizma v Rossii, S. 7 f.

Bei Lunačarskij ist beiläufig davon die Rede, daß schon im 12. Jahrhundert der Haß auf die Juden eine Tendenz gegen jegliche Ausbeutung gehabt habe. Auch dies darf als Sondermeinung des Außenseiters im Volkskommissariat für Bildung gelten. Jaroslavskij widersprach indirekt, wenn er betonte, daß Judenhaß »über die Jahrhunderte hinweg eine Waffe der ausbeutenden Klassen« gewesen sei.[147] Andere Schriften deuteten den von der Kirche geschürten Judenhaß im Mittelalter nicht als Instrument, den Haß der Ausgebeuteten umzulenken, sondern mehr als Versuch der Kleriker, sich des Besitzes der jüdischen Konkurrenten zu bemächtigen.[148] Das Getto wurde so als »Kette, an die der besiegte Konkurrent gelegt wurde«, gedeutet.[149] Die Geschichte der Juden in der Ukraine und der Chmelnickij-Aufstand werden besonders in Texten für die ukrainische Leserschaft behandelt.[150] Neuzeitlicher Antisemitismus wurde als immer wiederkehrendes Instrument jeglicher Konterrevolution gedeutet. Er sei schon 1789 durch französische Emigranten eingesetzt worden, erklärt eine Darstellung von 1927.[151] Auch zur Zeit der Pariser Kommune habe sich die gegenrevolutionäre Agitation gegen die Teilnahme einiger Juden gerichtet, später gegen die 1. Internationale mit ihrem Führer Marx.[152]

Antisemitismus im Rußland des 19. Jahrhunderts wurde meistens als einer von vielen Fällen der nationalen Unterdrückung zum Zweck der Spaltung des Volks behandelt. Schilderungen des Schicksals der jüdischen Rekruten sind als Ausnahmen zu betrachten.[153] Besonders seit 1928 wurde versucht, alles zu vermeiden, was Mitleid mit den Juden – ungeachtet ihrer Klassenzugehörigkeit – erwecken konnte.

Das Schwarzhundertertum der späten Zarenzeit wurde in den weniger propagandistisch denn wissenschaftlich gedachten Darstellungen gedeutet als Ausdruck der Klasseninteressen der Anhänger der Rechtsparteien. Sie hätten als Adlige und Kleinbürger vor allem in den Banken und Großkapitalisten ihre Konkurrenten gesehen, aber die Juden angegriffen, um alle Aufmerksamkeit von ihrer eigenen Tätigkeit als ausbeutende Klassen abzulenken.[154]

147 Em. Jaroslavskij, »Na bor'bu s antisemitizmom«, in: V. Vešnev (Hrsg.), Neodolennyj vrag, S. 8.
148 Chvylja, Antysemityzm, S. 28 ff.; etwas differenzierter G. Žigalin, Prokljatoe nasledie, S. 21 f.
149 M. Gorev, Protiv antisemitov, S. 38 ff., S. 45. Gorevs Buch fällt in manchem aus dem Rahmen – es geht z.B. auf die Hep-Hep-Unruhen im 19. Jahrhundert in Deutschland ein, es wird Börne über das Frankfurter Getto zitiert usw.
150 A. Chvylja, Antysemityzm, S. 33 ff.
151 V. Glebov, Sovremennyj antisemitizm i bor'ba s nim, S. 9.
152 »Social'no-političeskie korni antisemitizma«, in: Kommunističeskaja Revoljucija, 20/1926, S. 25 – 32, hier S. 28 f. Marx als Jude wird aber ganz selten genannt.
153 So etwa bei Ju. Sandomirskij, Puti antisemitizma v Rossii, S. 14 ff. Auch M. Gorev, Protiv antisemitov, S. 57 ff. ging auf die »Kantonisten« ein, hier wurde neben der Unterdrückung durch die Rekrutierungen aber auch der Widerstand des rückständigen religiösen Judentums dagegen negativ gezeichnet.
154 V. Viktorov, Einleitungsaufsatz zu Sojuz russkogo naroda. Po materialam črezvyčajnoj sledstvennoj komissii vremennogo pravitel'stva 1917g, S. 3 – 18; v.a. S. 5 f., S. 15. Dieser Quellen-

Eine andere Arbeit erklärt gar, daß 1907 die Schwarzhunderter praktisch die Macht übernommen hätten. Die von ihnen und der zaristischen Bürokratie inszenierten Pogrome hätten zum Protest der ganzen »zivilisierten Welt« geführt.[155]

Die wenigen ernstzunehmenden Versuche, sich mit dem vorrevolutionären Antisemitismus auseinanderzusetzen, mußten zugeben, daß nicht einfach die Kapitalisten dahinter steckten, so wie das die Anti-Antisemitismus-Propaganda Ende der zwanziger Jahre stereotyp behauptete.[156] Anders die stärker polemischen Texte: Schon mit Beginn der Kampagne 1926 wurde verkündet, der zaristische Antisemitismus habe dem Kapitalismus gedient und die Bourgeoisie in den kapitalistischen Ländern verfolge gegen die Minderheiten nun ähnliche Ziele wie früher der Zarismus.[157] Mit der ab 1928 beginnenden Verschärfung der Polemik wurden die Aussagen über den zaristischen Antisemitismus einförmig: Sie dienten nun zur Denunzierung des kapitalistischen Klassenfeindes – einschließlich der jüdischen Bourgeoisie, die die Verantwortlichen für die Pogrome unterstützt habe.

4.5.2. Judenfeindschaft seit 1917

Erst in der Zeit der Propagandakampagnen gegen den wachsenden Antisemitismus Ende der zwanziger Jahre wurde gelegentlich versucht zu erklären, warum die Gegner der Bolschewiki zu antijüdischer Hetze gegriffen hätten:

> Die Agitation der konterrevolutionären Armeen Denikins, Kolčaks, Vrangel's und Machnos versuchte die breiten Massen davon zu überzeugen, daß die russische Revolution eine »jüdisch-freimaurerische Verschwörung« sei. Das Ausnützen antisemitischer Stimmungen durch die Konterrevolution hatte folgendes Ziel: 1) die Klassendifferenzierung des Dorfes und den Kampf der mittleren und armen Bauern gegen die Kulaken aufzuhalten und die revolutionäre Aus-

band ist – abgesehen von der 1925 – 27 erschienenen Sammlung Padenie carskogo režima – die einzige sowjetische Publikation, die sich mit der vorrevolutionären Rechten befaßt. Sie basiert auf Material, das schon von einer Kommission der Provisorischen Regierung zusammengetragen wurde.

155 G. Žigalin, Prokljatoe nasledie, S. 59 ff. Neben diesem wohl einzigen in der Sowjetunion (1927) erschienenen Abriß der gesamten Geschichte des russischen Antisemitismus gab es eine eher hochschulinterne Arbeit von I. D. Sosis, »K istorii antievrejskogo dviženija v carskoj Rossii«, in: Trudy Belorusskogo gosudarstvennogo universiteta vyp. 6-7, Minsk 1925, vyp. 12, Minsk 1926. Es gelang mir nicht, sie einzusehen. Sie ist verzeichnet in der Bibliographie von A. Magid, Istorija antisemitizma v Rossii.

156 Zu nennen sind die Artikel in der BSĖ, 1. Auflage, Bd. 24, »Evrei v Rossi«, Sp. 71 f.; auch Bd. 3, »Antisemitizm«, Sp. 72 f. M. Gorev, Protiv antisemitov, S. 81 ff., S. 91, benennt zaristische Generäle als Hauptschuldige an den Pogromen, die letzter Strohhalm des Zarismus gewesen seien. Die Bourgeoisie habe sich über die Pogrome empört (im Nachhinein wurde dies als »Heuchelei« entlarvt, ebd., S. 98).

157 So etwa in: [M. Rafes], »Nacional'naja politika sovetskoj vlasti i antisemitizm«, in: Sputnik Agitatora, 17/1926, S. 44 – 57, hier S. 44 f.

richtung des Dorfes zu stören, 2) die eigenen, oft gewaltsam mobilisierten Kräfte vom sozialen Kampf und von bolschewistischen Ideen auf den Weg des Judenpogroms abzulenken und 3) Zersetzung in die Rote Armee hineinzutragen mittels der Verbreitung der Idee vom »žid-buržui« und vom »žid-kommunist«.[158]

Hier wurde eine konsequente Planung der Pogrome unterstellt, die es in dieser Form nie gegeben hat. Ju. Larin[159] erklärte hingegen die Bereitschaft der ukrainischen Bauernmassen zu antijüdischer Gewalt aus dem historischen Gegensatz zwischen dem Dorf und der Stadt. Letztere sei stets Ausgangspunkt der Unterdrückung, aber auch Quelle der Versorgung mit wichtigen Waren gewesen. Die zweite Funktion erfüllte sie nach der Revolution nicht mehr. Mit den beständigen Regierungswechseln in der Ukraine sei der Haß des Dorfes auf die Stadt gewachsen, während die Angst vor ihr abnahm. So sei die Versuchung stark geworden, die ökonomisch und administrativ funktionslos gewordene Stadt zu berauben. Das typische Bild des ukrainischen Pogroms sei eine Gruppe Bauern, die auf Wagen die Habe der beraubten Städter wegführen. Schon diese Erklärung ist angesichts zahlreicher Massaker ohne Raub nur ungenügend. Larins weitere Erklärungen geraten gar zum Abspulen des pflichtschuldigen ideologischen Programms: Vor allem die Oberschicht der Bauern habe sich beteiligt, da nur die Wohlhabenden über Pferde verfügten, um mit einem Wagen in der Stadt auf Raubzug zu gehen. Die Kulaken hätten mit den Juden auch Konkurrenten im Getreideaufkauf aus dem Weg räumen wollen. Ferner hätten überlieferte religiöse Vorurteile[160],das andersartige Erscheinungsbild der Juden und die beständige Propaganda aus dem Weltkrieg von der jüdischen Spionage eine Rolle gespielt. Pogromopfer seien nur arme Juden geworden[161], die Reichen seien von den Weißgardisten beschützt worden. Dies habe den Klassencharakter

158 C. Fridljand, »Antisemitizm«, in: BSĖ, 1. Auflage, Bd. 3, Sp. 68 ff.

159 Im folgenden nach Evrei i antisemitizm, S. 38 – 44. Zur Person Larins, dem wohl wichtigsten Publizisten gegen den Antisemitismus: Er wurde 1882 in Simferopol geboren, sein Vater Lur'e war Ingenieur. Als mehrfach inhaftierter Berufsrevolutionär hatte Larin keine universitäre Ausbildung, den Bolschewiki schloß er sich endgültig 1914 an. 1929, als er sein Buch über den Antisemitismus veröffentlichte, hatte er als Parteigänger der »Rechten« jeden politischen Einfluß verloren. Vgl. den autobiographischen Abriß in Dejateli SSSR i Oktjabrskoj revoljucii. Ėnciklopedija Granat, Teil 1, S. 272 f.; ferner die Erinnerungen seiner Tochter A. Larina Bucharina, Nun bin ich schon weit über zwanzig, S. 240 – 275. Larins Arbeit erhielt noch Zustimmung im jüdischen Samizdat der siebziger Jahre, siehe I. Domal'skij, »Evrejskij vopros priznan«, in: Evrei v SSSR, Nr. 6. Nov. 1973 – März 1974, abgedruckt in: Evrejskij Samizdat, 7 (1975), Jerusalem, S. 182 – 189.

160 Kirchliche antijüdische Propaganda wird besonders bei M. Gorev, Protiv antisemitov, S. 98 ff. geschildert.

161 Ähnlich A. Chvylja, Antysemityzm, S. 7: Die Pogrome richteten sich gegen das »unschuldige werktätige jüdische Volk«; allerdings an anderer Stelle: die Pogrome dienten der Beraubung der friedlichen jüdischen Bevölkerung, die den Bauern wegen der Rolle der Juden als Händler verhaßt war (S. 59 f.). Hier wird besonders auch der anti-russische Aspekt des ukrainischen Banditentums und die Verantwortung Petljuras (bes. S. 65 ff.) hervorgehoben.

der Pogrome als »Rache an den Bolschewiki« gesichert. Die Ausführungen von Larin waren in ihren Vorwürfen gegen die »jüdische Bourgeoisie« eher noch zurückhaltend, wenn man sie beispielsweise mit den pauschalen Anschuldigungen gegen Zionisten und Bundisten vergleicht, die D. Zaslavskij zufolge mit den ukrainischen pogromščiki zusammengearbeitet hätten.[162]

Trotz ihrer ideologisch bedingten Verengung ragte Larins Arbeit aus einer Masse einförmiger Traktate deutlich heraus, auch da, wo sie den Antisemitismus in der Sowjetunion beschrieb. Larin versuchte, eine strukturelle Erklärung zu geben und begründete den »neuen« Antisemitismus der Intelligenz mit der Konkurrenz um Arbeitsplätze im Angestelltenbereich: Der Anteil der Juden an den Angestellten liege unter ihrem Prozentsatz in der Stadtbevölkerung (8 % nach den Zahlen von 1926).[163] In Moskau, dessen Bevölkerung zu 6,5 % Juden waren, deren Anteil an den Angestellten bei 9 % lag, sei das Verhältnis gestört, mit umgekehrter Tendenz aber auch in Weißrußland, wo die Juden bei 40 %igem Anteil in der Stadt nur 30 % der Angestellten ausmachten. Daher spüre man in Weißrußland den Antisemitismus am schwächsten, in Moskau aber am stärksten – was Larin nicht weiter belegte. Er setzte objektive Daten (Bevölkerungsanteile usw.) mit vagen Angaben über »stärkeren Antisemitismus« in Beziehung und suchte dann nach Gesetzmäßigkeiten. Ob in Moskau der Antisemitismus mehr auffalle, weil es anders als in Weißrußland hier früher kein Zusammenleben mit Juden gab, diskutiert Larin nicht. Jedoch war er durchaus bereit zuzugeben, daß Konkurrenz um Stellen nicht den ganzen Antisemitismus erkläre. Schließlich gebe es auch dort Judenfeindschaft, wo sich keine Ablehnung gegen die Juden breitmachen könne, die angeblich zuviel Platz einnähmen, vor allem im Apparat des Volkskommissarats für Verkehrswesen. Larins Ansatz brachte es mit sich, daß er da, wo er die Überrepräsentation der Juden nicht mit Vergleichszahlen wegerklären konnte, den Vorwürfen, es gebe »zu viele« Juden, implizit Recht gab. Das relative Übergewicht der Juden in den ukrainischen Hochschulen mußte er konsequenterweise als Übergewicht des »städtischen bürgerlichen Elements« kritisieren. Ein Stück weit wurde damit die antisemitische Kritik an der jüdischen »Dominanz« in der Hochschule klassenkämpferisch umgelenkt: »Schlecht ist hier nicht, daß der An-

162 D. Zaslavskij, Evrei v SSSR, S. 17 f.

163 Dieses Argument sollte beweisen, daß die Behauptungen einer Überfüllung der Posten mit Juden hinfällig seien. Diese Vermengung einerseits von Erklärungen des Antisemitismus und seiner Widerlegung andererseits macht Larins Ansatz problematisch. Im folgenden stütze ich mich auf Larin, Evrei i antisemitizm, S. 101 ff., z.T. auch veröffentlicht in: Protiv antisemitizma, S. 22 ff. Larins Buch erschien 1929, wurde laut Vorwort (S. 5) im Frühjahr und Sommer 1929 geschrieben, doch schon im Herbst 1927 veröffentlichte Larin Auszüge in der Komsomol'skaja Pravda (8. 9. 1927, S. 2 f.) als Teil eines in Vorbereitung befindlichen Buches. Dieses vereinigt Elemente der Kampagne, die für die Zeit vor und nach dem Beginn der Kulturrevolution von 1928 typisch sind.

teil der Juden größer als vor der Revolution wurde, aber schlecht ist, daß nicht in noch größerem Maße der Anteil der Arbeiter und armen Bauern größer wurde.«[164]

Es war nur logisch, daß dieser von Larin soziologisch erklärte »bürgerlich-intelligenzlerische Angestellten-Antisemitismus« seiner Ansicht nach mit dem Verschwinden des Konkurrenzdrucks durch das Anwachsen des Angestelltenanteils der Gesamtbevölkerung und dem damit entstehenden Arbeitsplatzangebot praktisch von selbst verschwinden müsse. Für viel gefährlicher hielt Larin den »bürgerlichen« Antisemitismus der Händler, Deklassierten, Handwerker und nėpmany. Diese – so Larin – stellten etwa ein Fünftel der städtischen Bevölkerung und bildeten den gefährlichsten »Herd« des Antisemitismus. Unter dieser Bourgeoisie sei ein Anteil von 18 % Juden, gegen die sich die Judenfeindschaft als Mittel der kapitalistischen Konkurrenz richte. Diese nehme sowohl »kultivierte« Formen wie bei dem Professor Ključnikov an[165], während die »primitiven« Formen typisch seien für rückständige Gebiete wie das moslemische Dagestan, wo es 1926 zu pogromartigen Vorfällen gekommen war.[166] »Im einen wie im anderen Fall liegen die Grundlagen in der wirtschaftlichen Konkurrenz und den weißgardistischen Stimmungen der bürgerlichen Elemente der Stadt.«[167]

Vergleicht man Larins Erklärungen des Intelligencija-Antisemitismus mit seinen Ausführungen über die Judenfeindschaft der »Händler und Bourgeois«, so fällt die Plausibilität der ersten Argumentation und die Widersprüchlichkeit der zweiten ins Auge. Das erklärt sich aus der unterschiedlichen Zielsetzung: Den Antisemitismus der Intellektuellen konnte Larin unbefangen untersuchen, weil er überzeugt war, dieser sterbe ohnehin aus. Die andere Spielart auszurotten, würde jedoch das Verschwinden der Bourgeoisie voraussetzen. Der Kampf gegen diesen Antisemitismus wurde damit zum Klassenkampf – dies jedoch scheint die Erkenntnisfähigkeit Larins getrübt zu haben.

Judenfeindschaft unter Bauern erklärte Larin damit, daß vor der Revolution die Juden eine herausragende Rolle im Getreidehandel gespielt hätten. Es habe ferner religiöse Vorurteile und eine Abneigung gegen alles Fremde und Ungewohnte gegeben. Schließlich sei unter den Bauern die Ansicht verbreitet gewesen, die Juden leisteten keinen Kriegsdienst. All diese Argumen-

164 Evrei i antisemitizm, S. 113; Protiv antisemitizma, S. 31.

165 Hier ging es um den Fall der Erklärung der antisemitischen Strömungen in der Bevölkerung durch einen prominenten Smena-Vech-Anhänger, die von Larin zur Entlarvung des »bürgerlichen« Antisemitismus umfunktioniert wurde. Siehe genauer unten, Kap. 6.4.

166 Larin bekümmerte es nicht, daß es hier um Ritualmordbeschuldigungen ging – er subsumierte die Ausschreitungen unter »kapitalistisch« motivierte Judenfeindschaft! Siehe zu den dagestanischen Ereignissen oben, Kap. 4.4.1.

167 Evrei i antisemitzm, S. 134; Protiv antisemitizma, S. 43.

te des vorrevolutionären Antisemitismus seien jetzt hinfällig: Die Bauern verstünden jetzt, daß die Juden sich dem Kriegsdienst aus Abneigung gegen den Zarismus entzogen hätten. Es gebe die jüdischen Händler nicht mehr, und auch die Religiosität schwinde. Viele russische Bauern hätten im ersten Weltkrieg in deutscher Gefangenschaft das Zusammenleben mit Fremden gelernt. Schließlich werde die körperliche Arbeit der Juden auf dem Land, bei der sie durch die Anwendung moderner Technik besondere Erfolge erzielen würden, die Bauern endgültig von ihren antisemitischen Vorurteilen befreien.[168] Daß sich der Antisemitismus auch unter den Arbeitern so verbreitete, erklärt Larin damit, daß die früher von Judenhaß freie Arbeiterklasse nach der Revolution um Millionen Arbeiter vom Dorf oder aus dem städtischen Kleinbürgertum und der Händlerschicht angewachsen sei. Die Städter brächten den Haß auf die Juden wegen deren Konkurrenzverhalten vor der Revolution mit; vom Dorf stammten die vor allem religiös fundierten Vorurteile gegen die Juden und die Abneigung gegen sie wegen ihrer früher häufigen Händlerrolle auf den Dörfern.

Religiöse Traditionen und Motive hinter der Judenfeindschaft wurden nur selten hervorgehoben. Blutlegenden und Ritualmordbeschuldigungen entsprächen mittelalterlichen Geschichten über einäugige Menschen in Indien, ist vereinzelt zu lesen. Dies zeige, daß jede Religion in ihrem Wesen die Weltanschauung von »Wilden« sei.[169] Als Beispiel für die Schürung des Antisemitismus durch die Kapitalisten wurden H. Ford[170], aber auch »jüdische Kapitalisten« wie Rockefeller [sic!] angeführt, die christliche Kirchen (damit Zentren des Judenhasses!) erbauen ließen.[171] Es wurde nicht auf die Religion zurückgegriffen, um damit Antisemitismus zu erklären, sondern der Antisemitismus diente dazu, die Religion zu entlarven. Religiöse Vorurteile konnten keine Ursache für Judenfeindschaft sein, sondern nur die Gestalt, in die antisemitische Agitation eingehüllt werde. Diese sei – darin waren sich alle

168 Evrei i antisemitizm, S. 140 ff., S. 160 ff. Im Gegensatz zu den anderen Passagen aus dem Buch wurden diese Ausführungen nicht in anderen Textsammlungen nachgedruckt, wohl weil ihr optimistischer Ton übertrieben erschien. Man sollte nicht vergessen, daß Larin Befürworter der Landansiedlung auf der Krim (statt Birobidshan) war und deshalb den Widerstand der Bauern dagegen herunterspielen mußte.

169 M. Gorev, Protiv antisemitov, S. 68 ff.

170 Ford und seine Arbeitsorganisation wurden übrigens gleichzeitig in der Sowjetpresse als Vorbild genannt, wobei die Verstrickungen Fords in den Antisemitsmus nicht erwähnt wurden (z.B. Komsomol'skaja Pravda, 18. 8. 1927, S. 3). Schon bevor Ford als typischer Vertreter des kapitalistischen Antisemiten hingestellt wurde, war anderswo berichtet worden, er habe sich vom Antisemitismus losgesagt (Tribuna, 6-7/1927, S. 41). Über den Prozeß in den USA gegen Fords antisemitische Propaganda berichtete Ogonek, 17. 4. 1927.

171 M. Gorev, »Protiv antisemitov«, in: Komsomol'skaja Pravda, 11. 9. 1927, S. 5; erweitert auch nachgedruckt im gleichnamigen Buch: Gorev, Protiv antisemitov, S. 21 ff. Dabei wurde der Fehler mit dem »evrej-bogač Rockefeller« ausgebügelt, er wurde durch Rothschild als Kirchenbauer ersetzt.

Autoren einig – ein »festes, ausgearbeitetes und geprüftes System«, das stufenweise Steigerungen von Witzen bis hin zu Morden enthalte.[172] Als Drahtzieher wurden alle Geistlichen, die Mitglieder der Kirchenräte und die sechs Millionen Sektenmitglieder, sowie jene 7 % der Stadtbevölkerung in Rußland denunziert, die wegen ihrer Klassenzugehörigkeit ohne Wahlrecht waren. Ihr Machtverlust wurde daran gezeigt, daß der Anteil des Kleinhandels am gesamten Warenumsatz zwischen 1924 und 1928 von 75 auf 23 % gefallen sei. Auch unter der jüdischen Bourgeoisie finde man »sogar Führer der antisemitischen Bewegung«. Daß Wahlrechtsentzug und Niedergang des Privathandels in besonderem Maße die jüdische Bevölkerung betraf, wurde gar nicht ausgesprochen – es wurde aber doch vernehmlich insinuiert, daß auch Juden an der Schürung des Antisemitismus beteiligt seien. Der Haß auf den jüdischen nėpman sei »natürlicher Klassenhaß« der Arbeiter, die noch nicht alle Vorurteile abgelegt hätten und deshalb nicht sähen, daß die russischen nėpmany nicht besser seien.[173]

Die rückständigen Arbeiter würden Opfer der Propaganda von ehemaligen zaristischen Polizeibeamten, Kaufleuten, der alten Intelligenz – von allen, die seit 1917 Grund zur Unzufriedenheit hätten. Im Proletariat könne kein eigener Antisemitismus wie unter der bürgerlichen Intelligenz entstehen, da es noch so wenige jüdische Arbeiter gebe, mit denen die Nichtjuden konkurrieren könnten.[174] Erst durch die Infektion mit dem klassenfremden Judenhaß entstehe aus der Unzufriedenheit im Proletariat – über Probleme mit Wohnraum oder Lebensmittelversorgung – eine antisemitische Stimmung. »Der Kulak und der nėpman versuchen über die Hetze gegen die Juden und die Schürung der Zwietracht zwischen den Nationen, die Einheitsfront der Werktätigen zu spalten und sie von den täglichen Aufgaben des sozialistischen Aufbaus abzulenken und damit letztlich den Zusammenbruch der proletarischen Diktatur zu erreichen.«[175]

172 Na bor'bu s antisemitizmom, S. 3 f.
173 G. Ledat, Antisemitizm i antisemity, S. 6, S. 13, S. 36, S. 40.
174 So Larin, Evrei i antisemitizm, S. 244 f.
175 Komsomol protiv antisemitizma, S. 2.

5. Der Kampf gegen den Antisemitismus

5.1. Die Etappen des Propagandafeldzugs

5.1.1. Argumentationslinien der Überzeugungsarbeit

In den zentralen Zeitungen war die Zahl der Beiträge über oder gegen den Antisemitismus gering. Judenfeindschaft war ein peripheres Thema, das vor allem in speziellen Einzelschriften[1], in der Zeitschrift für jüdische Belange Tribuna, in seltenen Redebeiträgen und Resolutionen auf Konferenzen und in besonderen Propagandaanweisungen behandelt wurde. Staatspräsident Kalinin war der erste, der den »neuen« Antisemitismus öffentlich ansprach. Er trug dieses Problem in die Diskussion über die jüdischen Landkolonien und erklärte in seiner Rede auf der ersten Konferenz der Ozet im November 1926:

> Warum ist die russische Intelligencija jetzt womöglich antisemitischer, als sie es unter dem Zarismus war? Das ist vollkommen natürlich. In den ersten Revolutionstagen stürzte sich die Masse der städtischen jüdischen Intelligencija und Halb-Intelligencija in den Revolutionsstrom hinein. Als unterdrückte Nation, die nie an der Regierung beteiligt war, als Nation, die nicht einmal das Recht hatte, Unteroffiziere zu stellen (geschweige denn höhere Ränge), hat sie sich natürlich dem revolutionären Aufbau zugewandt, und damit ist die Regierung verbunden. Eine ganze Reihe von Juden besetzte die Posten von Kommissaren, Unterkommissaren, Führern usw. Dies war auf ganze Jahrtausende das erste Beispiel, daß Juden sich nicht nur als Händler, Musikanten und Doktoren usw. und in freien Berufen betätigen durften, sondern in der Regierung und der Armee vertreten waren. In dem Moment, als ein bedeutender Teil der russischen Intelligencija sich aus Angst vor der Revolution zurückzog, stürzte sich die jüdische Intelligencija in den Strom der Revolution: Sie war mit einem großen Prozentsatz vertreten – verglichen mit ihrer Anzahl – und wurde in den revolutionären Organen der Regierung tätig. Auf dieser Grundlage verbreitet sich der Antisemitismus.[2]

Von bewußter Konterrevolution und der planmäßigen Agitation der städtischen Intelligencija und anderer sich als Verlierer wähnender Schichten war noch keine Rede. Die ersten Versuche, Antisemitismus zu behandeln,

1 Der Bibliographie von B. Pinkus/A. Greenbaum, Russian Publications on Jews and Judaism in the Soviet Union, S. 51 ff., ist zu entnehmen: 1926: 3 Buchveröffentlichungen zum Antisemitismus, 1927: 6, 1928: 9, 1929: 14; 1930: 5, 1931: 3. Insgesamt sind hier für 1917 bis 1939 etwa einhundert Einzelpublikationen in russischer Sprache verzeichnet, wobei diese Liste um einige wegen ihrer irreführenden Titel nicht aufgenommene sowie um ukrainische und weißrussische Bücher ergänzt werden muß.

2 Pervyj vsesojuznyj s-ezd »Ozet« v Moskve, sten. otčet, S. 65. Auch in der Pravda und Komsomol'skaja Pravda v. 19. 11. 1926; ferner Kalinin, Evrejsij vopros, S. 25 ff.; G. Žigalin, Prokljatoe nasledie, S. 91.

schlugen keineswegs laut Alarm. 1926 hieß es, es gebe Versuche, »auf die eine oder andere Art den Antisemitismus wiederauferstehen zu lassen«. Dem müsse man rechtzeitig vorbeugen durch die Erklärung des konterrevolutionären Wesens des Antisemitismus, »egal wie demokratisch seine Verpackung auch sei«.[3] Teilweise erklärten noch 1927 hohe Sowjetpolitiker, die Sowjetmacht habe den Antisemitismus ausgemerzt.[4]

In den ersten Propagandaschriften und Reden wurden die antijüdischen Ansichten ausgiebig referiert. Dabei war ein gewisser Unterton herauszuhören, der manchen Vorurteilen – gewendet ins Klassenkämpferische – recht zu geben schien. In einer Broschüre von 1926 werden die jüdischen Eigenschaften beschrieben. Das Gute an den Juden sei, daß sie »fleißig, behende, findig, geschickt und aufgeweckt« seien – »Versuch mal, bei solchem Druck und solchen Verfolgungen [im Zarismus] zu faulenzen, in der Nase zu bohren, zu gähnen – im Handumdrehen gehst du vor Hunger ein! Da muß man hellwach bleiben.« Dem werden die schlechten Eigenschaften gegenübergestellt: Da die Juden früher nicht als Bauern arbeiten durften, seien sie gezwungen gewesen, sich mit allen Mitteln über Wasser zu halten. So sei der jüdische Handel und Wucher entstanden: »Man sagt manchmal, daß die Juden oft schmeichlerisch, unehrlich und listig seien. Es wäre ein Wunder, gäbe es keinen Juden mit diesen Zügen.« So hätten sich die häßlichen Züge der Juden entwickelt – ähnlich wie die häßlichen langen Ohren des Hasen, die dieser zum Schutz vor seinen Feinden brauche. Der russische Kaufmann sei aber genauso unbarmherzig wie der jüdische Bankier.[5] Den antisemitischen Vorwürfen wurde nicht widersprochen, sondern sie wurden historisch erklärt. Bisweilen wurde sogar der »jüdische Bankier und Fabrikant« als geschickter und beweglicher als sein russischer Konkurrent geschildert, dem ja unter dem Zarismus alle Wege offenstanden. Mit dieser Argumentation sollte die Ursache der antisemitischen Agitation der rus-

3 [S. Dimanštejn], »Social'no-političeskie korni antisemitizma«, in: Kommunističeskaja Revoljucija, 20/1926, S. 25 – 32, hier S. 32.

4 M. Adamovič, »Evrei v Belorussii«, in: Tribuna, April 1927, S. 4 f. Adamovič, Vorsitzender des weißrussischen Rats der Volkskommissare, hielt zu diesem Thema einen Vortrag vor der dritten Sitzung des Zentralex.-kom. der UdSSR. Wenig später äußerte sich der Sekretär der weißrussischen KP Knorin anders und gab zu, das Vordringen des Antisemitismus in die Arbeiterklasse könne nicht geleugnet werden (JTA, 8. 12. 1927, S. 5).

5 N. Semaško, Kto i počemu travit evreev, S. 8 ff., S. 16. Semaško, selbst bäuerlicher Herkunft, war einer der Führer der Ozet und Volkskommissar für das Gesundheitswesen. Auch wenn man im hier referierten Propaganda-Schrifttum eine Stufung erkennen kann (das Negative an den Juden wurde ab 1928 nicht mehr wie hier bei Semaško thematisiert), heißt das nicht, daß diese Materialien zu einem späteren Zeitpunkt der Kampagne nicht mehr eingesetzt werden konnten. Semaškos Broschüre wird noch 1929 in internen Ozet-Anweisungen empfohlen (RCChIDNI F 441, O 1, D 87, Bl. 15). Auch die 1929 erschienene Broschüre von Ledat, Antisemitizm i antisemity, S. 40, nimmt die Deutung des Antisemitismus als natürlichen Klassenhaß der noch mit Vorurteilen belasteten Arbeiter gegen den jüdischen nėpman wieder auf.

sischen Kapitalisten erklärt werden, die zur Tarnung zu religiösen Argumenten gegriffen hätten.[6]

1927 wurde häufig Bebels Definition vom Antisemitismus als »Sozialismus des dummen Kerls« zustimmend zitiert, dazu wurde erklärt, daß Arbeiterantisemitismus Resultat des kleinbürgerlichen Einflusses sei.[7] Ging es um Judenfeindschaft unter Parteimitgliedern, so war nur die Rede von »vereinzelten Ausnahmefällen«, die von eingeschlichenen Elementen herrührten.[8]

Der erste Text, der als Propagandaanweisung gegen Antisemitismus gedacht war, erschien im September 1926 im Agitprop-Organ des ZK Sputnik Agitatora. Er enthielt bereits alle Elemente der folgenden Propaganda-Kampagne. Die Nationalitätenpolitik des Zarismus wurde kontrastiert mit den Bemühungen der Sowjetmacht, eine »einige Klassenarmee« zu schaffen. Den verbreiteten Ansichten über die »nichtarbeitenden« Juden solle mit der Erklärung der historischen Gründe der jüdischen Sozialstruktur, aber auch mit Informationen über den hohen Anteil der Juden an verschiedenen Handwerken widersprochen werden.[9] In die erste eigenständig erschienene Agitationsanweisung (1927) wurde aus diesem Artikel der historische Abriß übernommen, nicht hingegen die Kommentare zu dem populären Argument, in Moskau lebten zuviele Juden. Während der Artikel von 1926 dies als konterrevolutionäre Propaganda abtat, beauftragte die vom Moskauer Parteikomitee herausgegebene Anweisung die Agitatoren, den Zuzug der Juden als Grund für den Antisemitismus zu »berücksichtigen«.[10] Die Abteilung für Agitation und Propaganda des ZK der weißrussischen KP veröffentlichte eine Broschüre mit Material für Vortragsredner und Gruppen-Agita-

6 D. Burmenko-Ortenberg, Antysemityzm – zbroja našich vorohiv, S. 57 f. Den jüdischen Kapitalisten als den schlimmeren darzustellen, war nicht bezweckt – doch so ließ sich diese Erklärung von einem Publikum, das schon antikapitalistisch-antisemitische Voreinstellungen hatte, auch interpretieren. Wie unsystematisch die Publizistik vor 1928 noch war, mag man daran erkennen, daß einer anderen Schrift zufolge die jüdischen Händler nur ihren jüdischen Kunden gegenüber hartherzig und gierig gewesen seien, da sie ja hier weniger Angst als im Umgang mit der russischen Kundschaft hatten, die vom Zarismus geschützt war – hier war der jüdische Kaufmann also milder als sein russischer Konkurrent (Ju. Sandomirskij, Puti antisemitizma v Rossii, S. 13).

7 A. Bucenko, Čoho chočut' antysemity, S. 21; V. Glebov, Sovremennyj antisemitizm i bor'ba s nim, S. 13, S. 52. Es ist ganz typisch, daß in einem 1930 veröffentlichten Text Jaroslavskijs zwar ein Bebel-Zitat vorangestellt war, aber nicht mehr der berühmte Aperçu (Em. Jaroslavskij, »Na bor'bu s antisemitizmom«, in: V. Vešnev (Hrsg.), Neodolennyj vrag, S. 7). Nur in der Arbeit des deutschen Kommunisten O. Heller wurde erwähnt, daß dieser Ausspruch nicht von Bebel, sondern von einem österreichischen Sozialdemokraten stamme (Der Untergang des Judentums, S. 132).

8 G. Žigalin, Prokljatoe nasledie, S. 85.

9 [M. Rafes], »Nacional'naja politika sovetskoj vlasti i antisemitizm«, in: Sputnik Agitatora, 17/1926, S. 44 – 57.

10 Ob antisemitizme, (1927). Der Text erschien in 25 000 Exemplaren in einer Reihe von »Handreichungen für Referenten und Gruppenagitatoren«. Bei diesen Publikationen waren die Blätter einseitig bedruckt und wie in einem Kalender angeordnet, um die Vortragsarbeit

toren, die den Antisemitismus aus der überkommenen Kulturlosigkeit und den ökonomischen Widersprüchen der NĖP erklärte und konkrete Anweisungen für die Gliederung einer Propagandaveranstaltung gab.[11] Auch Parteikomitees in der Provinz faßten Beschlüsse über die Verstärkung der Agitation. Das Gouvernementskomitee Tula beschloß im September 1927, daß über die Gewerkschaften, ferner unter Rotarmisten und besonders mittels der Presse über den »antisowjetischen Charakter« des Antisemitismus aufgeklärt werden müsse.[12]

Die in der Folgezeit erscheinenden Materialien markieren die weiche Phase in der Antisemitismusbekämpfung, die bis in die erste Hälfte von 1928 reichte und in der der Schwerpunkt auf einem eher argumentativen Ansatz lag. Der Ansicht, die Juden seien als Händler automatisch Kapitalisten, wurde entgegengehalten, es sei lächerlich, den ljumpen-torgovec, der mit Mühe sein Dasein friste, einen »Bourgeois« zu nennen.[13] Immer wieder wurde auf die erfolgreiche Verwandlung der Juden hingewiesen. Vor dem Krieg seien über 40 % von ihnen als Händler tätig gewesen, 1926 seien es nur noch 12 %. Obwohl die Juden in Weißrußland 40 % der Stadtbevölkerung stellten, betrage ihr Anteil an den Handelsangestellten nur 27,7 %, an den Arbeitslosen jedoch 35,7 %.[14] Häufig wurde die Zahl der Arbeiter und die (weit stärker gestiegene) der Angestellten addiert, um so einen von der Sowjetmacht geschaffenen Anteil Werktätiger von über 56 % der Juden präsentieren zu können.[15] Man konnte auch alle Kleinhändler, kustari, Bauern samt Familien zusammenfassen als »Nicht-Ausbeuter«, sie der kleineren Gruppe der nėpmany gegenüberstellen und so unterstreichen, daß zwischen zwei Dritteln und drei Vierteln der Juden sich von der Arbeit ihrer Hände ernähren.[16] Die

(wahrscheinlich Ablesen) zu erleichtern. Siehe auch den Vergleich mit den Anweisungen des Moskauer Komitees von 1929, unten, am Ende von Kap. 5.1.2.

11 Ab antysėmityz'me. (Matėryjaly dlja dakladčykaŭ i hrupavych ahitataraŭ), bes. S. 5 ff.

12 RCChIDNI F 441, O 1, D 87, Bl. 242. Im Gouvernement Tula lebten 0,25 % Juden, in der Stadt 2,1 %, siehe die vom APO des Gouvernementskomitee Tula herausgegebene Broschüre Antisemitizm i nacional'naja politika partii, S. 12 f. Antisemitische Vorfälle berichte das GPU-Dossier GARF F 374, O 27, D 1096, abgedr. in: »Monarchija pogibla, a antisemitizm ostalsja«, S. 327, S. 344.

13 Ef. Dobin, Pravda o evrejach, S. 13.

14 M. Aleksandrov, Klassovyj vrag v maske, S. 54 ff.

15 Im einzelnen waren die Veränderungen (je 1897 – 1926 in Prozent der jüdischen Erwerbstätigen): Arbeiter von 15 auf 19,4; Angestellte von 10 auf 28; Bauern von 2,2 auf 8,6; kustari von 23 auf 20,8; »Händler und Kapitalisten« von 35 auf 12; übrige von 14 auf 10,2; Soldaten gleichbleibend bei 1 %. Siehe Ju. Larin, Evrei i antisemitizm, S. 72 ff.; ders., »Social'naja struktura evrejskogo naselenija SSSR«, in: Bol'ševik, 15/1928, S. 42 f. Vgl. auch Ju. S. Novakovskij, »Prošloe, nastojaščee i buduščee evrejskogo truda«, in: Protiv antisemitizma, S. 67 f.

16 Ob antisemitizme, (1927), S. 13 f.; ähnlich L. Radiščev, Jad. Ob antisemitizme našich dnej, S. 80; ferner A. Chvylja, Antysemityzm, S. 78, wo der Anteil der Juden mit dem (gleichgroßen) in den Gewerkschaften der Ukraine verglichen wurde. Ab antysėmityz'me, S. 30, stellt 67,4 % »produktiv arbeitende« nur 32,6 % »nichtproduktiven« Juden in Weißrußland gegenüber.

unter allen jüdischen Arbeitern und Angestellten bestehende Arbeitslosenquote von 20 % wurde unterstrichen, genauso wie die noch weit höheren Zahlen der arbeitslosen jüdischen Jugendlichen. Damit sollte gezeigt werden, wie die Juden in Wirklichkeit weniger zu den Gewinnern (Angestelltenposten im Handel) als zu den Verlierern der neuen ökonomischen Verhältnisse zählten. Darüber hinaus wurde angedeutet, daß auch die arbeitslosen Juden Opfer des Antisemitismus in der Ukraine und Weißrußland seien, wo Weißrussen und Ukrainer von Entlassungen eher verschont blieben.[17]

Dem Vorwurf, die Juden seien in den Machtorganen überrepräsentiert, entgegnete die Erklärung der jüdischen Sozialstruktur als Stadtbevölkerung, die allgemein das Personal der Machtorgane stelle. Dazu dienten immer wieder angestellte Zahlenvergleiche. Die Publizistik und die Fabrikredner wiesen nach, daß die Juden im Vergleich zur Stadtbevölkerung nirgendwo überrepräsentiert seien. Im höheren Partei- und Sowjetapparat liege der jüdische Anteil mit 6 % und in den lokalen Sowjets mit 5,5 % unter den 8 % Juden in der Stadt. »Von einer Vorherrschaft, einer Überfüllung oder einer Dominanz usw. ist das, wie wir sehen, weit entfernt.« Damit konnte gezeigt werden, daß der Protest gegen angebliche Überfüllung, gegen das evrejskoe zasilie, sich gegen die faktische Gleichheit der Juden richte, mithin gegen ein Prinzip der Sowjetordnung und damit konterrevolutionär sei.[18] Der Vergleich der Anzahl der Juden in Moskau vor der Revolution (einschließlich der illegal dort lebenden) mit dem Anteil der Juden an der Moskauer Bevölkerung in den zwanziger Jahren sollte die Ansicht widerlegen, es gebe in den Hauptstädten zuviele Juden.[19] Die Begründung des relativen jüdischen Übergewichts durch die städtische Herkunft der Juden mußte ein zweischneidiges Schwert sein. Insofern Antisemitismus Ausdruck der Ablehnung der städtischen Moderne überhaupt war, gaben diese Ausführungen der Judenfeindschaft implizit recht.

Neben der Erklärung der jüdischen Repräsentation gab es auch die Methode, die nationale Zusammensetzung von Machtorganen aufzulisten, in denen die Juden keinen herausragenden Anteil hatten.[20] Dies war eine höchst

17 G. Ledat, Antisemitizm i antisemity, S. 51 f.; Komsomol v bor'be s antisemitizmom, S. 15 f.

18 Larin, Evrei i antisemitizm, S. 115, S. 106.; Ef. Dobin, Pravda o evrejach, S. 17 f.

19 Ju. Sandomirskij, Puti antisemitizma v Rossii, S. 47 ff. Sandomirskij errechnete einschließlich der illegalen einen Anteil von 7,5 % Juden in Moskau vor 1917, der nur wenig geringer sei als die 8,5 % von 1927.

20 Im ZK der KPdSU waren 1927 von 104 Mitgliedern 11 Juden, 13 unter 162 Mitgliedern der zentralen Kontrollkommission, zwei im Präsidium des Gesamtrussischen Zentralexekutivkomitees. Weder im Rat der Volkskommissare der Sowjetunion noch dem der russischen Föderation war ein Jude. Unter den 88 Vorsitzenden lokaler Exekutivkomitees und Sowjets von Volkskommissaren war ein Jude, im Gouvernementsjustizapparat mit 66 Obersten Staatsanwälten und 66 Richtern waren 3 bzw. 4 Juden. Zahlen nach M. Gorev, Protiv antisemitov, S. 180; Na bor'bu s antisemitizmom, S. 30. Bezogen auf die Ukraine wurde erklärt, im Zentralexekutiv-

zwiespältige Argumentation: Wer z.B. nachlas, daß in Odessa mit seiner 51 %igen jüdischen Bevölkerung nur 32 % Juden in der Stadtrada (=-sowjet) vertreten waren, oder in Kiew nur 20 % trotz der über 30 % igen jüdischen Bevölkerung[21], konnte auch in dem Vorurteil bestärkt werden, dies sei auch besser so.

Diese Argumentationsweise wurde vor allem 1929 mehrfach kritisiert. Hier deuteten sich Widersprüche im Kampf gegen den Antisemitismus an.

5.1.2. Propaganda gegen Antisemitismus als Waffe im Klassenkampf

Die Frage, ob der Kampf gegen den Antisemitismus erstrangige Bedeutung habe, scheint in der Parteispitze umstritten gewesen zu sein. Die »Feinde halten uns heuchlerisch vor, daß wir die antisemitischen Stimmungen noch nicht liquidiert haben«, erklärte der Sekretär des ZK der Ukrainischen KP Ljubčenko im Mai 1928. Doch gerade das Verschweigen schade der Sowjetmacht. Jeder Kulturarbeiter, vor allem unten an der Basis, müsse imstande sein, »den unter Kulakeneinfluß irregehenden Bauern zu beweisen, daß unsere Politik gegenüber der jüdischen Armut völlig richtig ist und den Interessen der ukrainischen und russischen werktätigen Massen nicht widerspricht«.[22]

Die Agitpropversammlung beim ZK der KP der Ukraine verabschiedete kurz nach dem Plädoyer Ljubčenkos einen Maßnahmenkatalog für den Kampf gegen Judenfeindschaft mit den Mitteln von »Propaganda, Agitation und Erziehung«. In allen Schulungseinrichtungen der Partei müsse unbedingt der Antisemitismus behandelt werden. Der Komsomol müsse eigene Materialien ausarbeiten, die Kulturabteilungen der Gewerkschaften und Armee eigene Richtlinien vorlegen. Besuche von jüdischen Landkolonien müßten ausgeweitet, antisemitische Parteimitglieder öffentlich verurteilt werden.[23]

Ob das Politbüro der KPdSU den Auftrag erteilte, zu diesem Zeitpunkt die Kampagne zu systematisieren und zu verstärken, ist nicht zu belegen, aber anzunehmen. Auf ein schriftliches Dokument, das die Maßnahmen autorisierte,

komitee seien 18 von 395 Mitgliedern Juden. Unter den 19 Volkskommissaren seien 11 Ukrainer, 6 Russen, 2 Juden. Im ZK der Partei seien unter 57 Mitgliedern 9 Juden, ihr Anteil in der Partei liege bei 11,2 % (D. Burmenko-Ortenberg, Antysemityzm – zbroja našich vorohiv, 1927, S. 43 f.).

21 A. Bucenko, Čoho chočut' antysemity, S. 29.

22 Tribuna, 8/1928, S. 4. Andere Propagandisten des Kampfes gegen Judenfeindschaft hoben dessen »internationale Bedeutung« hervor, weil er der ausländischen Arbeiterbewegung und der radikalen kleinbürgerlichen Intelligenz zeige, wie sehr die Sowjetmacht gegen ihre Feinde im Lande kämpfe und die Probleme der jüdischen Armut – und damit auch den Antisemitismus – durch die Produktivierung der Juden aus der Welt schaffe. So Ju. Larin, Evrei i antisemitizm, S. 292 ff. Noch 1926 hatte Larin wegen der »Feinde« im Ausland die Judenfeindschaft der Bauern heruntergespielt! Siehe oben, Kap. 4.3.1.

23 Tribuna, 9/1928, S. 25. Nachgedruckt bei Švarc, Antisemitizm, S. 86 f.; engl. in: Schwarz, Jews in the Soviet Union, S. 282 f.

wurde jedoch in der Folgezeit nie Bezug genommen. Auch in den Tagesordnungen des Politbüros in der betreffenden Zeit findet sich kein Hinweis, daß ein Beschluß zum Antisemitismus schriftlich niedergelegt wurde oder daß darüber auch nur – mit Protokollierung – diskutiert wurde.[24] Auch ohne daß schriftliche Anweisungen vorliegen, ist davon auszugehen, daß die Parteiführung zugestimmt hatte. Prinzipiell waren verstärkte Maßnahmen seit Dezember 1927 von höchster Stelle gefordert, als auf dem Parteitag sowohl Stalin selbst als auch die Resolution zu seinem Rechenschaftsbericht den Antisemitismus verurteilten und »unerbittlichen Kampf« dagegen forderten.[25]

Im Mai 1928 wurden auf einer Sitzung des Agitpropkollegium des ZK der KPdSU Maßnahmen gegen den Antisemitismus diskutiert. Die Pravda veröffentlichte die dort in einer »lebhaften Diskussion« (wegen des wichtigen Themas) vorgebrachten Vorschläge: 1. Es wurde gefordert, nicht nur in das Netz der Parteischulung die Frage des Internationalismus zu integrieren, sondern das Thema verstärkt auch an Schulen der zweiten Stufe zu behandeln. 2. Es werde viel zu wenig Material gegen den Antisemitismus herausgegeben. In allen Medien (einschließlich schöngeistiger Literatur, Theater, Kino, Radio) müsse die Klassenstruktur des Antisemitismus entlarvt werden. »Die Partei muß eine Atmosphäre der gesellschaftlichen Verachtung des Antisemitismus schaffen. Für böswilligen Antisemitismus muß man unbedingt aus der Partei ausgeschlossen werden.« Eine Kommission wurde gebildet, die innerhalb von zwei Wochen eine Resolution ausarbeiten mußte.[26] Diese Kommission unterbreitete dem ZK folgende Vorschläge: 1. In allen Curricula solle die sowjetische Nationalitätenpolitik und die »Wahrheit über den Antisemitismus« [gemeint: seine »Klassennatur«] aufgenommen werden. 2. Es soll hervorgehoben werden, daß viele Juden produktiv tätig und bereits in der Industrie beschäftigt seien. 3. Es sollen Schulbücher herausgegeben werden, die über das Leben der Juden berichten. 4. In der Roten Armee und in den Gewerkschaften soll verstärkt Propaganda betrieben werden. 5. Alle Prozesse gegen Antisemiten sollen öffentlich durchgeführt werden.[27]

24 Man kann nicht sagen, daß sich das Politbüro mit einer Fragestellung dieser Art nicht hätte befassen können: Aus den Tagesordnungen geht hervor, daß dort Probleme höchst unterschiedlicher Qualität verhandelt wurden. Thema war etwa antireligiöse Propaganda, worunter eine so spezielle Frage wie die Mennoniten fallen konnte (Politbürositzung v. 1. 8. 1929, RCChIDNI F 17, O 3, D 729).

25 Pjatnadcatyj s-ezd, sten. otčet, Bd. 1, S. 74, S. 427. Siehe unten, Kap. 7. 4. Die betreffende Passage aus der Resolution von 1927 wurde auch aufgenommen in: Spravočnik partijnogo rabotnika, 7, Teil 1, Moskau, Leningrad 1930, S. 411.

26 Pravda, 5. 5. 1928, S. 5; Tribuna, 9/1928, S. 25. In ukrainischer Übersetzung in: Kiper, Na borot'bu z nacional'noju vorožnečeju, S. 259 ff. Die Pravda benutzte den Bericht, um durch eingeschobene Fallbeispiele die Bedrohlichkeit des Antisemitismus zu unterstreichen.

27 JTA, 17. 5. 1928, S. 4. Diese Meldung der JTA war offenbar nicht aus offiziellen Verlautbarungen geschöpft. Wahrscheinlich wurden die Vorschläge der Kommission dem JTA-Repräsentanten direkt zugänglich gemacht.

Nach der Systematisierung der Propaganda durch die Agitpropabteilung des ZK veränderte sich ihre Sprache. »Verständnisvolles« Eingehen auf die Zunahme der Juden in Moskau etwa kam nun nicht mehr vor. Manche der Materialien wurden für ein Publikum mit sehr geringen Vorkenntnissen zugeschnitten. An einer Broschüre der Reihe »Einfache Gespräche« ist das schon an der Sprachstruktur und an Erklärungen von Fremdwörtern zu erkennen.[28] In Betriebsversammlungen versuchten Parteiredner, den konterrevolutionären Einfluß nachzuweisen: Wer sich etwa bei seinen Fragen auf die Bibel als Nachweis einer jüdischen Abneigung gegen Landwirtschaft bezog, bewies damit: »Hinter jedem Antisemiten steht der Pope.« Wer darauf hinwies, daß einerseits die Juden auf das Land umgesiedelt würden, um den Ernteertrag zu steigern – andererseits aber Bauern, die höhere Ernten hätten, als Kulaken verfolgt würden, der bewies damit die »kulakischen und kleinbürgerlichen Wurzeln« des Antisemitismus.[29]

Es wurden nun von den Parteikomitees auf Kreis- bis Rayonebene Kampfmaßnahmen beschlossen, Meldungen über Absetzungen von Komsomol- und Parteisekretären nahmen zu.[30] Von den Instruktoren in Partei- und Komsomolkursen wurde gefordert, dem Thema nicht nur 10 – 15 Minuten wie häufig im Vorjahr, sondern eine ganze Unterrichtseinheit zu widmen.[31] Es ist davon auszugehen, daß nun auch oben in der politischen Hierarchie, bei den Verhandlungen in den Partei- und Regierungsorganen verstärkt der »immer noch nicht ausgestorbene« Antisemitismus zur Sprache kam. Ein Beispiel war das Referat des Ozet-Vorsitzenden Smidovič am 15. 12. 1928 vor dem Präsidium des Nationalitätensowjets des Zentralexekutivkomitees.[32] Die verstärkte Diskussion muß nicht bedeuten, daß den betreffenden Politikern tatsächlich deutlich mehr Hintergrundinformationen über zunehmende Judenfeindschaft vorlagen – sie konnten sich einfach auf die bereits erschienenen Zeitungsmeldungen beziehen. Eine Rolle könnte dabei das Bestreben gespielt haben, hinter anderen nicht zurückzubleiben, nicht als zu wenig wachsam zu gelten.

Die »bedrohlichen Fälle« des Antisemitismus und »entschlossene Maßnahmen« gegen ihn schaukelten sich gegenseitig hoch. Daß Ende 1928 auch in Weißrußland ZK und ZKK der Partei ein Aktionsprogramm verabschiedeten, muß keine Reaktion auf die »alarmierenden« Vorfälle in den Fabriken gewe-

28 M. Aleksandrov, Otkuda beretsja vražda k evrejam i komu ona vygodna, passim.

29 Die Beispiele sind der Beschreibung einer Sitzung im Arbeiterklub einer Fabrik entnommen: »Tov. Semaško daet otpor antisemitam«, in: Tribuna, 1/1929, S. 17 f. Schon Informationsfragen nach dem Bejlis-Prozeß wurden als Beweis der gezielten Popen-Agitation hingestellt. Bei zufälligen Ähnlichkeiten auf Fragezetteln wurde vage angedeutet, sie seien wohl von einem Zentrum inspiriert (Tribuna, 8/1929, S. 16).

30 Tribuna, 12/1928, S. 23 (Poltawa, Witebsk); Tribuna, 16/1928, S. 24 (Leningrad, Pensa).

31 M. Gorev, Protiv antisemitov (1928), S. 168.

32 Tribuna, 1/1929, S. 3.

sen sein, wie sie dann im »Baršaj-Fall« (Mißhandlungen einer jüdischen Arbeiterin) der Öffentlichkeit präsentiert wurden. Die Einschätzung der besonderen Schwere dieses Falls kann sowohl Ursache als auch Wirkung der beschlossenen Maßnahmen gewesen sein. Diese bestanden aus einer »Verstärkung der internationalistischen Erziehung der Massen« und ihrer Belehrung über die Klassennatur des Antisemitismus. Dessen offener Propaganda müsse mit repressiven Maßnahmen begegnet werden, forderte das weißrussische ZK, und besonders in Schulen und Hochschulen müsse der Kampf verstärkt werden. Besondere Aufmerksamkeit solle Fabriken außerhalb großer Städte zuteil werden. Die Partei müsse hier besonders die Partei- und Gewerkschaftsorganisationen verstärken.[33]

Am 11. Februar 1929 schlug das ZK dem Komsomol vor [predlagaet], die politisch-erzieherische Arbeit zu verstärken und zu verbessern, da im Jugendverband noch »eine Reihe unguter Alltagserscheinungen (Alkoholkonsum, lockere Sitten usw.) und Erscheinungen fremder ideologischer Einflüsse (religiöse Vorurteile, Antisemitismus, Nationalismus)« vorkämen.[34] Antisemitismus wurde also nur am Rande, neben anderen Abweichungen und Verfallserscheinungen erwähnt. Daß der Kampf gegen ihn eine Hauptaufgabe sei, mußte daraus nicht abgeleitet werden. Das ZK des Komsomol forderte von allen seinen örtlichen Organisationen, sämtliche Vorfälle aufzuklären: »Auf jedes Faktum muß die Aufmerksamkeit der Jugend konzentriert werden.« Die positiven Erfahrungen mit Besuchen auf Landkolonien (siehe unten) müßten ausgeweitet, die Nationalitätenpolitik der Partei besser erklärt werden. Man dürfe auch nicht vor dem Ausschluß antisemitischer Mitglieder aus dem Komsomol zurückschrecken.[35] Unter manchen Komsomolzen herrschte die Ansicht, nur Juden sollten den Kampf gegen den Antisemitismus führen. Dem wurde erwidert, der Kampf sei Sache des ganzen Komsomol, gerade weil unter seinen Mitgliedern sogar Teilnehmer an Gewalttaten

33 Tribuna, 1/1929, S. 32 f. Vgl. auch den letzten erschienenen Pravda-Leitartikel über den Antisemitismus: »Vnimanie bor'be s antisemitizmom«, in: Pravda, 19. 2. 1929, S. 1. Die letzte Forderung bezog sich eindeutig auf den Baršaj-Fall (siehe dazu unten, Kap. 5.4.2.), der sich in einer Glasfabrik bei Minsk ereignet hatte. Daß gerade die Partei hierauf ihr Augenmerk lenkte und diesen Fall hervorhob, hängt auch mit der Lage dieser Fabrik auf dem flachen Land zusammen: Hier konnte demonstriert werden, von wo die Fäden des klassenkämpferischen Antisemitismus gezogen werden, nämlich von den Kulaken der umliegenden Dörfer.

34 »Postanovlenie ČK VKP(b) ob očerednych zadačach komsomol'skoj raboty i zadačach partijnogo rukovodstva komsomolom« (11. 2. 1929), in: Spravočnik partijnogo rabotnika, 7 (1930), Teil 1, S. 456 ff., auch in: KPSS v rezoljucijach i rešenijach, Bd. 4, Moskau 1984, S. 406 ff. Vgl. auch den Beschluß der 6. Allunionskonferenz des Komsomol vom Juli 1929, in der der »systematische Kampf gegen klassenfremde Einflüsse (Antisemitismus, Sekten, kleinbürgerlicher Individualismus)« gefordert wird, in: Spravočnik part. rab., 7 (1930), Teil 2, S. 326.

35 I. Šarov'ev, »O bor'be s antisemitizmom. Pis'mo ČK VLKSM«, in: Komsomol protiv antisemitizma, S. 23 f.; in ukrainischer Übersetzung in: Kiper, Na borot'bu z nacional'noju vorožnečeju, S. 261 ff. Vgl. JTA, 28. 3. 1929, S. 3.

gegen Juden seien. Besonders müsse gegen die »verborgenen Antisemiten« angekämpft werden, unter denen es aktive Komsomolmitarbeiter gebe: »Wenn man ihnen sagt, du bist Antisemit, sind sie beleidigt, drohen mit der Kontrollkommission und rühmen sich der Dauer ihrer Mitgliedschaft. [...] Der Antisemitismus drückt sich bei ihnen in Judenwitzen aus, in der Wiedergabe der Gespräche von anderen, doch in Wirklichkeit sind das ihre eigenen Gedanken, die sie anderen in den Mund legen.« Als Hauptmaßnahme dagegen wurde gefordert, die Mitgliederwerbung für die Ozet unter allen Nationalitäten voranzutreiben. Der Komsomol war von seinem ZK beauftragt worden, »Ozet-Monate« zu veranstalten, also die Aktivitäten einen Monat lang der Ozet und der jüdischen Landansiedlung zu widmen. Diese Direktive scheint nur sehr unzureichend befolgt worden zu sein.[36]

1929 war in den Auftritten und Publikationen häufig Kritik an der bisherigen Kampagne zu finden. Es wurde z.B. trotz der vorliegenden Beschlüsse der Agitpropabteilungen der verschiedenen ZKs beklagt, daß systematisiertes Material fehle.[37] Auch Inhalte wurden gerügt: Es gebe Vortragsredner, die ein vom Klassenstandpunkt völlig differierendes Bild vermittelten, indem sie Sympathie für das »jüdische Volk (als ganzes) wecken wollten, das große Revolutionäre und Denker hervorgebracht habe«. Andererseits gebe es Fälle einer »Nachtrabpolitik«, wenn den Antisemiten, die über die »jüdische Vorherrschaft« klagten, entgegengehalten werde, daß die Juden in den Leitungsorganen und -institutionen gar nicht vertreten seien: »[...] für jeden bewußten Arbeiter und Werktätigen ist klar, daß so nur ein Agent der Konterrevolution die Frage stellen kann, ein übler Antisemit. Die Werktätigen der Sowjetunion vertrauen die Führungs- und Verantwortungsposten denen an, die ihre Ergebenheit gegenüber der gemeinsamen Sache, der Sache des sozialistischen Aufbaus, der proletarischen Revolution bewiesen haben – ohne jeden Unterschied in der Nation.«[38] Die heftigste Kritik wurde gegen Agitationsmaterial der ukrainischen Zeitschrift Komunist geäußert, die – wie viele andere Texte – den geringen Anteil der Juden in ukrainischen Machtorganen mit Zahlen belegt hatte. Diese Argumentation wurde nun genauso als Abkehr von der »internationalistischen Klassenpolitik« gescholten, wie die Erklärungen, die Juden bekämen auf der Krim nicht das beste Land, der Staat baue für sie keine besonderen Schulen. Solche Aussagen – wurde gerügt – seien keine »Waffe für den Kampf gegen den Antisemitismus, sondern eine Waffe des Antisemitismus«.[39]

36 Rachmanov, »Leninskij komsomol – protiv antisemitizma«, in: Tribuna, 5/1929, S. 3 f.

37 G. Ledat, Antisemitizm i antisemity, S. 3.

38 G. Ledat, Antisemitizm i antisemity, S. 59 f. Ähnlich Ob antisemitizme (1929), S. 27 f.; I. Lezman, »Ob antisemitizme, nacional'noj rozni i o tom, kak ich poborot'«, in: Tribuna, 4/1929, S. 1 ff.

39 A. Chvylja, Antysemityzm, S. 98.

1929 wurde die Forderung laut, den Kampf gegen Antisemitismus gegen konkrete Personen zu führen: Antisemiten müsse eine Atmosphäre der öffentlichen Verachtung umgeben, selbst gegen Judenwitze müsse mit der »Hand des revolutionären Gesetzes« zugeschlagen werden. Die Propaganda solle sich auf die ganze Bandbreite von Vorträgen, Prozessen, Themenzirkeln, Wandzeitungen, der Organisation von Ozet-Zellen auch mit nichtjüdischen Mitgliedern stützen. Eine mustergültige Vortrags- und Diskussionsveranstaltung sollte folgendermaßen ablaufen: Sie habe zu beginnen mit einer Erklärung des Kampfes gegen Antisemitismus als Klassenkampf und dann über einen historischen Abriß und die Schilderung der Klassenschichtung der Juden schließlich zur Politik der Sowjetmacht zu führen. Hier solle der Erlaß von 1918 (Lenin: Antisemiten »außerhalb des Gesetzes«) erwähnt werden, Vorwürfe gegen die Juden sollen entkräftet werden. Am Ende sei die jüdische Landansiedlung zu klären, bevor mit dem Appell geschlossen werde: »Aktiver Kampf gegen den Antisemitismus ist Pflicht jedes bewußten Arbeiters.«[40] Aufschlußreich ist der Vergleich von Propagandainstruktionen ein und desselben Gremiums von 1927 und 1929: Die Agitpropabteilung des Moskauer Parteikomitees forderte 1929 die Agitatoren auf, die Klassennatur des Antisemitismus herauszuarbeiten und ihn mit anderen fremden Erscheinungen wie Trotzkismus und der Rechtsabweichung auf eine Stufe zu stellen – davon war 1927 nicht die Rede. Auf Erklärungen über den Grund der teilweise höheren Vertretung von Juden auf bestimmten Posten solle man sich nicht einlassen, hier sei die Nationalität gleichgültig, es komme darauf an, ob die betreffenden Personen zur »Klassenavantgarde« gehörten. Auch die Frage, ob in Moskau zuviel Juden lebten, sei mit der alten antisemitischen Denkweise verbunden. Von solchen Fragen dürfe sich ein Agitator nicht in eine Verteidigungshaltung drängen lassen, er müsse vielmehr angreifen und den Schaden darstellen, den jeder Nationalitätenhaß anrichte.[41] 1927 war erklärt worden, der Agitator müsse berücksichtigen, daß die Zunahme der Juden in Moskau stark auf die Zunahme des Antisemitismus »eingewirke« [sodejstvuet]. Es war auch noch nicht von der bewußten Verwendung des Judenhaß durch den Klassenfeind die Rede gewesen, sondern nur von »Kulturlosigkeit« und »Unzufriedenheit« über die wirtschaftliche Situation unter Arbeitern.[42]

Auf der 16. Parteikonferenz im April 1929, die ganz im Zeichen des »sozialistischen Angriffs« stand, wurde der Antisemitismus in den Debattenbeiträ-

40 Na bor'bu s antisemitizmom, S. 24 f.; S. 9 f. Diese Handreichung wurde vom Leningrader Parteikomitee herausgegeben. Kaum anders sind aus derselben Zeit die »Tezisy dlja dokladčikov po voprosam ozet«, in: RCChIDNI F 441, O 1, D 87, Bl. 3 – 15.

41 Ob antisemitizme, hrsg. v. APPO des MK der VKP (1929), bes. S. 7 f., S. 26 ff.

42 Ob antisemitizme, (1927), bes. S. 1, S. 11 f. Vgl. oben, Kap. 5.1.1. Im Vergleich zu 1927 hatte sich die Auflage des Textes auf 50 000 Exemplare verdoppelt.

gen nicht diskutiert – so wie auf allen anderen Parteitagen auch nicht. 1929 standen die Probleme der Kollektivierung und Industrialisierung im Vordergrund. Es wurde eine Parteisäuberung beschlossen, die die Partei homogen machen und deshalb alle »unverbesserlichen Bürokraten«, Antisemiten, verborgenen Anhänger religiöser Kulte, verborgenen Trotzkisten usw. aus ihren Reihen jagen sollte. Die Partei müsse auch ihren »gesündesten Teil«, die Fabrik- und Betriebszellen, überprüfen und Elemente aufspüren, die »mit der Kulakenwirtschaft des Dorfes verbunden sind und den kleinbürgerlichen Einfluß auf das Proletariat weiterleiten, Elemente, die die Fabrikarbeit nur als Mittel der Bereicherung ihres eigenen Individualhaushalts ansehen, eigensüchtige Elemente, die nicht aktiv an der Hebung der Arbeitsdisziplin teilnehmen, Elemente, die sich gleichgültig gegenüber so konterrevolutionären Erscheinungen wie dem Antisemitismus verhalten, Elemente, die nicht endgültig mit religiösen Ritualen gebrochen haben, usw.«[43]

5.1.3. Abklingen und Delegation der Kampagne

In einer 1930 erschienen Arbeit über Selbstkritik wurde immer noch der Einfluß ehemaliger Gutsbesitzer, Popen, Offiziere oder Fabrikanten auf Staatsposten beklagt. Aber unter den Lastern der Arbeiterklasse, mit denen die Presse kämpfen müsse, tauchte der Antisemitismus nicht mehr auf.[44] Zu dieser Zeit tendierten Berichte über jüdische Themen bereits dazu, das Programm gegen die Judenfeindschaft als erfüllt hinzustellen: »Ein Faktor der erfolgreichen Kolonisierung in der Sowjetunion ist, daß die Oktoberrevolution die alten Vorurteile zerbrochen und die Psychologie der Massen von Grund auf verändert hat.«[45] Schon zu Beginn der dreißiger Jahre wurde, wenn vom Kampf gegen den Nationalismus die Rede war, die Bekämpfung des Antisemitismus nicht mehr eigens betont.[46]

Von der Ozet war 1929 die mangelnde Kooperationsbereitschaft der Gewerkschaft im Kampf gegen den Antisemitismus bemängelt worden. Nicht auszuschließen ist, daß dies ein versteckter Angriff auf die »rechte« Gewerkschaftsführung durch Tomskij war. Auch einige Leserbriefe im Ozet-Organ Tribuna kritisierten die mangelnde Aufmerksamkeit in dieser Frage und for-

43 Resolution der 16. Parteikonferenz, »O čistke i proverke členov i kandidatov VKP(b)«, in: Šestnadcataja konferencija VKP(b), April 1929, sten. otčet, S. 660 ff.

44 S. Ingulov, Samokritika v dejstvii, S. 105, S. 145.

45 I. Sudarskij, Birobidžan i Palestina, 1930, S. 41. Siehe auch I. Trajnin, Nacional'nij vopros v kapitalističeskich stranach i v SSSR, 1931, S. 24 ff., wo – bereits rückblickend – von der großen Aufmerksamkeit »seinerzeit« für den Baršaj-Prozeß die Rede ist.

46 M. Kobeckij, »Krepče uvjazat' bor'bu s nacionalizmom s antireligioznoj propagandoj«, in: Revoljucia i Nacional'nosti, 9/1931, S. 15 – 19. Hingegen wurde beispielsweise in einer 1929 erschienenen Schrift noch die Identität von beiden Abweichungen behauptet (P. Kanceljarskij, Sovetskaja vlast' i evrejskoe naselenie v SSSR, S. 18 f., S. 26).

derten die Gewerkschaft auf, mehr zu unternehmen.[47] Auch innerhalb der Gewerkschaften wurde heftig gerügt, daß trotz zunehmender Judenfeindschaft Kampfmaßnahmen ausgeblieben seien oder auf Agitationsveranstaltungen der Antisemitismus nur gestreift worden sei.[48] Dies paßte in die allgemeine Kritik an den Gewerkschaften, denen auf der 16. Parteikonferenz vorgeworfen wurde, »den Kampf um die Verbesserung des Sowjetapparats« nicht zu unterstützen,[49] obwohl auf dem 8. Gewerkschaftskongreß der Kampf gegen Verfallserscheinungen wie Alkoholismus, Glücksspiel, kulturloses Benehmen, Brutalität gegen Frauen, Überreste überkommener Vorstellungen wie Religion, Nationalitätenhaß und besonders Antisemitismus zur dringlichen Aufgabe erhoben worden war.[50]

Auf dem 16. Parteitag 1930 wurden die Gewerkschaften erneut beauftragt, ihre Bemühungen zu verstärken. Sie sollten systematisch kleinbürgerliche Stimmungen, Vorurteile und jegliche Überbleibsel der kapitalistischen Vergangenheit bekämpfen, die antireligiöse Propaganda organisieren und den Kampf gegen Antisemitismus, Chauvinismus und nationale Begrenztheit verstärken.[51] Es erschien nun eigene Gewerkschaftsliteratur zu diesem Thema.[52] Der Kampf gegen den Antisemitismus wurde in den Fabriken mit Routine geführt. Prügeleien mit jüdischen Opfern – z.B. unter Jungarbeitern in den neuerrichteten Industriegiganten – wurden von Arbeiterresolutionen in gleichförmigem Tonfall als »konterrevolutionärer Auftritt, der auf die Störung des stürmischen Tempos des sozialistischen Aufbaus gerichtet ist«, gebrandmarkt.[53] Wichtiger als der Kampf gegen Judenfeindschaft war die durch ihn angestrebte Schulung der Arbeiterschaft geworden: Wer in den Fabrikzeitungen schreibe, »der Antisemitismus sei nur ein Vorurteil«, müsse

47 Tribuna, 14/1929, S. 13; 16/1929, S. 21. Am 2. Juni 1929 wurde Tomskij abgelöst.

48 GARF F 5451, O 13, D 519, Bl. 2 ff. »Antisemitizm sredi členov provsojuzov« (28. 4. 1929); ebd., Bl. 9 ff.: »Profpečat' v bor'be protiv antisemitizma« (mit zahlreichen Einzelbeispielen). Vgl. den selbstkritischen Bericht der Moskauer Gewerkschaftsorganisation vom Februar 1929 bei Larin, Evrei i antisemitizm, S. 238 ff.

49 Šestnadcataja konferencija, sten. otčet, S. 503 f. (Rede von Borisov).

50 Das Gewerkschaftspräsidium forderte: 1) Es müssen eigene Broschüren über die Nationalitätenpolitik der Sowjetmacht herausgegeben werden. 2) Systematisch müssen Vorlesungen in den Klubs und Roten Ecken abgehalten werden. 3) Jedem Fall des Antisemitismus muß Öffentlichkeit [glasnost'] zuteil werden. 4) Personen, die mit Antisemitismus oder Passivität ihm gegenüber belastet sind, dürfen keine Gewerkschafts- und Kulturarbeit mehr betreiben. Vos'moj s-ezd professional'nych sojuzov SSSR, Moskau 1929, S. 531 f., S. 542, S. 546, nach E. Carr/R. Davies, Foundations of a Planned Economy, 1926 – 1929, Vol. 1, Part II (= A History of Soviet Russia, 9), London 1969, S. 561; Tribuna, 14/1929, S. 12; JTA, 24. 6. 1929, S. 2. Tomskijs Rede bei Kiper (Hrsg.), Na borot'bu z nacional'noju vorožnečeju, S. 263 ff.

51 »O zadačach profsojuzov«, in: Šestnadcatyj s-ezd VKP(b), Sten. otčet, S. 749.

52 D. Michajlovič, Profsojuzy i FZMK v bor'be s antisemitizmon, Odessa 1930. (FZMK = örtliche Fabrikkomitees). Diese in 6000 Exemplaren erschiene Schrift ist verzeichnet bei Pinkus/Greenbaum, Russian Publications, S. 59.

53 Čeljabinskij Rabočij, in: Tribuna, 12/1931, S. 11.

bei seinen proletarischen Lesern die Achtung verlieren, hieß es in der Tribuna. Diese ging nun immer mehr davon ab, antisemitische Vorfälle zu beschreiben, und nahm statt dessen die »opportunistischen Ozet-Zellen« aufs Korn, die in der internationalistischen Erziehung versagt hätten.[54] Die inquisitorische Energie hatte sich vom Kampf gegen den Antisemitismus auf den Kampf gegen solche Partei- oder Gewerkschaftsmitglieder verlagert, die den Antisemitismus mangelhaft bekämpft hatten.

Neben den Gewerkschaften war nach 1929 die Rote Armee Schwerpunkt der Kampagne. Hier sammelten sich die üblichen antijüdischen Vorurteile, die sonst in Zusammenhang mit der Kolonialisierung auf der Krim, in den Fabriken und an den Hochschulen laut wurden. Es wurde jedoch bis Ende 1929 wenig von Maßnahmen gegen Judenfeindschaft unter Rotarmisten berichtet.[55] Die Partei vertraute auf die ideologische Zuverlässigkeit der Rotarmisten. Es sei »allgemein bekannt, daß im Kommandostab der Roten Armee (und unter den Rotarmisten überhaupt) fast keine antisemitischen Stimmungen festzustellen sind«, schrieb Ju. Larin noch 1928. Das sei um so beachtlicher, als in der Armee Juden auf bestimmten Leitungsposten wirklich überrepräsentiert seien. Der jüdische Anteil im Kommandostab war mehr als doppelt so groß wie der Anteil unter den Soldaten überhaupt. Diese Überrepräsentierung könne nicht wie bei den sonstigen Staatsposten mit der allgemeinen städtischen Herkunft des sowjetischen Führungspersonals erklärt werden, da sich die Rote Armee gleichmäßig aus dem ganzen Land rekrutiere. Daß es dennoch keinen Antisemitismus in der Armee gebe, erklärte Larin damit, daß – im Gegensatz zu den Antisemiten im Staatsapparat, die die Juden als Konkurrenten empfänden – der Stab der Roten Armee nicht mit der Bourgeoisie verbunden sei. Außerdem werde systematisch eine politische Schulung durchgeführt.[56]

Informationen für den Dienstgebrauch der Armee zeigen allerdings, daß sich Judenfeindschaft in der Armee – auch unter den Offizieren – durch politische Schulungen nicht so einfach überwinden ließ. Ein Bericht von 1929 beschreibt, daß es Antisemitismus in der Form von Beleidigungen wie židovskaja morda [Judenfresse] gebe, ferner Anschuldigungen, daß die Juden Händler und Verräter seien, daß sie nicht in die Kolchosen wollten und daß man ihnen Land auf der Krim gebe, den Russen aber in Sibirien. Außerdem komme vor, daß der Kompolitsostav [Korps der Offiziere und Politkommissare] beschuldigt werde, er sei zugunsten der jüdischen Soldaten voreinge-

54 Siehe z.B. »Voprosy ozetraboty, bor'by s antisemitizmom i internacional'nogo vospitanija na stranicach fabrično-zavodskich gazet«, in: Tribuna, 24/1931, S 10 f.

55 Es gab eine große Kundgebung unter der Führung von Ozet-Vertretern, die vor dem Hauptquartier der Roten Armee stattfand (JTA, 26. 3. 1929; 12. 4. 29).

56 Larin, Evrei i Antisemitizm, S. 108 ff. Ähnlich Ju. Sandomirskij, Puti antisemitizma v Rossii, S. 34.

nommen: »Die židy-Kutscher fahren mit den Staatspferden zum Mittagessen nach Hause, wenn unsere das machten, bekämen sie eine Strafe.« Auch im Offizierskorps seien die Juden als Verräter-Nation bezeichnet worden.[57]

Ende 1929 wandte sich die Tribuna dem Thema »Juden und Armee« zu. Es galt dabei nicht nur, sich mit Antisemitismus in der Armee auseinanderzusetzen, es wurde auch versucht, dem Klischee zu widersprechen, die Juden wollten keinen Kriegsdienst leisten. Dem wurde entgegengehalten, daß die Juden bei einem Anteil von 1,7 % an der männlichen Sowjetbevölkerung 2,1 % der Rotarmisten stellten.[58] In Moskau wurde Anfang 1930 ein fünftägiges Seminar veranstaltet, das Vertreter der Armee über die sowjetische Nationalitätenpolitik und besonders über die jüdischen Kolonien informieren sollte. Es wurde dabei erklärt, daß sich der »rasend verschärfte Klassenkampf« als Widerstand gegen die Liquidierung der Kulaken in verstärktem Antisemitismus unter den vom Land stammenden Rotarmisten bemerkbar mache.[59] Nun stand »Arbeiterantisemitismus« nicht mehr im Vordergrund. Bei einem Schauprozeß wurde betont, daß der beschuldigte Rotarmist, der »den Juden« ihre »Räuberpolitik« beim Einrichten der Kolchosen vorgeworfen hatte, Kulakensohn sei und sich gezielt in die Armee eingeschlichen habe, um seinem kulakischen Vater Vorteile zu verschaffen.[60]

1931 erschienen letztmals Broschüren, von denen die mit der größten Auflage – aller jemals zum Thema »Antisemitismus« erschienenen sowjetischen Texte überhaupt! – vorgestellt sei: In der sechzigseitigen Schrift[61] wird erklärt, daß früher die russischen Kapitalisten die Feindschaft gegen Polen, Ukrainer, Juden, Tataren und anderen Nationen geschürt hätten. Dann wechselt der Text zum Präsens über: »Bei uns in der UdSSR hetzen die Reste der Ausbeuterklassen aus früher unterdrückten Nationen die Arbeiter und Bauern gegen alle Russen. Der jüdische Händler, der ukrainische Kulak, der ehemalige polnische Gutsbesitzer und Fabrikant schüren die Feindschaft gegen die russischen Werktätigen.« Es ist also nicht mehr der Antisemitismus, der als konkretes Kampfmittel der »Verlierer-Klassen« geschildert wird – vielmehr

57 WKP 215, S. 170 – 175, abgedruckt in: Neuslyšannye golosa, S. 223 – 229, zit. S. 225. Allgemein wurde hier unter den Soldaten ein zu 93 % »befriedigender Zustand« registriert.

58 Tribuna, 24/1929, S. 6 f.

59 Tribuna, 7/1930, S. 22 f. Zu den Gegenmaßnahmen gehörte die Besichtigung der Moskauer jüdischen Bauernkommune Krasnaja Presnja, über die die Rote Armee eine Patenschaft übernahm.

60 V. Sokolov, Krasnoarmeec na bor'bu s antisemitizmom!, (1930), S. 8 ff., S. 51, S. 65 f. Auch in der Folgezeit wurde berichtet, daß in der Roten Armee der Antisemitismus verbreitet sei (JTA, 5. 6. 1931, S. 3).

61 Z. Ostrovskij, Komu nužna vražda k evrejam, Verlag Moskovskij Rabočij, Auflage 100 000. Der Autor war ein Ozet-Mitarbeiter, vgl. Lecache, Au pays des pogromes, S. 31. Die Broschüre ist auf leichte Verständlichkeit angelegt, Fremdwörter werden erklärt. Am Ende befindet sich ein Fragebogen, der an den Verlag zurückgesandt werden soll. Die erste Frage lautet: »Ist dir klar, wem die Nationenfeindschaft nützt?«

wird der jüdische Nationalismus ganz oben plaziert.[62] Nach dem Angriff auf die »jüdischen Händler« wird der »großrussische Chauvinismus« zur Hauptgefahr erklärt, da er das Vertrauen der nichtrussischen Werktätigen zu ihren »russischen Brüdern« untergrabe. Diese Betonung des russischen Chauvinismus entspricht dem Beschluß des 16. Parteitages vom Juli 1930, der den Kampf gegen Großmachts- und lokalen Nationalismus gefordert hatte, aber den russischen Chauvinismus zur Hauptgefahr erklärte.[63]

In gewisser Hinsicht kehrte die anti-antisemitische Polemik 1931 wieder zu ihrem Ausgangspunkt zurück, indem sie Kalinins Äußerungen von 1926 zitierte: »Unsere Bauern und Arbeiter können nicht tief und stark vom Antisemitismus erfaßt sein. Der Antisemitismus kann bei ihnen nur übergestülpt sein, er entsteht nicht in ihnen selbst.«[64] Der Rückgriff auf dieses Zitat markierte die Re-Marginalisierung des Antisemitismus – der alarmistische Tonfall, der die Kampagne 1928 und 1929 beherrscht hatte, wurde zurückgenommen. Das Problem schien gewissermaßen gelöst: »Unter den heutigen Bedingungen des sozialistischen Aufbaus in Stadt und Land verliert der Antisemitismus seine Grundlage.«[65] Arbeitskräftemangel, Wohnungsbau und das Zusammenwachsen der Kolchosen mit den Städten ließen die Suche nach Sündenböcken obsolet werden, die Juden hätten sich als fähige Bauern erwiesen. Vor allem die Verwandlung der vor der Revolution als Händler und Handwerker tätigen Juden in eine Population mit 47 % Lohnarbeitern (der Angestelltenanteil wurde nicht aufgeführt) beweise, »wie einfach und vernünftig die Kommunistische Partei und die Sowjetmacht die alte drängende Frage des Schicksals eines ganzen Volkes lösen.«[66] Die Schrift schloß mit dem vollständigen Zitat von Lenins Rede von 1919 und deren Kommentierung: »Mit diesen wenigen Worten ist viel gesagt. Jeder bewußte Werktätige darf sich nicht nur dem Antisemitismus nicht unterwerfen, sondern muß auch ein aktiver Kämpfer gegen dieses Überbleibsel des Zarismus werden.«[67] Das bedeutete, daß die Kampagne 1931 nicht einfach eingestellt wurde, doch mit dem Verweis auf den Zarismus, von dessen Erbe sich die Sowjetunion immer weiter entfernte, war bereits angedeutet, daß diese Frage immer unwichtiger werden würde. Den Schlußpunkt in der unionsweiten Publizistik gegen den Antisemitismus im eigenen Lande setzte

62 Dies könnte Resultat der Anti-Nationalismus-Kampagne der Evsekcija sein, siehe dazu weiter unten, Kap. 6.5.

63 Ostrovskij, S. 5 f.; Stalin, Werke, Bd. 12, S. 317 f.; KPSS v rezoljucijach i rešenijach s-ezdov, konferencij i plenumov ck, Bd. 5, Moskau 1984, S. 132. Siehe auch unten, Kap. 8.2.1.

64 Ostrovskij, S. 36. Das Kalinin-Zitat (bei Ostrovskij unbelegt) stammt aus der Rede des Staatspräsidenten vor der ersten Ozet-Konferenz 1926 (Pervyj vsesojuznyj s-ezd »Ozet« v Moskve, sten. otčet, S. 65).

65 Ostrovskij, S. 43.

66 Ebd., S. 59.

67 Ebd., S. 62.

die Tribuna im Februar 1933. Danach kam Judenfeindschaft in der Sowjetunion nur noch in lokalen oder jiddischen Blättern zur Sprache.[68]

5.2. Maßnahmen zur »Aufklärung und Erziehung«

Das Erziehungswesen war eine der Stellen, wo Antisemitismus besonders registriert wurde. Dabei wurde auf die Lehrerschaft beträchtlicher Druck ausgeübt und ihr oft pauschalisierend zu große Nachlässigkeit vorgeworfen. Instruktionen zum Kampf gegen den Antisemitismus in der Schule, wie sie 1929 veröffentlicht wurden, zielten daher auch auf die Erziehung der Lehrer. Im Fach Gesellschaftskunde war im fünften Schuljahr bei den Themen »Stadt« und »Dorf« auch die Situation der jüdischen Bevölkerung in ihren verschiedenen Klassen vor und nach der Revolution zu behandeln. Im sechsten Schuljahr sollte das Thema »Volkswirtschaft der UdSSR« um die Behandlung des »nationalen Proletariats« und seiner Parteien – auch des Bund – erweitert werden. Die Pogrome sollten als Kampfmittel des Zarismus dargestellt werden. In der siebten Klasse war mit der Verfassung der UdSSR auf die zukünftige kommunistische Weltgesellschaft einzugehen, in der achten und neunten stand die Nationalitätenpolitik der Weltbourgeoisie auf dem Lehrplan. »Schlußakkord wird wiederum die Komintern und die UdSSR, die als erste das Nationalitätenproblem in seiner ganzen Breite praktisch gelöst haben.«[69] Der Literaturunterricht sollte Stimmungen gegen andere Nationalitäten, besonders Juden, ändern und die Schüler gegen chauvinistische Haltungen in ihrer Umgebung immunisieren. Zu diesem Zweck wurde eine Literaturliste mit kürzeren Werken jüdischer und nichtjüdischer Autoren von Scholem-Alejchem bis Gor'kij erstellt.[70] Die Verfasser des »Instruktions- und Methodikbriefs« gaben der vorrevolutionären jüdischen Literatur Aschs, Perez' oder Mojcher-Sforims als »machtvolle Mittel, auf die Schüler emotional einzuwirken«, den Vorzug vor einigen »sowjetischen jüdischen Schriftstellern«, die sie nur in einer Fußnote erwähnten. Für den Literaturunterricht galt wie für die Verwendung von Literatur im Kampf gegen Judenfeindschaft allgemein, daß es offenbar keine brauchbaren aktuellen Texte gab, die ohne »hölzerne Zeitungssprache« auskamen – und dennoch den Antisemitismus so abschreckend schilderten, wie es die ältere Literatur

68 Tribuna, 4/1933, S. 26 ff. Vgl. unten, Kap. 6.7.

69 O bor'be s antisemitizmom v škole, S. 21. Für diese Themen sollte zusammenzutragendes Pressematerial über einzelne Fälle verwendet werden.

70 Ebd., S. 23. Die Empfehlungen stehen in Kontrast zu dem hölzern-dogmatischen Ton der politischen Ausführungen. Im einzelnen: 5. Lehrjahr: M. Konopnickaja, Mendel' Gdanskij, 6. Lj.: Šoloch [sic!] -Alejchem, Mal'čik Motel', 7. Lj.: V. Korolenko, Dom N. 13, S. An-skij, V novom rusle, Ė. Oženko, Mogučij Samson, M. Godiner, Čelovek s ruž'em, 8. Lj.: M. Gor'kij, Kain i Artem, A. Kuprin, Gambrinus, A. Fadeev, Razgrom, V. Ivanov, Chabu, 9. Lj.: S. Juškevič, Evrei und Korol', D. Ajzman, Ternovyj kust, Gol'dšmidt, Evrei.

vermochte.[71] Dem Kampf gegen Antisemitismus als Kampf um ein »kommunistisches, internationalistisches Bewußtsein« konnte schließlich jedes andere Schulfach dienen – bis zu den Naturwissenschaften, die die marxistische Weltanschauung festigen und somit religiösen Vorurteilen vorbeugen sollten. Die musischen Fächer sollten etwa durch Volkslieder und die Auseinandersetzung mit Kunstwerken aller Nationalitäten gegen nationalistische Tendenzen angehen.[72]

Der schulische Kampf gegen den Antisemitismus sollte auf Elternversammlungen ausgedehnt werden, auf denen die Jugend gegen antisemitisch infizierte Familien auftreten sollte, sofern diese der Arbeiterklasse angehörten – Familien von Händlern und »Kultdienern« könne man ohnehin nicht umerziehen.[73] Außerdem könnten unter den Schülern Zirkel aus »Aktivisten-Internationalisten« gebildet werden, die sich selbst erziehen und auf rückständigere Mitschüler einwirken sollten. Diese Aktivisten sollten besonders am Höhepunkt der Maßnahmen gegen den Antisemitismus teilnehmen – dem schulischen Feiertag der Verfassung.

Der Kampf der Schulen gegen den Antisemitismus sollte mit den Maßnahmen der Pionierorganisation und des Komsomol koordiniert werden. Das ZK des Komsomol hatte schon am 2. November 1926 eine Resolution zum Kampf gegen den Antisemitismus verabschiedet, die jedoch nicht veröffentlicht werden durfte.[74] Auf dem 5. Kongreß des Komsomol wurde dann 1927 öffentlich eine Resolution verabschiedet.[75] 1929 gab die Agitpropabteilung von ZK und Moskauer Komitee eine Handreichung heraus, die konkrete Verlaufspläne für Diskussionsveranstaltungen [besedy] enthielt. Diese unterschieden sich in Aufbau und Inhalten nicht von den Konzepten für allgemeine Parteiveranstaltungen. Unbedingt müsse die Rede Lenins gegen die Judenhetze bei jeder Diskussion zu diesem Thema verlesen werden. Zu den Arbeitsanweisungen für die Komsomolpropaganda gehörte das Anfertigen von Wandzeitungstexten zum Thema »Die Wahrheit über die Juden« oder

71 Siehe auch die Textsammlung, die für Schulbibliotheken zugelassen wurde: V. Vešnev (Hrsg.), Neodolennyj vrag. Sbornik chudožestvennoj literatury protiv antisemitizma, (1930), die neben Korolenko, Serafimovič, An-skij, Juškevič usw. auch Babel' und Fadeev (»Levinson« aus Razgrom) beeinhaltete.

72 O bor'be s antisemitizmom v škole, S. 25 f. Vgl. die bei S. Fitzpatrick, Education and Social Mobility in the Soviet Union, S. 156, zitierte Auseinandersetzung auf einer Parteikonferenz im Ural von 1932 über die Zulässigkeit von Unterrichtsmethoden, die auf freien Diskussionen (auch über Antisemitismus) basierten.

73 O bor'be s antisemitizmom v škole, S. 28 ff.

74 GARF F 374, O 27, D 1096, abgedr. in: »Monarchija pogibla, a antisemitizm ostalsja« S. 353 ff. Ihr Inhalt unterschied sich nicht von den später publizierten Texten.

75 VLKSM v Resoljuciach, nach E. Carr/R. W. Davies, Foundations of a Planned Economy, 1926–1929, Vol. 2, (= A History of Soviet Russia, 11), London 1969, S. 396. Das Interesse an der Kampagne soll 1928 jedoch noch so gering gewesen sein, daß eine dazu anberaumte Konferenz wegen mangelhafter Teilnahme verschoben werden mußte (JTA, 25. 9. 1928, S. 2).

»Warum muß man mit dem Antisemitismus kämpfen«. Diagramme über die jüdische Sozialstruktur sollten für den Klub oder das »Lenineckchen« gezeichnet werden. An erster Stelle stand aber das Anhören eines Vortrags über einen Besuch in einem jüdischen Landrayon und das Organisieren von Ozet-Zellen.[76]

Auch die Organisation der Jungen Pioniere, die sich 1929 zu ihrer ersten unionsweiten Versammlung einfand, verabschiedete ein Kampfprogramm gegen Antisemitismus. Es forderte die Herausgabe von Broschüren und Filmen für Kinder, die Aufnahme des Themas in Schulprogramme, aber auch die Durchführung von Schauprozessen. Das zentrale Pionierbüro und seine örtlichen Vertretungen erhielten die Aufgabe, in Zusammenarbeit mit der Ozet Besichtigungsprogramme in jüdischen Landkolonien und in Industriebetrieben zu organisieren.[77]

Als etwa 90 Junge Pioniere aus der ganzen Union eine jüdische Landkolonie in der Ukraine auf Initiative der Pionerskaja Pravda besucht hatten, wurde darüber in der Illustrierten Ogonek ausführlich berichtet. Die Pioniere, so war zu lesen, sollten dabei Fakten sammeln, um dann gegen die antisemitische Verleumdung kämpfen zu können. Die Kolonien hätten bereits viele früher antisemitische Arbeiter überzeugt, die sich zu Ozet-Aktivisten gewandelt hätten. Früher hätten sich die ukrainischen Nachbarn an der Plünderung der Juden beteiligt, heute kämen ukrainische Kinder auf die Schule der jüdischen Kolonie und lernten dort Jiddisch. Der Artikel schildert eine Abendveranstaltung von Pionieren und Kolonisten, die über ihre geringen Kenntnisse in der Landwirtschaft klagten, die zu Mißernten führten. Die Pioniere – so endet die Reportage – erteilten dann in ihrer Antwortrede agronomische Ratschläge.[78]

Die Studienreisen zu jüdischen Landansiedlungsprojekten richteten sich an weit mehr Adressaten als ihre Teilnehmer, unter denen nicht nur Pioniere und Komsomolzen waren. Schon 1927 berichtete die Pravda von einer Delegation von 15 Arbeitern aus Charkow, die eine jüdische Kolonie besichtigte.[79]

76 Komsomol protiv antisemitizma, S. 6 f. Bei der Broschüre handelte es sich um eine Nummer des Organs V pomošč' partučebe für das Lehrjahr 1928/29.

77 »Obraščenie sekcii vsesojuznogo sleta pionerov po bor'be s antisemitizmom«, in: Tribuna, 17/1929, S. 18. Vgl. Kiper (Hrsg.), Na borot'bu z nacional'noju vorožnečeju, S. 267 f. Einige der Delegierten nahmen an einer eigenen Konferenz mit Ozet-Vertretern teil (ebd., S. 16 f.). Als Nachzügler in der Anti-Antisemitismus-Kampagne wurde 1932 noch Material für die Agitation unter Kindern veröffentlicht, das die Geschiche der Juden als Händler schilderte, gegen die die Herrschenden zu Pogromen gehetzt hätten (Tribuna, 10 – 11/1932, S. 23).

78 »Antisemitov bol'še ne budet«, in: Ogonek, 20/1929, (26. 5. 1929). Das Titelbild zeigte mit der Aufschrift »Konec nacional'noj rozni« die Ankunft der Pioniere. Vgl. einen ähnlichen Exkursionsbericht in der Tribuna, 11/1929, S. 20 f.; eine Pionier-Resolution bei L. Larskij, »Antisemitizm v naši dni«, in: V. Vešnev (Hrsg.), Neodolennyj vrag, S. 344 f.

79 Pravda, 22. 9. 1927, S. 4. Vgl. die Schilderung aus einer Charkower Fabrikzeitung bei Kiper (Hrsg.), Na borot'bu z nacional'noju vorožnečeju, S. 235 ff.

Nachdem die Agitpropabteilungen der ZKs der ukrainischen und russischen KPs die Ausweitung der Programme gefordert hatten, besuchten weitere Arbeiter- und Studentendelegationen jüdische Landkolonien.[80] Vor Ort sollten sich Rotarmisten und Arbeiter davon überzeugen, daß die Juden in den Kolonien keine Lohnarbeiter beschäftigten oder Handel trieben.[81] Die Exkursionen wurden publizistisch als Bekehrungserlebnisse aufbereitet: »Ich war Antisemit, ich glaubte den Antisemiten, aber nun bin ich ein Freund der werktätigen Juden, ich bin ein Freund der Ozet.« So berichteten 60 Moskauer Arbeiter vor der Gewerkschafts-Kulturabteilung über ihre Verwandlung. Sie hätten mit eigenen Augen gesehen, daß die Juden Werktätige seien, die »Typen« vom Moskauer Sucharewskaja-Turm [Schwarzmarkt] hätten sie nicht wiedererkannt.[82] Die Arbeit von Juden auf dem Land »schlägt die antisemitische Waffe aus den Händen der Konterrevolutionäre«, verkündete daher ein Thesenpapier für die politische Arbeit der Ozet.[83] Wo Ozet-Zellen fehlten, sollten sie nicht zuletzt für den Kampf gegen Vorurteile über die Abneigung der Juden gegen körperliche Arbeit eingerichtet werden, forderte ein Parteizirkular aus dem Nordkaukasus.[84]

Diesen Aufklärungsbemühungen war dieselbe Ambivalenz eigen wie dem Landansiedlungsprogramm insgesamt. Die Überwindung des Antisemitismus bestätigte seine Klischees: Ein Teil der jüdischen Lebensweise, die traditionelle Händlerrolle, wird denunziert und abgespalten. Die Juden werden gewissermaßen ein Stück weit »entjudet« und von wertlosen in nützliche Menschen verwandelt: »Das štetl hat drei Wege: aufs Land, in die Produktion, auf den Friedhof.«[85] Die »Entjudung« ging sogar noch weiter. In den Schilderungen der Kolonien ist auch die Rede davon, wie dort der »Klassenkampf und der Kampf des Alten mit dem Neuen« zu beobachten sei: »In Bobrujsk verließen die jüdischen Pioniere und Komsomolzen an Pessach ihre Elternhäuser, um keine Mazzen essen zu müssen. Sie ließen sich irgendwo gesondert nieder und verbrachten so die ganze Pessach-Woche. In den Kolonien feierten sogar die Alten kein Pessach, und ein alter sechzigjähriger Jude sagte sich öffentlich von der Religion los und beantragte seinen Par-

80 Tribuna, 12/1928, S. 9, S. 17.

81 Kiper, Na borot'bu, S. 256.

82 Tribuna, 16/1929, S. 12 ff.

83 »Tezisy dlja dokladčikov po voprosam ozet«, in: RCChIDNI F 441, O 1, D 87, Bl. 11.

84 Tribuna, 6/1929, S. 30. Das Bemühen, den Kampf gegen Judenfeindschaft an alle Fronten der Sowjetunion zu tragen, ist nicht zu übersehen. Auch aus Usbekistan wurde die Gründung von Ozet-Zellen gemeldet, die »dem Antisemitismus einen Schlag« versetzen sollen. Zu Meldungen über antisemitische Vorfälle dort siehe z.B. L. Larskij, »Antisemitizm v naši dni«, in: V. Vešnev (Hrsg.), Neodolennyj vrag, S. 340.

85 Tribuna, 11/1929, S. 20. Bei den Berichten über die Kolonisation ist bis Mitte 1928 noch kein so doktrinärer Ton zu finden. Über die Schwierigkeiten der Juden, sich an die neue Lebensweise zu gewöhnen, wurde noch offener berichtet. Siehe z.B. die Ogonek-Artikel v. E. Prudnikova: »Evrejka na zemle« (16. 10. 1927); A. Bragin, »Evrei i zemlja« (15. 4. 1928).

teieintritt.«[86] In diesen Zusammenhang paßt, daß in den Berichten über die Kolonien gerne die Schweinezucht bei den jüdischen Bauern – oft in Fotos – gezeigt wurde.[87]

Das Resultat der oben beschriebenen Reise der Jungen Pioniere lautete: »Es wird keine Antisemiten« mehr geben. Die Juden – klang mit an – haben ihre Vorleistung erbracht, sind ehrliche Werktätige geworden. Jetzt erst hatte der Antisemitismus seinen Grund verloren – deshalb würde es ihn nicht mehr geben. Dem negativen Bild vom jüdischen Händler wurde also recht gegeben. Auffällig ist dies bei einer Reportage des jüdischen Schriftstellers V. Grossman über die Stadt Berditschew: »Jeder Antisemit, der das Wort ›Berditschew‹ hört, fängt zu grinsen an. Berditschew ist das Synonym für das jüdische Handelsbürgertum, ein Spekulantennest, die Stadt, in der man von Handel und Betrug lebt.« Zwar setzt Grossman dem die Geschichte von den ausgebeuteten Arbeitern der Stadt entgegen, die niemals nationale Zwietracht gekannt hätten, und von den jüdischen Bourgeois, die mit der Polizei verbündet gewesen seien, – doch in seiner Beschreibung des sozialistischen Aufbaus scheint die Erlösung des Juden von seinem Judesein wie eine Bestätigung des eingangs geschilderten antisemitischen Klischees hindurch.[88]

5.3. Mit Kulturmaßnahmen gegen Antisemitismus

Besonders in der Phase vor der Verwandlung der Anti-Antisemitismus-Propaganda in ein reines Instrument des Klassenkampfs setzten die Maßnahmen auf das weitere »Wachstum der Kultur«. Larin glaubte, der Antisemitismus der aus dem Dorf in die Fabriken übergewechselten Arbeiter werde durch deren zunehmende Bildung zurückgehen. Durch das Wachstum des Bildungs- und Kulturbereichs und die damit verbundenen erweiterten Arbeitsmöglichkeiten werde die Intelligenz vom Konkurrenzdruck befreit. Auf dem Dorf werde durch das Schwinden der Religiosität und das überzeugende Beispiel der landwirtschaftlichen Leistung der jüdischen Bauern der Antisemitismus verschwinden.[89]

86 Tribuna, 11/1929, S. 21.

87 Beispiele in: Komsomol'skaja Pravda, 8. 9. 1927, S. 3; Tribuna, 7/1930, S. 6; 21/1930, S. 17; 23/1930, S. 4. Dieses Thema wurde nicht nur mit Resolutionen und Erzählungen im Ozet-Organ bearbeitet, sondern auch in für das Ausland bestimmten Materialien aufgegriffen. Siehe eine französischsprachige Broschüre, abgebildet bei Z. Gitelman, A Century of Ambivalence, S. 158.

88 V. Grossman, »Berdičev ne v štuku, a vser'ez«, in: Ogonek, 29. 12. 1929. Dieser Aspekt, der in die Diskussion eines jüdischen Antisemitismus münden muß, die dann keineswegs nur Bemühungen in der Sowjetunion, sondern den gesamten Zionismus beträfe, soll hier nicht weiter verfolgt werden. Siehe dazu die anregende Studie von T. Berman, Produktivierungsmythen und Antisemitismus, bes. S. 81 f., S. 150 ff.; auch Z. Gitelman, Jewish Nationality, S. 241 ff.

89 Ju. Larin, Evrei i antisemitizm, S. 145, S. 162. Der Antisemitismus der Bourgeoisie werde aber erst mit dieser selbst verschwinden. Larin meinte damit nicht die physische Vernichtung, sondern die Überführung zur Produktionsarbeit (ebd., S. 134).

Im November 1928 wurde die Gründung einer Organisation von Wissenschaftlern und Schriftstellern gegen den Antisemitismus bekannt gegeben.[90] Zu den literarischen Kampfmaßnahmen gehörten auch einige Artikel aus der Feder M. Gor'kijs. In der Pravda reagierte er auf die Klagen eines unbedeutenden Literaten, die Juden beherrschten die Literatur.[91] 1929 zitierte er in der Pravda ein anonymes Flugblatt eines »kommunistischen Komitees«, das zum Pogrom aufrufe. Es heiße darin: »Steht auf, russische Menschen und alle Völker – Tataren, Tschuwaschen usw, bringt die židy um.«[92] 1932 druckte die Pravda einen Beitrag Gor'kijs, der sich mit der literarischen Verarbeitung des Antisemitismus beschäftigte und noch einmal alle Motive des Gor'kijschen Philosemitismus bündelte. Antisemitismus lasse sich als Dummheit oder Gemeinheit betrachten. Das Beispiel der Emanzipation der Juden Englands von 1849 zeige, wie eine herrschende Schicht sich auch an den »klugen und energischen Juden« stärken könne. Doch so wie die Christen die Bibliothek von Alexandria aus Neid auf die Klugheit der Juden vernichtet hätten, habe man in Rußland die jüdische Armut geschlagen, weil sie zu viele Revolutionäre hervorgebracht habe. Gor'kij berichtete, er erhalte immer noch Briefe von Konterrevolutionären der »Inneren Emigration«, die zur Intelligenz gehörten. Wenn Antisemitismus unter Arbeitern vorkomme, dann aus dieser Quelle. Die Arbeiter selbst seien internationalistisch gesinnt und kämen gar nicht auf den Gedanken, die Juden seien »ein degenerierter Stamm«. Gor'kij nahm ferner einige Schriftsteller in Schutz, darunter B. Pilnjak, dem das Verharmlosen eines Pogroms vorgeworfen wurde.[93]

Ironischerweise scheinen auch Antisemitismus-Vorwürfe die Veröffentlichung von I. Ėrenburgs »Burnaja žizn' Lazika Rojtšvaneca« verhindert zu haben. Tatsächlich spielt dieser Roman mit antisemitischen Klischees (ein Jude sucht »seine« Leute anhand der Nasen), macht sich über den sowjetischen Kampf gegen Antisemitismus lustig und verspottet den Sowjetkommunismus als »talmudische« Veranstaltung.[94] 1934 erklärten Kalinin und

90 JTA, 8. 11. 1928, S. 3. Unter anderem waren der Sekretär der Akademie der Wissenschaften Ol'denburg, der Anwalt Zarudin und der Schriftsteller Fedin beteiligt.

91 Pravda, 7. 10. 1928; Gor'kij, Iz literaturnogo nasledija, S. 372.

92 Pravda, 26. 9. 1929, nachgedruckt in: Gor'kij, Iz literaturnogo nasledija, S. 382 f. Das übliche Schrifttum gegen Antisemitismus druckte solche Aufrufe – sofern es sie gab – nicht nach. Gor'kij wurden offenbar einige Freiheiten eingeräumt.

93 »Ob antisemitach«, in: Pravda, 24. 6. 1931; Iz literaturnogo nasledija, S. 390 – 398.

94 I. Ehrenburg, Das bewegte Leben des Lasik Roitschwanz, S. 31, S. 49, S. 57, S. 76, S. 88, S. 122, S. 169. Ėrenburg schrieb über seine Arbeit: »Unsere Epoche aus dem Blickwinkel des Talmud«, so in einem Privatbrief von 1927; nach E. Bérard-Zarzycka, »Ilya Ehrenbourg. Juif, Russe et Européen. 1981 – 1928«, S. 235. Siehe auch Ehrenburg, Menschen, Jahre, Leben, Bd. 3, S. 362.

Vorošilov auf dem Schriftstellerkongreß gegenüber Ėrenburg, das Werk sei antisemitisch; Kaganovič nannte es hingegen nationalistisch.[95]

Die einzige offene Auseinandersetzung mit antisemitischen Klischees in der aktuellen Belletristik unternahm L. Radiščev. Er nannte nicht nur Shakespeares Kaufmann von Venedig ein Mittel zur Verbreitung des Antisemitismus, er ging mit einigen in den zwanziger Jahren erschienenen russischen Romanen und Theaterstücken hart ins Gericht. Dabei kritisierte er nicht nur die simple Gegenüberstellung jüdischer Spekulantentypen mit ehrlichen, gutmütigen russischen Bolschewiki, sondern auch die holzschnittartige Kontrastierung des jüdischen nėpman mit einem heldenhaften jüdischen Revolutionär in M. Rojzmans »Minus šest'«.[96] Besser kam die wohl bekannteste Darstellung eines jüdischen Kapitalisten der NĖP-Ära weg. In M. Čumandrins »Fabrika Rablė« erklärt der Protagonist: »Für viele ist das Leben ein einziger Handel – für mich ist der Handel das wertvollste Leben.«[97] Der Kritiker beurteilte die ausschließliche Darstellung von Juden als Nepleuten als »Verzerrung der Perspektive«.[98] Sieht man von Majakovskij ab, erntete unter der Belletristik über jüdische Themen die Erzählung »Ein Mensch, der sich erniedrigt« das meiste Lob.[99] Diese Erzählung schilderte die Feindseligkeit, die Juden in einer russischsprachigen Umgebung entgegenschlägt, wenn sie Jiddisch reden, aber auch ihre unterwürfige Reaktion darauf. Der Erzählfluß wurde durch zahlreiche Einschübe unterbrochen, wobei auch ein »Freund des Autors« zitiert wurde, der weitschweifig über den Charakter der Juden philosophierte. Der offiziellen Deutung des Antisemitismus als »konterrevolutionär« wird implizit durch den »Freund« des Autors als Träger des judenfeindlichen Gedankenguts widersprochen. Das gilt auch für die Motivation des finsteren Antisemiten, der in einer bizarren Travestie auf einen Pogrom seine Katze auf die eines alten Juden hetzt. Man erfährt nichts über eine konterrevolutionäre Motivation, vielmehr erinnert er sich

95 Dies hielt Ėrenburg in unveröffentlichten Teilen seiner Erinnerungen fest, nach E. Bérard-Zarzycka, S. 238; vgl. leicht abweichend dies. [E. Bérard], La vie tumulteuse d'Ilya Ehrenbourg. Juif, Russe et Soviétique, Paris 1991, S. 177.

96 L. Radiščev, Jad. Ob antisemitizme našich dnej, S. 109 ff. Vgl. allgemein B. Choseed, Reflections of the Soviet Nationalities Policy in Literature, S. 31 ff. Unverständlich ist die Behauptung von Vera Alexandrova, »Jews in Soviet Literature«, in: G. Aronson u.a. (Hrsg.), Russian Jewry 1917 – 1967, S. 307, in literarischen Werken über die NĖP kämen nur selten Juden vor. Besser ist der Überblick von Maurice Friedberg, »Jewish Themes in Soviet Russian Literature«, in: L. Kochan, The Jews in Soviet Russia since 1917, S. 197 – 216.

97 M. Čumandrin Fabrika Rablė, S. 15.

98 L. Radiščev, Jad, S. 119. In der Nr. 9/1932 der Zeitschrift Oktjabr' wurde in Radiščevs Artikel »Vstreči druzej« ein Brief Gor'kijs abgedruckt, den dieser 1928 nach der Lektüre des Manuskripts von Jad verfaßt hatte (auch in: Gor'kij, Iz liternaturnago nasledija, S. 370 f.). Er sprach sich dagegen aus, gegen den Antisemitismus mit den Mitteln des Feuilletons anzugehen, um den Antisemiten nicht noch »Anekdoten aus dem Alltagsleben« zu liefern.

99 M. Kozakov, »Čelovek padauščij nic«, in: Zvezda, 4/1928, auch eigenständig veröffentlicht, Leningrad 1930.

vor seiner Tat, wie ihn als Soldat eine Jüdin, die er vergewaltigen wollte, überlistete. Auch das offene Ende paßte kaum in das Schema der üblichen Anti-Antisemitismus-Propaganda. Radiščev urteilte, daß dem Autor »ein echtes tiefgündiges Wissen um die berührte Frage unter den Bedingungen des heutigen Tages« fehle.[100]

Für den Kampf gegen den Antisemitismus wurden ältere Texte neu aufgelegt[101], und es entstanden eigens neue. Häufig war dabei ein wesentliches Element die Gegenüberstellung von vorrevolutionärer Unterdrückung und gegenwärtiger sowjetischer Völkerfreundschaft. Typisch ist eine kleine Erzählung in der Illustrierten Ogonek, die mit Kindheitserinnerungen an vorrevolutionäre Judenfeindschaft beginnt. Die Jungen bedrückte, daß die Juden Christus gekreuzigt hatten, sie übten deshalb an einem jüdischen Kind Rache und schlugen ihm mit einem Stein ins Gesicht. Eben dieses Opfer trifft der Erzähler als Erwachsener zufällig wieder – er erkennt die Narbe im Gesicht. Der Sohn des damals Mißhandelten, so schließt die Geschichte, wachse in eine neue Welt brüderlicher Völker hinein.[102] V. Majakovskij verlas bei der ersten Ozet-Konferenz sein Gedicht »Evrej« über die Landansiedelung der früher als Spekulanten Geschmähten.[103] Anfang Mai 1928 veröffentlichte er ein Poem unter dem Titel »Žid«. Möglicherweise reagierte er dabei auf die Forderung des ZK vom 5. Mai 1928, die Belletristik solle Werke zur Verfügung stellen, die die Klassennatur des Antisemitismus entlarven.[104] Der Inhalt glich dem, was in den Zeitungen zu lesen war: Schwarzhunderter hätten sich bei den Kommunisten eingeschlichen und hetzten gegen die Juden. Das Wort žid sei die Sprache des buržui, der die Sowjetmacht stürzen wolle, aber keinen Rothschild anrühren werde. Das Wort solle daher vor der Versammlung der gesamten Menschheit endgültig ausgespien werden.[105]

100 Radiščev, Jad, S. 120.

101 So erschien 1928 ein 1919 entstandenes Poem von D. Bednyj, das einen Bischof schilderte, der sich weigerte, einen Aufruf gegen Pogrome zu erlassen, sich aber von einem jüdischen Arzt behandeln ließ (Paki i paki pro popovskie vraki, S. 7 f.). Das Büchlein mit verschiedenen antireligiösen Gedichten war erstmals 1923 erschienen.

102 N. Pogodin, »Šram na ščeke«, in: Ogonek, 26. 8. 1927. Pogodin war einer der bekanntesten sowjetischen Dramatiker. 1941 brachte er in »Kremlevskie kuranty« einen jüdischen Uhrmacher auf die Bühne, der in Lenins Auftrag ein Glockenspiel mit der Melodie der Internationale installiert. Siehe B. Choseed, »The Soviet Jew in literature«, S. 280.

103 Pervyj vsesojuznyj s-ezd »Ozet« v Moskve, sten. otčet, S. 15 f.; abgedruckt auch in den Izvestija, 16. 11. 1926; anläßlich seines Todes auch in der Tribuna, 13/1930, S. 9; auch V. Majakovskij, Polnoe sobranie sočinenij v tridcati tomach, Bd. 7, S. 244; Anmerkg. S. 513.

104 Siehe oben, Kap. 5.1.2. Majakovskij könnte aber auch von dem »Bejrach-Fall« inspiriert gewesen sein, den er in dem Poem erwähnte und der die Presse schon im Frühjahr 1927 beschäftigt hatte (siehe Kap. 4.3.2.). Eventuell entstand das Werk schon damals, aber erst nach der Aufforderung, die Propaganda zu verstärken, gab Majakovskij es bei der Komsomol'skaja Pravda und der Smena in Druck.

105 V. Majakovskij, »Žid«, in: Polnoe sobranie sočinenij, Bd. 9, S. 116 ff. Anmerkungen S. 556. Ursprüngl. Komsomol'skaja Pravda, 15. 6. 1928; Smena, 16. 6. 1928.

Die Klassiker der russischen Literatur waren zur Bekämpfung der Judenfeindschaft nicht zu verwenden. Zaslavskij hatte 1923 Gogol' und Puškin »Antisemiten« genannt. Auch Dostoevskij und Turgenev blieben von ähnlicher Kritik nicht verschont.[106] Den Klassikern wurden antisemitische Passagen auf dem Höhepunkt der Kampagne jedoch sehr selten vorgeworfen. Die oben zitierte Empfehlung für den Literaturunterricht von 1929 verweist auf Dostoevskijs »chauvinistische Ausbrüche«, nennt aber die »Durchdringung nationaler Psyche« im Werk Puškins und Lermontovs mustergültig als »leuchtenden Ausdruck des internationalen Gefühls«.[107]

So wie für den Schulgebrauch griff die allgemeine Propaganda gegen den Antisemitismus bei Literaturempfehlungen bevorzugt auf ältere Texte zurück.[108] Ein Sammelband von 1929 enthält nur Texte, die Judenverfolgungen bis 1905 darstellen.[109] Darunter war die Erzählung »Žid« von G. Mačtet, die den Lebensweg eines jüdischen Schulkameraden nachzeichnete, der als Arzt einem pogromščik die Hilfe nicht verweigern will.[110] Ein Theaterstück, das neben solchen Prosatexten als Mittel gegen Antisemitismus empfohlen wurde, spielte ebenfalls im jüdischen Arbeitermilieu während der Revolution von 1905.[111]

Für Erziehungsmaßnahmen sollte nicht nur auf bereits existierende Dramen zurückgegriffen werden. Ab 1928 konnten auch eigens zu diesem Zweck verfaßte Stücke eingesetzt werden. Ein Gerichtsverfahren gegen Antisemitismus hatte das Stück »Sud nad antisemitizmom« von M. Mal'cev zum Inhalt. Es führte eine Angestellte, einen Arbeiter und einen Bauern vor, die sich an der Hetze gegen einen jüdischen Landkolonisten beteiligt hatten.

106 D. Zaslavskij, »Evrei v russkoj literature«, in: Evrejskaja Letopis', 1 (1923), S. 59 – 86. Die relative Pluralität, mit der damals über Antisemitismus geschrieben werden konnte, erkennt man an einem Aufsatz von 1922, der sich differenziert mit dem Judenbild bei den russischen Klassikern auseinandersetzte und andere Erklärungen als erklärte Judenfeindschaft für bestimmte negative Darstellungen der Juden fand: B. Gorev, »Russkaja literatura i evrei«, in: V. L'vov-Rogačevskij, Russko-evrejskaja literatura, S. 3 – 29. Kritisch gegen Dostoevskij: Leonid Grossmann, Ispoved' evreja, Moskau 1925.

107 O bor'be s antisemitizmom v škole, S. 24. Zu einer späten Ausnahme in der sonstigen Schonung des nationalen Literaturerbes, als 1934 [!] Antisemitismus bedeutenden Schriftstellern vorgeworfen wurde, siehe unten, Kap. 8.2.3.

108 In einem Fall wurden sogar Heine und Börne zitiert: Radiščev, Jad, S. 38 f.

109 I. Gir (Hrsg.), Žid, mit Erzählungen von Mačtet, Konopicka, Stanjukovič, Mordovcev und Jablonovskij.

110 Ursprünglich 1887 erschienen; im Sammelband von Gir: S. 17 – 73; eigenständig 1925 mit Änderungen gegenüber dem Originaltext (offenbar Kürzungen zu sehr »jüdisch-nationalistischer« Stellen).

111 Jur. Jur'in, Ego šagi, Moskau 1926. Empfehlungen dieser Texte in: E. Kočetkov, Vragi-li nam evrei?, S. 19. Diese Broschüre wurde von dem tschechisch-jüdischen Mathematiker A. Kolman verfaßt, siehe die Bibliographie in: Arnošt Kolman, Die verirrte Generation. So hätten wir nicht leben sollen, Frankfurt a.M. 1982, S. 450. Es stellt sich die Frage, ob andere Texte ebenfalls von Autoren mit Pseudonymen verfaßt wurden, die eventuell die nichtrussische Abstammung verschleiern sollten.

Das Stück bündelte die sowjetische Deutung des Antisemitismus in seinen Figuren: Die Angestellte des Standesamtes, deren Vater Gendarm und Ladenbesitzer war, klagte über die Juden, welche die Kirchen zerstörten und an den wirtschaftlichen Problemen schuld seien. Sie selbst sei aber nicht gegen die Sowjetmacht, nur gegen die Juden. Der Arbeiter wird nur als Opfer der Einflüsterungen der Standesbeamtin, von Kriegskameraden und dem Popen gezeigt. Auch der Maschinenpflüger bezeugte nur, Gerüchte über die Juden gehört zu haben. Ein Altbolschewik als Zeuge stellt klar, daß der angeklagte Arbeiter kein bösartiger Antisemit sei. Die Rede des Anklägers diente der ausführlichen Darlegung der wesentlichen Fakten über die Lage der Juden unter dem Zarismus und der Sowjetmacht. Der Verteidiger hält ebenfalls ein Referat über die Judenfrage und fordert als Maßnahme nur die Isolierung der Angestellten. Bei den anderen sei Kulturarbeit nötig. Die konkreten Taten spielen für die Urteilsfindung weit weniger eine Rolle als die Klassenherkunft der Angeklagten: Die Angestellte verliert ihre Arbeit und Gewerkschaftsmitgliedschaft. Der Maschinenpflüger erhält eine strenge Rüge, da er sich in kleinbürgerlichen Eigentumsillusionen Gerüchten zugänglich gezeigt habe. Der Arbeiter soll öffentlich in der Presse und vor der Gewerkschaftsversammlung gerügt werden.[112] Die Tribuna unterzog das Stück einer harschen Kritik, da die Wurzeln des Antisemitismus verdeckt und die antisemitischen Vorstellungen ohne Antwort blieben. Würde das Stück in einem Klub inszeniert, ergäbe sich folgendes Bild: »Wenn die Antisemiten reden, sprechen sie lebendig, klar und in genauer Widerspiegelung des existierenden Alltagsantisemitismus. Aber wenn ihnen gebührend geantwortet werden soll, spricht der öffentliche Ankläger außergewöhnlich farblos, in hölzerner Sprache und wie mit Zitaten aus Zeitungsartikeln.« Daher könne das Stück in dieser Form nicht empfohlen werden.[113] Zustimmung fand hingegen eine Leningrader Aufführung des dortigen »Beweglichen Theaters«, die ebenfalls als Tribunal angelegt war. Der Rezension zufolge handelte es sich dabei um eine Art Revue unter dem Titel »Sud idet«, die unter Einbeziehung von Musik, aktuellen Zeitungstexten u.a. verschiedene Alltagslaster – auch Alkoholismus, Spott über Frauen usw. – vorführte, aber auch historische Szenen nachstellte, etwa einen zaristischen Pogrom.[114]

112 M. Mal'cev, Sud nad antisemitizmom v 3 aktach.

113 Tribuna, 8/1929, S. 29. Es ist zu überlegen, ob sich hier nicht eine Kritik an der hölzernen Propaganda der Presse überhaupt verbarg.

114 Tribuna, 19/1929, S. 32. Auch andere Stücke wurden gelobt und zur Nachahmung empfohlen, wenn sie die Klassenherkunft des Antisemitismus noch deutlicher herausstrichen: Ein Stück zeigte die Hetze eines Privatunternehmers gegen einen jüdischen Arbeiter, der sich im Staatsbetrieb mit Rationalisierungserfindungen hervortat. Auf Mißfallen des Kritikers stieß hingegen die unrealistische Figur eines lammfrommen jüdischen Opfers. Siehe Tribuna, 20/1929, S. 24 f. über: Kreposko, Prestuplenie graždanina Surkova und I. Korovkin/S. Eršov, Zovi

Antisemitismus war nicht nur Thema eigens zu Propagandazwecken verfaßter Stücke. »Čudak« [»Sonderling«] zum Beispiel zeigt eine jüdische Arbeiterin, die sich durch bessere Leistungen den Neid anderer Arbeiter zuzieht. Sie wird unter »bej židov!«-Rufen verprügelt. Der positive Held des Stücks wird dann aus der Fabrik entlassen, weil er durch die Einstellung der jüdischen Arbeiterin den Antisemitismus geschürt habe. Die wirklichen Antisemiten, die im Stück vorkommen, bedauern wiederum diese Entlassung, an der nur »die Juden« schuld seien. Diese Verwicklungen reflektieren den universellen Charakter der Antisemitismus-Vorwürfe in dieser Zeit, die sich in allen Konstellationen gegen jeden richten konnten. Wie dramatisch Judenhaß indes sei, zeigt der Selbstmord der Jüdin am Ende.[115] »Čudak« brachte zum erstenmal das Thema »Antisemitismus« auf die Moskauer Bühne, erntete aber einen heftigen Verriß in der Večernjaja Moskva: Der antisemitische Hooligan kehre am Ende in die Fabrik zurück, der positive Held hingegen verschwinde, um an der Aufbauarbeit in Asien mitzuwirken. Damit gehe er der Konfrontation mit feindlichen Strömungen aus dem Wege.[116]

Die Versuche, Literatur und Theater für den Kampf gegen Antisemitismus unter sowjetischen Bedingungen einzuspannen, krankten an einem Dilemma: Entweder waren die Darstellungen zu lebensnah und ungeradlinig, dann wurden sie wegen ideologischer Mängel kritisiert; brachten sie aber die gewünschte Ideologie auf die Bühne oder die Buchseiten, dann störte die Holzschnittartigkeit und Zeitungssprache.[117]

Neben den Wort-Medien sollten auch andere Mittel für die Kampagne herangezogen werden. Die Večernjaja Moskva zeigte z.B. die Abbildung einer Skulptur »Juden auf dem Land« – damit sollte offenbar weithin sichtbar die Schaffung einer neuen Berufsstruktur gezeigt und damit symbolisiert werden, daß Antisemitismus seine Grundlage verloren habe.[118] Es entstanden auch einige Plakate, auf denen die Drahtzieher der Judenfeindschaft vorgeführt werden sollten. Eine Bildertafel mit dem Text »Wer ist Antisemit« zeigte Figuren, die jeweils in eine linke »vorrevolutionäre« und eine rechte »nachrevolutionäre« Hälfte aufgeteilt waren. So sollte man sehen, daß der jetzige Straßenhändler ein ehemaliger General, der Büroangestellte ein Of-

fabkom. Zu weiteren Propaganda-Stücken siehe B. Choseed, Reflections of the Soviet Nationalities Policy, S. 36.

115 A. Afinogenov, »Čudak. P'esa v četyrech aktach«. Afinogenov war Leiter eines Moskauer Arbeitertheaters. Antisemitismus war nicht das eigentliche Thema des Stücks, er diente nur zur Illustration der Verkommenheit und Rückständigkeit von Teilen der Arbeiterschaft, von der sich klassenbewußte Proletarier wie »Sonderlinge« abheben.

116 Večernjaja Moskva, 20. 11. 1929, S. 3.

117 Diese ist auch in dem 1933 veröffentlichten Stück von V. Selichova, Tovarišč Rivkin, unüberhörbar. Hier wird eine Intrige ehemaliger Händler gegen einen jüdischen Ingenieur entlarvt, der zum sozialistischen Wettbewerb aufruft, Alkoholismus bekämpft usw.

118 VM, 29. 8. 1929, S. 3.

fizier, der Handwerksmeister ein alter Schwarzhunderter sei – die Antisemiten also die Angehörigen der besiegten Klassen.[119]

1928 wurde von der Agitpropversammlung des ZK der KP der Ukraine die Herstellung spezieller Filme für den Kampf gegen den Antisemitismus in Auftrag gegeben.[120] Offenbar wurde dies nicht genügend in die Tat umgesetzt, denn später wurde für die Arbeit im Komsomol die Verwendung von Filmen empfohlen, die ursprünglich nicht für die Erziehungsarbeit gemacht waren.[121] Es wurden – nach dem Abklingen der Kampagne – offenbar auch spezielle Diaserien hergestellt. Diese Verspätung könnte technische Ursachen haben: Das Medium und vor allem die Versorgung der Arbeiterklubs, der Agitationsstellen der örtlichen Partei- und Komsomolzellen usw. mit Diaprojektoren dürfte der Konjunktur der Antisemitismus-Frage hinterhergehinkt sein. So erschienen die betreffenden Bilderserien samt Erklärungsbroschüren erst 1931 und 1934. 1932 wurde auch ein »Kino-Libretto« herausgegeben, nach dessen Muster Gespräche über »Antisemitismus als Form des Klassenkampfes in der landwirtschaftlichen Kommune« abzuhalten seien.[122]

5.4. Antisemitismus vor Gericht

5.4.1. Rechtliche Grundlagen, Justizpraxis und Prozeßkritik

Daß die Bolschewiki im Bürgerkrieg – wie andere Parteien auch – die Pogromteilnahme unter Strafe stellten, wurde bereits ausgeführt. Eine genaue Bilanz der Umsetzung von Lenins Dekret von 1918, das die Erschießung androhte, liegt nicht vor. Außerhalb des Hauptschauplatzes des Bürgerkriegs und des ehemaligen Ansiedlungsrayons gab es wenig Pogromfälle, für welche die Leninsche Anordnung zutraf.[123] Nicht jeder Antisemit war von der

119 Das Plakat ist reproduziert bei A. Flegon/Ju. Naumov, Russkij antisemitizm i evrei, o.S. Ein weiteres Agitationsplakat gegen Antisemitismus als »bewußte Konterrevolution« annoncierte die Tribuna und forderte zum Erwerb in der Moskauer Zentralstelle der Ozet auf (Tribuna, 15/1930; 12/1930, letzte Einbandseite). Ein solches Plakat von A. Tyšler zeigte die Berliner Ausstellung »Jüdische Lebenswelten« (Katalog: Jüdische Lebenswelten, Frankfurt 1991, S. 157).

120 Tribuna, 9/1928, S. 25.

121 Komsomol protiv antisemitizma, S. 6. Eine Neuproduktion war der empfohlene Film Evrei na zemle (vermutlich ein Dokumentarfilm), doch Girš Lekert (basierend auf einem Stück von A. Kušnirov), Skvoz' slezy (eigentlich Durch trern) und Jidiše glikn (nach Scholem-Alejchem) waren jiddische Spielfilme ohne ausgeprägt polemische Tendenz gegen den Antisemitismus. Zu den genannten Filmen und zum jiddischen Kino überhaupt siehe E. Goldman, »The Soviet Yiddish Film, 1925 – 1933«, passim, bes. 15 ff.

122 Die Titel sind: Ja. S. Šabsin, Protiv antisemitizma, Moskau 1931; Gr. M. Kac-Nel'son, Serdce Solomona, Moskau 1932; Ju. A. Kogan, Antisemitizm i religija, Moskau 1934 (Text v. Bund der milit. Gottlosen). Es gelang mir nicht, diese bei B. Pinkus/A. A. Greenbaum, Russian Publications on Jews and Judaism in the Soviet Union, verzeichneten Materialien einzusehen. Ihr Inhalt dürfte sich aber nicht von der sonstigen Propaganda unterscheiden.

123 1918 betrafen in Moskau 34,2 % der vor Revolutionstribunalen verhandelten Fälle »Konterrevolution« und 6,4 % »Pogrome« (diese mußten nicht notwendigerweise »Ausschreitung

Todesstrafe bedroht; im September 1919 wurde der ehemalige Hauptankläger des antisemitischen Bejlis-Prozesses zu Lagerhaft »bis zur endgültigen Festigung der kommunistischen Ordnung« verurteilt.[124]

15 Todesurteile wurden 1920 gegen eine Bande verhängt, die eine Witebsker Fabrik überfallen und dabei 19 Juden umgebracht hatte.[125] Nach der Konsolidierung der Sowjetmacht gab es immer wieder Verfahren gegen Pogromtäter des Bürgerkrieges, die sich oftmals lange unbehelligt halten konnten. Diese Prozesse endeten häufig mit Todesurteilen[126], die jedoch auch in Haftstrafen umgewandelt werden konnten, wenn die Täter nach dem Bürgerkrieg nicht mehr als Feinde der Sowjetmacht aufgefallen waren.[127] Es gab Fälle, in denen die Teilnahme an Massenmorden nicht gegen die Umwandlung von Todesurteilen in zehnjährige Haftstrafen sprach, wie etwa im Falle zweier pogromščiki, denen vorgeworfen wurden, an einem Tag 35 Juden erschossen zu haben.[128] Mitte der zwanziger Jahre wurden mehrfach Prozesse gegen Beamte geführt, die systematisch von Juden überhöhte Steuern eingenommen hatten. Daß dabei Todesurteile verhängt wurden, hing auch damit zusammen, daß die betreffenden Sowjetangestellten im Bürgerkrieg angeblich an Pogromen teilgenommen hatten.[129]

Was war die rechtliche Grundlage solcher Urteile? Das erste Strafgesetzbuch von 1922 stellte ohne Erwähnung des Antisemitismus »Agitation und Propaganda, die zu nationaler Zwietracht aufstacheln«, unter Strafe von mindestens einem Jahr Haft bis zur Möglichkeit der Todesstrafe in Kriegszeiten. Die Teilnahme an Massenunordnung wie Pogromen oder der Zerstörung von Verkehrsverbindungen wurde mit mindestens drei Jahren Freiheitsentzug bedroht.[130] Das Strafgesetzbuch der RSFSR von 1926 ahndete die »Verwendung religiöser Vorurteile mit dem Ziel des Sturzes der Arbeiter- und Bauernmacht oder zur Anstiftung zum Widerstand gegen ihre Gesetze und Verordnungen« mit Freiheitsentzug nicht unter einem Jahr.[131]

gegen Juden« bedeuten). In den Gouvernements war die Verteilung 15,7 % Konterrevolution und 3,2 % Pogrome. Siehe A. G., »Moskovskaja prestupnost' v period voennogo kommunizma«, in: Prestupnik i prestupnost', Sbornik II, S. 365 – 387, hier S. 376.

124 Michail Bujanov, Delo Bejlisa, Moskau 1993, S. 51 f.

125 Evrejskij pogrom na zavode »Novki«, S. 15. Laut Meldungen der Emigrantenpresse gab es in Kiew im Herbst 1921 eine Hinrichtung von 359 Pogromteilnehmern, siehe Razsvet, 2. 7. 1922, S. 11.

126 Beispiele: JTA, 28. 3. 1923; 23. 9. 1923; 27. 12. 1923; 6. 5. 1924; 19. 12. 1925; 3. 4. 1928; 12. 3. 1928; 30. 6. 1928; 1. 2. 1930; 27. 2. 1930; 4. 9. 1930.

127 JTA, 29. 12. 1923, S. 3.

128 JTA, 3. 9. 1925, S. 6.

129 JTA, 4. 8. 1925, S. 2 f.

130 »Ugolovnyj kodeks RSFSR«, 1. 6. 1922, in: Goljakov (Hrsg.), Sbornik dokumentov po istorii ugolovnogo zakonodatel'stva SSSR i RSFSR 1917 – 1952gg, S. 116 – 143, bes. S. 123 ff.

131 »Ugolovnyj kodeks RSFSR redakcii 1926 goda«, in: Goljakov, Sbornik, S. 257 ff., bes. S. 268 f.

Eine Verordnung des Zentralen Exekutivkomitees vom Februar 1927 ersetzte die Paragraphen im Strafgesetzbuch von 1926 und definierte im Art. 59-7 die »Agitation und Propaganda, die zu nationaler und religiöser Zwietracht aufstachelt«, und die Verbreitung, Herstellung und Aufbewahrung von Literatur zu diesem Zweck als Staatsverbrechen, das mit bis zu zwei Jahren Haft geahndet werde, im Kriegsfall nicht unter zwei Jahren bis hin zur Todesstrafe.[132] Dem Korrespondenten der JTA zufolge forderte die Regierung vom Volkskommissar für Justiz ein spezielles Gesetz, um Antisemitismus in jeder Form härter bestrafen zu können.[133] Ein solches Gesetz wurde jedoch nicht verabschiedet[134], sondern es wurde – wie etwa im Strafrechtskommentar auf dem Stand der Gesetzgebung vom September 1929 – die Wirksamkeit des Art. 59-7 unterstrichen und die besondere Aktualität dieses Paragraphen angesichts jüngster Erscheinungen des Antisemitismus und verschiedener Arten des Chauvinismus betont.[135]

Lenins Erlaß gegen pogromščiki wurde nicht in den Rang eines offiziellen Gesetzes erhoben, etwa durch die Aufnahme in Gesetzessammlungen.[136] Zu Beginn der Kampagne gegen den Antisemitismus wurde offen ausgesprochen, daß der Erlaß nur für den Bürgerkrieg und den Kriegskommunismus zugeschnitten war.[137] In einem Illustrierten-Artikel wurden 1927 Lenins Äußerungen von 1918 und 1919 nicht nur vollständig zitiert, sogar die Schallplatte mit seiner Rede gegen die Pogrome und das Telegramm wurden abgebildet, in dem er befahl, antisemitische Agitation »außer Gesetz« zu stellen. Dies war eine verhaltene Andeutung, denn der Text des Artikels selbst sprach nicht von der Gültigkeit dieses Erlasses.[138] Als sich die Kampagne gegen den Antisemitismus intensivierte, wurde verschiedentlich betont, daß Lenins Qualifizierung des Antisemitismus als konterrevolutionäre Bewegung noch gelte: »Es gibt keinerlei Grundlagen, das oben angeführte Gesetz Lenins nicht auf Fälle anzuwenden, wo pogromartige Banditenangriffe

132 »Položenie o prestuplenijach gosudarstvennych (kontrrevoljucionnych i osobo dlja SSSR opasnych prestuplenijach protiv porjadka upravlenija)«, in: Goljakov, Sbornik, S. 220 ff., bes. S. 224; Sobranie zakonov i rasporjaženij Rabočego i Krest'janskogo Pravitel'stva SSSR, 25. 2. 1927, Nr. 12/123.

133 JTA, 19. 4. 1929, S. 2.

134 Weder wurde in der gesamten zeitgenössischen Literatur gegen Antisemitismus ein Gesetz erwähnt, noch findet sich ein solches in der Sammlung Sobranie zakonov i rasporjaženij.

135 D. Karnickij/G. Roginskij/M. Strogovič, Ugolovnyj kodeks RSFSR. Postatejnyj kommentarij, S. 107 f.

136 Es ist ein Bestandteil der heutigen Ideologie der Rechten, daß ein »Gesetz gegen Antisemitismus« seit 1918/19 der Vernichtung von Millionen Russen die Grundlage lieferte. »Slovo ob otečestve. Pis'mo russkich pisatelej«, in: Molodaja Gvardija, 5/1990, S. 17. Siehe auch M. Dejč/L. Žuravlev, »Pamjat'« kak ona est', S. 28.

137 »Social'no-političeskie korni antisemitizma. (K postanovke voprosa o bor'be s antisemitizmom)«, in: Kommunističeskaja Revoljucija, 20/1926, S. 25 – 32, hier S. 32.

138 V. Bonč-Bruevič, »Lenin i antisemity«, in: Ogonek, 24/1927 (12. 6. 1927), S. 2 f.

antisemitischen Charakter haben.«[139] Dies mahnte Larin an und schilderte einen Moskauer Fall, in dem für einen Überfall auf die Wohnung jüdischer Nachbarn mit Prügeleien und Zerschlagen von Geschirr 6 Monate Zwangsarbeit verhängt wurden. Die Strafe bedeutete lediglich den Abzug eines gewissen Prozentsatzes vom Lohn.

Diese Klage über zu milde Urteile findet 1928 und 1929 zahlreiche Entsprechungen. Eine Artikel des Wochenblatts der sowjetischen Justiz bündelte die Kritik Anfang 1929. Die Zahl aller Verfahren gegen Antisemitismus, die 1927 und 1928 vor dem Volksgericht [Narsud] des Gouvernements Moskau verhandelt wurden, wird von dem Autor als »sehr gering« bezeichnet:[140] Es sind 38, davon 4 in den Bezirken, der Rest in der Stadt Moskau. 34 der Fälle gingen auf die Anzeige der Opfer zurück. Insgesamt waren 70 Personen angeklagt, davon waren 16 Arbeiter, 17 Angestellte, 8 Händler, 3 Hausfrauen, 26 waren Arbeitslose, kustari, Kutscher oder sonstige. Unter den Arbeitern und Angestellten waren zahlreiche Partei- oder Komsomolmitglieder. Bei 35 % der Fälle war es zu schwerem Rowdytum, tätlichen Angriffen in Wohnungen (auch zum Zweck der Vertreibung) und auf Straßen gekommen. Zum Beispiel habe ein Lastfuhrmann einen bei ihm wohnenden jüdischen Invaliden gedemütigt, sei in dessen Zimmer eingedrungen und habe mit einer Axt Möbel zerstört. Das Gericht verurteilte ihn nach Art. 74-2 (Rowdytum) des Strafgesetzbuchs zu 6 Monaten Freiheitsentzug mit anschließender Verbannung. Insgesamt wurden von allen 70 Beschuldigten 30 zu einer Geldstrafe, 12 zu Zwangsarbeit und 11 zu Freiheitsstrafen verurteilt. 3 erhielten einen öffentlichen Tadel, 10 wurden freigesprochen.

Der Autor des Artikels beklagte das mangelnde Verständnis der Gerichte für den gesellschaftlichen Aspekt der Fälle. Allzu leicht werde die Problematik auf private Auseinandersetzungen reduziert. Der Verteidigung gelinge es, die Opfer für die Beleidigungen verantwortlich zu machen, worauf die Richter beide Seiten mit Geldstrafen belegten. Bei Prozessen sei die Klassenzugehörigkeit der Angeklagten zu beachten: Bei Arbeitern könne man es mit öffentlichem Tadel bewenden lassen, während bei »nicht arbeitenden Elementen«, Händlern, Spießbürgern jeder Art empfindliche Geldstrafen, Zwangsarbeit oder Haftstrafen verhängt werden sollten. Damit die Verurteilung vor Gericht auch zu einer gesellschaftlichen Ächtung führe, müsse eine Kopie von jedem Urteil an Partei-, Komsomol- oder Gewerkschaftsorganisationen gehen, an alle Instanzen, die mit dem Fall verbunden seien. Da der Tatbestand des Antisemitismus oft verborgen sei (z.B. bei Auseinandersetzungen um Wohnungen) sollten die Gerichte auch in allen Fällen Meldung an die gesellschaftlichen Organisationen machen, wenn in irgendeinem son-

139 Larin, Evrei i antisemitizm v SSSR, S. 278, S. 283. Vgl. G. Ledat, Antisemitizm i antisemity, S. 12.
140 Im folgenden nach I. Zil'berman, »Sud v bor'be s antisemitizmom«, passim.

stigen Verfahren Antisemitismus festgestellt werde. Fehlverhalten von Partei- oder Gewerkschaftsmitgliedern sollten vom Gericht an die betreffenden Organisationen weitergemeldet werden.

Bei innerparteilichen Säuberungen und Ausschlußverfahren spielte der Vorwurf des Antisemitismus jedoch keine wichtige Rolle. In Leningrad wurden nach Angaben des dortigen Gebietskomitees 1928 insgesamt 19 Parteimitglieder wegen Antisemitismus zur Rechenschaft gezogen, wovon sich drei als »überzeugt und beharrend« erwiesen und deshalb aus der Partei ausgeschlossen wurden.[141] In Moskau gab es zwischen 1927 und 1928 einen einzigen Parteiausschluß wegen Antisemitismus.[142] Aus Smolensk hingegen ist bekannt, daß es dort ab 1929 zu Ausschlüssen aus Partei und Hochschulen wegen »žid«- und ähnlichen Rufen kam. Bei Säuberungen wurde 1929 – 1930 mehrfach vermerkt, daß sich Personen gegenüber Antisemitismus als indifferent gezeigt hätten.[143] Es wurde auch von Arbeitern berichtet, die der Ansicht waren, die čistka hätten sich die Juden ausgedacht, um die Russen ganz aus der Partei werfen zu können.[144]

Urteilskritik war besonders Sache des Komsomol, der mit Pressekampagnen Neuverhandlungen erzwang.[145] Um eine Revision von Prozessen zu erreichen, war offenbar permanenter Druck erforderlich, da einige Vorfälle heruntergespielt worden waren. Die Komsomol'skaja Pravda deckte einen Fall aus Welikije Luki auf, wo ein pogromartiger Aufruhr nur durch den Einsatz von Kavallerie niedergeschlagen werden konnte.[146] Auch andere Zeitungen beteiligten sich an Kampagnen zur Revision von Gerichtsurteilen gegen angebliche Verursacher von »Pogromen«.[147]

Manche Strafen waren erheblich härter als die kritisierten Urteile. Das Gericht des Gouvernement Moskau verhängte eine anderthalbjährige Haftstrafe für das Übergießen eines jüdischen Arbeiters mit Wasser.[148] Ein Tech-

141 APPO Leningradskogo oblastkoma VKP(b), Na bor'bu s antisemitizmom, S. 6

142 Larin, Evrei i antisemitizm, S. 281.

143 WKP 116/154, S. 43 ff.; WKP 51, S. 8 ff.; WKP 309, zit. in: Fainsod, Smolensk, S. 212 f., S. 252, S. 346, S. 361, S. 264.

144 GARF F 5451, O 13, D 519, Bl. 3 (Gewerkschaftsbericht vom 28. 4. 1929).

145 Siehe die Kampagne gegen ein Urteil für schwere Mißhandlungen an einem jüdischen kustar' in Moskau: Komsomol'skaja Pravda, 3. 7. 1928, S. 4; 9. 7., S. 4; 22. 9., S. 6; 23. 9., S. 4; vgl. M. Kol'cov, »Ochotnyj rjad ševelitsja«, Pravda, 14. 7. 1928, nachgedruckt in: Komsomol protiv antisemitizma, S. 8 f. Justizkritik seitens der Koms. Pravda war nichts Ungewöhnliches. Gerichte ermittelten auch gegen Komsomol-Redakteure, die Prozesse gegen »Bürokraten« gefordert hatten (Šestnadcataja konferencija, sten. otčet, S. 560).

146 Komsomol'skaja Pravda, 7. 8. 1928, S. 2. Siehe auch die Darstellung im Buch des Komsomol-Korrespondenten S. Bezborodov, Signaly, S. 26 ff.; vgl. JTA, 11. 8. 1929, S. 3.

147 Z.B. Večernjaja Moskva, 18. 11. 1929, S. 3.

148 Die betreffenden Akten aus dem Gerichtsarchiv des Gebiets Moskau sind zitiert bei N. Brateško, Dokumenty po istorii bor'by s antisemitizmom v SSSR, S. 37 ff. Die angeklagten Arbeiter erklärten im Verhör, keine Antisemiten zu sein; mit Wasser würden alle übergossen, die bei der Arbeit einschliefen.

niker aus Sinowjewsk erhielt eine sechsjährige Gefängnisstrafe für das Terrorisieren jüdischer Mitarbeiter.[149]

Das Strafrecht wurde auch während des Höhepunkts der Kampagne nicht als einziges Mittel gegen Judenfeindschaft angesehen. Entscheidend, ob die Straforgane auf den Plan traten, waren – neben der Schwere der Fälle – die Prinzipien der Klassenjustiz: »Wir müssen lernen, den Klassenfeind vom unbewußten und irregehenden Arbeiter zu unterscheiden. Während wir den Feind ans Tageslicht zerren und sein konterrevolutionäres Wesen demaskieren [...], dürfen wir in keinem Fall den Arbeiter erdrücken, der noch nicht vereinzelte antisemitische und chauvinistische Stimmungen abgelegt hat. Im ersten Fall – entschlossener Kampf, im zweiten – vor allem Vorgehen mit Überzeugen und Erziehen.«[150]

5.4.2. Antisemitismus als Anlaß für Schauprozesse

Nicht alle Richter waren bereit, die Forderung der Agitprop-Organe nach der Verurteilung des Antisemitismus als bewußter Konterrevolution zu erfüllen. Neben Erziehungsmaßnahmen für unaufgeklärte Arbeiter wurde auch die Einweisung in die Psychiatrie angeordnet.[151] Gegen milde Urteile wurde von Parteiinstanzen zu Protesten aufgerufen. Ein Fall wurde gezielt zur unionsweiten Beachtung hervorgehoben: Ende 1928 gab es zahlreiche Presseberichte über einen Vorfall in einer Glasfabrik bei Minsk. Dort war eine jüdische Arbeiterin namens Baršaj von Arbeitskollegen ausgezogen und mit Wasser übergossen worden. Das weißrussische Gewerkschaftspräsidium hatte daraufhin beschlossen, die Öffentlichkeit von diesem »mittelalterlichen« Fall in Kenntnis zu setzen. Eine Kommission ermittelte, daß unter den beteiligten Arbeitern auch Parteimitglieder waren.[152] Der Vorfall diente als Aufhänger für allgemeine Verurteilungen des Antisemitismus: Drei in den Fall verwikkelte Meister verdeutlichten den Klassencharakter des Judenhasses. Anhand »unechter« Arbeiter, die zeitweise nicht in der Fabrik, sondern wieder in der Landwirtschaft tätig waren, ließ sich zeigen, zu welchen Resultaten der Kulakeneinfluß führe. Daß der Arbeiterin auch geraten worden war, sie solle

149 JTA, 1. 6. 1928, S. 2. Man sollte sich also die Sichtweise der innersowjetischen Justizkritik nicht vorbehaltlos zu eigen machen, wie das in der wissenschaftlichen Literatur bisweilen geschieht. Vgl. S. Baron, The Russian Jew under Tsars and Soviets, S. 200. Allgemein gab es vor allem vor 1929 wenig Verurteilungen wegen »Konterrevolution« (womit auch antisemitische Vorfälle abgedeckt sein konnten). 1928 wurden in der gesamten RSFSR unter 955 629 Verurteilten nur 835 wegen konterrevolutionärer Vergehen bestraft, siehe A. Ėstrin, Ugolovnoe pravo SSSR i RSFSR, S. 34.

150 Tribuna, 4/1929, S. 3. Siehe zu dieser Rechtsauffassung auch A. Ėstrin, Ugolovnoe pravo, S. 82 ff.

151 Tribuna, 16/1928, S. 24.

152 GARF F 5451, O 12, D 648, Bl. 29; JTA, 19. 11. 1928, S. 2; 21. 11. 1928, S. 3; 28. 11. 1928, S. 3.

lieber mit Körnern handeln, statt in der Fabrik zu arbeiten, diente als Beleg, es sei damit die alte Berufsstruktur des Zarismus gefordert worden.[153]

Der Baršaj-Prozeß gegen acht Angeklagte, darunter einen Milizionär, der nicht eingegriffen hatte, wurde mit großem Aufwand unter der Anwesenheit zahlreicher Journalisten inszeniert. Der Vorsitzende des Obersten Gerichts Weißrußlands führte die Verhandlung, der Präsident der Akademie der Wissenschaften Weißrußlands vertrat die Anklage.[154] Der Prozeß offenbarte eine überraschend linguistische Seite des Problems: Es stellte sich heraus, daß das Opfer weder Russisch noch Weißrussisch verstand, und der beleidigende Charakter der Bezeichnung »žid« war nicht so einfach zu beweisen. Die Verteidigung konnte sich darauf berufen, daß »žid« im Russischen zwar pejorativ ist, im Weißrussischen aber dem neutralen russischen »evrej« entspricht. Der JTA-Repräsentant, der in Weißrußland Gespräche mit Arbeitern führte, berichtete, diese wüßten nicht, daß »žid« ein Schimpfwort sei.[155] Schon 1925 wurde in Weißrußland darüber diskutiert, das Wort zu ächten.[156] Im Zuge der Anti-Antisemitismus-Kampagne wurde es durch »jevrej« für das Ukrainische und »jaŭrėj« im Weißrussischen ersetzt. Einen Beleg für eine zentrale Steuerung dieses Vorgangs habe ich nicht gefunden. Ein Anfang der dreißiger Jahre erschienenes Wörterbuch erklärt, daß »žyd« »jetzt im Ukrainischen eine verächtlichmachende Bedeutung« habe.[157] 1932 wurde von einem Gerichtsverfahren berichtet, bei dem ein Richter einer wegen Beleidigung Angeklagten erklärte, »žid« sei aus dem russischen Wörterbuch gestrichen.[158] Dieses Wort war im sowjetischen Sprachgebrauch der dreißiger Jahre so sehr tabuisiert, daß Chruščev berichtet, wieviel Mühe er hatte, sich nach 1939 im besetzten Lemberg an die dortige herkömmliche ukrainische und polnische Verwendung dieses Worts zu gewöhnen.[159]

Im Baršaj-Prozeß, dessen Nebeneffekt die Ächtung des Ausdrucks »žid« war, wurde der Hauptangeklagte entsprechend der Forderung des Staatsanwalts zu drei Jahren Gefängnis verurteilt, die trotz der Amnestie anläßlich des zehn-

153 M. Aleksandrov, Klassovyj vrag v maske (o nacionalizme i antisemitizme), S. 50 f., 68 ff.

154 Izvestija, 6. 1. 1929, S. 1; 13. 1. 1929, S. 3.

155 JTA, 27. 12. 1928, S. 8 f. Im Weißrussischen und im Ukrainischen hat dieses Wort wie im Polnischen oder Tschechischen keine pejorative Funktion, vgl. die vorrevolutionären Wörterbücher I. I. Nosovič, Slovar' belorusskago narečija, Sankt Petersburg 1897; B. Grinčenko, Slovar' ukrainskago jazyka, Kiew 1908. Das ukrainische Schrifttum der Bolschewiki verwendete schon seit der Revolution das Wort jevrej.

156 JTA, 4. 8. 1925, S. 3.

157 J. Tymčenko, Istoryčnyj slovnyk ukraïns'koho jazyka, Charkow, Kiew 1930–32, Bd. 1, S. 929.

158 JTA, 16. 2. 1932, S. 3. Es sei hier erwähnt, daß das Wort bis in die achziger Jahre aus den Nachdrucken des Dal'schen Wörterbuchs eliminiert wurde. Siehe zur Geschichte des Wortes J. Klier, »Zhid: Biography of o Russian Epithet«, S. 15 mit kurzen Hinweisen zur Ächtung in der Sowjetunion.

159 Chruschtschow erinnert sich, S. 156; russ. Vospominanija. Vtoraja kniga, S. 78 f. Vgl. auch B. Weinryb, »Antisemitism and its Meaning in Soviet Russia«, S. 91; auch Zeev Ben-Shlomo, »The

jährigen Jubiläums der Republik Weißrußland reduziert werden durften. Drei weitere Angeklagte wurden zu drei bzw. zwei Jahren verurteilt, woraus wegen der Amnestie ein Jahr wurde.[160] Parallel zur gerichtlichen Urteilsfindung gab das Präsidium des ZK der Chemiearbeitergewerkschaft eine politische Bewertung ab: Bei dem Vorfall habe es sich um einen Versuch gehandelt, die Traditionen der Schwarzen Hundert wiederzubeleben. Es sei ans Tageslicht gekommen, daß die Gewerkschaften den konterrevolutionären Stimmungen der Arbeiter zu wenig entgegensetzen, die unter den Einfluß von Kulaken, Popen und katholischen Priestern geraten seien.[161]

Es darf bezweifelt werden, ob hinter dem Vorfall antisemitische Überzeugung stand, oder ob es sich möglicherweise um einen Fall sexueller Belästigung ohne nationale Komponente handelte. Der Fall war verworren: Auch Frauen waren beteiligt, eine der Täterinnen war mit einem Juden verheiratet. Der öffentliche Ankläger sprach nur von »objektiver Konterrevolution«, die den Angeklagten subjektiv unbewußt sei. Es gelang offenbar nicht, den Angeklagten eine subjektiv antisowjetische Einstellung nachzuweisen. Einer von ihnen hatte z.B. gegen eine fehlerhafte Abrechnung des Fabrikkontors mit der Bemerkung protestiert, so etwas dürfe »unter der Sowjetmacht« nicht vorkommen.[162] Dem ganzen Prozeß haftete etwas Willkürliches an: Es war beabsichtigt, einen großen Schauprozeß aufzuziehen, dessen Ergebnisse in der Presse extensiv verbreitet werden sollten. Die Zufriedenheit darüber, daß der Prozeß, der »durch die ganze Union tönte«, wie »eine aus der Kanalisation sprudelnde Stinkbrühe« die Aufmerksamkeit der Sowjetöffentlichkeit auf den Antisemitismus gezogen habe, wurde auch gar nicht verhehlt.[163] Presseartikel über den Fall finden sich in den Handreichungen für die Propaganda wieder.[164] Der JTA-Vertreter kam nach Befragung von Vertretern der Justizorgane zu dem Schluß, daß bewußt ein leichter Fall gewählt worden war, um der Bevölkerung zu signalisieren, was bei schlimmeren Vorkommnissen drohe. Daher war auch die Diskussion über das Wort »žid« willkommen, weil dadurch seine Tabuisierung vorangetrieben wurde.

Khrushchev Apokrypha«, in: SJA, 1 (1971), Nr. 1, S. 52–75, bes. S. 61. Chruščev soll erst die Verwendung des Wortes gerügt, aber eingeschränkt haben, er möge »sie« [die Juden] auch nicht.

160 Izvestija, 20. 1. 1929, S. 1. Die zwei zu je einem halben Jahr Verurteilten wurden aus diesem Grund gleich freigelassen.

161 Tribuna, 9/1929, S. 10. Die katholischen Priester wurden offenbar wegen der polnischen Minderheit in Weißrußland erwähnt. Die Chemiearbeitergewerkschaft war zuvor vom weißrussischen Gewerkschaftspräsidium gerügt worden, da sie auf »eine ganze Reihe von Anomalitäten« in der betreffenden Fabrik nicht reagiert und die Untersuchung des Baršaj-Falles anfänglich nur ungenügend vorangetrieben habe (GARF F 5451, O 12, D 648, Bl. 29).

162 Izvestija, 19. 1. 1929, S. 1.

163 Z. Ostrovskij, Komu nužna vražda k evrejam, S. 34; L. Larskij, »Antisemitizm v naši dni«, in: V. Vešnev (Hrsg.), Neodolennyj vrag, S. 331.

164 Komsomol protiv antisemitizma, S. 10.

Der Prozeß war mit Seitenblick auf ausländische Beobachter inszeniert, deren Anwesenheit die Sowjetpresse vermerkte.[165] Einer der Korrespondenten beschrieb später ausführlich den Prozeß und hielt fest, daß sich die Prozeßführung mehr gegen die passiven Polizisten und die Fabrikverwaltung richtete.[166] Die Pravda sah durch den Prozeß klar die soziale Herkunft des Antisemitismus bewiesen: Die Schuldigen hätten in den nahegelegenen Dörfern mit Kulaken getrunken und seien in kampflustiger Stimmung, konterrevolutionär angeheizt, in die Fabrik gekommen. Bei echten proletarischen Arbeitern habe der Antisemitismus eigentlich keine Grundlage. Seine Träger seien die vom Dorf kommenden neuen Angehörigen der Arbeiterklasse, bei denen auch andere Erscheinungen wie Schwänzen, niedrige Arbeitsdisziplin, Rowdytum und Alkoholismus verbreitet seien.[167] Die eigentlichen Schuldigen blieben im Hintergrund, die Verurteilten »arbeiteten für die Konterrevolution, aber sie dienten als Werkzeug in fremden Händen, die sie geschickt zu gebrauchen verstanden. Die Konterrevolution trat bei diesem Prozeß durch ihre Strohmänner auf.«[168] Um diese angeblichen Hintermänner auf die Anklagebank zu ziehen, befahl Ende 1929 das Sekretariat des ZK der Weißrussischen KP den Justizorganen, die Strafmaßnahmen auszudehnen und nicht nur einzelne Täter, sondern auch die zur Verantwortung zu ziehen, die sie beeinflußten.[169]

Gewalttätige Auseinandersetzungen und Verbrechen, bei denen Juden Opfer wurden, wurden nun als Ausdruck des Antisemitismus interpretiert. Das galt auch für Mordfälle, wie sie in Dokumenten der Strafermittlungsbehörden beschrieben werden, etwa als Betrunkene bei einem Diebstahlversuch eine Frau umbrachten und »žid«-Rufe laut wurden.[170] Damit solche Vorkommnisse aber in großem Stil der Öffentlichkeit präsentiert wurden, war erforderlich, daß Täter und Opfer die passende Klassenzugehörigkeit aufwiesen.

Zur großangelegten Behandlung von Presse und Justiz wurde der Trofimov-Fall ausgewählt. Ein siebzehnjähriger Komsomolze dieses Namens hatte im Februar 1929 in Pskow mit der Axt einen jüdischen Fabrikschüler erschlagen und als Begründung angegeben, daß sein Opfer eben Jude [židjuga] sei und er selbst Russe.[171] Bei der Tat waren fünf weitere Komsomolzen anwesend. Der Täter, dessen Herkunft aus der Familie eines Gendarmen un-

165 Izvestija, 16. 1. 1929, S. 1. Tatsächlich fand der Prozeß in der ausländischen Presse Erwähnung, z.B. Germania, 2. 2. 1929.

166 E. Lyons, Assignment in Utopia, S. 186 ff. Lyons (seine Vorfahren stammten aus Minsk) war seit Februar 1928 in Moskau als Korrespondent für United Press tätig.

167 »Vnimanie bor'be s antisemitizmom«, in: Pravda, 19. 2. 1929, S. 1.

168 Tribuna, 4/1929, S. 1.

169 Tribuna, 24/1929, S. 27.

170 Siehe die Smolensker »Operativno-informacionnaja svodka otdela ugolovnogo rozyska« von 1929, WKP 525, Bl. 2 – 11, abgedruckt in: Neuslyšannye golosa, S. 80 – 104, hier S. 100 ff.

171 M. Aleksandrov, Otkuda beretsja vražda, S. 5; GARF F 5451, O 13, D 519, Bl. 4.

terstrichen wurde, habe als starosta in der Jungarbeiterkommune versagt. Seinem Nachfolger, dem späteren Mordopfer Bol'šemennikov, sei es jedoch gelungen, Ordnung in die Kommune zu bringen. Offenbar war der Neid Trofimovs der Grund seiner antisemitischen Angriffe, die trotz Warnungen durch die Fabrikzeitung von der Parteileitung der Fabrik nicht ernstgenommen worden seien: Der beantragte Ausschluß Trofimovs aus dem Komsomol wurde vertagt.[172] Eine Komsomolzen-Versammlung habe erklärt, daß ein im Spaß gesagtes »žid« nicht tadelnswert sei; in einem der Fabrik angeschlossenen Technikum wurden Unterschriften für eine entsprechende Erklärung gesammelt.[173] Gegen die Tat wurden unionsweit Unterschriften gesammelt. Ganze Fabrikbelegschaften, sogar die Geschwister des Täters forderten öffentlich seine Erschießung.[174]

In Leningrad wurde der JTA-Vertreter Zeuge, welche Widerstände sich dagegen regten: Bei einer Abstimmung in der Skorochod-Schuhfabrik stimmten 14 für und 16 gegen die Resolution, die den Mord in Pskow verurteilte, 20 enthielten sich. Während der Versammlung kam es zu antisemitischen Pöbeleien gegen eine vermeintliche Jüdin.[175] Leningrader Komsomolzen verurteilten in Leserbriefen einerseits die Tat, erklärten diese andererseits auch als »psychologischen Akt eines beleidigten russischen Menschen. Die Frechheit der Juden geht bis zur Gemeinheit. In unserer Nationalitätenpolitik sind jegliche Ozet und Cheder unzulässig.«[176] Die inszenierte Welle des Protests gegen den Mordfall rief den Eindruck hervor, Juden stünden unter einem ganz besonderen Schutz der Sowjetmacht. Wohl um dem entgegenzuwirken, wurde in der Presse auch gefordert, nicht nur über Antisemitismus, sondern über den Haß zwischen Nationalitäten in Pskow allgemein zu sprechen: Es gebe dort unter der russischen, von den umliegenden Dörfern stammenden Arbeiterschaft auch Ablehnung gegen die Führungsschicht in den Betrieben, die sich vorwiegend aus Letten und Esten rekrutiere. Zugleich wurde die durch den Mordfall hervorgerufene »Welle des jüdischen Chauvinismus« kritisiert, die dazu geführt habe, daß jüdische Ladenbesitzer

172 Die im Pskovskij Nabat veröffentlichten Materialien sind nachgedruckt in: Komsomol protiv antisemitizma, S. 12 f.

173 Leningradskaja Pravda, 19. 2. 1929, S. 5. Vgl. auch M. Kiper (Hrsg.), Na borot'bu z nacional'noju vorožnečeju, S. 167 ff.; S. Bezborodov, Signaly, S. 37 ff. Bezborodov berichtete für die Komsomol'skaja Pravda über den Trofimov-Fall (20. 2. 1929; 6. 3. 1929). Die Leningradskaja Pravda warf der Komsomol'skaja Pr. vor, in der Kritik an der Pskower Parteiorganisation zu übertreiben. Vgl. auch L. Radiščev, Jad. Ob antisemitizme našich dnej, S. 63 ff., wo auf die Kritik eingegangen wird, der Fall sei aufgeblasen worden.

174 Leningradskaja Pravda, 20. – 23. 2; 26. 2.; 1., 2., 3. 3. 1929; JTA, 6. 4. 1929, S. 2; 8. 4., S. 1 f.; Bezborodov, Signaly, S. 52; Radiščev, Jad, S. 96; eine seitenlange Liste solcher Resolutionen bei L. Larskij, »Antisemitizm v naši dni«, in: V. Vešnev (Hrsg.), Neodolennyj vrag, S. 342. Siehe auch den Bericht des deutschen Konsulats Leningrad, PA AA Pol. 6 Rußland, Bd. 1, Bl. 160 f.

175 JTA, 12. 3. 1929, S. 7. Ähnliche Vorfälle werden geschildert in: L. Radiščev, Jad, S. 70 f.

176 Solche Briefe an die Komsomol'skaja Pravda sind zitiert bei Bezborodov, Signaly, S. 51.

den Sarg des Mordopfers tragen wollten.[177] Die jüdische Parteisektion in Pskow verabschiedete eine Resolution, derzufolge der jüdische Chauvinismus an solchen Taten schuld sei.[178] Nach täglichen Resolutionen gegen den Antisemitismus war zu lesen, daß der Trofimov-Fall andere Fehler in der betreffenden Fabrik verdeckt habe (Unterschlagungen, mangelnde Arbeitsdisziplin u.a.). Auch dies war ein Versuch, die Kampagne nachträglich zu korrigieren.[179] Beim Prozeß widerrief Trofimov dann seine ursprüngliche Begründung der Tat und erklärte, er habe sie aus persönlichen Gründen begangen, nicht weil sein Opfer Jude war. Die Verteidigung konnte sogar einen Zeugen aufbieten, der aussagte, daß Trofimov selbst im Wohnheim eine Kampagne gegen den Antisemitismus geleitet habe. Da er nicht volljährig war, wurde Trofimov zu fünf Jahren Gefängnis verurteilt.[180]

Weitere Prozesse folgten, die mit Bedacht der Öffentlichkeit präsentiert wurden. Hatte der Baršaj-Fall ein weibliches Opfer, so ging es nun bei einem Prozeß in Lugansk um einen 43jährigen Juden, der an seinem Arbeitsplatz von zwei Frauen belästigt worden sein soll, die ihm angeblich die Kleider herunterrissen, um zu prüfen, ob er beschnitten sei.[181] Die massiven Forderungen, die antisemitischen Klassenfeinde zu bestrafen, sorgten nun auch für härtere Strafen: Für das mehrfache Übergießen eines Juden mit heißem Wasser wurde der Täter zu fünf Jahren Haft verurteilt.[182] Nicht immer entschieden sich die Justizorgane zugunsten der propagandistisch besser auszuschlachtenden Deutung, daß Taten, denen Juden zum Opfer fielen, antisemitisch motiviert seien. Immerhin amnestierte der oberste Gerichtshof der Ukraine eine Gruppe, die im August eine jüdische Kolonie attackiert hatte, da es sich lediglich um einfaches Rowdytum gehandelt habe.[183] Andererseits wurde gegen »Kulaken«, die einen Pogrom gegen jüdische Dorfbewohner versucht hatten, die Todesstrafe verhängt, genauso gegen drei Agronomen, die ihre jüdische Kollegin, die als einzige für die Kollektivierung war, durch antisemitische Angriffe in den Selbstmord getrieben haben sollen.[184]

177 Leningradskaja Pravda, 22. 2. 1929.
178 JTA, 21. 2. 1929, S. 2; 22. 2. 1929, S. 3.
179 Leningradskaja Pravda, 7. 3. 1929, S. 5.
180 JTA, 11. 4. 1929, S. 1 f.
181 JTA, 30. 4. 1929, S.1
182 Tribuna, 8/1929, S. 29.
183 JTA, 9. 11. 1929, S. 9
184 JTA, 1. 2. 1930, S. 2; 27. 2. 1930, S. 3. Todesurteile in ähnlichen Fällen auch lt. JTA, 29. 4. 1929, S. 1; 12. 10. 1929, S. 1. Siehe auch L. Larskij, »Antisemitizm v naši dni«, in: V. Vešnev (Hrsg.), Neodolennyj vrag, S. 330 f.

5.4.3. Deformation der Rechtsprechung und Maßnahmen dagegen

Die Frage, ob bestimmte Taten antisemitisch sind, wurde mit den Kriterien einer Klassenjustiz beurteilt. Was von Kulaken kam, was gegen die Kollektivierung gerichtet war, konnte nur konterrevolutionär sein und damit antisemitisch. Anläßlich eines Charkower Prozesses gegen ukrainische Professoren, denen man die Formierung einer separatistischen Organisation vorwarf, wurde erklärt: »Antisemitismus ist nicht nur Bestandteil der ukrainischen Konterrevolution unter Wissenschaftlern, sondern jeglicher Konterrevolution.« Man mußte also einem Konterrevolutionär nicht mehr nachweisen, daß er Antisemit sei, er war es durch seine »Klassennatur«.[185] Die Verschärfung des publizistischen Kampfes gegen den Antisemitismus führte dazu, daß dieser Vorwurf häufiger in Auseinandersetzungen im Alltags- oder Parteileben laut wurde. L. Kopelev berichtet, wie er vor seiner Komsomolzelle »wegen Zulassens von Ausdrücken, die offen antisemitischen Charakter tragen«, gerügt wurde, nachdem er eine jiddische Wandzeitung vehement kritisiert hatte.[186]

Besonders grotesk erscheinen die Auswüchse der Prozeß- und Kampagnenpraxis gegen den Antisemitismus im Bericht des rumänischen Schriftstellers P. Istrati. Dieser hatte im November 1927 über Viktor Serge dessen Schwiegervater Rusakov, der jüdischer Herkunft war, kennengelernt.[187] Ein Artikel in der Leningradskaja Pravda beschuldigte Rusakov, eine Vertreterin der Hausverwaltung bis zur Bewußtlosigkeit geschlagen zu haben: »Es ist offensichtlich, daß in dem halbdunklen Korridor einer Bourgeoiswohnung ein ausgesprochener Klassenkampf stattgefunden hat.«[188] Es folgte am Arbeitsplatz Rusakovs folgende Fabrikresolution:

> Russakow ist unter dem Etikett eines Arbeiters und unter dem Deckmantel eines Fabrikproletariers in Wirklichkeit ein schädliches Anhängsel der inneren Konterrevolution, ein Elender der Schwarzen Hundert, ein verbohrter antisemitischer Kleinbürger. In der Werkstatt betreibt Russakow eine offenkundige Pogrom-Agitation gegen die UdSSR. Er wagt es nicht, sich anders als in Worten Luft zu machen. Aber in seiner Eigenschaft als Wohnungsinhaber erlegt sich der Kleinbürger Russakow keinen Zwang auf und geht von der Pogromagitation zu Pogromtaten über.[189]

185 M. Kac, »Nasledniki Petljury«, in: Tribuna, 9/1930, S. 7 ff.; vgl. JTA, 12. 3. 1930, S. 6; D. Zaslavskij, »Odin iz urokov char'kovskogo processa«, in: Tribuna, 15/1930, S. 4 ff. Dem »Bund zur Befreiung der Ukraine« wurde konkret das Diskutieren über die »jüdische Frage« vorgehalten.
186 L. Kopelew, Und schuf mir einen Götzen, S. 144.
187 Vgl. V. Serge, Beruf: Revolutionär, S. 310 f.
188 Leningradskaja Pravda, 31. 1. 1929, zit. n. Istrati, Auf falscher Bahn, S. 191.
189 Istrati, Auf falscher Bahn, S. 215.

Nachforschungen Istratis in der Fabrik ergaben, daß die Resolution auf Betreiben der Hausverwaltung von Rusakovs Wohnung verabschiedet wurde. Dahinter stand offenbar der Versuch, an ein Zimmer in dieser Wohnung zu kommen. Jemand namens Rojtman hat – den Zeitgeist ausnützend – das Geschütz der Antisemitismus-Anklage aufgefahren und die Behauptung verbreitet, in Rusakovs Wohnung hingen überall Ikonen und ewige Lichter. Damit war die Indizienkette »orthodoxer Christ – Antisemit« geschlossen. Wenn auch im weiteren Verfahren die absurde Antisemitismus-Beschuldigung keine Rolle mehr spielte, so reicht dieses Beispiel aus, Zweifel zu säen an den Prozessen, Kampagnen und Aufklärungsbemühungen gegen den Antisemitismus unter den nicht rechtsstaatlichen Bedingungen der Sowjetunion der zwanziger Jahre.

Gerade die häufige Verbindung der »Antisemitismus«-Vergehen mit Auseinandersetzungen um Wohnraum legt die Vermutung nahe, daß manches menschliche Problem, das in der Enge einer Kommunalwohnung zwischen den Mietern, unter denen zufällig Juden waren, auftauchte, vor Gerichten oder in Wandzeitungen mit dem aktuellen Schlagwort vom Antisemitismus aufgeladen wurde. Häufigere Prozesse gegen Antisemitismus müssen nicht automatisch bedeuten, daß sich die Judenfeindschaft unter der Bevölkerung verstärkte. Die Zunahme bestimmter Delikte in der Statistik konnte auch daher rühren, daß verlangt wurde, bestimmtes Fehlverhalten besonders unerbittlich zu verfolgen: 1923 bis 1925 stiegen die verurteilten Dienstvergehen [služebnye prestuplenija] von 7670 auf 10183. Erhöhte Aktivität der Organe, so kommentierten sowjetische Kriminologen, »zwingt uns zu der Überlegung, daß dort, wo uns ein Ansteigen der Kriminalität in anwachsenden Wellen vorkommt oder vorkam, manchmal in Wirklichkeit bloß künstlich geschlagener Schaum war«.[190] Ähnliches gelte für die Zunahme des Rowdytums, das zwar nicht zu bestreiten sei, aber wegen des oben angedeuteten Problems und der Unklarheit des Begriffs »chuliganstvo« in seiner Zunahme nicht klar eingeschätzt werden könne.[191]

Ab 1928 übernahm die Justiz zunehmend Funktionen eines Instruments zur Durchsetzung politischer Ziele. Von der Rechtsprechung forderte die Partei den Verzicht auf die »Fetischisierung der Rechtsnorm«.[192] Der verschärfte strafrechtliche Kampf gegen den Antisemitismus begann nach dem

190 M. Gernet, Prestupnost' i samoubijstva, S. 90. Ähnliches Zahlenmaterial bei A. A. Gercenzon, Bor'ba s prestupnost'ju v RSFSR, S. 18; S. 24. Siehe auch P. Solomon, »Criminalization and Decriminalization in Soviet Criminal Policy. 1917 – 1941«, S. 16 ff.; K. Litvak, »Političeskaja aktivnost' krest'janstva v svete sudebnoj statistiki 1920-ch godov«, S. 131 f.

191 Gernet, Prestupnost', S. 91; vom ersten bis zum zweiten Vierteljahr 1926 nahm in 14 Gouvernements die Zahl von chuliganstvo-Fällen von 36 398 auf 44110 zu.

192 K. Litvak, »Političeskaja aktivnost' krest'janstva«, S. 134.

»Šachty-Fall«, dem ersten großen Schauprozeß gegen »Schädlinge«.[193] In der Literatur gegen den Antisemitismus wurde auf diesen Fall Bezug genommen, der bewiesen habe, daß die Konterrevolution zu neuen Methoden greife.[194]

Die nun einsetzende Instrumentalisierung der Gerichte zur Durchsetzung der Kollektivierung führte zu einer Auflösung des Rechtssystems. Um dem gegenzusteuern, forderten zwischen 1930 und 1932 Vertreter der oberen Justizorgane mehrfach, daß untergeordnete Instanzen »revolutionäre Gesetzlichkeit« einhalten und juristische Entscheidungen nicht nur nach politischen Erfordernissen treffen sollten.[195] Auch Stalins Kritik an den »Überspitzungen« und »Verzerrungen« bei der Kollektivierung der Landwirtschaft, die er im März 1930 in seinem Pravda-Artikel »Vor Erfolgen von Schwindel befallen« ausdrückte, läßt sich auf die Kampagne gegen den Antisemitismus übertragen. Stalin konstatierte, einige Genossen hätten »für einen Augenblick die Klarheit des Verstandes und die Nüchternheit des Blicks verloren«.[196] In diesem Zusammenhang müssen die Anordnungen des Obersten Gerichts zur Einstufung individueller Streitfälle gesehen werden, die Anfang der dreißiger Jahre ergingen. Im März 1930 entideologisierte das Oberste Gericht der RSFSR den Art. 59-7 gegen die Schürung nationaler Zwietracht, auf dem die oben dargestellten Prozesse basierten. Es wurde verfügt:

> 1. Angriffe auf der Basis persönlicher Auseinandersetzungen gegen Einzelpersonen, die nationalen Minderheiten angehören, unterliegen, wenn diese Angriffe nur den Charakter einer persönlichen Beleidigung haben, der Bewertung nach Art. 159 [oskorblenie] des Strafgesetzbuches. 2. Wenn diese Angriffe von Rowdytum begleitet sind, müssen sie nach Art. 74 [chuliganstvo] des Strafgesetzbuches bewertet werden. 3. Nach Art. 59-7 sind nur Auftritte zu werten, die wissentlich auf das Schüren nationaler Feindschaft oder Zwietracht gerichtet sind. 4. Es versteht sich von selbst, daß die angegebenen Abgrenzungen näherungsweise sind und daß Abweichungen auf die eine oder andere Seite bei der Beurteilung zulässig sind, je nach den konkreten Umständen des Falles. Das Oberste Gericht macht die Gerichte darauf aufmerksam, daß das Schüren nationaler und religiöser Feindschaft vom Klassenfeind zu seinen Zwecken benützt wird und eine der Arten des Klassenkampfes darstellt. In diesen Fällen gewinnt das Verbrechen einen konterrevolutionä-

193 W. Zier, Die Entwicklung des »Schauprozesses« in der Sowjetunion, S. 106 ff.; S. Fitzpatrick, »Cultural Revolution as Class War«, in: dies., Cultural Revolution in Russia, 1928–1931, S. 8–40, bes. S. 12 ff. Im Gegensatz zu späteren Schauprozessen wurden weder in der Propaganda beim Šachty-Fall Linien zum angeblichen Antisemitismus der Angeklagten gezogen, noch machten die Anklagen Anleihen bei antisemitischer Symbolik. Beim Verteidiger A. Vorms war die jüdische Abstammung bekannt, auch bei drei der Angeklagten (JTA, 19. 5. 1928, S. 3 f.).

194 G. Ledat, Antisemitizm i antisemity, S. 13 f.

195 P. Solomon, »Local Political Power and Soviet Criminal Justice«, S. 311 f.

196 Stalins Artikel erschien am 2. 3. 1930, abgedruckt in: Werke, Bd. 12, S. 168 ff., zit. hier S. 175.

ren Charakter und muß nach Art. 59-7 beurteilt werden. Aber das Oberste Gericht unterstreicht hierbei die politische Schädlichkeit und Unzulässigkeit einer Beurteilung nach diesem Artikel von persönlichen Beleidigungen gegen nationalen Minderheiten angehörende Einzelpersonen, die keinen konterrevolutionären Charakter haben und überhaupt unter einem Umstand zustandegekommen sind, der die Möglichkeit ausschließt, diesen Auftritten einen politischen Charakter zuzuerkennen. Daher müssen die Gerichte zu diesem Ziel besonders die soziale Situation des Angeklagten und die Umstände, unter denen das Verbrechen begangen wurde, klären.[197]

Ein Jahr später wurde vom Obersten Gericht weiter konkretisiert, was bei zwischennationalen Streitigkeiten als »konterrevolutionär« anzusehen sei: Es gehe dabei nur um Gewalt und Spott gegen nationale Minderheiten, wenn diese »gegen die nationalen Errungenschaften der proletarischen Revolution gerichtet« seien. Als Mittel des Klassenfeindes müßten solche Angriffe die ernsteste Gegenwehr erfahren. »Handlungen, die mit Spott und Gewalt gegen das Leben und die Freiheit von Werktätigen [!] nationaler Minderheiten gerichtet sind und diese der Rechte berauben, die ihnen die Revolution eröffnet hat, überschreiten schon die Grenzen des Artikel 59-7 und werden zu konterrevolutionären Verbrechen nach Art. 58-1 des Strafgesetzbuches.«[198] Damit war eine rechtliche Grundlage geschaffen, Auseinandersetzungen, denen Juden – oder Angehörige anderer Minderheiten – zum Opfer fielen, zu entpolitisieren. Die Möglichkeit, die Antisemitismus-Klage als Instrument gegen »Klassenfeinde« zu benutzen, blieb so bestehen.

197 »Postanovlenie plenuma Verchsuda RSFSR« vom 28. 3. 1930, veröffentlicht in: Ugolovnyj kodeks RSFSR redakcii 1926g. S izmenenijami na 1 ijulja 1938, S. 150 f. Im Februar 1930 war von diesem Gremium in ähnlicher Tendenz festgelegt worden, daß fehlerhafte Arbeit infolge Unvermögens nicht als »konterrevolutionäre Sabotage« gewertet werden dürfe. Vgl. den Art. 58 mit seinen Zufügungen, die bei Rossi, Spravočnik po GULagu, S. 489 ff., abgedruckt sind.

198 »Postanovlenie plenuma Verchsuda RSFSR« vom 16. 4. 1931, in: Ugolovnyj kodeks RSFSR redakcii 1926g. S izmenenijami na 1 ijulja 1938, S. 151. Art. 58-1 definierte alle zum Sturz, zur Untergrabung oder Schwächung der Sowjetmacht geeignete Handlungen als »konterrevolutionär«.

6. Juden und Antisemiten im Umbruch der Sowjetgesellschaft

6.1. Jagd auf die Antisemiten als Klassenkampf von unten

An drei Zentren wurde der »neue« Antisemitismus von der Partei registriert: Fabrik, Hochschule und die Umgebung der jüdischen Landkolonien – also von der Sowjetmacht geschaffene Einrichtungen. Die Juden, gegen die sich dort der Antisemitismus richtete, standen auf der Haben-Seite des sozialistischen Aufbaus: Es waren jüdische Arbeiter, Bauern, Studenten. Antisemitismus, der von der Sowjetmacht verfolgt wurde, richtete sich nicht gegen jüdische Händler, lišency, nėpmany, oder andere »klassenfremde Elemente«. Deren Schicksal und die Feindschaft gegen sie waren den Staats- und Parteiinstanzen gleichgültig. Die idealtypische Konstellation eines antisemitischen Skandalfalls war die Verfolgung eines jüdischen Arbeiters oder einer Arbeiterin, die dem Proletariat oder der jüdischen Armut entstammten. Das Opfer des Antisemitismus sollte durch hervorragende Arbeitsleistungen herausstechen, womöglich im Komsomol aktiv oder sogar Arbeiterkorrespondent sein. Der Täter sollte vom Dorf stammen, vor der Revolution im zaristischen Repressionsapparat beschäftigt gewesen sein – oder Eltern haben, auf welche dies zutraf. Auch die Herkunft aus einer Kaufmannsfamilie war geeignet, weiter die Verbindung mit Geistlichen. Aus diesen Ingredienzen wurden die Fälle aufbereitet, die besonders 1928 und 1929 die Presse, Gerichte und Betriebsversammlungen beschäftigten. Die Quintessenz dieser antisemitischen Skandale lag nicht in der Verwerflichkeit von Vorurteilen gegen Nationalitäten an sich, sondern in der Klassenherkunft der Täter: Von Moskau bis Tadschikistan habe sich herausgestellt, daß Kaufleute oder deren Kinder, Mullahs, Gendarmen, Kleriker oder Professoren aus dem alten Regime hinter den antisemitischen Übergriffen standen:

> Im Kampf gegen die proletarische Diktatur und den sozialistischen Aufbau ist den kapitalistischen Elemente jedes Mittel recht – von offenen terroristischen Angriffen gegen Vertreter der Sowjetmacht (Attentate und Mordfälle gegen Sowjetvorsitzende, Mitarbeiter des Sowjetapparats, Dorfkorrespondenten), von Schädlingsarbeit und direkter Unterminierung des sozialistischen Aufbaus (Šachty- und andere Fälle, Brandstiftungen in Fabriken, Zerstörung von Sowchosen usw.) bis zu ideologischem Druck auf rückständige Gruppen von Arbeitern und armen und mittleren Bauern (Antisemitismus, Sektenwesen usw.).[1]

Es war den sowjetischen Antisemitismus-Spezialisten klar, daß dieser »neue« Antisemitismus weit weniger konterrevolutionär war, als die Propaganda behauptete. Gerade weil die volkstümliche Judenfeindschaft durchaus affirmative Züge trug, erschien sie den Bolschewiki besonders gefähr-

1 Komsomol protiv antisemitizma, S. 1.

lich. Antisemitismus dient stets der Welterklärung. Gegen ihn zu kämpfen, hieß für die Partei auch, ihr ideologisches Monopol zu verteidigen. Besonders die Parteifunktionäre auf lokaler Ebene mußten feststellen, daß sich in Arbeiterkreisen ein antijüdisches Ressentiment breitmachte, das den geforderten Klassenhaß zu überlagern drohte. Das schien ihnen anzukündigen, daß der Partei der Einfluß auf die Arbeiterklasse entgleiten könnte. Daher rührte ihre inquisitorische Energie im Kampf gegen den Antisemitismus. Dieser steht ein nahezu völliges Schweigen der Parteispitze zu diesem Thema entgegen. Es spielte weder auf den Parteitagen und -konferenzen eine nennenswerte Rolle, noch war es Gegenstand der Theoriezeitschriften der Partei.[2] Unter den Autoren der polemischen und eher sachlichen Schriften gegen den Antisemitismus war von Kalinin bis Larin oder Lunačarskij kein einziger, der – wie etwa Stalin, Molotov oder Kaganovič – zur wirklichen politisch aktiven Führerschicht gehörte. Durch die Delegation an Spezialisten war die Zweitrangigkeit dieses Themas signalisiert.

Vorwürfe, die Partei habe zu wenig oder zuviel gegen den Antisemitismus unternommen, können nicht begründet sein, da wir die Information über den zu bekämpfenden Antisemitismus von dieser Partei selbst beziehen. Das Mißverhältnis besteht nicht zwischen Antisemitismus und Maßnahmen dagegen, sondern in der Heftigkeit, mit der an der Basis gegen Judenfeindschaft gekämpft wurde, und dem Schweigen der oberen Organe – ein Mißverhältnis, das auch an der Basis wahrgenommen wurde.[3] Wie ernst wurde im Innern der Partei- und Staatsführung der Antisemitismus genommen? Gab es hinter den alarmierenden Meldungen interne Deutungen, die auf weniger Aufgeregtheit schließen lassen? Es gibt Grund zu der Vermutung, daß die antisemitische Welle auch in ihren Ausmaßen weniger gefährlich eingeschätzt wurde, als es an der Basis erschien: Das ZK des Komsomol forderte 1929 zum Beispiel von den lokalen Organisationen, daß es über jedes Auftreten des Antisemitismus und alle Kampfmaßnahmen dagegen systematisch informiert werden solle.[4] Aus den jüdischen Parteisektionen kam deutliche Kritik an Tendenzen in der Kampagne gegen Antisemitismus, die den »bürgerlichen jüdischen Nationalismus« fördern könnte. Diese Vorbe-

2 Im ZK-Organ Bol'ševik fand ich nur Larins Aufsatz »Social'naja struktura evrejskogo naselenija SSSR« (Bol'ševik, 15/1928, S. 40 – 55), dessen Untertitel »K voprosu ob antisemitizme« annehmen läßt, daß er als Erfüllung der Forderungen der Agitpropkonferenz des ZK vom Mai 1928 plaziert wurde.

3 Siehe die Fragen an Ju. Larin, die Moskauer Arbeiter 1928 stellten, oben am Ende von Kapitel 4.1. Larin berichtet auch, daß nach einem seiner Vorträge im März 1929 das Parteiaktiv des Baumanski-Rayon in Moskau in einer Resolution von den zentralen Zeitungen forderte, dem Thema mehr Aufmerksamkeit zu schenken und einen »wirklichen Erlaß« zu veröffentlichen (Evrei i antisemitizm, S. 280).

4 I. Šarov'ev, »O bor'be s antisemitizmom. Pis'mo ČK VLKSM«, in: Komsomol protiv antisemitizma, S. 23 f. Vgl. JTA, 28. 3. 1929, S. 3.

halte scheinen jedoch nur innerhalb der Evsekcija laut geworden zu sein – eine Auswirkung auf die Parteiführung läßt sich nicht nachweisen.[5]

Es gibt auch keinen stichhaltigen Grund zu der Annahme, das Schweigen an der Parteispitze habe mit heimlicher Zustimmung zum Antisemitismus zu tun. Die Parteiführung glaubte an die Dogmen vom Klassenkampf, die Antisemitismus zu einem untergeordneten Problem werden ließen. In den Aufrufen zur klassenmäßigen Reinheit des Apparats, zur Wachsamkeit vor den Machenschaften des Klassenfeinds konnten auch Maßnahmen gegen Judenfeindschaft impliziert sein: »Wir müssen im Auge behalten, daß wir nicht alle Vertreter der früher herrschenden Klassen in unserem Lande erschossen haben, wir haben nicht alle ins Gefängnis gesetzt, und sie sind nicht alle aus unserer Union geflohen. Ihre überwiegende Mehrheit hat sich in unserem Land niedergelassen, sich in unserem Apparat festgesetzt.«[6] Daß diese Kräfte auch zur Schürung des Antisemitismus greifen würden, war im Sinne der Sowjetideologie gar nicht weiter erwähnenswert, sondern verstand sich von selbst.

So kam die Hauptdynamik der Kampagne von unten. Angriffe wie auf den Direktor des Bol'šoj-Theaters Golovanov, einen späteren Stalinpreisträger, scheinen nicht auf Anweisungen von oben begonnen worden zu sein.[7] Die Reaktionen an der Parteibasis lassen eine gewisse Nervosität über die Feststellung erkennen, daß der Antisemitismus ähnlich wie andere Verfallserscheinungen auf die Reihen der Arbeiterschaft und sogar der Partei übergreife. Eine Liste von »krankhaften Erscheinungen in der Parteiorganisation« aus dem Smolensker Parteiarchiv registriert neben Alkoholismus, Beziehungen zu »fremden Elementen« (Kulaken, Mönche und private Händler), das Verschweigen von Dienst bei den »Weißen«, Trotzkismus, Ehebruch und Vergewaltigungsversuchen auch die Tolerierung von systematischer Hetze auf einen jüdischen Fabrikarbeiter.[8] Diese Unzufriedenheit mit einem vermeintlichen Verfall von moralischen Werten, mit dem Fortbestehen der »alten Lebensweise«, war nicht von oben dekretiert. Ein Zeuge erinnert sich an seine Zeit (1929) als einer der »jungen Enthusiasten, die von den hochgespannten Gedanken und Plänen dieser Zeit begeistert waren. [...]

5 Zum Verhalten der Evsekcija weiter unten, Kap. 6.5.

6 Šestnadcataja konferencija, sten. otčet, S. 514 f. (Rede von Cifrinovič).

7 Siehe S. Fitzgerald, »Cultural Revolution as Class War«, in: dies., Cultural Revolution in Russia, S. 23 ff. Anfang 1928 wurde enthüllt, es habe sich wegen Golovanov ein jüdischer Violinist das Leben genommen. Eine Oper soll deshalb nicht zur Aufführung gekommen sein, weil das Libretto von einem Juden stamme. Einem jüdischen Dirigenten soll nicht gestattet worden sein, Boris Godunov zu dirigieren. Siehe die JTA-Meldungen am 9. 4., 10. 5., 14. 5. und 9. 6. 1928.

8 »Otdel'nye primery boleznenych javlenij v partorganizacii«, in: WKP 523, 7 – 11, Neuslyšannye golosa, S. 122 – 125.

Deshalb war dies ein Zeitabschnitt, in dem alles Unklare, Zögernde und Abweichende, das noch immer der Revolution anhing, abgeschüttelt werden mußte.«[9] Im Komsomol formierte sich – offenbar ohne Aufforderung von oben – eine sogenannte »Leichte Kavallerie«: Aktionsgruppen zur Aufspürung und Eliminierung von Bürokraten und Beamten des alten Regimes.[10] Im Antisemitismus hatten sie ein »Lackmuspapier«, um »verborgene Monarchisten« und andere Klassenfeinde aufspüren zu können.[11]

Mit dem Antisemitismus sollte jeder fremde Klasseneinfluß auf die Arbeiterschaft eliminiert werden. So beklagt sich eine Broschüre gegen Judenfeindschaft über die »ehemaligen Grafen, Fürsten, Baronessen, Generäle« usw., die in Leningrad sogar an der Werkbank stünden. Deren »letzte Waffe« sei der Antisemitismus.[12] Hier sollte keineswegs auf die »Grafen« eingeschlagen werden, um den Antisemitismus zu treffen, hier sollte der Antisemitismus – über dessen Nachweis bei den Betroffenen kein Wort verloren wurde – dazu dienen, auf Klassenfeinde einzudreschen. Antisemitismus war ein Indiz, das den »kleinbürgerlichen Einfluß« besonders auf die Jugend wie auf einer Skala ablesbar machte. Der Kampf gegen den Antisemitismus war eine Auseinandersetzung um das Profil des Proletariats. Dabei galt die Regel: »Lieber die Gefahr überschätzen als sie unterschätzen.«[13] Die forcierte Industrialisierung – so erklärten sich die Parteiideologen die vermehrten Fälle von Judenfeindschaft – habe »das Antlitz unseres Proletariats sichtlich bedeutend verändert und seine Qualität verringert«. Die neuen Arbeiter stammten vom Dorf, seien ehemalige Kaufleute, »ein Element, das niemals im Topf des Proletariats gegart wurde«.[14] In den Komsomol seien über die Dorfzellen bereits 15,6 % Mitglieder aus der wohlhabenden und mittleren Bauernschaft und 3,6 % Kulaken eingedrungen: Ein Fünftel der Komsomolzen war damit »klassenfremd«.[15]

Bei der Erziehung der neuen Arbeiterschaft stand die Einhaltung der Arbeitsdisziplin im Vordergrund.[16] Als Instrument zur Disziplinierung (wozu das Unterlassen von Alkoholkonsum genauso gehörte wie das Ende von Streitereien mit Angehörigen anderer Nationalitäten) und zur Verbesserung

9 V. Kravchenko, Ich wählte die Freiheit, S. 71.

10 Šestnadcataja konferencija, sten. otčet, S. 486. Siehe auch R. Löhmann, Der Stalinmythos, S. 169, S. 173.

11 So bei M. Gorev, Protiv antisemitov, S. 19 f.

12 G. Ledat, Antisemitizm i antisemity, S. 39.

13 I. Bobryšev, Melkoburžuaznye vlijanija sredi molodeži, S. 16.

14 Tribuna, 11/1929, S. 12.

15 I. Bobryšev, Melkoburžuaznye vlijanija, S. 9. Siehe zu den sozialen Umschichtungen G. Meyer, Sozialstruktur sowjetischer Industriearbeiter Ende der zwanziger Jahre, bes. S. 40, S. 129 (soziale Herkunft); H.-H. Schröder, Arbeiterschaft, Wirtschaftsführung und Parteibürokratie, S. 333 f., S. 327 f. (bes. für die Parteimitglieder); R. Löhmann, Stalinmythos, S. 204 ff. (für den Beginn der dreißiger Jahre).

16 Šestnadcataja konferencija, sten. otčet, S. 72 (Rede Kujbyševs). Auch hier gingen Stimmen zur Mäßigung unter. Präsident Kalinin warf in der Diskussion über die Arbeitsdisziplin ein, daß

der Arbeiterschaft[17], war der Kampf gegen die Judenfeindschaft nur eine von zahlreichen Fronten. Benachbart war die Auseinandersetzung mit dem »Feind mit Kreuz und Gebet«, der Kirche und den Sekten.[18] Von Arbeitern errichtete Kirchen waren ein »Beweis« dafür, wie sehr die Konterrevolution – und damit der Antisemitismus – noch Einfluß auf das Proletariat habe.[19] Aber auch Wodka konnte zum »Instrument der Konterrevolution« erklärt werden. 1928 kämpfte der Komsomol parallel gegen Alkoholismus und Antisemitismus mit ähnlichen Argumenten: so wie Antisemitismus auf die kulakische Agitation zurückgeführt wurde, wurde auch der Alkoholismus mit den Interessen der Kulaken verknüpft, die sich an der Getreideverknappung durch die Schnapsbrennerei bereicherten.[20] Larin, einer der Spezialisten für die Bekämpfung des Antisemitismus, war auch Vorsitzender der Liga für den Kampf gegen den Alkoholismus.[21]

Die Forderung nach Zwangsassimilierung der »nichtarbeitenden« Juden, die in Leserbriefen u.a. laut geworden war, wurde im Parteischrifttum verglichen mit der Forderung nach regelmäßigem Bierkonsum und nach der Einrichtung von Bordellen.[22] Antisemitismus konnte in einer Reihe mit »fokstrotizm« und »tangoizm« stehen, mit verwerflichen Tänzen, schmutzigen Witzen, oblomovščina und Dekadenz jeder Art.[23] Jedoch spielte 1930 bei der Rehabilitierung des Jazz nach den puritanischen Angriffen die Entdeckung eine Rolle, daß diese Musik von unterdrückten amerikanischen Schwarzen und Juden stamme. Amerikanische Tanzmusik konnte also genauso ein Protest gegen den Antisemitismus sein.[24] Wie komplex die Beziehung des Antisemitismus zu anderen für bekämpfenswert gehaltenen

»die allgemeine Atmosphäre der Fabrik all diese negativen Seiten wieder einrenken wird« (ebd., S. 297).

17 Siehe die verschiedenen Erlasse zur Hebung der Arbeitsdisziplin, etwa »O merach k ukrepleniju trudovoj discipliny v gosudarstvennych predprijatijach« (März 1929); bei S. Danilov, H. Temmen/A. Hetzer (Hrsg.), Sozial- und Wirtschaftsgeschichte der Sowjetunion für die Jahre 1917 – 1941, Bd. 3, S. 286 ff. übers. nachgedruckt.

18 I. Bobryšev, Melkoburžuaznye vlijanija, S. 37 ff.

19 M. Gorev, Protiv antisemitov, S. 21.

20 Siehe Neil Weissman, »Prohibition and Alcohol Control in the USSR: The 1920s Campaign against Illegal Spirits«, in: Soviet Studies, 38 (1986), S. 349 – 368.

21 Vgl. Šestnadcataja konferencija, sten. otčet, S. 260.

22 L. Radiščev, Jad. Ob antisemitizme našich dnej, S. 27 ff.

23 Siehe dazu R. Stites, Revolutionary Dreams: Utopian Vision and Experimental Life in the Russian Revolution, S. 117 ff. In der populären Kultur konnte sich das »jüdische Thema« teilweise auch noch 1929 halten, vgl. Robert A. Rothstein, »Popular Song in the NEP Era«, in: S. Fitzgerald (Hrsg.), Russia in the Era of NEP, S. 268 – 294, bes. S. 276.

24 Siehe S. Frederick Starr, Red and Hot. Jazz in Rußland von 1917 – 1990, Wien 1990, S. 91. Jazz spielte trotz gelegentlicher Angriffe auf ihn als Ausdruck westlicher Dekadenz (1936 griffen die Izvestija den Jazz an, der von der Pravda verteidigt wurde) eine herausragende Rolle in der populären Massenkultur während des Hochstalinismus Mitte der dreißiger Jahre. Seine Stars waren dabei überwiegend jüdischer Herkunft. Siehe Starr, ebd., S. 115 ff., S. 139 ff.

Erscheinungen (Drogen und Promiskuität) war, zeigt eine der bekanntesten literarischen Anti-Dekadenz-Erzählungen, die 1928 für die Komsomol-Arbeit herausgegeben wurde: Sie zeigte nicht den Antisemitismus als Entartung, sondern war selbst mit antisemitischen Klischees durchsetzt.[25]

Von allen Lastern, gegen die sich der Eifer richtete, hob sich der Antisemitismus als das politischste jedoch hervor: Er habe seine Wurzeln im Dorf, wo »die Überbleibsel des zaristischen Regimes noch am Leben sind, so wie auch andere Überbleibsel dieser Zeiten, Analphabetentum, Alkoholismus usw. – doch [beim Antisemitismus] führt eine Reihe Fakten klar zu einer gewissen unsichtbaren Hand, die dieses Überbleibsel in eine bestimmte Richtung zu lenken und es für bestimmte Ziele zu benützen versucht.«[26] So obskur diese Andeutungen sind, der Grundaussage ist beizupflichten: Anders als die übrigen Sünden trug der Antisemitismus einen politisch-ideologischen Charakter. Nur Antisemitismus und Religion waren Konkurrenten der offiziellen Staatsideologie und berührten tendenziell Bereiche der Partei- und Staatsdoktrin. Deren Welterklärung »Der Klassenfeind ist schuld« drohte vom »Die Juden sind schuld« überlagert zu werden – das mußte den Parteiaktivisten, Komsomolinstruktoren, Ozet-Referenten usw. als ein weit gefährlicherer Angriff erscheinen als die zahlreichen anderen Abweichungen und Verfallserscheinungen im Alltagsleben.

6.2. Krisenbewußtsein in der NĖP und die Suche nach Sündenböcken

Aufgrund des Quellenmaterials können wir viel eher Aussagen über den Kampf gegen den Antisemitismus machen als über den Antisemitismus selbst. Heißt das, daß die antisemitische Welle eine Schimäre war, ein bloßes Konstrukt der Parteipropaganda? Dies ist keineswegs plausibel – konstruiert wirkt häufig die Entlarvung von angeblichen Antisemiten als Klassenfeinden. Sicher wurden Streitfälle, denen Juden zum Opfer fielen, als Antisemitismus verhandelt, obwohl die Nationalität der Beteiligten keine Rolle gespielt hatte. Dennoch gibt es keinen Grund, der Parteipublizistik oder der sowjetischen Justiz zu unterstellen, alle Fälle manipuliert zu haben. Den Antisemitismus in der Bevölkerung, in der Arbeiterschaft und unter Partei- und Komsomolmitgliedern mußte die sowjetische Presse nicht erfinden. Die Bestürzung, mit der vor allem 1926 und 1927, als die Anti-Antisemitismus-Kampagne noch nicht einer gewissen Routine folgte, an der Basis judenfeindliche Stimmungen registriert wurden, zeigt, daß diese ein drängendes Problem waren. In welchem Ausmaß es sich stellte, mit welchen Schwankungen, wann mehr, wann weniger, bleibt schwer zu beantworten.

25 S. Malaškin, Luna s pravoj storony. Siehe dazu unten, am Ende von Kap. 7.1.
26 L. Larskij, »Antisemitizm v naši dni«, in: V. Vešnev (Hrsg.), Neodolennyj vrag, S. 332.

Wie antisemitisch die sowjetische Bevölkerung in der Zeit der Kampagne gegen den Antisemitismus in ihrem Durchschnitt war, läßt sich nicht feststellen. Meinungsumfragen wurden nicht durchgeführt. In der zweiten Hälfte der zwanziger Jahre haben nicht nur Träger jüdischer Namen diese in russische umändern lassen, es wurde auch die Änderung russischer in nichtrussische, darunter auch in jüdische Namen vorgenommen.[27] Zwischen 1923 und 1927 waren in der Russischen Föderation etwa 30 % aller von Juden geschlossenen Ehen Mischehen.[28] Diese wurden in den großen Städten geschlossen, wohin Teile der jüdischen Bevölkerung des ehemaligen Ansiedlungsgebiets strömten. Daß ein Fünftel bis ein Drittel von ihnen dort nichtjüdische Partner fanden, darf als Zeichen dafür gelten, daß von einem prinzipiellen Antisemitismus in der Bevölkerung keine Rede sein kann.

Bei der Diskussion um die Zunahme der Judenfeindschaft muß ferner berücksichtigt werden, daß Zeitungsberichte über ein Phänomen oft Meldungen gleicher Art nach sich ziehen. Wenn sich also Ende der zwanziger Jahre in den Archiven schriftliche Aufzeichnungen finden, daß Juden von den Nachbarn mit antisemitischen Ausdrücken beleidigt wurden[29], kann das auch heißen, daß die beständige Thematisierung in der Presse die Bereitschaft förderte, sich über Vorfälle zu beschweren, die früher kommentarlos hingenommen wurden.

Tatsächlich neu – und nicht nur erstmals ernstgenommen, obwohl schon früher endemisch – war Antisemitismus dort, wo vor der Revolution wenig oder keine Juden lebten. Von 1923 bis 1926 stieg die Zahl der Juden in der Russischen Föderation von 525 000 auf 620 000 an[30], in Moskau nahm der Anteil der jüdischen Einwohner von 2,7 % (1920) über 5,6 % (1924) auf 8,5 % (1926) zu.[31] Fälle manifester Judenfeindschaft fielen besonders in der zentralrussischen Provinz auf. Aus Kostroma wurde berichtet, daß in einer Fabrik unter 450 Arbeitern 16 Juden waren. Komsomolzen drohten ihnen, sie wegen jiddischer Gespräche aus der Fabrik zu werfen. In einem anderen

27 N. Špil'rejn, »O peremene imen i familij (social'no-psichologičeskij ėtjud)«, in: Psichotechnika i psichologija truda, 4/1929, S. 281 – 285. 8 % der von 1925 bis 1927 erfaßten Namensänderungen waren jüdische in nichtjüdische, 3 % russische in nichtrussische Familiennamen. Bei den erfaßten Vornamen wurde etwa ein Viertel durch solche anderer Nationalitäten ersetzt, in welcher Richtung vorrangig, wurde nicht ermittelt. Den Hinweis auf die Studie verdanke ich S. Margolina.

28 M. Altshuler, Soviet Jewry since the Second World War, S. 25. Vgl. oben, Kap. 3.3.

29 So ist im Smolensker Archiv, WKP 303, (1929) o.S., die Anzeige einer Jüdin zu finden, eine Frau aus der Nachbarschaft habe sie »židovka parchataja« genannt.

30 BSĖ, 1. Auflage, Bd. 24, Sp. 85.

31 Ob antisemitizme, (1927), S. 15. In Petrograd und Moskau lebten 1920 jeweils etwa 30 000 Juden, in Samara und Saratov 13 bzw. 14 000. Siehe Staseva, »Nacional'nyj sostav naselenija RSFSR«, in: Žizn' Nacional'nostej, 1/1924, S. 129 ff., hier S. 141. Die Zahlen wurden zwischen 1918 und 1920 ermittelt und beziehen sich auf die Gouvernements. Zum Vergleich: Smolensk über 35 000, Homel 181 000, Witebsk 108 000.

Betrieb waren unter 1000 Arbeitern fünf Juden.[32] Tatsächlich wirkten Juden dort, wo sie früher nicht leben durften, weitaus fremder als in den Gebieten, die traditionell Verbreitungsgebiet des volkstümlichen Antisemitismus waren. Aktivisten der Parteiarbeit unter Moskauer Juden beklagten Mitte der zwanziger Jahre deren häufig ungenügende Sprachkenntnisse.[33]

Ein Korrespondent des Socialističeskij Vestnik schilderte Erfahrungen von der Volkszählung 1926 in einem typischen Moskauer Rayon, in dem vor allem Arbeiter in beengten Verhältnissen lebten: Unter diesen sei jeder vom Antisemitismus infiziert. Jeder Jude gelte als Kommunist, man sei überzeugt, daß alle Juden gut lebten: »Sie haben ganze Wohnungen mit einer teuren Einrichtung, die sie den Nichtjuden weggenommen haben. Die Juden haben aus den Kostbarkeiten, die sie in Klöstern und Kirchen an sich genommen haben, Ringe und Armbänder gemacht und sich Goldzähne einsetzen lassen.« Um die Russen zu vertreiben, zögen aus allen Enden der Welt die »Juden« nach Moskau, unter denen die Moskauer Arbeiter allgemein alle Nichtrussen verstanden: Armenier, Georgier, Zigeuner, Perser, Tataren, Ungarn usw. Diese hielten sie für die neue Bourgeoisie, die die russischen Arbeiter und Bauern ausbeute. Man nenne die Neu-Moskauer fremder Nationalität ironisch »Herren«, »Adlige« oder »Gutsbesitzer«. Gegen chinesische Händler sei schwer zu konkurrieren, die Schuhputzer seien alle Georgier oder Tataren, die Restaurants in armenischer Hand. Es wurde über ganze Straßen mit jüdischen Handwerkern geklagt, die mit ihrem Sabbatsilber angekommen seien und 14 Stunden am Tag arbeiteten. Auch ihre typische štetl-Kleidung habe man in Moskau früher nicht gekannt. Über Türken und Chinesen dächten die mit ihnen konkurrierenden kustari, sie seien nur vorübergehend in Moskau, die Juden jedoch seien mit ihren Familien gekommen. Der Korrespondent beobachtete die grassierende Judenfeindschaft nicht nur unter den Konkurrenten der jüdischen Kleinhändler oder kustari, sondern berichtete über Kommunisten, die erklärt hätten: »Diese hinterhältige Nation klettert auf unverschämte Weise nach oben. Heute bin ich Kommunist, aber es kommt die Zeit, wo ich als erster die židy abschlachten werde.«[34]

Die Städte, an erster Stelle Moskau und Leningrad, konnten den Zuzug neuer Bewohner kaum bewältigen. Die Wohnsituation wurde immer schlech-

32 Pravda, 8. 12. 1928, auch in: Komsomol protiv antisemitizma, S. 11.

33 RCChIDNI F 441, O 1, D 87, Bl. 110. In der RSFSR gab zu dieser Zeit die Hälfte der Juden Jiddisch als Muttersprache an, in der Ukraine 76 %, in Weißrußland 90 %. In allen sowjetischen Städten waren es 68 %, auf dem Dorf 93 %. Signifikante Unterschiede zwischen Männern und Frauen gab es nicht (Tribuna, 16/1928, S. 9).

34 SV, Nr. 4/1929, S. 13 f. Bei dem betreffenden Teil Moskaus handelte es sich um den Krasnopresnenski-Rayon, dessen Parteisekretär Rjutin 1926 zu den ersten gehörte, die über die Zunahme des Antisemitismus klagten. Siehe Kap. 4.1.

ter: Von 1924 auf 1926 sank die durchschnittliche Wohnfläche pro Person von 5,1 auf 4,8 Quadratmeter, die Quadratmetermiete erhöhte sich von 11,2 auf 21,7 Rubel, der für die Wohnung aufgewandte Budgetanteil erhöhte sich von 5,5 % auf 6,9 %.[35] Zum Krisenhintergrund der NEP-Gesellschaft gehört auch der hohe Stand der Arbeitslosigkeit. Deren Kurve läßt sich kaum mit der Welle des Antisemitismus, wie sie die sowjetischen Medien beschrieben, zur Deckung bringen, auch wenn die GPU zahlreiche Beispiele antisemitischer Äußerungen von Arbeitslosen zusammentrug.[36] So kann die Arbeitslosigkeit nur als ein allgemeines Krisensyndrom gelten, welches das Bedürfnis nach Sündenböcken und einem Ventil für Alltagsärger verstärkte. Im Juli 1924 waren 1,34 Mio. Arbeitslose registriert – damit 18 % der nicht landwirtschaftlich Beschäftigten.[37] 1925 lag die Arbeitslosenquote bei 11 %. Drei Viertel der Arbeitslosen lebten in der Russischen Föderation, 18,7 % in der Ukraine und nur 1,8 % in Weißrußland. Moskau und Leningrad (einschließlich des jeweils umliegenden Gebiets) mit 32,8 % und 11,39 % aller sowjetischen Arbeitslosen waren die Zentren.[38] Anfang 1927 waren 1,31 Mio. Arbeitslose registriert. Im April war ein Höhepunkt mit 1,47 Mio. erreicht, im Dezember lag die Anzahl der Arbeitslosen bei 1,23 Mio. 1928 gab es nochmals einen starken Anstieg auf 1,57 Mio, im Oktober dieses Jahres waren es 1,36 Mio., danach sank die Zahl kontinuierlich. Nach der Hauptgruppe der ungelernten Arbeiter war in der Statistik die zweitstärkste Schicht die »intellektuelle Arbeit« (1926: 19,6 %; 1928: 23,2 % der Arbeitslosen). Hier wirkten sich Personalkürzungen im Staatsapparat 1923 – 24 und 1927 – 28 aus. Ein Sechstel der Arbeitslosen waren Angestellte des Staatshandels – damit zu einem großen Anteil Juden.[39] Von 1928 bis 1930 stieg die Zahl der nicht landwirtschaftlich Beschäftigten von 9,9 Mio. auf 13 Mio. Obwohl in derselben Zeit die gesamte Stadtbevölkerung von 1,06 auf 2,63 Millionen anwuchs, ging die Arbeitslosenzahl um 150 000 zurück. Im Oktober 1930 waren noch 335 000 Arbeitslose registriert, Ende 1931 praktisch keine mehr.[40]

35 Ėkonomičeskoe Obozrenie, Oktober 1927, S. 184, nach H.-H. Schröder, Arbeiterschaft, Wirtschaftsführung und Parteibürokratie, S. 318.

36 GARF F 374, O 27 D 1096, abgedr. in: »Monarchija pogibla, a antisemitizm ostalsja«, S. 332 ff.

37 L. Rogačevskaja, Likvidacija bezraboticy v SSSR, S. 77 f. Die durchschnittliche Dauer der Arbeitslosigkeit betrug in Moskau sieben, in Leningrad über neun Monate.

38 Ebd., S. 82, S. 148.

39 Pjatnadcatayj s-ezd, sten. otčet, Bd. 2, S. 1091; Ch. S. Gurevič, »Bezrabotica i ėkonompolitika«, in: Bol'ševik, 2/1928, S. 60 – 68; Rogačevskaja, Likvidacija, S. 90, S. 142, S. 145 ff. Rogačevskaja schätzt einen Spitzenwert von 1,7 Mio., anderen Statistiken zufolge lag die Arbeitslosenzahl bei 2,3 Mio. (1927). Jedenfalls gab es weit mehr Arbeitslose als vor der Revolution, als die Zahl im Durchschnitt unter einer halben Million lag. Siehe R. W. Davies, »The Ending of Mass Unemployment in the USSR«, in: D. Lane (Hrsg.), Labour and Employment in the USSR, S. 19 – 35, hier S. 23.

40 R. Davies, »The Ending«, S. 29 f.; einige Beschönigungen sind allerdings zu berücksichtigen, so wurden »Klassenfremde« aus der Arbeitslosenstatistik genommen. Offenbar gab es auch

Das vorliegende Quellenmaterial reicht nicht aus, den Antisemitismus vor diesem Hintergrund genau zu fixieren. Wie bei anderen Gesellschaften in Krisensituationen ist jedoch anzunehmen, daß die Beziehungen zwischen Betroffenheit von sozialer Not und Einstellungswandel kompliziert waren. Um nach den »wahren Schuldigen« zu suchen, mußte man nicht arbeitslos sein – es konnte auch die Angst vor Arbeitslosigkeit oder konkrete Fälle im Bekanntenkreis die Suche nach Sündenböcken auslösen. Es scheint auch keine eindeutige Verbindung zwischen sozialer Situation und der konkreten Wahl des Feindes belegbar zu sein. Man kann sich fragen, warum ein Teil der Arbeiterschaft begonnen hat, gegen Juden Feindschaft zu hegen, ein anderer Teil aber gegen Klassenfeinde, specy [bürgerliche Spezialisten] oder Kulaken. Man sollte der Versuchung nicht nachgeben, die Antisemiten ihrer Herkunft nach für die rückständigeren, dörflicheren – die Klassenkämpfer hingegen für die echt proletarischen Arbeiter zu halten. Der Antisemitismus läßt sich im sozialen Umbruch Ende der zwanziger Jahre nicht eindeutig einordnen. Der vydviženec, der nach oben drängt, kann seinen Aufstiegswillen in verschiedene klassenkämpferische Rollen einkleiden: Er kann sich über die »zu vielen« Juden – die gar Abkömmlinge von Kapitalisten sind – an seinem Technikum empören, die ihm als Ukrainer den Weg versperren. Er kann sich aber genauso über den antisemitischen Dozenten an seiner Hochschule beklagen, der aus dem alten Regime übernommen ist und dem sozialistischen Aufbau feindselig gegenüber steht. Die Ablehnung der specy seitens der Arbeiterschaft hatte eine durchaus nationale Komponente: »Sie [die Arbeiter] haben mittlerweile begonnen, ihr ›Vaterland‹ sehr zu lieben und eine große Feindschaft gegen andere Nationen zu nähren«, berichtete ein Brief an das Exilorgan der Menschewiki.[41] Der Haß auf den spec konnte sich mit Antisemitismus vermischen: Arbeiter klagten auf Fragezetteln, daß die Löhne niedrig seien, um die specy besser bezahlen zu können, »vor allem auch die Juden«.[42] »Warum gibt es in den Unternehmen soviel Bürokratie? Weil die Angestellten alle Juden sind. Warum wächst unser Lohn nicht so schnell, wie wir es gerne hätten? Weil die jüdische Macht alles den Spezialisten läßt – den Juden eben. Wer beutet das werktätige Volk aus? Die nėpmany. Und wer sind die nėpmany? Die Juden.«[43] Zwischen Klassenkampf und Judenfeindschaft war offenbar Platz für Mischformen. In Fabriken wa-

Karteileichen, Mißbrauch usw., siehe Rogačevskaja, Likvidacija, S. 259. Vgl. auch R. W. Davies/S. G. Wheatcroft, »A Note on the Sources of Unemployment Statistics«, in: Lane, Labour, S. 36 – 49; John Barber, »The Development of Soviet Employment and Labour Policy, 1930 – 41«, in: Lane, ebd., S. 50 – 69.

41 Socialističeskij Vestnik, 10. 10. 1931, S. 16. Aus dem Brief eines Arbeiters.

42 G. Žigalin, Prokljatoe nasledie, S. 83.

43 Ef. Dobin, Pravda o evrejach, S. 43. Ich habe das Zitat aus seinem Zusammenhang gelöst. Bei Dobin soll es die geschickte Agitation der Klassenfeinde umreißen, die gewisse Schwierigkeiten im Alltag für ihre konterrevolutionäre Hezte nutzen. Doch diese Fragen und Antworten

ren Flugblätter verbreitet, in denen gedroht wurde: »Wenn wir die židy abschlachten, werden wir die buržui schlagen.«[44]

Die Kulturrevolution seit 1928 kanalisierte mit ihrem prononcierten Antiintellektualismus eine latente Judenfeindschaft in der Arbeiterschaft.[45] In diesem Klassenkrieg verschmolz die Dynamik des (auch antisemitischen) Vorurteils gegen den nėpman, den kleinbürgerlichen Intellektuellen, den spec mit dem Kampf um die Reinhaltung der Partei und des Proletariats, also mit dem Kampf, der gegen den Antisemitismus geführt wurde. Wir wissen wenig darüber, was die Aktivisten an der Basis des Umbruchs seit 1928 wirklich dachten. Vorstellen läßt sich, daß bisweilen auch die Abneigung gegen die Juden mit dem Eifer gegen die Antisemiten zusammenfiel. Diese Synthese ist in einem Agit-Theaterstück über die Ineffektivität der Fabrikmanager zugespitzt ausgedrückt: In einer Szene kommt ein Regierungsinspektor zu dem Fabrikdirektor und fragt: »Haben sie den Antisemitismus aus dieser Fabrik eliminiert?« Die Antwort: »Ja, es gibt keinen Antisemitismus mehr in dieser Fabrik. Wir haben alle Juden entlassen.«[46]

6.3. Besonderheiten der Sozialstruktur der sowjetischen Juden

Unter den lišency, den Wahlrechtslosen, war der jüdische Anteil in den zwanziger Jahren besonders hoch. 1926 waren in der Ukraine fast 45 % aller lišency Juden, während die Juden 5,4 % der Gesamtbevölkerung stellten.[47] Der Entrechtung der »unproduktiven« Klassen, unter denen besonders viele Juden waren, lag keine antisemitische Absicht zugrunde. Ob aber zu den generellen Wirkungen nicht eine Verfestigung antijüdischer Ressentiments gehörte, verdient diskutiert zu werden. In der Forschung zur Emanzipation der Juden in West- und Mitteleuropa herrscht Konsens darüber, daß das Konzept der aufklärerisch-bürokratischen, schrittweisen Emanzipation unter Beibehaltung des prinzipiellen Unterschiedes zwischen jüdischer und nichtjüdischer Bevölkerung antisemitische Ressentiments konserviert, wenn nicht sogar gefördert hat.[48] Gerade in Deutschland bekräftigte die Forderung nach »bürgerlicher Verbesserung« als Voraussetzung der Emanzipation

scheinen mir gerade die Stimmung in einem Teil der Arbeiterschaft zu kennzeichnen, die ohne Einflüsterungen angeblicher Weißgardisten mit derselben Aggressivität den Klassenfeind unter den fremden Spezialisten und nėpači suchte, wie andere Jagd auf die Antisemiten machten.

44 GARF F 5451, O 13, D 519, Bl. 2 ff. »Antisemitizm sredi členov provsojuzov« (28. 4. 1929), hier Bl. 3.

45 Vgl. R. Stites, Revolutionary Dreams, S. 245; vgl. allgemein S. Fitzpatrick, »Cultural Revolution as Class War«, in: dies., Cultural Revolution in Russia, 1928 – 1931, S. 8 – 40.

46 Rabbi Leon Fram, »A Jew Looks at Russia«, in: The Detroit News, 1. 6. 1930, zit. in: Z. Szajkowski, Jews, Wars, and Communism, Bd. 1, S. 385.

47 Siehe Kap. 3.1.

48 R. Rürup, Emanzipation und Antisemitismus. Studien zur »Judenfrage« der bürgerlichen Gesellschaft, S. 99 ff.

den Glauben an den schlechteren Zustand der Juden und war damit immerwährende Begründung des Antisemitismus. Die Februarrevolution in Rußland hingegen emanzipierte die Juden nach dem radikalen französischen bzw. nordamerikanischen Modell. Danach führte aber die Diktatur der Bolschewiki einen Verbesserungsvorbehalt vor der Gleichberechtigung ein, wenn auch nur für einen (nicht unerheblichen) Teil der Juden, denen als ehemalige Händler usw. die Gleichberechtigung wieder weggenommen wurde. Doch dies geschah mit ihnen nicht als »Juden«, sondern als Angehörige der »falschen Klasse«. In Deutschland waren im 18. Jahrhundert alle Juden als Juden rechtlos, in der Sowjetunion die Juden nur als Teil einer sozialen Gruppe, die auch Nichtjuden umfaßte. Aber in der vorurteilsbeladenen Perspektive der sowjetischen Bevölkerung konnte die nachträgliche De-Emanzipierung des jüdischen nėpman wie ein Verfahren gegen die ganze »jüdische Händlernation«[49] als Regel wirken, von der die Vergabe der Rechte an den »produktiven«, »wertvollen« oder den »bolschewistischen« Juden die Ausnahme sei – so wie im Deutschland des 19. Jahrhunderts die Gleichberechtigung für die getauften Juden eine Ausnahme in der allgemeinen jüdischen Rechtlosigkeit freilich nicht nur in den Augen der Judengegner, sondern auch de facto war.

Trotz des unterschiedlichen Hintergrunds des Gleichheitsvorbehalts einerseits gegen alle Juden in Deutschland und andererseits besonders auch gegen Juden in der Sowjetunion können wir von ähnlichen Auswirkungen auf die Fixierung antisemitischer Vorurteile ausgehen: »Es gab keinen zwingenden Grund für eine uneingeschränkte soziale Homogenität von Minderheit und Mehrheit – durch die Politik der sozialen ›Normalisierung‹ als Vorbedingung der Gleichstellung wurden jedoch Ansprüche geweckt, die sich auch nach dem unter anderen Voraussetzungen erfolgten Abschluß der Emanzipationsgesetzgebung nicht einfach abschütteln ließen.«[50] Dieser Satz über die verschleppte Emanzipation in Deutschland läßt sich auf die sowjetischen Verhältnisse übertragen. Noch 1929 kam es vor, daß wahlrechtslosen Juden, die als »Nichtausbeuter« immerhin das Recht auf Landansiedlung hatten, dieses vorschriftswidrig verweigert wurde. Das zeigt, daß die antijüdischen Vorurteile über den Tag der sowjetspezifischen Emanzipation, den Tag der »Produktivierung«, hinausreichten.[51]

49 Jüdische Emigranten klagten über die unterschiedslose Diskriminierung der Juden als »narodlišenec« (St. Ivanovič, »Evrei i sovětskaja diktatura«, in: Ob-edinenie russko-evrejskoj intelligencii v Parižě, Evrejskij mir, S. 41 – 57).

50 R. Rürup, Emanzipation und Antisemitismus, S. 104.

51 Zu solchen Vorfällen, wie sie u.a. aus Omsk berichtet wurden, siehe O. Heller, Untergang, S. 194. Zum janusköpfigen Effekt des sowjetischen Programms der proletarischen und bäuerlichen Verbesserung der Juden vgl. oben, Ende von Kap. 5.2.

Der Haß auf den jüdischen nėpman wurde in der Parteiliteratur, die Antisemitismus tendenziell als Feindschaft gegen den jüdischen Werktätigen zu fassen suchte, stets als Klassenhaß unter dem Einfluß noch existierender Vorurteile behandelt – also als weniger gefährliche Spielart der Judenfeindschaft, verglichen mit Feindseligkeiten gegen jüdische Werktätige. Die offiziellen Materialien bieten uns daher wenig Anschauungsmaterial über antisemitische Attacken gegen nėpmany. Doch der Haß gegen den »provozierenden und nervtötenden Luxus der jüdischen Nepleute«[52] war eine nicht zu überhörende Konstante des Bevölkerungsantisemitismus bis Ende der zwanziger Jahre – dies beweisen die vereinzelt dokumentierten Aussagen in der Arbeiterschaft über die Juden als »Händlernation«.[53]

Daß die Zahl der jüdischen Händler in der zweiten Hälfte der zwanziger Jahre abnahm, sollte nicht voreilig mit den parallel verstärkt berichteten antisemitischen Vorfällen in Verbindung gebracht werden. Zwischen dem Sinken des Anteils von Händlern an den jüdischen Erwerbstätigen auf nur noch 2,6 % im Jahre 1929 seit der Volkszählung 1926 kann nur ein mittelbarer Zusammenhang mit der gleichzeitig verlaufenden »Welle« des Antisemitismus gesehen werden.[54] Für die Zunahme antisemitischer Vorfälle dürften kaum die möglicherweise veränderten Einstellungen infolge der Abschaffung des jüdischen Händlertums gesorgt haben. Entscheidend war, daß die Industrialisierung und die Agrarprojekte die nichtjüdische Bevölkerung verstärkt mit Juden in Kontakt brachte, die als ehemalige Händler stigmatisiert waren.

Antisemitismus ist eine Methode, eine unverständliche Welt zu erklären. Seine Leistung ist, daß er scheinbar Unvereinbares zusammenführen kann. Der vorrevolutionäre russische Antisemitismus und der deutsche Nationalsozialismus haben vorgeführt, wie die Denunziation der Juden den Ausweg aus den Aporien des gleichzeitigen Antisozialismus und Antikapitalismus wies. Die Keimform eines solchen Denkens dürfen wir auch beim Volksantisemitismus in der Sowjetunion voraussetzen. Der logische Widerspruch, daß die »Nep-Juden« Opfer der »jüdischen Bolschewiki« waren, mußte nicht notwendigerweise die antisemitischen Vorurteile entkräften. Diese konnten dadurch auch weitere Nahrung bekommen: »Sie« seien eben die wahren

52 Ju. Sandomirskij, Puti antisemitizma v Rossii, S. 34.

53 Siehe den Bericht über die Ansichten von Rotarmisten 1929, WKP 215, in: Neuslyšannye golosa, S. 225.

54 BSĖ, 1. Auflage, Bd. 24, Sp. 88. Es hat bei der Diskussion des Antisemitismus wenig Sinn, die Korrelation der jüdischen Sozialstruktur mit den judenfeindlichen Ausbrüchen zu untersuchen, da wir den sozialen Veränderungen keine vergleichbar dichte Datenfülle über die Vorkommnisse des Antisemitismus gegenüberstellen können. Es kann hier nur um allgemeine Trends der jüdischen Sozialstruktur gehen, die sich als Hintergrund antisemitischer Ressentiments deuten lassen.

Drahtzieher auch hinter vordergründig divergierenden gesellschaftlichen Kräften. Ein sachkundiger ausländischer Beobachter hielt Ende der zwanziger Jahre in diesem Sinne den allgegenwärtigen Haß gegen die Juden »als Nepleute und als Liquidatoren der Nep« fest.[55] Diese Weltdeutung wurde erleichtert, wenn verschiedene jüdische Sozialrollen zusammenfielen und damit um so mehr die Universalität der »jüdischen Dominanz« als »Kapitalisten und Kommunisten« zugleich zu beweisen schien. Gerade in den Staatsbehörden, die Mitte der zwanziger Jahre alte privatwirtschaftliche Funktionen übernahmen, fanden zahlreiche Juden Arbeitsstellen, in denen sie traditionelle Berufsstrukturen ein Stück weit konservieren konnten: In der Ukraine waren 35,1 % der in den Gewerkschaften erfaßten Angestellten in staatlichen Kreditinstitutionen Juden, in Weißrußland 37,2 %. Im staatlichen Handel waren in der Ukraine 44,2 %, in Weißrußland sogar 66,6 % Juden.[56] Angesichts der traditionellen Berufe war das ein wenig überraschender Aspekt des Aufstiegs von Juden im sowjetischen Staats-, Wirtschafts- und Parteiapparat. Dieser Apparat rekrutierte sein Personal aus der lese- und schreibkundigen Stadtbevölkerung. 1926 stellten die Juden 8,2 % der sowjetischen Stadtbevölkerung. Bis zu diesem Jahr war der vor der Revolution über einem Drittel liegende Anteil der Händler an den Juden auf knapp über 10 % gesunken. Die davon Betroffenen blieben nicht ausnahmslos Deklassierte oder Arbeitslose, sondern bildeten auch ein enormes Reservoir für die Behörden. Dabei wiesen die Juden eine überproportional hohe Zahl von vorher unbeschäftigten Familienmitgliedern auf, denen als städtische Population der Einstieg in den Apparat möglich wurde. Vor der Revolution hatten z.B. 100 jüdische Händler 281 Personen miternährt, während dies bei 100 nichtjüdischen Händlern nur 154 waren.[57]

Unionsweit waren die Juden das gebildetste Volk. 1926 konnten 76 % der jüdischen Männer und 69 % der Frauen lesen und schreiben.[58] 71,1 % der sowjetischen Juden konnten lesen und schreiben, aber nur 46,8 % der gesamten Bevölkerung.[59] Bei den Juden gilt es allerdings zwischen gramotnost' im Jiddischen und Russischen zu unterscheiden: In der Ukraine waren nur 60 % der alphabetisierten Juden insgesamt in der Lage, Jiddisch zu lesen

55 E. Lyons, Assignment in Utopia, S. 108.

56 Ju. Larin, Evrei i antisemitizm, S. 107; auch in: Protiv antisemitizma, S. 26. In Moskau und Leningrad lag die Quote zwischen 13 und 15 %. Die Zahlen gelten für den 1. 1. 1927. Vgl. auch Pjatnadcatyj s-ezd, sten. otčet, Bd. 1, S. 443 f.

57 Ju. S. Novakovskij, »Prošloe, nastojaščee i buduščee evrejskogo truda«, in: Protiv antisemitizma, S. 68. Ähnlich war das Verhältnis bei den Handwerkern: Bei den Juden kamen auf 100 Handwerker 193 nicht arbeitende Angehörige, bei den Nichtjuden hingegen 111.

58 BSĖ, 1. Auflage, Bd. 24, Sp. 86.

59 Tribuna, 20/1928, S. 6. In der Ukraine lag die Alphabetisierungsquote der Juden bei 70 %, bei der übrigen Bevölkerung bei 44,9 %. In Weißrußland war der jüdische Vorsprung 68,8 % zu 35,5 %, selbst in Moskau 86,3 zu 75 und in Leningrad 88,1 zu 76,6.

oder zu schreiben, in Moskau waren es nur 23,6 %. Die 86,3 % der Moskauer lese- und schreibkundigen Juden waren dies also vor allem im Russischen.[60] Somit konnte sich gerade in der Hauptstadt, wo die Juden als neues Element wahrgenommen wurden, Ablehnung gegen die Fremden, die mit Akzent oder nur ungenügend Russisch sprachen mit dem entgegengesetzten Motiv des Bildungsneids mischen, der sich gegen die insgesamt schreibkundigeren Juden und ihre damit verbundenen Aufstiegsmöglichkeiten in der Verwaltung richtete.

In der Armee war auf bestimmten Posten der Anteil von Juden erheblich höher als ihr zweiprozentiger Anteil insgesamt: Im Politstab stellten sie 10,3 % und im medizinischen Stab 18,6 %.[61] Unter den jüdischen Erwerbstätigen hatten in der Ukraine die Angestellten einen Anteil von 20,7 %, in Weißrußland 16,7 % und in Moskau 50,1 %. Das hieß, daß in Moskau jeder zweite Jude einen white-collar-job innehatte. Diese Angestellten verteilten sich folgendermaßen auf verschiedene Branchen: Im Handel waren in der Ukraine, in Weißrußland und Moskau jeweils knapp über 30 % beschäftigt. In den Staatsbehörden waren in der Ukraine und Weißrußland je etwa 43 %, in Moskau sogar 49 % der jüdischen Angestellten beschäftigt.[62] Für Moskau läßt sich also ableiten, daß jeder vierte Jude in der Hauptstadt in einer Behörde tätig war. In der selektiven antisemitischen Wahrnehmung wurde daraus: »Wir (die Russen) werden von den Juden regiert.« Daß die sowjetische Publizistik dieses »Übergewicht« einleuchtend erklären konnte, da sich die Angestellten aus der Stadtbevölkerung rekrutierten[63], konnte sicher nur zum Teil die Klagen über das »evrejskoe zasilie« entkräften. In der Ukraine, so erklärte Ordžonikidze auf dem 15. Parteitag, seien im Staatsapparat der ganzen Republik 22,6 % Juden, in Weißrußland 30,6 %.[64] Daß der Verweis auf die generelle russische Vorherrschaft im Apparat dem »Geschwätz über die jüdische Übermacht« (Ordžonikidze) automatisch den Wind aus den Segeln nahm, darf beim Antisemitismus als Vorurteilssystem mit selektiver Wahrnehmung sehr wohl bezweifelt werden.

60 L. Zinger, Evrejskoe naselenie SSSR, Tabelle 23. In der Ukraine beherrschten 9,5 % der alphabetisierten männlichen Juden nur Jiddisch, 23,6 % nur Russisch und 1,4 % nur Ukrainisch, 42,9 % Russisch und Jiddisch, 3 % Ukrainisch und Jiddisch, 9,2 % Russisch und Ukrainisch und 9,7 % alle drei Sprachen (es geht jeweils um die Schriftform). In Weißrußland war die Kenntnis des Jiddischen unter den Einsprachigen stärker als die des Russischen, der Anteil der Russisch und Jiddisch Beherrschenden mit 59,4 % noch stärker als in der Ukraine. Bei den alphabetisierten Frauen war die Tendenz zur Einsprachigkeit und dabei zum Russischen etwas stärker (Evrei v SSSR, S. 64).

61 Tribuna, 24/1929, S. 6 f. Im Kommandostab waren es nur 2,1 %.

62 L. Zinger, Evrejskoe naselenie SSSR v tablicach i diagrammach, Tabellen 7 und 11. Die Zahlen stammen von der Volkszählung 1926.

63 Larin, Evrei i antisemitizm, S. 86 f.

64 Pjatnadcatyj s-ezd, sten. otčet, Bd. 1, S. 444 f.

Ähnlich wie bei den Angestelltenberufen verhielt es sich mit dem jüdischen Anteil an den Regierungsinstitutionen. 1927 waren unter 417 hohen Partei- und Staatsfunktionären (vom ZK der KPdSU bis hinunter zu den Kreisvorsitzenden der Exekutivkomitees) 27 Juden, also 6 %. Speziell in der Sowjetregierung (Zentrales Exekutivkomitee der UdSSR) waren 1927 von 581 Mitgliedern 30 Juden, bzw. von 833 Kandidaten 46, damit 5,1 bzw. 5,5 % Juden. Von 15 Volkskommissaren war zu dieser Zeit einer Jude. In Moskau gab es keine objektiv überproportionale Vertretung der Juden im städtischen Machtapparat: Während sie 6,5 % der Bevölkerung stellten, waren die Moskauer Juden mit 6,7 % im Exekutivkomitee des Stadtsowjets (in welchem von 209 Delegierten 14 Juden waren), im Parteikomitee mit 11 % und in der ganzen Parteiorganisation mit 5,7 % vertreten.[65] Das Zweischneidige solcher Zahlenvergleiche ist allerdings offensichtlich – besonders bei der Interpretation des unionsweiten Judenanteils. Wer nur wollte, konnte den Anteil der Juden in der gesamten Sowjetunion (1,8 %) mit ihrer Vertretung in allen Organen vergleichen und so stets ein Mißverhältnis herauslesen.

1922 stellten Juden 5,2 % der Parteimitglieder (die Russen 72, die Ukrainer 5,9 und die Weißrussen 1,5 %), und 1927 noch 4,3 %. Auch der Anteil der Russen verringerte sich in dieser Zeit und betrug 1927 nur noch 65 %. Zugenommen hatte vor allem der ukrainische Anteil (auf 11,7 %) und der weißrussische (3,2 %).[66] 1930 waren noch 3,8 % der Kommunisten Juden. 1932 waren es unter ca. zwei Millionen Parteimitgliedern etwa 75 000, damit 3,75 %.[67] Die Juden blieben somit bei ihrem konstanten 1,8 %-Anteil an der gesamtsowjetischen Bevölkerung in der Partei stark überrepräsentiert. Dieses Übergewicht war jedoch bei weitem nicht so stark wie bei den Letten, die 1,15 % der Parteimitglieder, aber nur 0,096 % der Sowjetbürger stellten, oder den Litauern mit 0,24 % der Parteimitglieder bei 0,028 % in der Bevölkerung. Diese hohe Parteirepräsentation war typisch für alle Minderheiten, die nicht auf eigenem Territorium lebten. Auch die Ukrainer in Weißrußland und die Weißrussen in der Ukraine waren – verglichen mit ihrer jeweiligen Anzahl in der »fremden« Republik – in der Partei enorm überrepräsentiert.[68] So gehört

65 Zahlen aus: E. Kočetkov, Vragi-li nam evrei, S. 4; Larin, Evrei i antisemitizm, S. 115.

66 T. Rigby, Communist Party Membership in the U.S.S.R., S. 366; M. Gorev, Protiv antisemitov, S. 179, gibt für 1925 einen Anteil von 3,9 % Juden in der VKP an. Auch bei den von P. Kretzer, Die beruflichen und sozialen Verhältnisse der Juden, S. 14, zusammengetragenen Daten ist ein zeitweiliger Rückgang des jüdischen Parteianteils 1925 festzustellen. Das zwischenzeitliche Ansteigen des russischem Anteils hängt mit dem »Leninaufgebot« seit Januar 1924 zusammen, das sich zu 53,3 % aus Zentralrußland und 15,8 % aus der Ukraine rekrutierte. Siehe Schröder, Arbeiterschaft, Wirtschaftsführung und Parteibürokratie, S. 276. Zu den jüdischen Parteimitgliedern am Anfang der zwanziger Jahre siehe oben, Kap 2.2.

67 JTA, 21. 12. 1932, S. 5.

68 Zahlen von 1926 nach N. Gergel, »Jidn in der ruslendišer komunistišer partej un in komunistišn jugntfarband«, S. 63.

zu den wichtigsten Gründen der größeren jüdischen Mitgliedschaft der Minderheitenstatus, der eine höhere Bereitschaft zur politischen Organisierung mit sich brachte. Ein weiterer Grund war die städtische Herkunft der Juden, doch scheint sich der Minderheitenstatus stärker ausgewirkt zu haben: Der Anteil der Kommunisten unter den nichtjüdischen Stadtbewohnern betrug 3,24 %, unter den jüdischen nur 2,25 %.[69]

In Weißrußland, wo die Juden 40 % der Stadtbevölkerung und 20 % der Arbeiterschaft stellten, lag der jüdische Parteianteil bei etwa einem Viertel, reduzierte sich jedoch im Zuge der Belorussifizierung.[70] In der Ukraine (dort stellten die Juden 22,7 % der Städter und 8,7 % der Arbeiter) war der Anteil der Juden in der Partei mit etwa 13 % geringer.[71] Das Vorurteil gegen die »jüdische Dominanz« in der Partei bekam weitere Nahrung durch die relativ große Zahl jüdischer Delegierter auf den Parteitagen und -konferenzen. Der 12. Parteitag im April 1923 hatte 11,3 % jüdische Delegierte als zweitstärkste Gruppe hinter den Russen mit 60,8 %. Letten und Esten waren mit je 7,1 %, Ukrainer mit 4,7 % und Weißrussen nur mit 1,2 % vertreten.[72] Beim 13. Parteitag (Mai 1924) wurden 65,2 % Russen und 8,7 % Juden gezählt.[73] Auf dem 15. Parteitag (1927) war der Anteil jüdischer Delegierter gegenüber dem 13. Parteitag gesunken; der Anteil der Ukrainer und Weißrussen hatte sich verdoppelt.[74] Auf der 16. Parteikonferenz im April 1929 waren 52,7 % der Delegierten Russen, 14,9 % Juden und 7,4 % Ukrainer.[75] Auf dem 16. Parteitag 1930 waren 10,9 % der Delegierten Juden. Während dies einen Zuwachs gegenüber 1927 bedeutete, nahm der russische Anteil ab (von 62,6 auf 57,4 %).[76] Die starke Vertretung jüdischer Delegierter auf Parteitagen dürfte ein Grund sein, warum auch im Parteiapparat Antisemitismus registriert wurde. Auch in

69 Ebd., S. 64.

70 Von 1924 bis 1927 stieg der weißrussische Parteianteil von 30 auf 52 %. Der jüdische Anteil sank mit 27 auf 21 % erheblich schwächer als der russische (29 auf 15 %). Ähnlich war die Tendenz in Komsomol und Gewerkschaft. Zahlen in: Ab antysėmityz'me, S. 31 f.

71 Z. Gitelman, Jewish Nationality, S. 400 f.; S. Schwarz, The Jews in the Soviet Union, S. 261. Siehe auch N. Gergel, »Jidn in der ruslendišer komunistišer partej«, S. 66 ff., zum stärkeren Wachstum der Zahl der jüdischen Kommunisten in Weißrußland als in der Ukraine.

72 Dvenadcatyj s-ezd RKP(b), sten. otčet, S. 420.

73 Trinadcatyj s-ezd RKP(b), sten. otčet, S. 529 f., S. 711. Ukrainer: 4,4 %, Weißrussen: 1,9 %. Bis zum 14. Parteitag sank der 1924 angestiegene russische Anteil wieder auf 61 % (Četyrnadcatyj s-ezd VKP(b), sten. otět, S. 810). Bei der 14. Parteikonferenz im April 1925 war im Vergleich zur Konferenz zuvor im Januar 1924 der Anteil der Ukrainer von 2,3 auf 8,4 %, der der Weißrussen und Usbeken von 0 auf je 5 % angestiegen. Dies mußte den relativen Anteil vor allem von Russen und Juden verringern. Siehe Četyrnadcataja konferencija RKP, sten. otčet, S. 320.

74 Pjatnadcatayj s-ezd, Bd. 2, S. 1241.

75 Šestnadcataja konferencija VKP(b), sten. otčet, S. 588, S. 761 ff. In absoluten Zahlen: 134 Russen, dann 38 Juden, dann 19 Ukrainer und 17 Letten. Bei den Delegierten mit beratender Stimme: 391 Russen, 69 Juden, 51 Ukrainer, 33 Letten. Diese Delegierten waren die jüngeren, der Anteil der Juden war also tendenziell sinkend.

76 Šestnadcataja s-ezd VKP, sten. otčet, S. 599 f.

77 GARF F 5451, O 13, D 519, Bl. 9 ff.: »Profpečat' v bor'be protiv antisemitizma«.

der Partei gab es Konkurrenz um Posten und Ämter, teilweise wurde über »Parteiarbeitslosigkeit« berichtet.

Wer für die oben skizzierten Nöte und Alltagsprobleme einen Sündenbock suchte, konnte den hier aufgeführten Prozentsatz von Juden in der Partei als griffigen Beweis für das volkstümliche Vorurteil »Überall sitzen die Juden« heranziehen. Für die »privilegierte« jüdische Rolle war weder eine besondere Vorliebe der Juden für das Sowjetsystem noch eine besondere Wertschätzung der Juden seitens der Bolschewiki die Ursache. Aufgrund der jüdischen Sozialstruktur wäre es in jedem System mit prinzipieller Gleichheit aller Nationalitäten in Rußland zu ähnlichen Anteilen jüdischer Beamter, Angestellter usw. gekommen wie konkret unter der Sowjetdiktatur. Daß der relative Anteil von Letten und Litauern viel größer war, widerlegte Ressentiments gegen die »jüdische Herrschaft« nicht. Vermeintliche oder wirklich erhöhte Prozentanteile bei Juden auf Machtposten verfestigten die antisemitische Alltagsideologie besonders durch die Kombination mit bereits bestehenden Vorurteilen, die ihr Fundament im vorrevolutionären Antikommerzialismus und im religiösen Antijudaismus hatten, wie am Weiterbestehen von Ritualmordlegenden deutlich wird.

6.4. »Weiße« Propaganda in der Sowjetunion?

Nach sowjetischer Lesart wuchs der Antisemitismus, weil die vom sozialistischen Angriff bedrohten Ausbeuterklassen unbewußte Arbeiter mit antijüdischer Propaganda aufhetzten. Die Judenfeindschaft sei durch die »innere Emigration« gesteuert.[77] Versuche, solche Einflüsse »innerer«, aber auch zurückgekehrter Emigranten nachzuweisen, wurden nur selten unternommen.

1926 trat bei einer Diskussionsveranstaltung in Moskau vor 2000 Zuhörern neben Ozet-Vertetern wie Smidovič und Larin auch Ključnikov als einer der angekündigten Referenten auf.[78] Er war als Vertreter der Smena-vech-Bewegung bekannt, in der sich »Weiße« zusammenfanden, die zur Unterstützung des Bolschewismus als einziger staatserhaltender Macht bereit waren.[79] Er wurde während seiner Rede zur »Judenfrage« immer wieder von Mißfallenskundgebungen unterbrochen. Besonders trat ihm Ju. Larin ent-

78 Rabočaja Moskva, 1. 10. 1926, S. 4.

79 Der Hauptideologe der Bewegung Ustrjalov bekräftigte 1921 die antisemitische Kritik an der Sowjetmacht implizit und widerlegte sie zugleich: Selbst wenn unter den russischen Revolutionären 90 % »Fremdstämmige«, vor allem Juden, seien, so widerlege dies keineswegs den »rein russischen« Charakter der Bewegung (N. Ustrjalov, »Patriotica«, in: Smena vech, Prag 1921, S. 54). Auch für Ključnikov war der Bolschewismus eine Erscheinung in russischer Tradition (Ju. V. Ključnikov, Na velikom istorčeskom pereput'i, Berlin 1922, S. 137, S. 165, S. 172 f.). Die nichtrussische Abstammung prominenter Kommissare beschäftigte ihn nur soweit, daß er etwa am »jüdischen Emigranten Trockij als Haupt und Götzen« der Roten Armee zeigen konnte, wie diese ganz ungeachtet der Herkunft ihres Führers »nicht weniger als früher eine christustreue Armee sei« (Smena vech, S. 41).

gegen.[80] Ključnikov erklärte die aktuellen antisemitischen Vorfälle aus dem »verletzten Nationalgefühl der russischen Nation«. Schon die Februarrevolution habe die Gleichberechtigung aller Bürger hergestellt, die Oktoberrevolution sei noch weitergegangen, die russische Nation habe »nationale Selbstverleugnung« an den Tag gelegt. »Wenn die Russen sehen, wie russische Frauen, Greise und Kinder neun bis elf Stunden auf der Straße frieren, im Regen bei den Verkaufsstellen der Mossel'prom naß werden, und wenn sie diese vergleichsweise warmen (jüdischen) Buden mit Brot und Wurst sehen, kommt bei ihnen ein Gefühl der Unzufriedenheit auf.« Es gebe in Moskau Wohnungsnot, dennoch werde registriert, daß immer mehr Leute – Juden – aus anderen Teilen des Landes in die Stadt strömten. Diese seien früher unterdrückt gewesen und hätten in beengten Verhältnissen leben müssen, aber mittlerweile seien viele von ihnen besser gekleidet als die Russen. Ključnikov teilte diese Klagen der Bevölkerung nicht, doch warnte er davor, sie mit dem Etikett »Antisemitismus« zu belegen.[81]

Larin führte diesen Redebeitrag als Beispiel für die Judenfeindschaft an, die ihre Wurzeln in der Konkurrenz innerhalb der Bourgeoisie habe. In den großen Städten äußere sie sich aber »kultiviert« und »europäisch«, verzichte auf direkte Pogromagitation und Ritualmordgerüchte. Ključnikovs Auftritt sei der »legale Versuch, diejenigen Werktätigen gegen die Sowjetmacht zu mobilisieren, die man in der Hoffnung auf ihre Unwissenheit in die Irre führen kann«.[82] Ključnikov wurde wenig später von allen Posten entlassen. Dabei wurde erklärt, er habe endgültig alles Vertrauen verspielt, das ihm von der Sowjetmacht entgegengebracht worden sei. Sein antisemitischer Auftritt sei der letzte Tropfen gewesen, der das Faß zum Überlaufen gebracht habe.[83] Allerdings ist festzuhalten: Die Affäre wurde nicht in die großen Blätter übernommen, und erst nach der ganzen Auseinandersetzung wurde nur beiläufig von Larin erwähnt, daß Ključnikov Vertreter des smenovechovstvo war.

In der zitierten Rede ist schwer auseinanderzuhalten, wo Ključnikov nur versucht, die Hintergründe der antisemitischen Welle in der Bevölkerung

80 Sein damaliger Beitrag »Social'nye korni antisemitizma« in der Rabočaja Moskva (4. 12. 1926, S. 2) enthielt bereits alle Argumente seiner späteren Auftritte und Texte, die allesamt eine eher weiche Linie gegenüber dem Antisemitismus auszeichnet, da das Hauptgewicht der Gegenmaßnahmen gegen den Judenhaß auf der Überwindung von Kultur- und Arbeitslosigkeit lag.

81 »Disput ob antisemitizme«, in: Rabočaja Moskva, 7. 12. 1926, S. 2; Larin, Evrei i antisemitizm, S. 124 f.; siehe auch JTA, 6. 12. 1926, S. 2. Daraus läßt sich die gesamte Rede – sie ist nirgendwo vollständig zitiert – rekonstruieren.

82 Larin, Evrei i antisemitizm, S. 125 f.; auch in Protiv antisemitizma, S. 38 f.; Rabočaja Moskva, 7. 12. 1926, S. 2. Der Evsekcija-Führer Čemerisskij warf einigen jüdischen Kommunisten vor, daß Ključnikov ihren »jüdischen Nationalismus« als Rechtfertigung für russischen Nationalismus gebraucht habe (»Nacional'nyj vopros na soveščanii evrejskich sekcij«, in: Kommunističeskaja Revoljucija, 7/1927, S. 50 – 58).

83 JTA, 6. 1. 1927, S. 3.

aufzuzeigen und wo er sich die von ihm angeführten Ansichten zu eigen macht. Ein gewisses Verständnis für die verbreiteten Klagen über das angebliche jüdische Vordringen ist aber durchaus herauszuhören. Dennoch ist die Ključnikov-Rede in manchem der offiziellen Kampagne gegen den Antisemitismus ähnlich. Die Zunahme des Antisemitismus in der Bevölkerung wurde auch dort mit sozialen Nöten in Verbindung gebracht. In einer wenig später erschienenen Handreichung für Parteireferenten und Gruppenagitatoren, die das Moskauer Parteikomitee herausgab, wurde der neue Antisemitismus mit den Resten der früheren Kulturlosigkeit, mit der Unzufriedenheit über die wirtschaftliche Situation und der Zunahme der Juden in Moskau erklärt.[84]

Ein Vorfall wie die Ključnikov-Rede diente dazu, die Auseinandersetzung um den Antisemitismus zum Angriff auf die bürgerliche Intelligenz zu nutzen, indem die ideologische Verwandtschaft von bürgerlichen Spezialisten (aber nicht aller Smena vech-Anhänger) und Schwarzhundertern bewiesen wurde. Im Dezember 1927 wurde auf dem 15. Parteitag in der Resolution zum Rechenschaftsbericht des ZK das smenovechovstvo direkt in eine Reihe mit dem Antisemitismus gestellt und erklärt, daß privatkapitalistische Elemente in Verbindung mit einigen Angehörigen der Bürokratie auf Arbeiter und Angestellte Einfluß zu nehmen versuchten, indem sie die Smena-vech-Ideologie, die Losung eines kulakischen »Bauernverbandes«, Chauvinismus und Antisemitismus predigten.[85] Dennoch war der Antisemitismus-Vorwurf kein generell verwendetes Instrument, die angebliche Ideologie der bürgerlichen Spezialisten zu entlarven. In speziell gegen das smenovechovstvo gerichteten Schriften mußte diese Anklage keineswegs notwendigerweise vorkommen.[86] In der Literatur gegen den Antisemitismus findet man allenfalls Anspielungen, etwa daß Antisemiten als »Radieschen« bezeichnet werden.[87] Die Smena-vech-Bewegung wurde von Schlägen mit dem Knüppel des Antisemitismus-Vorwurfs ausgenommen, obwohl dieser beliebig verwendet werden konnte – sogar der Vorläufer des smenovechovstvo, die Vechi-Gruppe, wurde als Beispiel für »progressiven Antisemitismus« angeführt.[88]

Antisemitismus im Ausland war in der Sowjetpresse kein wichtiges Thema. Das gilt auch für die Darstellung der Tätigkeit von Emigranten und anderer

84 Ob antisemitizme (1927), S. 1, S. 12.

85 Pjatnadcatyj s-ezd VKP(b), sten. otčet, Bd. 1, S. 427.

86 So wurde bei A. Zajcev, Ob Ustralove, »neonėpe« i žertvach ustrjalovščiny, Moskau, Leningrad 1928, auf derartige Angriffe verzichtet.

87 Diese Bezeichnung (»außen rot, innen weiß«) war für smenovechovcy gebräuchlich. Siehe Komsomol'skaja Pravda, 22. 2. 1927, auch G. Žigalin, Prokljatoe nasledie, S. 100; M. Gorev, Protiv antisemitov, S. 13.

88 A. Čemerinskij, »Antisemitizm orudie kontr-revoljucii«, in: Kommunističeskaja Revoljucija, 5/1929, S. 68 – 75, hier S. 70.

Gegner der Sowjetmacht.[89] Bisweilen wurde behauptet, die antisemitische Flüsterpropaganda, aber auch die Verbreitung von Flugblättern und Plakaten sei mit weißgardistischen Organisationen verbunden. Die Verbreitung von Zetteln an Wänden, Straßenbahnhäuschen und Telegrafenmasten lasse auf die Steuerung durch die »weiße« Presse im Ausland schließen. »Ein ganzes System von Transmissionsriemen führt von dort zu unseren Fabriken.« Kapitalisten und Gutsbesitzer »ungeachtet der Nationalität – Juden und Russen« säten Mißtrauen gegen die sowjetische Politik in der Nationalitätenfrage, um ihre Rückkehr vorzubereiten. Gelänge es ihnen, die Sowjetmacht zu stürzen, so würden sie darauf achten, daß den jüdischen Kapitalisten nichts geschehe.[90] Wo sich die Typographien befanden, denen im Untergrund zirkulierende Schriften wie die »Protokolle der Weisen von Zion« entstammten, wurde jedoch nicht mitgeteilt.[91]

Verschiedentlich brüsteten sich Emigrantenorgansiationen, Judenfeindschaft in der Sowjetunion mitangeheizt zu haben: 1924 berichtete ein Daily Mail-Korrespondent aus Riga, daß in den letzten drei Jahren Tonnen von antisemitischen Schriften über die Grenze nach Osten geschmuggelt worden seien, die zu drei Vierteln aus Deutschland sowie aus der Tschechoslowakei und Rumänien stammten. Die Thronprätendenten seien sich einig, daß der Sturz der Bolschewiki nur in einem großen Pogrom vor sich gehen könne.[92] Proklamationen an die Rote Armee klagten – sowjetischen Quellen zufolge – über die bereits siebenjährige Herrschaft der židy, die unter dem Kommando Nikolaj Nikolaevičs gebrochen werden solle.[93] Auch die Verbreitung eines Aufrufs von Nikolajs Konkurrenten in der dynastischen Nachfolge, Kirill, wurde von Emigranten berichtet. In den Fassungen solcher Pamphlete, die im Westen präsentiert wurden, wurde nicht offen zum Pogrom aufgerufen, allerdings unverkennbar gegen die »fremdvölkische«

89 G. Strel'cov, »Ob antisemitizme«, S. 17 (über die russische Emigration); Kiper, Na borot'bu z nacional'noju vorožnečeju, S. 146 f. (über Antisemitismus der ukrainischen Nationalisten in Lemberg).

90 Ju. Larin, Evrei i antisemitizm v SSSR, S. 255; vgl. F. Šprach, Šovinizm. Funvanen vakst er un vi darf men im bakemfn, S. 25.

91 Stenografičeskij otčet 2-go s-ezda SVB, S. 288; GARF F 374, O 27, D 1096, abgedr. in: »Monarchija pogibla, a antisemitizm ostalsja« S. 351. Dasselbe gilt für die in Fabriken aufgetauchten gefälschten Appelle von »Juden« an Parteizellen, besser für ihren Schutz zu sorgen. Wer dies fabrizierte, bleibt unklar (Glebov, Sovremennyj antisemitizm i bor'ba s nim, S. 37).

92 JTA, 8. 2. 1924, S. 3. Tatsächlich hatte schon früher ein Korrespondent der Jüdischen Telegrafen-Agentur gemeldet, in der Ukraine kursierten angebliche Proklamationen des Thronfolgers Nikolaj Nikolaevič, die für den Sturz der Bolschewiki ein Judenmassaker androhten (JTA, 12. 8. 1923, S. 4). Anfang 1921 berichtete der amerikanische Botschafter in Reval von Plänen »weißer« Emigranten, eine Militärdiktatur unter der roten Fahne und der Führung Dzeržinskijs, aber ohne sozialistische Experimente und mit der Parole »nieder mit den Juden« zu errichten (Z. Szajkowski, Jews, Wars, and Communism, Bd. 1, S. 622).

93 V. Glebov, Sovremennyj antisemitizm, S. 35 ff.

Macht der Bolschewiki agitiert.[94] Im Juni 1924 meldete die liberale Emigrantenzeitung Rul', daß auf einer Berliner Versammlung an den Tischen Hakenkreuze und Pogromliteratur wie die »Protokolle der Weisen von Zion« zu sehen waren, allen dort verabschiedeten Deklarationen gegen den Nationalitätenhaß zum Trotz.[95] Was sich hinter volltönenden Distanzierungen von Pogromen verbergen konnte, wird an einer Broschüre deutlich, die 1920 von einer »Brüderschaft des weißen Kreuzes« herausgegeben wurde. Darin hieß es, daß es nach der Eroberung von Städten keine Pogrome geben solle, daß aber die Juden und die »judaisierenden« Kirchenschänder als Geiseln zu nehmen seien, gegen die bei Widerstandsversuchen Terror ausgeübt und die erschossen werden sollten.[96]

Wie erfolgreich vor dem Zweiten Weltkrieg die Einflußnahme über die Grenzen war, ist schwer zu beurteilen.[97] Sowohl die sowjetische als auch die »weiße« Seite neigten dazu, die Bedeutung allgemein hoch einzuschätzen, mit konkreten Nachweisen aber zu geizen. Daß beide Seiten ein Interesse hatten, Einzelheiten zu verschweigen, um einerseits die Einschmuggelkanäle nicht zu gefährden, andererseits aber nicht die mangelnde Wachsamkeit der Sicherheitsorgane zugeben zu müssen, erklärt nicht allein, daß uns so gut wie keine brauchbaren Hinweise über erfolgreiche propagandistische antisemitische Eingriffe von jenseits der Grenzen vorliegen. Angeblich gelang es 1927/28 den russischen Faschisten im Mandschurischen Exil, 140 000 Exemplare ihrer Proklamationen in die Sowjetunion zu schmuggeln.[98] Wenn in der sowjetischen Publizistik gegen den Antisemitismus aus angeblichen Dokumen-

94 PA AA IV Rußland 5, Bd. 6, S. 168; Bd. 3, S. 89, S. 130. Um die politischen Beobachter in ihren Gastländern nicht zu verschrecken und »patriotische« Juden nicht zu verprellen, distanzierten sich die Monarchisten auf ihren Kongressen von offener Hetze gegen die Juden. Sie umgingen sogar systematisch die Judenfrage, stellte 1923 die in Paris erscheinende Evrejskaja Tribuna fest (Ja. Polons, »Organizatory pogromov«, in: ET, 16. 3. 1923).

95 PA AA IV Rußland 5, Bd. 6, S. 137 f.; der Aufruf Nikolajs dort S. 5; dt. S. 130 f.

96 Christiane vsech stran – soedinjaetes', 1920, S. 27. Nicht nur dieser Titel spielt auf das kommunistische Motto an, es wurde auch »alle Macht den Sowjets« bei Revision der jüdischen Gleichberechtigung gefordert. Der in der Sowjetunion eine Bauernarmee führende Antonov wurde von dieser Organisation als ihr »Vertreter« bezeichnet. Diese Broschüre befindet sich auch in den Akten PA AA Rußland IV, Bd. 3.

97 Spärliche Andeutungen über die innersowjetischen Aktivitäten »weißer« Organisationen findet man bei L. K. Škarenkov, Agonija beloj ėmigracii, Moskau 1981, S. 122 f., S. 131; I. Z. Ioffe, Krach rossijskoj monarchičeskoj kontrrevoljucii, Moskau 1977, S. 299 f. Ausführlicher ist die Darstellung N. Kickasov, Belogvardejskij terror protiv SSSR. Po materialam processa pjati monarchistov-terroristov, Moskau 1928, die aber nichts über judenfeindliche Aktivitäten berichtet.

98 E. Oberländer, »Die ›Allrussische Faschistische Partei‹«, in: Walter Laqueur/George L. Mosse (Hrsg.), Internationaler Faschismus 1920 – 1945, München 1966, S. 218 – 239, S. 294. Immerhin wäre ihr Standort Harbin ideal gewesen, Material einzuschleusen, vgl. Petr Balaškin, Final v Kitae. Vozniknovenie, razvitie i isčeznovenie Beloj Ėmigracii na Dal'nem Vostoke, San Francisco, Paris, New York 1958, Bd. 1, S. 106. Die Erfolgsberichte solcher Organisationen sind nicht sehr glaubwürdig, vgl. John J. Stephan, The Russian Fascists. Tragedy and Farce in Exile. 1925 – 1945, London 1978, S. 168.

ten weißgardistischer Agenten zitiert wurde, dann handelte es sich nicht um aktuelle Texte. In einer Leningrader Agitatoren-Handreichung von 1929 wird aus einem »Protokoll der geheimen Sitzung des Konstantinopeler russischen Komitees zur Rettung des Vaterlandes« von 1921 zitiert. Generäle und Geistliche hätten beschlossen, über Einflußagenten in der Roten Armee zum Haß auf die Juden und Kommunisten aufzurufen. Dabei solle man Gerüchte über Ritualmorde streuen. Pogrome solle man nicht fürchten, da das Ziel die vollkommene Vernichtung der Juden sei: »Im Meer des Judenblutes ertränken wir die Schande unserer zeitweiligen Schwäche.«[99] Waren die Texte echt, so scheinen sie die einzigen gewesen zu sein, die für die Propaganda gegen den Antisemitismus auszuschlachten waren. Autoren eines GPU-Berichts von 1926 wußten nur zu berichten, daß in der »gesamten monarchistischen religiösen Literatur jenseits der Grenzen die antisemitische Agitation einen erheblichen Platz einnimmt«.[100] Informationen über konkrete Auswirkungen innerhalb der Sowjetunion lagen offenbar nicht vor.

Es gab auch den Fall eines legalen Imports von Literatur aus dem Lager der Schwarzhunderter. V. Šul'gins Erinnerungen wurden im Leningrader Verlag Priboj Mitte der zwanziger Jahre ohne jede Kürzung nachgedruckt. Die Vorworte lobten die Werke als »gute Beschreibung des weißen Lagers« und als Quelle für die Ansichten eines monarchistischen Vertreters der Bourgeoisie.[101] Šul'gin besuchte 1926 Kiew, Moskau und Leningrad als Gast der angeblichen monarchistischen Gruppierung »Trest«, in der überzeugte »Weiße« agierten, die von der GPU durch den Appell an ihren Patriotismus zur Mitarbeit überzeugt wurden.[102] Den Reisebericht – der in der Sowjetunion nicht erschien – durchziehen abfällige Bemerkungen über die židy, teils in Šul'gins Kommentaren, teils als Zitate von Gesprächspartnern.

99 Na bor'bu s antisemitizmom, S. 28. Unter den Bürgerkriegsflüchtlingen am Bosporus gab es Atamane, die wirklich Pogrome schüren wollten, ferner ein jüdisch-russisches Komitee gegen die Pogrome, daneben Offiziere, die Dokumente fälschten, in denen zur Ausrottung der Juden aufgerufen wurde. Siehe E. Tšerikover, Di ukrainer pogromen in jor 1919, S. 217 ff.

100 GARF F 374, O 27, D 1096, abgedr. in: »Monarchija pogibla, a antisemitizm ostalsja« S. 353 Dieser Bericht zählt als Beleg für antisemitische Agitation durch Geistliche im Inneren nur einige Beispiele vom Anfang der zwanziger Jahre auf.

101 V. V. Šul'gin, 1920, Leningrad 1926; ders., Dni, 1927. Die Vorworte von S. A. Piontkovskij sind auch im neuerlichen Nachdruck enthalten (V. V. Šul'gin, Gody. Dni. 1920, Moskau 1990, S. 331 – 335, S. 551 – 557). 1925 erschien in Leningrad eine Arbeit D. Zaslavskijs über den »Ritter der Schwarzen Hundert« Šul'gin, die voll Respekt für dessen publizistisches Talent, seine Ehrlichkeit und Offenheit war, dabei seine berüchtigten Pogromartikel nicht verschwieg: D. Zaslavskij, Rycar' černoj sotni V. V. Šul'gin, bes. S. 67.

102 V. Šul'gin, »Trest (Istorija vozniknovenija knigi Tri stolicy)«, in: Tri stolicy, Moskau 1991, S. 385 – 392. Siehe auch D. Žukov, »Ključi k Trem stolicam« ebd., S. 398 – 496. Dieser Nachdruck ist an allen Stellen gekürzt, die Unfreundliches über Lenin enthalten; ferner fehlen Überlegungen über die Verwandtschaft von Kommunismus und Faschismus. Zitiert wird daher im folgenden nach der Berliner Ausgabe von 1927.

Solche Zitate gewinnen dadurch besondere Brisanz, daß sie von damaligen GPU-Leuten stammten – was Šul'gin zur Zeit der Reise und der Niederschrift nicht wußte.[103]

Beobachtungen über die angebliche Bevorteilung der Juden ziehen sich wie ein roter Faden durch das Buch.[104] Šul'gins Reise überzeugte ihn davon, daß »Rußland sich erhebt«. Daß die Kräfte für den Sieg über die Sowjetmacht vorhanden seien, glaubte er aus der unerwarteten Begegnung mit einer Untergrundorganisation zu wissen, deren Mitglieder Šul'gin den Auftrag erteilten, der Emigration mitzuteilen, daß Rußland »noch lebt«. Der Haß der Bevölkerung richte sich gegen die neue kommunistische Oberschicht und gegen die Juden. Das »russische Element« werde immer stärker, wenn auch die jüdische Hegemonie unbestreitbar sei. Ganz wie in der Emigrantenpublizistik spielte auch in diesem von der GPU eingefädelten Gespräch die Frage eine herausragende Rolle, ob es beim Sturz dieser »jüdischen« Macht zu Pogromen kommen werde. Die Vertreter der angeblichen Untergrundorganisation erklärten, daß ein Kampf um die Hegemonie zwischen Russen und Juden bevorstehe. Diesen Kampf könne man jedoch nicht mit physischen Methoden, d.h. Pogromen entscheiden, da die Ausrottung der ganzen Judenschaft unmöglich sei.[105]

Weder Šul'gins Beobachtungen noch die Äußerungen seiner Gesprächspartner unterscheiden sich von dem, was die offizielle sowjetische Publizistik wenig später als das typische Gedankengut des »neuen« Antisemitismus in der Bevölkerung präsentierte. Die offiziellen Traktate behaupteten, der Antisemitismus sei die Ideologie der Verlierer-Klasse, die ihrer verlorenen Macht nachtrauere. Tatsächlich liest sich Šul'gins Reisebericht wie eine Illustrierung der These, derzufolge »Gutsbesitzer«, »Kapitalisten«, »Kulaken« durch das Predigen der Gleichheit von Kommunisten und Juden den Sturz der Sowjetmacht vorbereiteten. Sicher hegten in der Sowjetunion gebliebene Anhänger des alten Regimes ähnliche Gedanken wie Šul'gin. Es erstaunt daher, daß in den sowjetischen Broschüren, Artikeln usw. stets nur nebulös auf anonyme Klassenfeinde verwiesen wurde, anstatt etwa aus Šul'gins »Tri stolicy« zu zitieren. Es wurde nur angedeutet, ein Erzantisemit wie Šul'gin reise nicht nur in die Sowjetunion, um seine Heimat wiederzusehen: »Zweifelsohne hatte Šul'gin eine andere Aufgabe, eine sehr prosaische: das Auf-

103 Er ließ den Bericht von dem angeblichen Führer der monarchistischen Organisation redigieren. Dieser – und damit die GPU – hatten an dem Text nichts zu beanstanden. Siehe S. L. Vojcechovskij, Trest. Vospominanija i dokumenty, London, Ontario 1974, S. 62, S. 65. Auszüge aus dem Reisebericht erschienen bereits 1926 unter der Rubrik »Front vnutrennej bor'by« in dem Sammelband Beloe Delo. »Letopis' beloj bor'by«, Berlin 1926, S. 159 – 202.

104 Tri stolicy, S. 167 f., S. 170 f., S. 266, S. 305.

105 Tri stolicy, S. 358 f. Unverblümter war Šul'gin in seinen eigenen Überlegungen, die ihn zu der Überzeugung führten, die jetzt herrschenden židy »liquidiert man natürlich bald« (ebd., S. 137).

spüren und Herstellen von Verbindungen mit den in Rußland verbliebenen Pogromhelden.« Dabei sei er nicht der einzige gewesen, der zu diesem Zweck sein Leben riskiere, um mit seiner Mission Zwietracht in der Sowjetunion zu säen.[106]

Unberührt von den Manövern der Operation »Trest« wurde Šul'gin als eine der klassischen Figuren des russischen Antisemitismus gelegentlich im offiziellen Schrifttum gegen den Antisemitismus unter Beschuß genommen. In der Komsomol'skaja Pravda wurde sein berüchtigter Artikel »Pytka strachom« zitiert, um den Zynismus der Klasssenfeinde im Bürgerkrieg zu belegen.[107] Hinter Flugblättern »für den Glauben, die Heimat und den Zaren« stecke »die erfahrene Hand« von Markov II oder Šul'gin, wurde behauptet.[108]

Insgesamt dürfte die Wirkung von außen eingedrungener Propaganda gering zu veranschlagen sein. Die Aktivitäten der antisemitischen Emigranten reichten kaum über den Kreis ihrer Gesinnungsgenossen hinaus, zumeist nicht einmal bis in die entsprechenden Organisationen des Gastlandes hinein. Es gibt keinen stichhaltigen Hinweis darauf, daß antisemitische Stimmungen in der Sowjetbevölkerung zu irgendeinem Zeitpunkt durch Einwirkung aus dem Ausland wesentlich beeinflußt waren. Davon kann allenfalls nach dem Beginn des Zweiten Weltkrieges die Rede sein, als 1939 Gebiete annektiert wurden, in denen ein offener Antisemitismus existierte, und als ab 1941 die deutschen Besatzer antisemitische Propaganda betrieben.[109]

6.5. »Jüdischer Chauvinismus« als Spiegelbild des Antisemitismus

Es wäre ein Irrtum zu glauben, daß die jüdischen Parteisektionen die treibende Kraft im Kampf gegen Judenfeindschaft waren. Antisemitismus stand bei ihren Konferenzen nicht auf der Tagesordnung oder wurde nur gestreift.[110] 1926 war in einer Resolution der unionsweiten Evsekcija-Konferenz davon die Rede, daß es wegen der ökonomischen Konkurrenz und der Herkunft der nachrevolutionären Arbeiterschaft noch Antisemitismus gebe. Den jüdischen Arbeitern müsse klargemacht werden, daß dem kein jüdischer Nationalismus entgegengesetzt werden dürfe.[111] Der Evsekcija-Führer Čeme-

106 L. Larskij, »Antisemitizm v naši dni«, in: V. Vešnev (Hrsg.), Neodolennyj vrag, S. 332 f. Hier wurde behauptet, Šul'gin habe seine Reise 1920 [sic] gemacht und darüber in einem in der Sowjetunion nachgedruckten Buch berichtet.

107 M. Gorev in der Komsomol'skaja Pravda, 25. 2. 1927, auch zitiert in: G. Žigalin, Prokljatoe nasledie, S. 77 f. Vgl. auch A. Lunačarskij, Ob antisemitizme, S. 36. Zu dem Artikel siehe oben, Ende von Kap. 1.4.1.

108 V. Glebov, Sovremennyj antisemitizm i bor'ba s nim, S. 36.

109 Siehe Robert Edwin Herzstein, »Anti-Jewish Propaganda in the Orel Region of Great Russia 1942 – 1943: The German Army and Its Russian Collaborateurs«, in: Simon Wiesenthal Center Annual, 6 (1989), S. 33 – 56. Vgl. auch Y. Gilboa, The Black Years of Soviet Jewry, S. 10.

110 JTA, 10. 3. 1924, S. 5; 28. 2. 1924, S. 3; Tribuna, 20/1929, S. 25.

111 Alfarbandiše baratung fun di jidiše sekcies, S. 214.

risskij warf einigen jüdischen Kommunisten vor, daß sie die Industrialisierung ablehnten – da diese zur Assimilation führe – und die Agrarprojekte nur deshalb unterstützten, weil sie die Nation stärkten. Diese jüdischen »Nationalbolschewisten« seien aufgeschreckt vom Wachstum des Antisemitismus und der korenizacija in den Republiken – der Verankerung der Titularnationen im Apparat, die wie eine »Vertreibung der jüdischen Angestellten« wirke. Neben der »kleinbürgerlichen« jüdischen nationalistischen Ideologie müsse zwar auch der »nationale Nihilismus« bekämpft werden, doch sei dieser Kampf weniger wichtig. Ziel der Evsekcija sei nicht der Erhalt der jüdischen Nation, sondern der Aufbau des Sozialismus.[112] Damit war die Warnung vor »zu empfindlichen Reaktionen auf den Antisemitismus« verbunden. »Nationalistischen Kreisen« hätten eine Selbstwehr gefordert, außerdem auch, daß in Prozessen gegen Antisemitismus auf jeden Fall ein Jude auftreten müsse.[113]

Der Kampf gegen Antisemitismus diente der Verteidigung des Sozialismus, nicht aber der Juden – eine Tendenz, die der gesamten Kampagne eigen ist, aber von den Evsekcija-Aktivisten offener ausgesprochen wurde. Diese Linie wurde in einer Resolution des Zentralbüros der Evsekcii beim APPO des ZK folgendermaßen festgelegt:

> Aufgabe der Kommunisten, die im jüdischen Milieu arbeiten, ist: Während sie alle Fakten des Antisemitismus richtig ausleuchten und aufklären und während sie Initiative ergreifen beim Führen und Organisieren des Kampfes gegen den Antisemitismus mit den entsprechenden Organen, müssen sie noch mehr den Kampf mit dem jüdischen Chauvinismus und Nationalismus in jeder Form verstärken. Zu diesem Kampf müssen vor allem die jüdischen Kommunisten herangezogen werden, die im jüdischen Milieu arbeiten. Einseitiges und übertrieben empfindliches Reagieren auf die Fakten des Antisemitismus im Vergleich zu allen anderen Formen der kulakisch-nepmanischen Agitation heißt kleinbürgerlichen Einfluß an den Tag legen.[114]

Die Thematisierung des Antisemitismus im Emes begann mit einem Artikel Lunačarskijs, der mit den Evsekcii nicht verbunden war. Die jüdischen Zeitungen unterschieden sich in den Erklärungen des Antisemitismus inhaltlich zwar kaum von der sonstigen Parteipresse, aber es wurde stärker unter-

112 A. Čemerisskij, »Nacional'nyj vopros na soveščanii evrejskich sekcij«, in: Kommunističeskaja Revoljucija, 7/1927, S. 50 – 58; »Vsesojuznoe soveščanie evsekcij VKP(b)«, in: Tribuna, März 1927, S. 3 f. Vgl. auch Čemerisskijs Beiträge auf der ersten Ozet-Konferenz 1926, Pervyj vsesojuznyj s-ezd »Ozet« v Moskve, sten. otčet, S. 59, S. 132 f.

113 A. Čemerinskij, »Antisemitizm orudie kontr-revoljucii«, in: Kommunističeskaja Revoljucija, 5/1929, S. 68 – 75. Vgl. F. Šprach, Šovinizm. Funvanen vakst er un vi darf men im bakemfn, S. 6, S. 33 f.: Jüdische Kommunisten forderten, man dürfe sich im Kampf gegen Antisemitismus nicht auf gojše Hände verlassen.

114 A. Čemerinskij, »Antisemitizm orudie kontr-revoljucii«, S. 75.

strichen, daß die »richtige Nationalitätenpolitik« der Partei die alte »Krankheit« heile und sich die ukrainisch-jüdischen Beziehungen in einer gesunden Richtung entwickelten. Vor allem in den linksdneprischen Teilen der Ukraine mit starkem Kulakenanteil gebe es Kritik an den Landansiedlungsplänen. Aber mit dem Ausbau der Versorgung der Dörfer tauchten dort Hunderte jüdischer Doktoren auf, die aufklärerisch tätig seien und Verbesserungen im Sanitätsbereich durchsetzten. Wenn man auch nicht in übertriebenen Optimismus verfallen dürfe, so seien die zwischennationalen Beziehungen im Grunde normal. Es gebe vereinzelte Fälle von Nationalismus genauso bei ukrainischen wie bei jüdischen Lehrern. Es sei auch eine Neigung von Juden zu beobachten, gegenüber jedem Steuerbeamten »gevalt-antisemitizm« zu schreien – hier müsse dafür gesorgt werden, daß der Nationalismus die Aufbauarbeit nicht störe.[115] Der Emes berichtete mit einem gewissen Bemühen um Proporz von Komsomolzellen, die Prozentnormen für Juden forderten, aber auch vom Wachsen des »jüdischen Chauvinismus«: Jüdische kustari hätten zum Beispiel auf Versammlungen erklärt, alle Juden seien eins und dürften sich von der Sowjetmacht nicht in Klassen trennen lassen. So wie gegen die Juden »žid« zu hören sei, würden von ihnen gegen die Nichtjuden Ausdrücke wie »goj« oder »šikse« gebraucht.[116]

In der Fabrik, wo die von Kollegen mißhandelte jüdische Arbeiterin Baršaj beschäftigt war, nahmen zwei jüdische Arbeiter Rache und gossen heißes Glas auf einen der russischen Täter. In Propagandaschriften wurde darauf erklärt, der Hintergrund des Racheakts liege in der nėpman-Herkunft der Täter. Der Vorfall rief vor allem die jüdische Presse auf den Plan, die die Zusammenlegung der beiden Gerichtsverfahren forderte.[117] Gefordert wurde ferner, daß auch gegen Juden, die ein nicht-jüdisches Mädchen verfolgt hatten, energischer von der Gesellschaft protestiert werden solle. Diese Forderungen hatten offenbar Erfolg, denn bald wurde der Sowjetöffentlichkeit die umgekehrte Prozeßkonfiguration wie beim Baršaj-Fall präsentiert: In Bobruisk stand eine jüdische Arbeiterin vor Gericht, weil sie ihre russischen Kollegen »schmutzige Tataren« genannt hatte. Die kommunistische Fabrikzelle befand sie des Chauvinismus schuldig. Ähnliche Vorfälle wurden aus Minsk, Mosyr und Orscha gemeldet.[118]

In Broschüren für die jiddischsprachige Leserschaft wurde der Antisemitismus mit denselben Argumenten wie im gesamtsowjetischen Schrifttum

115 »Di cvišennacionale baciungen inm ukrainiš-jidišn štetl«, in: Emes, 27. 2. 1927, S. 2.

116 »Nit abšvachen den kamf kegn den antisemitzm un šovinizm«, in: Emes, 3. 2. 1929, S. 3. Vgl. JTA, 23. 5. 1929, S. 7; 3. 6. 1929, S. 5, mit Meldungen über jüdische Schüler, die in Charkow die Mehrheit in den Klassen stellen und ihre nichtjüdischen Mitschüler terrorisierten.

117 Meldungen sind nachgedruckt bei F. Šprach, Šovinizm, S. 42 f. Vgl. M. Aleksandrov, Klassovyj vrag v maske, S. 58, S. 71 f.

118 Šprach, Šovinizm, S. 42 ff.; JTA 1. 1. 1929, S. 1 f.; 19. 1. 1929, S. 2; Tribuna, 4/1929, S. 2.

als Mittel des Klassenkampfes, als Ausdruck verschärfter Konkurrenz in der Nep und als Reaktion kapitalistischer Elemente auf den sozialistischen Angriff erklärt.[119] In der jiddischen Publizistik wurde aber stets der »jüdische Nationalismus« als parallele Erscheinung behandelt, die in ihren Auswirkungen bis hin zu offener Gewaltanwendung nicht harmloser sei als die Judenfeindschaft. Dabei wurde betont, daß »jüdischer Chauvinismus« aus denselben Wurzeln stamme wie der Antisemitismus. Er gehe historisch auf religiöse Vorurteile über die Auserwähltheit der Juden zurück. Die jüdische Bourgeoisie benutze die Religion, um Einfluß auf die Massen auszuüben. Wie der Antisemitismus falle die jüdisch-nationalistische Propaganda in Zeiten wirtschaftlicher Probleme auf fruchtbaren Boden. Der jüdische Chauvinismus habe seine besonderen Züge durch die kleinbürgerliche Mehrheit im Judentum. Der sozialistische Angriff wirke für die zahlreichen Händler und »Luftelemente« besonders zerstörerisch.[120] Die antigojškajt habe aber auch Arbeiter und Kommunisten erfaßt. Jüdische Arbeiter hätten zum Beispiel gefordert, daß die niedriger stehenden goim sich in der Frage der Feiertage den Juden anpassen müßten.[121]

Nur in einem entsprachen die Erklärungen des jüdischen Nationalismus nicht der Antisemitismus-Deutung: Jüdischer Nationalismus wurde auch als Reaktion auf Antisemitismus gesehen, während – in der unionsweiten, russischsprachigen Publizistik – der Antisemitismus nie als Reaktion auf jüdischen Nationalismus erklärt wurde.[122] Auf die jiddische Publizistik beschränkt blieb auch die Behauptung, die Antisemitismus-Klage sei Werkzeug der jüdischen Nationalisten. Nepleute hätten Einschränkungen ihrer Tätigkeit als judenfeindliche Politik bezeichnet, »jede Unzufriedenheit eines jüdischen Bürgers wird mit Antisemitismus erklärt«:[123]

> Parallel zur antigojškajt ist unter einem Teil der jüdischen Bevölkerung eine verschärfte nationale Empfindlichkeit zu bemerken, wenn auf Schritt und Tritt der Schatten des Antisemitismus beklagt wird. Bei jeder Kleinigkeit oder närrischen Zufälligkeit ist man bereit, sie als Antisemitismus zu deuten. Daß der jüdische Nepman und Kulak jedermann des Antisemitismus beschuldigen, ist verständlich. Sie wollen daraus politisches Kapital schlagen. Der jüdische Arbeiter und Werktätige muß sich aber zu dieser Frage vernünftig und nüchtern verhalten. Antisemitische Erscheinungen kommen vor, dagegen muß man den Kampf führen – aber den Antisemitismus dort nur zu erfinden

119 Siehe M. Kiper, Antisemitizm un jidišer nacionalizm, S. 3 ff.
120 M. Kiper, Antisemitizm un jidišer nacionalizm, S. 31 ff., S. 39 ff., S. 45 f.; F. Šprach, Šovinizm, S. 13, S. 29 f.
121 Kiper, Antisemitizm, S. 54.
122 Kiper, Antisemitizm, S. 4, S. 34, S. 43; Šprach, Šovinizm, S. 32 f.
123 Šprach, Šovinizm, S. 33; Kiper, Antisemitizm, S. 42 ff.

[ojstrachtn], wo er gar nicht ist, ist schädlich. Aber leider gibt es viele Fakten eines erfundenen Antisemitismus.[124]

Solche Antisemitismus-Unterstellungen seien beispielsweise vorgekommen, nachdem ein jüdischer Vorsitzender eines Kollektivs wegen Unterschlagungen verhaftet worden sei. Mit der verfehlten Antisemitismus-Klage seien auch die nationalistischen Forderungen nach eigenen jüdischen Gewerkschaften oder der Förderung des Jiddischen als Selbstzweck verbunden.[125] In Schulungsmaterialien wurde zwar gefordert, man müsse dem jüdischen Chauvinismus die Maske vom Gesicht reißen, ohne den Kampf gegen den Antisemitismus auch nur »um ein Haar abzuschwächen«[126], doch dürften die ideologischen Leitlinien das Interesse gerade jüdischer Parteiaktivisten an der Antisemitismus-Bekämpfung gebremst haben. Die Tribuna, Zeitschrift der Ozet und damit der Evsekcija nicht unterstellt, veröffentlichte Plädoyers – in leidenschaftliche Leserbriefe gekleidet – für die Beteiligung von Juden am Kampf gegen Antisemitismus[127], die wie eine verhaltene Kritik an der Warnung vor dem »erfundenen Antisemitismus« wirken.

In der gesamtsowjetischen Propaganda gegen den Antisemitismus wurde weitgehend darauf verzichtet, Klagen gegen Judenfeindschaft als Erfindung abzutun. Es wurde nur erklärt, daß der Kampf gegen den Judenhaß Bedingung für den Kampf gegen den jüdischen Chauvinismus sei. Der Antisemitismus bremse die Bemühungen, die Juden aus den Händen der jüdischen Bourgeoisie, der Rabbis und ihrer mittelalterlichen Gebräuche zu befreien. Zionisten und andere Nationalisten bekämen so Auftrieb.[128] Auch die nichtjiddische Publizistik stellte die Wesensgleichheit von pro- und antijüdischen Vorurteilen dar. So wie die christlichen Bücher voll von Judenfeindschaft seien, werde in den jüdischen religiösen Texten der jüdische Chauvinismus gepredigt. Die »Nationalitätenpolitik« des Talmud (damit der reichen Juden) sei der Haß gegen Fremde und nichtjüdische Nachbarn. Genau wie der Antisemitismus durch Weißgardisten aus dem Ausland geschürt werde, sei an geheimen jüdischen Schulen und illegalen Rabbinern der ausländische Einfluß jüdisch-klerikaler Organisationen abzulesen.[129] In Propagandamaterialien von Gewerkschaften mit jüdischen und nichtjüdischen Mitglieder-

124 Kiper, Antisemitizm, S. 57. Vgl. Z. Gitelman, Jewish Nationality and Soviet Politics, S. 454 ff.; Smolensker Archiv WKP 483, passim, mit Fällen von Antisemitismus und jüdischem Nationalismus; ebenso die Thesen über die Evrabota in: WKP 303.

125 Kiper, Antisemitizm, S. 58 f., S. 64 ff.

126 Šprach, Šovinizm, S. 35.

127 Tribuna, 14/1928, S. 11; 1/1929, S. 20. Manche meinten offenbar, diese Frage ginge Juden überhaupt nichts an, da diese keine Antisemiten sein könnten (Kiper, Antisemitizm, S. 5).

128 »Vnimanie bor'be s antisemitizmom«, in: Pravda, 19. 2. 1929, S. 1.

129 M. Šachnovič, Social'naja suščnost' Talmuda, S. 58 f., S. 95 f.

anteilen findet man die paritätische Verurteilung von Antisemitismus und jüdischem Chauvinismus.[130]

Die scharfe Ablehnung von allem, was irgendwie nach »jüdischem Nationalismus« roch, hatte ihren Hintergrund auch in den heftigen Diskussionen, die auch in der Evsekcija über die Schaffung eines jüdischen Territoriums geführt wurden, und die 1928 mit dem Ausbau Birobidshans weiter Nahrung erhalten hatten. Seit 1928 wurde verschärft der Kampf gegen »Rechtsabweichler« aufgenommen, denen man vorwarf, »jüdischen Chauvinismus« als Antwort auf Antisemitismus zu billigen.[131] Nationalistische Vorurteile unter Juden wurden auch mit dem bundistischen Erbe in Verbindung gebracht.[132] Diese internen Auseinandersetzungen führten jedoch weder zum Bruch innerhalb der Evsekcija, noch beschworen sie eine Intervention von der Parteiführung herauf. Als 1930 die Evsekcii – zusammen mit den anderen noch bestehenden Parteisektionen für nationale Minderheiten – aufgelöst wurden, nannten die offiziellen Verlautbarungen dafür in erster Linie praktische Gründe. Erst später wurde gelegentlich »jüdischer Nationalismus« mit als Grund genannt.[133]

6.6. Birobidshan als Nachgeben gegenüber der Judenfeindschaft?

Die Angst vor dem Antisemitismus der ansässigen Bevölkerung auf der Krim mußte bei der Entscheidung gegen die Errichtung einer geschlossenen Territorialeinheit eine Rolle spielen. 1925 soll sich Trockij mit diesem Argument gegen solche Pläne ausgesprochen haben.[134] Die »Bevorzugung« der Juden gegenüber den russischen und ukrainischen Bauern, die man in Sibirien ansiedle, war ein immer wiederkehrendes Motiv der Klagen in der Bevölkerung bis hin in die zentralrussische Arbeiterschaft. Die Polemiken gegen den Antisemitismus versuchten, diese Kritik mit gewundenen Erklärungen zu entkräften, die Juden hätten zu wenig landwirtschaftliche Erfahrungen für Sibirien – würde man sie dort siedeln lassen, würde man sie »von einem Übel ins nächste schicken«.[135] Auf Dauer ließ sich diese Argumentation nicht aufrecht-

130 GARF F 5453, O 13, D 194, Bl 9 ff., »O bor'be s nacionalizmom i antisemitizmom« (1929), Aufruf an die Mitglieder der Gewerkschaft der Lederarbeiter, unter deren 130 000 Mitgliedern 60 000 Russen und 20 000 Juden waren.

131 Siehe dazu Z. Gitelman, Jewish Nationality, S. 405 ff., S. 451 ff.

132 M. Rafes, Očerki istorii evrejskogo rabočego dviženija, S. 248.

133 In der Sowjetenzyklopädie von 1932 findet sich der Hinweis auf eine Reorganisierung der Evsekcii in ein Evbjuro auf Erlaß des ZK der RKP, um »nationalistische Tendenzen« ihrer Arbeit zu überwinden (BSĖ, 1. Auflage, Bd. 24, Sp. 337). Vgl. Z. Gitelman, Jewish Nationality, S. 475 ff.; G. Simon, Nationalismus und Nationalitätenpolitik, S. 161.

134 Z. Gitelman, Jewish Nationality, S. 431. Gitelman stützt sich auf eine mündliche Aussage des ehemaligen Evsekcija-Aktivisten Lvavi. Demnach äußerte sich Stalin damals zugunsten der Krim-Pläne. Anderen Quellen zufolge sprach sich der Generalsekretär 1926 gegenüber Čemerisskij gegen die Krim aus. Vgl. A. Kagedan, The Formation of Soviet Jewish Territorial Units, S. 141.

135 A. Bucenko, Čoho chočut' antysemity (1927), S. 45.

erhalten. Die Entscheidung für das unattraktive Birobidshan, das seit 1927 erforscht und 1928 für die jüdische Besiedlung reserviert wurde, bekam nun zusätzliches Gewicht als Gegenargument zur stereotypen Behauptung, die Juden bekämen den schönsten und besten Teil der Sowjetunion.

In erster Linie erfolgte die Wahl des Gebiets an der chinesischen Grenze aus außenpolitischen Gründen.[136] Im Sommer und Herbst 1929 kam es zu bewaffneten Auseinandersetzungen mit China. Offensichtlich sollten mit der Ansiedlung von Juden zwei Probleme auf einmal gelöst werden: Erstens sollte den jüdischen Arbeitslosen des ehemaligen Ansiedlungsrayons eine Perspektive geboten werden, die zu keinen weiteren Konflikten mit bereits ansässigen Bevölkerungsgruppen führte. Zweitens sollte eine strategisch wichtige Zone dichter besiedelt werden, damit sie leichter zu verteidigen sei. Zwar spielte der zweite Umstand in der offiziellen Publizistik keine herausragende Rolle, aber schon die Aussiedlung der Juden aus dem Grenzgebiet zu Polen und Rumänien wurde mit strategischen Erfordernissen begründet.[137] Hinter dem Projekt, die Juden im Fernen Osten anzusiedeln, stand keine offene Judenfeindschaft. Allerdings soll Ju. Larin erklärt haben, daß für die Entscheidung gegen die Krim als geschlossenes Siedlungsgebiet »Antisemiten« verantwortlich seien.[138] Auch wenn Larin selbst diese Ansicht nicht schriftlich fixierte – sie war durchaus konsequent: Manche Broschüren gegen den Antisemitismus hatten erklärt, nur Schwarzhunderter und Antisemiten forderten, daß die Juden in Sibirien oder Fernen Osten angesiedelt werden sollten![139] Die Entscheidung für Birobidshan war damit ein Fall von chvostizm [»Nachtrabpolitik«] in großem Stil – eine Politik, wie sie Parteizellen vorgeworfen wurde, die antisemitischen Ansichten an der Basis nachgaben und auf ihre Bekämpfung verzichteten. Freilich findet sich ein

136 Siehe zu Birobidshan allgemein: Jevrejs'ka Avtonomna Oblast' Birobidžan. Spysok literatury; M. Drujanov, Evrejskaja avtonomnaja oblast'; Ja. Kantor, Nacional'noe stroitel'stvo sredi evreev v SSSR, S. 110 ff.; H. Smolar, L'État juif de L' Union soviétique, passim; C. Abramsky, »The Biro-Bidzhan Project, 1927 – 1959«, in: L. Kochan (Hrsg.), The Jews in Soviet Russia since 1917, S. 64 – 77; Zemlja, na kotoroj ja ščastliv (Na beregach Biry i Bidžana), Chabarowsk 1984, S. 73 ff.; Antje Kuchenbecker, Ferner Osten statt Naher Osten: Warum sowjetische Juden Ende der zwanziger Jahre in Birobidžan siedeln, Magisterarbeit, Hamburg 1993. Von letzterer Autorin ist eine Dissertation zu Birobidshan in Arbeit.

137 Larin, Evrei i antisemitizm, S. 153: In der Nachbarschaft feindlicher Staaten könne man keine großen Massen Hungernder und Armer dulden, die sich im Frieden notgedrungen mit Schmuggel beschäftigten und im Kriegsfall gegen feindliche Propaganda anfällig seien.

138 Dies erklärte Larins Gegner Merežin auf der 2. Ozet-Konferenz 1930. Larin soll wörtlich gesagt haben: »Dos hobn ejnike antisemitn, vos zicn in di hechste organen, unz untergerukt birobidzšan, vejl zi hobn unz gevollt opton an antisemitišn špicl«, so im Emes, 13. 12. 1930, zit. bei J. Leštšinski, Dos sovetiše jidentum. Zejn fargangenhejt un kekenvart, S. 197. Zur Kritik an Birobidshan seitens Larin, der offiziell vor allem die geographischen Eigenschaften kritisierte, siehe Larin, Evrei i antisemitizm, S. 183 ff.; die Gegenkritik in: Tribuna, 12/1929, S. 13.

139 So A. Bucenko, Čoho chočut' antysemity, S. 43.

solches Eingeständnis in keinem offiziellen Dokument.[140] Es wurde klargestellt, daß schon die Übersiedlung auf die Krim die Arbeitsfähigkeit der Juden praktisch bewiesen habe und somit das beste Mittel gegen den Antisemitismus gewesen sei.[141]

Über Judenfeindschaft der angestammten Bevölkerung im neuen Siedlungsgebiet wurde nur sehr verhalten berichtet. Die ersten jüdischen Kolonisten in Sibirien seien freundlich begrüßt worden. Es wurde aber auch gefordert, daß diejenigen, die mit der jüdischen Besiedlung unzufrieden seien, entfernt werden sollten.[142] Der – verglichen mit der Krim – geringere Widerstand in Birobidshan wurde jedoch nicht offen, sondern allenfalls in Anspielungen bei der Entscheidung angeführt. Vor dem 3. Ozet-Plenum 1929 erklärte Merežin, die russische Bevölkerung in Birobidshan bestehe aus Kosaken, denen immer wieder Judenfeindschaft nachgesagt werde. Doch es gebe im fernen Osten keinen »besonders fruchtbaren Boden für Antisemitismus«, vielmehr würden dort sogar die Dörfer darüber streiten, bei wem die Juden in größerer Nähe angesiedelt werden sollten. Es hätten sich sogar bereits jüdische rote Kosakeneinheiten gebildet.[143] Dies kann als versteckter Hinweis auf die größere Judenfeindschaft in der Ukraine und auf der Krim verstanden werden. Diese tauchte in der offiziellen Begründung der Siedlungsentscheidung schon deshalb nicht auf, weil man nicht zugeben wollte, feindlichen Stimmungen nachgeben zu müssen. Vereinzelte Meldungen über Antisemitismus unter Soldaten, die an der chinesischen Grenze stationiert waren[144], spielten bei der Entscheidung über die Besiedlung offenbar keine Rolle. Im Gegenteil: Birobidshan, so wurde verkündet, sei »ein tödlicher Schlag gegen Nationalisten jeder Schattierung«, ein Bollwerk gegen Feinde von den Trotzkisten bis hin zu den Antisemiten.[145]

Das Birobidshan-Projekt berührte die nie für ungültig erklärten Theorie von Lenin und Stalin, derzufolge die Juden in Ermangelung eines geschlossenen Siedlungsgebietes keine echte Nationalität waren. Ende 1928 beklagte der Ozet-Vorsitzende Smidovič vor dem Präsidium des Nationalitätensowjets des Zentralexekutivkomitees die immer noch bestehende Sondersituation der Juden: »Die Juden haben bis jetzt kein Territorium, kein eigenes Gebiet [oblast'], kein eigenes Exekutivkomi-

140 Die Gesetzesakte zu Birobidshan in: Sobranie zakonov i rasporjaženij Rabočego i Krest'janskogo Pravitel'stva SSSR, 27. 5. 1934, Nr. 26/208; 13. 8. 1934, Nr. 40/318; 22. 10. 1934, Nr. 51/400. Vgl. die Kritik an der Komzet, sie konzentriere sich zuwenig auf das Gebiet im Fernen Osten ebd., 11. 10. 1933, Nr. 61/367.

141 So rückblickend bei Ja. Kantor, Nacional'noe stroitel'stvo sredi evreev, S. 74.

142 JTA, 17. 7. 1928, S. 2.

143 Tribuna, 3/1929, S. 14.

144 JTA, 16. 8. 1929, S. 6.

145 M. Chavkin, Evrejskaja avtonomnaja oblast' k svoej pervoj godovščine, S. 4, S. 22.

tee.«[146] Die Schaffung jüdischer Rayons durch die Agrarkolonien oder das jüdische Gebiet durfte nicht der Rettung oder Förderung der jüdischen Nationalität dienen – »dafür würde es sich nicht lohnen, auch nur einen Finger zu rühren bei der historischen Hoffnungslosigkeit der Angelegenheit. Der grundsätzliche Sinn dieser Arbeit besteht in der Überführung der deklassierten Armut auf die Bahnen der gesellschaftlich-nützlichen Arbeit«, erklärte Larin.[147] Für die jüdischen Sektionen boten die Siedlungsprojekte lediglich die Chance, daß sich das jüdische Volk in der Sowjetunion als Nation konstituieren könne.[148] Eine vielbeachtete Abweichung von dieser Tendenz bedeutete es, daß Staatspräsident Kalinin 1926 die Agrarprojekte eine »mächtig unbewußte Bewegung zum Erhalt der Nationalität« nannte.[149] Nachdem im Mai 1934 Birobidshan offiziell zum jüdischen Territorium erhoben wurde, wiederholte Kalinin in einer Unterredung mit jüdischen Arbeitern diese Argumentation. Er pries die fernöstliche Siedlung als Ausweg für die Juden, die sonst in den großen Städten innerhalb von zehn Jahren ihre Nationalität verlieren würden.[150]

Konsequenterweise nannte Nationalitätenfachmann S. Dimanštejn, der nach der Oktoberrevolution Stalins Mitarbeiter und Stellvertreter im Volkskommissariat für Nationalitätenfragen war, Birobidshan die Bestätigung der bolschewistischen Theorie[151] und huldigte Stalins Darlegungen als »wertvollstem Beitrag zum Schatz des Marxismus-Leninismus«.[152] 1935 bejahte er die Frage, ob die Juden im wissenschaftlichen Sinne eine Nation seien. Stalins Theorie von 1913 sei auch noch heute zutreffend, insofern sie sich auf die Juden im Weltmaßstab beziehe.[153] Er sprach sich aber gegen die Forderung nach einer jüdischen Bevölkerungsmehrheit in Birobidshan aus, da dies dem Internationalismus entgegenstünde.[154]

146 Referat am 15. 12. 1928 in: Tribuna, 1/1929, S. 3. Typischerweise kam diese Argumentation von einem Nichtjuden, der offenbar weniger Angst hatte, als »jüdischer Nationalist« entlarvt zu werden.

147 Larin, Evrei i antisemitizm, S. 308.

148 Alfarbandiše baratung fun di jidiše sekcies, S. 96 ff., S. 128.

149 Pervyj vsesojuznyj s-ezd »Ozet« v Moskve, sten. otčet, S. 66. Litvakov erklärte darauf, man benötige keine »großspurigen nationalistischen Phrasen« (ebd., S. 127).

150 H. Slovès, L'État juif de l' Union soviétique, S. 160 ff.

151 S. Dimanštein, »Evrejskoe nacmen'šinstvo SSSR na novoj ėtape«, in: Revoljucija i Nacional'nosti, 5/1932, S. 87 – 95, hier S. 88.

152 Ders., »Cennejščij vklad v sokrovišče marksizma-leninizma«, in: RN, 6/1934, S. 1.

153 Ders., »V otvet na vopros, sostavljajut li evrei v naučnom smysle naciju«, in: RN, 10/1935, S. 73 – 77.

154 Ders., »Evrejskaja Avtonomnaja Oblast' – detišče oktjabrskoj revoljucii«, in: RN, 6/1934, S. 13 – 25; »Prezidium CIK SSSR o Evrejskoj avtonomnoj oblasti«, in: Tribuna, 10/1936, S. 50 – 56.

6.7. Unbeachteter Antisemitismus nach 1931

Das Bedrohliche am Antisemitismus war nach sowjetischer Deutung die irrtümliche Übertragung des berechtigten Klassenhasses gegen den jüdischen nėpman auf den jüdischen Proletarier. War der jüdische Händler erst einmal abgeschafft, konnte es keinen Antisemitismus als Verwechslung des Feindes mehr geben. Übergriffe gegen Juden waren nun als allgemeiner Ausdruck der Konterrevolution zu werten. Die Spezialisten für die »Judenfrage« gingen davon aus, daß mit dem Verlust der Sonderrolle der Juden auch deren Schutz nicht mehr erforderlich war. Es leuchtet ein, daß sie den Rückzug aus der Anti-Antisemitismus-Propaganda mit einer gewissen Erleichterung vollzogen. Der Kampf gegen die Judenfeindschaft mußte in der Bevölkerung das Bild verstärken, die Juden seien eine privilegierte Gruppe, die unter besonderem Schutz der Sowjetmacht stehe. Die Verurteilung des Antisemitismus als konterrevolutionär mußte kontraproduktiv wirken. Ein Beobachter aus dem Deutschen Konsulat Kiew resümierte:

> Gerade durch derartige Artikel wird die Menge noch mehr gereizt. Entrüstet weisen Zeitungsleser darauf hin, dass die Juden in ihren Zeitungen den Antisemitismus als Konterrevolution bezeichnen, dass sie also die Juden- und Sowjetherrschaft identifizieren und damit offen zugeben, dass die Juden die neuen Herrscher des Landes sind. »Wir wollen uns mit den Sowjets abfinden, hört man jetzt oft im Volke sagen, aber mit Sowjets ohne Juden.«[155]

Ein Komsomol-Mitglied erklärte nach der unionsweiten Diskussion über eine Schlägerei unter Rekruten der Roten Armee: »Prügel dich mit einem Russen – nichts, prügel dich mit einem Juden – Antisemitismus.«[156] Hatte die Kampagne gegen den Antisemitismus die Juden – genauer: die »jüdischen Werktätigen« – aus der üblichen Bevölkerung herausgehoben, sollten sie Anfang der dreißiger Jahre nur noch den Schutz als Sowjetmenschen genießen. Der 16. Parteitag verurteilte 1930 gleichermaßen großrussischen wie lokalen Chauvinismus. Dies implizierte die Forderung nach paritätischer propagandistischer Behandlung innerethnischer Konflikte. Antisemitismus war nur noch eine Spielart der Schürung »nationaler Zwietracht« durch Konterrevolutionäre. Daß die Parteipublizistik den Antisemitismus nach 1931 nur noch höchst selten erwähnte, heißt nicht, daß sie damit seine Tolerierung signalisieren wollte. Der Kampf gegen den Antisemitismus läßt sich

155 PA AA IV Rußland Pol. 6, Nationalitäten, Fremdvölker: Ukraine, Meldung des Konsulats Kiew v. 21. 3. 1927, o. S.

156 S. Bezborodov, Signaly, S. 34. Vgl. den Brief an die Komsomol'skaja Pravda von 16 Komsomolzen und Parteimitgliedern, in dem gefordert wird, nicht die »Nationalitäten [zu] übersehen, die zurückgebliebener, unterdrückter und zahlenmäßig stärker als die Juden sind.« Zit. in: I. Bobryšev, Melkoburžuaznye vlijanija sredi molodeži, S. 35, dort als Äußerung von »getarnten Antisemiten« gedeutet. Vgl. auch L. Larskij, »Antisemitizm v naši dni«, in: V. Vešnev (Hrsg.), Neodolennyj vrag, S. 331.

durchaus verstehen als Schutzmaßnahme zugunsten einer anomalen Minderheit, die als städtisches, mithin moderneres Element eine wichtige Rolle bei der Modernisierung des Landes spielte. Im Zuge der Belorussifizierung und Ukrainisierung der Parteien ging das relative Übergewicht der Juden im Apparat zurück. Doch das bedeutet nicht, daß der Antisemitismus von der Partei gewissermaßen freigegeben wurde, da er sich gegen eine nun nicht mehr so wichtige Minderheit richtete. Zwischennationale Feindseligkeiten konnten weiterhin zu harten Strafmaßnahmen führen; nach wie vor konnten sie gemäß der Resolution des 16. Parteitags als »Aktivierung der antisowjetischen Elemente im Staatsapparat« angesichts der »Verschärfung des Klassenkampfes im Lande« gedeutet werden.[157]

In seinem letzten großen Artikel über Antisemitismus bezog sich das Ozet-Organ Tribuna auf eine Rede Stalins im Januar 1933 vor dem Plenum des ZK und der Zentralen Kontrollkommission. Stalin hatte von den verschiedenen Sowjetfeinden gesprochen, von ehemaligen Offizieren, Kapitalisten, Weißgardisten, Kulaken, Polizisten usw., die nicht mehr die Kraft hätten, »direkt die Sowjetmacht anzugreifen und deshalb verdeckt operieren. Aus ihren Positionen geworfen und über die ganze Sowjetunion zerstreut sind diese gewesenen Leute in unsere Fabriken eingedrungen, in unsere Behörden und unsere Handelsorganisationen, in die Eisenbahn und die Schifffahrt, aber hauptsächlich in die Kolchosen und Sowchosen.«[158] Mit keinem Wort war hier die Rede von Antisemitismus. Doch Stalins Ausführungen ließen sich mit Vorfällen illustrieren, wie sie die Tribuna nun auflistete: žid-Rufe, Verspottung von Juden, Schweigen von Parteimitgliedern dazu usw. All dies beweise, daß die Antisemiten eben jene Klassenfeinde seien, von denen Stalin gesprochen habe.

Das Thema »Antisemitismus« wurde offiziell nie von der Tagesordnung genommen. In einem 1933 publizierten Text wurde behauptet, man dürfe noch nicht von einem Verschwinden des Antisemitismus sprechen, da der Klassenkampf noch nicht verschwunden sei, solange es noch bürgerlich-kulakische Überreste auf dem Dorf gebe.[159] Zum 50. Todestag von Karl Marx forderte S. Dimanštejn, dieses Jubiläum mit der Ausrottung von Nationalismus und Antisemitismus zu begehen.[160]

157 KPSS v rezoljucijach i rešenijach s-ezdov, konferencij i plenumov CK, Bd. 5, Moskau 1984, S. 130 (Resolution zum Rechenschaftsbericht des ZK).

158 Tribuna, 3–4/1933, S. 27; Stalin, Werke, Bd. 13, S. 185 f. Vgl. die entsprechende Resolution des ZK-Plenums in: KPSS v rezoljucijach i rešenijach, Bd. 6, Moskau 1985, S. 16.

159 D. Zaslavskij, Evrei v SSSR, S. 21 f. Im Mai 1933 schrieb Lunačarskij, daß im Milieu der Kleinbürger und in rückständigen Schichten der werktätigen Bevölkerung immer noch Judenfeindschaft anzutreffen sei, obwohl allen bekannt sein müßte, daß die Sowjetmacht dagegen kämpfe (Vorwort Lunačarskijs in: A. Tager, Carskaja Rossija i delo Bejlisa, S. 5).

160 »Marks – organizator internacional'nogo edinstva proletariata«, in: Tribuna, 5/1933, S. 1. Auch nach 1931 darf man Aussagen über die Brisanz des Antisemitismus nicht überbewerten.

Antisemitismus, zu dessen Bekämpfung Ende der zwanziger Jahre besonders die Ozet-Arbeit dienen sollte, kam als Thema im Programm für die Ozetseminare von 1934 nicht mehr vor.[161] Dennoch konnte er bei der Entlarvung von »Klassenfeinden« noch eine Rolle spielen. Solche Fälle hatten nur noch provinziellen Charakter, sie wurden nicht mehr in die zentralen Zeitungen – nicht einmal in das Ozet-Organ – übernommen. So meldete die Kazakstanskaja Pravda im Mai 1934, daß in Ksyl-Orda gegen Juden nach dem Verschwinden eines Jungen Ritualmordbeschuldigungen erhoben wurden. Die Miliz habe daraufhin eingewilligt, bei Juden Hausdurchsuchungen vorzunehmen, was erst das Einschreiten der GPU verhindert habe.[162]

Im Juli 1934 berichtete im Emes ein Korrespondent aus Homel über Gewalttaten gegen jüdische Arbeiter und Arbeiterinnen.[163] Auch eine weitere Meldung von 1935 erinnert an die Ende der zwanziger Jahre so häufigen Berichte: Drei Rowdies überfielen einen jüdischen Arbeiter in der gemeinsamen Wohnung, zogen ihn aus, übergossen ihn mit Wasser und schlugen ihn blutig.[164] Eine Haftstrafe von 20 Monaten wurde in einem anderen Fall verhängt, als in einer Schule in der Ukraine ein angeblicher ehemaliger Petljura-Anhänger antisemitische Lehrer in den Schuldienst eingestellt hatte. Die Schüler seien zum Judenhaß erzogen worden, was bis zu Angriffen auf die jüdischen Schulkinder geführt habe.[165] Rigide wurde auch gegen Handwerker in der Ukraine vorgegangen, die einen Juden in den Selbstmord getrieben haben sollen. Die Schuldigen erhielten Strafen von zwei bis fünf Jahren Gefängnis.[166]

Die geringere Zahl manifester Vorkommnisse ist nur zum Teil auf die Tabuisierung des Themas zurückzuführen.[167] Mit der Erwartung der normalisierten Sozialstruktur der Juden nahm in der Partei das Interesse an der Auseinandersetzung mit dem Antisemitismus ab – und damit auch die Nei-

Dies wird an einem Brief der Lenin-Schwester Anna Uljanova deutlich, die 1933 an Stalin schrieb, daß man Lenins jüdische Abstammung publik machen solle, da der Antisemitismus in letzter Zeit so zunehme. Dabei berief sie sich auf Materialien von 1929 (N. Davydova, »Razgovor so Stalinym«, in: Moskovskie Novosti, 8/1992). Siehe dazu oben, Kap. 2.3.2.

161 S. Dimanštejn (Hrsg.), Programma dlja Ozetseminarov i kružkov, passim.

162 »Kontrrevoljucionnaja vylazka antisemitizma v Kzyl-Orde«, in: Kazakstanskaja Pravda, 16. 5. 1934. Die entsprechenden Artikel befinden sich neben einem Schreiben des Konsulats Nowosibirsk als Ausschnitt im Archiv des Deutschen Auswärtigen Amts (PA AA IV Ru. Juden 1). Das Generalkonsulat Tiflis meldete bereits im Juli 1933, daß es in Aserbaidshan zu Übergriffen von Parteimitgliedern auf Bergjuden gekommen sei (PA AA IV Ru, Pol. 6, Nationalitäten und Fremdvölker in Russland, Bd. 2).

163 Emes, 2. 7. 1934, zit. in: Leštšinski, Dos sovetiše jidentum, S. 263.

164 Emes, 9. 7. 1935, zit. in: Leštšinski, S. 263. Die Täter wurden zu vier und zwei Jahren Gefängnis und der dritte, der seine Tat bereute, zu einem Jahr Zwangsarbeit verurteilt.

165 JTA, 9. 4. 1935, S. 8. Vgl. PA AA IV Ru. Juden 1, Bericht des Konsulats Odessa v. 2. 3. 1935 über Antisemitismus an Schulen. Schon 1934 gab es einen ähnlichen Fall (JTA, 13. 11. 1934, S. 4).

166 JTA, 14. 2. 1936, S. 8.

167 Siehe dazu auch unten, Kap. 8.2.3.

gung, sich mit ihm publizistisch zu beschäftigen. Auch deshalb verschwand das Thema aus dem Kanon der politischen Propaganda. Entgegen diesen Erwartungen normalisierte sich die jüdische Berufsstruktur jedoch keineswegs grundlegend. Eines der Hauptmittel des Kampfes gegen Judenfeindschaft sollte in den zwanziger Jahren die »Ozet-Arbeit« sein, einschließlich des Besuchs jüdischer Agrarkolonien. Der »jüdische Bauer« sollte das Bild des »nichtarbeitenden Juden« verdrängen. Die sowjetischen Wirtschaftsplaner hatten sich vorgenommen, bis 1938 diesen Normalisierungsprozeß folgendermaßen voranzutreiben: Der Arbeiteranteil unter den Juden sollte von 19,4 % (1926) auf 28 steigen, der Angestelltenanteil mit 28 % gleichbleiben. Der Bauernanteil sollte von 8,6 auf 20 % zunehmen; die kustari von 20,8 auf 15, die Händler und sonstige von 23,2 auf 9 % abnehmen.[168] Doch dies wurde nur teilweise Wirklichkeit: Zwar stieg der gesamtsowjetische jüdische Arbeiteranteil bis 1939 auf 30 % an (was in etwa dem Arbeiteranteil der Gesamtbevölkerung entsprach), aber in Weißrußland betrug er 8,9 % und in der Ukraine 9,4 %. Die angestrebte Zahl jüdischer Bauern wurde nie realisiert, der höchste Stand war 1930 mit 11,1 % erreicht. 1939 waren 5,8 % der Juden Kolchosbauern, aber 46,4 % der übrigen Bevölkerung.[169]

In einer Hinsicht war die »Produktivierung« der Juden erfolgreich: Von 1934 bis 1939 ging der Anteil der Händler an den Juden von 2,5 % auf null zurück.[170] Der Anteil der Beamten und Angestellten nahm jedoch von 33 % auf 37,2 % zu. Selbst die Zahl der manuell Beschäftigten ging nach der Zunahme durch die Industrialisierung von 23,6 % auf 21,5 % zurück.[171] Juden stellten noch 1935 13,27 % der sowjetischen Hochschüler. 2,4 % der jüdischen Bevölkerung waren Studenten, während unter den Russen der Studentenanteil nur 0,28 %, unter den Weißrussen 0,24 % und unter den

168 Ju. Larin, Evrei i antisemitizm, S. 100. Vgl. die Pläne bis 1933 in der BSĖ, 1. Aufl., Bd. 24, Sp. 88 ff. Nach L. E. Minc, »Trudovye resursy evrejskogo naselenija i ego ispol'zovanie«, in: Evrei v SSSR, S. 25 ff., sollte von 1927 bis 1933 die ländliche jüdische Bevölkerung um 60 % zunehmen, die städtische um 3 % abnehmen, bei einem Wachstum insgesamt von 8 % bei der jüdischen Bevölkerung. Vgl. zur Beschäftigung von Juden in der Industrie bis 1932 Ja. Kantor, Nacional'noe stroitel'stvo sredi evreev, S. 135 ff.

169 B. Pinkus, The Jews of the Soviet Union, S. 95 f.; M. Altshuler, Soviet Jewry since the Scond World War, S. 20 f. Altshuler zieht vor allem aus dem Anteil der Juden im akademischen Bereich Mitte der dreißiger Jahre den Schluß, »this fed anti Semitic leanings«.

170 Eine (ohne Parallelen dastehende) Meldung findet sich 1930 im menschewistischen Socialističeskij Vestnik über den Rückgang antisemitischer Stimmungen unter Rotarmisten wegen der Liquidierung des Privathandels, weshalb »soldatische Redner neben der Forderung nach der Öffnung der Kirchen und der Beendigung des Feldzuges gegen die Kulaken auch die Forderung aufgestellt haben, den Juden das Handeln zu erlauben« (SV, 14. 6. 1930, S. 15).

171 Zahlen aus J. Leštšinski, Dos sovetiše jidentum, S. 170 f. Der Anteil der Beamten und Angestellten unter der nichtjüdischen Bevölkerung betrug 1939 7,5 %. Gegenüber Leštšinski hat Pinkus aus den verstreuten sowjetischen Angaben etwas andere Prozentanteile zusammengestellt, das ungefähre Verhältnis Juden – Nichtjuden stimmt bei den Angestellten wie den Bauern überein: 17,2 % nichtjüdische Angestellte, bei den Juden aber 40,7 %.

Ukrainern 0,2 % betrug.[172] Trotz aller Bemühungen, sie als Bauern anzusiedeln, waren die Juden zwischen 1926 und 1939 Vorreiter der Urbanisierung der Gesellschaft. Der Anteil der Städter an den sowjetischen Juden stieg von 82,4 % auf 87 %.[173] Nach den kaukasischen Republiken verzeichnete Mittelasien den größten Zuwachs der jüdischen Bevölkerung, die zwischen 1926 und 1939 insgesamt um 15,9 % zunahm. Weit darüber lag der Zuwachs der jüdischen Bevölkerung in Rußland (vor allem seiner Städte) um über 57 % – dies zu Lasten der früheren čerta osedlosti: in der Ukraine nahm die jüdische Bevölkerung um 2,6 %, in Weißrußland um 7,8 % ab.[174]

Wenn die sowjetische Erklärung des Antisemitismus der zwanziger Jahre zutraf, wenn also seine Wurzel besonders in der »anomalen Sozialstruktur« zu suchen war, dann mußte das Ressentiment gegen die »unproduktiven« und in Partei und Behörden überrepräsentierten Juden auch in den dreißiger Jahren weiterbestehen. Die sowjetische Deutung des Antisemitismus in der Arbeiterschaft argumentierte auch mit der nichtproletarischen Herkunft vieler Arbeiter, die dem Dorf verbunden geblieben seien – und Judenfeindschaft als Zeichen dörflicher Rückständigkeit mit in die Fabriken brachten. Doch erst nach dem Abklingen der Antisemitismus-Berichterstattung – 1932/33 – begann sich die Herkunftsstruktur der Arbeiterschaft zu einem bäuerlichen Übergewicht hin zu verändern.[175] Hingegen könnte mit dem Rückgang der Arbeitslosigkeit, der Verbesserung der Wohnungssituation und verbesserten Aufstiegschancen für breitere Bevölkerungsschichten eine der Quellen für Feindschaft gegen die »privilegierten Juden«, denen die Schwierigkeiten im Alltagsleben in die Schuhe geschoben wurden, teilweise versiegt sein.

Die Zwangskollektivierung und die brutale Getreiderequirierung bis 1933 betrafen mit der Ukraine gerade ein klassisches Verbreitungsgebiet des Antisemitismus. Es scheint undenkbar, daß es keine als Kulaken verfolgten Bauern gegeben haben soll, denen der Angriff auf ihre Güter nicht als Überfall durch die »jüdische Macht« erschien. Obwohl die GPU schon in den zwanziger Jahren Material über den Antisemitismus in der Bauernschaft gesammelt hatte[176], schrieb die Presse weder damals noch in den dreißiger Jahren darüber – es sei denn, die jüdischen Kolonien waren betroffen. Dies beweist,

172 Leštšinski, Dos sovetiše jidentum, S. 167. G. Simon, Nationalismus und Nationalitätenpolitik, S. 77, S. 80. Zu weiteren Zahlen (Parteimitgliedschaft) siehe Kap. 8.3.3.

173 Zahlen S. Schwarz, The Jews in the Soviet Union, S. 16 f. Nur noch aus Mittelasien wurde auch noch Ende der dreißiger Jahre von erfolgreichen jüdischen Kolchosen berichtet. Siehe A. Troickaja, »Nacional'nye men'šinstva Srednej Azii«, in: Revoljucija i Nacional'nosti, 12/1937, S. 60 – 66.

174 Zahlen nach N. Levin, The Jews, Bd. 1, S. 330; S. Schwarz, The Jews, S. 15; auf der Basis von L. Zinger, Dos banajte folk, Moskau 1941, S. 36, S. 40, S. 126.

175 Daten der Gewerkschaftszählung (Profsojuznaja perepis' 1932 – 1933g., Moskau 1935) sind ausführlich wiedergegeben bei L. Löhman, Der Stalinmythos, S. 204 ff.

176 GARF F 374, O 27, D 1096, abgedr. in: »Monarchija pogibla, a antisemitizm ostalsja«, S. 334 ff.

wie interessengebunden die sowjetische Auseinandersetzung mit dem Antisemitismus war: Dieser mußte nur dann bekämpft werden, wenn er von den »Kulaken« auf die »Arbeiterklasse« weitergegeben wurde. Zugespitzt könnte man sagen, daß den Propagandisten gegen Antisemitismus gleich war, was »Kulaken« unter sich dachten, sagten oder taten.[177] Als gefährlich galt nur, was sie von ihrer »klassentypischen« Denkweise ins »Proletariat« transferieren konnten. Daher findet man in der Sowjetpresse wenig Nachrichten über »Kulaken-Antisemitismus«.[178] In der zweiten Hälfte des Jahres 1931 häuften sich jedoch anonyme Briefe, die in ausländische Botschaften gelangten, in denen Protest gegen die Kollektivierung ausgedrückt wurde. Viele solcher im britischen Foreign Office aufbewahrten Schreiben beschuldigten die Juden, für das Unheil der Bauern verantwortlich zu sein.[179] Im November 1931 erreichte das deutsche Konsulat in Kiew ein anonymer Text, der als Manifest eines »Judas II., Grusinischer Provokateur, Freund der Juden, Gegenstand des Hasses der Russen, Mietling der Deutschen u.s.w.« betitelt war. Dieses angebliche Manifest Stalins kündigte allen »getreuen Untertanen«, nämlich den nichtrussischen Nationalitäten – mit den Juden an erster Stelle – die »Ausrottung der russischen Nation« an. Wer sich von der Landbevölkerung widersetze, solle nach Sibirien deportiert werden, das freiwerdende Land sollten jüdische Kolonien, aber auch deutsche Kolonisten erhalten.[180] Ein Beobachter berichtet, wie 1935 in Magnitogorsk eine Bande angeblich konterrevolutionärer Saboteure festgenommen wurde. Dabei war auch ein Ukrainer, der zu engen Vertrauten gemeint hatte, daß die Ukraine unterworfen und vergewaltigt worden sei von einer hauptsächlich aus Russen und Ju-

177 Anweisungen zu Erziehungsmaßnahmen forderten z.B. die Schulen auf, Familien von Händlern oder »Kultdienern« nicht in die Aufklärungsveranstaltungen einzubeziehen, man könne sie ohnehin nicht ändern (O bor'be s antisemitizmom v škole, S. 28 f.). Wer einer entsprechenden Klasse angehörte, war automatisch und unbelehrbar Antisemit.

178 Kulakische antisemitische Agitation schien nur gefährlich, wenn sie in die Fabriken oder die Rote Armee hineingetragen wurde, siehe V. Sokolov, Krasnoarmeec na bor'bu s antisemitizmom!, S. 51 ff.

179 A. de Jonge, Stalin and the Shaping of the Soviet Union, S. 292.

180 PA AA, Botschaft Moskau, Politische Beziehungen zwischen Deutschland und der UdSSR, a) Unfreundlichkeiten 1928 – 1934. Für diese Quelle danke ich Christoph Mick, Tübingen. Übersetzung des Manifestes durch das Konsulat. Etwas über ein Jahr später meldete das Konsulat, der Antagonismus zwischen Juden und der sonstigen Bevölkerung habe sich vertieft, zu antisemitischen Ausschreitungen sei es aber nicht gekommen. Die Meldung vom 5. 1. 1933 ist abgedruckt in: D. Zlepko (Hrsg.), Der Ukrainische Hunger-Holocaust, S. 146. Diese Dokumentensammlung scheint in ihrer Titelgebung von dem Bestreben inspiriert, das Leiden der ukrainischen Bevölkerung mit dem Leiden der Juden zu verrechnen. Siehe zur Diskussion des »Hunger-Holocausts« S. Merl, »Entfachte Stalin die Hungersnot von 1932 – 1933 zur Auslöschung des ukrainischen Nationalismus?«, in: JBGO, 37 (1989), S. 569 – 590. Zum Streit über die »jüdische Rolle« in der ukrainischen Hungersnot vgl. P. Potichnyj/H. Aster (Hrsg.), Ukrainian-Jewish Relations, S. 479 ff.

den bestehenden Gruppe von Bolschewiken, welche die ganze Sowjetunion ruinieren würden.[181]

Ob die Judenfeindschaft zurückging, bleibt unmeßbar – ihren Nährboden verlor sie nur zum Teil. Kaum glaubhaft ist ein Einstellungswandel durch die Erziehungs-, Aufklärungs- und Propagandamaßnahmen. Für die Beurteilung der Auswirkung von Massenerziehungsmaßnahmen liegen kaum historische Präzedenzfälle vor; wir haben keine Kriterien, den Erfolg solcher Beeinflussungsversuche zu messen. Besuche jüdischer Kolonien, spezielle Seminare in der Roten Armee oder Ozet-Veranstaltungen erreichten nur einen kleinen Teil der Bevölkerung. Über die Umsetzung der Programme im Komsomol oder der Gewerkschaft läßt sich wenig aussagen. Betriebsversammlungen waren allgemein schlecht besucht. Ein Bericht von 1928 spricht von 30 – 40 % der Arbeiterschaft, die sich auf Versammlungen sehen ließen.[182]

Ist eine Umerziehung der Bevölkerung wenig plausibel, so dürften die Maßnahmen doch ausgereicht haben, klar werden zu lassen, daß Antisemitismus als unerwünscht galt. Wenn beim Trofimov-Prozeß (siehe Kap. 5.4.2) die Zeitungen seitenlange Betriebsresolutionen gegen den antisemitischen Täter veröffentlichen konnten, mußte dies zwar niemanden von Judenfeindschaft heilen, wohl aber unübersehbar verdeutlichen, daß Antisemitismus als Delikt gilt. Dies wurde selbst von Ausländern registriert. M. Buber-Neumann berichtet, sie habe 1932 E. E. Kisch vor dem Erzählen jüdischer Witze gewarnt, denn dies werde jetzt als Antisemitismus geahndet.[183] Die Deutsche Botschaft Moskau meldete im Mai 1933 nach Berlin, daß die Juden – wegen ihrer Sprachkenntnisse und »grösseren Vitalität und Energie« – auf zahlreichen leitenden Posten zu finden seien: »Eine Ablehnung dieser jüdischen Invasion ist seitens des Russentums zwar latent vorhanden, kann sich aber nicht äussern, da jede gegen einen Juden gerichtete Handlung oder Bemerkung in der UdSSR als eine konterrevolutionäre Handlung betrachtet und entsprechend geahndet wird.«[184]

Wir wissen wenig darüber, was die Sowjetbürger in den dreißiger Jahren dachten. Man sollte also nicht vorschnell davon ausgehen, daß die Abnei-

181 J. Scott, Behind the Urals, S. 179 f. Anhänger Trockijs – sicher befangener als der Amerikaner Scott – berichteten 1934, das Wachstum des Antisemitismus sei nicht zu bestreiten. Seine Quelle sei der große Platz, der von deklassierten Elementen des jüdischen Kleinbürgertums im Apparat eingenommen werde. Der Antisemititsmus »neuer, sowjetischer Prägung« sei ein machtloser Haß auf Willkür und Heuchelei der Bürokratie (Bjulleten' Oppozicii, Februar 1934, S. 21).

182 N. Izakov, »Počemu rabočie ne poseščajaut obščich sobranij«, in: Vestnik Truda, 3 – 4/1928, S. 65 – 70, in Übersetzung in: S. Danilov/H. Temmen/A. Hetzer (Hrsg.), Sozial- und Wirtschaftsgeschichte der Sowjetunion für die Jahre 1917 – 1941, Bd. 2, S. 251 ff.

183 M. Buber-Neumann, Von Potsdam nach Moskau. Stationen eines Irrweges, Köln-Löwenich 1981, S. 318.

184 »Zur Frage der Gleichberechtigung der Rassen in der UdSSR«, PA AA IV Ru, Pol. 6, Nationalitäten und Fremdvölker in Russland, Bd. 2.

gung gegen jüdische Vorgesetzte, Ingenieure, Ärzte, Professoren usw., auf welche Unzufriedenheit abgeleitet werden konnte, prinzipiell abnahm. Amerikanische Diplomaten berichteten auch nach dem Krieg aus der Sowjetunion über Antisemitismus in der Bevölkerung.[185] Die Befragung (nichtjüdischer) Emigranten ergab, daß antisemitische Vorurteile in der Sowjetbevölkerung immer noch virulent waren – und zwar in der Art, wie sie in den zwanziger Jahren offen thematisiert worden waren. Die 1950/51 befragten 329 russischen, weißrussischen und ukrainischen Flüchtlinge legten zu 10 % massiv antisemitische Ansichten bis hin zu Ritualmordglauben an den Tag, 25 % hegten Vorurteile wie: Juden sind in der Sowjetunion privilegiert, haben Geld- und Geschäftssinn, helfen sich untereinander immer, sind aggressiv, finden sich immer zurecht, sind prinzipienlos, wollen nicht schwer arbeiten und wollen keinen Kriegsdienst leisten (die Klischees sind ihrer Häufigkeit nach angeordnet).[186] Sowohl durch die Befragung von sowjetischen Flüchtlingen in Deutschland als auch auf Reisen durch die Sowjetunion der Nachkriegszeit stellte ein Forscher fest, daß der immer noch vorhandene Antisemitismus sich von den sonst kaum zu spürenden nationalen Konflikten oder Antagonismen abhebe. Die Russen hielten aber neben den Juden auch die Armenier für typische »Händlervölker« und seien teilweise damit unzufrieden, daß sie von einem Georgier regiert würden.[187]

185 Siehe Foreign Relations of the United States 1947, Bd. 4, S. 584 f., S. 628 f.; 1948, Bd. 4, S. 797 f.; nach George Barany, »Jewish Prisoners of War in the Soviet Union During World War II«, in: JBGO, 31 (1983), S. 161 – 209, hier S. 201.

186 Zum Harvard Project allgemein: Raymond A. Bauer/Alex Inkeles/Clyde Kluckhohn, How the Soviet System Works. Cultural, Psychological, and Social Themes, Cambridge 1957, S. 10 ff. Über die Hälfte der Befragten waren ehemalige Zwangsarbeiter, die von den Deutschen verschleppt worden waren. Ebensogroß war der Anteil der nach der Oktoberrevolution Geborenen. Die Ansichten über Juden wurden ausgewertet von W. Korey, »The Origins and Development of Soviet anti-Semitism: An Analysis«, S. 112 f.; etwas ausführlicher (mit Zitaten aus den Interviews) in: ders., The Soviet Cage. Anti-Semitism in Russia, S. 4 ff.

187 F. Barghoorn, Soviet Russian Nationalism, S. 117 ff.

7. Antisemitismus und innerparteiliche Auseinandersetzungen

7.1. Gleichsetzung von »Juden« und »Opposition«

Während in der zweiten Hälfte der zwanziger Jahre die sowjetische Presse über eine Zunahme des Antisemitismus in der Bevölkerung schrieb, fand innerhalb der Partei der Kampf zwischen Führung und Opposition statt. Es wird häufig behauptet, daß »Stalin und seine Anhänger gezielt antijüdische Parolen« eingesetzt hätten.[1] Schon der ehemalige Sekretär Stalins, B. Bažanov, vertrat die Ansicht, daß 1926 ein »echter Staatsstreich stattgefunden« habe und Stalin 1925 »einen wichtigen Schritt zur vollständigen Beseitigung des jüdischen Teils der Parteispitze aus allen höheren Gremien« gemacht habe. All dies sei kein Zufall, sondern mit Stalins Antisemitismus verbunden gewesen. Damit der antijüdische Umsturz nicht auffalle, habe Stalin zwar noch einige Juden aufsteigen lassen und die Säuberungen des ZK nach unten nicht fortgesetzt, sondern Juden auf weniger wichtigen Posten eingestellt.[2] Stalin soll sich 1924 dagegen ausgesprochen haben, daß Kamenev den Posten des Vorsitzenden des Rats der Volkskommissare übernehmen solle, weil er Jude sei: »Wir müssen Rücksicht auf den bäuerlichen [mužickij] Charakter Rußlands nehmen.«[3] In einer anderen Frage argumentierte Stalin ähnlich: Bei der Diskussion um Lenins Beerdigung forderte er, Lenin mit Rücksicht auf die Parteimitglieder in der Provinz nicht einzuäschern. Trockij widersprach vehement der Empfehlung, Lenin einzubalsamieren, weil damit ein Reliquienkult nach Art der Russischen Orthodoxie begonnen werde.[4] Andererseits plädierte Trockij selbst für die Rücksichtnahme auf Vorbehalte in der Bevölkerung. Er erinnerte vor dem ZK und der ZKK im Oktober 1923 daran, daß er im Oktober 1917 Lenins Vorschlag, er solle Volkskommissar für innere Angelegenheiten werden, mit dem Verweis

1 H. Haumann, Geschichte der Ostjuden, S. 170; vgl. B. Pinkus, The Jews of the Soviet Union, S. 85 f.: »Stalin was engrossed in his war on the ›United Opposition‹, whose leaders were all, or nearly all, of Jewish origin [...] and he had no scruples about using the anti-Semitic weapon.« E. Silberner, Kommunisten zur Judenfrage, S. 105: »Es versteht sich von selbst, daß [...] Stalin zu der bequemen Waffe des Antisemitismus griff.«

2 Baschanow, Ich war Stalins Sekretär, S. 165 ff. E. P. Frolov, seit 1919 Parteimitglied und in den dreißiger Jahren auf einem hohen Posten in der Industrie, hielt fest: Stalin »äußerte wiederholt, es seien viele Juden unter den Oppositionellen. Versucht, die ›Vereinigte Opposition‹ von Trotzki, Kamenew und Sinowjew als Verschwörung von ›drei unzufriedenen jüdischen Intellektuellen‹ hinzustellen.« Zit. bei R. Medwedew, Die Wahrheit ist unsere Stärke, S. 548.

3 Medwedew, Wahrheit, S. 58; auch in der neuesten Auflage des Buches keine Hinweise auf die Quelle (Medvedev, O Staline, S. 117).

4 N. Valentinov, Novaja ėkonomičeskaja politika i krizis partii posle smerti Lenina, S. 90 ff. Stalin stand hier zusammen mit Kalinin gegen Trockij und Bucharin, von dem Valentinov den Bericht hat.

auf seine jüdische Herkunft abgelehnt hatte – 1923 wollte Trockij damit zeigen, daß er keineswegs machthungrig sei.[5]

Ein Parteibericht von 1926 hielt die Reaktion der Bauern auf die innerparteilichen Diskussionen und die Auseinandersetzung mit der Opposition fest. Dies werde als Kampf um die Macht interpretiert. Mit den Diskussionen darüber seien antisemitische Reden verbunden: »Bei uns in Moskau raufen in letzter Zeit die Kommunisten, sie haben die Ränge nicht aufgeteilt, jeder will der erste [staršij] sein.« Die Bauern seien überzeugt, daß diese Streitigkeiten an der Parteispitze zu verstärktem staatlichen Druck auf sie führen könnten. Dabei sei erklärt worden: »Kaum hatten wir unseren guten Herrn Vladimir Il'ič nicht mehr, begannen schon unsere Kommissare dort unter sich zu raufen. Und das kommt alles davon, daß so viele Juden [židov'e] sich festgesetzt haben, aber unsere Russen lassen sie nicht zum Zuge kommen, niemand schafft es, ihnen den Mund zu verbieten, die halten sich alle für klüger.«[6] Lenin als Freund der Bauern im Gegensatz zu den bauernfeindlichen Juden scheint in der ländlichen Bevölkerung eine verbreitete Auffassung gewesen zu sein. Ein Zeuge zitiert einen Bauern aus der Umgebung Moskaus: »Lenin ist ein russischer Mensch, die Bauern achtet er und erlaubt nicht, daß sie ausgeraubt oder in die Kolchosen gejagt werden, aber dieser andere Führer – Trockij – dieser Jude, dem sind die Bauern gleich, ihre Arbeit und ihr Leben kennt er nicht, schätzt er nicht und will er nicht kennen.«[7]

Über die Ansichten von Arbeitern und Angestellten wurde ähnliches gemeldet. Allgemein seien sie mit der internationalen Politik der Sowjetunion zufrieden, aber die Innenpolitik wurde offenbar in einer Weise diskutiert, die den berichtenden GPU-Beamten als ideologische Fehlentwicklung erschien: »In Brjansk ist zu hören, daß Trockij, Kamenev, Zinov'ev und andere von Juden abstammen, und als Lenin starb, wollte Trockij den Staat regieren, d.h. den Platz Lenins einnehmen und auf alle verantwortlichen Posten Juden setzen. Doch Trockij und seine Opposition schafften dies nicht, und deshalb kämpft er jetzt mit den ZK der Partei, d.h. es haben sich von der VKP(b), wie es heißt, alle Juden gelöst.«[8] Hier wurde das verbreitete Bild von den Juden, die sich die »guten Posten unter den Nagel reißen«, mit der Aus-

5 Das Protokoll dieser Sitzung ist unter der Überschrift »L. D. Trockij zaščiščaetsja« abgedruckt in den Voprosy Istorii KPSS, 5/1990, S. 32 – 43, hier S. 36.

6 WKP 29, S. 46 – 80, hier zitiert S. 76.

7 N. Valentinov, Novaja ėkonomičeskaja politika, S. 88. Vereinzelt wurde über »Kulaken« berichtet, die erklärt haben sollen: »Selbst Lenin hat gesagt: bej židov, spasaj Rossiju.« M. Aleksandrov, Klassovyj vrag v maske, S. 99.

8 WKP 144, Geheimer Bericht an das Sekretariat des Kreiskomitees, 31. 5. 1928 aus Roslawl. Es wird aber auch von Angestellten berichtet, die die Linie der Opposition vertreten. Die hier zitierten Dokumente aus dem Smolensker Parteiarchiv lassen durch nichts den Schluß zu, daß antisemitische Ausfälle gegen die Opposition »von oben« irgendwie geschürt oder nur mit Wohlwollen betrachtet wurden.

einandersetzung der Partei mit Trockij kombiniert. Es gab jedoch auch andere Deutungen: Ein Gewerkschaftsmitglied erklärte, im Kreml säßen nur židy und Armenier. Trockij, der einzige Jude, der gewagt habe, ihnen die Wahrheit ins Gesicht zu sagen, sei in den Norden zu den Wölfen verbannt worden.[9]

Der überall im Alltag gegenwärtige Antisemitismus beeinflußte die Ansichten über die Opposition. In einem Bericht aus Moskau, den die Emigrantenzeitschrift Volja Rossii veröffentlichte, war die Rede davon, daß sich Kritik dagegen richte, daß zahlreiche nichtjüdische Kommissare mit Jüdinnen verheiratet seien. Hingegen komme Stalin in der antisemitischen »Reklame« gut weg und werde für seine Distanz zu jüdischen Kreisen gelobt. Anläßlich von Pogromen im Ausland soll er erklärt haben, »so etwas würde auch bei uns nicht stören«. Er führe die »Partei weg von den jüdischen Gleisen«.[10]

Verstärkte der Kampf Stalins gegen die Opposition das Anwachsen des Antisemitismus in der Bevölkerung in der zweiten Hälfte der zwanziger Jahre? Fühlten sich die, die auf ihre jüdischen Arbeitskollegen einschlugen, sie mit »Scherzen« malträtierten und ihren Ausschluß aus Betrieben und Bildungseinrichtungen forderten, von der Parteiführung ermutigt, die ja – wenn man das so sehen wollte – dasselbe mit den bekannten jüdischen Parteiführern machte? Für diese Vermutung spricht einiges. Nichtbolschewistische Beobachter registrierten, wie sich der wachsende Antisemitismus mit den Fraktionskämpfen überlagerte, die manche als »Legalisierung« des Antisemitismus auffaßten.[11]

Einer der wenigen Belege, daß antisemitische Akte unten vom Geschehen oben inspiriert waren, ist der Fall einer 1929 von der GPU in Shitomir verhafteten Bande, die die dortigen Juden terrorisiert haben soll. Ein beteiligter ehemaliger Petljura-Ataman, mittlerweile KP-Mitglied, habe verkündet, alle Juden seien Trotzkisten und gehörten nach Palästina.[12] Wie verbreitet solche Ansichten waren, ist schwer abzuschätzen. Die Partei war zwar bereit, das Wachsen des Antisemitismus zuzugeben, sogar unter Arbeitern und Partei- und Komsomolmitgliedern – aber dies wurde als konterrevolutionäre Abweichung hingestellt. Dabei zeigt die Analyse der stereotypen judenfeindlichen Vorwürfe, wie sie selbst in der Parteipublizistik gesammelt wurden, daß mit dem Bevölkerungsantisemitismus durchaus systemkonforme Ansichten einhergingen. Daher ist es nur logisch, wenn man annimmt, daß

9 GARF F 5451, O 13, D 519, Bl. 2 ff. »Antisemitizm sredi členov provsojuzov« (28. 4. 1929). Hier wird der »evrej« Trockij positiv von den regierenden »židy« abgesetzt!

10 B. Nevidimcev, »Moskovskaja Mozaika«, in: Volja Rossii, 8/1926, S. 104 – 112, hier S. 107. Siehe auch die Erklärung eines übergelaufenen GPU-Beamten über den Haß russischer Kommunisten auf die »jüdische Opposition«, den der rechtsstehende Dvuglavyj Orel 1926 veröffentlichte, zit. bei M. Agurskij, Ideologija nacional-bol'ševizma, S. 244.

11 Socialističeskij Vestnik, 6. 2. 1928, S. 19.

12 JTA, 15. 7. 1929, S. 5.

ein Teil der grassierenden Abneigung gegen die »sich überall vordrängenden« Juden subjektive Ermutigung fand in der Auseinandersetzung an der Parteispitze, die 1927 mit einer totalen Niederlage der prominenten Symbolfiguren des »jüdischen Bolschewismus« – Trockij, Zinov'ev und Kamenev – endete. Ob dies aber der konkrete Hintergrund von Drohungen in Fabrikhallen war, es sei »bald Schluß mit den židy«[13], wurde in der Parteipublizistik nicht diskutiert. Wenn jemand zugab, die Vorgänge an der Parteispitze hätten ihn inspiriert, den Ausschluß der Juden oben auf unterer Ebene nachzuvollziehen, konnte dies kaum in Parteipublikationen auftauchen. Das wäre einer Selbstbezichtigung der Partei gleichgekommen, einem Eingeständnis, daß die Partei selbst das Vorbild für konterrevolutionäre Handlungen abgegeben hatte. Nur in einem Pravda-Artikel Jaroslavskijs vom Dezember 1927 wurde diese Verbindung hergestellt. Hier wurde dem Auftreten der Opposition zur Last gelegt, daß es den Kampf gegen den Antisemitismus erschwere. Das konnte nur so interpretiert werden, daß es schwierig sei, den Arbeitern zu erklären, daß die Juden keine Feinde der Gesellschaft seien, solange sich prominente Juden als Feinde der Partei gebärdeten.[14]

1928 wurde Ju. Larin von Moskauer Arbeitern gefragt, warum die innerparteiliche Opposition zu 76 % aus Juden bestanden habe.[15] Auch innerhalb der jüdischen Parteisektionen sah man teilweise Antisemitismus hinter dem Kampf mit der Opposition. Solche Ansichten an der Basis wies die Evsekcija-Führung als »nationalistisch« zurück.[16] Tatsächlich wurde in der jiddischen Parteipresse die Behauptung verbreitet, daß unter den Juden mehr Anhänger Trockijs zu finden seien als in der übrigen Bevölkerung. Das komme daher, daß unter den Juden die Bourgeoisie, Intelligencija, Handwerker, Angestellte und Händler viel stärker vertreten seien, was sie für Einflüsse von rechts, aber auch von links – und damit Trotzkismus – empfänglich mache.[17] Die Behauptung, die Opposition werde von jüdischen Kommunisten besonders unterstützt, war sicher nicht aus der Luft gegriffen oder eine Erfindung von Antisemiten. Unter den Unterzeichnern einer oppositionellen Erklärung auf dem 15. Parteitag waren etwa 30 % jüdischer Herkunft.[18] Als der französische Journalist Lecache 1926 durch die Ukraine reiste, beobachtete er, daß

13 M. Aleksandrov, Klassovyj vrag v maske, S. 73.

14 »Protiv antisemitizma«, Pravda, 12. 11. 1927, S. 2, siehe unten, Kap. 7.2. Sonst warf nur die Evsekcija den Opfern des Antisemitismus vor, an ihm selbst schuld zu sein; Jaroslavskijs Erklärung ist in der zentralen Parteipresse mithin eine Ausnahme.

15 Larin, Evrei, S. 241.

16 Gitelman, Jewish Nationality, S. 427 f.

17 JTA, 5. 2. 1929, S. 1.

18 Pjatnadcatyj sezd, Bd. 2, S. 1598, nach der Zählung von M. Agurskij, Ideologija, S. 240, aber ohne Kriterien für die Nationalität (solche sind auch nicht im Parteitagsprotokoll).

dort unter den Juden viele Anhänger Trockijs zu finden seien, und zwar vor allem in der GPU, aber auch die NEP-Bourgeoisie respektiere ihn.[19]

Antisemitisch-antitrotzkistische Klischees bündelte eine Erzählung, die 1926 einen literarischen Skandal verursachte, weil sie Promiskuität und Drogenkonsum unter Jugendlichen freimütig schilderte. Die negative Hauptperson in S. Malaškins »Luna s pravoj storony« sagt von sich: »Ich bin international, und deshalb kenne ich mich nicht nur in der Liebe, sondern auch in allgemeinen Fragen gut aus. In der Stadt Poltawa haben sie mich den kleinen Trockij genannt.« Wenige Striche genügen, die jüdische Identität dieses Isajka Čužačok (»Fremdling«) zu umreißen: »Eine große rote Nase, breite gelbe, herausragende Raubtierzähne und dazu zwei perlenförmige Augen von der Farbe des Kaffeesatzes, die trotz der ungewöhnlichen Beweglichkeit des ganzen Körpers von Isajka Čužačok unbeweglich waren und wie tot wirkten.« Er liebt es, sich in theoretischen Erörterungen zu ergehen (vor allem über die »freie Liebe«). Dabei gerät er so in Fahrt, daß er ganz seinen Akzent verliert – »du hast vollkommen die Nation in dir verloren«, bemerken seine Freunde. Unter diesen sticht besonders die Hauptheldin hervor (die sich am Ende von der Dekadenz freimacht) – beschrieben als »echte Slawin aus Zentralrußland« mit großen blauen Augen.[20] Die Erzählung löste unzählige Komsomolveranstaltungen in der ganzen Sowjetunion aus, in denen das Verhalten der beiden Hauptfiguren beurteilt werden sollte. Verschiedene Komsomol-Resolutionen kritisierten die Erzählung heftig als »Verleumdung der sowjetischen Jugend«. Doch weder die antisemitischen Anspielungen noch die Verbindung einer »Trockij«-Figur mit theoretisierender Dekadenz standen bei der öffentlichen Diskussion im Mittelpunkt, selbst nicht in der Kritik durch Vertreter der Parteiopposition.[21]

19 Pascal, Mon état d'âme. Mon Journal de Russie. Tome troisième, S. 174. Ein Grund, warum unter jüdischen Kommunisten in der Ukraine relativ viele Anhänger oder Sympathisanten Trockijs waren, könnte darin gelegen haben, daß Trockij allgemein für stärker zentralistische Tendenzen stand, die als Gegengewicht zu lokalem Nationalismus verstanden wurden. Siehe dazu Z. Gitelman, Jewish Nationality, S. 451.

20 S. Malaškin, »Luna s pravoj storony ili neobyknovennaja ljubov'« ursprünglich in: Molodaja Gvardija, 9/1926, S. 3 – 54; hier zitiert nach dem gleichnamigen Sammelband mit Erzählungen von 1928, S. 92, S. 82, S. 106. Vgl. J. Kunitz, Russian Literature and the Jew, S. 179 ff. Malaškin war seit 1906 Parteimitglied, wurde nach der Revolution als Lyriker bekannt. Der Skandal um die Erzählung schadete ihm offenbar nicht, bis 1931 veröffentlichte er noch Prosatexte, danach war er erst wieder in der Nachkriegszeit literarisch tätig. Zur Rezeption der Erzählung vgl. Vorwort in dem Band von 1928, S. 11 f. Weitere Belege bei B. Choseed, »Die Juden in der Sowjet-Literatur«, in: Ernest J. Simmons, Der Mensch im Spiegel der Sowjet-Literatur, Stuttgart 1956, S. 136 – 190, bes. S. 146 f.; auch Louise E. Luke, »Die marxistische Frau: sowjetische Varianten«, in: Simmons, ebd., S. 51 f.

21 K. Radek protestierte bei einer Diskussionsveranstaltung über den Eseninkult in der Jugend und sonstige Verfallserscheinungen gegen falsche Verallgemeinerungen in der Art Malaškins. Er bemängelte die »irrtümliche Beschränkung« auf die jüdische studierende Jugend. Wenn es nämlich nur um diese ginge, würde man mit ihr schon fertig werden. Es sei aber Betrug, wenn

7.2. Antisemitische Agitation »unten« und Distanzierung »oben«

Einer der heimlichen Korrespondenten des Socialističeskij Vestnik der Menschewiki meldete, daß die Arbeiter 1927 den Kampf Stalins und Trockijs zunächst nicht durchschauten, dann aber hätten sie verstanden: »Die Opposition, das sind die židy. Sie wollen die Russen rauswerfen.« Ein Vortragsredner in einer Druckerei habe »unterstrichen, daß an der Spitze der Opposition Juden stehen«. Die anwesenden Juden hätten nicht protestiert, sondern seien empört gegangen.[22] Ein anderer Zeuge erinnert sich an eine Parteiversammlung in Anwesenheit von Molotov, auf der ein unbekannter Redner erklärte, daß die Opposition nur von den Arbeitern einer einzigen Moskauer Fabrik unterstützt werde. Bei diesen Arbeitern »nicht von uns« habe es sich um amerikanische Juden gehandelt, die aus Sympathie für die Sowjetunion in einem Textilwerk arbeiteten.[23]

Bei den Demonstrationen zum zehnten Jahrestag der Revolution wurden die Auftritte der Oppositionellen mit Pöbeleien gestört. Dabei wurden Rufe laut wie »Bej židov-oppozicionerov!«[24] Auch Trockijs Frau »erinnerte die überhitzte Atmosphäre an einen Pogrom«.[25] Trockij schrieb, dem Apparat seien »notorisch nichtrevolutionäre, teils sogar offen faschistische Elemente der Moskauer Straße zu Hilfe« gekommen.[26] Gemeint war der Antisemitismus, wie aus Trockijs Brief an das Politbüro hervorgeht, den er am 9. November 1927 schrieb. Er erklärte darin, daß die Gewalttaten gegen die demonstrierenden Oppositionsanhänger von Rufen nach Art der Schwarzhunderter, besonders aber von antisemitischer Natur begleitet waren – unabhängig von der Nationalität der Geschlagenen. Schon im Juli 1927 seien in Leningrad Bolschewiki unter Schwarzhunderter-Rufen verprügelt worden.[27] Daß die Reaktion auf die oppositionelle Gegendemonstration in Leningrad ähn-

man behaupte, die Arbeiter-und Bauernjugend sei »gesund« und nur Studenten mit jüdischen Familiennamen beteiligten sich an Aussschweifungen und gäben sich dem Trotzkismus hin. Siehe Upadočnoe nastroenie sredi molodeži. Eseninščina, S. 112; vgl. S. Fitzpatrick, Education and Social Mobility in the Soviet Union, 103 f.

22 SV, 4. 9. 1929, S. 14. Vgl. SV, 6. 2. 1928, S. 19, wo erklärt wird, daß der Gebrauch dieser »vergifteten Waffe« nicht von Stalin angeordnet worden sei.

23 Hersh Smolar zit. bei A. Brossat/S. Klingberg, Le Yiddishland révolutionaire, S. 260 f.

24 Dies berichtete Trockijs Anhänger I. Smilga, »Čto bylo u gostinicy ›Pariž‹ 7 Nojabrja 1927g«, Trockij Archiv T 1050, abgedr. in KO, Bd. 4, S. 258 ff.

25 V. Serge, Leo Trotzi. S. 192. Dieses Buch besteht im wesentlichen aus den Memoiren N. Sedovas, von Serge sind nur Einschübe.

26 Trotzki, Mein Leben, S. 459. Auf seinen Wagen hatte ein Milizionär geschossen. Typisch für Trockij ist, daß er keinen Wert darauf legt, in einer für ein breites Publikum gedachten Schrift wie seiner Autobiographie darzulegen, worin das »Faschistische« dieser Angriffe bestand.

27 Dieser Brief (T 1048), in dem Trockij erfolglos dazu aufforderte, die Vorfälle zu untersuchen, ist abgedruckt in: KO, Bd. 4, S. 254 ff.; engl. auch in: Challenge of the Left Opposition 1926–27, S. 467 ff.

liche antisemitische Beiklänge hatte, wird durch Zinov'ev indirekt bestätigt, der auf einer Versammlung die gegen die Opposition Agierenden als »Faschisten« bezeichnete.[28]

Offenbar auf diese Vorfälle reagierte die Parteiführung mit einem Pravda-Artikel »Gegen den Antisemitismus«. E. Jaroslavskij, der weiterhin parteiintern Trockij angriff, weil dieser Kommunisten »Schwarzhunderter« genannt hatte[29], schrieb über »parteifremde Elementen«, die lauerten, jeden Riß in der Partei zu nutzen, und gab zu, daß es »einzelne Fälle« der Instrumentalisierung des Antisemitismus in konkreten innerparteilichen Auseinandersetzungen auf beiden Seiten gegeben habe. Als Beispiel führte er an, daß ein »ziemlich bekannter Oppositionspolitiker« kürzlich ein Dokument verbreitet habe, in dem die Herkunft eines Parteimitgliedes in der Art weißgardistischer Propaganda »entlarvt« werden sollte. Von den Vorfällen bei den Jubiläumsdemonstrationen war hingegen nicht die Rede – Jaroslavskij ging mit der eigenen Seite milde ins Gericht und betonte nur, daß die Wurzeln der Opposition nicht in der Nationalität ihrer Führer lägen. Die Partei sei international, Antisemitismus müsse bekämpft werden, auch wenn dieser Kampf »nicht selten durch taktlose Ausfälle der Oppositionellen erschwert« werde.[30]

Lediglich in einem Fall ist eine direkte Verwicklung von Parteiinstanzen in antisemitisch-antitrotzkistische Agitation belegt. Trockij verfügte über ein Protokoll einer Kandidatenversammlung der KP in Sochondo in Sibirien vom September 1927, wo ein Parteiredner erklärt hatte: »Trockij hat schon vor längerer Zeit begonnen, eine spalterische Politik zu betreiben. Trockij kann kein Kommunist sein; seine Nationalität selbst beweist, daß er die Spekulation braucht. Zinov'ev hat seinerzeit, wie ich mich erinnere, Trockij auf dem Plenum zurechtgewiesen, aber man sieht, wie Zinov'ev und Trockij wieder unter einer Decke stecken. Sie haben sich im russischen Geist getäuscht, diesen Nep-Fritzen [nėpači] folgt der russische Arbeiter und Bauer nicht.« Deswegen wurde der Ausschluß der beiden prominenten Oppositionellen aus Komintern und Profintern [Gewerkschaftsinternationale] sowie aus der KP gefordert.[31] Dieser Text kursierte nicht nur in der

28 V. Ivanov, Iz istorii bor'by partii protiv »levogo opportunizma«, S. 270 (nach einem Dokument aus dem Leningrader Parteiarchiv). Vgl. hingegen V. Serge, Beruf: Revolutionär, S. 254 f. Serge war Zeuge, berichtet allerdings nichts über antisemitische Ausfälligkeiten.

29 Nochmals im August 1927, als sich Trockij vor dem vereinigten Plenum von ZK und ZKK verteidigte, Protokoll (T 2992, 3085) in: KO, Bd. 4, S. 52 ff., hier S. 65.

30 »Protiv antisemitizma«, Pravda, 12. 11. 1927, S. 2.

31 Trockij Archiv, T 1006, abgedruckt in: Kommunističeskaja oppozicija, Bd. 4, S. 188; vgl. Daniels, Gewissen der Revolution, S. 401; Nedava, Trotsky and the Jews, S. 180; L. Schapiro, Die Geschichte der Kommunistischen Partei der Sowjetunion, S. 673.

fernen Provinz, sondern auch in Moskau.[32] Daß höhere Parteistellen an der Verbreitung solcher Dokumente beteiligt waren, läßt sich nicht belegen.[33]

Die Identifizierung von Juden mit der Opposition dürfte auch ohne Anleitung funktioniert haben. Aus den zahlreichen Propagandaschriften gegen den Antisemitismus geht hervor, daß sich dieser immer mehr auch unter Arbeitern und Parteimitgliedern breitmachte. Gängige Meinung war, wie ein Zeuge von einer Unterhaltung mit zwei Arbeitern bäuerlicher Herkunft auf dem Moskauer Arbeitsamt berichtet: »Die Opposition, das wäre die Herrschaft der Juden.«[34] Ein nicht zu unterschätzendes Indiz über in der Bevölkerung verbreitete Meinungen sind politische Witze, die zu dieser Zeit kursierten: Ein Jude sei ein Spekulant, zwei Juden ein Trust, drei Juden die Opposition. Ein Georgier sei ein Schuhputzer, zwei ein Café, drei das Politbüro. Ein Russe sei ein Idiot, zwei Russen zwei Idioten, drei Russen drei Idioten.[35] Die Frage nach dem Unterschied zwischen Moses und Stalin wurde folgendermaßen beantwortet: Moses führte die Juden aus Ägypten, Stalin aus dem Politbüro.[36]

7.3. Gegenwehr der Opposition

Am deutlichsten hat Trockij Stalin vorgeworfen, den Antisemitismus im innerparteilichen Kampf einzusetzen. Trockijs Aussage verdient besondere Beachtung, weil er nahe am Geschehen war, muß aber kritisch geprüft werden, da er seine Argumente in polemischer Form vorbringen mußte. Zugleich ist zu berücksichtigen, daß Trockij die Auseinandersetzung mit seiner

32 P. Pascal, Russie 1927, S. 253. Die Resolution wurde – zusammen mit einem Auszug aus dem englischen Economist mit dem Lob der »Realpolitik Stalins« – bei einer privaten Zusammenkunft präsentiert (12. 11. 1927).

33 Ein anderer Zeuge berichtet von antitrotzkistischen Flugblättern aus dem Jahr 1923 und von Gerüchten, wonach solche durch Stalins Sekretär Tovstucha hergestellt und verbreitet wurden (N. Valentinov, Novaja ėkonomičeskaja politika i krizis partii, S. 57 f.). Diese Flugblätter scheinen auf Tockijs jüdische Herkunft keinen Bezug genommen zu haben.

34 P. Pascal, Russie 1927. Mon Journal de Russie, S. 256 (15. 11. 1927).

35 Ebd., S. 267 (22. 11. 1927); vgl. Z. Szajkowski, Jews, Wars, and Communism, Bd. 1, S. 390.

36 P. Pascal, Mon état d' âme, S. 187 (27. 10. 1926); ähnlich am 2. 11. 1926, nachdem Ordžonikidze Politbüromitglied wurde: Welcher Unterschied besteht zwischen dem vorigen und dem jetzigen Politbüro? Das alte roch nach Knoblauch (Juden), das neue nach Schaschlik (Kaukasier), ebd., S. 191; vgl. auch den Eintrag vom 10. 11. 1926 mit einer Anekdote über Radek im ZK und die drei Klans, von denen sich zwei (Russen und Georgier) gegen den dritten verbündet haben (die Juden), ebd., S. 197. Ein Sammler solcher Witze soll K. Radek selbst gewesen sein (Baschanow, Ich war Stalins Sekretär, S. 169). Alexander Drozdzynski (Der politische Witz im Ostblock, München 1977) versammelt zahlreiche Witze, die um das Thema »Juden und Sowjetmacht« kreisen, wobei einerseits die im System erfolgreichen Juden, andererseits aber auch die sich gewitzt mit dessen Repressionen auseinandersetzenden Juden Hauptthemen sind. (S. 24 ff., S. 34, S. 44, S. 47 ff., S. 54 ff., S. 93 f.) V. Šul'gin sah die 1927 in Moskau zahlreichen Judenwitze als Indiz dafür, daß der Antisemitismus nicht so dramatisch sei – das Lachen glätte die Wogen des Hasses (»Čto nam v nich ne nravitsja«, S. 44).

Herkunft scheute.[37] Trockij war aber auch durch ideologische Vorgaben auf eine Interpretation der Vorgänge festgelegt, die dem Antisemitismus wenig Platz einräumte. »Der Schlüssel zu den innerparteilichen Fragen liegt [...] immer in der Klassenlinie«, schrieb er einmal.[38]

Eine polemische Abrechnung, die sich mit Stalins Antisemitismus grundlegend beschäftigt, verfaßte Trockij 1937 im mexikanischen Exil. Erst nach seinem Tod wurde sie in der Zeitschrift The New International in englischer Sprache veröffentlicht.[39] In dieser Arbeit, die von zeitgleich mit dem Geschehen verfaßten Texten getrennt werden muß, deutete er den sowjetischen Antisemitismus als eine Form der Reaktion. Trockijs Interpretation deckte sich mit den Parteischriften vor allem von 1926 und 1927. Juden seien in der Sowjetunion eine typische Stadtbevölkerung, seien im bürokratischen Apparat überproportional vertreten und zögen so den Haß der Arbeiter und Bauern auf sich. Es fällt auf, daß Trockij – im Gegensatz zur offiziellen Parteipropaganda! – einen Teil der Schuld den jüdischen Vertretern der Intelligencija zuweist, die sich häufig über die Forderung lustig gemacht hätten, die ukrainische Sprache zu erlernen.[40] Über das Ausnützen des Antisemitismus in der Bevölkerung für Stalins Zwecke schreibt Trockij in seinem Aufsatz von 1937 weiter, daß Stalins Spiel auf den »Saiten des Antisemitismus« vor 1926 nur »vorsichtig und verhüllt« möglich gewesen sei, solange er noch mit Zinov'ev und Kamenev verbündet war. »Besonders geschulte Redner (Stalin führte schon damals unter der Hand den Kampf gegen seine Mitarbeiter) sagten, daß die Anhänger Trotzkis Kleinbürger aus den ›Schtetln‹ seien, ohne ihre Nationalität genau zu bezeichnen.«[41] Trockij zählt zur Widerlegung der Behauptung, bei der Opposition gebe es besonders viele Juden, die Führer der Opposition der Jahre 1923 – 25 auf, die alle russischer Herkunft gewesen seien. Doch die Bürokratie habe »absichtlich die Namen jüdischer Mitglieder, die von beiläufiger und zweitrangiger Bedeutung waren«, betont. Nachdem sich Zinov'ev und Kamenev der Opposition angeschlossen hätten, sei es Stalin möglich geworden, vor den Arbeitern die Oppositionsspitze als »unzufriedene jüdische Intellektuelle« hinzustellen. Überall seien der Par-

37 Er schreibt in seiner Autobiographie: »Die Frage meines Judentums bekam erst mit Beginn der politischen Hetze gegen mich Bedeutung. Der Antisemitismus erhob das Haupt gleichzeitig mit dem Antitrotzkismus. Beide nähren sich aus der gleichen Quelle: der kleinbürgerlichen Reaktion gegen den Oktober.« (Mein Leben, S. 313) Gerade die Memoiren bieten Belege für sein Zögern, wegen seines Judentums und möglichen Ansatzpunkten für antisemitische Agitation herausragende Stellungen anzunehmen (S. 295). Siehe zu Trockijs Haltung auch oben, Kap. 2.2.

38 Brief vom 12. 8. 1927 an Krestinskij in Berlin, (T 996) in: KO, Bd. 4, S. 73 ff., hier S. 74.

39 »Thermidor and Antisemitism« in dt. Übersetzung in: Trotzkij, Schriften, Bd.1.2, S. 1040 – 1052; auch bei Fetscher (Hrsg.), Marxisten gegen Antisemitismus, S. 179 – 188.

40 »Thermidor«, in: Schriften, 1.2, S. 1043 f.

41 Ebd., S. 1046; bei ›kleinen Städten‹ – im englischen Text: small towns (»Thermidor«, S. 93) – können im russischen Sprachgebrauch [mestečki] die jüdischen štetlech gemeint sein.

teilinie treue Juden von ihren Posten entfernt worden. Uglanov in Moskau und Kirov in Leningrad hätten das unter Stalins Anleitung fast offen betrieben. Trockij verschweigt dabei, daß Uglanov 1927 in der Pravda schrieb, daß der Antisemitismus mit der Zunahme des großrussischen Chauvinismus in Verbindung stehe.[42]

Bei der hier wiedergegebenen – in relativ großer zeitlicher Distanz entstandenen – Darstellung berief sich Trockij auf Briefe, die er von seinen Anhängern erhalten hatte. Ein jüdischer Arbeiter hatte ihm geschrieben, daß ein Parteizellensekretär erklärt habe, im Politbüro machten die židy Radau [buzjat]. Trockij kommentierte, daß diese Bemerkung nicht zufällig gefallen sei. Niemand habe gewagt, den Parteiinstitutionen davon zu berichten, aus Angst, aus der Fabrik geworfen zu werden. Auch Trockijs Gewährsmann habe nicht gewagt, gegen Parolen wie »Die židy agitieren gegen den Leninismus« aufzutreten. Er habe sich überlegt, wie gefährlich das für ihn sei, wenn schon die nicht-jüdischen Arbeiter stillhielten. Trockij versuchte, in einem Schreiben an Bucharin diesen auf solche Vorfälle hinzuweisen. Er erklärte, daß er mit der Hand schreibe, da es ihm bei diesem Thema »peinlich sei, der Stenographin zu diktieren«.[43]

Bucharin habe ausweichend reagiert und das ganze als Einzelfälle abgetan, worauf ihn Trockij in die Schuhfabrik Skorochod eingeladen habe. Bucharin sei einverstanden gewesen, sich an Ort und Stelle zu informieren, aber Stalin habe dies ausdrücklich verboten, behauptete Trockij später.[44] Doch Bucharin konnte sich selbst vor Ort überzeugen, daß Trockij recht hatte. In einer Fabrik mußte er einen Stalinanhänger zur Ordnung rufen, der vor der versammelten Parteizelle »Nieder mit den Juden« geschrien hatte.[45] Schon vorher hatte Bucharin in Leningrad öffentlich über die Verbreitung des Schwarzhundertertums geredet. Trockij erwiderte darauf intern, daß man die Zahl solcher Erscheinungen nicht übertreiben solle [!], aber

42 Pravda, 1. 4. 1927, S. 5.

43 Trockij-Archiv, T 868 (=Brief Trockijs an Bucharin vom März 1926), zit. bei D. Volkogonov, Trockij, Bd. 1, S. 61. In englischer Übersetzung in: L. Trotsky, The Challege of the Left Opposition (1926 – 27), S. 44 ff.; vgl. Nedava, Trotsky and the Jews, S. 173; I. Deutscher, Trotzki. II: Der unbewaffnete Prophet. 1921 – 1929, S. 253. Deutscher merkt an, daß Trockij zwei Wochen später die Frage vor dem Politbüro wiederholt habe, worauf die Angelegenheit bagatellisiert worden sein soll. Bucharin sei errötet, wollte sich aber nicht gegen seinen Verbündeten (Stalin) wenden und habe dann seine privaten Kontakte zu Trockij eingestellt. Weiter Deutscher: »Es war kein Zufall, daß die Agitatoren die antisemitische Note anschlugen: sie waren von Uglanov abgerichtet worden, und Uglanov erhielt sein Stichwort von Stalin, der in der Wahl seiner Mittel alles andere als heikel war.« Deutscher unterschlägt in seiner Darstellung, daß er die zitierte Stelle aus der oben erwähnten Abrechnung Trockijs mit Stalins Antisemitismus von 1937 übernimmt. In Trockijs Papieren von 1926 wird dieser Vorwurf an Stalin noch nicht gemacht!

44 »Thermidor«, nach: Schriften 1.2, S. 1048

45 P. Pascal, Russie 1927, S. 241 (am 1. 11. 27) der Zeuge, der Pascal den Vorfall berichtete, war voller Haß auf die »Faschisten«, »Antisemiten«, »Thermidorianer«.

achtgeben müsse, daß es Schichten in der Partei gebe, die dem Schwarzhundertertum gegenüber tolerant seien oder es nicht bekämpfen wollen. Es sei zum großen Teil Schuld der Partei, daß das Proletariat nicht auf Aktivität und Wachsamkeit orientiert worden sei. Trockij sprach hier noch von der Partei als »wir« und deutete keineswegs an, daß das »Schwarzhundertertum« von der Parteispitze auch nur irgendwie ermutigt worden sei.[46]

Trockij beließ es in den zwanziger Jahren bei eher vagen Andeutungen. Er hatte nicht nur wenig Interesse, das Thema besonders in den Vordergrund zu rücken – sondern verfügte auch über wenig Belege, mit denen er die Verantwortung der Parteiführung für Vorfälle wie die im folgenden beschriebenen nachweisen konnte. Im Juli 1927 erklärte er vor der Zentralen Kontrollkommission:

> Auf Versammlungen, besonders von Arbeiter- und Bauernzellen, spricht man über die Opposition schon weiß der Teufel was alles, es wird gefragt, mit welchen »Mitteln« denn die Opposition ihre »Arbeit« durchführt. Arbeiter, seien es ungebildete, unbewußte, seien es von euch hingesandte, stellen solche Fragen, reichen Zettel ein mit Inhalten nach Art der Schwarzhunderter ... Und es gibt Schufte von Referenten, die es wagen, auf diese Fragezettel ausweichend zu antworten.[47]

In seiner in größerer zeitlicher Distanz im Exil entstandenen Stalinbiographie behauptete Trockij – weit über das hinausgehend, was aus den Quellen aus seinem Archiv hervorgeht –, Stalin und seine Diener hätten sich soweit erniedrigt, im »schmutzigen Wasser des Antisemitismus zu fischen«. Er erinnere sich an eine zweideutige Karikatur von Zinov'ev und Kamenev in der Leningrader Rabočaja Gazeta und an weitere »Karikaturen und schlechte, komisch sein sollende Verse antisemitischen Charakters in der Presse der Partei«. Aber selbst in seinem am entschiedensten vorgebrachten Antisemitismus-Vorwurf ging Trockij nicht so weit, Stalin der direkten Urheberschaft dieser Angriffe gegen die Opposition zu bezichtigen – vielmehr sei Stalins Haltung gegenüber dem wachsenden Antisemitismus »von freundlicher Neutralität« gewesen:

> Die Dinge gingen aber so weit, daß er sich gezwungen sah, mit einer Erklärung zu intervenieren, in der es hieß: »Wir bekämpfen Trotzky, Sinowjew und

46 »Členam CK«, 21. 2. 1927 (T 3029), abgedr. in: KO, Bd. 2, S. 183 – 186, hier S. 185. Das Leningrader Referat Bucharins erschien in der Pravda vom 2. 2. 1927.

47 Diese Rede vom Juli 1927 wurde gekürzt zuerst in Trockijs Stalin School of Falsification veröffentlicht, hier nach T 3160 in: KO, Bd. 3, S. 98. In einer zweiten Rede vor diesem Gremium beschuldigte er die »Jaroslavskijs« in der Provinz, nach dem Stalinschen Kammerton Kampagnen zu führen als »schmutzige Spekulation auf die Schwarzhunderter-Instinkte der unbewußtesten Schichten«, worauf der anwesende Jaroslavskij Trockij selbst als »Schwarzhunderter« [!] bezeichnete (T 3161 in: KO, Bd. 4, S. 117, S. 127).

Kamenew nicht, weil sie Juden sind, sondern weil sie Oppositionelle sind«, usw. Es war allen politisch Denkenden klar, daß diese absichtlich zweideutig gehaltene Erklärung nur gegen die »Exzesse« des Antisemitismus gerichtet war, während die ganze Sowjetpresse deutlich zu verstehen gab: »Vergeßt nicht, daß die Führer der Opposition Juden sind!« Und so hatten die Antisemiten freie Hand.[48]

Was Trockij mit den zitierten Behauptungen gemeint hat, ist – vor allem, was die Karikaturen betrifft – nicht zweifelsfrei zu rekonstruieren. Er nahm bei der Abfassung der obigen Passage aber offenbar ein Dokument aus seinem Archiv zu Hilfe, in dem eben diese Vorwürfe zu finden sind. Dieser Text, dessen Urheberschaft Trockij nicht bekannt war, warf Stalin und der ihn unterstützenden Arbeiterbürokratie vor, den Internationalismus abzulegen. Damit sei der Antisemitismus verbunden, der bereits Parteikreise erfaßt habe. Antisemitische Verse und Zeichnungen wie in der Rabočaja Gazeta, wo 1926 gegen Trockij und Zinov'ev eine antisemitische Karikatur mit dem Titel »leer ausgegangen« erschienen sei, seien auf billigend-höhnisches Gelächter seitens sehr hochstehender Parteiführer gestoßen. »Da unter den Führern der Opposition tatsächlich Juden sind, hat die prinzipienlose Stalinsche Gruppe nichts dagegen, im innerparteilichen Kampf aus der trüben und schmutzigen Quelle des Antisemitismus zu schöpfen. Daher rührt ihre freundliche Neutralität gegenüber dem wachsenden Antisemitismus.«[49] Es muß allerdings konstatiert werden, daß in der hier erwähnten Rabočaja Gazeta die Karikaturen gegen die Oppositionellen in ihrer Tendenz kaum als antisemitisch zu werten sind. Die Darstellungen von Zinov'ev können durchaus als »neutral« gelten und unterschieden sich in ihrer Schärfe in nichts von dem, was in freundlicher Absicht etwa über Dzeržinskij veröffentlicht wurde.[50]

So wie Trockijs Behauptungen über antisemitische Karikaturen kritisch zu werten sind, gilt das auch für die angebliche Erklärung Stalins, wie sie Trockij »zitiert«, daß man nämlich gegen die Opposition nicht wegen deren Judentum kämpfe. Trockij dürfte in seiner Stalinbiographie damit die mehrfachen Angriffe Jaroslavskijs gemeint haben, der als einziger Vertreter von Stalins Linie die antisemitischen Angriffe auf die Opposition getadelt hatte.[51]

Nicht nur Trockij warf der Stalinfraktion vor, den Antisemitismus auszunützen. Auch in der Plattform der Vereinigten Opposition vom Septem-

48 L. Trotzky, Stalin, S. 507 f.

49 »Kak oni borjutsja s oppoziciej«, T 1001, September 1927, abgedruckt in: Kommunističeskaja oppozicija, Bd. 4, S. 178 f. Diesen Text arbeitete Trockij in seine Stalinbiographie ein.

50 Rabočaja Gazeta, 9. 11. 1926, S. 5. Die in dem Oppositionspapier angesprochene Zeichnung zeigte Zinov'ev und Trockij als Spielkartenfiguren. Siehe auch ebd., S. 3; 12. 10. 26, S. 1; 7. 11. 26, S. 7; aber ebd., S. 4: Kamenev wird als »russischer Mužik« gezeichnet. Vergleicht man diese Karikaturen mit den Haß-Ikonen der dreißiger Jahre (deren antisemitische Konnotationen weiter unten untersucht werden), so hat man Mühe, überhaupt eine Spur aggressiver Schärfe herauszulesen!

51 Siehe oben, Kap. 7.2.

ber 1927, die 13 Unterschriften trug, taucht dieser Vorwurf auf. Die eigene Seite wurde nicht mit »Juden« identifiziert, solche tauchten vielmehr beim Gegner auf, als »ehemalige Bundisten und Zionisten« (in einer Reihe mit ehemaligen Menschewiki, Sozialrevolutionären und Kadetten), die kein Recht hätten, gegen die Bolschewiki der Opposition zu polemisieren.[52] Auf den Antisemitismus wurde en passant eingegangen: »In der Partei nehmen nicht nur Streberei, Bürokratismus und Ungleichheit zu, es fließen [vlivajutsja] auch direkt klassenfremde, feindliche und trübe Strömungen herein, zum Beispiel der Antisemitismus. Ein rücksichtsloser Kampf gegen derartige Schändlichkeit ist im Interesse der einfachen Selbsterhaltung der Partei erforderlich.«[53] Die Plattform enthält kein Beispiel für dieses »Hereinfließen« von Antisemitismus – was ja nicht ein bewußtes »Hineinlenken« des Stroms des Judenhasses bedeutet. Es wird nicht einmal behauptet, daß sich die Vorfälle des Antisemitismus gegen die Opposition richteten. Etwas deutlicher waren die Anklagen in einem von Zinov'ev, Muralov, Peterson und Trockij unterzeichneten Schreiben, in dem von Störungen bei Auftritten von Oppositionsrednern in Leningrad mit »Rufen antisemitischen Charakters« berichtet wurde. Doch dies war nur ein einzelner Punkt in einer ganzen Reihe von sonstigen Angriffen auf die Opposition, die erwähnt wurden.[54]

7.4. Die Auseinandersetzung auf dem 15. Parteitag

Trockijs Anklagen zwangen die Parteiführung um Stalin zu einer Reaktion. Antisemitismus und sein Auftauchen in den innerparteilichen Auseinandersetzungen wurde zu einem Thema des 15. Parteitags im Dezember 1927, der ganz im Zeichen der endgültigen Abrechnung mit der Opposition stand. In seiner einzigen öffentlichen Stellungnahme während der ganzen Kampagne gegen den Antisemitismus stellte Stalin die Position der Partei im Rechenschaftsbericht klar:

> Wir haben gewisse Ansätze des Antisemitismus nicht nur in bestimmten Kreisen der Mittelschicht, sondern auch unter einem gewissen Teil der

52 In diesem Text, dessen Endfassung Trockij und Zinov'ev redigiert hatten, spielten insgesamt nationale Fragen keine Rolle. Es wurde allenfalls der »Kampf gegen die ustrjalovščina und jegliche Großmachtsbestrebungen besonders in den zentralen Volkskommissariaten und dem Staatsapparat allgemein« gefordert. KO, Bd. 4, S. 145 ff.

53 Ebd., S. 149. Wie so oft spricht die Opposition unverblümt aus, was nach 1928 zur Generallinie wird. In der Erklärung des Kampfes gegen Antisemitismus als Selbstschutzmaßnahme der Partei gehen die Oppositionellen über die offizielle Parteipolitik hinaus, die dieses durchaus eigennützige Interesse an der Kampagne nie so offen in den Mittelpunkt gestellt hat.

54 Schreiben der vier Unterzeichneten an das Politbüro, das Präsidium der ZKK und das EKKI am 6. 9. 1927 (T 1010), abgedr. in: KO, Bd. 4, S. 99 ff., hier S. 102. Wie bei Trockij (außer dessen späteren Aussagen wie in der Stalinbiographie) fällt auf, daß in der direkten Auseinandersetzung wenig Wert darauf gelegt wird, das Thema des Antisemitismus zu vertiefen und durch konkrete Belege, etwa aus den Briefen der Anhänger, zu stützen.

Arbeiterschaft und sogar an manchen Stellen in unserer Partei. Gegen diese Übel müssen wir, Genossen, mit Unerbittlichkeit ankämpfen.[55]

Die Führung um Stalin ließ einen jüdischen Metallarbeiterlehrling auftreten, dessen Grußansprache aus dem Jiddischen übersetzt wurde: »Die Opposition hat unter anderem stets angegeben, daß die Partei die Nationalitätenpolitik falsch durchführt. Das ist nicht wahr! Die Tatsache, daß ein jüdischer Arbeiter, ein zukünftiger Metallarbeiter, hierher gekommen ist, um den Parteitag zu begrüßen, zeugt davon, daß die Partei eine richtige Nationalitätenpolitik durchführt.«[56] Damit sollte demonstriert werden, daß Antisemitismus-Klagen verfehlt seien – und daß die Partei in der Lage sei, die sowjetischen Juden zu »produktivieren«, daß also die weit verbreitete Kritik an der Präferenz der Juden für Verwaltungs- und Handelsberufe unbegründet sei. Welche Stimmung aber in der Luft lag, zeigte ein Zwischenruf während eines Redebeitrags Kirovs. Dieser machte sich darüber lustig, daß an der Plattform der Opposition 200 »Evangelisten« mitgewirkt hätten, weshalb da »das ganze Salz der oppositionellen Weisheit konzentriert« sei – worauf jemand einwarf: »Talmud!«[57]

Den Hauptentlastungsangriff führte wiederum Jaroslavskij, der auf das heikle Thema unvermittelt zu sprechen kam, nachdem er sich mit dem Selbstmord Ioffes und dessen Abschiedsbrief auseinandergesetzt hatte:[58]

> Ich weiß, daß der Kampf der Opposition sehr viele ungesunde Erscheinungen auslöste. Gen. Stalin unterstrich vollkommen richtig, daß unbedingt die ernsteste Aufmerksamkeit auf den Kampf mit dem Antisemitismus gerichtet werden muß, der noch hier und da verwurzelt ist. Doch die Opposition widmet dieser Frage eine mehr als krankhafte Aufmerksamkeit, sie bauscht sie auf und versucht die Sache so hinzustellen, als ob der Antisemitismus eine Methode des Kampfes mit der Opposition sei. Wir legen eine ganze Reihe von Dokumenten vor, die genau das Gegenteil besagen – das ganze Oppositionsprogramm basiert auf Antisemitismus.[59]

55 Pjatnadcatyj s-ezd, sten. otčet, Bd. 1, S. 74; Pravda, 6. 12. 1927, S. 3; dt. in: Stalin, Werke, Bd. 10, S. 281. Diese Äußerung wurde nur selten verbreitet. Als Zitat oder Nachdruck ist mir nur ein Fall aus der Gewerkschaftszeitung Trud bekannt, den ich als Ausriß in den Materialien des Smolensker Parteiarchivs fand (WKP 303, o. S.).

56 Pjatnadcatyj s-ezd, Bd. 1, S. 366.

57 Ebd., S. 264. »Talmud« – oder »Talmudist« als polemische Bezeichnung wurden von der Partei offiziell nicht verwendet, weder in den Kämpfen gegen die Opposition, noch in den dreißiger Jahren. Erst in Nachkriegspolemiken taucht »Talmudist« als Schimpfwort auf, besonders in Stalins Interventionen zur Sprachwissenschaft (J. Stalin, Der Marxismus und Fragen der Sprachwissenschaft, Stuttgart 1953, S. 60).

58 In dem Brief, abgedruckt in: L. Trotzki, Die wirkliche Lage in Russland, S. 259 – 266, spielte das Thema »Antisemitismus« keine Rolle. Vgl. Deutscher, Trotzki II, S. 484. Auch in den Erinnerungen von Ioffes Frau wird auf Antisemitismus nicht eingegangen (Maria Joffe, One Long Night. A Tale of Truth, New York 1978).

59 Pjatnadcatyj s-ezd, Bd. 1, S. 397. Auf das ablehnend vorgebrachte Zitat folgte auf dem Parteitag ein Einwurf aus dem Plenum, der zeigt, wie sehr man nicht nur im fernen Sibirien, son-

Das Parteitagsprotokoll enthält an dieser Stelle keine Erklärung, was Jaroslavskij mit seinem Vorwurf an die Opposition meinte. Während dies möglicherweise übergangen wurde, um das Argument durch seine Unklarheit aufzubauschen, mußte Jaroslavskij zugeben, daß die Opposition »eine Parteizelle beim Antisemitismus ertappt« habe. Damit war die Resolution aus Sibirien gemeint, in der Trockij vorgeworfen wurde, er habe wegen »seiner Nationalität die Spekulation nötig«. Man kann sich fragen, warum Jaroslavskij überhaupt ausführlich diese antisemitischen Attacken zitierte. Darin aber einen Trick zu sehen, mit dem diese inkriminierte Meinung erst recht verbreitet werden sollte, hieße, Stalin ein allumfassendes Fädenziehen im Hintergrund zuzuschreiben, zu dem er aber 1927 – und auch später – so nicht in der Lage war. Jaroslavskij erklärte, es sei unzulässig für einen Kommunisten, eine derartige Erklärung abzugeben. Solche Einzelfälle zu verallgemeinern, sei »ehrlose Verleumdung«.[60] Antisemitismus wurde also gleich dreimal als Argument gegen die Opposition zurechtgebogen. Ihr Kampf habe erst solche »ungesunden Erscheinungen« ausgelöst (implizit heißt das: daß so viele Juden in der Opposition sind, hat den Antisemitismus mit angefacht!), dann habe sie den Antisemitismusvorwurf zur »Verleumdung« herangezogen – und schließlich sei das Programm der Opposition selbst antisemitisch. Was damit gemeint war, geht aus der Diskussion über den Rechenschaftsbericht der CKK-RKI (Zentrale Kontrollkommission – Arbeiter- und Bauerninspektion) hervor, die etwas später auf dem Parteitag stattfand. Daß in der Opposition Antisemiten Unterschlupf gefunden hätten, belegte Jaroslavskij anhand eines Programmprojekts, das von Trockij und Zinov'ev angeregt worden sein sollte:

> Anstatt der Vernichtung der Klassen und der nationalen Schranken führen sie [die Parteiführung] die gleiche zaristische Politik fort: teile und herrsche, indem sie die Arbeiter auf ihre nationale Intelligenz hetzen und wahllos der Konterrevolution und ähnlicher Todsünden beschuldigen, nur darum, weil sie vieles sehen: Diese Bande von Parasiten ließ die raffinierteste jüdische Bourgeoisie und Intelligenz von der Kette, deren schlimmste Vertreter, die mit lautem Geschrei und Wehklagen über Revolution und Sozialismus, über das Wohl der Arbeiterklasse in den ersten Reihen der Parasiten marschieren, die nicht nur die Arbeiter fremder Nationalitäten ausbeuten und sich an ihrem Schweiß bereichern, sondern auch an dem der jüdischen Arbeiter; sie brachten es fertig, die ganze Arbeiterklasse noch mehr zu bestehlen und zu

dern auch in Moskau geneigt war, Trockij ausgerechnet mit Spekulantentum zu identifizieren. Die anonyme Stimme warf ein: »Politische Spekulation, das gibt es natürlich.« Allerdings stehen zwei Zwischenrufen mit antisemitischen Konnotationen einee enormen Anzahl von Störungen, Pöbeleien und unverschämten Kommentaren gegen die Redebeiträge der Opposition gegenüber, die keine solche Deutung zulassen.

60 Ebd., S. 398.

betrügen als die Abenteurer und Mitläufer aus der Bourgeoisie anderer Nationalitäten; sie haben mit ihrer gemeinen Arbeit den Haß der ganzen Nation gegen das gesamte Judentum, ohne Rücksicht auf die Klassenzugehörigkeit, erweckt.[61]

Dieses Oppositionsprogramm soll im weiteren aber die Ukrainisierung in der Ukraine und die Aufschiebung der Internationalisierung der Arbeiterklasse und das Weiterbestehen nationaler Vorurteile beklagt haben, was von Antisemiten eigentlich nicht zu erwarten gewesen wäre. Festzuhalten bleibt: Beide Seiten warfen dem Gegner vor, antisemitisch zu handeln. Beide Seiten taten das eher beiläufig, was aber kein Argument dafür sein muß, daß das Problem als gering eingeschätzt wurde. Gerade weil der Antisemitismus in der Bevölkerung virulent war, wollte ihn möglicherweise niemand so recht als Argument verwenden. Wer ihn dem Gegner vorwarf, gab sich damit als jemand zu erkennen, der besondere Sympathien für die Juden hege – und machte sich damit bei antisemitisch gestimmten Bevölkerungsteilen unbeliebt. Andererseits gehörte die offizielle Ablehnung von Chauvinismus und Antisemitismus zur ideologischen Grundausstattung, von der sich formal natürlich keine Seite entfernen konnte.

Dabei ist am wenigsten anzunehmen, die Opposition hätte bewußt und programmatisch den Judenhaß aufgegriffen – möglicherweise waren einige weniger bedeutende Oppositionsanhänger vom antisemitischen Zeitgeist der zweiten Hälfte der zwanziger Jahre infiziert. Wenn daraus Jaroslavskij aber die Grundlage des gesamten Oppositionsprogramms machte, war das eine Verzerrung mit durchsichtigen Absichten. Sicher wurde die Stalin-Fraktion weniger mit »Juden« in Verbindung gebracht als die drei führenden Oppositionellen, aber auch Stalins Anhänger wie Kaganovič oder Jaroslavskij hatten keinen Grund, den Antisemitismus zu schüren. Es ist daher verständlich, daß auch Stalin auf dem 15. Parteitag nicht nur in seinem Rechenschaftsbericht knapp, aber unmißverständlich Stellung bezog – durchaus nicht weniger ausführlich als auch die Opposition in ihren Vorwürfen. Auch in der vom Generalsekretär vorgetragenen Resolution zum ZK-Rechenschaftsbericht wurde der Antisemitismus nochmals verurteilt, wobei auch seine offizielle Deutung als Widerstand privatkapitalistischer Elemente

61 Ebd., S. 548; auch in der Pravda, 10. 12. 1927, S. 4. Laut Anmerkung zum Parteitagsprotokoll handelt es sich hier um ein »anonymes konterrevolutionäres Dokument« mit dem Titel »Programmprojekt der kommunistischen Arbeiterpartei«, das von »parteifeindlichen Elementen« im Herbst 1927 in Odessa verteilt worden sein soll (Pjatnadcatyj s-ezd, Bd. 2, S. 1656). Schon Anfang jenes Jahres hatten sich Jaroslavskij und Trockij über ein angebliches Flugblatt von Oppositionellen aus Odessa gestritten. Jaroslavskij hatte vor einer Moskauer Parteisitzung ohne genaue Quellen-Angaben einen Text von KP- und Komsomol-Mitgliedern auf der Grundlage von Trockijs Plattform zitiert, der bei Trockij die Vermutung einer »weißgardistischen Einmischung« hervorrief. Immerhin erklärte Jaroslavskij daraufhin, nicht behauptet zu haben, solche Texte stammten von Trockij (T 919, 920, 924, abgedruckt in: KO, Bd. 2, S. 165 f., S. 178).

gegen den Angriff der Arbeiterklasse propagiert wurde. Dabei wurde der Antisemitismus in eine Reihe mit anderen angeblichen Ideologien der Bourgeoisie gestellt, wozu nicht nur der Chauvinismus, sondern auch die Smena-vech-Bewegung gezählt wurde.[62]

Man könnte einwenden, daß dies nur die offizielle, die dokumentarisch festgehaltene Haltung war und daß Stalin, wenn keine Protokollanten mitschrieben, sich auch anders geäußert hat.[63] Doch für eine inszenierte Kampagne, die kalkuliert auf die Nationalität der Gegner anspielte, spricht sehr wenig. Die erwähnten Zwänge dürften den denkbaren Versuchen Stalins, coram publico für eine weitgehende Instrumentalisierung der antisemitischen Stimmung oder für deren weitere Anfachung zu plädieren, Grenzen gesetzt haben.

Es bleibt zu konstatieren, daß die Themen »Antisemitismus« und »Opposition« mit Ausnahme der Auftritte und Artikel Jaroslavskijs, wie sie oben dargestellt wurden, in allen Propagandamaterialien strikt getrennt wurden. Ein immer wiederkehrendes Argument der Anti-Antisemitismus-Kampagnen war der Hinweis auf die Klassenteilung der Juden, die wie jede Nationalität in einander feindliche Lager zerfallen. Dabei wurden häufig jüdische Bolschewiki diversen Feinden der Sowjetmacht gegenübergestellt, wobei den jüdischen Kapitalisten und den »bereuenden« Publizisten der Emigration wie Bikerman und Pasmanik[64] bisweilen antibolschewistische Attentäter jüdischer Herkunft wie Kanegiser und Kaplan zugeordnet wurden. Während etwa die Gegenüberstellung Urickij – Kanegiser (als je ein pro- und ein antibolschewistischer Jude) häufig anzutreffen ist, wurde niemals beispielsweise ein Trockij einem Jaroslavskij gegenübergestellt. Das einzige Beispiel einer Anti-Antisemitismus-Schrift, in der überhaupt der Name eines führenden Oppositionspolitikers fällt, ist in einem 1928 in Leningrad erschienenen Buch zu finden, wo nach dem erwähnten Muster zunächst die jüdischen Kapitalisten, die sich in nichts von ihren russischen Konkurrenten unterschieden hätten, angeführt werden. Dann wird erwähnt, daß Juden unter den ersten Bolschewiki gewesen seien. Das wird nicht nur mit dem Namen Sverdlov, sondern auch mit Zinov'ev illustriert. Daß dies noch 1928 gedruckt wurde, dürfte auf Nachlässigkeit (oder heimliche Zustimmung) im Verlag zurückgehen. Im Sinne Trockijs einen heimlichen Hinweis auf die jüdische Herkunft der Oppositionellen zu vermuten, wäre eine Mißdeutung, da Zinov'ev ganz eindeutig als positives Beispiel angeführt wird.[65]

62 Pjatnadcatyj s-ezd, Bd. 1, S. 427.

63 Zu eher privat gemeinten angeblichen Stalin-Äußerungen siehe weiter unten, Kap. 7.6.2.

64 Siehe knapp dazu oben am Ende von Kap. 2.2.

65 Ef. Dobin, Pravda o evrejach, S. 21. Diese Schrift fällt auch durch die betonte Gleichsetzung von Faschismus und Antisemitismus auf, die von Bucharin übernommen wird.

7.5. »Sozialisten in einem Land« gegen »permanente Revolutionäre«

Oft lagen die streitenden Parteien gar nicht so weit auseinander – meistens so wenig, daß die Intensität der Polemik verwundert – doch lassen sich zwei entgegengesetzte Grundlinien herauslesen. Manche ausländische Beobachter erblickten einen Gegensatz zwischen der »stadtproletarischen, europäischen« Opposition und der »agrarbetonten«, von Stalin und Kalinin verkörperten Partei. Die Parteilinie stehe für eine »Enttheoretisierung [..] des öffentlichen und staatlichen Lebens, seine Normalisierung, die Fortführung des kommunistischen Experiments mit gemäßigtem Risiko«. Während Stalin und Kalinin keine europäischen Sprachen beherrschten, sei der Trotzkismus eine »kulturelle Stimmung. All diese Trotzkisten sind intelligent, interessiert, europagerichtet, Ideenköpfe, unbäuerlich«.[66] Andere zogen Verbindungslinien zur jüdischen Herkunft dieser radikalen Intellektuellen und sahen die Ursache für die Niederlage Trockijs im Verdruß über die Intellektuellen und idealistischen »Träumer«, unter denen sich eine große Gruppe Juden befand. Die Ablehnung gegen sie sei nicht bewußt antisemitisch gewesen, habe aber antisemitische Untertöne als Abwehr der »jüdischen Mentalität« gehabt.[67] Wie gut trafen diese Korrespondenten den damaligen Moskauer Zeitgeist? Gab es eine Sichtweise, die »jüdische« radikale, internationalistische, intellektuelle Oppositionelle den »russischen« eher konservativen, patriotischen, bäuerlichen Vertretern der Stalin-Linie gegenüberstellte? Ließ eine solche Betrachtungsweise die verbreiteten antisemitischen Vorurteile mit der Ablehnung der Opposition zur Deckung bringen?

In ihren Erinnerungen beschreibt L. Šatunovskaja, die – selbst jüdischer Herkunft – bis 1931 als Schützling des alten Bolschewiken P. Krasikov im Kreml lebte, auf welche Ablehnung »Iuduška« Trockij in Teilen der Partei stieß:

> Wenn ich heute versuche, mir über meine alten Eindrücke klarzuwerden und zu verstehen, was dieser organischen Ablehnung Trockijs durch das gesamte Leninsche altbolschewistische Milieu zugrundelag, so scheint mir, daß der tiefe, von ihnen selbst nicht erkannte Grund dieser Ablehnung darin bestand, daß Trockij Jude war. Seine ganze Mentalität war ihnen fremd, und seine Ideen des Internationalismus, der permanenten Revolution, seine abenteuerlichen Losungen, in der Art von »Weder Frieden noch Krieg« während der Brester Verhandlungen mit Deutschland 1918, liefen der historischen Tradition des Aufbaus eines Großen Russischen Imperiums zuwider.[68]

66 So P. Scheffer im Berliner Tageblatt, 2. 7. 1926, für das er in den zwanziger Jahren aus der Sowjetunion berichtete. Nachgedruckt in: Scheffer, Augenzeuge, S. 231 f.

67 E. Lyons, Assignment in Utopia, S. 151 f. Lyons, seit Februar 1928 für United Press in Moskau, hielt die Stalin-Linie nicht zuletzt deshalb für »distinctly ›fascist‹«. Vgl. die Feststellung Walter Benjamins, Moskauer Tagebuch, Frankfurt 1980, S. 19: »Entfernung der Opposition aus den leitenden Stellen. Damit identisch: Entfernung zahlreicher Juden, zumal aus den mittleren Chargen.« Dies erklärten Benjamin seine Gewährspersonen B. Reich und A. Lacis.

68 L. Šatunovskaja, Žizn' v Kremle, S. 51.

Die Ablehnung Trockijs sei kein Antisemitismus im eigentlichen Sinne gewesen. Den alten Bolschewiki sei der Gedanke nationaler Diskriminierung oder auch nur des Einflusses der Nationalität eines Menschen auf die Beziehungen zu ihm fremd gewesen. Im Unterbewußten sei aber die jüdische Mentalität mit ihrem Hang zum Kosmopolitentum mit der traditionellen russischen Idee der Staatlichkeit unvereinbar gewesen. Darin liege der tiefere Grund für Trockijs Niederlage und dafür, »daß er von der russischen Revolution wie ein Fremdkörper ausgestoßen wurde«.[69] Den Anhängern Trockijs waren diese Zusammenhänge bewußt. In einem anonymen Text schrieben sie, es sei der »Umstand überhaupt nicht zufällig, daß die Entstehung der ›Theorie‹ Stalins und Varejkis' über den Aufbau der vollen sozialistischen Gesellschaft in einem Land mit dem unerhört schnellen Wachstum des Antisemitismus in der UdSSR zusammenfiel«.[70]

Waren die Debatten so konzipiert, daß sie entsprechend nicht nur interpretiert werden konnten, sondern auch sollten? Die Antwort auf diese Frage fällt nicht leicht, da die Argumente zwischen den Fraktionen bisweilen beliebig ausgetauscht werden konnten. Ein beliebter rhetorischer Trick war es, dem Gegner nachzuweisen, daß er die Position, die er bekämpfte, zuvor angeblich selbst vertreten hatte. Wird es dadurch auch schwer, den Parteien bestimmte Meinungen zuzuordnen, so zeichnen sich doch einige Grundlinien ab. Gerade die Schlagwortartigkeit von Konzepten wie »Sozialismus in einem Land«, die sich bei genauerer Betrachtung nur durch Erweiterungen der Art »endgültiger Sieg des Sozialismus in einem Land«[71] aufrechterhalten ließen, symbolisierten bestimmte Grundpositionen, die die Massen leicht dechiffrieren konnten. Dabei ist auch zu berücksichtigen, daß bei einer zu 55 % analphabetischen Landbevölkerung politische Schlagworte häufig mißverstanden wurden oder auf völliges Unverständnis stießen.[72]

In den ersten Jahren nach der Oktoberrevolution war die »Arbeiteropposition« in der Partei Träger einer Stimmung gegen die Intelligenz. Vor dem 10. Parteitag wurden die mangelnde Diskussionsfreiheit in der Partei, ihre Entproletarisierung und Beherrschung durch eine Funktionärskaste kritisiert. Dabei scheint in einer Weise gegen die Intelligencija agitiert worden zu sein, die schon in ihrer Wortwahl antisemitischen Stereotypen sehr nahe

69 Ebd., S. 52.

70 Trockij Archiv T 1001, abgedruckt in: KO, Bd. 4, S. 178 f.

71 Man stritt sich um den richtigen Verbalaspekt im Russischen – stroit' oder postroit', z.B. in: L. Kerner, »O socializme v odnoj strane« (Dez. 1926) Trockij-Archiv, abgedr. in: KO, Bd. 2, S. 137.

72 Beispiele dazu bei Régine Robin, »Popular Literature of the 1920s: Russian Peasants as Readers«, in: S. Fitzgerald u.a. (Hrsg.) Russia in the Era of NEP, S. 253 – 267, bes. S. 256 f.; vgl. auch H.-H. Schröder, Arbeiterschaft, Wirtschaftsführung und Parteibürokratie, S. 280, über die Schulung des Leninaufgebots, als abenteuerliche Kenntnisse der Lektoren zu Tage traten. Auch die politischen Kenntnisse der Hochschüler wurden bemängelt (Upadočnoe nastroenie sredi molodeži, S. 106, S. 120).

kam. Auf diesem Parteitag warf Jaroslavskij der Arbeiteropposition vor, in einer Broschüre den »Stammbaum« (gemeint war die nichtproletarische Herkunft) aller Parteiführer veröffentlicht zu haben. Daraus könnten die Genossen vor Ort den Schluß ziehen: »Bej intelligenciju!«[73] »So wie seinerzeit die rückständigen Bauern und Arbeiter dachten, alles hänge davon ab, daß wirklich überall viele ›židy‹ säßen, genau so ist jetzt das Antiintelligenzlertum der Grundfehler der Position der ›Arbeiteropposition‹.«[74]

Wenig später begann die Parteiführung eine Kampagne gegen die Intelligenz, freilich ohne antisemitische Untertöne. Der Intelligenz wurde vorgeworfen, sie sei »Träger eines jeden Opportunismus, jeder Abschwächung der revolutionären Losungen des Arbeitersozialismus und des bürgerlichen Einflusses auf das Proletariat«.[75] Das Stalinsche Zentrum – auch mit dem Sprecher Zinov'ev (es ging also zunächst keineswegs um eine Identifikation von »Juden« mit bestimmten Meinungen) – teilte Schläge nach links aus, gegen diejenigen, die Rußlands bäuerlichen Charakter ignorierten, aber auch gegen rechts, gegen die angeblich kleinbürgerlichen Intellektuellen mit ihrem Sprachrohr Trockij.[76] Auf beide ließ sich die Vorstellung von Juden übertragen – auch wenn expressis verbis davon keine Rede war. Der Vorwurf der Kleinbürgerlichkeit hatte nicht nur eine antiintellektuelle Komponente, sondern konnte auch als Anspielung auf den im Antisemitismus verhüllten Klassenkampf verstanden werden. In den Kampagnen gegen den Antisemitismus wurde dieser als irregeleitete Feindschaft der Arbeiter gegen das jüdische Kleinbürgertum erklärt.[77] Die Kampagne war zwar nicht so eingefädelt, doch sie transportierte Inhalte, die im Sinne eines antijüdisch-antikapitalistischen Ressentiments interpretiert werden konnten.

Der Hauch des Antisemitismus lag auch über der Auseinandersetzung mit der Leningrader Opposition um Zinov'ev. Diesem wurde angelastet, er habe der Parteiführung die Parole »Bej Leningradcev« unterstellt.[78] Es muß betont werden: Es wurde kein Vorwurf daraus gemacht, daß in Leningrad in der Par-

73 Desjatyj s-ezd, sten. otčet, S. 262.

74 Ebd., S. 274 (Redebeitrag von Rafail).

75 Thesen des ZK der RKP vom 14. 3. 1923, zit n. Wolter, Die Linke Opposition in der Sowjetunion 1923 – 1928, Bd.1, S. 40.

76 ZK-Beschluß vom 18. 1. 1925 gegen das Auftreten des Gen. Trockij, zit. bei Wolter, Die Linke Opposition, Bd. 2, S. 492. Beispiele für die Angriffe Zinov'evs gegen Trockij in: Wolter, Bd. 1, S. 509, S. 512. Vgl. auch Kamenevs Angriffe gegen die »kleinbürgerliche« Abweichung Trockijs auf dem 13. Parteitag (Trinadcatyj s-ezd, sten. otčet, S. 201 f.).

77 Ob aber die Kampagne gegen den Antisemitismus tatsächlich so gesteuert war, daß sie quasi als Nebenprodukt eine Gleichsetzung von »kleinbürgerlich« mit »jüdisch« hervorbrachte, darf bezweifelt werden. Diese Deutung klingt bei M. Agurskij an (Ideologija nacional-bol'ševizma, S. 243).

78 Četyrnadcatyj s-ezd, sten. otčet, S. 172 (Rede Polonskijs), S. 197 (Rede Jaroslavskijs). Es ging dabei wie beim oben zitierten »Bej intelligenciju« um den Anklang an den antisemitischen Kampfruf »bej židov«.

teiorganisation »zu viele« Juden seien. Der Vorwurf gegen die Leningrader war, daß sie es wagten, der Parteiführung Antisemitismus zu unterstellen. Tatsächlich waren die Angriffe Jaroslavskijs und Larins auf die Leningrader Opposition nicht schwächer als die von Nichtjuden.[79] Daß die Petrograder Parteiführung 1921 durch »Moskauer« ersetzt wurde, was wie der Austausch von Juden durch Russen wirkte, wurde nicht offen unter diesem Aspekt diskutiert, konnte aber diesen Effekt hervorrufen.[80]

Stalin vermochte es, dem von ihm propagierten »Leninismus« ein russisches Gesicht zu geben: »Ist es nach alledem verwunderlich, daß das Land, das eine solche Revolution vollbracht hat und ein solches Proletariat besitzt, zum Geburtsland der Theorie und Taktik der proletarischen Revolution geworden ist?«[81] Auf Versammlungen von Parteiaktivisten wurden Resolutionen verabschiedet, in denen die Verleumdungen der Partei und ihrer »nationalen Begrenztheit« durch die Opposition zurückgewiesen wurde.[82] Wenn man Kamenev und Zinov'ev vorwarf, sie glaubten nicht an den sozialistischen Aufbau wegen der »technischen und ökonomischen Rückständigkeit« Rußlands[83], konnte das Gegenbild vom Sozialismus in einem Lande, das nun zum erstenmal in der Geschichte seine Rückständigkeit gegenüber dem Ausland aufholen sollte, an patriotische Gefühle appellieren – zu Lasten der internationalistischen linken Radikalen, die auf die Weltrevolution hofften. Die Stalinsche Linie konnte schon lange vor der Proklamierung des Sowjetpatriotismus den Bonus ausnutzen, eine im Gegensatz zur Opposition prorussische Politik zu vertreten, zu der die Theorien Trockijs im Widerspruch standen: »Unglaube an die Kräfte und Fähigkeiten unserer Revolution, Unglaube an die Kräfte und Fähigkeiten des russischen Proletariats – das ist die Grundlage der Theorie der ›permanenten Revolution‹.«[84]

Im Oktober 1926 erklärte Molotov bei der Eröffnung eines Lehrgangs für Parteiarbeiter, daß die Opposition aus Intellektuellen bestehe, deren gemeinsamer Fehler es sei, lange in der Emigration gelebt zu haben. Sie seien zwar oft Talente mit der Feder und dem Wort, seien aber nie mit der Alltagsarbeit des Parteiaufbaus verbunden gewesen. Deshalb verspotteten sie den Sozialis-

79 Siehe Larins Rede auf dem 14. Parteitag, Četyrnadcatyj s-ezd, S. 351 ff. Auch Larin war sich über die herausragende Rolle jüdischer Bolschewiki gerade in der Leningrader Parteiorganisation bewußt (Larin, Evrei i antisemitizm, S. 258).

80 Siehe den Redebeitrag von Semenov auf dem 14. Parteitag, der die Petrograder Episode nochmals aufwärmte (Četyrnadcatyj s-ezd, S. 510). Vgl. auch Trockij, »O leningradskoj oppozicii«, 22. 12. 1925, in: KO, Bd. 1, S. 163 ff.

81 Stalin, »Über die Grundlage des Leninismus«, in: Pravda im April und Mai 1924; hier nach: Werke, Bd. 6, S 71.

82 Leningradskaja Pravda, 9. 10. 1926, zit. n. V. Ivanov, Iz istorii bor'by, S. 241.

83 Bucharin vor einer Funktionärsversammlung der Moskauer Parteiorganisation am 5. 1. 1926, in: Wolter, Linke Opposition, Bd. 1, S. 470.

84 Aus dem Vorwort zu Stalins Buch Auf dem Wege zum Oktober, Moskau 1925, in: Stalin, Werke, Bd. 6, S. 338.

mus in einem Land und glaubten nicht an die Kraft des Proletariats, diesen aufzubauen.[85] Kirov instruierte im Oktober 1927 die Leningrader Parteipropagandisten: »Die Opposition beschuldigt uns, daß wir zusammen eine echte kacapnja [ein eigentlich ukrainisches Schimpfwort für Russen] sind, weiterhin, daß wir nicht bemerkten, was im Lande los sei, daß wir an die Weltrevolution und all das übrige nicht glaubten, daß wir engstirnige Nationalisten und beschränkte Leute seien. Dagegen Trockij und Zinov'ev – das sind echte Internationalisten, bei ihnen ist alles nicht nur auf unserer Erde, sondern auch auf dem Mond und dem Mars ganz richtig durchdacht.«[86]

Vor diesem Hintergrund präsentierte sich die Parteiführung geradezu vaterländisch gestimmt, als es um die Verteidigung im Kriegsfall (gegen Großbritannien) ging, der im Mai 1927 zum beherrschenden Thema geworden war. Die Propagandisten stimmten die Bevölkerung darauf ein, daß der Feind seine Agenten bereits ins Land gebracht habe. Als Beispiel für die Schädlinge im Inneren wurde der angebliche Kaufmannssohn Gurevič (ein typisch jüdischer Name) genannt, der bei seinem Attentatsversuch auf Bucharin, Rykov und Stalin festgenommen worden sei.[87] Gleichzeitig wurden russische Traditionen teilweise rehabilitiert, die orthodoxe Kirche wurde für die Herstellung einer patriotischen Haltung eingespannt.[88] Nachdem die diplomatischen Beziehungen mit Großbritannien abgebrochen waren, machte sich in der Bevölkerung Kriegsangst breit. Ein Bericht aus dem Smolensker Partiarchiv hielt Stimmen fest, wonach die Kriegsdrohung auch mit einer gewissen Genugtuung registriert wurde. Wer von der Vorherrschaft der Juden überzeugt war, glaubte, eine ausländische Intervention könne die »jüdischen« Bolschewiki vertreiben. So wurde die Abreise der Sowjetdiplomaten aus England mit den Worten kommentiert: »Bald wird man diese židovina aus allen Städten verjagen.«[89]

Trockij war so unvorsichtig, sich mit Clémenceau zu vergleichen, der beim deutschen Angriff auf Frankreich dennoch die Regierung kritisiert hatte –

85 Pravda, 5. 10. 1926. Auch Jaroslavskij stellte die »Emigranten Zinov'ev und Kamenev« den Kräften gegenüber, die im Lande die Partei aufgebaut hätten (Četyrnadcatyj s-ezd, S. 198). Anhänger der Opposition deuteten Molotovs Rede als Angriff auf Lenin, der »überzeugter kommunistischer Westler« gewesen sei, und stellten solche Äußerungen in einen Zusammenhang mit dem wachsenden Antisemitismus. Siehe »Kak oni borjutsja s oppoziciej«, T 1001, abgedruckt in: Kommunističeskaja oppozicija, Bd. 4, S. 178.

86 Kirov, Izbrannye stat'i i reči, S. 436.

87 Ob opasnosti vojny, S. 8. Diese Verhaftung lag fast schon über ein Jahr zurück, bevor sie offiziell mitgeteilt wurde. Siehe JTA, 19. 6. 1927, S. 6. Es wurde aber auch die Zunahme des Antisemitismus (als Waffe der Konterrevolution) in Verbindung mit dem von England bereits begonnenen Partisanenkrieg gebracht; so L. Ljadov, O vražde k evrejam, S. 7.

88 M. v. Boetticher, Industrialisierungspolitik und Verteidigungskonzeption der UdSSR 1926–1930, S. 114, S. 380, S. 139 ff.

89 WKP 497: Antisowjetische Agitation, 1927 (o.S.) Es hieß ferner, allgemein werde das Ende der Kommunisten erwartet. Ein Kulak habe angedroht, man »werde euch aufhängen«.

und bot damit Gelegenheit, ihn als »halbdefätistischen« Verräter zu brandmarken.[90] Die Opposition beeilte sich, ein Bekenntnis zur Verteidigung des sozialistischen Vaterlandes abzugeben[91], aber die Affäre dürfte ausgereicht haben, den Eindruck von den ehrgeizigen, oft jüdischen Oppositionellen zu vertiefen, die kein Verständnis für Rußland aufbringen, denen eine abstrakte Weltrevolution wichtiger ist als der Schutz des Vaterlandes und die die Umwälzungen auf dem Lande immer weiter vorantreiben wollen, ohne die russischen Bauern zur Ruhe kommen zu lassen. Stalin warf dieser Opposition vor, »im Grunde eine Politik der Erneuerung des Bürgerkrieges im Dorfe« zu fordern. So wurde der Generalsekretär mit seiner Forderung »eines dauerhaften Bündnisses mit den Mittelbauern und der Isolierung der Kulaken« und dem Versprechen von »Frieden im Dorfe als Grundbedingung für den Aufbau des Sozialismus«[92] gerade für diejenigen in der Partei, die antisemitischen Stimmungen nachhingen, zu einer Alternative zu den »jüdischen« Intellektuellen, die Rußland immer neue gewalttätige Modernisierungsschübe aufzwingen wollten. Der in der Sowjetunion 1928 relativ frei herumreisende Schriftsteller Istrati liefert ein Beispiel dieser Stimmung. In Nishni Nowgorod erzählte man ihm: »Wir brauchen ein wenig Frieden, ein wenig Behagen, einen gesicherten Arbeitsplatz. Genug der Reden, der Paraden, der giftigen Politik ...«[93] Diese Haltung richtete sich nicht gegen die jüdischen Oppositionellen oder allgemein gegen die Juden, aber sie konnte schnell mit antisemitischen Ressentiments ausgefüllt werden. Inwiefern Stalin diesen Effekt – einschließlich der antisemitischen Komponente – vielleicht einkalkuliert hat, läßt sich mit letzter Sicherheit nicht sagen. Es dürfte ihm jedoch bewußt gewesen sein, daß er seine Machtfestigung in der Partei auch den antisemitischen Strömungen verdankte. Er setzte nicht auf die antisemitische Karte[94], denn das Hochreizen dieses Moments hätte nur gestört, als er 1928 mit seiner Hinwendung zur Kollektivierung und Industrialisierung Ideen der linken Opposition aufnahm (dies wurde denn auch prompt

90 ZK-Resolution v. 9. 8. 1927, Wolter, Linke Opposition, Bd. 5, S. 289; vgl. Stalin Werke, Bd. 10, S. 35 ff., dort Zitat Trockijs, S. 46.

91 Zu Trockijs Position siehe »Naše meždunarodnoe položenie i opasnost' vojny« (T 982, Juli 1927); seine Rede vor dem Vereinigten Plenum des ZK und der ZKK am 1. 8. 1927 (T 2990); Erklärung der Opposition vom 8. 8. 1927 (T 994), KO, Bd. 4, S. 19 ff., S. 33 ff., S. 68 f.

92 Vor dem ZK-Plenum im Oktober 1927, Stalin, Werke Bd. 10, S. 172.

93 P. Istrati, Auf falscher Bahn, S. 143. Vgl. Trockijs Sicht des Widerstands »gegen die theoretischen Ansprüche des Marxismus und die politischen Ansprüche der Revolution« und der »Entfesselung des Kleinbürgers im Bolschewik«, in: Mein Leben, S. 434.

94 Dadurch konnte er ihn auch als Waffe umdrehen, indem er ihn anderen vorwarf: als Petrovskij und Čubar' die Abberufung des unbeliebten Kaganovič aus der Ukraine forderten, widersetzte sich Stalin und beschuldigte die beiden des Antisemitismus (Medvedev, Oni okružali Stalina, S. 98). 1928 wurde Kaganovič nach Moskau zurückgerufen, womit Stalin sich die Ukraine »kaufte«, wie Bucharin 1928 in seiner Unterredung mit Kamenev kommentierte (Fel'štinskij, »Dva ėpizoda iz istorii vnutripartijnoj bor'by«, S. 196).

mit Gerüchten über heimliche Treffen Trockijs und Stalins quittiert).[95] Noch Anfang der dreißiger Jahre gab es inhaftierte Trotzkisten, die von einem politischen Bündnis von Trockij, Zinov'ev und Stalin träumten.[96]

Der Antisemitismus spielte in der Auseinandersetzung mit der »Rechten« seit 1928 keine Rolle. Zwar wurden die verschiedenen Spielarten der »rechten Abweichung« mit versöhnlerischer Haltung gegenüber Kulaken, nėpmany, der Bourgeoisie oder »Schädlingen« verbunden. Gerade dies waren die Schichten, die als die Drahtzieher des Antisemitismus hingestellt wurden. Ferner wurde die »rechte Gefahr« mit Nationalismus und Chauvinismus in Zusammenhang gebracht.[97] Es wäre im Sinne des sowjetischen Obskurantismus nicht unlogisch gewesen, den Faden weiterzuspinnen und die »rechte Abweichung« bis hin zu Bucharin, Tomskij und Rykov für das Wachsen der Judenfeindschaft mitverantwortlich zu machen. Doch dies geschah nicht. Allenfalls ließe sich die Mitte 1929 lautgewordene Kritik an den Gewerkschaften, sie hätten zuwenig gegen den Antisemitismus unternommen, als Kritik an der Gewerkschaftsführung des bekannten Rechten Tomskij deuten – offen war davon nicht die Rede. Die Auseinandersetzung mit dem Antisemitismus läßt sich nicht in das Schema »rechts-links« pressen. Es waren überwiegend Vertreter der Rechten gewesen, die 1927 in der Presse die ersten Artikel gegen die »neue« Judenfeindschaft veröffentlicht hatten – gerade Bucharin hatte sich mehrmals gegen den Antisemitismus geäußert. Auch Lunačarskij, noch 1929 engagiert mit Fabrikauftritten gegen Judenfeindschaft, war schon 1928 wegen angeblich rechter Tendenzen angegriffen worden.[98]

Stalin hielt nach dem Beginn der Kollektivierung Kurs auf eine nationale Deutung seiner Politik, als er im November 1928 bemerkte, daß die sozialistische Industrialisierung Rußland zum erstenmal die Möglichkeit gebe, seine historische Rückständigkeit gegenüber dem Westen aufzuholen. Zur Illustration griff er auf die russische Geschichte zurück.[99] Obwohl er vieles von dem umsetzte, was die linke Opposition gefordert hatte, mußte sich Stalin nicht als Vertreter »fremdstämmiger« Modernisierungskonzepte präsentieren, sondern konnte als Retter des Vaterlandes erscheinen. Offenbar

95 Socialističeskij Vestnik, 14. 11. 1928, S. 15; andere Gerüchte hatten zum Inhalt, daß Stalin Zinov'ev und Kamenev die Bildung eines gemeinsamen Blocks angeboten habe. Die beiden hätten aber darauf zuerst die Rückkehr der Verbannten gefordert, worauf Stalin darauf hinwies, daß er gegen die Verbannung Trockijs votiert habe. Siehe den Bericht aus Moskau vom Juni 1928 in: L. Trotsky, Challenge of the Left Opposition 1928 – 29, S. 120 ff., hier S. 121.

96 Anté Ciliga, Im Lande der verwirrenden Lüge, Köln 1953, S. 118.

97 Resolution des Oktoberplenums des ZK des Komsomol vom 23. – 28. 10. 1928, in: Spravočnik partijnogo rabotnika, 7 (1930), Teil 1, S. 500. Vgl. S. Fitzpatrick, »Cultural Revolution as Class War«, in: dies., Cultural Revolution in Russia, 1928 – 1931, S. 8 – 40, bes. S. 16 f.

98 Fitzgerald, ebd., S. 15. Zur Kritik an den Gewerkschaften siehe oben, Kap. 5.1.3.

99 Stalin, Werke, Bd. 11, S. 221.

war dieses Bild vom »nationalen« Stalin, der einen Gegenpol zum bauernfeindlichen Kommunismus bildete, in der Landbevölkerung noch während der Kollektivierung präsent. Als Stalin mit seinem Pravda-Artikel »Vor Erfolgen von Schwindel befallen« vor Übertreibungen warnte, rief er damit Bauerndemonstrationen unter der Losung »Nieder mit den Bolschewiken – es lebe Stalin, der Befreier der Bauern« hervor.[100]

7.6. J. Stalin und der Antisemitismus

7.6.1. Der Generalsekretär unter Antisemitismus-Verdacht

Anfang 1928 stellte J. Rosen, der Vertreter des Agro-Joint in Moskau, fest, daß Kommunisten im Kampf gegen die Opposition einen »antisemitischen Geschmack« ausmachten. Rosen war jedoch überzeugt, daß Stalin, Bucharin, und besonders Rykov und Kalinin sich solche Vorwürfe zu Herzen nähmen und sich wiederholt für die Verbesserung der Lebensbedingungen der jüdischen Massen ausgesprochen hätten, um diese Beschuldigungen zu entkräften. Dadurch sei die Position des Komzet viel stärker geworden.[101] Mit solchen Meldungen versuchte Rosen, der weder seine Position innerhalb der Sowjetunion noch die Hilfsbereitschaft der amerikanischen Geldgeber gefährden wollte, Anfragen seiner Partner in den Vereinigten Staaten entgegenzutreten, die davon gehört hatten, daß Sowjetpolitiker angeblich Bekundungen von Judenfeindschaft seitens des Proletariats ermuntert, gebilligt oder zumindest nicht behindert hätten.[102]

Stalin taucht als Feind des Antisemitismus nicht nur bei den Befürwortern der jüdischen Landkolonien auf, sondern auch in den Papieren, die Dokumentenhändler 1927 bis 1929 als »geheime Politbürodokumente« selbst produzierten und an das deutsche Auswärtige Amt verkauften. Darunter war ein Schreiben Stalins, in dem dieser 1928 angeblich »das höchste Strafmaß« gegen Antisemiten in den Sowjetorganen forderte. Das belegt, daß Stalin nicht überall als Profiteur und möglicher Drahtzieher antisemitischer

100 H. Mendel, Erinnerungen eines jüdischen Revolutionärs, S. 214; Stalins Artikel erschien am 2. 3. 1930, abgedruckt in: Werke, Bd. 12, S. 168 ff. Nach Stalins Artikel kam es auch zu Attacken von Bauern auf jüdische Kolonien, die als Vorposten der Kollektivierung angesehen wurden. Vgl. Y. Bauer, My Brother's Keeper, S. 72 ff. Siehe auch oben, Kap. 4.3.1.

101 Rosenwald Papers 67, zit. bei Z. Szajkowski, Jews, Wars, and Communism, Bd.1, S. 126. Vgl. Kagedan, The Formation of Soviet Jewish Territorial Units, S. 200 ff. mit weiteren Belegen für das Inschutznehmen der Sowjetführer gegen Antisemitismus-Vorwürfe durch Vertreter amerikanischer Hilfsorganisationen.

102 Als Kronzeuge für diese Auffassung wurde dabei sogar der ehemalige Außenminister der Kerenskij-Regierung Miljukov zitiert, der Stalin als Antisemiten bezeichnet hatte. Siehe die Briefe von L. Marshall an Rosen am 28. 5. 1928, zit. bei Z. Szajkowski, Jews, Wars, and Communism, Bd. 1, S. 386 f., S. 601 f.

Attacken gesehen wurde.[103] Hingegen hatte der prominente Zionist Žabotinskij 1926 erklärt, daß man schon seit einem Jahr einen neuen Geist in der Sowjetunion spüre, eine »Mobilisierung der Orthodoxen«. Es sei möglicherweise der von vielen erwartete Moment gekommen, in dem der von dem typischen russischen Sektierer Lenin gegründete Bolschewismus sich von seinen »Evsekcii im weitesten Sinne« befreie.[104] Antisemitische Emigranten blickten mit lebhaftem Interesse auf den Streit »zwischen dem regierenden Klan, der von Stalin angeführt wird, und der Opposition, die in ihren Reihen die Juden-Kommunisten und sogar einfach nur die Juden vereint, die noch vor kurzem auf dem Territorium der UdSSR allmächtig waren«.[105]

Ausländische Beobachter tendierten zu einer Interpretation der innerparteilichen Auseinandersetzung unter Einbeziehung der Beobachtung des wachsenden Antisemitismus.[106] In Deutschland beflügelten die innersowjetischen Machtkämpfe Vorstellungen einer antijüdischen Wende. Besonders in nationalbolschewistischen Kreisen[107], aber auch unter Nationalsozialisten sah man das Ende des »jüdischen« Internationalismus und den Sieg des »Panslavismus in der reinsten und geprägtesten Form«.[108] Selbst Hitler erwog in seinem unveröffentlichten Buch den Fall, »der vielleicht sich in manchem anzuzeigen scheint«, daß sich das bolschewistische Regime eines Tages vom jüdischen zum nationalen Kommunismus verändern könne.[109]

103 Stalin soll geschrieben haben: »Beschämend für die Partei sind die Berichte der jüdischen Sektion, [...] dass vielfach Parteiorganisationen, Zellen und Betriebsräte in den ihnen zuständigen Bezirken, teilweise direkt aktiv, die antisemitische Aktion unterstützen. [...] Das Zentralkomitee der Partei wird nicht davor zurückschrecken, gegen Organe der proletarischen Gewalt, die direkt bzw. indirekt die antisemitische Bewegung fördern, [...] das höchste Strafmass anzuwenden.« In deutscher Fassung PA AA Geheimakten 1920 – 36, Rußland Pol 2 adh. I, Bd. 4. Ernstgenommen werden diese Papiere bei Michael Reiman, Die Geburt des Stalinismus. Die UdSSR am Vorabend der »zweiten Revolution«, Frankfurt a.M. 1979, S. 101; über ihre Echtheit: A. Koppers, »On the Use of Forged Documents«, in: JBGO, 37 (1989), S. 264 – 269; Antwort Reimans ebd., S. 269 – 270.

104 »Černaja sotnja«, in: Razsvet, 2/1926, 10. 1. 1926, S. 2 ff.

105 A. Kazem-Bek, »Pervye itogi«, in: K molodoj Rossii. Sbornik Mladorossov, Paris 1928, S. 14.

106 Siehe z.B. den einem Mitarbeiter der österreichichen Botschaft in Moskau zugeschriebenen Beitrag der Wiener Reichspost, 28. 8. 1928, zit. in: JTA, 30. 8. 1928, S. 1; ebenso im Wiener Journal, 2. 4. 1929, den Bericht aus Moskau, demzufolge Stalins Anhänger gezielt verbreiteten, daß die Oppositionellen Juden seien (JTA, 4. 4. 1929, S. 3). Schon am 10. 4. 1927 hatte dieses Blatt behauptet, daß sich um Stalin eine antisemitische Gruppe schare (JTA, 12. 4. 1927).

107 Louis Dupeux, »Nationalbolschewismus«, in: Deutschland 1919 – 1933. Kommunistische Strategie und konservative Dynamik, Frankfurt a. M./Olten/Wien 1985, S. 216 ff., S. 230; Otto-Ernst Schüddekopf, Nationalbolschewismus in Deutschland 1918 – 1933, Frankfurt a.M./ Berlin/Wien 1973, S. 180 f.

108 J. Goebbels, Die zweite Revolution. Briefe an Zeitgenossen, Zwickau o.J. [1926], S. 16 f. Vgl. Reinhard Kühnl, Die nationalsozialistische Linke, 1925 – 1930, Meisenheim am Glan 1966, S. 325, S. 357; Ulrich Höver, Joseph Goebbels – ein nationaler Sozialist, Bonn/Berlin 1992, S. 203 ff.

109 Hitlers zweites Buch. Ein Dokument aus dem Jahre 1928, hrsg. v. L. Weinberg, Stuttgart 1961, S. 153. Vgl. aber Hitlers offizielle Ansicht über die »jüdische Herrschaft«, in: Mein Kampf, München 1936, S. 358, S. 750.

Obwohl der in der sowjetischen Bevölkerung verbreitete Antisemitismus in nationalsozialistischen Texten für ein breites Publikum als Beleg für die weitere Herrschaft der Juden in Rußland präsentiert wurde[110], behauptete in Rosenbergs »Weltkampf« der Emigrant Schwarz-Bostunitsch, Stalin sei als junger georgischer Genosse in seiner Partei wegen seines Antisemitismus unbeliebt gewesen.[111] Auch in den Vereinigten Staaten führten die innerparteilichen Auseinandersetzungen in der Sowjetunion zu zufriedenen Kommentaren seitens antisemitischer Kreise.[112]

Da viele Beobachter in Stalin einen Nutznießer oder gar Anstifter der antisemitischen Welle sahen, und da er sich in der Kampagne gegen den Antisemitismus auffällig zurückgehalten hatte, schien auch dem Vertreter der Jewish Telegraphic Agency die Behauptung plausibel, Stalins Anhänger hätten verkündet, daß die Oppositionellen Juden seien.[113] Die Telegraphenagentur berichtete im Januar 1931, daß man bisweilen sogar angenommen habe, Stalin vertrete antisemitische Ansichten. Offensichtlich wollte der JTA-Vertreter Tobenkin der Sache auf den Grund gehen und richtete eine Anfrage über den Antisemitismus an Stalin, die dieser – mit seiner Unterschrift versehen – folgendermaßen beantwortete:

> Der National- und Rassenchauvinismus ist ein Überrest der menschenfeindlichen Sitten aus der Periode des Kannibalismus. Der Antisemitismus als extremste Form des Rassenchauvinismus ist der gefährlichste Überrest des Kannibalismus. Der Antisemitismus dient den Ausbeutern als Blitzableiter, der die Schläge der Werktätigen vom Kapitalismus ablenken soll. Der Antisemitismus ist eine Gefahr für die Werktätigen, denn er ist ein Irrweg, der sie vom rechten Weg abbringt und sie in den Dschungel führt. Darum sind die Kommunisten als konsequente Internationalisten unversöhnliche und geschworene Feinde des Antisemitismus. In der UdSSR wird der Antisemitismus als eine der Sowjetordnung zutiefst feindliche Erscheinung vom Gesetz aufs strengste verfolgt. Aktive Antisemiten werden nach den Gesetzen der UdSSR mit dem Tode bestraft.[114]

110 Völkischer Beobachter, 10. 2. 1929: »Wachsender Judenhaß in Sowjetrußland«; geschildert wurden »antisemitische Exzesse und Prozesse«, was sich auf den Baršaj-Prozeß bezog. Siehe dazu weiter oben, Kap. 5.4.2.

111 »Die Bolschewisierung der Welt«, Weltkampf, Februar 1929, S. 19; Schwarz-Bostunitsch berichtet auch, daß protestierende Juden – obwohl in »Sowjet-Judäa« – nicht geschont würden (S. 81). Vgl. in diesem Blatt auch Juli 1928, S. 297, S. 313 ff.; April 1930, S. 149 f.

112 Beispiele bei Z. Szajkowksi, Jews, Wars, and Communism, Bd. 1, S. 390.

113 JTA, 17. 5. 1929, S. 3. Den JTA-Mitarbeitern, die sonst sehr aufmerksame Beobachter waren, waren Stalins kurzgehaltene Ausführungen auf dem Parteitag von 1927 entgangen (siehe Kap. 7.4.).

114 JTA 16. 1. 1931, S. 1; hier zit. in der Übersetzung in: Stalin, Werke, Bd. 8, S. 26. Siehe auch PA AA IV Rußland, Pol. 6, Rußland, Bd. 1, Bl. 57. In dieser Akte befindet sich auch ein Ausschnitt aus dem Berliner Tagblatt vom 3. 2. 1931 mit dem vollen Text von Stalins Interview (Bl. 221). Weitere Zeitungsausschnitte dort belegen, wie sich – trotz dieses Interviews – die Ansichten über

Stalins Erklärung ist überraschend, bedenkt man, daß sie von einem marxistischen Politiker kommt. Die Herleitung eines modernen Phänomens als Relikt aus der Zeit des »Kannibalismus« befremdet. Während die Erklärung des Antisemitismus als »Blitzableiter« als konventionell gelten darf, verläßt Stalin die in der sowjetischen Literatur gegen den Antisemitismus übliche Terminologie. Dafür verzichtet er auf die Etikettierung der Judenfeindschaft als konterrevolutionär oder weißgardistisch, wie es in der innersowjetischen Propaganda üblich war. Aktive Antisemiten wurden auch keineswegs pauschal mit dem Tode bestraft – und es wurde innerhalb der Sowjetunion auch nicht damit gedroht. Stalins Erklärung war eindeutig nach außen gerichtet. Er wollte auf die jüdischen Kreise der angelsächsischen Welt, die er für einflußreich hielt, den Eindruck eines kompromißlosen Gegners des Antisemitismus machen.[115] Als kurze Zeit später im Prozeß gegen die Menschewiki unter emigrierten Bundisten der Vorwurf laut wurde, dieser Prozeß richte sich gegen die jüdischen Sozialisten, verwies die jüdische Telegraphenagentur auf Stalins Erklärung. Möglicherweise steckte hinter Stalins Bereitschaft, diese Frage zu beantworten, sogar der gerade vorbereitete Prozeß, bei dem es zahlreiche jüdische Angeklagte gab.[116]

Innerhalb der Sowjetunion schwieg Stalin hingegen zu dieser Frage.[117] Erst 1936, in einer Rede Molotovs über die neue Sowjetverfassung, wurde Stalins Definition des Antisemitismus der Sowjetöffentlichkeit zugänglich gemacht. Auch diesmal spielte der Effekt nach außen eine wichtige Rolle – der Zusammenhang von Molotovs Ausführungen war der Antisemitismus in Deutschland, von dem die Sowjetunion sich distanzieren und so ihr Ansehen im Westen heben wollte.[118]

einen neuen kommunistischen Antisemitismus konstituierten: Am 2. 4. 1931 berichtete der Vorwärts, daß der Leiter des Gottlosenverbandes in Tula wegen Überfällen auf Juden vor Gericht stehe (Bl. 224). Dieser Vorfall wurde von der Gottlosenliga dementiert: er habe sich nicht von den sonstigen Formen des Antisemitismus unterschieden; siehe JTA, 22. 4. 1931, S. 3. Am 5. 1. 1932 meldete die Germania, in der Sowjetunion würden Juden diskriminiert, es gebe einen Numerus clausus für Kommandoposten usw. (Selbe Akte, Bd. 2, ohne Blattzählg.)

115 Das Interview wurde von der westlichen Presse weiterverbreitet, z.B. im Berliner Tageblatt (s.o.) oder in der New York Times vom 15. 1. 1931 (nach Gilboa, The Black Years of Soviet Jewry, S. 386). Vgl. auch die Erinnerungen des JTA-Mitarbeiters B. Smolar, Soviet Jewry Today and Tomorrow, S. 3.

116 JTA, 7. 3. 1931, S. 3. Zum Menschewiki-Prozeß siehe unten, Kap. 8.1.1.

117 B. Weinryb, »Antisemitism and its Meaning in Soviet Russia«, S. 89, meint, Stalin habe mit dieser Erklärung einen Schlußstrich unter die Kampagne ziehen und signalisieren wollen, weitere Propaganda sei nicht nötig, jeder wisse nun, Antisemitismus ist verboten. Doch hörte die Kampagne im Januar 1931 noch nicht auf, auch dürfte nicht jeder Komsomolagitator Stalins Äußerungen in der internationalen Presse gekannt haben. In der Parteispitze war sie hingegen sicher bekannt, man darf auch vermuten, daß der Autor der Äußerung (sie wurde ja schriftlich gemacht) ein anderer als Stalin gewesen sein könnte.

118 Pravda, 30. 11. 1936, S. 3; siehe unten, Kap. 9.3.

Auch nach 1936 blieb die Stalinsche Antisemitismus-Analyse – zumindest formal – weiterhin auch für den internen Gebrauch der Sowjetunion verbindlich. Es wurde zwar nicht auf diese Formel zurückgegriffen, da das Thema Antisemitismus kaum mehr zur Sprache kam; sie wurde ebensowenig widerrufen oder durch etwas anderes ersetzt. Wenn Stalins Ausspruch zitiert wurde, dann unter Berufung auf Molotov, etwa in einer Schrift von 1941, die sich auf den NS-Antisemitismus bezog und Stalins Definition schon im Titel trug[119], oder in der Großen Sowjetenzyklopädie von 1959, die das Zitat in seiner ganzen Länge brachte.[120]

7.6.2. Instrumentalisierung der Judenfeindschaft?

Es gibt nur eine einzige parteiamtlich bestätigte Äußerung Stalins, die belegen könnte, daß er bereit war, antisemitische Vorurteile gegen politische Gegner zu instrumentalisieren. Es handelt sich um einen Bericht Stalins über den fünften Parteitag 1907. Er führte darin ein Zitat an, in dem von einem Pogrom der russischen Bolschewiki gegen die jüdischen Menschewiki die Rede war. Auch Rosa Luxemburgs Polemik, der Bund betreibe eine »Politik von Krämern«, nannte Stalin »meisterhaft und treffend«.[121] Daß Stalin sich über solche Vergleiche offenbar amüsierte und sie zitierte (er hätte sie auch übergehen können), belegt seine Bereitschaft, politische Gegner mit allen Mitteln zu diffamieren. Bewiesen ist dadurch aber nicht, daß er gegen die Menschewiki oder die Bundisten war, weil es sich bei ihnen um Juden handelte. Auch Trockij warf später seinem Widersacher nur vor, den Weg des geringsten Widerstandes gegangen zu sein und sich den Ansichten anderer angepaßt zu haben: »Man kann sicher sein, daß die menschewistische Fraktion in Baku damals von Juden geleitet wurde, und daß der Agitator mit seinem ›Scherz‹ über einen Pogrom seine Fraktionsgegner in den Augen der rückständigen Arbeiter diskreditieren wollte. Das war einfacher, als sie zu überzeugen und zu erziehen.«[122] Unverkennbar ist Stalins Bestreben, sich mit der »russischen« Fraktion zu identifizieren (nicht zufällig war der Bericht vom Parteitag gerade mit »Koba Ivanovič« unterschrieben!) und auch auf die eigene Nationalität keine Rücksicht zu nehmen. Er hatte zu nationalen

119 V. Struve, Fašistskij antisemitizm – perežitok kannibalizma, S. 3 (als Zitat aus: V. Molotov, Konstitucija socializma).

120 BSĖ, zweite Auflage 1959, Bd. 2, Stichwort Antisemitizm, S. 513 (ebenfalls mit Verweis auf die Molotov-Rede).

121 Stalin, Werke, Bd. 2, S. 47. Zum Bericht Stalins über den Parteitag siehe auch oben, Kap. 2.2. Nach den Erinnerungen des Bund-Führers Medem nannte R. Luxemburg den Bund »Krämer, die ewig Ausschau halten und ewig in der Hoffnung abwarten: Vielleicht wird morgen der Zucker billiger«. Dies rief heftige Empörung bei den Bundisten hervor, die erst durch M. Gor'kij davon überzeugt werden konnten, daß dieser Vergleich von Rosa Luxemburg nicht antisemitisch gemeint gewesen sei; siehe E. Silberner, Kommunisten zur Judenfrage, S. 60 f.

122 Trotzki, Stalin, S. 228.

Fragen eine nüchterne, berechnende Einstellung. Sein politisches Weltbild basierte auf einem sozialistischen Reich als Erbe und Nachfolger des russischen Imperiums, dem sich die kleineren Nationen – Juden wie Georgier – unterzuordnen hatten.

Jenseits der offiziellen Textsammlungen gibt es einige Fragmente aus Memoiren, denen zufolge Stalin noch offener an antisemitische Klischees appellierte als in dem oben erwähnten Bericht von 1907. Ein georgischer Menschewik erinnert sich an Reden Stalins vor georgischen und russischen Arbeitern:

> Lenin ist wütend, daß Gott ihm solche Genossen wie die Menschewiki geschickt hat! In der Tat, was ist das für ein Volk! Martov, Dan, Aksel'rod – beschnittene židy. Und die alte Oma V. Zasulič. Geh hin und arbeite mit ihnen. Mit denen kannst du nicht in den Kampf ziehen, du hast keinen Spaß mit denen auf Feiern. Hasenfüße und Krämerseelen![123]

Nachdem Stalin mit solchen Reden nicht wie beabsichtigt Belustigung, sondern Empörung erzielte, habe er sich gewundert: »Ist es möglich, daß die georgischen Arbeiter nicht wissen, daß das jüdische Volk feige ist und zum Kampf nirgendwo taugt?« Wenn Stalin tatsächlich in seiner Frühzeit solche Reden gehalten hat, scheint dies auf Berechnung zurückzugehen. Daß er in seiner Umgebung möglicherweise verbreitete Vorurteile aufgenommen hatte, geht daraus nicht unbedingt hervor. Für Stalins Prägung könnte von Belang sein, daß das von ihm besuchte Priesterseminar in Tiflis von der zaristischen Regierung als eine Bastion der Russifizierung gedacht war. Forderungen der georgischen Seminaristen nach der Berücksichtigung ihrer Sprache und Kulturtraditionen wurden systematisch zurückgewiesen. Unter der russischen Priesterschaft in Georgien sammelten sich mehr spätere Anhänger der antisemitischen Rechtsparteien als in der sonstigen Orthodoxie. Darunter waren russifizierte Georgier wie Stalins Lehrer D. Abašidze.[124] Doch dies ist noch kein Beweis dafür, daß Stalin antijüdische Vorurteile in Form eines christlichen Antijudaismus in seiner Zeit als Priesterschüler eingeimpft bekam – mit dessen Grundmotiven wurde er jedoch vertraut.

123 R. Arsenidze, »Iz vospominanij o Staline«, S. 221. Arsenidze kannte Stalin seit 1904; aus dieser Zeit dürfte das Zitat stammen. Er wollte Stalin mit diesem Zitat nicht des Antisemitismus beschuldigen: »Für oder gegen die Juden zu sein, war ihm vollkommen gleich. Aber warum sollte man bei Bedarf nicht davon Gebrauch machen.«

124 Siehe M. Agursky, »Stalin's Ecclesiastical Background«, mit dem Ergebnis, Stalin sei nicht nur stark von orthodoxer Theologie, sondern auch von russischem Nationalismus und Antisemitismus beeinflußt worden. Diese Prägung sei vom Marxismus nicht völlig verdrängt worden, sondern in späteren Jahren – mit dem Höhepunkt in der »Ärzteverschwörung« – wieder durchgebrochen. Zu Stalins Seminarzeit allgemein vgl. Edward Ellis Smith, Der junge Stalin, München, Zürich 1969, S. 38 ff.

Einem von Trockij zitierten Bericht zufolge, der von einem Sozialrevolutionär stammt, der 1913 mit Stalin gemeinsam verbannt war, ist dieser durch vulgäre antisemitische georgische Ausdrücke aufgefallen.[125] B. Bažanov, der zwischen 1923 und 1926 zu Stalins Sekretären gehörte, berichtet: Mechlis, Bažanovs Kollege, habe Stalin den Beschwerdebrief eines Komsomolführers überreicht, worauf dieser gesagt habe: »Was stellt sich dieses krätzige Jüdlein eigentlich vor?«[126] Bažanov zufolge ließ Stalin nur wenige »der ihm ergebensten und gehorsamsten Juden wie Jagoda« aufsteigen. Stalin und Molotov hätten nur Leute zu Sekretären der Gebiets- und Gouvernementskomitees gemacht, die danach lechzten, »die führende jüdische Spitze zu stürzen und deren Plätze einzunehmen«.[127] Stalin sei aber im Gegensatz zu Hitler ein »vorsichtiger Antisemit« gewesen und habe seinen Umsturz bis 1947, als die Kampagne gegen die Kosmopoliten begann, getarnt durchgeführt. Noch vor seinem intellektuellen Unterlegenheitsgefühl sei für Stalin sein Judenhaß, der von seiner Identifizierung der Juden mit dem Kapitalismus gekommen sei, die wichtigste Motivation gewesen.[128] Weitere Stalinsche Intrigen mit antisemitischer Färbung werden von Trockij aus der Zeit der Auseinandersetzung der Opposition mit dem Zentrum berichtet: Stalin meinte zu Pjatakov und Preobraženskij »in Form eines sehr bezeichnenden ›Scherzes‹: ›Ihr geht gegen das ZK offen mit Äxten los. Das zeigt eure orthodoxe Vorgehensweise. Trotzkij handelt heimlich und nicht mit einer Axt.‹ Preobraschenski und Pjatakow berichteten mir dieses Gespräch mit starkem Abscheu.«[129] Stalin spielte also auf Trockij als nicht (russisch-)orthodoxen Juden an, der nicht den offenen Kampf, sondern die Wühlarbeit suche. Es ist nicht ausgeschlossen, daß Stalin glaubte, daß er damit nicht-jüdische Bolschewiki auf seine Seite ziehen könnte. Beim Verhör des Altbolschewiken Mračkovskij soll dieser dem NKVD-Beamten Sluckij erklärt haben, er ärgere sich, den Rat Stalins von 1932 nicht befolgt zu haben: »Stalin sagte mir –

125 Karganov, »Iz prošlogo Stalina«, in: Vozroždenie, (Schanghai), 13. 1. 1929, nach Trotzki, Stalin, S. 257. Eine weitere Behauptung über Stalin in der Verbannung als Antisemit findet sich in den gefälschten Litvinov-Tagebüchern und wird als Quelle für Stalins Antisemitismus zitiert bei: Low, Soviet Jewry and Soviet Policy, S. 53; auch bei de Jonge, Stalin and the Shaping of the Soviet Union, S. 68, S. 84. Zu den Quellenfälschungen siehe Paul W. Blackstock, »›Books for Idiots‹: False Soviet ›Memoirs‹«, in: Russian Review, 25 (1966), S. 285 – 298, hier S. 292. Der Fälscher Besedovskij, der bis 1929 an der sowjetischen Botschaft in Frankreich tätig war, könnte umlaufende Gerüchte verarbeitet haben.

126 B. Baschanow [Bažanov], Ich war Stalins Sekretär, S. 70. Als später Bažanov Mechlis fragte, ob ihn dies nicht gestört habe, soll dieser verneint haben, denn er sei kein Jude, sondern Kommunist.

127 Ebd., S. 165 ff.

128 Der Quellenwert dieser Äußerungen ist minimal: der ehemalige Stalinsekretär hat sie in einem Interview 1979 gemacht. Siehe G. R. Urban (Hrsg.), Stalinism. Its Impact on Russia and the World, Hants 1982, S. 6 – 30, die betreffenden Stellen auf S. 27 ff.

129 »Thermidor und Antisemitismus« (1937), in: Trotzkij, Schriften, 1.2., S. 1049.

›Mache Schluß mit ihnen, was hast du, ein orthodoxer christlicher Arbeiter, mit diesem jüdischen Sanhedrin zu tun?‹ Er bot mir einen großen Militärdistrikt an, aber ich lehnte ab.«[130]

Chruščev berichtet in seinen Memoiren von antisemitischen Äußerungen Stalins, die zeitlich schwer einzuordnen, aber eher in der Nachkriegszeit anzusiedeln sind:

> Als Führer und Theoretiker achtete er darauf, daß in seinen Schriften oder in seinen Reden niemals sein Antisemitismus durchschimmerte. Und Gott bewahre, daß jemand es wagte, öffentlich aus seinen privaten Unterhaltungen zu zitieren, in denen er Bemerkungen gemacht hatte, die scharf nach Antisemitismus rochen. Wenn Stalin über einen Juden sprach, dann imitierte er oft in einem wohlbekannten übertriebenen Tonfall die Art und Weise, wie die Juden sprechen. Es ist genau das gleiche, wie dumme, rückständige Leute, die die Juden verachten, reden, wenn sie sich über negative jüdische Eigenschaften lustig machen. Aber Stalin machte es Spaß, in diesem Tonfall zu sprechen, und er konnte es nicht schlecht.

Stalin soll in Anwesenheit von Molotov, Berija und Malenkov gefordert haben, an Fabrikarbeiter Knüppel auszuteilen, damit sie die Juden durchprügeln können. Nur in Anwesenheit Kaganovičs[131] habe er derartige Bemerkungen nicht geduldet.[132] Die von Chruščev geschilderten Grobheiten Stalins hatten keinen politisch-programmatischen Charakter: »Stalin fand es unterhaltsam, zu beobachten, wenn Leute in seiner Umgebung sich in peinliche oder gar entwürdigende Situationen brachten.« Er selbst habe als »Ukrainer« einmal auf Stalins Geheiß einen hopak vortanzen müssen.[133] Zieht man Bilanz aus dem mageren apokryphen Material, sind zwei Dinge festzuhalten: 1. Nirgendwo ist berichtet, daß Stalin prinzipielle Abneigung gegen das Judentum an sich äußerte. 2. Niemand hat gehört oder auf andere Art erfahren, daß Stalin Befehle gab, in Kampagnen gegen politische

130 A. Orlow, Kreml-Geheimnisse, S. 132. Orlov, eigentlich L. Fel'dbin, ist kein zuverlässiger Gewährsmann. Die fragliche Zeit verbrachte er nicht in Moskau, sondern in Spanien als Geheimdienstchef. Siehe M. Rohrwasser, Der Stalinismus und die Renegaten, S. 74 f.

131 Von diesem übermittelt der Schriftsteller F. Čuev die Aussage, Stalin sei kein Antisemit gewesen, doch habe er gefürchtet, daß die »zahlreichen kleinbürgerlichen Elemente« unter den Juden »die Bewegung stören könnten. Doch dies ist kein Antisemitismus. Manchmal gab es zwar spezielle Momente, aber er [Stalin] war von sehr großer Korrektheit.« (Čuev, Tak govoril Kaganovič, S. 128.)

132 Chruschtschow erinnert sich, S. 267; in der (nur unvollständig vorliegenden, aber wegen des Wortlauts vorzuziehenden) russischen Ausgabe Vospominanija (1982), S. 193 f. Dort findet sich auch eine in der aus dem Amerikanischen zweitübersetzten deutschen Ausgabe fehlende Passage, in der Chruščev sich ausmalt, was geschehen wäre, wenn er den Auftrag erfüllt hätte: Es wäre eine Untersuchungskommission gebildet und harte Strafen verhängt worden – Stalin hätte kein Pardon gekannt gegenüber allen, die seinen Namen mit einer so schändlichen Sache kompromittieren könnten.

133 Chruschtschow erinnert sich, S. 306.

Gegner Antisemitismus einzusetzen. Wenn öffentliche antisemitische Diffamierungen vorkamen, dann offenbar nur in Stalins Angriffen auf Menschewiki vor der Revolution.

Die späteren beleidigenden Äußerungen gegenüber jüdischen Oppositionellen lassen nur darauf schließen, daß Stalin keine Hemmungen bei persönlichen Beschimpfungen kannte. Diese Grobheiten fanden hinter den Kulissen statt, und es läßt sich nicht daraus ableiten, daß Stalin sie als Anleitung für eventuell antijüdisch gefärbte Kampagnen verstand. Nicht einmal für die Nachkriegszeit läßt sich sagen, daß Stalin offen Instruktionen ausgab, der antikosmopolitischen Kampagne eine eindeutig antisemitische Tendenz zu geben. Wir wissen bisher nur, daß Stalin sich verärgert darüber ausließ, daß die Presse Pseudonyme enttarnte und der Antisemitismus dadurch eingebürgert würde.[134]

7.6.3. Stalins persönliche Beziehungen zu Juden

Vor 1939 gab es keinen sowjetischen Antisemitismus als Umsetzung eines offen judenfeinlichen Programms mit Stalin als treibender Kraft. Stalin wußte, welche Sprachregelungen der marxistischen Tradition er einhalten mußte – und diese zu verletzen, konnte aus seiner Sicht gar keine Notwendigkeit bestehen. Genausowenig wie Lenins philosemitische Ansichten, die ihn die assimilierten Juden für besonders wertvolle Menschen halten ließen, sind Stalins antisemitische Ausfälligkeiten nicht mit einer konsequenten Weltanschauung verbunden. Bei beiden spielen die unmarxistischen Schlenker pro oder contra Juden in der Gesamtheit der politischen Ideologie – und gerade der Teile dieser Ideologie, die politisch handlungsrelevant wurden – eine untergeordnete Rolle. Wenn es ideologisch gesehen ernst wurde, war für Stalin wie für Lenin klar, daß es keine »Judenfrage« gebe, sondern eine »Klassenfrage« – bei Stalin mehr noch als bei Lenin reduziert auf die Frage des Erhalts und des Zuwachses der Sowjetmacht (die besonders Stalin mit seiner persönlichen Macht identifizierte). Wenn Juden für diese machtpolitischen Ziele eine Rolle spielen konnten, waren sie Stalin willkommen.

Damit bleibt die Frage, ob Stalin trotz ideologischer Fesseln persönliche Vorurteile gegen Juden hegte. Es hat nicht an Versuchen gefehlt, ihn als überzeugten Antisemiten darzustellen.[135] Alle diese Versuche kranken an einem

134 Konstantin Simonov, Glazami čeloveka moego pokolenija. Razmyšlenija o I. V. Staline, Moskau 1990, S. 211 f., S. 246. Ähnlich in: I. Ehrenburg, Menschen, Jahre, Leben, Bd. 3, S. 365 f. Vgl. auch Y. Gilboa, The Black Years of Soviet Jewry, S. 247 f.

135 Zum Beispiel wurde 1980 in den USA eine Dissertation vorgelegt, die den »Anti-Semitism of Joseph Stalin« als Kern dessen Persönlichkeit versteht. »Anti-Jewish bigotry« habe eine wichtige Rolle beim Emporkommen Stalins gespielt und sei sogar beim Konflikt mit Lenin während dessen letzten zwei Lebensjahren zu entdecken. Dabei wird auch diskutiert, ob Stalin nicht mit der Vergiftung Lenins zu tun hatte und diese Tat in der Zeit der Moskauer Prozesse und im Fall der Kremlärzte 1953 auf andere projizierte. Der Autor rekonstruiert Stalins Akte

Problem, das für die biographische Forschung über Stalin typisch ist: Wir verfügen kaum über zuverlässige Quellen darüber, was Stalin wirklich dachte. Schon der Grundstock seiner schriftlich niedergelegten Aussagen ist sehr schmal. Das Wissen über Stalins Ansichten, die über das Gesagte hinausgehen, stützt sich oft auf fragwürdige Quellen – und hat sich bisher nicht durch Erkenntnisse aus geöffneten Archiven wesentlich verbreitert. Daher geraten die Versuche, Stalins Politik psychologisierend zu deuten, meistens zu einem Stochern in kaum belegbaren biographischen Details.[136]

Personen jüdischer Herkunft findet man in Stalins Umfeld häufig. So war der Bruder von Stalins erster Frau mit einer Jüdin verheiratet.[137] Die besten Freundinnen von Stalins zweiter Frau waren die jüdische Gattin des Politbüromitglieds Andreev und die Frau Kaganovičs.[138] Stalins Tochter erinnerte sich: Als ihr Bruder Jakov 1935 in zweiter Ehe eine Jüdin heiratete, »erregte [das] Vaters Unwillen. Gewiß, in jenen Jahren zeigte Vater seinen Haß gegen die Juden noch nicht so deutlich, das fing bei ihm erst später an, nach dem Kriege; doch immerhin hatte er nie Sympathien für die Juden gehegt.«[139] In ihrem zweiten Buch behauptete sie, ihr Vater habe schon früher Antisemitismus für seine politischen Ziele eingesetzt: »Seit der Verbannung Trotzkis und der Liquidierung der alten Parteimitglieder entstand der Antisemitismus auf neuer Grundlage, und zwar vor allem in der Partei. Mein Vater unterstützte den Antisemitismus nicht nur, er selbst hatte ihn aufgebracht.«[140] Diese Neigung habe mit den Jahren immer mehr zugenommen. Daß Svetlana ein Verhältnis mit einem Juden hatte, brachte ihren Vater auf, und er fragte sie, ob sie sich nicht wenigstens einen Russen hätte aussuchen können.[141] Stalin erscheint als russischer Patriot: »Mein Vater hatte für sein ganzes Leben eine sehr starke und tiefe Liebe zu Rußland gefaßt; ich kenne

der zaristischen Geheimpolizei, die 1926 auftauchte. Sie belegte angeblich Stalins Zusammenarbeit mit der Ochrana. In den zwanziger Jahren sollen jüdische Beamte bei der Entdeckung der Akte eine wichtige Rolle gespielt haben. R. Brackman, Anti-Semitism of Joseph Stalin, Phil. Diss., New York University, nach Dissertation Abstracts International, Bd. 41, Nr. 6, Dezember 1980.

136 Vgl. L. Rapoport, Stalins War Against the Jews, S. 6, wo angedeutet wird, daß der junge Iosif Džugašvili von einem jüdischen Arzt in Gori behandelt wurde – vielleicht unzulänglich, wovon die Verkrüppelung seines Armes oder seine Pockennarben zeugten.

137 S. Allilujewa, 20 Briefe, S. 114.

138 Ebd., S. 152; weitere Freundinnen laut Volkogonov, Triumf i tragedija, Bd. 1.1, S. 267: P. Žemčužina (die jüdische Frau Molotovs), Ė. Gurvič (Bucharins zweite Frau).

139 20 Briefe, S. 229. Zu Stalins jüdischer Schwiegertochter knapp A. Kolesnik, Chronika žizni sem'i Stalina, S. 45.

140 S. Allilujewa, Das erste Jahr, S. 141. Sie hielt dies anscheinend nicht nur für ein politisches Instrument: »Sein Antisemitismus rührte unbedingt aus dem langjährigen Kampf mit Trotzki und dessen Anhängern her und hatte sich allmählich aus einem politischen Haß in ein Gefühl des Rassenhasses gegen alle Juden ohne Ausnahme verwandelt.« Ebd., S. 155.

141 20 Briefe, S. 257. 1943 wurde jener Kapler als »englischer Spion« verhaftet; vgl. dazu Volkogonov, Triumf i tragedija, Bd. 1, 1, S. 273 f.

keinen einzigen Georgier, der seine Nationalität so gänzlich vergessen und alles Russische so liebgewonnen hätte wie er.«[142] Man muß es nicht unbesehen als antisemitisch interpretieren, wenn Stalin dagegen polterte, daß seine Kinder mit Juden Verbindungen eingingen: Stalin identifizierte sich mit der Rolle des Vollstreckers der russischen Revolution und des Herrschers eines russischen Reiches. Dieses Bild wollte er nicht getrübt wissen durch zu viele Juden in seiner Umgebung. So behauptete er nach 1945, Svetlanas ersten Ehemann hätten ihr die »Zionisten« unterschoben: »Der Zionismus hat die ganze ältere Generation angesteckt, und die gibt ihn an die Jugend weiter.«[143] Stalin hing andererseits mit besonderer Liebe an dem »halbjüdischen Enkel« aus der ersten Ehe seiner Tochter.[144]

Für die Jahre vor 1939 ergeben die Erinnerungen der Stalin-Tochter kein klares Bild. Wenn Stalin von einem Gefühl des »Rassenhasses« beherrscht worden wäre, wie seine Tochter behauptet, fällt schwer zu erklären, warum L. Kaganovič bis zu Stalins Tod im engsten Kreis verblieb. Schon seine wichtige Rolle legt nahe, daß das politische System des Stalinismus kaum als offen antisemitisch eingestuft werden kann. Dies läßt sich auch auf Stalins persönliche Beziehungen übertragen. Ein grimmiger Antisemit würde sicher nicht einen Politiker jüdischer Herkunft so in seiner Nähe dulden, ihn sogar zu seinen engsten Vertrauten rechnen.

Judophobe russische Emigranten und die NS-Propaganda betonten, hinter Stalin stehe sein Schwiegervater »Lazarus Kaganowitsch«.[145] Die Behauptung einer Liebesbeziehung Stalins[146] mit einer Roza Kaganovič wurde nicht nur von Antisemiten vorgebracht.[147] Bei der Vielzahl widersprüchlicher An-

142 20 Briefe, S. 179. Vgl. D. Rancour-Laferriere, Mind of Stalin, S. 68; Tucker, Stalin as Revolutionary, S. 137 ff.

143 20 Briefe, S. 276; vgl. Das erste Jahr, S. 325, wonach Stalin lieber A. Ždanovs Sohn als Schwiegersohn gehabt hätte (den Svetlana dann später heiratete); zu diesem Ehemann (Morozov) siehe auch A. Kolesnik, Chronika žizni sem'i Stalina, S. 124 f.; vgl. Chruschtschow erinnert sich, S. 297, wo Svetlanas Scheidung von Morozov direkt mit Stalins antisemitischem »Anfall« nach dem Krieg in Verbindung gebracht wird.

144 20 Briefe, S. 104.

145 Rudolf Kommoss, Juden hinter Stalin. Die jüdische Vormachtstellung in der Sowjetunion auf Grund amtlicher Sowjetquellen dargestellt. Lage und Aussichten, Berlin/Leipzig 1938, S. 43; Les Juifs en U.R.S.S. [= Varbov, Evrei v SSSR], Paris 1935, S. 16. Zu Kaganovič siehe unten, Kap. 8.3.3.

146 Zu Stalins Beziehungen zu Frauen und zu seinen mutmaßlichen sexuellen Präferenzen vgl. Rancour-Laferriere, Mind of Stalin, wo dieser Aspekt vor allem unter »latenter Homosexualität« abgehandelt wird – freilich ohne brauchbare Erkenntnisse (S. 93 ff., über Frauenbeziehungen S. 100 ff.). Eine andere Darstellung verbindet Stalins Liebesleben auf ganz andere Art mit seiner Beziehung zu Juden: Den Erinnerungen einer jüdischen Schauspielerin, die in den zwanziger Jahren im Kreml lebte (mit Stalin aber nicht persönlich bekannt war), soll der »leidenschaftliche Antisemit« Stalin es nicht verwunden haben, daß eine von ihm umworbene Frau einem Juden den Vorzug gab (L. Šatunovskaja, Žizn' v Kremle, S. 156).

147 Z.B. berichteten der übergelaufene Diplomat Barmine (One who Survived, S. 264) und der britische Historiker W. H. Chamberlin von ähnlichen Gerüchten (Russia's Iron Age, London

gaben sind Zweifel berechtigt.[148] S. Allilueva schließt aus, daß ihr Vater eine Beziehung zu einer intelligenten Jüdin haben konnte. Dies könne nur jemand behaupten, der Stalins Persönlichkeit nicht kenne. Sie sei einer Person dieses Namens auch nie begegnet.[149] Kaganovič selbst soll erklärt haben, daß er nur eine Schwester mit Namen Rachil' hatte, und weder seine Nichte Roza noch seine Tochter Maja irgendwelche engen Beziehungen zu Stalin einging.[150] Selbst eine bewiesene Liaison mit einer Person jüdischer Herkunft würde einen ansonsten nachgewiesenen Antisemitismus nicht widerlegen. Es sei daran erinnert, daß G. Plechanov mit einer Jüdin verheiratet war, aber sich feindselig über Juden äußerte.[151]

Von Stalins politischem System und seinem Weltbild, auch von seinem Bild als Privatperson, wären keine substantiellen Abstriche zu machen, wenn man gedanklich all das noch eliminierte, was bei ihm den »Geruch« des Antisemitismus ausmacht. Stalins persönlicher Charakter (soweit wir darüber überhaupt eindeutige Aussagen machen können), aber auch der Charakter des Stalinismus als politisches System – bis 1939 – würde sich ohne das, was die hier zusammengetragenen Indizien über seinen Antisemitismus aussagen, nicht ändern. Stalin, dem die Judenfrage wohl zunächst unwichtig erschien, hatte ein hochentwickeltes Gespür für die Techniken der Machtausübung. Die Ausbreitung des Antisemitismus in der Sowjetbevölkerung – von ihm als Parteiführer pflichtschuldig verurteilt – dürfte ihm signalisiert haben: die Distanzierung von den unbeliebten jüdischen Politikern ließ ihn auf Dauer das Sowjetreich leichter regieren. Dabei war Stalin klar, daß sich ein offenes Instrumentalisieren des Antisemitismus verbot. Der stalinistische Antisemitismus vor 1939 bleibt – wie im folgenden dargestellt wird – in einer symbolischen Sphäre.

1935, S. 188). Volkogonov zufolge wünschten einige aus Stalins Umgebung, daß er nach dem Selbstmord seiner Frau eine »der Verwandten eines ihm Nahestehenden« heiratet (Triumf i tragedija, Bd. 1.1, S. 276). Daß Kaganovičs Tochter von Stalin (offenbar 1926) mit 16 Jahren geschwängert worden sei, behauptet Antonow-Owessejenko (Stalin, S. 299 f.).

148 Vgl. L. Rapoport, Stalins War Against the Jews, S. 241. Nicht ernstzunehmen ist Stuart Kahan, The Wolf of the Kremlin, New York 1987, (über »Roza«: S. 38, S. 159, S. 171, S. 257).

149 S. Allilujewa, Das erste Jahr, S. 337. Auch Stalins Sohn Jakov widersprach in deutscher Gefangenschaft den Gerüchten. Siehe Kolesnik, Chronika, S. 50.

150 F. Čuev, Tak govoril Kaganovič, S. 49 f. Vgl. ders., Sto sorok besed s Molotovym, S. 253, S. 274, S. 319. Plausibel erscheint die Auskunft von R. Medvedev, daß die »entfernte Verwandte« Roza sich kurzzeitig auf Stalins Datscha aufgehalten, ihn später aber nicht mehr getroffen habe. R. Medvedev, »Stalin and Kaganovich«, in: Moscow News Weekly, Nr. 52/1988, S. 16.

151 Siehe oben, Kap. 2.1.

8. Der Stalinismus und die Juden 1931 – 1939

8.1. Symbolische Reinigung vom »jüdischen Bolschewismus«

8.1.1. Juden in den Schauprozessen

Die Vorstellung, den Moskauer Prozessen sei »eine antisemitische Tendenz nicht fremd«[1] gewesen, wird in eher polemischen Schriften häufig ausgedrückt. Jedoch wird dieser Aspekt in der Standardliteratur über die Prozesse kaum diskutiert[2], oder es wird knapp darauf verwiesen, daß die jüdische Herkunft der prominenten Angeklagten nicht von Bedeutung war.[3]

Bei den ersten Schauprozessen – Šachtyprozeß 1928, Prozesse gegen die »Industriepartei« 1930 und gegen die Menschewiki 1931 – sind antisemitische Konnotationen nicht festzustellen, auch wenn es stets jüdische Angeklagte gab. Im Gegenteil: Im Ozet-Organ Tribuna wurde der Prozeß gegen die Prompartija von 1930 als Tribunal gegen den Antisemitismus zurechtgebogen, da die von den Angeklagten gewünschte ausländische Intervention schließlich zu Pogromen führen müsse: »Eine judophobe, fest antisemitische Strömung ist von der Anklagebank her zu verspüren. Es wurde nicht eigens über den Antisemitismus geredet, dazu bestand gar keine Notwendigkeit. Er versteht sich von selbst. All dies sind typische, klassische Antisemiten.« In ihrem Programm habe sich – unausgesprochen [!] – die Forderung nach der Wiederherstellung des Ansiedlungsrayons befunden. Der einzige Jude in der Prompartija, Rabinovič, sei wie die Emigranten Bikerman und Pasmanik

1 H. Abosch, Antisemitismus in Rußland, S. 63. Ganz entschieden, aber mit Fehlinformationen über die Herkunft einiger Angeklagter: »Stalins Prozesse waren stets als Judenprozesse angelegt [...] von Anfang an intentionell ein antisemitischer Ritualvorgang«, H. Mayer, Außenseiter, Frankfurt a.M. 1975, S. 304. Auch in A. Koestlers Roman über die Prozesse trägt der exemplarische Angeklagte den Namen eines Juden – laut Koestler eine unbewußte Wahl; siehe A. Koestler, Sonnenfinsternis, Frankfurt/Berlin/Wien 1983, S. 226.

2 R. Conquest, The Great Terror. A Reassessment, Oxford 1990, streift nur kurz Stalins verhüllten Antisemitismus, stellt aber keine Verbindung zu den Prozessen der dreißiger Jahre her. Bei Nathan Leites und Elias Bernant, Ritual of Liquidation. The Case of the Moscow Trials, Illinois 1954, S. 503, nur ein Verweis zur Nachkriegszeit. Nichts zu diesem Thema auch in den Darstellungen von W. Ziehr, Die Entwicklung des »Schauprozesses«; Zbigniew K. Brzezinski, The Permanent Purge. Politics in Soviet Totalitarism, Cambridge 1956, und Werner Scharndorff, Moskaus permanente Säuberung, München, Wien 1964. Die seit Ende der achtziger Jahre in den Izvestija CK KPSS veröffentlichten Dokumente enthalten zu dieser Fragestellung wenig neues Material, gesammelt in: Reabilitacija; etwas knapper die deutsche Ausgabe: Schauprozesse unter Stalin.

3 So J. Carmichael, Säuberung, S. 245, wo Erstaunen ausgedrückt wird, daß die »jüdischen Marxisten« ihre nur aus dem Christentum verständlichen Rollen als bereuende Häretiker mitspielten (ebd., S. 83). Schon in den zeitgenössischen Kommentaren zum Rätsel der Prozesse war bisweilen von der »russischen Seele« und von Dostoevskijschen Charakteren die Rede, worauf sich Bucharin in seinem Schlußwort beim Prozeß von 1938 bezog. Doch es waren die »Nichtjuden« Bucharin und Krestinskij, die am mutigsten Widerstand gegen den Prozeßablauf leisteten!

»Sänger des jüdischen Kapitals«.[4] Die Beliebigkeit des Antisemitismus-Vorwurfs unter stalinistischen Vorzeichen wird hier deutlich. »Bürgerliche« Gegnerschaft zum Bolschewismus, »Klassenfeindschaft« und Antisemitismus sind ein und dasselbe. Auf dieses Instrument wurde aber in den großen Prozessen in der Folgezeit vollkommen verzichtet, es wurde der Tabuisierung des Themas »Antisemitismus« geopfert. Wichtiger als die Denunziationsmöglichkeit gegen russische Gegner der Sowjetmacht dürfte im Kontext der sowjetisch-jüdischen Publizistik gewesen sein, anhand des jüdischen Teilnehmers an der angeblichen Verschwörung zu zeigen, daß die »jüdische Bourgeoisie« (bis hin zu den »kleinbürgerlichen« Bundisten) mit den Monarchisten bis Markov II verbündet sei. Dies zeigte sich besonders 1931 beim Prozeß gegen die Menschewiki, bei dem mindestens die Hälfte der Angeklagten durch ihre Namen als jüdisch zu identifizieren waren.[5] Bundisten im Berliner Exil veranlaßte dies zu der Erklärung, Stalin wolle nicht nur die 2. Internationale, sondern auch die jüdischen Sozialisten diskreditieren.[6] In einem weiteren Artikel D. Zaslavskijs in der Tribuna wurde aus der jüdischen Herkunft der angeklagten Menschewiki kein Hehl gemacht:

> Die Vertreter des jüdischen Kleinbürgertums, die keinen Platz in der sozialistischen Gesellschaft im Aufbau fanden oder nicht finden wollten, beeilten sich, hinter der Großbourgeoisie in der allgemeinen Armee der Konterrevolution hinterherzutraben. Ramzin hatte seinen Rabinovič, Groman hatte seinen Abramovič. Die jüdischen »Sozialisten« wußten gut genug, wie eine Intervention aussieht, wenn man sie in die Sprache der jüdischen werktätigen Massen übersetzt. Sie wußten, daß dies für jene ein allgemeiner blutiger Pogrom wäre, ein Massenschlachten, vor dem alle Pogrome vorhergegangener Epochen erblassen würden, und das die physische Vernichtung von Hunderttausenden jüdischer Arbeiter bedeuten würde.[7]

Bis auf den ersten der folgenden Schauprozesse (das Verfahren gegen die »Marxisten-Leninisten« um Rjutin 1932 mit fast nur russischen Namen bei den Angeklagten) standen stets zahlreiche Juden vor Gericht, so schon beim

4 D. Zaslavskij, »Sojuz Ramzina i Rabinoviča«, in: Tribuna, 36/1930, S. 13 (vgl. auch Tribuna, 34–35/1930, S. 13). Während des ganzen Prozesses war von Antisemitismus keine Rede. Vgl. Spione und Saboteure vor dem Volksgericht in Moskau, passim. Über die genannten jüdischen Emigranten siehe oben, am Ende von Kap. 2.2.

5 Die Anklageschrift gegen das »Unionsbüro« der Menschewiki und der Wortlaut des Urteils, S. 73 f.

6 JTA, 7. 3. 1931, S. 3. In der Prozeßkritik von F. Adler/R. Abramowitsch/L. Blum/E. Vandervelde, Der Moskauer Prozeß und die Sozialistische Arbeiter-Internationale, Berlin 1931, wird auf die Herkunft der Angeklagten nicht eingegangen.

7 D. Zaslavskij, »Prigovor proletarskogo suda agentam vtorogo internacionala«, in: Tribuna, 9/1931, S. 2 f. D. Zaslavskij war einer der eifrigsten Parteipublizisten der zwanziger und dreißiger Jahre. Als Bundist war er noch gegen die Oktoberrevolution gewesen. Schon 1920 schrieb die Revaler jüdische Presse vom politischen Selbstmord des Neu-Bolschewiken (Evrejskoe Slovo, 15. 6. 1920, S. 7). Die pauschale Denunzierung der »Menschewiki und Bundisten im anti-

ersten Prozeß 1935 gegen Zinov'ev und Kamenev, ebenso im selben Jahr beim Verfahren gegen die »Arbeiteropposition« und im »Kremlprozeß«.[8] Aber diese Verfahren waren wenig geeignet, so wie die drei großen Prozesse 1936 – 38 den Eindruck einer »Abrechnung« mit den prominenten jüdischen Bolschewiki hervorzurufen. Auch der Prozeß gegen die Generäle der Roten Armee war nicht als öffentliches Ritual inszeniert und mit Symbolik beladen.[9]

Beim ersten »großen« Prozeß 1936 standen vor allem Zinov'ev und Kamenev im Mittelpunkt. Neben den fünf als Organisatoren terroristischer Anschläge Mitangeklagten, die keine Juden waren, bestand die Riege der angeblichen neun »Mitglieder der illegalen trotzkistisch-sinowjewistischen terroristischen Organisation« ausschließlich aus »Angestellten« [=nicht-Proletariern] mit jüdischen Namen.[10] 1937 war die Zahl der als Juden zu Identifizierenden erheblich geringer, es waren den Namen nach vier der 17 Angeklagten, aber zwei der vier Hauptangeklagten – Radek und Sokol'nikov neben Pjatakov und Serebrjakov. Generelle Angaben über die Nationalität der Angeklagten wurden nicht gemacht. Dennoch wurde das Thema nicht ausgespart, wenn auch nicht alle Angeklagten und Zeugen systematisch danach gefragt wurden. Die Entlarvungen gingen weit über die Unterstellung einer jüdischen Herkunft hinaus: Ins Visier gerieten die national Ungreifbaren, die Grenzgänger, eine Art Kosmopoliten[11], die sich mit falschen Namen tarnen. Präsentiert wurde nicht nur ein Ausländer, der deutsche Ingenieur Stein[12], sondern einige Figuren unklarer sozialer und nationaler, insgesamt fremder Herkunft, etwa Rataitschak, ein »Deutscher mit polnischer Muttersprache«.[13] Besonders beim Angeklagten Arnold wurden unzählige Pseudonyme und wechselnde Staatsangehörigkeiten entlarvt, bis Vyšinskij bei der

sowjetischen Untergrund« (Zaslavskij) als Inbegriff einer jüdischen Konterrevolution wird auch in einem Kommentar Dimanštejns deutlich, der das Verhalten der Menschewiki mit »nationalistischen Strömungen« wie schon früher bei Martov in Verbindung bringt (S. Dimanštejn, »Vrediteli i intervencionisty«, in: Revoljucija i Nacional'nosti, 2 – 3/1931, S. 7 – 17). Zur Tradition der Identifizierung der Menschewiki als »jüdischer« Partei siehe oben, Kap. 2.2.

8 Beim Prozeß gegen die Leningrader »Zinov'ev-Gruppe« im Dez. 1934 – Jan. 1935 fast 20 % jüdische Angeklagte (Reabilitacija, S. 124 ff.).

9 Unter den erschossenen Militärs waren nur Tuchačevskij Russe und Primakov Ukrainer, neben drei Juden und vier aus dem Baltikum stammenden Generälen (Schauprozesse unter Stalin, S. 292 ff.).

10 Dreitzer, Jefim Alexandrowitsch; Reingold, Isaak Issajewitsch; Pikel, Richard Witoldowitsch; Golzman, Eduard Solomonowitsch; Fritz David, alias Krugljanski, Ilja-David Israelewitsch; Olberg, Valentin Pawlowitsch; Berman-Jurin, Konon Borissowitsch (alias Alexander Fomitsch); Lurie, Moissej Illjitsch (alias Emel, Alexander); Lurie, Nathan Lasarewitsch. Die Namen in der Transskription der deutschen Ausgabe des Prozeßbericht 1936, S. 39.

11 Der Begriff wird noch nicht verwendet.

12 Prozeßbericht 1937, S. 323 ff. Damit wurde an den Šachty-Prozeß gegen die ausländischen Spezialisten angeknüpft.

13 Ebd., S. 437; Vyšinskij stellte die Aussage des sich als Russen bezeichnenden Angeklagten Knjazev, er sei Bauernsohn, kommentarlos in Abrede und insistierte auf Knajzevs Schneiderberuf (ebd., S. 378, S. 414, S. 429). Hier sollte in erster Linie die klassenmäßig fremde Herkunft

Erforschung von Arnolds Lebensweg in den USA angelangte – wo der Angeklagte gar zum Freimaurer wurde, was er auch noch nach seiner Rückkehr in die Sowjetunion und bei seinem Parteieintritt 1923 gewesen sein soll.[14]

1938, als unter 19 Angeklagten nur zwei Träger jüdisch klingender Namen waren[15], wurde das Judentum eines der Angeklagten verspottet: Vyšinskij verlas einen Psalm, den man bei Rozengol'c gefunden habe und der von seiner Frau angeblich als Talisman in die Tasche gelegt worden war.[16] Auch die »Mörderärzte« im Prozeß von 1938 wirken in manchem wie eine Vorwegnahme der Affäre von 1953, vor allem wenn sich Doktor Levin von seinem Verteidiger fragen lassen muß, ob er »irgendwelchen nationalen Parteien, der jüdischen zum Beispiel«, angehöre.[17]

Formal scheint der wichtigen Rolle jüdischer Angeklagter in den Prozessen zu widersprechen, daß immer wieder behauptet wurde, daß die »trotzkistischen Terroristen« auf L. Kaganovič einen Mordanschlag planten. Dies betonte vor allem die Anklageschrift von 1936.[18] Die Trojka der von den »Trotzkisten« ausersehenen Attentatsopfer war meistens »Stalin, Woroschilow und Kaganowitsch«.[19] 1937 findet man Kaganovič als von den »Trotzkisten« auser-

angedeutet werden. Dem Angeklagten Hrasche wurden seine österreichisch-ungarischen, tschechoslowakischen und sowjetischen Dokumente vorgehalten (ebd, S. 460 ff.).

14 Prozeßbericht 1937, S. 353 ff. Ein seltener Fall, wo das Freimaurermotiv auftaucht, das vor der Revolution und in Emigrantenkreisen fest mit dem Antisemitismus verbunden war. 1937 erschien eine Emigrantenschrift, die Lenin, Trockij, Zinov'ev, Kamenev, Rakovskij und Radek als Freimaurer entlarvte (V. F. Ivanov, Tajnaja diplomatia, Harbin 1937, S. 294; nach L. Chass, »Ešče raz o masonstve v Rossii načala XX. veka«, in: Voprosy Istorii, 1/1990, S. 24 – 35, hier S. 28). Im Dezember 1922 hatte die Komintern den Mitgliedern der kommunistischen Parteien die Mitgliedschaft in Logen verboten. 1928 wurde der Führer einer illegalen Freimaurerorganisation in Leningrad verhaftet, der an Stalin geschrieben haben soll, ohne Freimaurer bräche die Komintern zusammen (Krasnaja Gazeta, 15. 6. 1928, S. 5).

15 Rozengol'c und Levin; außerdem waren die Angeklagten Maksimov-Dikovskij und Zelenskij jüdischer Herkunft, bei letzterem auch mit typischem Vor- und Vatersnamen. Siehe Izvestija CK KPSS, 5/1989, in: Schauprozesse, S. 354 ff. Dazu war noch Jagoda eventuell jüdischer Herkunft.

16 Prozeßbericht 1938, S. 673 ff. Angeblich amüsierte sich Stalin über die »jüdische« Komponente der Schauprozesse: Er soll dem Chef seiner Leibwache Pauker befohlen haben, Zinov'evs Hinrichtung nachzuspielen. Pauker habe dabei improvisiert und als »Zinov'ev« geschrien: »Höre Israel, unser Gott ist der einzige Gott!« Stalin habe darauf – »von Lachkrämpfen geschüttelt« – befohlen, mit der Darbietung aufzuhören. Die Quelle für die Episode, Orlow, Kreml-Geheimnisse, S. 410, ist nicht zuverlässig, siehe Fußnote 130 in Kap. 7.6.2.

17 Prozeßbericht 1938, S. 598. Levin wurde von Vyšinskij allerdings eine makellose Vergangenheit bescheinigt (ebd., S. 758). Er war in der Lesart der Prozesse nur Werkzeug des Giftmischers Jagoda – der unter Antisemiten als Jude galt. Nach Leggett, The Cheka, S. 257 ff., ist Jagodas Herkunft unklar.

18 Prozeßbericht 1936, S. 23, S. 38 f. Vor dem Prozeß wurde Kaganovič im Zusammenhang mit Errungenschaften des Verkehrswesens häufig in den Zentralblättern hervorgehoben, z.B. Pravda, 30. 7., 31. 7., 2. 8. 1936.

19 Prozeßbericht 1936, S. 44 f., S. 64, S. 95; manchmal rangierte Kaganovič auch noch hinter Ordžonikidse (S. 123). Solche Ranglisten waren kein Zufallsprodukt. Für seine Erwähnung sorgte Kaganovič selbst, der gerade Stalin während dessen Urlaub vertrat. Als er die Urteile,

sehenes Terroropfer in den »Geständnissen« meistens gleich nach Stalin und dem nun stets präsenten Molotov oder wiederum nach Vorošilov, manchmal auch allein hinter Stalin, was seine Wichtigkeit belegt. Er steht oft im Zentrum, da die vorgeführten »Schädlinge« es besonders auf das Verkehrswesen abgesehen haben sollten.[20] Auch 1938 steht neben Stalin, Molotov und Vorošilov wiederum Kaganovič auf der Todesliste der angeblichen Terroristen.[21]

Die Schauprozesse fanden zu einer Zeit statt, als sich Kaganovič auf dem Höhepunkt seiner Karriere befand und für jedermann erkennbar an Stalins Seite stand. Dies widerlegt nicht die Diagnose antisemitischer Unterströmungen. Kaganovič verkörperte einen ganz anderen Typ des »Juden« als die Zinov'ev, Kamenev, Trockij oder Radek. Er entstammte einem proletarischen Milieu als ehemaliger Lederarbeiter und Schuhmacher, war kein Intellektueller, sondern tat sich angeblich schwer mit dem Abfassen von Texten.[22] Er entsprach nicht dem Bild des rastlosen, hochgebildeten, kosmopolitischen Trotzkisten, war vor der Revolution nicht in der Emigration, befriedigte seinen Ehrgeiz nicht mit kühnen theoretischen Entwürfen, sondern galt als unermüdlicher und erfolgreicher Verwaltungsarbeiter.[23]

Eine zentrale Rolle in den Prozessen spielte die Beschuldigung Trockijs und seiner angeblichen Anhänger als Nazi-Agenten. Beim Prozeß von 1936 brachte das Satireblatt Krokodil eine Karikatur von Trockij, Kamenev und Zinov'ev mit Hakenkreuzarmbinde.[24] Über »Gestapo-Agenten«, deren jüdische Herkunft gemeinhin bekannt war, schrieb auch die sowjetische jüdische Presse.[25] Diese Konstruktionen bargen die Gefahr, daß die Glaubwürdigkeit der Anschuldigungen erschüttert werden könnten. Ein Beispiel dafür findet sich in Chruščevs Erinnerungen, der den Fall eines jüdischen Tierarztes beurteilen mußte, der angeblich im Auftrag der Nazis Pferde vergiftet hatte – Chruščev wollte nicht glauben, daß ein Jude faschistischer Agent sei.[26] Doch gibt es auch Beispiele dafür, daß ein politisch weniger erfahrenes Publikum abstruse Anschuldigungen für bare Münze nahm. Bei einem fabrikinternen Verfahren,

die ihm schon vor dem Prozeß vorgelegt wurden, prüfte, setzte er seinen Namen zu den »Terroropfern« hinzu (Izvestija CK KPSS, 8/1989, zit. n.: Schauprozesse unter Stalin, S. 165).

20 Prozeßbericht 1937, S. 136, S. 371.

21 Prozeßbericht 1938, S. 23, S. 190 f.,S. 278, S. 733.

22 Baschanow, Ich war Stalins Sekretär, S. 17. Möglicherweise spielte dabei eine Rolle, daß Kaganovič aus einer ukrainischen Sprachumgebung stammte, seine Muttersprache war Jiddisch.

23 Z. B. in: B. Nikolaevskij, Power and the Soviet Elite. »The Letter of an Old Bolshevik«, S. 48 f. Zu Kaganovičs Rolle im Stalinismus siehe unten, Kap. 8.3.3.

24 Krokodil, 24. 8. 1936, wiedergegeben in: David King/James Ryan, Trotsky. A Photographic Biography, New York 1986, S. 247.

25 Z. B. »Ubijcy S. M. Kirova i Gestapo«, in: Tribuna, 16/1936, S. 1.

26 Chruschtschow erinnert sich, S. 125 f. Andere wollten nicht glauben, daß ein Sowjetgeneral jüdischer Herkunft wie Jakir ausgerechnet zum »Nazisöldling« werden sollte, siehe A. Larina-Bucharina, Nun bin ich schon weit über zwanzig, S. 36 f.; ebenso A. Barmine, One who Survived, S. 6.

das in den Erinnerungen eines ehemaligen Sowjetfunktionärs geschildert ist, wurde ein vor den Nazis in die Sowjetunion geflohener deutscher Jude als »faschistischer« Agent »entlarvt«, – schließlich sei Jude und Kommunist die beste Tarnung.[27]

Schmähartikel bezeichneten Trockij als »blutigen Ataman« und setzten seine Autobiographie »Mein Leben« mit Hitlers »Mein Kampf« gleich.[28] Schon 1929 hatte die Pravda Trockij den Verbündeten der Schwarzhunderter im Exil genannt.[29] Diese Anschuldigungen sind nur vor dem Hintergrund der sowjetischen Faschismus-Theorie zu erklären. Der Antisemitismus der faschistischen Bewegungen wurde stets als Mittel zum Zweck eingeschätzt. So wie im Bürgerkrieg der jüdische Bourgeois und Feind der Sowjetmacht in seinem Klasseninteresse die Pogrome damals zumindest in Kauf genommen habe, mußte es als logisch gelten, daß auch jetzt die trotzkistischen Feinde des Sowjetstaates das Bündnis mit antisemitischen Feinden der Sowjetunion suchen mußten.[30] Ein geheimer Brief des ZK an alle Parteikomitees verbreitete Passagen aus den Verhören, in denen Zinov'ev die Zusammenarbeit mit dem Nationalsozialismus damit rechtfertigte, daß auch Lasalle Bismarck habe benutzen wollen.[31] Die dem stalinistischen Denken eigene Auflösung aller Grenzen zwischen subjektiven Absichten und objektiven Handlungen half über die Widersprüche hinweg. Auch wenn Trockij gar nicht gewillt war, mit den Nationalsozialisten zusammenzuarbeiten, so war doch schon seine Opposition gegen Stalin so viel wie ein Angebot zur Zusammenarbeit. Auf diesen Bahnen bewegte sich selbst die Verteidigung eines Bucharin vor dem ZK: Er schrieb 1937 an alle Mitglieder des ZK-Plenums, daß die Trotzkisten die Zusammenarbeit mit den ehema-

27 V. Kravchenko, Ich wählte die Freiheit, S. 289. Auch ein sehr erfolgreiches Theaterstück, Očnaja stavka von den Brat'ja Tur, präsentierte 1938 genau diese Konstellation auf den sowjetischen Bühnen.

28 Oktjabr', 1/1937, S. I ff. Wie bei den innerparteilichen Auseinandersetzungen Trockij als Schwarzhunderter bezeichnet und den Oppositionellen vorgeworfen wurde, antisemitische Stimmungen zu schüren, wird weiter oben (siehe Kap. 7.2.) ausgeführt.

29 Pravda, 31. 3. 1929. Bibliographisch sind zahllose Schriften zum Thema der »trotzkistisch-faschistischen« Verschwörung erfaßt bei W. Lubitz, Trotsky Bibliography, S. 194 ff. (zwanziger Jahre), S. 264 ff. (dreißiger Jahre).

30 Lenin sah 1919 für den Fall Deutschlands die Möglichkeit eines »widernatürlichen Blocks von Revolutionären und Schwarzhundertern« (LW, Bd. 31, S. 265). Daß jüdische Herkunft kein Hinderungsgrund für die gesuchte Zusammenarbeit mit Antisemiten sein mußte, hatte 1923 Radek in Deutschland mit seiner berühmten »Schlageter-Rede« und der darauf folgenden Debatte mit Vertretern der deutschen Rechten vorgeführt. Die Erinnerung an die frühe revolutionäre Außenpolitik ließ das Bündnis (jüdischer) Bolschewiki mit der deutschen Rechten plausibel erscheinen.

31 WKP 499, Bl. 312 ff., Zakrytoe pis'mo CK VKP(b), 29. 7. 1936, jetzt auch nachgedruckt in: Schauprozesse unter Stalin, S. 239. Vyšinskij erklärte, Zinov'ev habe »Himmler ausnutzen« wollen (Prozeßbericht 1936, S. 75).

ligen Rechten in der Sowjetunion behaupteten, um ihre Reputation bei Hitler zu verbessern.[32]

8.1.2. Antisemitische Untertöne in der antitrotzkistischen Kampagne

Während der Schauprozesse veröffentlichten die sowjetischen Medien Haßtiraden, die kaum historische Parallelen haben.[33] Die ritualisierte Sprache findet sich in Beiträgen von oben und unten: In einem Brief von »Arbeitern, Ingenieuren und Angestellten« an »unseren teuren Freund und Genossen, Vater und Führer« (Stalin) ist davon die Rede, wie »die käuflichen Judasse – Trockij und seine Spießgesellen – eine Sprengmine unter die eiserne Einheit der Partei legten«.[34] Immer wieder wird eine Einheit zwischen dem abwesenden Trockij und den Angeklagten beschworen: »Die verhaßten Züge von Iuduška-Trockij sind jedem der Angeklagten eigen«[35], auch Zinov'ev wird als »käuflicher Verräter« apostrophiert.

Bei den Artikeln zum 1937er Prozeß finden sich ähnliche Motive wie 1936. Deutlich wird der Händler-Topos herausgestellt. Trockij, Pjatakov und Radek werden als »Verkäufer des Volksblutes«[36] bezeichnet. Radek und Sokol'nikov werden »Spezialisten für den Ausverkauf des Landes«[37] genannt, während über Trockij, der ausländischen Generälen das Land verkaufen wolle, zu lesen ist: »Iuduška-Trockij steht am Tisch, er wackelt mit dem Ziegenbart. Es nickt und kichert der Iuduška-Narr, es wackelt vor Kränklichkeit sein Körperchen.«[38] Das Händler-Motiv wird in den Izvestija über Karikaturen vermittelt: Trockij, Pjatakov und Radek führen deutschen und japanischen Generälen eine Karte der Sowjetunion vor, zu lesen ist: »Wir verkaufen en gros und en detail.«[39] In derselben Ausgabe befindet sich ein Gedicht, in dem das Gericht aufgefordert wird, bei den Prozessen so zuzuschlagen, daß »der geile Zögling der Gestapo, der Judas-Trockij den Schlag spürt«.[40] In einer

32 »Materialy fevral'sko-martovskogo plenuma CK VKP(b) 1937 goda«, in: Voprosy Istorii, 2 – 3/1992, S. 7.

33 Ich gehe im folgenden vor allem auf die Darstellung der beiden zentralen Blätter ein. Die Illustrierte Ogonek, die Zeitschriften Bol'ševik, Oktjabr', Znamja, Novyj Mir (für alle drei Prozesse) und regionale Zeitungen Večernjaja Moskva (1936) Kazakstanskaja, Omskaja und Vostočno-Sibirskaja Pravda (für den dritten Prozeß) gehen nie über die Vorgaben von Pravda und Izvestija hinaus. Das gilt auch für Sammlungen wie Trockisty i Zinov'evcy – vragi naroda. Sbornik materialov »Pravdy«. V pomošč propagandistu, Moskau 1936. Auch die jüdische Tribuna übernahm die Pravda-Artikel. Selbst die Sprache der Verhörprotokolle gleicht den Leitartikeln (Izvestija CK KPSS, 8/1989, in: Schauprozesse, S. 210 – 251).

34 Pravda, 17. 8. 1936, S. 1.

35 Oktjabr', 9/1936, S. 5.

36 Pravda, 24. 1. 1937, S. 4; Pjatakov war kein Jude. Zu Vorstellungen in der Bevölkerung über Blutgebrauch für jüdische Rituale siehe oben, Kap. 4.4.1.

37 Pravda, 25. 1. 1937, S. 1.

38 Ebd., S. 7.

39 Izvestija, 26. 1. 1937, S. 2.

40 Ebd., S. 4.

weiteren Karikatur wird Trockij als Verkäufer von Blut des Volkes dargestellt. Er läßt Pjatakov einen Topf mit »Blut der zugrunde gerichteten Arbeiter, Rotarmisten, Bergleute und Kinder« an einen Nazi überreichen, der in der Hand einen Wechsel hält, und sagt dazu: »Hier, Herr Hess, der Nachweis unserer Kreditwürdigkeit.«[41] Eine dritte Izvestija-Karikatur dieser Machart zeigt die »Volksfeinde« Trockij und Radek, die auf einen Grenzpfahl zulaufen. Trockij – unter einem Napoleonhut mit Hakenkreuz – trägt einen Giftkoffer, Radek eine SA-Uniform. Die Unterschrift lautet: »Judas-Trockij und sein Sprößling.«[42] Das Judas-Motiv taucht 1938 erheblich seltener als zuvor auf – entsprechend den Vorgaben des Prozesses, in dem Vyšinskij einmal das Gehalt eines angeblichen zaristischen Polizeispitzels (unter den Angeklagten) mit den 30 Silberlingen für Judas verglich und Bucharin »und seine Freundchen« als »Jesuiten und Pharisäer, diese Judas Ischariot und Wassilij Schuiskij« bezeichnete.[43] Unter der Überschrift »Tod den Banditen« heißt es etwa in einer Resolution Leningrader Arbeiter: »Die verachtenswerten Mietlinge des Faschismus versuchten im Auftrag des Ober-Banditen, des Ober-Spions Judas-Trockij unsere Heimat auszuverkaufen, unser glückliches, freies Volk in die Knechtschaft zu verkaufen.«[44] Daß Antisemiten in der Partei eine Brücke zwischen Trockijs Nationalität und seinen Neigungen zu »Spekulantentum« hergestellt hatten, wurde auf dem 15. Parteitag auch von der Stalinschen Führung deutlich gerügt.[45] Mit den Maßstäben Jaroslavskijs, der damals den Entlastungsangriff gegen die Opposition führte und ihr Antisemitismus vorwarf, sind die zitierten Karikaturen und Texte als Träger eines unterschwelligen Antisemitismus zu beurteilen.

Immer wieder liest man die Judas-Formel, z.B. im Brief einer Eisenbahner-Nachtschicht: »Mit glühenden Eisen werden wir die Nester der trotzkistischen Schlangen ausbrennen. Tod dem Judas-Trockij.«[46] Das pausenlos wiederholte Epitheton Iuda (Judas) und die Verkleinerungsform Iuduška, worauf Trockij mit dem Gegen-Etikett »Kain Dschugaschwili« reagierte[47],

41 Izvestija, 27. 1. 1937, S. 2; dies läßt sich als eine Anspielung auf traditionelle Ritualmordbeschuldigungen verstehen, Trockij selbst sah dies so, s.u.

42 Izvestija, 1. 2. 1937, S. 2.

43 Prozeßbericht 1938, S. 722. Šujskij war in die Kämpfe um den russischen Thron am Anfang des 17. Jahrhunderts verwickelt.

44 Pravda, 3. 3. 1938, S. 7.

45 Siehe oben, Kap. 7.2.

46 Pravda, 30. 1. 1937, S. 5.

47 Z.B. im April 1938 (Œuvres, Bd. 22, S. 41, S. 334 ff.). Die Verfasser eines Pamphlets von 1931, das Stalin zum Schutzherren der Juden (und anderer Nichtrussen) macht, tauften ihn »Judas II« (siehe oben, Kap. 6.7.). Durch die antibolschewistische Publizistik geisterte die Idee, daß die Bolschewiki nach der Oktoberrevolution Denkmäler für Judas Ischariot errichteten. Siehe N. Cohn, Die Protokolle der Weisen von Zion, S. 193. Im Pamjat'-Dunstkreis wird noch heute behauptet, 1918 habe Trockij ein Judas-Denkmal mit der Aufschrift »Dem Befreier der Menschheit« errichten lassen (nach IJA-Briefing, Vol 1, Nr. 2, Mai 1990, S. 10).

haben allgemein die Bedeutung »Verräter«.[48] Schwer einzuschätzen ist, ob die permanente Wiederholung ein geplanter Appell an tradierte Vorstellungen war, in denen der biblische Judas alle ohnehin schon schlechten Eigenschaften und Taten der Juden (Unehrlichkeit, Geldgier, Christusmord) in verdichteter Form verkörpert. Das »bis zur Karikatur simplifizierte Bild des Juden« hatte in der russischen Literatur – in der sich solche Traditionen manifestierten – seit Puškin und Lermontov unveränderte Züge: als »Bild des jüdischen Wucherers und Schacherers, des Zuhälters und Ausbeuters, des Spions, des Überläufers und Verräters, des Juden als ›Judas‹«.[49] Dostoevskij wählte in seinem »Tagebuch eines Schriftstellers« die Formel »Judas hat Christus verkauft«, um damit einen »voreingenommenen, apriorischen, stumpfen, religiösen Haß gegen die Juden« zu kennzeichnen.[50] In gegen den Antisemitismus gemünzten Texten Ende der zwanziger Jahre wurden sowohl Schüler als auch Lehrer gebrandmarkt, die jüdische Schüler als »Iudy-predateli« oder »Iuduški« verspottet hatten.[51] Es wurde aus dieser Zeit berichtet, daß bei fabrikinternen Wahlen jüdischen Kandidaten die Stimme mit der Begründung verweigert wurde, die Juden hätten Gott für dreiunddreißig Rubel verkauft. Beispiele für antisemitische Übergriffe im Fabrikalltag zeigten, daß Juden als »Christusverkäufer-Judas« beschimpft wurden.[52] Noch deutlicher ist ein Beitrag in der antireligiösen Zeitschrift Bezbožnik, der ebenfalls während der Zeit der Kampagnen gegen den Antisemitismus erschien. Hier wurde behauptet, das »Märchen vom Verräter Judas« werde noch heute von kapitalistischen Kreisen verbreitet, um die unwissenden Massen auf die Juden zu hetzen und grausame Pogrome zu organisieren. Das »Märchen« vom Verrat des Judas, der nie gelebt habe, am »ebenfalls jüdischen Jesus, der auch nie lebte,« ziele auf die Tötung des jüdischen Volkes. Darin liege seine besondere Schädlichkeit.[53] Das heißt, daß nach Maßgaben der

48 Es ist in Fernsehdokumentationen eine falsche Übersetzung von Iuda als »Jude« verbreitet worden. So entsteht der falsche Eindruck einer offen antisemitischen Hetzkampagne gegen »den Juden Trotzki und seinen Zögling, den Juden Radek« (W. Reschl, Die Internationale, WDR-Sendemanuskript, Redaktion J. Rühle, Köln 1984, S. 13). Zum »Judas«-Motiv in den Kampagnen gegen Abtrünnige und »Verräter« allgemein siehe M. Rohrwasser, Der Stalinismus und die Renegaten, S. 48 ff.

49 Ingold, Dostojewskij und das Judentum, S. 9 f.

50 »Die Judenfrage« aus dem »Tagebuch eines Schriftstellers«, in: F. Ingold, Dostojewskij und das Judentum, S. 169 ff., hier S. 178. Ein anderes Beispiel: In Leonid Andreevs Erzählung über den biblischen Judas ist dieser der einzige der Apostel, der eigens als »Jude« apostrophiert wird (L. Andreev, Iuda Iskariot, 1907).

51 L. Radiščev, Jad. Ob antisemitizme našich dnej. S. 20 f.

52 M. Aleksandrov, Klassovyj vrag v maske (o nacionalizme i antisemitizme), S. 77; Komsomol'skaja Pravda, 9. 1. 1929; Tribuna, 16/1931, S. 14.

53 N. Rumjancev, »Skazka ob Iude predatele«, in: Bezbožnik, 10/1929, S. 7 f. Ausführungen zur Geschichte des Antisemitismus erwähnten, daß die ins russische Reich einverleibten polnischen Juden ihren Gegnern als »Nachkommen des Judas Iskariot« galten (Ju. Sandomirskij, Puti antisemitizma v Rossii (1928), S. 7). In einer Erzählung gegen Antisemitismus werden die

offiziellen Propaganda die Verwendung von »Iuda« und »Iuduška« einen antisemitischen Beiklang hatte.

Die klangliche Assoziation »Judas – Jude« ist im Russischen geringer als im Deutschen, da das gewöhnliche Wort für »Jude« evrej lautet. Neben evrej gibt es allerdings auch iudej als selten benutztes Wort, das in religiösen Zusammenhängen vorkam und negativ belegt sein konnte.[54] Die Apostrophierung der »Volksfeinde« als »Jude« (weder neutral evrej oder pejorativ žid) wird man in offiziellen Veröffentlichungen vergeblich suchen. Allenfalls ließe sich unterstellen, daß in den Zeitungsredaktionen in der Polemik gegen André Gide, der die Sowjetrealität kritisiert hatte, dessen ins Russische transkribierter Familienname Žid mit Bedacht in den Mittelpunkt gerückt wurde. Solche Anspielungen wurden verstanden, wie die häufig zitierten Verse über Gide und Feuchtwanger, der sich vielleicht als zweiter »Žid« entpuppen wird, belegen.[55]

Hinter dem »Judas«-Etikett scheint das Bild vom Juden spürbar durch. Wie sehr war dies intendiert? Handelt es sich um eine »kollektive Phantasie« der Texter (und Karikaturisten), gab es Anweisungen, die Kampagne zu akzentuieren? Eindeutige Belege liegen nicht vor; es könnte sie nur für die zweite Variante geben. Für diese ist ein – wenn auch schwaches – Indiz, was 1937 Lion Feuchtwanger von einem Gespräch mit Stalin berichtete, das sich auch um die Person Radeks drehte: »Er [Stalin] erzählte von seinen freundschaftlichen Beziehungen zu diesem Mann. ›Ihr Juden‹, meinte er, ›habt eine ewig wahre Legende geschaffen, die von Judas‹.«[56] Angeblich soll Feuchtwanger bei Stalin in einer zweiten Audienz um die Schonung der jüdischen Angeklagten im Prozeß von 1937 gebeten und als Dank für die erfolgte Rettung von Radek und Sokol'nikov (beide bekamen nur Gefängnisstrafen) erst sein Buch geschrieben haben.[57] Auch wenn das nicht sehr plausibel ist, erwies Feucht-

Juden bei einem Pogrom »Judas-Iskariots« genannt (A. Serafimovič, »V sem'e«, in: Protiv antisemitov, S. 47–58, hier S. 54).

54 Im »Hymnus auf die Göttlichen Leiden Christi« wird z.B. Anklage erhoben gegen die Juden [iudee], die »der Stimme des Vaters der Lüge, des Teufels, des Menschenmörders von Anfang an« gehorchten (Akathistos. Hymnen der Ostkirche, Leipzig 1988, S. 160 f.). Der offene Antisemit V. Šul'gin behauptete, iudej sei wie žid ein Schimpfwort (Čto nam v nich ne nravitsja, S. 119).

55 Bei E. Sinkó wird der Regisseur Ėjzenštejn zitiert: »Fejchtvanger u dverej / stoit s umil'nym vidom, / o kak by sej evrej / ne pokazalsja židom« (Roman eines Romans, S. 403); ähnlich auch im Bjulleten' Oppozicii, Dez. 1937, S. 14; auch bei E. Poretsky, Our Own People, S. 177.

56 Lion Feuchtwanger, Moskau 1937. Ein Reisebericht für meine Freunde, S. 113. Feuchtwanger war von der Rechtmäßigkeit der Prozesse wie auch von der beispielhaften Lösung der Judenfrage in der UdSSR überzeugt. Die die jüdische Landansiedlung in der Sowjetunion betreffenden Abschnitte wurden auch in Oktjabr', 11/1937, S. 200–214, publiziert. Vgl. »Vstreča evrejskich pisatelej s Lionom Fejchtvangerom«, in: Tribuna, 3/1937, S. 8 ff. und Feuchtwangers Vergleich der Situation der Juden in der UdSSR und in Deutschland in: Tribuna, 15/1937, S. 6.

57 Poretsky, Our Own People, S. 198; mit der Anmerkung, daß 1937 die jüdischen Angeklagten zu Gefängnisstrafen, die übrigen aber zum Tode verurteilt worden seien – doch dies trifft nur

wanger der sowjetischen Propaganda mit seinem Buch einen Gefallen – vielleicht hat Stalin spekuliert, daß der Schriftsteller die merkwürdige Aussage in sein Buch übernehmen würde. Stalins Erklärung wurde in der russischen Übersetzung der Feuchtwanger-Schrift in einer Auflage von 200 000 Exemplaren in der Sowjetunion verbreitet.[58]

»Judas« darf dennoch nicht als exklusiv mit »jüdisch« besetzt verstanden werden. Bisweilen wurden auch andere »Volksfeinde« mit diesem Epitheton belegt: Auch angebliche ukrainische Separatisten, denen man vorwarf, Pogrome einkalkuliert zu haben, wurden Iuduška genannt.[59] In einem internen Schreiben wird der Mörder Kirovs Nikolaev als »Verräter Judas« bezeichnet;[60] auch von »Judas-Bucharin« war die Rede.[61] Im Zusammenhang mit Trockij war das »Judas«-Etikett keine Erfindung Stalins. Er griff eine Formel auf, die Lenin schon vor dem Ersten Weltkrieg für Trockij verwandte, als er ihn Anfang 1911 in Anlehnung an die Figur Saltykov-Ščedrins Iuduška Golovlev »Iuduška Trockij« nannte und das »Versöhnlertum« seines politischen Gegners mit den heuchlerischen Versöhnungsversuchen in der Familie durch die Romanfigur verglich. In der alten Garde der Bolschewiki scheint sich dieser Spitzname, nachdem er erst einmal durch Lenin sanktioniert war, gehalten zu haben. Eine Zeugin berichtet, wie P. Krasikov, eines der ältesten Parteimitglieder überhaupt, die Wahl Stalins mit der Bemerkung kommentierte, besser jener als »Iuduška«.[62] Für die breite Öffentlichkeit wurde der entsprechende Text Lenins erst am 21. 1. 1932 zum erstenmal in der Pravda veröffentlicht und kam erst 1948 in die vierte Auflage der Lenin-Werke.[63] Trockij verstand, daß hier an religiöse Motive appelliert wurde und konterte schon 1933 mit der Bemerkung, Lenin habe 1912 in einem Privat-

auf die vier prominenten Hauptangeklagten zu, nicht aber auf alle 17 (z.B. wurden Livšic und Drobnis zum Tode verurteilt). Auch Feuchtwangers Witwe berichtet von Stalins Versprechen, Radek »nur für Feuchtwanger« zu schonen. Martha Feuchtwanger, An Emigree Life, Los Angeles 1976, zit. bei K. Kröhnke, Lion Feuchtwanger, S. 37. Zur Feuchtwanger-Visite siehe auch die Berichte seiner Dolmetscherin, die zwar nichts über das Treffen mit Stalin aufzeichnete, aber einige kritische Anmerkungen Feuchtwangers über die Schauprozesse und den sowjetischen Alltag: »L. Fejchtvanger v Moskve. (Iz otčetov sotrudnicy VOKS)«, in: Sovetskie Archivy, 4/1989, S. 55 – 63.

58 L. Fejchtvanger, Moskva 1937, S. 69; dort – hervorgehoben durch die Kapitelbenennung Stalin i »Iuda« – wörtlich: »Vy evrei, – obratil'sja on ko mne, – sozdali bessmertnuju legendu, legendu o Iude.«

59 Tribuna, 3/1930, S. 8.

60 So im Januar 1935, Izvestija CK KPSS, 8/1989, in: Schauprozesse, S. 222.

61 Bol'ševik, 1/1938, S. 34.

62 L. Šatunovskaja, Žizn' v Kremle, S. 49. Vgl. Čuer, Sto sorok besed s Molotovym, S. 219.

63 Lenin, »Über die Schamröte des Juduschka Trotzki«, in: LW, Bd. 17, S. 29. Im Kurzen Lehrgang von 1938, der die Parteigeschichte für die Massen verbindlich festschrieb, wurde auf die Leninsche Quelle dieser Bezeichnung verwiesen (Geschichte der Kommunistischen Partei der Sowjetunion, S. 164, S. 396).

brief mitgeteilt, daß sich »Iuduška« nur auf den Roman beziehe und keine Verbindung zum Judas des Evangeliums bezweckt sei.[64]

Zweideutig ist auch der Vorwurf an die Trotzkisten, Agenten der Nationalsozialisten zu sein. Das angebliche Bündnis mit Antisemiten zeigte die Verabscheuungswürdigkeit des »nationalen Nihilismus der Trotzkisten«[65], die nicht nur gegen das sowjetische Vaterland, sondern auch noch gegen ihre eigene Herkunft handelten: also »wurzellose Kosmopoliten«[66] nicht minder als diejenigen, die in den Kampagnen Ende der vierziger Jahre präsentiert wurden.

Die Prozesse appellierten an Vorstellungen eines ressentimentbeladenen Publikums, nach denen Juden sich durch einen besonderen Fanatismus bei ihren umstürzlerischen Umtrieben auszeichnen, der sie alle Bindungen vergessen lasse, so daß sie zu jedem Teufelspakt in der Lage seien. Die Behauptung einer Zusammenarbeit von Trotzkisten und Nazis konnte ein antisemitisch eingestellter Sowjetbürger so verstehen, daß es eben geheime, dem oberflächlichen Blick verborgene Zusammenhänge gebe, gewissermaßen eine Verschwörung, hinter der – wieder einmal – Juden stünden. Das in den Prozessen entlarvte Bündnis alter bolschewistischer Revolutionäre (jüdischer Herkunft) mit den finstersten Reaktionären wirkt wie eine Lektion über den Bruch der Partei mit ihrer Vergangenheit: Die angebliche Zusammenarbeit eines Trockij mit den Nazis ist gewissermaßen eine extreme Analogie zur Machteroberung Lenins mittels deutscher Unterstützung, gegen die Interessen des Vaterlandes, mit der Bereitschaft zu territorialen Zugeständnissen an die deutschen Imperialisten. Diese anationale Politik, nur um die Weltrevolution voranzutreiben – so instruierten die Prozesse eine Bevölkerung, die von diesen Zusammenhängen eher vage Vorstellungen hatte –, gehörte nun der Vergangenheit an.[67] Die Moskauer Inszenierungen demonstrieren einen unbegrenzten Machtanspruch – den Sieg der Bolschewiki selbst über den gesunden Menschenverstand. Wenn das NKVD es enthüllt, bilden nicht nur die Rechten in der Partei und die Trotzkisten einen Block, werden auch die jüdischen Altbolschewiken zu faschistischen Agenten.

Die stalinistische Verschwörungstheorie schafft sich ihren »Juden« selbst. In ihrem Sinne ist der kosmopolitische Intellektuelle Bucharin, der russischer Herkunft ist, viel »jüdischer« als ein Kaganovič, der wirklich aus dem

64 Bjulleten' Oppozicii, Juli 1933, S. 22.

65 Znamja, 10/1937, S. 249.

66 Der Begriff wird noch nicht gebraucht, aber in der antikosmopolitischen Kampagne ab 1948 wird man auf die Prozesse zurückgreifen und rückblickend beweisen, daß damals schon die »Kosmopoliten« Pjatakov und Trockij sich von Hitler anwerben ließen. Siehe Voprosy Filosofii, 3/1948, abgedr. bei Pinkus, Evrei i evrejskij narod, S. 1376.

67 Die Trotzkisten erklärten so gesehen zurecht, Lenin sei in dem Prozeß mitangeklagt. Siehe L. Sedov, Rotbuch, S. 60 ff.

štetl stammte. Bucharin wurde 1938 unter anderem vorgehalten, daß er schon 1915 Lenins Aufsatz über den Nationalstolz der Großrussen als »Sozialpatriotismus« zurückgewiesen und noch Anfang 1936 in den Izvestija das russische Volk als »Nation der Oblomow« beschimpft hatte.[68] »Judas-Bucharin« habe wie Trockij versucht, das »unerschöpfliche Genie des russischen Volkes zu verleumden«.[69]

Das stalinistische Feindbild des symbolischen Juden beleiht traditionelle antisemitische Vorstellungen, löst sich aber davon ab. Dennoch bleibt dieser in Antitrotzkismus und später in Antikosmopolitismus transponierte Antisemitismus seinem Urbild eng verwandt. Er rückt eine überproportionale Anzahl von Personen jüdischer Herkunft in den Mittelpunkt und macht sie zur Zielscheibe inszenierter Haßrituale, in denen an traditionell antisemitische Bilder und Ideen (Schacherer, Blutbeschuldigungen) appelliert wird. Unverhüllter Antisemitismus bleibt tabu. Dies änderte sich selbst in den »schwarzen Jahren« 1948 – 1953 nicht, in denen sich die Propaganda in viel stärkerem Maße eindeutiger Anspielungen bediente. Die Ablehnung Trockijs durch die heutigen russischen Rechten knüpft an Bilder an, die in der Zeit der Stalinschen Prozesse geschaffen wurden und später mit offiziellem Segen immer wieder verwendet wurden.[70]

8.1.3. Antisemitismus-Vorwürfe in der Kritik an den Schauprozessen

Die vielleicht am offensten ausgesprochene Kritik an den Moskauer Prozessen als »Pogrom« findet man 1937 bei dem Ex-Kommunisten W. Schlamm: Stalin kenne die von unten kommenden antisemitischen Regungen ausgezeichnet. Darauf sei die Prozeßkonstellation zugeschnitten:

> Diese Garnitur verkrachter Missetäter, die da vor dem Militärgericht stand, war wie von Julius Streicher aussortiert: das unglückselig jüdische Gesicht Sinowjews, diese jüdische, wehleidige Zerfressenheit der »Verantwortung«, die provokatorisch jüdischen Namen. Von oben her, aus dem Mund der Gerichtsfunktionäre und aus den Redaktionsstuben, musste auch nicht ein einziges antisemitisches Wörtchen fallen, und trotzdem war die Wirkung unten sehr massiv und eindeutig: [...] »Diese Juden – immer wieder wollen sie Unruhe, ewige Hast und Unrast! Eben Juden. Wir haben schon endlich genug,

68 Prozeßbericht 1938, S. 697; man warf ihm auch vor, sich angewöhnt zu haben, Deutsch zu sprechen (ebd., S. 474) und schob besonders seine ultralinke Vergangenheit in den Vordergrund (mit der Behauptung, er habe schon 1918 einen Anschlag auf Lenin, Stalin und Sverdlov geplant, S. 531).

69 Ebd., S. 34.

70 »Iuduška« Trockij findet sich neben anderen negativ gezeichneten jüdischen Figuren in Romanen der Brežnev-Zeit (B. Pinkus, The Jews of the Soviet Union, S. 227). Zu Veröffentlichungen seit 1986 siehe: Jews and Jewish Topics in Soviet and East-European Publications, 5, S. 20 ff.

wollen unsere Ruhe. Wir sind keine wurzellosen Luftmenschen, die sich – man kennt sie ja! – nur in endlosem Zank und Streit und bei talmudischem Herumdebattieren wohl fühlen können. Wir sind russische Menschen, und Stalin ist einer von uns.«[71]

Daß in den Schauprozessen zahlreiche jüdische Angeklagte präsentiert wurden, blieb im Ausland nicht unbemerkt. Ob dabei von sowjetischer Seite sogar nachgeholfen wurde, ist unklar. In TASS-Verlautbarungen soll angeblich mit den ursprünglichen Namen Zinov'evs und Kamenevs an deren jüdische Herkunft erinnert worden sein. Trockij zitiert einen Brief seines Anhängers F. Pfemfert vom August 1936, der behauptete, daß Stalin »es fertigbrachte, durch ›Tass‹ die Namen von Sinowjew und Kamenew ›richtigzustellen‹«.[72] Wenn ausländische Zeitungen die jüdischen Namen der Angeklagten angaben, ist das noch kein Beweis, daß der Grund dafür bei der TASS lag. In der Londoner Times hieß es zum Beispiel in einem Bericht über die Prozesse »Kamenev alias Rosenfeld«.[73] Das bedeutet nicht, daß die »alias«-Nennung auf einen Trick Stalins mittels der TASS zurückging. Noch weniger ist das bei der deutschen Presse anzunehmen, in der das Judentum der Angeklagten keineswegs verschwiegen wurde. Dabei wurde aber Kamenev mit »Finkelstein« ergänzt; man könnte also annehmen, daß es keine einheitliche Namens-Enttarnung seitens der TASS o.ä. gab.[74]

Im Gegensatz zu den Namen der prominenten Angeklagten Zinov'ev, Kamenev, deren Namen in der sowjetischen Presse nicht mit »Rosenfeld« oder

71 W. Schlamm, Diktatur der Lüge, S. 97. Schlamm, der in den siebziger Jahren als Kritiker der bundesdeutschen Ostpolitik bekannt wurde, war 1920 als junger österreichischer Kommunist nach Moskau gegangen. Seit 1923 war im ZK der KPD, aus der er 1929 nach einem Moskauer Parteiverfahren austrat. Seine Position war isoliert, wie er selbst sah: die Intelligenz sei so von »Streichers Pornographie« fasziniert, daß sie die Vorgänge in der Sowjetunion nicht verstehe – so applaudierten »Juden einem Pogrom« (ebd., S. 98). Biographische Angaben in: M. Rohrwasser, Der Stalinismus und die Renegaten, S. 358 f. Dort auch weitere Angaben zur Reaktion der Exilschriftsteller auf die Prozesse (v.a. S. 129 – 176); ebenso bei D. Pike, Deutsche Schriftsteller im sowjetischen Exil, S. 217 ff.

72 Brief von Pfemfert, 25. 8. 1936 (T 4141); Trotsky, Œuvres, Bd. 12, S. 342 – 351; »Thermidor and Antisemitism«, S. 93; Trotzki, Schriften, Bd. 1.2, S. 1049. Im Reprint von Pfemferts Zeitschrift »Die Aktion« fand ich keine weiteren Angaben. Es gelang mir nicht, TASS-Meldungen aus der betreffenden Zeit ausfindig zu machen. In keinem bekannten Text für den innersowjetischen Gebrauch wurden jedoch die Namen Zinov'evs oder Kamenevs enttarnt.

73 Times, 26. 8. 1936, S. 7; dort wird auch gesagt, Kamenev sei schon 1926/27 einer antijüdischen Bewegung zum Opfer gefallen. Schon die Times-Meldung vom 20. 8. 1936, S. 13, betonte, daß einige Angeklagten Juden seien. Eine aufschlußreiche Analyse der Rezeption der Prozesse in England bietet Peter Deli, »The Manchester Guardian and the Soviet Purges 1936 – 38«, in: Survey, 28 (1984), Nr. 1, S. 119 – 165. Hier spielte die antijüdische Konnotation offenbar keine Rolle, wenn man davon absieht, daß in Leitartikeln von »The Darkest Russia« (das war vor der Revolution die Chiffre für die Pogrome) die Rede war (6. 4. 1937, Deli, S. 124). S. Švarc, später Erforscher des sowjetischen Antisemitismus, beachtete als Kolumnist 1936 diesen Aspekt nicht (Deli, S. 138).

74 Völkischer Beobachter, 30. 8. 1936, S. 16.

»Apfelbaum« ergänzt wurden[75], wurden im offiziellen Prozeßbericht von 1936 bei den »Terroristen« F. David, K. Berman-Jurin, M. Lurie die Alias-Angaben aufgeführt.[76] Allerdings lassen diese Zusätze kaum mehr als die eigentlichen Namen die jüdische Herkunft der Angeklagten erkennen. Das mögliche antisemitische Moment liegt daher nicht bei den Namen, sondern schon darin, daß diese Angeklagten überhaupt der Öffentlichkeit präsentiert wurden. Die erwähnten drei und dazu noch Nathan Lurie und Valentin Olberg waren ja keine prominenten Parteimitglieder, die als mögliche Konkurrenten aus dem Weg geräumt wurden, oder symbolische Vertreter von linken oder rechten Abweichungen, die Stalin als Personen stellvertretend für mögliche Alternativen in der Parteigeschichte liquidieren ließ, sondern offenbar bewußt ausgesuchte »Handlanger Trockijs«, die angeblich von ihm aus Berlin nach Moskau zur Ermordung der Sowjetführer gesandt wurden. Trockij selbst wies später rückblickend darauf hin, daß es wohl kein Zufall gewesen sein könne, daß man ihm ausgerechnet jüdische Helfershelfer unterschoben habe.[77]

Wie bei den innerparteilichen Auseinandersetzungen der zwanziger Jahre fällt auf, daß L. Trockij sehr vorsichtig argumentierte. Er hatte kein Selbstverständnis als Jude und war sich bewußt, daß das Insistieren auf dem Status des von Antisemiten verfolgten Juden kontraproduktiv sein konnte. So blieb 1936 ein Brief an seinen norwegischen Anwalt unveröffentlicht, in dem Trockij auf die Auswahl der »Terroristen« einging. Im Bemühen, die absurden Beschuldigungen zu widerlegen, wies er darauf hin, daß Juden als Terroragenten der Gestapo nicht gerade wahrscheinlich seien. Den Grund für die Auswahl jüdischer Intellektueller sah Trockij zunächst in einem praktischen Umstand. Er habe (nach Lesart der Anklage) schließlich Agenten aus dem Ausland schicken müssen – das rechtfertige Gegenmaßnahmen der Sowjetunion im Ausland.[78] Aus dem kleinen Personenkreis mit internationalen Beziehungen in den kommunistischen Parteien und entsprechenden Sprachkenntnissen seien »nur die kleinbürgerlichen, jüdischen Intellektuellen aus den Randstaaten (Litauen, Lettland)« übriggeblieben: »Die russisch-jüdischen Kleinbürger, Intellektuelle und Halbintellektuelle aus den

75 Das wird immer wieder behauptet, neuestens bei A. Low, Soviet Jewry and Soviet Policy, S. 51.

76 Prozeßbericht 1936, S. 39.

77 Trotsky, »Thermidor and Antisemitism«, S. 93; zur Charakterisierung dieser »Emissäre« siehe auch aus trotzkistischer Sicht, aber ohne Hervorhebung des antisemitischen Moments: Max Shachtman, Behind the Moscow Trial. The Greatest Frame-up in History, New York 1936, S. 86 ff.

78 Die Aussagen der »Terroristen« über ihren politischen Werdegang in der KPD etwa denunzierten Oppositionsbestrebungen in kommunistischen Parteien außerhalb der Sowjetunion. M. Lurie z.B. schilderte auf Vyšinskijs Nachfrage seine Verbindung zu Ruth Fischer (Prozeßbericht 1936, S. 106 f.). M. und N. Lurie wurden von Stalin eigenhändig auf die Liste der Angeklagten gesetzt. Stalin ergänzte diese ferner um zwei Nichtjuden. Siehe Schauprozesse, S. 164 f.

Randstaaten, ohne ernste Verbindung mit der Arbeiterklasse, ohne revolutionäre Vergangenheit, auch ohne ernste theoretische Schulung, beweglich und sprachkundig, spielten u. spielen eine bedeutende, meistens negative, zuweilen miserable Rolle im Dienste der Komintern.«[79] Trockij betonte, er habe stets vor dieser Schicht gewarnt, jedoch nicht aus nationalen, sondern sozialen und politischen Erwägungen heraus. Stalin habe mit dieser Wahl jedoch auch ein anderes Ziel verfolgt. Man erkenne das beispielsweise an dem Dokument, in dem ihm unter dem Namen »Bronstein« die sowjetische Staatsbürgerschaft aberkannt worden sei. Stalin habe sich nie gescheut, die »niedrigsten Vorurteile im Kampfe gegen die Opposition auszunutzen«. Er habe es »ganz vorteilhaft finden« müssen, daß die von Trockij angeblich geschickten Terroristen durchweg jüdische Namen tragen.[80]

Kurz vor dem zweiten Moskauer Schauprozeß von 1937 erklärte Trockij in Mexiko in einem Interview der Jüdischen Telegraphenagentur und des in Mexiko herausgegebenen jiddischen Blatts »Der Veg«, daß die »bürokratische Reaktion« in der Sowjetunion nicht zögere, das Banner des Chauvinismus hochzuhalten, und dabei auch den Antisemitismus einsetze. Schon der Moskauer Prozeß von 1936 habe Internationalisten als »glaubens- und gesetzeslose Juden« präsentiert, die sogar imstande seien, sich an die deutsche Gestapo zu verkaufen. Seit 1925 und besonders 1926 gehe eine verhüllte antisemitische Demagogie Hand in Hand mit Prozessen gegen offene Pogromhelden. Ein großer Teil des jüdischen Kleinbürgertums sei vom Staatsapparat absorbiert worden und gehöre zur oberen und mittleren Führungsschicht. Das habe antisemitische Stimmungen gefördert, die von den Führern manipuliert würden, um die Unzufriedenheit mit der Bürokratie gegen die Juden zu kanalisieren.[81] Kurz danach trat Trockij mit einem Pressekommuniqué an die Öffentlichkeit: In Anspielung auf die Vorwürfe gegen ihn, das »Blut der Arbeiterklasse« an den Feind verkauft zu haben, warf Trockij die Frage auf, ob hier Juden angeklagt würden, das Blut von Christen zu rituellen Zwecken mißbraucht zu haben.[82] Für seine Vorwürfe, die er vor allem in der jiddischen Presse, also an ein spezielles Publikum gerichtet, vorbrachte, ern-

79 Faksimile des Briefs Trockijs an Michael Puntervold in deutscher Sprache, 26. 10. 1936, im Prospekt des Verlags der zehnbändigen Ausgabe der Trockij-Schriften, o.O. (Hamburg) o.J. (1988), o.S.

80 Ebd. Trockij unterstellte also nicht, die jüdische Herkunft sei Hauptkriterium für die Auswahl der Angeklagten gewesen. Es handelte sich nach seiner Deutung um einen von Stalin gerne ausgenützten Nebeneffekt.

81 Das in Englisch geführte Interview (Trockij entschuldigte sich, kein Jiddisch zu können) wurde im Wortlaut am 28. 1. 1937 im Jewish Daily Forward veröffentlicht, später im The Forth International, Dezember 1945 nachgedruckt. Hier zitiert nach dem Nachdruck in: Leon Trotsky on the Jewish Question, S. 21; auch in: Œuvres, Bd. 12, Dez. 1936 - Feb. 1937, Paris 1982, S. 116 – 122.

82 T4051, »Pratiques Antisémites«, Pressekommuniqué vom 30. 1. 37 in: Œuvres, Bd. 12, S. 221.

tete Trockij herbe Kritik von amerikanischen Juden – auch von solchen, welche die Stalindiktatur ablehnten. B. Goldberg schrieb im New Yorker »Der Tog«, daß Trockij mit seiner Behauptung antisemitischer Untertöne im Moskauer Prozeß ganz allein dastehe. Weder die amerikanische jüdische Presse mit ihrem feinen Empfinden für Antisemitismus noch die 200 Korrespondenten, die den Prozeß verfolgten, hätten dergleichen behauptet. Dies sei eine sehr ernste Beschuldigung, da die Juden gewöhnt seien, auf die Sowjetunion als ihren einzigen Trost zu blicken, zumindest was den Antisemitismus betreffe. Alle, die in die Sowjetunion gereist seien, Juden wie Nichtjuden, hätten berichtet, daß es dort keinen Antisemitismus gebe. Es sei daher unverzeihlich, daß Trockij solch unbegründete Beschuldigungen gegen Stalin erhebe.[83]

Offenbar hat die herbe Kritik Trockij bewogen, das Thema »Antisemitismus« nicht mehr in den Vordergrund zu stellen. Trockij brachte solche Vorwürfe ohnehin nur dezent vor: Weder im Bjulleten' Oppozicii noch im aus dessen Artikeln zusammengestellten Rotbuch über den Moskauer Prozeß, das sein Sohn Sedov herausgab, wurde diesem Aspekt besondere Aufmerksamkeit gewidmet. Als in Nowosibirsk im November 1936 Trotzkisten beschuldigt wurden, mit einem deutschen Agenten zusammengearbeitet zu haben, kommentierte Sedov, dies sei eine bessere Wahl als gerade die jüdischen Gestapo-Agenten des Moskauer Prozesses.[84] Beim Gegenverfahren, das im April 1937 in den Vereinigten Staaten abgehalten wurde, ging Trockij als Zeuge vor der Dewey-Kommission mit keinem Wort auf den Antisemitismus-Aspekt der Prozesse ein. Vielmehr schloß er sich den mehrfach in den Kritiken am ersten Prozeß angeklungenen Remineszenzen an Dostoevskij-Romane an, die das Verhalten der Angeklagten in die Tradition der russischen Geistesgeschichte rückten, womit deren jüdische Herkunft in der Argumentation gegen die Moskauer Machinationen keine Rolle spielte.[85] Beim Prozeß von 1938 ging Trockij eher beiläufig auf die Anklagen gegen die Ärzte und den Talisman von Rosengol'c ein, zog aber die Parallelen zum Zerfall des Zarismus und zur Rasputin-Affaire.[86] Nur noch Anspielung war der

83 Der Tog, 26./27. 1. 1937, zit. in: Nedava, Trotsky and the Jews, S. 186. Goldberg, der auf Trockijs Ausführungen gegenüber dem Blatt Veg vom 18. 1. 37 reagierte, forderte Trockij erfolglos auf, seine Antisemitismusvorwürfe im Tog darzulegen (ebd., S. 270). Auch der Zionistenführer Rabbi Wise wies Trockijs Anschuldigungen gegen die Sowjetunion zurück (ebd., S. 187).

84 Bjulleten', März 1937, S. 46; auch in: L. Sedov, Rotbuch über den Moskauer Prozeß, S. 108. Im Juni 1938, S. 21, brachte das Bjulleten' kurze allgemeine Ausführungen über Antisemitismus in der Sowjetunion und ihrer Bürokratie als typisches Kennzeichen für reaktionäre Tendenzen (auch in: Schriften, Bd. 1.2, S. 1140).

85 The Case of Leon Trotsky, S. 498.

86 Im schottischen Forward vom 16. 4. 1938, zit. bei Nedava, S. 271. In Polen warfen Trotzkisten im Untergrund Stalin vor, er führe eine rassistische Kampagne gegen die »żydo-komuna«. Siehe Mario Keßler, Antisemitismus, Zionismus und Sozialismus. Arbeiterbewegung und jüdische Frage im 20. Jahrhundert, Mainz 1993, S. 121.

Vergleich der Schauprozesse mit dem Dreyfus-Fall und dem Kiever Ritualmordprozeß von 1913 gegen Bejlis.[87] In den zahlreichen gedruckt vorliegenden Schriften Trockijs, die einen eher persönlichen Charakter haben, kommt das Thema »Antisemitismus« überhaupt nicht vor.[88]

Auf der Grundlage von Trockijs Vorwürfen – oder deren geringer Intensität – allein darf kein Urteil in unserer Fragestellung gefällt werden. Es muß berücksichtigt werden, daß Trockij eine gewisse Scheu an den Tag legte, sich überhaupt mit dem Antisemitismus auseinanderzusetzen. Wenn er Stalin Antisemitismus vorwarf, dann nicht deshalb, weil er hier ein wohlfeiles Argument sah, das er ausnutzen konnte. Was als ein Spielen mit dem Antisemitismus, als bewußtes Kalkulieren mit vorhandenen Ressentiments im gesamtsowjetischen Publikum der Prozesse gelten kann, läßt sich nicht auf einfache Formeln bringen, die im politischen Alltag leicht zu handhaben sind. Trockij verzichtete darauf, seinen im Februar 1937 geschriebenen Aufsatz über den stalinistischen Antisemitismus zu veröffentlichen.[89] Dies zeugt davon, daß er sich der Komplexität seines Vorwurfs bewußt war. Jedoch nicht nur die Schwierigkeit, die antisemitischen Untertöne wirklich zu fassen, hielt Trockij davon ab, diesen Aspekt stärker in den Vordergrund zu rücken. Es war ihm offenbar peinlich, daß es in der Sowjetunion überhaupt noch Antisemitismus gab, an den Stalin appellieren konnte. Trockij hatte ein durchaus positives Verhältnis zum Sowjetpatriotismus, den er für »sehr tief, aufrichtig und lebendig« hielt[90], und er hing der Vorstellung einer politisch »sauberen« Arbeiterklasse an. Seine Auseinandersetzung mit dem sowjetischen Antisemitismus bleibt begrifflich unscharf: Einerseits gab er zu, daß in der Sowjetbürokratie überproportional viele Juden vertreten seien, unterstellte aber auch dieser »Bürokratie«, die Schauprozesse als Blitzableiter zu gebrauchen, der die berechtigte Unzufriedenheit der Arbeiter und Bauern auf die Juden ablenke.[91]

87 »Kain Džugašvili idet do konca«, in: Bjulleten' Oppozicii, April 1938; auch in: Œuvres, Bd. 22, S. 334 ff. (= T 4329).

88 Durchgesehen wurden: L. Trockij, Dnevniki i pis'ma, Tenafly 1986; L. Trotzki, Tagebuch im Exil, München 1983; Trotsky's Notebooks, 1933 – 1935. Writings on Lenin, Dialectics, and Evolutionism, New York 1986; Léon Trotsky, Alfred u. Marguerite Rosmer, Correspondance 1929 – 1939, Paris 1982.

89 In diesem Text (»Thermidor and Antisemitism«) griff er vorrangig auf die Vorgänge aus der Zeit des Kampfes Stalins mit der Opposition zurück und verzichtete auf eine Analyse der aktuellen Kampagne in der Sowjetpresse. Siehe oben, Kap. 7.3.

90 Vgl. »Verratene Revolution«, in: Schriften, Bd. 1.2, S. 856.

91 »Thermidor«, in: Schriften, Bd. 1.2, S. 1043 ff.; das könnte heißen, daß innerhalb der Bürokratie ein Kampf geführt werde zwischen den »Juden« und denen, die aus ihnen Sündenböcke machen wollen; oder daß es eine Verschwörung aller »Bürokraten« – gleich welcher Herkunft – gibt. Ebenso nebulös hantiert eine spätere trotzkistische Interpretation des sowjetischen Antisemitismus mit dem Begriff »Bürokratie«: George Clarke, »The Soviet Purges and Anti-Semitism«, in: Forth International, 13 (1953) S. 163 – 168; vgl. zu Trockijs Einstellung zur

Das antisemitische Element blieb in den Prozessen unterschwellig. So blieb weder die Loyalität jüdischer Kommunisten noch die Unterstützung liberaler jüdischer Kreise in den USA bedroht. Die absurden Konstruktionen einer Zusammenarbeit Trockijs mit NS-Deutschland signalisierten einer nicht antisemitischen Öffentlichkeit – besonders im Westen – daß es bei den Prozessen eben nicht gegen die Juden gehe, da schließlich der Nationalsozialismus – also auch der Antisemitismus – mit auf der Anklagebank sitze. Damit wird nachvollziehbar, wie etwa der zunächst stark zweifelnde A. Zweig sich den »Pakt« der Nazis mit Trockij nach den Vorgaben der Prozeßprotokolle zurechtinterpretieren konnte: Trockij spekuliere, daß ein faschistischer Angriff die sowjetischen Massen zur Revolution aufstachele, wobei ein echter Kommunismus erst dann verwirklicht werde.[92] Für viele deutsche Linksintellektuelle, gerade wenn sie jüdischer Herkunft waren und im Exil leben mußten, war die Sowjetunion ein letzter Hort der Zuversicht. Ihrer Auseinandersetzung mit den Schauprozessen ist anzumerken, wie sie sich selbst zu überreden versuchten, zu glauben, daß dort alles mit rechten Dingen zugegangen sei.[93] Auch unter Nichtkommunisten war das Bild der Sowjetunion als der Macht, die den Antisemitismus unerbittlich verfolgt, schwer zu erschüttern.[94] Allgemein war der Westen bereit, die gespenstischen Prozesse für bare Münze zu nehmen – nicht nur eindeutig parteiische Beobachter, selbst die in Moskau ansässigen Diplomaten nahmen die Darbietungen ernst.[95]

Judenfrage allgemein und in Hinblick auf die Antisemitismusvorwürfe gegen die Stalinsche »Bürokratie« neben Nedava, Trotsky and the Jews, auch Baruch Knei-Paz, The Social and Political Thought of Leon Trotsky, Oxford 1978, S. 548 f.

92 Lion Feuchtwanger und Arnold Zweig, Briefwechsel 1933 – 1958, Bd. 1 (1933 – 1948), Frankfurt a.M. 1986, S. 139 (Brief Zweigs v. 7. 2. 1937). Schon Feuchtwanger hatte aus Moskau verkündet, daß Trockij zu den Faschisten ging wie einst Alkibiades zu den Persern, er sei »nie russischer Patriot gewesen« (Moskau 1937, S. 121).

93 Besonders deutlich wird dies bei E. Bloch in seinen Artikeln »Kritik einer Prozeßkritik«, »Feuchtwangers ›Moskau 1937‹« und »Bucharins Schlußwort«, abgedruckt in: Ernst Bloch, Vom Hasard zur Katastrophe. Politische Aufsätze aus den Jahren 1934 – 1939, Frankfurt a.M. 1972, S. 175 ff., S. 230 ff., S. 351 ff.

94 Siehe z.B. Max Horkheimers Beitrag in: Ernst Simmel (Hrsg.), Antisemitismus, Frankfurt a.M. 1993 [urspr. 1946], S. 26.

95 Dudley Collard, Soviet Justice and the Trial of Radek and Others, London 1937, passim; W. Davies, Als USA-Botschafter in Moskau, S. 43 ff., auch über die Stimmung im diplomatischen Korps. Zu Davies siehe auch K. Kröhnke, Lion Feuchtwanger – Der Ästhet in der Sowjetunion, S. 26 f. Vgl. ferner die ähnliche Sicht wie bei Davies in: Walter Duranty, USSR. The Story of Soviet Russia, Philadelphia, New York 1944, S. 215 ff. Man darf bei nach 1941 veröffentlichten amerikanischen Texten nicht vergessen, daß sie in einer Zeit erschienen, als die Sowjetunion Verbündete gegen Deutschland war. Die US-Regierung wurde auch mit anderen Interpretationen versorgt: Der amerikanische Botschafter in Polen berichtete 1937, daß von Stalin eine intensivere Reinigung vom »jüdischen Element« erwartet werde, dem er wegen dessen »Getto-Mentalität«, aber auch wegen der Verbindungen mit dem Ausland mißtraue. Siehe Z. Szajkowski, Jews, Wars, and Communism, Bd. 1, S. 391.

8.2. Sowjetrussischer Patriotismus und Antisemitismus

8.2.1. Kult um Heimat und Vaterland

Der Sowjetpatriotismus hatte Vorläufer in einigen Äußerungen Lenins und in Aufrufen zur Verteidigung des sozialistischen Vaterlandes vor dem Friedensschluß von Brest-Litowsk.[96] Auch die Etablierung der Lehre vom »Sozialismus in einem Land« hatte eindeutig patriotische Implikationen.[97] Im März 1929 war in einem Brief Stalins, der allerdings erst nach dem Zweiten Weltkrieg veröffentlicht wurde, erstmals von »sozialistischen Nationen« die Rede.[98] Die Markscheide der Hinwendung zum offenen Heimatkult war 1934 das Unglück des Polarforschungsschiffs Čeljuskin, dessen Besatzung von Fliegern gerettet wurde. Die Pravda schrieb erstmals von »grenzenloser Liebe und Treue zu ihrer [der Flieger] Heimat«.[99] Dabei standen Russen nicht im Vordergrund. Die am meisten erwähnten Helden waren die Polarforscher Šmidt und Samojlovič – für jedermann erkennbar deutsche und jüdische Namen.[100] Hier wurde demonstriert, daß der Sowjetpatriotismus Ausdruck von Vaterlandsliebe und Internationalismus, Nationalstolz und Verbrüderung aller Völker zugleich sei. In den ersten Jahren der sowjetpatriotischen Wende nach 1934 wurde die neue Heimatliebe deutlich vom russischen Nationalismus – bis hin zum Antisemitismus – abgegrenzt: »Der großrussische Chauvinismus hätte nichts dagegen, wenn alle nationalen Republiken, die ukrainische, weißrussische usw. aufgelöst würden. Mit Verachtung blickt er auf die Bräuche, die Kultur und die Lebensweise der unter dem Zarismus rückständig gewesenen Völker. Er hat auch nichts gegen die Schürung des Judenhasses – des Antisemitismus. Lenin aber sah in allen Antisemiten Volksfeinde, Feinde des Proletariats.«[101]

Nach 1934 wurde der Sowjetpatriotismus allmählich mit russischen Inhalten gefüllt. Russischer Nationalismus war in den zwanziger Jahren stets als »Großmachtchauvinismus« hingestellt worden.[102] »Großrussischen Chau-

96 »Das sozialistische Vaterland ist in Gefahr!« Aufruf des Rats der Volkskommissare 1918, zit. bei Oberländer, Sowjetpatriotismus, S. 53; 1937 zitierte Vyšinskij Lenin von 1915 (Prozeßbericht 1937, S. 539 f.).

97 Siehe oben, Kap. 7.5.

98 »Die nationale Frage und der Leninismus«, in: Werke, Bd. 11, S. 303 f.

99 Pravda, »Za rodinu«, 9. 6. 1934; in: Oberländer, Sowjetpatriotismus, S. 58.

100 Ogonek, 8; 9; 10/1934. Von den 104 Teilnehmern der Expedition waren 5 jüdischer Herkunft (JTA, 27. 4. 1934, S. 10; 23. 6. 1934, S. 4). Schon 1928 hatte Samojlovič der JTA gegenüber erklärt, er sei stolz auf sein Judentum (9. 10. 1928, S. 4).

101 E. Jaroslawski, Was fordert die Partei vom Kommunisten, S. 113 (ursprünglich russ. 1935). Auf dem 10. Kongreß des Komsomol 1936 wurde verkündet: »Unser Patriotismus hat nichts gemein mit dem Chauvinismus und Hurrapatriotismus der ›echtrussischen‹ Schwarzhundertler [sic].« A. Kossarew, Die jungen Patrioten des Sowjetlandes, S. 32.

102 Siehe Stalins Erklärung auf dem 10. Parteitag 1921 in: Stalin, Werke, Bd. 5, S. 35. Stalin hatte zuvor eine »imperiale« Linie vertreten (Werke, Bd. 4, S. 311), änderte diese Position aber spä-

vinismus« malte Stalin auf dem 12. Parteitag 1923 als bedrohliche Erscheinung an die Wand.[103] Neben dem Kampf gegen diese »Hauptgefahr« müsse aber an einer zweiten Front der Kampf gegen den lokalen Chauvinismus geführt werden, wozu nur die Kommunisten der jeweiligen Nationen berechtigt seien.[104] Dies blieb die nach außen propagierte Leitlinie der Stalinschen Politik bis Anfang der dreißiger Jahre. Stalin erkannte indes schnell, daß die Partei Rücksicht auf nationale Traditionen nehmen müsse und pochte intern darauf, daß Lenin in Übereinstimmung mit russischen Sitten nach seinem Tode nicht eingeäschert werden dürfe.[105]

Auf dem 16. Parteitag 1930 erklärte der Generalsekretär die Gefahr der beiden nationalen Abweichungen. Dabei richtete er die Hauptaufmersamkeit auf den großrussischen Chauvinismus, den er als Bestreben, nationale Unterschiede in Kultur und Sprache zu ignorieren, und als Vorbereitung der Liquidierung kleiner Republiken und Gebiete im Sinne einer Assimilierung kennzeichnete.[106] Im Dezember 1930 belehrte Stalin den Dichter D. Bednyj, daß die Oktoberrevolution »die Herzen der russischen Arbeiter mit dem Gefühl revolutionären Nationalstolzes« erfülle. Bednyj hingegen habe in seinen Werken das Rußland der Vergangenheit als »Gefäß des Greuels und der Unsauberkeit« attackiert und den Russen »Faulheit« und den Drang, »auf dem Ofen zu hocken«, unterstellt.[107] Die Kritik an dem »antirussischen« Dichter erfolgte als internes Signal unter Ausschluß der Öffentlichkeit. Wenig später stellte Stalin in einer Rede die Sowjetunion in die Tradition des zaristischen Rußland, das wegen seiner Rückständigkeit fortwährend geschlagen worden sei.[108] Dies war ein sehr deutliches Zeichen für eine Hinwendung zu einem positiv besetzten Bild eines russischen Vaterlandes, das immer wieder bösen ausländischen Mächten zum Opfer gefallen sei und nun endlich, von

testens nach Lenins Kritik an Ordžonikidse und Dzeržinskij, es »neigen die russifizierten Nichtrussen stets zur Übertreibung, was die echt russische Gesinnung betrifft« (»Brief an den Parteitag« v. 30. 12. 1922, LW, Bd. 36, S. 592 f.).

103 Stalin, Werke, Bd. 4, S. 214 f.

104 Ebd., Bd. 4, S. 233 f.

105 N. Valentinov, Novaja ėkonomičeskaja politika i krizis partii posle smerti Lenina, S. 90 ff. Siehe oben, Kap. 7.1.

106 Stalin, Werke, Bd. 12, S. 317 f. Lenin habe niemals behauptet, die Förderung nationaler Kulturen unter der Diktatur sei reaktionär. Nur die Bundisten hätten ihm vorgeworfen, er propagiere eine »anationale« Politik. Wer sich heute gegen die Existenz von Nationen stelle, trete damit in die »Fußstapfen des Bund« (ebd., S. 321). Die Erwähnung des Bund ist hier untypisch. Hatte in Stalins Auseinandersetzung von 1913 mit der nationalen Frage die jüdische Problematik eine zentrale Rolle gespielt, so zog er 1930 andere Beispiele für nationalistische Abweichungen heran.

107 Stalin, Werke, Bd. 13, S. 22 f. Bednyjs Libretto zur Oper Bogatyri wurde 1936 als »Fälschung der nationalen Vergangenheit« attackiert, welche die Taufe der Rus' als »betrunkenes Spektakel« verhöhne (P. Keržencev, »Fal'sifikacija narodnogo prošlogo«, in: Pravda 15. 1. 1936, S. 3).

108 Stalin, Werke, Bd. 13, S. 35 f. Die Rede, die auch in der Pravda abgedruckt wurde, hielt Stalin im Februar 1931. Er zitierte dabei Nekrasovs Poem »Komu na Rusi žit' chorošo?«

einer festen Hand geführt, die historische Unterlegenheit wettmache und seiner wahren Bestimmung entgegengehe.[109]

1934 griff Stalin auf dem 17. Parteitag zum letztenmal den russischen Nationalismus an. Im Gegensatz zum Parteitag von 1930 nannte er den russischen Großmachtchauvinismus nicht mehr explizit die »Hauptgefahr«.[110] Ab 1937 dominierten die russischen Akzente im Sowjetpatriotismus. Ein Pravda-Leitartikel Anfang 1937 trug die Überschrift »Das große russische Volk«. Dieses habe, wie es von Marx prophezeit worden sei, zusammen mit den anderen Völkern Rußlands das Banner der proletarischen Revolution erhoben und aus dem ersten sozialistischen Staat eine Weltmacht geschaffen. Damit seien die unsinnigen Theorien des Faschismus widerlegt, die dem russischen Volk wie auch den anderen Völkern der UdSSR das Recht auf einen eigenen Staat absprächen. Eine Niederlage werde – wie 1240 die Deutschordensritter – jeden ereilen, der »es wagt, einen Anschlag auf die heilige Sowjeterde zu verüben. In der großen Sowjetunion ist jedem Volk ein glücklicher Platz für fröhliche Arbeit und Wohlergehen gesichert. Aber in der brüderlichen Zusammenarbeit der Völker der UdSSR gestaltet als erstes unter gleichen das russische Volk seine strahlende Zukunft.«[111] Das 750. Jubiläum des Igorliedes wurde als Widerlegung der Behauptung der Faschisten gefeiert, es gebe in Rußland keine Kulturtradition.[112]

Die Prozesse von 1937 und 1938 dienten auch der Propagierung dieses Konzepts. In seinem Schlußwort im Prozeß von 1937 setzte Staatsanwalt Vyšinskij den Untaten der »trotzkistischen Judasse, die ihre Heimat für 30 Silberlinge verkauften«, entgegen: »Unser großes russisches Volk, unsere großen Völker, das ukrainische, belorussische, usbekische, georgische, aserbaidshanische, armenische, tatarische und alle die anderen Millionenvölker der UdSSR stehen gleich einer lebendigen Mauer auf der Wacht unserer Grenzen und verteidigen jeden Fußbreit, jeden Zollbreit unserer geheiligten Sowjeterde!«[113] Die Aufzählung deutet an, daß in diesem äußerlich gesamt-

109 An anderer Stelle distanzierte sich Stalin aber deutlich von Vergleichen der sowjetischen Modernisierung mit der Politik Peters des Großen (Bol'ševik, 8/1931, S. 33; Stalin, Werke, Bd. 13, S. 93; vgl. Werke, Bd. 11, S. 221).

110 Stalin, Werke, Bd. 13, S. 321.

111 Pravda, 15. 1. 1937, »Velikij russkij narod«, zit. n. Oberländer, S. 68. Vgl. auch B. Volin, »Velikij russkij narod«, in: Bol'ševik, 9/1938, S. 26 – 36, hier S. 27, über die Freundschaft aller Sowjetvölker »zum ersten unter gleichen, zum führenden unter den voranschreitenden«. Zum außenpolitischen Aspekt der Instrumentalisierung der russischen Vergangenheit siehe H.-H. Nolte, »Drang nach Osten«, S. 42 f.

112 Izvestija, 29. 5. 1938. Weniger als 10 Jahre zuvor war die Rezitation des Igorliedes bei der 35-Jahrfeier der Moskauer Parteiorganisation Ende der zwanziger Jahre heftig durch Jaroslavskij kritisiert worden (Stenografičeskij otčet 2-go S-ezda Sojuz voinstvujuščich bezbožnikov, S. 64).

113 Prozeßbericht 1937, S. 539 f. Der damit beschworene Nationalismus ließ manchen Beobachter eine »Aufgabe kommunistischer Prinzipien« erkennen. Dies meldete der US-Botschafter nach Washington (J. Davies, Als USA-Botschafter in Moskau, S. 93).

sowjetischen Patriotismus das russische Element hervorragte. 1938 wurde dies noch deutlicher, als eine ganze Riege von »Verrätern« aus ukrainischen, weißrussischen und usbekischen »national-faschistischen« Organisationen vorgeführt wurden.

Den »Volksfeinden« Bucharin und Trockij, die die russische Kultur als oblomovščina verleumdet hätten, wurden um so strahlender die Führer gegenübergestellt: die Partei Lenins und Stalins, die Söhne des Volkes herangezogen hat wie Molotov, Kalinin, Vorošilov, Ežov, Kirov und Kujbyšev – sicher kein Zufall, daß L. Kaganovič hier nicht auftauchte.[114] Nur ein Nichtrusse fand hier noch Berücksichtigung, Stalin selbst. Er trug zunehmend die Züge des universellen Führers, übernational und »russisch« zugleich: Die Russen – wurde verkündet – dürften zurecht stolz darauf sein, daß die russische Arbeiterklasse Lenin und Stalin hervorgebracht habe.[115] Der sowjetrussische Patriotismus trug überethnische Züge. Wenn die Pravda in einem Gedicht die ewige Verwandtschaft der Worte »Russe« und »Bolschewik« besingen ließ, bedeutete dies nicht die Ausgrenzung der Nichtrussen aus dem Bolschewismus. Es konnte auch heißen, daß jeder »Bolschewik« – gleich welcher Herkunft – sich als Teil »Rußlands« fühlen durfte.[116]

Eine zentrale Rolle für die Wende hin zum russischen Patriotismus spielte die veränderte sowjetische Geschichtsauffassung. 1934 begann mit der Kritik an den Lehrbüchern und der Unterrichtsgestaltung in der Pravda eine Revision der sowjetischen Geschichtsauffassung, die bis dahin von der – strikt der marxistischen Soziologie verpflichteten – »Pokrovskij-Schule« dominiert war.[117] Noch 1936 kritisierte die politische Führung an den Entwürfen der neuen Lehrbücher nicht die »unpatriotische« Darstellung der russischen Geschichte, sondern daß nur die Rus', aber keines der anderen Völker der UdSSR dargestellt werde. Außerdem hätten die Autoren vergessen, »daß die russischen Revolutionäre sich für Schüler und Nachfolger bekannter Koryphäen des bürgerlich-revolutionären und marxistischen Denkens im Westen hielten«.[118] Als Verantwortlicher für die allgemein falsche Tendenz der Geschichtsbetrachtung wurde Pokrovskij benannt, unter dessen Einfluß die

114 Aufzählung in: Bol'ševik, 9/1938, S. S. 34.

115 A. Kosarev, »Internacionalizm i sovetskij patriotizm«, in: Pravda 6. 9. 1938; vgl. B. Choseed, Reflections of the Soviet Nationalities Policy in Literature, S. 162.

116 V. Gusev, »Ja russkij čelovek«, in: Pravda, 18. 5. 1938, S. 2.

117 »O prepodavanii graždanskoj istorii v školach SSSR«, in: Pravda, 16. 5. 1934, zit. n. Oberländer, Sowjetpatriotismus, S. 125. Die Forderung nach Darstellung historischer Persönlichkeiten statt abstrakter Schemata war in den nationalen Implikationen noch neutral und eher an den Erfordernissen eines Führerstaats orientiert.

118 »Zamečanija po povodu konspekta učebnika po Istorii SSSR«, in: Pravda, 27. 1. 1936, zit. n. Oberländer, S. 127. Diese Kritik war von Stalin, Ždanov und Kirov schon im August 1934 formuliert worden.

sowjetische Historiographie »an abstraktem Schematismus zu kranken« begonnen habe. Diese Kritik war noch nicht »russozentrisch« begründet.[119]

Wie im Sowjetpatriotismus allgemein wurde in der Historiographie erst 1937 der Übergang zum Rußlandkult vollzogen. Hauptvorwurf gegen die Pokrovskij-Schule war jetzt, daß sie das russische Volk verleumde. Die »Feinde des Volkes an der Front der Geschichtswissenschaft« hätten das große russische Volk als eine »Nation von Oblomovs« hingestellt (was schon Bucharin angekreidet worden war). Pokrovskij wurde vorgeworfen, er habe behauptet, daß in den Adern des »großrussischen Volkes« mehr als 80 % »finnisches Blut« flössen. Dahinter stand keine systematische Rassenlehre, doch ist der Satz: »Man kann sich nur wundern, wie eine solch antivölkische Häresie [antinarodnaja eres'] in unseren Zeitschriften gedruckt werden konnte«[120], ein bizarres Beispiel einer Affinität des russischen Sowjetpatriotismus zu einem regelrecht völkischen Nationalismus. Diese ethnische oder gar rassische Prägung des Patriotismus ist jedoch ein Extrembeispiel, und der Vorwurf an Pokrovskij, die wahre ethnische Herkunft der Russen verleumdet zu haben, ergibt noch keinen Rassismus, der die Überlegenheit einer bestimmten Rasse postulierte. Dies wird an der Art deutlich, wie im Zuge der Aneignung russischer Tradition der hundertste Todestag Puškins vom Sowjetstaat gefeiert wurde, ohne daß dabei die afrikanische Herkunft des Nationaldichters gestört hätte.[121] Auch die nach wie vor gemischt-nationale Staats- und Parteiführung mit Stalin an der Spitze, mit Kaganovič, Ordžonikidse oder später Berija machte eine konsequente ethnische Deutung des russischen Patriotismus unmöglich. Das propagierte Geschichtsbild, das mit dem Sowjetpatriotismus verknüpft war, war am historischen Territorium und nicht an der Ethnie orientiert. In diesem Sinne warf man Pokrovskij vor, den Kampf der Nowgoroder und Pskower gegen die Deutschen Ritter ignoriert, die Unterwerfung Rußlands durch die Tataren hingegen als Zusammenstoß gleichberechtigter Kulturen interpretiert zu haben. Bereits Ende der dreißiger Jahre ist die Voraussetzung für die Kampagnen der Nachkriegszeit gegen »Kosmopolitismus« und »Katzbuckelei vor dem Westen« geschaffen, wenn es – noch ohne Anspielungen auf die Herkunft vieler nationaler »Häretiker« – heißt: »Die ›historische Schule‹ Pokrovskijs hat sorgsam alles Positive verschwiegen, was das große russische Volk in die Schatzkammer der Kultur der ganzen Menschheit eingebracht hat, alles Talentvolle und Geniale, was aus seiner Mitte hervorgegangen ist«.[122]

119 »Istoričeskaja nauka i ee prepodavanie«, in: Izvestija, 27. 1. 1936, zit. n. Oberländer, S. 133 f.
120 P. Drozdov, »›Istoričeskaja škola‹ Pokrovskogo«, Pravda, 28. 3. 1937, zit. n. Oberländer, S. 154.
121 Die Illustrierte Ogonek brachte eine Abbildung von Puškins abessinischem Urgroßvater (4/1937, 10. 2. 1937). Zum Puškin-Kult siehe auch Timasheff, The Great Retreat, S. 177 f.
122 Drozdov, »›Istoričeskaja škola‹ Pokrovskogo«, in: Oberländer, S. 154 ff.

1937 wurde A. Šestakovs Lehrwerk als bester Entwurf mit dem zweiten Preis ausgezeichnet und als Lehrbuch empfohlen. Es wurde kein erster Preis verliehen und statt dessen die gesamten Entwürfe nochmals einer Kritik unterzogen, die sich gegen »Reste antihistorischer und nichtmarxistischer Vorstellungen« wandte. Damit war die Idealisierung des vorchristlichen Heidentums bei den Slawen und die Ignorierung der positiven Rolle des Christentums, der Taten Chmel'nickijs oder der Annexion Georgiens gemeint. Das Lehrbuch Šestakovs, das diesen russozentrischen Anforderungen am ehesten entsprach, berichtete nichts über die jüdische Geschichte in Rußland. Weder die repressive Politik der Zaren noch die Verstrickung der Bürokratie in die Pogrome, aber auch nicht der Bund oder die Pogrome im Bürgerkrieg wurden erwähnt.[123] Dennoch war nicht aus allen Schulbüchern jede Erwähnung des Judentums oder des Antisemitismus getilgt worden. Mitte der dreißiger Jahre wurde mit einem Buch von Nikol'skij über die Alte Geschichte gearbeitet, das die Juden in Revolutionäre, die gegen die Römer kämpften, und Ausbeuter, die mit den Besatzern gemeinsame Sache machten, unterteilte. Die jüdische Religion erfuhr durchweg negative Bewertungen – im Gegensatz zum Christentum, dessen Rolle bei der Verbreitung der Kultur hervorgehoben werden sollte.[124] Dasselbe läßt sich über die Darstellung der Juden im europäischen Mittelalter sagen. Das endgültige Verschwinden der Juden aus den Schuldarstellungen der russischen Geschichte ist erst in der Nachkriegszeit zu beobachten, wobei auch dann erst Fakten wie Pogrome und der Antisemitismus von Alexander III. verschwiegen wurden.[125]

8.2.2. Impliziter Antisemitismus im Sowjetpatriotismus?

Die patriotische Wende war nicht nur von oben dekretiert, sondern entsprach Bedürfnissen an der Basis. 1931 hieß in einem Stimmungsbericht des Socialističeskij Vestnik, daß die Arbeiter begonnen hätten, ihr Vaterland zu lieben und großen Haß auf fremde Völker zu empfinden.[126] Einer Meldung von 1935 ist zu entnehmen, Nationalstolz sei das verbreitetste Gefühl in der Sowjetgesellschaft. Angestellte sprächen von Patriotismus und der historischen Mission Rußlands, Komsomolzen wollten sich nicht mit der fried-

123 A. V. Šestakov, Kratkij kurs istorii SSSR, Moskau 1937; deutsch: A.W. Schestakow, Kurzer Abriss der Geschichte Russlands, passim.

124 Ruth Okuneva, »Jews in the Soviet School Syllabus (What Soviet Schoolchildren Read About the History of the Jewish People)«, in: Th. Freedman, Anti-Semitism in the Soviet Union, S. 422 – 448, hier S. 424 f. Erst in den fünfziger Jahren verschwanden die Bezeichnungen »Judäa«, »Israel«, »Jerusalem« aus den Darstellungen der Alten Geschichte.

125 A. Skerpan, »Aspects of Soviet Anti-Semitism«, in: The Antioch Review, Fall 1952, zit. bei Barghoorn, Soviet Russian Nationalism, S. 301.

126 SV, 10. 10. 1931, S. 16.

lichen Koexistenz mit der umliegenden bürgerlichen Welt abgeben.[127] Ein amerikanischer Menschewik, der eine Reise in die Sowjetunion unternommen hatte, berichtete, daß Nationalismus, der zeitweilig bis zum Chauvinismus reiche, unter der Jugend stark und in geringerem Ausmaß bei älteren Kommunisten verbreitet sei. Dieser Nationalismus sei nicht religiöser oder rassischer, sondern territorialer Art, es gebe aber auch einen neuen Panslavismus. Die ältere Generation unterstütze die UdSSR und den Aufbau des Sozialismus als »ihren, russischen« Sozialismus. Der Berichterstatter stellte fest, daß der vor einigen Jahren noch starke Antisemitismus verschwunden sei.[128]

In der Kampagne gegen den Antisemitismus war nur selten eine Verbindungslinie zwischen russischem Chauvinismus und Antisemitismus gezogen worden.[129] So mußte eine Neubewertung des russischen Patriotismus (von Chauvinismus war nun nicht mehr die Rede) keineswegs den Eindruck einer Revision der Auffassungen über den Antisemitismus erwecken. Daß man den sowjetrussischen Patriotismus nicht einfach mit Antisemitismus gleichsetzen darf, wird an den Erinnerungen L. Kopelevs deutlich. Aus der Zeit des allmählichen Wandels hin zu einem russisch akzentuierten Patriotismus erinnert er sich: »Aber gerade in dieser Zeit begann ich, der ich mich als vorbildlicher sowjetischer Patriot, als Vertreter des aufstrebenden, vielstämmigen und einigen sowjetischen Volkes verstand, damals begann ich, immer schärfer Kränkung, manchmal auch Schmerz zu fühlen um Rußland, um seine Geschichte und manchmal auch um das russische Wort.«[130] Wenn Kopelev beschreibt, daß er in heftigen Auseinandersetzungen mit Ausländern, die keine hohe Meinung von angeblichen nationalen Eigenschaften der Russen hatten, diesen widersprach und ihnen ihre Unkenntnis Rußlands vorwarf, so gibt es keinen Grund, dies als ein lediglich vereinzelt vorgekommenes Verhalten eines intellektuellen Individualisten abzutun. Mit ihm dürften viele Sowjetbürger jüdischer Herkunft, die an die russische Kultur adaptiert waren, sich gefreut haben »über die Wendung, die sich in der Propaganda und in der historischen Forschung vollzog und eine klare Absage an den antinationalen Nihilismus bedeutete. Die Partei hatte be-

127 SV, 12. 3. 1935, S. 24. »Rodina, narodnost', nacional'naja tradicija« finde immer mehr Anklang in breiteren Bevölkerungskreisen (SV, 14. 6. 1938, S. 2).

128 SV, 10. 10. 1934, S. 15. Der Grund für das Verschwinden des Antisemitismus wurde hier in der »Industrialisierung« der Juden gesehen.

129 So in: E. Kočetkov, Vragi-li nam evrei?, S. 17; oder Bucharins Warnung vor dem wachsenden Antisemitismus in der Partei und zugleich vor einem panrussischen Chauvinismus (Pravda, 2. 2. 1927, S. 4).

130 L. Kopelew, Und schuf mit einen Götzen, S. 147 f. Kopelev, der als junger Komsomolze in Fragebögen seine Muttersprache mit Russisch und Ukrainisch angab, bekannte sich zum Eintrag »Jude« in der Nationalitätenspalte, wenn er auch sich selbst und Nahestehenden gegenüber zugab, nur seinem Stand nach Jude zu sein, der Nationalität nach aber Russe (ebd., S. 133).

stätigt, was ich als Kind gefühlt und in der Jugend zu verstehen begonnen hatte.«[131]

Die prorussische Koordinatenverschiebung der Sowjetideologie mußte nicht zwangsläufig eine antijüdische Komponente haben. Die Anlehnung des jüdischen an das russische Selbstverständnis von Sowjetbürgern war nichts Ungewöhnliches. Als immer seltener der russische Großmachtchauvinismus und immer mehr lokale Nationalismen der Kritik unterzogen wurden, wurden bisweilen die russische gemeinsam mit der jüdischen Bevölkerung der Ukraine als angebliches Opfer einer nationalistischen Ukrainisierungspolitik hingestellt. Ukrainischen Nationalisten wurde damit implizit Antisemitismus vorgeworfen und gleichzeitig eine Gemeinsamkeit der russischen und jüdischen Interessen postuliert. Gegen diese habe beispielsweise die ukrainische Schulpolitik unter dem Bildungskommissar Skrypnik verstoßen, als sie russische und jüdische Kinder zum Besuch des ukrainischsprachigen Unterrichts gezwungen hatte.[132]

Stalin polemisierte in einem 1934 veröffentlichten Schreiben an L. Kaganovič gegen den ukrainischen Nationalismus, der teilweise den »Charakter eines Kampfes gegen ›Moskau‹ überhaupt, gegen die Russen überhaupt, gegen die russische Kultur und ihre höchste Errungenschaft, den Leninismus«, annehme.[133] Damit wurde signalisiert, daß sich Stalin und Kaganovič in der Kritik am ukrainischen Nationalismus und in der Hochachtung der russischen Kultur, deren Gipfel der Leninismus sei, einig seien. Im Sinne eines oben diskutierten symbolischen Antisemitismus bedeutet es auch keinen Widerspruch, daß an der Kampagne gegen die »antirussische« Pokrovskij-Schule der damals zu Stalins engstem Vertrauten anvancierende Kaganovič führend beteiligt war.[134]

In der innerparteilichen Diskussion wurde zwischen jüdischer (und sonstiger nichtrussischer) Herkunft und russischem Großmachtchauvinismus kein

131 Ebd., S. 151.

132 S. Dimanštejn, »Bor'ba s nacionalizmom i uroki Ukrainy«, in: Revoljucija i Nacional'nosti, 1/1934, S. 15 – 22. Dabei wurde erklärt, daß die Tätigkeit des »Faschisten« Skrypnik in Zusammenhang mit der Machtergreifung Hitlers gesehen werden müsse. Vgl. auch Socialističeskij Vestnik, 25. 7. 1933, S. 15, über die Politik Skrypniks in der Ukraine, der im Zuge der Ukrainisierung verboten habe, jüdische Kinder auf russische Schulen zu schicken.

133 »An Genossen Kaganowitsch und andere Mitglieder des Politbüros«, Werke, Bd. 11, S. 135.

134 Siehe dazu George M. Steen, »Marxist Historians during the Cultural Revolution«, in: S. Fitzpatrick (Hrsg.), Cultural Revolution in Russia, S. 154 – 168, hier S. 161 ff. Schon in der Durchsetzung der stalinistischen Parteigeschichtsschreibung gegen die »trotzkistische Schmuggelware von Sluckij« hatte sich Kaganovič als hundertprozentiger Gefolgsmann Stalins gegen »Gromanizm« und »Rubinizm«, gegen Jaroslavskij und Minc in seiner Rede zum 10. Jahrestag des Instituts der Roten Professur profiliert. Siehe L. Kaganovich, »For a Bolshevic Study of the History of the Party«, in: J. Stalin/L. M. Kaganovich/P. Postyshev, Questions Concerning the History of Bolshevizm, S. 18, S. 22 f., S. 25, S. 28. Kaganovič war in vorderster Front zu finden bei der Liquidierung aller utopischen Positionen und sozialen Experimente der zwanziger Jahre (R. Stites, Revolutionary Dreams, S. 243 f.).

Widerspruch gesehen. Auf dem 12. Parteitag (1923) bemängelte z.B. Ja. Jakovlev in der Diskussion des russischen Übergewichts im Apparat, daß in der Sowjetbürokratie überwiegend Russen oder russifizierte Juden »am konsequentesten die großrussische nationale Unterdrückung« betrieben.[135] Großrussischer Chauvinismus konnte in der Zeit der innerparteilichen Kämpfe auch der »trotzkistisch-sinowjewistischen Opposition« – deren Führer jüdischer Herkunft waren – vorgeworfen werden.[136] Daraus ergibt sich: Wenn in einer Zeit, als russischer Nationalismus noch etwas Tadelnswertes war, dieser Vorwurf auch Nichtrussen treffen konnte, so durfte sich in späterer Zeit, als russischer Patriotismus zur Tugend avanciert war, logischerweise ein russifizierter Angehöriger einer anderen Nationalität zu vaterländischen Gefühlen berechtigt fühlen.

Der Sowjetpatriotismus stand nicht im Widerspruch dazu, daß 1934 von 152 Empfängern des Lenin-Ordens 26 Juden waren.[137] Trotz des russisch gefärbten neuen Nationalismus wurden Personen mit jüdischen Namen in den Rang von Vorbildern erhoben. Die sowjetische Publizistik führte auch Juden als Produktionshelden in der Art eines Stachanov vor. Die Illustrierte Ogonek schilderte 1938 ausführlich den Fall eines Komsomolzen, dessen Verbesserungsvorschläge (bei der Entladung von Schiffen) zu seiner Entlassung führten: Verantwortlich dafür waren »heute entlarvte Volksfeinde«. Blidman setzte sich mit Hilfe des Komsomol jedoch durch, wurde von Ežov empfangen und erhielt den Rotbannerorden.[138] Unverkennbar wurde eine jüdische Gestalt in das Pantheon sowjetischer Helden aufgenommen. Auf der anderen Seite scheint inoffiziell Druck auf Journalisten und Publizisten jüdischer Herkunft ausgeübt worden zu sein. Die Witwe des jiddischen Schriftstellers Perec Markiš berichtet, daß man ihrem Mann 1937 vorschlug, seinen Namen in Petr Markov zu ändern. Solche Vorschläge seien in der Redaktion der Komsomol'skaja Pravda allen jüdischen Redaktionsmitgliedern unterbreitet worden. Offenbar zog aber die Ablehnung eines russischen Pseudonyms keine Sanktionen nach sich – wie auch keine Repressionsdrohung mit der Aufforderung verbunden war, nicht nur über die Juden zu schreiben.[139]

135 Ddvenadcatyj s-ezd, sten. otčt, S. 596. Jakovlev (Ėpštejn) war selbst jüdischer Herkunft. Auch Bucharin nannte auf diesem Parteitag die ukrainische KP in ihrem Bestand »russisch-jüdisch« (ebd., S. 612).

136 K. Tabolov, »Protiv veliko-russkogo šovinizma v voprose nacional'noj kul'tury«, in: Bol'ševik, 13/1930, S. 78 – 91.

137 Das sind über 17 % (JTA, 19. 5. 1934).

138 Vasilij Drobot, »Komsomolec Blidman«, in: Ogonek, 28 – 29/1938, S. 12 f.; vgl. Evrei v carskoj Rossii i v SSSR, S. 28. Von Antisemitismus, der bei einem ähnlichen Fall zehn Jahre früher höchstwahrscheinlich »aufgedeckt« worden wäre, war 1938 keine Rede.

139 Ė. Markiš, Stol' dolgoe vozvraščenie, S. 99, S. 102. Auch R. Orlowa-Kopelew berichtet in Memoiren, gehört zu haben, dem Journalisten Michail Rozenfel'd sei von Vorgesetzten eine Namensänderung vorgeschlagen worden (Eine Vergangenheit, die nicht vergeht, S. 212).

Die jiddische Kultur und die bekannten jiddischen Schriftsteller wurden nicht aus dem öffentlichen Blickfeld verdrängt, sondern von der Partei vereinnahmt. Dabei wurde der proletarische Gehalt ihrer Werke hervorgehoben. Der Schauspieler Michoėls schrieb 1938 von Scholem-Alejchems Hoffnung auf Befreiung, die jetzt in der Epoche der Stalinschen Verfassung erfüllt sei.[140] Besonders die Jubiläen von Mendele Mojcher Sforim (1936) und Scholem Alejchem (1938) wurden mit erheblichem publizistischen Aufwand auch vor einer russischsprachigen Öffentlichkeit gefeiert.[141] Im März 1939 veranstaltete das Leningrader Ethnografische Museum zeitgleich mit dem 18. Parteitag eine Ausstellung zur Geschichte der russischen Juden, zu der auch ein Katalog erschien. Sieht man vom Jüdischen Antifaschistischen Komitee ab, dessen Gründung während des Krieges einen klar funktionalen Charakter hatte, so dürfte die Leningrader Ausstellung die letzte sowjetöffentliche Präsentation des Themas »Judentum« gewesen sein, bevor es endgültig tabuisiert wurde. Dabei war der Blick auf die Geschichte der russischen Juden vollkommen ideologisiert. Die einst von An-skij zusammengetragenen Kultgeräte konnten nur noch präsentiert werden, um die »jüdische Religion im Dienste des Zarismus und der Bourgeoisie« zu entlarven. Antisemitismus und Pogrome kamen nur noch als vorrevolutionäre Erscheinungen vor. In der Geschichte der jüdischen Arbeiterbewegung gab es keinen Bund, nur Bolschewiki. Weder die Evsekcija noch der innersowjetische Kampf gegen den Antisemitismus wurde erwähnt, dagegen wurden besonders Birobidshan und das »wohlhabende Kolchosenleben« gefeiert.[142]

8.2.3. Inszenierte Völkerfreundschaft statt Kampf gegen Antisemitismus

1932 ist im Vorwort zu einem Roman, der die vorrevolutionäre Judenfeindschaft beschreibt, zu lesen: »Antisemitismus und Nationalismus werden von Tag zu Tag immer mehr wie glimmende Reste eines gelöschten Brandes ausgetreten.«[143] Der ukrainische Parteichef Kosior erklärte 1934 auf dem 17. Parteitag, der Kampf gegen den Nationalismus in der Ukrainischen Kommunistischen Partei sei zwar spät begonnen worden, doch nun müsse man kon-

140 Ogonek, 35–36/1938. Vgl. auch Ogonek, 7/1936, S. 22: S. Michoėls, »Evrejskij vokal'nyj ansambl'«, über das jüdische Volkslied, das von Unterdrückten hervorgebracht, aber jetzt von Verzerrungen als Unterhaltungsmusik befreit sei.

141 Siehe JTA, 4. 2. 1936, S. 8; Universal Jewish Encyclopedia, Bd. 9, S. 679; über Scholem Alejchem: Oktjabr', 9/1938, S. 202–207; Novyj Mir, 3/1939, S. 238–269, NM, 4/1939, 263–270, S. 271–278. Vgl. B. Choseed, Reflections of the Soviet Nationalities Policy, S. 126 ff.

142 Siehe den Katalog, Evrei v carskoj Rossii i v SSSR, passim. Zu dieser Ausstellung kurz Igor Krupnik, »Die jüdischen Bestände des Ethnographischen Museums in Leningrad«, in: Leben im russischen Schtetl. Jüdische Sammlungen des Staatlichen Ethnographischen Museums in Sankt Petersburg. Auf den Spuren von An-ski, Köln/Frankfurt 1993, S. 32–40.

143 M. Kac in: Z. M. Šrajber, Černye semena, S. 8. Der ukrainische Erziehungskommissar Skrypnik erklärte 1930, der »Virus des Antisemitismus« sei zerstört (JTA, 1. 11. 1930, S. 4).

statieren, daß die »Zerschlagung des Nationalismus sofort die Atmosphäre gereinigt hat«.[144] Nationalistische Abweichungen waren etwas, das man »abschaffen« konnte. Stalin erklärte: »Die Feinde der Partei, die Opportunisten aller Schattierungen, die nationalistischen Abweichler aller Art sind geschlagen.«[145] Dies galt auch für den Antisemitismus. Gerade der 17. Parteitag (»Parteitag der Sieger«) galt als Triumph über alle Feinde. Antisemitismus konnte es danach auch weiter geben, er wurde nicht toleriert oder gar legalisiert – doch die Bolschewiki sahen in ihm nicht mehr eine bedrohliche Waffe in der Hand von Klassenfeinden.

Antisemitismus galt in der Kampagne Ende der zwanziger Jahre als Relikt aus einer überkommenen Lebensweise, als Instrument alter Klassen, den Aufbau einer neuen Welt zu sabotieren. Je mehr Neues der Sowjetstaat seit der Revolution von 1929 errichtete, desto weniger Boden blieb vermeintlich für ein Laster wie Judenfeindschaft. Die großen Industrialisierungsprojekte wurden nun als Keimzellen eines neuen Lebens dargestellt, das alle Formen des Alten hinter sich gelassen habe – und damit auch den Antisemitismus.[146] Die Verbreitung des Antisemitismus unter der ländlichen Bevölkerung wurde mit der Unkenntnis der Bauern über die jüdischen Arbeiter erklärt.[147] War also die traditionelle Judenfeindschaft Resultat der Zurückgebliebenheit und Unaufgeklärtheit der Bauernschaft, so konnte dies für die neue Bauernschaft nicht mehr zutreffen. Der Kolchosbauer war wie der produktivierte Jude ein Geschöpf der Sowjetmacht. Schon deshalb sank die Neigung, die Existenz von Judenfeindschaft zuzugeben, auch wo man sie noch nicht für verschwunden hielt. Versuche, sie weiterhin publizistisch anzusprechen, wurden abgeblockt. Als der Schriftsteller E. Sinkó den Moskauer Literaturbehörden den Vorschlag machte, etwas über die Begeisterung rumänischer Juden für die Sowjetunion zu veröffentlichen, wurde dies mit der Begründung abgelehnt: »In Rußland leben noch Menschen, die aktiv an Judenpogromen beteiligt waren. Außerdem sind die Reste des Antisemitismus, auch wenn sie keinen äußeren Ausdruck finden, bei verhältnismäßig breiten Schichten der Bevölkerung immer noch lebendig.«[148]

Antisemitismus spielte bei den Säuberungen in der Partei in den dreißiger Jahren und bei der Jagd auf »Volksfeinde«, die den Säuberungen folgte, keine wesentliche Rolle. So wie gegen Juden »jüdischer Nationalismus« als Grund für Säuberungsmaßnahmen dienen konnte (was keinen Antisemitismus be-

144 Semnadcatyj s-ezd, S. 199.

145 Ebd., S. 27 ff.; Stalin, Werke, Bd. 13, S. 308 ff. Das war keine vollständige Entwarnung, Stalin führte weiter aus: »Aber Überreste ihrer Ideologie leben noch in den Köpfen einzelner Parteimitglieder fort und machen sich nicht selten bemerkbar.« Siehe auch oben, Kap. 6.7.

146 K. Nel'son, »Na gigante industrializacii«, in: Tribuna, 24/1929, S. 9 f.

147 Z.B. in: Z. Ostrovskij, Komu nužna vražda k evrejam, S. 30.

148 E. Sinkó, Roman eines Romans, S. 377 (10. 9. 1936).

weist), so gab es auch Fälle, in denen Antisemitismus oder gar Indifferenz gegenüber antisemitischen Äußerungen als Vorwurf diente (was genausowenig eine pro-jüdische, antirussische Tendenz belegt). Die Akten des Smolensker Parteiarchivs dokumentieren, wie aufgrund angeblichen Antisemitismus Säuberungsmaßnahmen eingeleitet wurden. So ist der Fall eines Studenten festgehalten, der aus der Partei ausgeschlossen wurde, weil er Beziehungen zu einem menschewistischen Onkel, aber auch antisemitische Äußerungen seiner Ehefrau verschwiegen haben soll.[149] Wie oft – und in welchem Verhältnis zu anderen Beschuldigungen – Antisemitismus Vorwurf bei Säuberungsverfahren war, ist schwer abzuschätzen. 1935 wurden in Smolensk bei der proverka, der Überprüfung der Parteidokumente, die Parteimitglieder auf Sitzungen von ihren Genossen verschiedener Verfehlungen bezichtigt. Im Stadtparteikomitee von Smolensk wurden auf diese Weise 616 Denunziationen registriert. In nur 10 Fällen, d.h. 1.6 %, ging es dabei um Antisemitismus.[150]

Judenfeindschaft wurde nur noch im Rückblick auf eine längst überwundene Epoche dargestellt. Noch vor der endgültigen russischen Akzentuierung ab 1937 wurde eine Abhandlung über den zaristischen Antisemitismus veröffentlicht;[151] 1935 erschien sie auch in den USA.[152] In der Arbeit wurde eine weitaus nüchternere Sprache gesprochen als in der gesamten Literatur über den Antisemitismus in den zwanziger Jahren. Obwohl der Verfasser Tager darauf verwies, daß Antisemitismus vor allem auf jüdische Arbeiter zielte, gab er zu, daß sich der Bejlis-Prozeß gegen das »jüdische Volk als solches« richtete.[153] Er verschwieg nicht den Widerstand von Vertretern der Rechten gegen den Prozeß und gab zu, daß die Regierung praktisch isoliert dastand. Daß die Arbeit damit zuwenig zur Verurteilung der Bourgeoisie als Pogromanstifter beitrug, mußte Kritik auf den Plan rufen. In einer Rezension wurde die Wichtigkeit des Werks unterstrichen, da der Antisemitismus je-

149 WKP 93, S. 71 ff.; nach Fainsod, Smolensk under Soviet Rule, S. 224 f.

150 WKP 384, S. 71 ff.; nach J. Arch Getty Origins of the Great Purges, S. 69; an erster Stelle (226 mal) stand die Herkunft der Denunzierten aus Kulaken- oder Händlerfamilien, 143 mal Alkohol, Disziplinlosigkeit, 106 mal Diebstahl oder Unterschlagung, 62 mal verlorener oder zweifelhafter Parteiausweis, 28 mal Trotzkismus, Menschewismus, 41 mal Vergangenheit als zaristischer Polizist oder Weißer Offizier.

151 A. S. Tager, Carskaja Rossija i delo Bejlisa. K istorii antisemitizma; Tagers Vorarbeiten, die in der Zeitschrift Krasnyj Archiv veröffentlicht wurden, gehören zu den seltenen Studien oder auch nur Quellenpublikationen über die Geschichte des Antisemitismus in der sowjetischen Historiographie überhaupt. »Process Bejlisa v ocenke departementa policii«, in: KA, 44 (1931), S. 85 – 125; »Carskoe pravitel'stvo i process Bejlisa«, in: KA, 54/55 (1932), S. 162 – 204.

152 A. Tager, The Decay of Czarism. Der Herausgeber war die Jewish Publication Society of America. Obwohl in dem Band darüber nichts vermerkt ist, muß die Edition offizielle sowjetische Unterstützung erfahren haben, da zahlreiche faksimilierte Archivdokumente enthalten waren, die in der russischen Ausgabe nicht abgedruckt waren.

153 A. Tager, Carskaja Rossija, S. 9.

den Tag in den Ländern des Kapitalismus zunehme – von Antisemitismus in der Sowjetunion war keine Rede mehr. Tager liefere aber eine »liberale, bürgerliche Behandlung des Bejlis-Falles«, indem er Vitte und Lenin – als Kritiker des Prozesses – auf eine Stufe stelle.[154] Noch schärfer übte D. Zaslavskij Kritik: »Der grundlegende Mangel, aus dem alle anderen hervorgehen, besteht darin, daß der Autor ein ehemaliger bürgerlicher Anwalt ist, der bis jetzt weder seine bürgerliche Weltanschauung noch seine bürgerlichen Advokatenmanieren überwinden konnte.« Der Wert des Buches liege aber trotz seiner Fehler darin, daß es zeige, daß der jetzt in Deutschland stattfindende Reichstagsbrandprozeß eine Fortsetzung des Bejlis-Verfahrens sei. Vermutlich spielten ähnliche Überlegungen bei der Zulassung der Arbeit zum Druck eine wichtige Rolle.[155] Das in seiner Auflage von 5000 Exemplaren sofort vergriffene Buch wurde auch nach dieser Rüge nochmals aufgelegt. Im Nachwort des Verlags wurde getadelt, daß Tager von den »Bolschewiki und anderen Parteien verschiedener Art« spreche, daß er das Unverständnis der Liberalen für die Unausweichlichkeit der Pogromagitation nicht herausarbeite und nicht zeige, daß auch der Liberalismus – wie im Falle Denikins – und der Pseudosozialismus – wie bei Petljura und Machno – zu Pogromen führe.[156] Die Arbeit Tagers blieb eine Ausnahme in der sowjetischen Geschichtsschreibung nicht nur der dreißiger Jahre. Als Ausnahmeerscheinung darf es auch gelten, wenn in der sowjetischen Literaturwissenschaft das Verhältnis zu Juden als »grobe, ›physiologische‹ Feindseligkeit, die bei Dostoevskij, Gogol' oder sogar Turgenev zu erkennen ist«, charakterisierte.[157]

Weniger in der Literaturwissenschaft als in der Literatur selbst blieb das »jüdische Thema« und der historische russische Antisemitismus präsent. Ein Nebennutzen war für die sowjetische Propaganda dabei, daß damit ausländischen Theaterbesuchern die Nationalitätenpolitik demonstriert werden konnte.[158]

Selbst der »kurze Lehrgang« über die Parteigeschichte von 1938 streifte die Pogrome des Zarismus[159], doch nachrevolutionäre Judenfeindschaft war ein

154 B. Amenickij, »Tager A. S., Carskaja Rossija i delo Bejlisa«, in: Bor'ba Klassov, 4/1934, S. 91–95.

155 D. Zaslavskij, »Po carskim obrazcam«, in: Tribuna, 11/1933, S. 9 f.

156 Tager, Carskaja Rossija i delo Bejlisa, 1934, redaktionelles Nachwort, S. 289 ff.

157 A. Ležnev, Dva poėta. Gejne. Tjutčev, Moskau 1934, S. 167 ff. Von Antisemitismus zeuge die Ansicht, daß es einen Zusammenhang zwischen jüdischer Herkunft und »fehlender Verwurzelung« [bespočvennost'] oder Kosmopolitismus gebe.

158 L. Nicole, ein Schweizer Nationalrat der Sozialdemokraten, berichtete als Beleg für die freie Entfaltung der Nationalitäten vom Moskauer Jiddischen Theater, wohin er in ein Stück über die Pogrome geführt worden war (Léon Nicole, Meine Reise in die Sowjetunion, Zürich 1939, S. 66 ff.). Auch nach dem Abschluß des Hitler-Stalin-Paktes entstand noch ein Theaterstück über den Bejlis-Prozeß, das allerdings nicht mehr zur Aufführung kam. Siehe B. Choseed, Reflections of the Soviet Nationalities Policy in Literature, S. 141.

159 Geschichte der Kommunistischen Partei der Sowjetunion, S. 7.

»gelöstes Problem«. Beliebtes Beispiel für die Beweisführung einer erfolgreichen Nationalitätenpolitik waren Reportagen über die nunmehr blühende jüdisch-kosakische Freundschaft. Es wurde beschrieben, wie Kosaken vom Zarismus gezielt als Werkzeug der Konterrevolution mißbraucht worden seien, aber auch als Kolonisten der Gutsbesitzer und Kapitalisten in nichtrussischen Territorien. Sie hätten den Antisemitismus schon in der Wiege aufgenommen, der Zarismus habe ihnen eingeredet, daß alle Revolutionäre židy seien. Dabei hätten die Kosaken die Juden nur aus Erzählungen gekannt und so den Unterschied zwischen dem Arbeiter-Juden und dem Kapitalisten-Juden nicht kennengelernt. Trotz der Langlebigkeit nationaler Vorurteile hätten aber die Erfolge des »triumphierenden Sozialismus« und die neue Lebensweise in den Kolchosen ein neues »sowjetisches Kosakentum« geschaffen, »umgeben von großer Aufmerksamkeit und Fürsorge seitens der Sowjetmacht und des großen Führers der Völker – Genosse Stalin«. Aber auch die Juden hätten ihre nationalen Vorurteile gegen die Kosaken als »Symbol des Antisemitismus, Verkörperung der Unterdrückung und blutigen Verfolgung« überwinden müssen. Doch im sozialistischen Wettbewerb wetteiferten nun die zur Völkerfreundschaft erzogenen Kosaken und Juden in ihren Kolchosen, besuchten sich gegenseitig, spendeten jiddischen Reden Beifall.[160]

Obwohl Birobidshan mit seinen geringen Siedlerzahlen ein Fehlschlag war, wurde das Leben dort als harmonische Symbiose aller Nationalitäten geschildert. Illustrierten-Reportagen schilderten ausführlich die »neuen« Juden, die in Stachanov-Manier Schafe oder Obst züchteten, als Bauern, Fischer oder Fabrikarbeiter tätig seien.[161] Die Birobidshaner Juden wurden als Teil der sowjetischen Völkerfamilie dargestellt, die unter der Obhut ihres Vaters Stalin keine Diskriminierungen mehr kennen konnte. Auf dem Titelbild der Tribuna war Stalins Porträt untertitelt: »Wir haben die nationale Unterjochung vernichtet. Wir haben nationale Privilegien vernichtet. Wir haben die Gleichberechtigung der Nationen hergestellt.«[162] Jüdische Namen waren – neben Vertretern anderer Nationalitäten – in den Jubelartikeln

160 N. Garfinkel', »Kazacko-evrejskaja družba – jarkij primer krepnuščej družby narodov«, in: Revoljucija i Nacional'nosti, 6/1936, S. 50 ff. Die Tribuna berichtete von ähnlichen Freundschafts- und Wettbewerbsabkommen im jüdischen Nowoslatopolsker Rayon – mit dem Hinweis, gleichzeitig setze der deutsche Faschismus die wildesten Methoden des Zarismus fort. »Evrejsko-kazackaja družba v strane sovetov«, in: Tribuna, 10/1936, S. 1 f., ursprünglich in: Emes, 9. 9. 1936. Vgl. Tribuna, 7/1936, S. 50–52; JTA, 30. 6. 1936, S. 4; Tribuna, 10/1937, S. 19 f.; Tribuna, 11/1937, S. 18 f.

161 David Chait, »Birobidžan«, in: Ogonek, 20. 8. 1937, S. 10–12. Etwas nüchterner ist im gleichen Blatt Evgenij Petrovs Reisebericht (30. 4. 1938, S. 18–22). Neben kritischen Anmerkungen über schlechte Straßen usw. finden sich auch hier die tüchtigen jüdischen Landwirte und die glückliche Jugend (auch die russische), die mit Begeisterung beide Sprachen (Russisch und Jiddisch) lernt.

162 Tribuna, 8/1935.

zur neuen Sowjetverfassung von 1936 zu finden.[163] In russischer Übersetzung aus dem Jiddischen wurde das Lob des Lyrikers L. Kvitko auf Stalin verbreitet.[164] Auch als der Sowjetpatriotismus die russische Nationalität zur »ersten unter gleichen« erklärte, mischte sich die jüdische Stimme in den Chor des Stalinkults.

8.3. Die sowjetischen Juden im stalinistischen Terror

8.3.1. Jüdische Opfer der Massenverhaftungen

Man kann – selbst bezogen auf die Zeit des schlimmsten Terrors – noch von einer Erfolgsgeschichte der jüdischen Bevölkerung in der Sowjetunion sprechen. 1939 waren 16 % aller sowjetischen Ärzte Juden, 11 % aller Künstler und Schauspieler, 10 % aller Techniker, Ingenieure und Architekten, 10 % aller im Kulturbereich Tätigen, 9 % aller Wissenschaftler.[165] Wenn oben von einem spezifischen stalinistischen Antisemitismus in der Zeit der Schauprozesse die Rede war, muß betont werden, daß dieser Antisemitismus sich in einer Sphäre der Symbole bewegte. Die rituellen Kampagnen des Antitrotzkismus zielten nicht auf konkrete Juden, sondern auf ein abstraktes Bild – auf ein Prinzip, das der Liebe zum Vaterland unter der Führung des »Großen Russischen Volkes« und des »Vaters und Führers« Stalin diametral gegenübergestellt wurde. In vielem war damit der »Kosmopolitismus« vorweggenommen, der nach 1945 attackiert werden sollte. Vor 1939 aber waren die konkreten Juden und Jüdinnen der Sowjetunion nicht Objekt eines staatlichen Antisemitismus. Russisch-jüdische Emigranten konstatierten: »In der UdSSR hat man aufgehört, im Menschen den Juden zu unterdrücken, aber dafür begonnen, im Juden so sehr den Menschen zu unterdrücken, wie man sich dies in den dunkelsten Zeiten nationaler Verfolgungen nicht erlaubte.«[166]

Bezogen auf den stalinistischen Terror allgemein begünstigte ihre Sozialstruktur die sowjetischen Juden in einer Hinsicht: Von der Kollektivierung waren sie als überwiegend nicht-bäuerliche Bevölkerung weit weniger betrof-

163 A. Gitljanskij, »Nacional'nye men'šinstva sovetskoj Ukrainy odobrjajut proekt stalinskoj konstitucii«, in: Tribuna, 9/1936, S. 48 – 51. Vgl. auch »Triumf leninskoj-stalinskoj nacional'noj politiki«, in: Tribuna, 22/1936, S. 23 ff.

164 L. Kvitko, »K Stalinu«, in: Ogonek, 20. 8. 1938, S. 1. Bezüge zur jüdischen Minderheit hatte dieses Gedicht nur indirekt: »Er war überall, in jedem Volk hat der geliebte Stalin einen Schatz entdeckt.« Siehe auch Evrei v carskoj Rossii i v SSSR, S. 45 f.; Vosemnadcatyj s-ezd, sten. otčet, S. 591 ff.

165 S. Schwarz, The Jews in the Soviet Union, S. 16 f. Siehe auch oben, Kap. 6.7.

166 St. Ivanovič, »Evrei i sovětskaja diktatura«, in: Ob-edinenie russko-evrejskoj intelligencii v Parižě, Evrejskij mir, S. 41 – 57, hier S. 44. Die bolschewistische Diktatur fordere vom Juden, daß er sich nicht nur von jedem Glauben, sondern überhaupt vom Menschsein lossage. Während man außerhalb der Sowjetunion deren Reklame glaube, wonach es dort keinen Antisemitismus mehr gebe, sei den sowjetischen Juden klar, daß er existiere – »aber zu Pogromen läßt Stalin es nicht kommen und – so hofft man – wird es auch nicht kommen lassen.« Ebd., S. 50. Vgl. den Folgeband, Sojuz Russkich Evreev v N'ju Iorke, Evrejskij Mir, S. 98.

fen als etwa die ukrainische Bauernschaft.[167] Jüdische Agrarkolonien hatten weniger Kulaken aufzuweisen als ihre Nachbarn. Die Kolonien waren von vornherein stärker als die übrigen Bauernhöfe an kollektiver Bewirtschaftung orientiert. Das führte dazu, daß schon 1929 der Anteil der Kolchosen bei den jüdischen Bauern überall höher war als bei ihren ukrainischen Nachbarn, und daß bei der Lockerung der Kollektivierung 1930 jüdische Kolchosen sich seltener auflösten.[168]

Juden waren überproportional in der Partei vertreten und damit mehr als der Bevölkerungsdurchschnitt der Gefahr ausgesetzt, in der Folge von zunächst parteiinternen Säuberungsmaßnahmen als »Volksfeinde«, »Schädlinge« usw. verfolgt zu werden. Jüdische Parteimitglieder waren bei Parteisäuberungen statistisch stärker gefährdet, weil sie in weit höherer Zahl als andere Nationalitäten vor ihrer Mitgliedschaft bei den Bolschewiki anderen Parteien angehörten. 1932 wurde festgestellt, daß dies bei 15,6 % der Juden, aber nur 3,8 % der Russen und 4,2 % der Ukrainer der Fall war.[169] Durch ihre überproportionale Zugehörigkeit zur Intelligenz gehörten die Juden einer von der ežovščina stärker als die Gesamtbevölkerung bedrohten Gruppe an.

Quellen belegen jedoch, daß Juden unter den GULag-Insassen unterrepräsentiert waren. Während der jüdische Bevölkerungsanteil 1937 1,65 % ausmachte, betrug der Anteil der Juden an den Lagerinsassen 1,45 %.[170] Dennoch ist häufig die Überzeugung geäußert worden, schon in den dreißiger Jahren hätten mehr als alle anderen die Juden dem Terrorregime ihren Tribut zollen müssen.[171] In einer auf persönlichen Beobachtungen beruhenden Arbeit wird ein Spruch überliefert, der in der Ežov-Zeit üblich gewesen sein soll: »Er ist kein Parteimitglied und er ist kein Jude. Warum wurde er dann verhaftet?«[172] Eine Zeugin erinnert sich an einen Bekannten, der durch

167 M. Altshuler, Soviet Jewry since the Second World War, S. 89, weist auf das Sinken des bei den Juden erheblich größeren Frauenanteils (im Vergleich zur Gesamtbevölkerung) bis 1939 hin: durch die Kollektivierung waren in der Gesamtbevölkerung einerseits stärker die Männer, andererseits weniger die Juden betroffen.

168 Meldungen über die Ablehnung der Kollektivierung durch jüdische Kolonisten und über Maßnahmen gegen jüdische Kulaken in: JTA, 1. 7. 29, S. 2; 12. 11. 1929, S. 2; 14. 11. 1929, S. 10; 29. 1. 1930, S. 4. Vgl. Y. Bauer, My Brother's Keeper, S. 68 ff.

169 JTA, 21. 12. 1932, S. 4. Die Verteilung auf die Parteien: 35,5 % waren beim Bund, 12 % bei der linken Poale Zion, 12 % bei den Menschewiki und 2 % bei den Sozialrevolutionären.

170 GARF F 9414, O 1, D 1155, nach J. Arch Getty/G. Rittersporn /V. Zemskov, »Victims of the Soviet Penal System in the Pre-war Years: A first Approach on the Basis of Archival Evidence«, S. 1028 f. 1939 war diese Differenz ähnlich. Überrepräsentiert waren im GULag 1937 und 1939 Russen, Weißrussen, Polen, Letten. Ukrainer waren 1937 über-, 1939 unterrepräsentiert. Unterrepräsentiert waren 1937 und 1939 Georgier und Armenier.

171 Leopold Trepper, Die Wahrheit. Autobiographie, München 1978, S. 63 ff. Vgl. I. Gouzenko, The Iron Curtain, S. 157.

172 F. Beck/W. Godin, Russian Purge and the Extraction of Confession, S. 127. Die Autoren (hinter Godin verbirgt sich der Historiker Shtepa) betonen, es habe keinen Antisemitismus in dem Sinn gegeben, daß jüdische Herkunft zur Verhaftung führte.

einen Zufall nicht verhaftet wurde. Dies sei damals als besonders seltsam erschienen, da der betreffende Jude gewesen sei.[173] Nadežda Mandel'štam berichtet, daß L. Pasternak über ihren Mann Osip, als dieser 1934 sein berühmtes Gedicht gegen Stalin geschrieben hatte, sagte: »Wie konnte er so ein Gedicht schreiben – er ist doch schließlich Jude.«[174]

Evgenija Ginzburg – sie war ab 1937 für 18 Jahre in Gefängnissen und Lagern – gibt in ihren Erinnerungen keinen Hinweis darauf, daß sie als Jüdin irgendwie anders behandelt wurde.[175] Auch P. Jakir berichtet nichts über besondere Folgen seiner jüdischen Herkunft.[176] Dies gilt auch für das Schicksal anderer Juden, die in seinem Bericht vorkommen, etwa Larins Tochter. Auch in deren Erinnerungen spielt der Komplex »Judentum/Antisemitismus« keine Rolle. Weder ihr eigenes Schicksal, noch die Tatsache, daß die Untersuchungen gegen sie von einem Berman und einem Kogan geführt wurden, werden unter diesem Aspekt kommentiert – Indiz auch dafür, wie gering das Interesse für Herkunftsfragen gerade in den Kreisen der Parteiaristokratie war: man empfand sich als Angehöriger der Kategorie »Sowjetmensch«, durch die Sprache an die russische Kulturtradition gebunden.[177]

M. Zalcman, aus Polen in die Sowjetunion emigriert, geriet wie so viele als angeblicher polnischer Spion ins Räderwerk der ežovščina. Er berichtet, wie er von einem jüdischen Untersuchungsbeamten verhört wurde, mit dem er jiddisch sprach.[178] Er berichtet auch, daß Angehörige nationaler Minderheiten von den Kriminellen im Lager als zveri [Tiere] bezeichnet wurden. Die abracha, wie man die Juden nannte, seien aber in der riesigen Menge der Gefangenen untergegangen.[179] Von Beleidigungen durch Mitgefangene abgesehen (solche konnten alle Minderheiten treffen), scheint das Leben der jüdischen Häftlinge sich nicht von dem anderer Gefangener unterschieden zu haben. A. Weissberg-Cybulski widmet in der Schilderung der stalinistischen Untersuchungsmethoden der Frage nach der Nationalität der Opfer einige Aufmerksamkeit. Nationale Minderheiten seien bevorzugt Opfer geworden, als ob die GPU das Ziel der »Rassereinheit der russischen

173 L. Šatunovskaja, Žizn' v Kremle, S. 109.

174 N. Mandel'štam, Vospominanija, S. 150; in deutscher Übersetzung, Das Jahrhundert der Wölfe, S. 162. N. Mandel'štam forderte Pasternak auf, zu konkretisieren, was an dem Gedicht »dem Juden« widerspreche. Er erklärte dies nicht, könnte aber gemeint haben, daß ein Jude besonders gefährdet sei. N. Mandel'štam war überzeugt, Antisemitismus komme von oben und reife im Apparat heran, von den »mužiki«, deren Schicksal sie teilte, habe sie als Jüdin keine Feindschaft gespürt. Für viel stärker als primitiven Judenhaß hielt sie die Feindschaft gegen die Intelligencija (Vospominanija, S. 326; vgl. mit gleicher Aussage Vtoraja kniga, S. 226).

175 J. Ginsburg, Marschroute eines Lebens, passim.

176 P. Jakir, Kindheit in Gefangenschaft, passim.

177 A. Larina Bucharina, Nun bin ich schon weit über zwanzig, S. 423.

178 M. Zalcman, Als Mosche Kommunist war, S. 229.

179 Ebd., S. 254; zu den verschiedenen Bezeichnungen für jüdische Gefangene vgl. auch Rossi, Spravočnik po GULagu, S. 10, S. 115, S. 155 f., S. 222, S. 271, S. 358, S. 460.

Städte« gehabt hätte. Er erwähnt die jüdische Minderheit dabei aber nicht.[180] Andere Juden, die vor den Nazis in die Sowjetunion geflohen waren, galten den Untersuchungsbeamten als Hitlers Agenten im Ausland.[181]

In den Erinnerungen der Opfer des Stalinismus nach 1939 findet man Belege für einen Antisemitismus im Apparat, der sich unverhüllt gegen jüdische Flüchtlinge aus den von Deutschland besetzten oder bedrohten Gebieten (Baltikum) richtete. Sowjetische Ermittlungsbeamte sollen unverhohlen ihre Zufriedenheit darüber ausgedrückt haben, daß die Deutschen die »verfluchte Rasse« umbrächten.[182] Offenbar wurden Häftlinge jüdischer Herkunft nun auch verstärkt Opfer des Antisemitismus seitens anderer Gefangener, die aus den ab 1939 von der Sowjetunion annektierten Gebiete stammten.[183] Schon vor 1939 kam es in den Gefängnissen und Lagern zu Begegnungen jüdischer und antisemitischer Häftlinge.[184]

Während des Krieges kam vor, daß ins Hinterland der Sowjetunion evakuierte Juden Anfeindungen ausgesetzt waren. Dabei wurden Anschuldigungen laut, »die Juden« wollten sich vor dem Dienst an der Front drücken.[185] L. Šatunovskaja berichtet, daß Untersuchungsbeamte ihr gegenüber bekannten, solche Bezichtigungen der Juden von oben herab gesteuert zu haben.[186] Sie berichtet auch von antisemitischen Beschimpfungen durch die Beamten selbst. R. Orlova-Kopelev mußte sich 1948 Anspielungen auf einen »jüdischen Krämerladen« ihres Vaters gefallen lassen, Beschimpfungen in der Art »dreckiger Jude« scheinen in dieser Zeit zum Alltag der Verhöre gehört zu haben.[187]

Evgenija Ginzburg hält fest: erst nach dem Krieg, 1953, »drang die Pest des Antisemitismus bis zu unserem fernen Planeten [Kolyma] vor. [...] Sogar die

180 A. Weissberg-Cybulski, Hexensabbat, S. 38. Er berichtet von einem »ukrainischen Dorfjuden«, der wegen angeblicher Sabotage an Traktoren verurteilt wurde (S. 279), ein Zionist war wegen »Spionage für England« verhaftet worden (S. 289) – dies war der Standardvorwurf gegen die Zionisten.

181 F. Beck/W. Godin, Russian Purge, S. 109. Vgl. Y. Bauer, My Brother's Keeper, S. 96 f.

182 Moshe Grossman, In the Enchanted Land. My Seven Years in Soviet Russia, Tel Aviv 1960, S. 55. Vgl. George Barany, »Jewish Prisoners of War in the Soviet Union During World War II«, in: JBGO, 31 (1983), S. 161 – 209; Meir Korzen, »Problems arising out of Research into the History of Jewish Refugees in the USSR during the Second World War«, in: Yad Washem Studies, III (1959), S. 119 – 140; N. Davies/A. Polonsky, Jews in Eastern Poland and the USSR, 1939 – 46, passim.

183 Yehoshua A. Gilboa, Confess! Confess! Eight Years in Soviet Prisons, Boston, Toronto 1968, S. 31.

184 L. Razgon Nepridumannoe, S. 84 ff.

185 Geschildert z.B. bei Il'ja Zil'berberg, Neobchodimyj razgovor s Solženicynym, Sussex 1976, S. 9; verschiedene Zeugnisse bei S. Švarc, Antisemitizm v Sovetskom Sojuze, S. 191 ff.

186 Žizn' v Kremle, S. 332 ff.

187 R. Orlowa-Kopelev, Eine Vergangenheit, die nicht vergeht, S. 148; L. Trepper, Die Wahrheit, S. 316; über antisemitische Beschimpfungen gegen Pasternak berichtet Olga Iwinskaja, Lara. Meine Zeit mit Pasternak, Hamburg 1978, S. 163.

anti-kosmopolitische Kampagne von 1948 war an uns vorbeigegangen.«[188] Dem Bericht eines ebenfalls schon vor dem Krieg Inhaftierten zufolge beobachteten im Frühjahr 1952 die GULag-Insassen, daß unter den Neuankömmlingen im Lager die Zahl der Juden ungewöhnlich hoch war.[189] Nach 1945 war nicht nur aus dem GULag-Apparat offene Judenfeindschaft zu spüren, die Lage der jüdischen Häftlinge wurde offenbar auch durch antisemitische Häftlinge erschwert, die teilweise als Kollaborateure mit den Deutschen, teilweise auch als Partisanen an Mordaktionen gegen Juden beteiligt waren.[190] Mit dem »Ärztefall« Ende 1952 hatten die Untersuchungsmethoden des MGB einen quasi-antisemitischen Charakter bekommen: Jetzt wurde ganz offen nach Juden gesucht. Einer der damals verhörten Ärzte berichtet, wie bei Namenslisten von »Verdächtigen«, die ihm vorgelesen wurden, die Venehmungsbeamten nur die vermeintliche jüdische Herkunft interessierte. War vor 1939 die jüdische Herkunft zwar die Voraussetzung, aber nicht der Grund, daß jemand als ehemaliger »Bundist«, «Zionist« usw. verhaftet werden konnte, so wurde sie nun zum Verhaftungsgrund der »bürgerlichen jüdischen Nationalisten« selbst. Aber selbst hier wurde die Trennlinie zum Antisemitismus offiziell nicht überschritten. Den Verhafteten wurde eben nicht zur Last gelegt, Jude zu sein, sondern jüdischer Nationalist.[191]

Es bleibt eine unsichere Methode, Erinnerungen an den GULag aus der Vorkriegs- und der Nachkriegszeit miteinander zu vergleichen. Dennoch zeichnet sich ein bemerkenswertes Ergebnis ab, das trotz der geringen Zahl der Quellen nicht zufällig ist. Man kann davon ausgehen, daß vor 1939 in den Straforganen eventuell vorhandene antisemitische Vorurteile nicht offen ausgesprochen wurden, daß sie – insofern sie vorhanden waren – in Kenntnis der negativen Haltung des Regimes zum Antisemitismus unterdrückt blieben. Der Terror in den dreißiger Jahren hing als Damoklesschwert über der gesamten Sowjetbevölkerung. Auch wenn einige statistische Merkmale die Juden gefährdeter machten, konnte sich niemand sicher fühlen, weil eine bestimmte Ethnie oder sonstige Gruppe Hauptfeind war. Verengung auf eine einzelne Nationalität wäre den Repressionen sogar hinderlich gewesen.[192]

188 J. Ginsburg, Gratwanderung, S. 404; aus dem Jahr 1948 berichtet sie aber, daß einer der MGB-Offiziere, der Jude war, in den vorzeitigen Ruhestand versetzt wurde (ebd., S. 365 f.).

189 Karlo Štajner 7000 dana u Sibiru, Zagreb 1971, S. 418 ff. Dort wird auch ein Jude beschrieben, der vor 1941 in die Sowjetunion floh, dann verhaftet und wegen seiner Herkunft im Lager schickaniert wurde (S. 201 f.).

190 Beispiele dafür bei J. Scholmer, Arzt in Workuta. Bericht aus einem sowjetischen Straflager, München 1963, S. 84 ff.

191 Vgl. die Erinnerungen von Ja. Rapoport, Na rubeže dvuch ėpoch, S. 80 f., S. 144 f. Aber selbst nicht im Umfeld der Ärzteaffaire waren alle Betroffenen persönlich mit Antisemitismus konfrontiert. Vgl. Ja. Ėtinger, »›Delo vračej‹ i sud'ba odnoj sem'i«, in: Nauka i Žizn', 1/1990, S. 126–129.

192 Es spricht einiges für die Ansicht, daß 1948 die Präsentation »leicht auszumachende[r] Feinde mit unrussischen Familiennamen« den »Beginn des Übergangs vom totalitären Staat zum

8.3.2. Vernichtung der jüdischen Kultur und Parteiprominenz

Der Terror mit seinem Höhepunkt von 1937 und 1938 forderte unter den prominenten jüdischen Parteimitgliedern und Funktionsträgern einen enormen Tribut. L. Schapiro spricht sogar von einem »great holocaust of Jewish Bolsheviks«.[193] Von 24 Evsekcija-Spitzenfunktionären sind 18 (=75 %) Ende der dreißiger Jahre unter dem Vorwurf des jüdischen Nationalismus Repressionen zum Opfer gefallen.[194] Doch man darf nicht übersehen, daß auch in Georgien, Kasachstan oder Turkmenien die dortigen politischen Führungen fast völlig liquidiert wurden.[195] Unter der Überschrift »Vernichtung der jüdischen Kommunisten« bot 1939 der in Paris erscheinende menschewistische Socialističeskij Vestnik einen Überblick über den Untergang praktisch sämtlicher Aktivisten der »jüdischen Arbeit«. Die Menschewiki hatten eine Liste von 100 verschwundenen jüdischen Kommunisten zusammengestellt.[196] Diese waren zuvor selbst Teil der stalinistischen Maschinerie gewesen. Es wurden weder Gegner des Stalinismus aus dem Weg geräumt, noch wurde eine ihrem Wesen nach antisemitische Politik umgesetzt. Auch die menschewistischen Kommentatoren in der Emigration unterstellten dies nicht.

Für die jüdischen Opfer des Massenterrors galt nicht minder als für andere, daß die Verfolger und Ankläger sich unvermittelt als Angeklagte wiederfinden konnten. S. Dimanštejn, der immer wieder vor »kulakischem« oder »bundistischem« konterrevolutionärem Einfluß in den Reihen der Ozet gewarnt hatte[197], wurde im Januar 1938 als Tribuna-Herausgeber entlassen. Gleichzeitig wurde das Blatt eingestellt, weil es die »Ansichten der Massen« nicht mehr repräsentiere. Es folgte die Verhaftung Dimanštejns, der in einem Arbeitslager verschwand.[198] J. Liberberg, Vorsitzender des Birobidshaner Sowjets, wurde im August 1936 als »nationalistischer Trotzkist« entlarvt, der

autoritären« markierte (so Leonid Gosman, Von den Schrecken der Freiheit. Die Russen – ein Psychogramm, Berlin 1993, S. 118 f.).

193 Shapiro, »The Role of the Jews in the Russian Revolutionary Movement«, S. 287; A. Brossat/ S. Klingberg, Le Yiddishland révolutionaire, S. 262, sprechen von einem »véritable pogrome contre les communistes juifs«.

194 Silberner, Kommunisten zur Judenfrage, S. 149.

195 Siehe G. Simon, Nationalismus und Nationalitätenpolitik in der Sowjetunion, S. 186 ff.

196 SV 4 – 5/1939, S. 63 ff. Schon im Juli 1938 hatte der SV über das Schicksal der ehemaligen Bundisten berichtet, deren angebliche Klubs ausgehoben würden. Der Tod Larins habe diesen vor Beschuldigung und Verfolgung gerettet (13 – 14/1938, S. 18). Larins Widerstand gegen das Birobidshan-Projekt wurde in der Tat 1937 als »militanter Nationalismus« gedeutet (M. Litvakov, »Čto bylo razoblačeno v evrejskoj avtonomnoj oblasti«, in: Tribuna, 9/1937, S. 3).

197 »Za bol'ševistskuju bditel'nost' i vyderžannost'!«, in: Tribuna, 12/1934, S. 7; »Povysit' bditel'-nost v rabote Ozeta«, in: Tribuna 17/1936, S. 1; »Na bor'bu s buržuaznym nacionalizmom«, in: Tribuna, 19 – 20/1937, S. 20 ff.; siehe auch JTA, 1. 12. 1937, S. 6.

198 JTA, 19. 1. 1938, S. 5. Schon am 29. 11. 1937 begann der Emes, Dimanštejn und die Tribuna zu attackieren. Vgl. B. Pinkus/A. Greenbaum, Russian Publications on Jews and Judaism in the

versucht habe, alle jüdischen Kultureinrichtungen der Sowjetunion in Birobidshan zu monopolisieren, wo ein neues »Palästina« entstehen sollte. Seine Losung sei gewesen: »Ohne Moskau«. Liberbergs konterrevolutionäre Einstellung sei schon 1928 zutage getreten, als er den »Schwarzhunderter« [!] S. Dubnov nach Kiew einladen wollte.[199] Sieben Monate nach Liberberg folgte der erste Sekretär des Gebiets-Parteikomitees Chavkin, dem seine Vergangenheit in der trotzkistischen Opposition zum Verhängnis wurde.[200]

Von dem Evsekcija-Funktionär S. Agurskij ist aus dem Jahre 1938 ein Brief erhalten, in dem er schildert, wie er in das Räderwerk der Säuberung geriet. Ihm wurde vor allem Spionage für Polen vorgeworfen sowie seine Tätigkeit als »bundistischer Nazi-Faschist«.[201] In Gefahr, als angebliche Mitglieder von bürgerlich-nationalistischen oder faschistischen Geheimorganisationen verfolgt zu werden, waren Angehörige aller Nationalitäten, die nicht eindeutig einem Territorium zuzuordnen waren. Birobidshan – das war schnell klar geworden – wurde vom sowjetischen Judentum nicht akzeptiert[202], so daß die Juden in ihrer Mehrheit nicht in »ihrem« Gebiet lebten. Erhöht wurde die Gefahr, wegen Verrats oder Schädlingstätigkeit angeklagt zu werden, bei Nationalitäten, die auch außerhalb der Sowjetunion lebten. Dies traf neben den Juden besonders auf die Polen, die Nationen des Baltikums oder die Finnen zu.[203] Die Spionage-Hysterie der dreißiger Jahre bedrohte die Juden aufgrund der Verwandtschaftsbeziehungen ins Ausland, die durch die geographische Verteilung des osteuropäischen Judentums und die jüdische Emigration nicht Ungewöhnliches waren. Stets in Gefahr, als Verräter und Agenten zu gelten, waren Juden, die die Sowjetunion verlassen wollten – die

Soviet Union, S. 235. Zur Verhaftung Dimanštejns siehe Z. Gitelman, Jewish Nationality, S. 246, S. 518 ff. Vgl. G. Israel, The Jews in Russia, S. 166.

199 M. Litvakov, »Čto bylo razoblačeno«, in: Tribuna, 9/1937, S. 3 – 7. Litvakov selbst verschwand noch im selben Jahr. Schon 1933 war er bei Säuberungsmaßnahmen aus der Partei ausgeschlossen, bald darauf wieder aufgenommen worden (JTA, 21. 11. 1933, S. 4). Vgl. auch I. Emiot, The Birobidzhan Affair, S. XV (Einleitung); H. Slovès, L' état juif de l'Union soviétique, S. 231 ff. Zur Einladung Dubnovs vgl. Dubnov, Kniga žizni, Bd. 3, S. 77 ff.

200 Dies zog den Sturz seiner Gefolgschaft von Günstlingen nach sich. Von 51 Mitgliedern des Gebietskomitees blieben 1938 nur sechs übrig. Die Säuberungen führten aber nicht etwa zu einer Russifizierung; der jüdische Anteil auf Parteikonferenzen in Birobidshan blieb 1935 bis 1938 konstant. Siehe R. Weinberg, »Purge and Politics in the Periphery: Birobidzhan in 1937«, S. 24 ff.

201 [Agurskij], »The Great Terror and the Jews«, passim.

202 Der Emes veröffentlichte in der zweiten Hälfte der dreißiger Jahre folgende Zahlen über jüdische Siedler im Fernen Osten (bei zweieinhalb Millionen Juden in der UdSSR): 5. 12. 1936: 19 000; 27. 3. 37: 20 000, 11. 9. 37: 30 000, 3. 6. 1938: 18 000. Zahlen zusammengestellt von G. Aronson, Soviet Russia and the Jews, S. 6.

203 A. Greenbaum, »Soviet Nationality Policy and the Problem of the ›Fluid‹ Nationalities«, in: B. Vago/G. Mosse (Hrsg.), Jews and Non-Jews in Eastern Europe, S. 257 – 269, hier S. 265; J. Arch Getty/G. Rittersporn/V. Zemskov, »Victims of the Soviet Penal System in the Pre-war Years«, S. 1029.

illegalen Zionisten.[204] Verbindungen mit dem Ausland hatten auch die jüdischen Agrarkolonien, die zu einem großen Teil mit amerikanischen Spendengeldern finanziert und vor Ort von amerikanischen Experten unterstützt worden waren. Von Beginn der Aktivitäten bis 1938 hatte das Joint Distribution Committee 16 Millionen $ investiert. Seit 1937 wurden zunehmend sowjetische Mitarbeiter des Agro Joint verhaftet, bis er 1938 seine Arbeit einstellte.[205]

Die in Erschießungskellern oder Lagern umgebrachten Vertreter der jüdischen nationalen (also jiddischsprachigen) Kultur und Politik konnten weniger als bei anderen Nationalitäten ersetzt werden, da die dafür in Frage kommenden Kader zusätzlich durch die Assimilierung dezimiert wurden. 1926 hatte ein Viertel aller sowjetischen Juden Russisch als Muttersprache angegeben, 1939 waren es bereits 54,6 %. Mehr als ein Drittel der Ehen von Juden waren in den dreißiger Jahren Mischehen.[206] Schon ohne die Verhaftungen, die unter der jiddischsprachigen Intelligenz wüteten, reduzierte sich das Potential der jüdischen sowjetischen Kultur durch die allmähliche Russifizierung und konnte sich damit von den Schlägen der ežovščina nicht mehr erholen.[207] Der weitgehende Untergang einer Nationalkultur durch die Mischung aus Assimilation und Vernichtung darf nicht als alleiniges Schicksal der Juden gesehen werden. Auch im Falle der Ukrainer ist eine ähnliche Tendenz zu diskutieren.[208] So wie man bei den Ukrainern im großen Terror nicht von Opfern von »Antiukrainismus« reden kann, fielen die Juden nicht Antisemitismus zum Opfer.

Auch wenn zahlreiche Vertreter der jiddisch-sowjetischen Kultur getötet wurden, kam diese Kultur nicht völlig zum Erliegen. Manche jüdischen Kultureinrichtungen nahmen erst in den dreißiger Jahren ihre Arbeit auf und

204 Siehe B. West, Struggels of a Generation, S. 176 ff.; L. Leneman, La tragédie des Juifs en U.R.S.S., S. 264.

205 Y. Bauer, My Brother's Keeper, S. 98 ff., ders., »The Relations«, in: B. Vago/G. Mosse (Hrsg.), Jews and Non-Jews in Eastern Europe, S. 280 f.

206 Auch die Zahl der Juden, die weder Russisch noch Jiddisch als Muttersprache hatten, stieg von 0,9 % auf 4,4 %. Siehe M. Altshuler, Soviet Jewry since the Second World War, S. 185. Dort auch Angaben zu den Mischehen: von 1926 bis 1936 hatte die Zahl der Ehen von Juden mit Russen oder Ukrainern auf das 3,5fache zugenommen (ebd., S. 26). Vgl. B. Pinkus, The Jews of the Soviet Union, S. 136; G. Simon, Nationalismus und Nationalitätenpolitik, S. 140.

207 Vgl. A. Greenbaum, Jewish Scholarship and Scholarly Institutions in Soviet Russia, S. 117; zur Auswirkung des Terrors auf das jiddischsprachige Schulwesen siehe E. Schulman, A History of Jewish Education in the Soviet Union, S. 155 ff. Ein instruktives Einzelbeispiel für das Ende des in Leningrad noch bis 1938 bestehenden jiddischen [!] Schulwesens durch den Terror findet sich bei Mikhail Beizer, The Jews of St. Petersburg. Excursions through a Noble Past, New York 1989, S. 98 ff.

208 Zu den Verfolgungen ukrainischer Schriftsteller siehe kurz F. Barghoorn, Soviet Russian Nationalism, S. 37. Zu den Auswirkungen des Jahres 1937 auf nationale Minderheiten allgemein vgl. G. Simon, Nationalismus und Nationalitätenpolitik, S. 81 f.

blieben vom Terror unberührt.[209] Andere Institutionen wurden durch Reorganisation verkleinert und ihrer relativen Unabhängigkeit beraubt, wie zum Beispiel 1936 das Kiewer Institut für jüdische Kultur.[210] Die Produktion jiddischer Buchtitel nahm in den Jahren 1934 – 1939 rein zahlenmäßig nicht nennenswert ab: 1934 erschienen in der ganzen Sowjetunion 348 jiddische Bücher, 1935: 437, 1936: 431, 1937: 342, 1939: 339.[211] Dabei sollte nicht übersehen werden, daß die jiddische Literatur der stalinistischen Kulturpolitik verpflichtet war, ihre Autoren genauso »Ingenieure der Seele« zu sein hatten, wie die anderer Sprachen auch.[212] Bei den jiddischen Periodika war der Höhepunkt 1935 mit 41 Titeln erreicht, dann begann der Niedergang, der 1938 in die Schließung des Emes, der jiddischen Tageszeitung der Ukraine, Štern, und zahlreicher anderer Blätter mündete.[213]

8.3.3. Juden in den Macht- und Repressionsorganen

In der Atmosphäre der hysterischen Suche nach Volksfeinden und Schädlingen konnte jeder durch eine »falsche« Äußerung als Abweichler entlarvt werden; jede Kritik an einer solchen Abweichung wurde zur Denunziation. In der Tribuna wurde 1937 unter der Fragestellung »Fehler oder feindlicher Angriff?« kritisiert, daß ein 1933 erschienenes Wörterbuch die jüdische Kolonistenbewegung der Chaluzim als proletarische sowjetische Organisation definiert hatte.[214] Solch eine Rüge konnte Ermittlungen gegen konterrevolutionäre Aktivitäten nach sich ziehen. Juden waren auf der Täter- und der Opferseite zu finden, oft eine Person nacheinander in beiden Funktionen.

Man findet in der Literatur der neuen russischen Rechten die Unterstellung, Juden seien in den Straforganen überproportional vertreten gewesen. Damit wird die nachrevolutionäre Argumentation von der »jüdischen Tscheka« fortgesetzt. Was war deren Grundlage? Als sich die Tscheka im März 1918 in der Moskauer Lubjanka niederließ, wurden bei einer Zählung

209 Ein Beispiel ist das jüdische Theater in Baku, das von 1933 bis 1939 existierte. Siehe S. Kopel'man, Synovnim serdcem, S. 25 ff., S. 80 f. Vgl. den Überblick über den Spielplan verschiedener jiddischer Theater in: JTA, 8. 9. 1938, S. 7.

210 B. Pinkus, The Jews of the Soviet Union, S. 125. Im Smolensker Parteiarchiv sind die Personalfragebögen der Mitarbeiter aus dem Jahre 1936 erhalten (WKP 358).

211 A. Kagedan, The Formation of Soviet Jewish Territorial Units, S. 239 f.; vollständig Kh. Shmeruk, Jewish Publications in the Soviet Union 1917 – 1960, S. 41 – 417. Zum Vergleich: 1927 erschienen 217 jiddische Bücher, 1928: 238, 1929: 319, 1930: 531 und 1932 (Höchstwert): 668. Vgl. Pinkus, The Jews of the Soviet Union, S. 115. Zur Entwicklung der Auflagen: 1928: 870 000 jiddische Bücher; 1932: 2 558 000; 1936: 2 560 000 (JTA, 12. 5. 1938, S. 9).

212 Siehe R. Robin, »Les difficultés d'une identité juive soviétique«, passim.

213 Pinkus, The Jews of the Soviet Union, S. 115; N. Levin, The Jews in the Soviet Union since 1917, Bd. 1, S. 324 f. Zum Vergleich: 1924 erschienen 7 jiddische Zeitungen, 1928: 25 und 1932: 40 jiddische Periodika verschiedener Art (F. Šprach, »Evrejskaja pečat' v SSSR«, in: Revoljucija i Nacional'nosti, 5/1932, S. 40 – 43). Zur Entwicklung nach 1938 siehe Bernard Choseed, Reflections of the Soviet Nationalities Policy, S. 183 ff.

214 Tribuna, 17/1937, S. 20.

894 Personen erfaßt. Davon waren 40 % Russen, 17 % Letten, 11,4 % Polen. Juden stellten 12,9 %. 4,4 % erklärten, russisch-jüdischer und 2 %, polnisch-jüdischer Herkunft zu sein.[215] Die starke lettische Beteiligung soll unter der Moskauer Bevölkerung zur Rede von der Tscheka als »Domäne der Letten« geführt haben.[216] Das Bild einer jüdisch dominierten Tscheka resultierte aus den antisemitischen Vorurteilen, aber auch aus bestimmten lokalen Konzentrationen, etwa wie in Kiew, dem auch in der Literatur der »weißen« Emigration am häufigsten zitierten Fall. Dort wurde von einem Zahlenverhältnis von Juden zu Nichtjuden von 7 zu 3 berichtet, ferner, daß keine Juden von der Tscheka belangt wurden.[217] Daß die antibolschewistische Propaganda trotz der großen Zahl lettischer Tschekisten fast ausschließlich von den Stereotypen der »jüdischen« Tscheka durchsetzt war, zeigt, daß der »antibolschewistische« Antisemitismus weitaus tiefere Wurzeln als nur die Reaktion auf die Revolution hatte.

In den zwanziger Jahren tauchte in der Publizistik über den Antisemitismus das Problem des jüdischen Anteils in den Straforganen nicht auf. Einerseits kann man annehmen, daß die Autoren von Broschüren und Presseartikeln dieses heiße Eisen gerne umgehen wollten. Andererseits waren die überproportionale Vertretung von Juden auf Angestellten- und Leitungsposten, die jüdischen nėpmany oder die Maßnahmen zur jüdischen Agrarisierung im sowjetischen Alltagsbewußtsein wohl weit präsenter als die nationale Zusammensetzung der GPU-Beamten, die damit dem Antisemitismus in der Bevölkerung weniger Stoff gab. Eine Bilanz der nationalen Zugehörigkeit der GPU- und NKVD-Funktionäre in den zwanziger und dreißiger Jahren dürfte erheblich schwieriger zu erstellen sein, als das 1918 für die ersten Tschekisten der Fall war. Allgemein gilt bis zum Beginn des Zweiten Weltkrieges auch für die Geheimdienste, für Straforgane und die Lagerverwaltung: Wie in anderen Staats- und Parteifunktionen konnten Juden als städtische Population erfolgreicher Karriere machen, als es ihrem Anteil an der gesamten Sowjetbevölkerung entsprach. Die in der Pravda am 20. 12. 1937 veröffentlichten Namen von 407 dekorierten Tschekisten deuten darauf hin, daß darunter mindestens 42, also über ein Zehntel, jüdischer Her-

215 Zahlen nach N. Werth, »Qui étaient les premiers tchékistes?«, S. 507. Ein ähnliches Bild ergibt das verfügbare biographische Material über die prominenten Tschekisten nach der Oktoberrevolution: Von 47 Personen lassen sich zwischen vierzehn und zwanzig Russen identifizieren, sieben Juden, fünf bis sieben Polen (darunter auch Juden), sechs Letten, zwei Armenier, zwei Ukrainer, ein Georgier (Leggett, The Cheka, S. 257 ff.).

216 Dies berichtet Serge Maslov, La Russie après quatre ans de révolution, Paris 1922, S. 115 f.

217 Die betreffende Aussage eines gewissen Valer (Bolerosov) wurde von einer »Besonderen Untersuchungskommission im Süden Rußlands« festgehalten und in: Na Čužoj Storone, 9/1925, S. 112 – 142, veröffentlicht. Gekürzt wurde sie nachgedruckt im antisemitischen Manifest V. Šul'gins Čto nam v nich ne nravitsja, S. 310 ff. Vgl. Scheibert, Lenin an der Macht, S. 93; Leggett, The Cheka, S. 262 f.

kunft waren.[218] Versuche, aus einigen prominenten GULag-Chefs jüdischer Herkunft Schlüsse über jüdische Täterschaft abzuleiten, zeugen von judophoben Zwangsvorstellungen. In der heutigen antisemitischen Publizistik ist eine der Hauptfiguren der schon bei Solženicyn als »Nerv des Archipels« bezeichnete N. Frenkel'.[219] Die »Architekten, Erbauer und Verwalter des GULag – Berman und Frenkel', Fel'dman und Rapoport«[220] sind keine Erfindung der Rechtsradikalen, sondern ein weiteres Beispiel dafür, daß Juden in allen Bereichen des Sowjetstaates Karriere machten.[221]

L. Kaganovič war in den dreißiger Jahren unter den zehn Vollmitgliedern des Politbüros (plus fünf Kandidaten) der einzige Jude.[222] Kaganovič darf als Musterbeispiel eines stromlinienförmigen Stalinisten gelten. Seit er 1930 den Vorsitz der Moskauer Parteiorganisation übernahm, wurde er als »nächster Mitkämpfer Stalins« gefeiert.[223] Ein amerikanischer Journalist zählte im November 1933 in ganz Moskau die Porträts und Büsten der Sowjetführer: 103 mal Stalin, 58 mal Lenin und 56 mal Kaganovič.[224] Vor allem durch die Moskauer Untergrundbahn war für zwanzig Jahre Kaganovič im Bewußtsein der Sowjetbürger festzementiert – bis 1957 fuhr man mit der »Kaganovič-Metro«. Sein Geburtsort Kabany wurde in »Kaganoviči« umgetauft. Als er 1935 Volkskommissar für das Verkehrswesen wurde, bedeutete das die Ausweitung eines regelrechten Kaganovič-Kults auf die gesamte Sowjetunion, in deren Bahnhöfen überall sein Porträt und Losungen mit seinem Namen hingen.[225] Im Jahr des größten Massenterrors nahm er eine exponierte Stellung ein, als er in verschiedenen Teilen der Sowjetunion auftauchte, um dort eine gnadenlose Säuberung durchzusetzen. Seine Unterschrift steht auf den Listen von

218 L. Shapiro, »The Role of the Jews in the Russian Revolutionary Movement«, S. 286.

219 A. Solschenizyn, Der Archipel GULag. Folgeband: Arbeit und Ausrottung. Seele und Stacheldraht [= 2. Bd.], S. 71 ff.; zur Figur Frenkel's siehe auch Michail Geller, Koncentracionnyj mir i sovetskaja literatura, London 1974, S. 83. Zu Solženicyn vgl. Michail Vajnštejn, Antisemitizm... ...i zavtra?! (Zametki o evrejskoj sud'be), Jerusalem 1983, S. 62 ff.; Beiträge in Soviet Jewish Affairs von R. Rutman, 4 (1974), Nr. 2; E. R. Frankel, 5 (1975), Nr. 5; S. Markish, 7 (1977), Nr. 1. Solženicyn berichtet auch von den jüdischen Opfern des GULag (Der Archipel GULag [= 1. Bd.], S. 46, S. 92, Schlußband [= 3. Bd.], S. 342).

220 »Slovo ob otečestve. Pis'mo pisatelej Rossii«, in: Molodaja Gvardija, 5/1990, S. 17.

221 Aus den Verbrechen des GULag-Systems so etwas wie ein Werk von Juden herauszulesen, ist absurd. Noch absurder sind die Konstruktionen, die den stalinistischen Terror ausgerechnet mit der angeblichen Verfolgung des Antisemitismus und dem »Schutz der Juden« in Verbindung bringen. Die Massenverhaftungen ereigneten sich, als der Kampf gegen den Antisemitismus längst ad acta gelegt war. Laut »Slovo ob otečestve« war die Ahndung des Antisemitismus Grundlage des »Genozids am russischen Volk« (ebd.; vgl. I. Šafarevič »Russofobija«, in: Naš Sovremennik, 11/1989, S. 166 f.). Siehe auch oben, Fußnote 136 in Kap. 5.4.1.

222 Zwischen 1927 und 1930 war kein Jude Vollmitglied, Kaganovič war seit 1926 Kandidat (L. Schapiro, Die Geschichte der Kommunistischen Partei, S. 631 f.).

223 O. Nebogin/M. Slanskaja, »Nel'zja ostavit'v rjadach partii«, S. 93.

224 Eugene Lyons, Moscow Carrousel, New York 1935, S. 40 f., zit. n. N. Tumarkin, Lenin Lives!, S. 250.

225 R. Medvedev, Oni okružali Stalina, S. 123.

mehr als 36 000 zur Erschießung Verurteilter, die Mitarbeiter von Sowjets, der Partei, des Militärs, der Industrie und des Verkehrswesens waren.[226]

Mit der Evsekcija und den jüdischen Ansiedlungs- und Territoriumsprojekten war Kaganovič nach außen hin kaum verbunden, scheint aber intern ein Ansprechpartner für jüdische Angelegenheiten gewesen zu sein.[227] In der Anti-Antisemitismus-Propaganda wurde er fast nie als Beispiel für den »guten Juden« dargestellt.[228] Namen jüdischer Bezirke, Kolchosen oder Kultureinrichtungen trugen meistens die Namen Stalins, Kalinins oder anderer nichtjüdischer Sowjetprominenter.[229] Das Jüdische Theater in Birobidshan trug Kaganovičs Namen. Einzig sein Besuch dort brachte ihn mit der Sowjetpolitik in der »jüdischen Frage« in Verbindung – doch nicht als »Juden«, sondern als Regierungs- und Parteivertreter und »Freund und Mitkämpfer des großen Stalin«.[230]

In den Volkskommissariaten, der Armee oder Parteigremien wie dem Organisationsbüro waren weitere Bolschewiki jüdischer Herkunft zu finden. Ähnlich wie Kaganovič verkörpert der Volkskommissar für Landwirtschaft A. Jakovlev-»Ėpštejn« für die heutigen Antisemiten den »jüdischen Terror« und besonders die Schrecken der Kollektivierung.[231] 1936 waren sechs Juden unter der zwanzigköpfigen Sowjetregierung (dem Rat der Volkskommissare), 1939 gab es noch sieben jüdische Volkskommissare oder deren Stellvertreter.[232]

1939 war der Anteil der Juden im ZK der KPdSU mit 10,8 % gegenüber 10,6 % von 1926 kaum verringert.[233] 1937 wurden in den Obersten Sowjet 47 Juden gewählt, 4,1 % der Deputierten. 1938 waren im Obersten Sowjet Weißrußlands 7,7 % Juden vertreten, in der Ukraine zur selben Zeit aber nur noch 0,7 % Prozent.[234] Die letzte Zahl bedeutete eine ganz eindeutige Unterrepräsentierung nicht nur bezogen auf die Stadtbevölkerung (Ende der

226 O. Nebogin/M. Slanskaja, »Nel'zja«, S. 100.

227 Siehe RCChIDNI F 445, O 1, D 162, Bl. 2. Dimanštejn und Čemerisskij wandten sich im Mai 1929 in der Frage jüdischer Deputierter an Kalinin und Kaganovič.

228 Eine Ausnahme: Na bor'bu s antisemitizmom (1929), S. 14.

229 In den zwanziger Jahren scheint nur ein Dorf nach ihm benannt worden zu sein; Tribuna, 1 – 2/1928, S. 36.

230 Tribuna, 4; 6; 7/1936; siehe auch JTA, 11. 2. 1936, S. 7. Vgl. Evrei v carskoj Rossii i v SSSR, S. 24, S. 33.

231 Z. B. bei V. Kožinov, »Pravda i istina«, in: Naš Sovremennik, 4/1988, S. 160 – 175, zu Jakovlev (mit Angaben aus der BSĖ) S. 174. Vgl. auch Chruschtschow erinnert sich, S. 112 f.

232 B. Pinkus, The Jews in the Soviet Union, S. 83

233 Silberner, Kommunisten zur Judenfrage, S. 141.

234 S. Schwarz, The Jews in the Soviet Union, S. 302; vgl. auch B. Pinkus, The Jews in the Soviet Union, S. 81; M. Altshuler, Soviet Jewry since the Second World War, S. 217. Die jüngeren Arbeiten können dem vorsichtigen Urteil Schwarz', es handle sich in der Ukraine um ein Zugeständnis an antisemitische Strömungen, nichts hinzufügen. Der Hintergrund dieses Mißverhältnisses bleibt zu erforschen.

dreißiger Jahre konnte diese nach dem Hereinziehen der Landbevölkerung in den Staats- und Parteiapparat nicht mehr die Vergleichsgröße sein), sondern auch ganz eindeutig im Vergleich zur gesamten ukrainischen Bevölkerung, an der die Juden einen Anteil von 4,9 % hatten. Andererseits waren noch 1940 13,4 % der Parteimitglieder in der Ukraine Juden.[235]

235 T. Rigby, Communist Party Membership in the U.S.S.R., S. 373.

9. Die Sowjetunion und der nationalsozialistische Antisemitismus

9.1. Faschismustheorie und Unterschätzung des Antisemitismus

Die sowjetischen Erklärungsansätze zum Antisemitismus versuchten, ihn vom vermeintlich nationalen Widerspruch in ein Klassenphänomen aufzulösen. Immer wieder wurde auf die Juden hingewiesen, die auf der Seite der Konterrevolution kämpften. Schon die Redaktionen der Schwarzhunderter-Blätter Moskovskie Vedomosti und Rossija seien von Juden geleitet worden.[1] Unter der jüdischen Bourgeoisie treffe man »echte Antisemiten und sogar Führer der antisemitischen Bewegung«.[2] Die antibolschewistischen Attentäter F. Kaplan und L. Kanegiser ebenso wie die Emigranten Bikerman, Pasmanik, Vinaver oder Abramovič kehrten stets wieder als Beispiele für jüdische Feinde der Sowjetmacht. Die Quintessenz war: Es konnte gar nicht möglich sein, daß Antisemiten und die jüdische Bourgeoisie sich nicht doch irgendwann einig würden. Die Bolschewiki hielten Antisemitismus niemals für so mächtig, daß er politische Zweckkoalitionen hätte verhindern können. Diese Einstellung legte die offizielle sowjetische Auseinandersetzung mit dem Antisemitismus außerhalb der Grenzen, nicht nur im nationalsozialistischen Deutschland, fest.

In der Komintern spielte das Thema »Antisemitismus« keine wesentliche Rolle. Ihr fünfter Kongreß 1924 verabschiedete eine Resolution, die alle kommunistischen Parteien, besonders in Polen, Ungarn und Rumänien, aufforderte, für die kulturelle Entfaltung der jüdischen Bevölkerung und gegen den Antisemitismus zu kämpfen.[3] In der sowjetischen Presse – seltener in der Publizistik gegen Antisemitismus – wurde in größeren Abständen auf Pogrome und Diskriminierungen von Juden etwa in Rumänien oder Polen hingewiesen. Im Vordergrund stand dabei die Entlarvung der jeweiligen Regierung als Beschützer der pogromščiki.[4] Die Großbourgeoisie versuche, der Unzufriedenheit im Kleinbürgertum über die wirtschaftliche Lage ein Ventil zu verschaffen. Außerdem solle die Arbeiterklasse vom Klassenkampf abgelenkt werden. Die jüdische Bourgeoise benutze den Antisemitismus, um die jüdischen Werktätigen mit der Losung der nationalen Einheit um sich zu

1 [S. Dimanštejn], »Social'no-političeskie korni antisemitizma (K postanovke voprosa o bor'be s antisemitzmom)«, in: Kommunističeskaja Revoljucija, 20/1926, S. 25 – 32, hier S. 31. Zu vorrevolutionären russischen Rechten jüdischer Herkunft vgl. knapp W. Laqueur, Der Schoß ist fruchtbar noch, S. 45, S. 371.

2 G. Ledat, Antisemitizm i antisemity (1929), S. 6.

3 JTA, 4. 9. 1924, S. 7. Zu den Positionen der Komintern zum Antisemitismus knapp E. Silberner, Kommunisten zur Judenfrage, S. 298 ff.

4 Z. B. in der Pravda vom 10. 12. 1927, S. 5: »Pogromy v Rumynii. Studenty-pogromščiki pol'zujutsja podderžkoj vlastej«; L. Radiščev, Jad. Ob antisemitizme našich dnej, S. 34 ff. Dort, S. 40 ff., auch über Antisemitismus in den USA.

scharen.[5] 1929 wurde ausführlich über antijüdische Unruhen in Lemberg berichtet. In Kiew wurde sogar eine Protestkundgebung aus diesem Grund veranstaltet, wenig später wurde in Minsk gegen einen Pogrom in Palästina demonstriert.[6] Im November 1931 wurde über antijüdische Unruhen in Warschau berichtet, die der »bürgerlichen Republik« angelastet wurden.[7] Antisemitismus galt als universelles Element der Regierungspolitik in allen Staaten ohne Diktatur des Proletariats – berichtet wurde von Judenverfolgungen in Afghanistan bis hin zum Ku-Klux-Klan in Kanada.[8] Der Auswahl dieser seltenen Berichte wie den Veranstaltungen gegen Pogrome im Ausland haftet etwas Willkürliches an. Selbst im fernen Georgien wurde eine große Kundgebung gegen Pogrome in Polen veranstaltet, bei der vor 600 Teilnehmern 17 Redner in den verschiedensten Sprachen von Polnisch bis Georgisch auftraten.[9]

Faschismus und Antisemitismus wurden nicht prinzipiell gleichgesetzt. Nur Bucharin nannte einmal den Antisemitismus – mit Bebel – den »Sozialismus der Dummköpfe«, der in Faschismus hinüberwachse. Dies wurde nur ganz selten von der anti-antisemitischen Publizistik aufgegriffen.[10] Daher galt es nicht als unlogisch, wenn etwa die Tribuna in einer Bildreportage die italienische »jüdische faschistische Jugend« in einer Synagoge zeigte – samt einem Rabbiner, der die Faschisten segnete.[11] Es war für die sowjetische Presse kein Widerspruch, über »jüdische Schwarzhunderter« zu schreiben.[12] Die Erwähnung von Antisemitismus außerhalb der Sowjetunion war instrumental gedacht gegen jüdischen »Nationalismus« und »Klerikalismus«. Unter dem Kommentar »Gott = Faschist« wurde behauptet, die polnischen Rabbiner unterstützten Piłsudki ungeachtet aller Pogrome.[13]

5 Komsomol protiv antisemitizma, S. 2.

6 JTA, 10. 6. 1929, S. 3; 3. 9. 1929, S. 3.

7 D. Zaslavskij, »Buržuaznaja respublika i evrejskie pogromy«, in: Tribuna, 30-31/1931, S. 14 ff. Der Emes gab bei der Gelegenheit der jüdischen Bourgeoisie, den jüdischen Faschisten und Sozialfaschisten die Mitschuld an den Pogromen, da sie sich mit den Schwarzhundertern Piłsudskis verbündet hätten (JTA, 17. 11. 1931, S. 4).

8 JTA, 20. 5. 1929, S. 3; Tribuna, 4/1937, S. 33.

9 Tribuna, 14/1929, S. 32.

10 Bucharin erklärte dies vor dem achten Komsomol-Kongreß am 6. 5. 1928, zit. in: Pravda, 13. 5. 1928, S. 3. Aufgegriffen von Ef. Dobin, Pravda o evrejach, S. 28, S. 39. Auch anläßlich des Prozesses gegen einen antisemitischen Mörder wurde vom Faschismus gesprochen, der sich unter sowjetischen Bedingungen als Antisemitismus äußere (S. Bezborodov, Signaly, S. 60).

11 Tribuna, 16/1929, innere Umschlagseiten. Den »faschistischen Juden« wurden jüdische Pioniere bei der atheistischen Schulung in Minsk gegenübergestellt.

12 Tribuna, 9/1930, S. 24. Gemeint waren amerikanische jüdische Organisationen, die sich gegen Religionsverfolgungen in der Sowjetunion engagierten. Auch S. Dubnov wurde als »Schwarzhunderter-Emigrant« bezeichnet (Tribuna, 9/1937, S. 4.) Zur innenpolitischen Verwendung des »Schwarzhunderter«-Vorwurfs an Gegner jüdischer Herkunft siehe Kap. 7.2.

13 M. Šachnovič, Komu služit »Religija Izrailja«?, S. 10. Um die Zionisten zu attackieren, wurde auch die Gleichung »Gott = Imperialist«, gegen die nėpmany »Gott = Geschäftsmann« aufgestellt (S. 8, S. 19).

Die sowjetischen Deutungsversuche des Nationalsozialismus nahmen dessen Antisemitismus von Anfang an kaum ernst. Schon im November 1923 schrieben die Izvestija, daß Hitler sich mit den Vertretern des Großkapitals sowohl christlichen als auch jüdischen Glaubens auf ein Programm einigen werde.[14] Zinov'ev verglich zu dieser Zeit Hitler mit dem Schwarzhunderter Puriškevič.[15] Auch später ging die sowjetische Auslegung des Antisemitismus in Deutschland von der russischen Erfahrung im Zarismus aus. Bisweilen wurden antisemitische Organisationen außerhalb der Sowjetunion mit dem Sojuz Russkogo Naroda verglichen. In Deutschland diene der Antisemitismus reaktionären Kreisen, besonders zu Zeiten der wirtschaftlichen Krise, als Werkzeug in ihrem Kampf um die Restauration der Monarchie.[16] Der Unterschied zum vorrevolutionären Rußland liege darin, daß der Judenhaß in Westeuropa »kultiviertere« Formen annehme als in der Zarenzeit. In einer 1929 herausgegebenen Schrift Lunačarskijs wird der Antisemitismus in Westeuropa gering eingeschätzt. Gerade in Deutschland [!] fühlten sich die Juden als Bürger, der Antisemitismus habe keine Bedeutung.[17] Nur selten wurde in den Schriften gegen den Antisemitismus darauf verwiesen, daß in Österreich, Deutschland oder Polen reaktionäre Parteien aufgetreten seien, die den Antisemitismus zu ihrem Programm erhoben hätten. Solche Parteien würden sich mit sozialistischen Bezeichnungen tarnen, in Deutschland heiße die entsprechende Partei »national-sozialistisch«.[18] Als diese Bewegung tatsächlich an die Macht gelangte, wurde jedoch nicht ernstgenommen, daß Antisemitismus eine ihrer wesentlichen Grundlagen war.

Larin wies 1929 darauf hin, daß die »deutsche jüdische Bourgeoisie« auf einer Konferenz im September 1925 unter der Leitung des Reichsbankpräsidenten Schacht die finanzielle Unterstützung der jüdischen Agrarkolonien in der Sowjetunion beschlossen habe.[19] Aus dieser Perspektive mußte es logisch erscheinen, daß die »jüdische Bourgeoisie« sich auch mit einem Hitler arrangieren könne – wenn doch Schacht unter Hitler wieder der Reichsbank vorstand.

9.2. Darstellung und Deutung der Judenverfolgungen in Deutschland

1933 stellte Lunačarskij in einem Vorwort zu einer Abhandlung über den Bejlis-Prozeß die Verbindung zum Antisemitismus der deutschen Faschisten her, deren Hauptparole laute: »Schlage die Kommunisten und die Juden!«

14 Izvestija, 9. 11. 1923, nach Helmut Grieser, Die Sowjetpresse über Deutschland in Europa 1922 – 1932. Revision von Versailles und Rapallo-Politik in sowjetischer Sicht (Kieler Historische Studien, 10), Stuttgart o.J., S. 79.

15 Pravda, 23. 11. 1923, nach L. Luks, Entstehung der kommunistischen Faschismustheorie, S. 79.

16 M. Aleksandrov, Klassovyj vrag v maske (1929), S. 64 f.

17 A. Lunačarskij, Ob antisemitizme, S. 24.

18 G. Ledat, Antisemitizm i antisemity, S. 25.

19 Larin, Evrei i antisemitizm, S. 300. Es gelang mir nicht, den Wahrheitsgehalt dieser Aussage festzustellen. Er spielt hier für die Argumentation auch nicht die Hauptrolle.

Um zu belegen, daß sich dies nur gegen die armen Juden richte, führte Lunačarskij an, daß die Faschisten der Steiermark von den Subsidien der österreichischen Metallindustrie abhängig seien, die sich völlig in den Händen reicher Juden befinde.[20] Oft übergingen sowjetische Darstellungen des deutschen Faschismus dessen Einstellungen zu den Juden vollkommen.[21] Das andere Extrem war, Judenverfolgungen in den »kapitalistischen Ländern« pauschal zu brandmarken, ohne das nationalsozialistische Deutschland dabei hervorzuheben.[22] Verschiedentlich wurde die Funktion des Antisemitismus in Polen und Deutschland gleichgesetzt;[23] teilweise wurde aber das größere Ausmaß der Verfolgungen in Deutschland und ihr »mittelalterlicher« Charakter betont.[24]

Der nationalsozialistische Antisemitismus galt nur als Instrument einer bedrängten Bourgeoisie, die nicht immer die Geichberechtigung der Juden fördere, sondern in Zeiten einer wirtschaftliche Krise zur Diskriminierung von Minderheiten greife. So komme es zu der Pseudotheorie der deutschen Faschisten, Rassisten und National-Imperialisten, die ähnlich wie die Zionisten an die Besonderheit der Juden glaubten. Erst der Marxismus-Leninismus habe enthüllt, daß es auch unter den Juden Klassen und Klassenkampf gebe. Die Antisemiten verbreiteten zwar Lügen, was die »Macht der Juden« angehe, aber es sei wahr, daß Juden an der Börse »keine geringe Rolle spielten«. Der Publizist Zaslavskij behauptete auch, daß bei Pogromen bisher die jüdischen Kapitalisten stets von der Polizei geschützt worden seien.[25] Er interpretierte das angebliche Verhalten des jüdischen Bürgertums in Deutschland, das sich aus Liebe zum Vaterland zerfleischen lasse, als »Sklavengeist«, der aus der Händlermentalität hervorgehe. Diese Mentalität komme dem Faschismus entgegen, der den Juden nur das Händlertum [torgašestvo] übriglassen wolle. Die jüdischen Kapitalisten blieben in Deutschland, weil sie sich mit den Faschisten im gemeinsamen Haß auf die

20 A. S. Tager, Carskaja Rossija i delo Bejlisa. S. 6. In Tagers Arbeit wurde der nationalsozialistische Antisemitismus mit den Forderungen von Markov II vor der Duma verglichen und erklärt, daß Hitlers Judenhaß nicht nur eine vorübergehende Erscheinung sei (ebd., S. 46 ff., S. 9). Zu Tager siehe oben, Kap. 8.2.3.

21 Bol'ševik, 14 und 15/1933, »Literatura germanskich fašistov pered prichodom ich k vlasti«, passim. Vgl. auch Rudolf Schlesinger, »Neue sowjetrussische Literatur zur Sozialforschung«, in: Zeitschrift für Sozialforschung, VII (1938), S. 177 ff.

22 S. Gorfinkel', »K itogam plenuma Ozet«, in: Tribuna, 3/1936 [!], S. 32 – 37.

23 E. Ėjdel'man, Ot čerty osedlosti do avtonomnoj oblasti (1934), S. 14.

24 Ja. Kantor, Nacional'noe stroitel'stvo sredi evreev v SSSR (1934), S. 189 f. Die »Mittelalterlichkeit« des deutschen Antisemitismus zeige den Verfall der Bourgeoisie, die wieder zurück zum «Feudalismus« strebe (I. Trajnin, Bespravie i proizvol v fašistskoj Germanii, S. 8 f.).

25 D. Zaslavskij, Evrei v SSSR, S. 4 ff. Vgl. auch Zaslavskijs Beiträge in der Tribuna »Kapitalizm i pogromy« (5/1933, S. 10 ff.) und »Po carskim obrazcam« (11/1933, S. 9 f.): Im ersten Aufsatz nannte er als Vorbild für den deutschen »zoologischen« Antisemitismus die Zustände in Polen, im zweiten behauptete er die Verwandtschaft des Kiewer Bejlis-Prozesses mit dem Leipziger Reichstagsbrandprozeß.

Sowjetunion versöhnen wollten. Die jüdischen Werktätigen in der Sowjetunion müßten mit den »verfluchten Überbleibseln« der bürgerlichen Psychologie kämpfen, da das Händlerelement stets das »spezifische Gewicht« des jüdischen Volkes geprägt habe.[26]

Immer wieder findet man Behauptungen, es seien in Deutschland nur die werktätigen Juden in den Konzentrationslagern zu finden, die Bankiers und Kapitalisten blieben von Diskriminierungen verschont.[27] Das waren die Vorgaben auch für die Publikationen der KPD im Exil, die den NS-Antisemitismus als Tarnung einer Politik deuteten, die den Kapitalismus retten wolle und dessen jüdische Vertreter schone, die aber auch von den Zionisten gepriesen werde. Als die »Arisierungen« das Bündnis des »jüdischen Kapitals« mit den Machthabern widerlegten, war bevorzugt von verschärfter »Monopolisierung« die Rede. Erst nach den Pogromen der »Reichskristallnacht« griff die KPD den Antisemitismus heftiger an, wobei sie den Vorgaben der Komintern und der sowjetischen Propaganda folgte.[28]

Innerhalb der Sowjetunion wurde nicht durchweg verschwiegen, daß auch die jüdischen Kapitalisten der Politik der Nationalsozialisten zum Opfer fielen. Betont wurde, wie die niederen und mittleren Schichten zu leiden hätten, die jüdische Großbourgeoisie fühle sich unverwundbar.[29] Gemäß der marxistischen Ideologie mußte der Widerspruch, daß eine reaktionäre Bewegung einen Teil des Kapitals (den jüdischen) attackiert, als Täuschungsmanöver interpretiert werden: Mit Verfolgungen reicher Juden könne der »Kampf gegen das Finanzkapital« dargestellt werden. Für den betrügerischen Kampf gegen die »Börse« sei die Figur des Juden notwendig, die den Haß gegen den Kapitalismus auf sich ziehe. Antisemitismus werde somit zu einem wichtigen Teil der nationalsozialistischen Demagogie. Daß er darüber hinaus auch in der Programmatik ernst gemeint war, wurde von seinen sowjetischen Interpreten verkannt. Für sie beschränkten sich die wesentlichen Punkte des »nationalen Programms der deutschen Faschisten« auf die Vereinigung aller Deutschen in einem Staat, die Liquidierung der Versailler Bestimmungen und die Eroberung von neuem Land und Kolonien.[30]

26 D. Zaslavskij, »O torgašach i cholopach ›evrejstva‹«, in: Tribuna, 11/1935, S. 24 – 26.

27 Z. B. S. Dimanštejn, »Prezidium CIK SSSR o Evrejskoj avtonomnoj oblasti«, in: Tribuna, 10/1936, S. 50 – 56; F. Šprach, Di fašistiše kontrrevoliucie un di jidiše burzšuazie, S. 30.

28 Für die KPD bedeutete die Thematisierung der Judenverfolgungen einen Schritt aus der Isolierung, die sie mit der demonstrativen Solidarisierung mit anderen Opfern und Feinden des NS-Regimes durchbrechen wollte. Siehe D. Bankier, »The German Communist Party and Nazi Antisemitism«, passim. Vgl. E. Silberner, Kommunisten zur Judenfrage, S. 286 ff.; Horst Duhnke, Die KPD von 1933 bis 1945, Köln 1972, S. 293 f.

29 I. Trajnin, Bespravie i proizvol v fašistskoj Germanii (1935), S. 9.

30 M. Levin, »Nacional'naja programma germanskogo fašizma«, in: Revoljucija i Nacional'nosti, 1/1933, S. 80 – 88. Vgl. zur Deutung durch die Komintern L. Luks, Entstehung der kommunistischen Faschismustheorie, S. 279.

Das Schrifttum für das jiddische Lesepublikum wandelte die Anklage gegen den deutschen Antisemitismus in heftige Angriffe gegen die »jüdische Bourgeoisie« im Ausland um. Sie versuche, die Arbeiterschaft mit Religion und Chauvinismus zu vergiften, um sie gegen den Kommunismus und die Sowjetmacht aufzuhetzen.[31] Hitler habe durch seine Judenverfolgungen die antisowjetische Politik der jüdischen Konterrevolutionäre gestört, die jetzt nicht mehr ihre Kampagne gegen die Behinderung der jüdischen Religion in der Sowjetunion durchführen könnten. Eigentlich habe sich die jüdische Bourgeoisie die Hitler-Diktatur und ihre »Inquisition gegen die Kommunisten« gewünscht. Hitler habe seine antisemitischen Programme aber nicht aufschieben können, weil er den Chauvinismus anheizen und seine Anhänger auf die von Juden gereinigten Posten bringen wollte. So könne die Bourgeoisie angesichts von Verfolgungen, die selbst den Zarismus in den Schatten stellten, nicht schweigen, wenn sie das Vertrauen der jüdischen Massen nicht verlieren wolle.[32] Dieser Protest sei aber nur ein »freundlicher Wink« an Hitler, durch Übertreibungen die nationalen Minderheiten nicht zum Kommunismus zu treiben.[33] Letztlich werde das Geschäftsinteresse der jüdischen Bourgeoisie stärker als jede Boykottneigung gegen Deutschland sein.[34]

Die nationalsozialistische Rassentheorie wurde als Kampfmittel gegen den Marxismus der Nationalsozialisten interpretiert, die damit den Klassenkampf nicht nur als »jüdischen Einfall« denunzieren, sondern ihm den »Rassenkampf« als Alternative entgegenstellen wollten.[35] Unter Berufung auf Stalin wurde die Idee der Nation gegen alle Rassenlehren verteidigt. Beide Vorstellungen seien voneinander soweit entfernt wie Himmel und Erde. Rassismus wurde vor allem aus den Bedürfnissen kolonialer Aggressionspolitik erklärt. Faschistische Ideologen wie Oswald Spengler hätten verkündet, daß die »Russische Seele« über keine Willenskraft verfüge. Der Rassismus richte sich gegen alle »Fremden« im Inneren, nicht nur gegen Juden, sondern auch gegen »Neger«.[36] Daß die Besonderheiten des deutschen Antisemitismus etwa anläßlich der Nürnberger Gesetze angesprochen wur-

31 F. Šprach, Di fašistiše kontrrevoliucie un di jidiše burzšuazie, S. 16. Dieses Buch wurde im Herbst 1933 in Druck gegeben.

32 Ebd., S. 28 ff. Die zionistische und sonstige jüdische Presse in Palästina, den USA und Polen habe betont, daß die Pogrome in Deutschland nur auf einzelne Hooligans zurückgingen und daß der Nationalsozialismus den Zionismus toleriere (ebd., S. 36 ff.). Russisch-jüdische Emigranten in Berlin hätten Hitler als Befreier vom Bolschewismus begrüßt (ebd., S. 47).

33 Ebd., S. 55. So auch Ja. Kantor, Nacional'noe stroitel'stvo, S. 190.

34 Šprach, Di fašistiše, S. 76.

35 I. Trajnin, Bespravie i proizvol, S. 10.

36 I. Berkova, »Rasovaja teorija fašizma«, Kommunisitčeskaja Revoljucija, 12/1934, S. 27 – 31. Wenn auf die NS-»Rassenlehre« eingegangen wurde, konnte dies auch ohne Behandlung des besonderen Stellenwerts der Juden im nazistischen Denken geschehen. So F. Perelmann, »Zur Ideologie des Faschismus«, in: Unter dem Banner des Marxismus, 1934, S. 365 – 395, 543 – 566, hier S. 556.

den[37], war eine Ausnahme. Wenn die antisemitische Praxis der Nazis behandelt wurde, dann eher auf literarisch-feuilletonistische Art. Die Illustrierte Ogonek machte sich über Behauptungen lustig, Jesus sei kein Jude gewesen[38], die Literaturzeitschrift »Novyj Mir« druckte ein Gedicht, das beklagte, wie ein Urenkel Heines in Deutschland zusammengeschlagen auf dem Boden liegt[39] – derartige Beiträge sind als Raritäten zu werten. Belletristische Arbeiten gegen den Nationalsozialismus, deren pädagogische Funktion die Schärfung der Wachsamkeit gegenüber deutschen Spionen war, übergingen den Antisemitismus weitgehend.[40]

Wenn im politischen Kontext die Rede von faschistischer Ideologie war und Redner und Publizisten nicht nur antikapitalistische Gemeinplätze vorbrachten, sondern sich zumindest auf Kernthesen und Absichtserklärungen bezogen, wie sie etwa in »Mein Kampf« niedergelegt waren, dann spielte begreiflicherweise die dort angekündigte Expansionsabsicht Deutschlands nach Osten die Hauptrolle und nicht der Antisemitismus. Der nationalsozialistische Rassismus als »ideologische Formierung« imperialistischer Pläne[41] mußte den sowjetischen Politikern erheblich bedrohlicher erscheinen als seine antisemitischen Konsequenzen. Das wird deutlich an Bucharins Rede auf dem 17. Parteitag 1934, in der er auf Hitlers Ankündigung eines neuen »Germanenzuges nach Osten«, aber auch auf Rosenbergs Rassentheorien einging. Letzteren zitierte er aber nicht mit einer seiner vielen Aussagen über die »jüdische« Führerschicht der Bolschewiki, sondern mit der Behauptung, in der Sowjetunion herrschten »mongoloide Kräfte«.[42]

9.3. Instrumente der Außenpolitik zwischen Ignorieren des Antisemitismus und demonstrativem »Philosemitismus«

Hitler empfing nach der »Machtergreifung« den sowjetischen Botschafter Chinčuk (der jüdischer Herkunft war) und erklärte, er wünsche weiterhin

37 »V fašistskom adu«, in: Tribuna, 11/1935, S. 27 – 28. Verschwommen war die Rede von der »tierischen Politik des rasenden Antisemitismus«.

38 Ogonek, 10. 5. 1936, S. 21. Das deutsche Pamphlet »War Jesus ein Jude. Jesus im Lichte der Rassenfrage« wurde aber nur angeführt, um einen weiteren Beleg für die ansonsten mit Beispielen aus der russischen Malerei begründete These zu liefern, daß die herrschenden Klassen stets ihre »Götter« nach ihrem Abbild schüfen.

39 Novyj Mir, 4/1939, S. 125.

40 Vgl. B. Choseed, Reflections of the Soviet Nationalities Policy, S. 124. Die beiden größten Publikumserfolge der künstlerischen Auseinandersetzung mit den Judenverfolgungen in Deutschland waren zwei sowjetische Filme, die auf Vorlagen deutscher Emigranten basierten: Friedrich Wolfs »Professor Mamlock« und Feuchtwangers »Geschwister Oppenheim« (B. Choseed, ebd., S. 125).

41 So bei M. Aržanov, »Rasovaja teorija germanskogo fašizma«, in: Revoljucija i Nacional'nosti, 3/1934, S. 38 – 50.

42 Semnadcatyj s-ezd, sten. otčet, S. 127 f. Bucharin zitierte Rosenbergs »Zukunftsweg einer deutschen Außenpolitik«. Vgl. auch I. Trajnin, Bespravie i proizvol, S. 13 f.

freundliche deutsch-russische Beziehungen.[43] Umgekehrt erklärte Molotov 1935, daß die nationalsozialistischen Rassenlehren, welche die Sowjetunion nicht schätze, gute deutsch-sowjetische Beziehungen nicht behindern dürften.[44] Man sollte daraus keine voreiligen Schlüsse über die tatsächliche Einschätzung des nationalsozialistischen Antisemitismus durch Stalin und die übrige Führung der Sowjetunion ziehen. Da die Analyse des Antisemitismus keine wichtige Rolle spielte, war sie auch beim Verständnis der Politik Deutschlands unerheblich.[45] Das gilt kaum weniger für Sowjetpolitiker jüdischer Herkunft. Den Aufzeichnungen deutscher Diplomaten läßt sich entnehmen, wie sehr sich ihre sowjetischen Gesprächspartner unabhängig von ihrer Herkunft darum bemühten, ihr Interesse an guten Beziehungen zu Deutschland zu zeigen – ohne Beachtung dessen innerer Politik gegen die Juden. Teilweise wurde deutschen Gesprächspartnern zu verstehen gegeben, daß die Judenverfolgungen als Auseinandersetzungen innerhalb der Bourgeoisie betrachtet würden, die für Marxisten nicht von Interesse seien.[46] So ist zu erklären, daß sich jüdische Sowjetpolitiker gegenüber Vertretern der deutschen Regierung mit einiger Sympathie für die nationalsozialistische Bewegung äußerten. Radek soll erklärt haben, er erkenne in den Gesichtern der Studenten im braunen Hemd »die gleiche Hingabe, die einst die Offiziersanwärter der Roten Armee und der deutschen Freiwilligen von 1813 erhellte«. Der deutsche Botschaftssekretär Hilger, der dieses Zitat festgehalten hat, berichtet, wie ihm 1935 in Kiew der Präsident der Ukrainischen Staatsbank – trotz seiner jüdischen Herkunft – erklärt habe, daß nur mit Deutschland zusammen der Frieden gesichert werden könne, »Rassengegensätze spielten dabei keine Rolle«.[47] Allerdings wurde in den regelmäßigen Berichten aus dem Konsulat in der ukrainischen Hauptstadt von einer feindseligen Haltung gegenüber der neuen deutschen Regierung seitens der sowjetischen Juden, die angeblich die Presse kontrollierten, gesprochen.[48]

Wie informiert die Sowjetpolitiker über die NS-Ideologie waren, ist nicht leicht zu beurteilen.[49] Bucharin mußte sich auf der Durchreise nach Frank-

43 M. Michaelis, »Jewish Bolshewism and Russo-German Relations in 1933: a Documentary Note«, S. 114. Auch Chinčuks Nachfolger Suric war jüdischer Herkunft (JTA, 28. 5. 1934).

44 Sedmoj s-ezd sovetov, 28. 1. 1935, zit. in: B. Pietrow, Stalinismus, Sicherheit, Offensive. Das Dritte Reich in der Konzeption der sowjetischen Außenpolitik, S. 48.

45 Vgl. auch Thomas Weingartner, Stalin und der Aufstieg Hitlers. Die Deutschlandpolitik der Sowjetunion und der Kommunistischen Internationale 1929 – 1934, Berlin 1970, S. 321.

46 Vgl. dazu mit zahlreichen Verweisen auf deutsche Akten M. Michaelis, »Jewish Bolshewism«, passim.

47 Hilger, Wir und der Kreml, S. 256 f.

48 Die Berichte sind nachgedruckt in: D. Zlepko (Hrsg.), Der ukrainische Hunger-Holocaust, hier S. 241, S. 249, S. 306.

49 Die Frage ist auch, was der sowjetische Geschäftsträger nach Moskau meldete. Er war über die deutsche Politik gegen die Juden gut informiert und fragte in Berlin z.B. nach der Verabschiedung der Nürnberger Gesetze nach deren Konsequenzen für deutsche Hausangestellte bei

reich 1936 in Berlin Bücher faschistischer Ideologen besorgen, um nach seiner Rückkehr darüber schreiben zu können.[50] Die Vermutung liegt nahe, daß die Kenntnis des Nationalsozialismus und seiner spezifischen Momente unter den führenden Sowjetpolitikern nicht sehr profund war. Der oberste Fachmann für Nationalitätenfragen S. Dimanštejn zitierte die Reden deutscher Politiker nach der englischen »Times«, als er zeigen wollte, wie Deutschland in der antisemitischen Praxis zum Nachfolger des zaristischen Rußland geworden sei.[51] Offenbar hat Stalin erst 1939 Hitlers »Mein Kampf« mittels eines eigens für ihn übersetzten Bandes kennengelernt und in einem Buch K. Heidens Passagen über den Antisemitismus angestrichen.[52]

1936 kam Molotov in einer Rede über die neue Sowjetverfassung auf verschiedene Formen des Wahlauschlusses in kapitalistischen Ländern, unter anderem auch nach »nationalen und rassischen Kennzeichen«, zu sprechen: »Die antisemitische Politik der deutschen Faschisten ist wohlbekannt.« In Deutschland sei man so weit, daß in einem »Grundgesetz« nach Art der Schwarzhunderter den Juden das Bürger- und Stimmrecht abgesprochen werde.[53] Dem wurden Diskriminierungen der Schwarzen und Indianer in den USA an die Seite gestellt. Nach der Schilderung der sich verschlechternden Lebenssituation der deutschen Volksmassen kam Molotov nochmals auf den NS-Antisemitismus zu sprechen. Um ihn zu verurteilen, zitierte er zum erstenmal in der Sowjetunion die von Stalin 1931 in der Antwort an die JTA geprägte Formulierung vom Antisemitismus als »Kannibalismus«.[54] Molotov verband seinen Angriff auf den »menschenfresserischen« Faschismus mit der Erklärung der Hochachtung für das deutsche Volk, wofür das Redeprotokoll mehr Applaus verzeichnete als für die folgende, regelrecht philosemitische Äußerung:

> Es ist unnötig, sich darüber zu verbreiten, daß wir uns gegenüber den Kapitalisten und Konterrevolutionären aus der jüdischen Nation so verhalten wie gegenüber Ausbeutern und Feinden unserer Sache. Aber was auch immer die

jüdischen Botschaftsangehörigen. Siehe PA AA, IV Ru. Juden 1. In Agentenberichten aus dem Zentralarchiv der Sowjetarmee werden Judenverfolgungen gemeldet; Presseausschnitte dokumentieren, daß man in Deutschland Kaganovič als mächtigsten Mann darstelle (Ju. D'jakov/T. Bušueva, Fašistskij meč kovalsja v SSSR, S. 303, S. 349).

50 A. Larina Bucharina, Nun bin ich schon weit über zwanzig, S. 304. Ebenso bei B. Nikolaevskij, Power and the Soviet Elite, S. 16.

51 S. Dimanštejn, »Evrejskaja Avtonomnaja Oblast'«, in: RN, 6/1934, S. 16 f.

52 D. Volkogonov, Triumf i tragedija, Bd. 2.1, S. 25. Hilger berichtet, Radek habe schon früher erklärt, daß Stalin »Mein Kampf« gelesen habe (Hilger, Wir und der Kreml, S. 255). Heidens Istorija germanskogo fašizma erschien 1936 in Moskau und Leningrad (nach »Rossijskoe černosotenstvo i germanskij nacional-socializm«, in: Nacional'naja pravaja prežde i teper', S. 130 – 151, hier S. 136).

53 V. Molotov, Konstitucija socializma, S. 10.

54 Zu diesem Interview siehe oben, Kap. 7.6.1.

heutigen Kannibalen aus den Reihen der faschistischen Antisemiten sagen mögen, unsere brüderlichen Gefühle für das jüdische Volk sind davon bestimmt, daß es den genialen Schöpfer der Idee der kommunistischen Befreiung der Menschheit hervorgebracht hat – Karl Marx, der auf wissenschaftliche Weise über die höchsten Errungenschaften der deutschen Kultur und der Kulturen anderer Völker verfügte. Unsere Gefühle sind dadurch bestimmt, daß das jüdische Volk in einer Reihe mit den entwickeltsten Nationen eine große Zahl der hervorragendsten Vertreter von Wissenschaft, Technik und Kunst, viele ruhmreiche Helden des revolutionären Kampfes gegen die Unterdrücker der Werktätigen stellte und in unserem Land wieder und wieder neue herausragende, höchstbegabte Leiter und Organsiatoren in allen Zweigen unseres Aufbaus und des Schutzes der Sache des Sozialismus hervorbrachte und hervorbringt. Durch all dies ist unsere Beziehung zu den Antisemiten und den antisemitischen Untieren festgelegt, woher auch immer sie stammen mögen.[55]

Dankbarkeit an die Juden für Karl Marx war in der Kampagne gegen den Antisemitismus 1926 – 1931 nie ausgesprochen worden. Damals wurde alles vermieden, was als Bekräftigung des Stereotyps vom »jüdischen Bolschewismus« oder als »jüdischer Nationalismus« hätte interpretiert werden können.[56] Anläßlich des 50. Todestages von Marx formulierte Dimanštejn vage, man schöpfe noch heute aus seiner Beschäftigung mit der »jüdischen Frage« – Marx' Herkunft wurde dabei mit keinem Wort erwähnt.[57] Die für innersowjetische Verhältnisse atypische Wortwahl zwingt zu dem Schluß, daß Molotovs philosemitische Rede vor allem auf das westliche Ausland zielte, dem man sich als potentiellen Verbündeten gegen die barbarischen Nationalsozialisten empfehlen wollte.[58] Dies gilt auch für 1938: Die Ereignisse der »Reichskristallnacht« waren die letzte Gelegenheit, bei der die Sowjetbürger in größerem Umfang mit dem NS-Antisemitismus vertraut gemacht wurden. Auch hier war die Sowjetöffentlichkeit nicht der einzige Adressat der Kampagne, die im November 1938 durch die Blätter ging. Diese sollte auch in den USA und Großbritannien Eindruck machen. Es war nicht unbemerkt geblieben, daß die »anglo-amerikanische Reaktion auf die Berliner Pogrome

55 V. Molotov, Konstitucija Socializma, S. 21; auch Pravda, 30. 11. 1936, S. 3. Das Molotovsche Stalin-Zitat wurde auch wiedergegeben in: »Triumf leninskoj-stalinskoj nacional'noj politiki«, in: Tribuna, 22/1936, S. 25. 1937 bezog sich Dimanštejn bei einer Ozet-Vollversammlung auf Molotovs Rede (JTA, 30. 11. 1937, S. 6).

56 Nur zu Beginn der Kampagne wurde beschrieben, wie die I. Internationale wegen ihres Führers Marx (»als Jude«) denunziert worden sei (S. Dimanštejn, »Social'no-političeskie korni antisemitizma«, in: Kommunističeskaja Revoljucija, 20/1926, S. 29).

57 »Marks – organizator internacional'nogo edinstva proletariata«, in: Tribuna, 5/1933, S. 1.

58 Durch diese außenpolitische Fensterrede, die über die Komintern in Straßburg auch in deutscher Sprache verbreitet wurde, war Molotov übrigens auch keine überzeugende »antijüdische« Alternative zu Litvinov!

das Spiel Berlins durchkreuzt hat«, wie der Geschäftsträger in Deutschland Astachov am 19. 11. 1938 an Litvinov schrieb.[59]

In der Pravda wurde ausführlich über Proteste in den angelsächsischen Ländern gegen die Pogrome in Deutschland berichtet.[60] Die deutsche Bevölkerung sei gegen die faschistischen pogromščiki und »Kannibalen« eingestellt. Entsprechend Stalins Aussage, Antisemitismus diene den Herrschenden als Blitzableiter für die Unzufriedenheit in der Bevölkerung, wurde die Behauptung aufgestellt, die Vorfälle in Deutschland seien »wahre Symptome des nahenden Todes« des Faschismus.[61] Es gebe aber bereits eine Protestwelle gegen diese Pogrome in Deutschland. Protest wurde auch innerhalb der Sowjetunion organisiert: Bei Demonstrationen wie zum Beispiel in Leningrad, Kiew oder Tbilisi traten Vertreter der Intelligenz mit flammenden Reden auf, die dann auch in den großen Zeitungen abgedruckt wurden.[62] Die Richtung dieser Kampagne wird nicht zuletzt daran deutlich, daß ein zunächst in der Kommunistischen Internationale erschienener Aufsatz des österreichischen Kommunisten Fürnberg in der Sowjetunion nur als deutschsprachige Einzelpublikation vom Staatsverlag der nationalen Minderheiten der UdSSR, nicht aber in russischer Sprache herausgegeben wurde.[63]

Ungeachtet dieser spärlichen öffentlichen Rhetorik gegen den staatlichen Antisemitismus der Nationalsozialisten wurden bereits vor dem Abschluß des Hitler-Stalin-Paktes von sowjetischen Behörden deutsche und österreichische Juden (und Kommunisten) an Deutschland ausgeliefert.[64] Der Hitler-Stalin-Pakt sorgte nicht nur für eine noch reibungslosere Abwicklung dieser Abschiebepraxis, auch das Thema »NS-Antisemitismus« verschwand aus den sowjetischen Medien. Wenn in Komintern-Materialien nun die Unterdrückung von Minderheiten in kapitalistischen Staaten angeprangert werden sollten, durfte nicht mehr auf die nationalsozialistischen Judenverfolgungen, sondern auf die Unterdrückung der Schwarzen in den USA hingewiesen werden.[65] Erst nach dem deutschen Angriff auf die Sowjetunion erschien eine Broschüre gegen den Nazi-Antisemitismus, die zwar schon in

59 Abgedruckt in: SSSR v bor'be za mir nakanune vtoroj mirovoj vojny, Moskau 1971, S. 83 – 85, deutsch in: Pätzold/Rosenfeld (Hrsg.), Sowjetstern und Hakenkreuz, S. 99 f.

60 Pravda, 16. 11. 1938.

61 Pravda, 18. 11. 1938; ähnlich schrieben die Izvestija am 22. 11. 1938 von den »Konvulsionen«, in denen sich der Faschismus befinde.

62 Pravda, 28. 11. 1938; Izvestija, 29. 11. 1938; vgl. JTA, 3. 12. 1938, S. 5.

63 F. Fürnberg, Die Judenfrage und der Antisemitismus; zunächst in: Kommunistische Internationale, 9/1938. Vgl. D. Bankier, »The German Communist Party and Nazi Antisemitism«, S. 336.

64 Siehe dazu Hans Schafranek, Zwischen NKWD und Gestapo. Die Auslieferung deutscher und österreichischer Antifaschisten aus der Sowjetunion an Nazideutschland 1937 – 1941, Frankfurt a.M. 1990, S. 48 ff.

65 Ernst Fischer, Erinnerungen und Reflexionen, Reinbek 1969, S. 418 f.

ihrem Titel an Stalins Erklärung des Judenhasses als »Überbleibsel des Kannibalismus« anknüpfte, in der jedoch der nationalsozialistische Rassenwahn ernstgenommen wurde.[66]

9.4. Antijüdische Signale an die Nationalsozialisten?

Schon Ende der zwanziger Jahre hatten die innerparteilichen Auseinandersetzungen in der Sowjetunion auch unter Nationalsozialisten den Eindruck hervorgerufen, es bahne sich eine antijüdische Wende an.[67] Nach 1933 wurde in nationalsozialistischen Schriften offiziell die Idee einer »Judengegnerschaft Stalins« als Irrtum kritisiert. Stalin habe nur aus taktischen Gründen »im Kampfe gegen die Trotzkisten bewußt das Anwachsen des Antisemitismus in der Partei geduldet«.[68] Nach den Moskauer Schauprozessen wurde verkündet, der »Versuch einer Gruppe der prominentesten jüdischen Bolschewiken, die ungeteilte Macht zu erringen«, sei gescheitert. Der Taktiker Stalin habe jedoch »antisemitische Töne, die im Kampflärm mitklangen, keineswegs zum Schweigen gebracht«. Jetzt aber sei die »Kaganowitsch-Clique« der »entscheidende Machtfaktor im Sowjetstaat«.[69] Um dies zu unterstreichen, wurde behauptet, Antisemiten würden in der Sowjetunion brutal verfolgt.[70]

Intern sorgten die Moskauer Ereignisse jedoch für Verunsicherung. Goebbels vertraute seinem Tagebuch an: »In Moskau wieder Schauprozeß. Diesmal wieder ausschließlich gegen Juden. Radek etc. Führer noch im Zweifel, ob nicht doch mit verdeckter antisemitischer Tendenz. Vielleicht will Stalin doch die Juden herausekeln. Auch das Militär soll stark antisemitisch sein.«[71] Hat die sowjetische Führung solche Effekte mitbedacht? Ließ Stalin »diese Hitler so verhaßten bolschewistischen Führer« erschießen, um schon 1938 eine Annäherung an Deutschland zu signalisieren, wie der Überläufer Krivickij behauptete?[72]

66 V. Struve, Fašistskij antisemitizm – perežitok kannibalizma, 1941; die Broschüre kam 1941 in einer Auflage von 10 000 Exemplaren heraus und wurde 1942 nochmals aufgelegt.

67 Siehe oben, Kap. 7.6.1.

68 Herman Fehst, Bolschewismus und Judentum. Das jüdische Element in der Führerschaft des Bolschewismus, Berlin/Leipzig 1934, S. 90. Nach dem Sieg über die Opposition habe Stalin deren »jüdisch-doktrinären Sozialisierungspläne« verwirklicht (ebd., S. 111, S. 121 f.).

69 Rudolf Kommoss, Juden hinter Stalin. Die jüdische Vormachtstellung in der Sowjetunion auf Grund amtlicher Sowjetquellen dargestellt. Lage und Aussichten, Berlin/Leipzig 1938, S. 33, S. 43.

70 Völkischer Beobachter, 30. 8. 1936, S. 16. Am 29. 8. wurde von Erschießungen von Antisemiten in Weißrußland und Moskau berichtet. Dies war frei erfunden. Die deutschen Konsulate in der Sowjetunion meldeten von Erschießungen nichts. Siehe oben, Kap. 6.7.

71 Die Tagebücher von Joseph Goebbels. Sämtliche Fragmente, hrsg. v. Elke Fröhlich, Teil I, Aufzeichnungen 1924 – 1941, München/New York/London/Paris 1987, Bd. 3, S. 21 (25. 1. 37).

72 Krivitsky, Ich war in Stalins Dienst!, S. 40. Krivickij, eigentlich S. Ginsberg, war der erste durch ein »Enthüllungsbuch« bekanntgewordene sowjetische Geheimdienstmann. Seine Darstellung ist durch seine Tätigkeit in Spanien für die Moskauer Vorgänge nicht immer verläßlich. Vgl. M. Rohrwasser, Der Stalinismus und die Renegaten, S. 73 ff.

Noch mehr ist die Entlassung Litvinovs unter diesem Aspekt gesehen worden. So wies der übergelaufene Sowjetdiplomat Barmine darauf hin, daß Stalin mit Litvinov vor seinem Bündnis mit Hitler sich des letzten Juden (außer Kaganovič) in den höheren Rängen der Sowjetregierung entledigte.[73] Schon sieben Monate vor der Absetzung Litvinovs wurde sie in der Moskauer deutschen Botschaft vermutet. Im Oktober 1938 versuchte Botschafter Schulenburg sogar, an Litvinov vorbei mit Molotov Kontakt aufzunehmen.[74] Die Demission des Außenkommissars war mit einer weiteren Säuberung des Narkomindel von oft jüdischen Beamten verbunden. Es wurde von den deutschen Diplomaten registriert, daß die von Litvinov eingesetzten Abteilungsleiter für Deutschland und England, Weinstein und Weinberg, Ende 1938 abgesetzt wurden.[75] Der Schriftsteller Čuev notierte in den siebziger Jahren Aussagen Molotovs, wonach Stalin ihm 1939 nach seiner Ernennung zum Außenminister gesagt habe: »Nimm aus dem Volkskommissariat die Juden heraus.« Molotov empfand dies im nachhinein als richtig, da im Außenkommissariat die Letten und Juden dominiert hätten, »und jeder zog hinter sich einen ganzen Schwanz her«. Molotov widersprach aber der Ansicht, Stalin sei Antisemit gewesen.[76]

Die Entlassungen und anschließenden Verhaftungen führten nicht zu antisemitisch gefärbten Anschuldigungen an die Betroffenen, wenn man die Erinnerungen E. Gnedins verallgemeinern kann.[77] Über eine Sperrung des diplomatischen Dienstes und anderer Einrichtungen für Juden gibt es zahlreiche Gerüchte. Der 1945 in Kanada übergelaufene Sowjetdiplomat Guzenko behauptete, daß 1939 privat und individuell signalisiert worden sei, die Juden seien generell in Ungnade gefallen. Ein vertraulicher Erlaß des ZK soll von allen Direktoren von Bildungsinstitutionen die Einrichtung von Juden-

73 Barmine, One who Survived, S. 121. Ähnlich auch Winston S. Churchill, The Second World War, Bd. 1, Boston 1948, S. 366 f., nach Y. Gilboa, The Black Years of Soviet Jewry, S. 15.

74 I. Fleischhauer, Der Pakt, S. 58 ff. Schulenburg war dagegen, Hitler »den (jüdischen) Außenkommissar als Gesprächspartner vorzuschlagen« (Fleischhauer, S. 61).

75 Fleischhauer, Der Pakt, S. 73. I. Fleischhauers Einschätzung, es habe »kein zwingender Grund« bestanden »zu der Annahme, daß die Entfernung führender Juden aus Spitzenpositionen des Narkomindel ein Zugeständnis an den Nationalsozialismus oder eine Goodwill-Geste an Hitler war«, besitzt Plausibilität. I. Fleischhauer zitiert aus Schulenburgs Nachlaß seine Bemerkung vom 13. 3. 1939, es sei ein Irrtum zu glauben, »daß ein Jude hier besser vorwärtskommt« (ebd., S. 484). Das bedeute, daß die Diplomaten ohnehin die »Entstehung eines spezifischen Antisemitismus der Stalin-Zeit« (Fleischhauer) wahrnahmen.

76 F. Čuev, Sto sorok besed s Molotovym, S. 274. Angeblich hat Molotov sein Amt mit den Worten angetreten: »Wir werden hier für immer Schluß mit der Synagoge machen.« So bei Zinovij Šejnis, Provokacija Veka, Moskau 1992, S. 60. Die Quelle soll ein »Mitarbeiter des Narkomindel« sein.

77 Jewgenij Gnedin, Das Labyrinth. Hafterinnerungen eines führenden Sowjetdiplomaten, Freiburg i.Br. 1987. Gnedin wurde im Mai 1939 verhaftet. Offenbar wurde eine Verhaftungsaktion gegen Mitarbeiter Litvinovs sowie gegen ihn selbst vorbereitet. Siehe Arkadi Waksberg, Die Verfolgten Stalins. Aus den Verliesen des KGB, Reinbek 1993, S. 29 f., S. 68 ff.

quoten gefordert haben.[78] Die nach dem Krieg verhafteten jiddischen Schriftsteller Fefer und Bergelson erzählten einem Journalisten, der sie im Lager traf, daß erst seit 1944 für die Diplomatenschule ein Numerus clausus für Juden eingeführt worden sei.[79] A. Ščerbakov, der Leiter der obersten politischen Administration der Roten Armee, soll bei Kriegsbeginn bemängelt haben, daß in der Propagandasektion zu viele Juden seien.[80] Belegt ist, daß sich im August 1942 die Agitprop-Abteilung des ZK mit einer Klage über die große Zahl von Juden an der Spitze von russischen Kultureinrichtungen an Ščerbakov, Malenkov und Andreev wandte.[81] Ščerbakovs Apparat kritisierte 1943 I. Ehrenburg, der den Einsatz jüdischer Soldaten gelobt hatte.[82] L. Kopelev berichtet davon, während des Krieges gehört zu haben, daß wegen der feindlichen Propaganda Juden von führenden Posten entlassen wurden. Stalin soll 1943 von einem Mitglied des Militärrates folgendermaßen zitiert worden sein:

> Wir müssen uns der verfluchten Frage zuwenden, wobei ich nicht sagen könnte, daß wir sie immer richtig behandelt haben ... Es ist die verfluchte nationale Frage. Manchen Genossen fehlt es noch an Verständnis dafür, daß die wichtigste Kraft in unserem Land die große russische Nation ist [...] Einige Genossen jüdischer Abstammung glauben, dieser Krieg werde geführt, um die jüdische Nation zu retten. Diese Juden irren. Wir führen den Großen Vaterländischen Krieg für die Rettung, die Freiheit und die Unabhängigkeit unserer Heimat mit dem großen russischen Volk an der Spitze.[83]

Wenn Stalin eine solche Äußerung getan hat, galt sie Adressaten innerhalb der Sowjetunion und gehört nicht in den Zusammenhang der hier untersuchten Signale nach außen. Nach Molotovs oben zitierter Aussage gab es 1939 eine mündliche Anweisung Stalins, die aber nicht mit der Wirkung nach außen begründet war. Unklar ist, ob diese Entscheidung mit internen

78 I. Gouzenko, The Iron Curtain, S. 157 f. Guzenko, der selbst nicht jüdischer Herkunft war, bekam ein solches Dekret aber nicht zu sehen. Später habe er beobachtet, wie die antijüdische Kampagne in der Praxis aussah, als seine jüdischen Kollegen in der Geheimdienstführung unter verschiedenen Vorwänden entlassen wurden. 1945 hörte er von einem weiteren Erlaß, der die Entlassung von Juden auch von hohen Posten in Fabriken forderte.

79 L. Léneman, La Tragédie des Juifs en U.R.S.S., S. 77.

80 John A. Armstrong, The Politics of Totalitarism. The Communist Party in the Soviet Union from 1934 to the Present, New York 1961, S. 154. Armstrong beruft sich auf eine private Mitteilung.

81 A. Waksberg, Die Verfolgten Stalins, S. 195 f. Waksberg nennt aber nur Dokumente, die Klagen, nicht aber Entlassungen zum Gegenstand haben (siehe ebd., S. 247).

82 I. Ehrenburg, Menschen, Jahre, Leben, Bd. 3, S. 131.

83 L. Kopelew. »Zur ›Jüdischen Frage‹ in der UdSSR«, in: ders., Im Willen zur Wahrheit, S. 68 – 92, hier S. 72. Die übrigen Gerüchte über Judenquoten, auch im diplomatischen Dienst, stammen aus der Nachkriegszeit (W. Korey, »The Origins and Development of Soviet Anti-Semitism: An Analysis«, S. 117 f.).

Diskussionen verbunden war. In den Ergebnisprotokollen des Politbüros für die fragliche Zeit finden sich jedenfalls keine Hinweise auf »Säuberungen« oder Einstellungsstops für bestimmte Nationalitäten.[84] Leichter ist die Frage nach der Wirkung der personellen Veränderungen zu beantworten. Aus der Sicht der deutschen Diplomatie handelte es sich bei der Absetzung des Außenkommissars um einen Vorgang mit Signalwirkung.[85] In Berlin war man bereit, in der »Absetzung des Juden Litwinow-Wallach« eine Botschaft Stalins zu erkennen. Der Effekt sollte aber nicht überbewertet werden. Es war in Deutschland auch bekannt, daß Molotov eine jüdische Frau hatte.[86]

Dagegen, daß Litvinovs Entlassung eine Demonstration einer Wendung gegen das »jüdische Element« war, spricht auch, daß dieser Schritt nicht nur von oben (also von Stalin) inszeniert worden war: Litvinov hat offenbar selbst ein Rücktrittsgesuch verfaßt, als er im März 1939 das Scheitern seiner außenpolitischen Linie eines kollektiven Sicherheitssystems und einer Anlehnung an die westeuropäischen Mächte erkannte. Allerdings reichte er dieses Gesuch nicht ein.[87] Die Entlassung des Außenministers hatte offenbar tiefere Gründe als nur die plakative Entfernung eines Juden, um den Nazis einen Gefallen zu erweisen und ihnen die Annäherung an die UdSSR ohne Bruch mit ihrer Rassenideologie zu erleichtern. Daß man mit der Entlassung des Außenministers einen Fingerzeig gab, den die deutschen Diplomaten gegenüber Berlin nochmals im Sinne einer von ihnen ohnehin favorisierten Annäherung interpretieren konnten, war für die Sowjetführung vielleicht ein erfreulicher Nebeneffekt, aber nicht das Hauptelement ihrer Planung. Die Unfähigkeit, die Eigendynamik und den Selbstzweck des nationalsozialistischen Antisemitismus zu erkennen, ließ die sowjetischen Entscheidungsträger weit weniger Kalkulationen auf der Basis der jüdischen Herkunft einzelner Politiker anstellen, als dies häufig unterstellt wird.

Goebbels war nach dem Abschluß des »Nichtangriffspaktes« überzeugt, daß Stalin ein »typischer asiatischer Russe« sei, der die westeuropäische Führungsschicht beseitigt habe.[88] Nach Hitlers Auffassung (die Goebbels kom-

84 RCChIDNI F 17, O 3, D 1099 vom 6. 5. 1939 enthält nur die Bestätigung einiger neuer Mitarbeiter des Narkomindel, die sich im Sinne unserer Fragestellung nicht interpretieren läßt.

85 I. Fleischhauer, Der Pakt, S. 163 ff. Siehe auch die Deutung von Geoffrey Roberts, »The Fall of Litvinov: A Revisionist View«, in: Journal of Contemporary History, 27 (1992), S. 639–657. Roberts hält interne Gründe für die Absetzung Litvinovs wichtiger als die damit verbundenen »Signale« an Deutschland. Auch hinter der Ernennung Molotovs soll der Wunsch nach einem Abkommen mit Frankreich und England gestanden haben. Den »jüdischen« Aspekt diskutiert Roberts dabei nicht.

86 Fleischhauer, Der Pakt, S. 168. Presse und NS-Propaganda bekamen Anweisung, diese »jüdische Versippung« nicht zu erwähnen.

87 Z. Sheinis, Maxim Litvinov, S. 293.

88 Goebbels, Tagebücher, Bd. 3, S. 679 (29. 12. 1939).

mentarlos festhielt) bestehe die jetzige sowjetische Oberschicht aus typischen Slawen.[89] Nachdem Heß den Bericht eines deutschen Kapitäns, in Odessa keinen einzigen Juden mehr in den Behörden getroffen zu haben, referiert hatte, notierte selbst Rosenberg: »Dies gab Anlaß zu den jetzt häufigen Betrachtungen, ob sich in dieser Hinsicht wirklich ein Wandel vorbereitet. Ich meinte, wenn wirklich diese Tendenz beginne, würde sie mit einem furchtbaren Judenpogrom enden.«[90]

Neben dem russisch-nationalen Führer Stalin, der sich des jüdischen Einflusses entledigt hatte, gab es den in die Anonymität abgedrängten »Bolschewismus«, hinter dem letztlich die Juden standen. Am klarsten tritt dieses Bild in einer Äußerung Hitlers gegenüber Mussolini zutage: »Solange Stalin lebt, ist wohl keine Gefahr; er ist klug und vorsichtig. Aber wenn er nicht mehr da ist, können die Juden, die jetzt in der 2. und 3. Garnitur vorhanden sind, wieder in die 1. Garnitur vorrücken.«[91] Im März 1942 dozierte Hitler: »Man müsse das an Stalin schätzen, daß er ›den Juden‹ nicht an die Kultur heranlasse.«[92] Obwohl er bei seinen »Tischgesprächen« auch behauptete, »hinter Stalin stehe der Jude«[93], berichtete Hitler im Juli 1942: »Auch Stalin habe Ribbentrop gegenüber keinen Hehl daraus gemacht, daß er nur auf den Augenblick des Heranreifens eigener Intelligenz in der UdSSR warte, um mit dem heute noch von ihm benötigten Judentum als Führungsschicht Schluß zu machen.«[94] Bis zu seinem Tod erklärte Hitler immer wieder, sein Widersacher Stalin sei nicht das Instrument der Juden. Stalin habe in Wahrheit die jüdische Intelligenz liquidiert, die er zur Zersetzung des Zarenreichs gebraucht habe.[95]

89 Goebbels, Tagebücher, Bd. 4, S. 12 (13. 1. 1940). Goebbels, der seinem Tagebuch zufolge mehr als Hitler in dieser Frage schwankte, schloß sich dieser Meinung an. Am 13. 3. 1940 notierte er bereits ohne Berufung auf Hitler, daß Stalin ein »Panslawist« sei und daß die Bolschewiki mit der Judenfrage »auf ihre Weise fertig« würden (ebd., S. 72) – dann zweifelte er wieder und rätselte, ob Stalin die Juden vielleicht nur liquidiere, um die Welt zu täuschen (ebd., S. 74; 15. 3. 1940).

90 Das politische Tagebuch Alfred Rosenbergs aus den Jahren 1934/35 und 1939/40, hrsg. v. Hans-Günther Seraphim (Quellensammlungen zur Kulturgeschichte, 8), Berlin/Frankfurt o.J., S. 99 (27. 1. 1940).

91 Am 20. 1. 1941, in: Max Domarus, Hitler. Reden und Proklamationen 1932 – 1945, München 1965, S. 1655.

92 Henry Picker, Hitlers Tischgespräche im Führerhauptquartier, Frankfurt a. M./Berlin 1989, S. 133, Nr. 41 (23. 3. 1942).

93 Ebd., S. 448 f., Nr. 186 (21. 7. 1942).

94 Ebd., S. 457, Nr.189 (24. 7. 1942). Vgl. die von Picker eingeschobene, angeblich auf Ribbentrop zurückgehende – sehr unwahrscheinlich anmutende – Stalinäußerung gleicher Tendenz, ebd., S. 448 f. Picker behauptet auch, Stalin habe am 28. August 1939 Hitlers Fotografen Hoffmann beauftragt, ähnliches Hitler auszurichten. In Hoffmanns Erinnerungen ist davon nirgendwo die Rede (Heinrich Hoffmann, Hitler was my Friend, London 1955, S. 104 – 114).

95 Hitlers politisches Testament. Die Borman-Diktate vom Februar und April 1945, Hamburg 1981, S. 116. Vgl. Adolf Hitler, Monologe im Führerhauptquartier 1941 – 1941. Die Aufzeichnungen Heinrich Heims, herausgegeben von Werner Jochmann, Hamburg 1980, S. 363

Es ist jedoch Vorsicht geboten, wenn Stalin unterstellt wird, er habe sich allzusehr in dem Licht präsentiert, in dem ihn seine Gesprächspartner im August und September 1939 sehen sollten. Er ging damit ein großes Risiko ein, beim Bekanntwerden derartiger Aussprüche zu sehr in Widerspruch zu seinen offiziellen, parteiamtlichen Äußerungen zu geraten. Die Tatsache, daß an den Verhandlungen und am Bankett für Ribbentrop am 28. September 1939 auch Kaganovič teilnahm[96], zeigt, daß Stalin keineswegs zu weit gehen wollte mit der Andeutung eines antijüdischen Wandels.

Das angebliche Stalin-Zitat, das laut Hitler von Ribbentrop übermittelt wurde, hat mehr Aussagekraft für den nationalsozialistischen als für einen Stalinschen Antisemitismus. Antisemiten wie die deutschen Politiker mußten einem Führer, der sich nach und nach aller seiner jüdischen Mitarbeiter entledigte, unterstellen, er könnte heimlich einer der »ihren« sein. Daher kolportierten sie einen vielleicht in anderem Zusammenhang gefallenen Ausspruch notwendigerweise in »antisemitischer« Fassung. Daß Stalin diesen Ausspruch tatsächlich im zitierten Wortlaut getan hat, sollte nicht vorschnell für bare Münze genommen werden.[97] Plausibel ist folgende Möglichkeit: Die in Moskau anwesenden Vertreter Deutschlands, die von ihren Gastgebern beeindruckt waren[98], könnten im Bemühen, mit dem neuen Verbündeten reinen Tisch zu machen und alles auszuräumen, was die Parteien trennte, darauf hingewiesen haben, daß die führende Rolle der Juden beim ehemaligen Gegner ihnen eine Annäherung früher unmöglich gemacht habe. Darauf könnte Stalin mit einer Erklärung der Rolle der Juden in der Sowjetgeschichte geantwortet haben. Er mußte nur ausführen, daß der Anteil der Juden in allen Machtorganen kontinuierlich zurückgegangen war, daß aus den anderen Nationalitäten nun genügend Intelligenz ausgebildet sei, um ihrem Anteil an der Bevölkerung entsprechend im Staatsapparat und Kulturleben vertreten zu sein. Stalin brauchte also die offizielle Ideologie nicht zu verleugnen, wenn er eine entsprechende Aussage machte. Andererseits konnte er damit rechnen, daß seine antisemitischen Gesprächspartner die von ihm gewünschten Schlüsse zogen – und ihn für einen entschlossenen nationalen Führer hielten, der eine Vorherrschaft des »Judentums« nicht dulde.

(Nr. 182), 24. 8. 1942: »Er [Stalin] ist eine Bestie, aber immerhin von Format. Die Juden hat er benutzt, um die Intelligenz der Ukraine zu beseitigen. Dann hat er Züge von Juden nach Sibirien geschickt.«

96 Hilger, Wir und der Kreml, S. 287, S. 296; F. Čuev, Tak govoril Kaganovič, S. 89 f.

97 Vgl. Michaelis, »Stalin, Ribbentrop and the Jews«, S. 92, der nicht glaubt, daß Ribbentrop diese Äußerung erfunden habe. Ribbentrop hat später in seinen Erinnerungen nichts darüber berichtet (J. v. Ribbentrop, Zwischen London und Moskau. Erinnerungen und letzte Aufzeichnungen, Leoni 1961).

98 Siehe z.B. Paul Schmidt, Statist auf diplomatischer Bühne. 1923 – 1945. Erlebnisse des Chefdolmetschers im Auswärtigen Amt mit den Staatsmännern Europas, Frankfurt a.M./Bonn 1961 [urspr. 1949], S. 444.

Zusammenfassung

Den Zusammenbruch des Russischen Imperiums begleitete eine Pogromwelle, die schon während des Ersten Weltkriegs begann. Sie setzte sich in der Ukraine unter der Herrschaft der »Rada« fort und konnte auch nicht vom »Hetmanat« mit deutscher Unterstützung eingedämmt werden. Die Juden wurden Opfer von marodierenden Soldatengruppen, welche die Front verlassen hatten und denen sich bei ihren Plünderzügen häufig Bauern anschlossen. Schon 1918 wurden die Juden auch Opfer von »antibolschewistischer« Vergeltung; gleichzeitig beteiligten sich aber auch »Rote« Truppen an Pogromen. Die Pogrome waren keineswegs nur das Resultat gegenrevolutionärer Hetze, sondern oft Ausdruck einer agrarrevolutionären Erhebung, die sich diffus gegen »židy«, »buržui« und andere Städter wandte. Solche Pogrome waren nicht von der sozialdemokratischen ukrainischen Regierung angeordnet. Die Gewalttaten erfolgten aber nicht nur in spontanem Aufruhr, sondern wurden unter der Führung von Atamanen, die dem Kommando der Ukrainischen Volksrepublik und ihrem Führer Petljura lose unterstanden, kaltblütig geplant und als Massenschlächterei durchgeführt. Da die Atamane die Pogrome als Kampfmittel gegen den »Bolschewismus« verstanden, erfolgte die Ahndung der antijüdischen Gewalt durch die ukrainische Regierung erst mit erheblicher Verzögerung. Die Rhetorik der Appelle gegen Pogrome, wie sie Petljura, der Anarchistenführer Machno und die Bolschewiki erließen, variierte nicht sonderlich. Stets sollte der Haß gegen die Juden auf die »wirklichen Feinde« umgelenkt werden, Pogromtätern wurde mit der Todesstrafe gedroht. Die Massaker der »Weißen« fanden weit mehr Förderung durch die militärische Führung als die Pogrome der ukrainischen Truppen. Aber auch die oberste Führung der Weißen befahlen die Gewalttaten nicht. Die Generäle Denikin, Vrangel' und Kolčak verurteilten sie aber nur sehr zögerlich oder gar nicht. Die Weißen wurden zum Teil von restaurativen Kräften aus der Gutsbesitzerschicht getragen, für die systematische Judenhetze ein Mittel war, die landhungrigen Bauern auf einen Ersatzgegner zu treiben. Viele Vertreter der Weißen sahen aber im Antisemitismus nicht nur ein Instrument. Sie waren häufig in Vorstellungen einer antirussischen Verschwörung gefangen, hinter der Juden und Freimaurer steckten, wovon der Bolschewismus nur eine Erscheinungsform sei.

Das Schlagwort vom »jüdischen Bolschewismus« ging an der Realität vorbei. Zwar war die Beteiligung von Juden in den linken Parteien vor der Revolution höher, als es ihrem Bevölkerungsanteil entsprach, doch waren für die große Masse der Juden des russischen Reichs der Bund und die verschiedenen zionistischen Parteien attraktiv. Unter den Sozialdemokraten fanden von jüdischer Seite die Menschewiki mehr Zuspruch als die Bolschewiki. Unter diesen gab es Spuren eines Philosemitismus, der in den Juden Vertreter einer moderneren, europäischeren Kultur sehen wollte, als sie in der bäuerlichen Bevölkerung Rußlands vorherrschte. Für Gor'kij und Lenin waren die Juden »Hefe« des Fortschritts, durch die Assimilation auch Vorreiter einer universalistischen Menschheitskultur. Solche Gedanken spielten aber bei den Bolschewiki insgesamt keine wesentliche Rolle, sie wurden für die konkrete Politik nach der Revolution nicht relevant. Daß es in Rußland jüdische Massen mit relativ einheitlichen Lebensverhältnissen, einer gemeinsamen Sprache und Kulturtradition gab, wurde vor 1917 von den Bolschewiki nicht richtig erkannt. Nach der Revolution holten sie dieses Versäumnis nach und behandelten die Juden als »Nationalität«, was konsequenterweise in der Gründung eines geschlossenen jüdischen Territoriums gipfelte. Daß sich dieses im Fernen Osten befand, hängt mit strategischen Erwägungen (Sicherung der Grenze) und mit dem Widerstand der autochthonen Bevölkerung gegen jüdische Siedlungen in der Ukraine und der Krim zusammen.

Warum unter den Führern der Bolschewiki anfangs überproportional viele Juden waren, ist schwer zu klären, weil wir es mit so geringen absoluten Mitgliederzahlen der betreffenden Organe zu tun haben, daß zufällige Zusammensetzungen nicht auszuschließen sind. Die prominenten »jüdischen Bolschewiki« haben auch keine Erklärungen über die Zusammenhänge zwischen ihrer Abstammung und ihrer Entscheidung für den Bolschewismus abgegeben. Ihre Herkunft spielte für sie keine Rolle. Den Zustrom von Juden in die unteren Ränge der Partei und des Sowjetapparats nach der Revolution kann man hingegen schlüssig erklären. Eine Rolle spielte die traditionelle Gegnerschaft der Bolschewiki zum Antisemitismus, die auch im Bürgerkrieg vernehmlich verkündet wurde. Die Bolschewiki waren zwar nicht die einzige Gruppierung, die Proklamationen gegen Pogrome erließ oder Täter erschießen ließ, aber sie hatten ein gefestigtes Feindbild – die Bourgeoisie, die Kulaken und andere »Klassenfeinde«. Die Juden spielten für sie – im Gegensatz zu anderen Parteien des Bürgerkriegs – nicht die Rolle eines Ersatzfeindes. Die Bolschewiki schienen Schutz vor antijüdischer Gewalt auch in der ersten Hälfte der zwanziger Jahre zu bieten, als im Westen der Sowjetunion Pogromgerüchte kursierten. Sie zogen Juden aber auch aus dem einfachen Grund an, daß sie die Sieger der Auseinandersetzungen seit 1917 waren. Hätten Sozialrevolutionäre, konstitutionelle »Weiße«, oder aber lokal die Ukrainische Volksrepublik den Sieg davongetragen, so hätten auch sie ihren Bedarf an einer lese- und schreibkundigen urbanen Schicht, die zum Aufbau einer neuen Staatlichkeit nötig war, aus den Reihen der jüdischen Bevölkerung des ehemaligen Ansiedlungsrayons gedeckt.

Die radikale Wirtschaftspolitik des Kriegskommunismus ließ viele Juden, die vor der Revolution ein kümmerliches Leben als Händler oder Handwerker fristeten und diese Arbeit nun verloren, eine Tätigkeit im neuen Staatsapparat als Alternative ergreifen. Aus diesen Faktoren erklärte sich das »jüdische Übergewicht«, das zum wichtigsten Motiv des volkstümlichen Antisemitismus wurde. Dieser Vorstellung hätte bei genauem Hinsehen die Lebenssituation der großen Masse der Juden widersprechen müssen, die bis Ende der zwanziger Jahre von Armut und Arbeitslosigkeit gekennzeichnet war. Wegen ihrer Klassenherkunft waren große Teile der Juden ihrer politischen Rechte beraubt. Dies konnte wiederum Vorurteile der nichtjüdischen Bevölkerung gegen die »jüdische Handelsnation« bekräftigen.

Organ der Sowjetdiktatur über die jüdische Bevölkerung waren die jüdischen Parteisektionen, die rücksichtslos gegen das religiöse Judentum vorgingen und die Reste politischer Konkurrenten des Bolschewismus bekämpften. Als Minderheit hatten die Juden das Recht auf Jiddisch als Verwaltungs- und Gerichtssprache und auf jüdische Sowjets. Die Durchsetzung dieser Minderheitsrechte wurde bisweilen von Angehörigen der Mehrheitsnationen (vor allem in der Ukraine) hintertrieben, wofür auch antisemitische Ressentiments verantwortlich waren. Doch in der ersten Hälfte der zwanziger Jahre wurde Antisemitismus von den Bolschewiki nicht als wichtiges Problem erkannt. Sie sahen sich noch als Vorkämpfer einer neuen Lebensweise inmitten eines Ozeans der Rückständigkeit, zu der die Judenfeindschaft geradezu naturwüchsig zu gehören schien. Das Desinteresse der Partei bedeutet nicht, daß es Antisemitismus zu dieser Zeit nicht gab. Man findet seine typischen Motive etwa im Werk des Dichters Esenin. Er schildert den jüdischen Kommissar als einen Angreifer auf das traditionelle Rußland, der soweit geht, Kirchen in Toiletten verwandeln zu wollen. Er ist Agent Europas und Amerikas, des Kommunismus und des Kapitalismus. Es geht dabei gar nicht so sehr um konkrete Juden (solche zählt der Dichter zu seinen besten Freunden) – »der Jude« ist das Symbol für die Veränderung der Gesellschaft schlechthin, für die Moderne.

Die ersten Zeitungsartikel über Antisemitismus erschienen in der zentralen Presse erst 1926. Dies war keine willkürliche Entscheidung. Schon vor der »Pressekampagne« gab es in seriösen Emigrantenblättern Berichte über eine neuartige Judenfeindschaft in der Bevölkerung. In etlichen Leitartikeln gaben führende Parteipolitiker zu, daß es Antisemitismus nun auch unter der Arbeiterschaft gebe. Als stereotypes Motiv kristallisierte sich die Klage über die »Dominanz« der Juden im Alltagsleben heraus. Sie würden als Händler von der NEP profitieren, hätten in der Verwaltung die besten Posten, seien aber auch bei der Landvergabe an Agrarkolonisten privilegiert. Häufig wurde auch von Übergriffen auf jüdische Studenten – vor allem in der Ukraine – berichtet. Tatsächlich drückte der Antisemitismus den Konkurrenzkampf an den Bildungseinrichtungen zwischen eher urbanen jüdischen Studenten und den häufiger aus Bauernfamilien stammenden ukrainischen und russischen Studenten aus. Wenn dabei Klagen über die »Bevorteilung« der Juden laut wurden, war dies weniger als Kritik am System insgesamt gemeint denn als Forderung an dieses System, die »Eigenen« (die Ukrainer) angemessen zu unterstützen. Dabei mischten sich in diese Auseinandersetzung traditionelle Motive wie die vom Blutmißbrauch für jüdische Rituale.

Nicht nur in konkreten Konkurrenzsituationen verschärfte sich die Judenfeindschaft im Alltag. Gerade die Proteste gegen die Agrarkolonien zeigen, daß sich nicht nur die ukrainischen bäuerlichen Nachbarn der jüdischen Kolonisten über deren »Privilegierung« beklagten, sondern auch zentralrussische Arbeiter. In der zweiten Hälfte der zwanziger Jahre gab es vor allem in den Städten durch den Zuzug vom Land soziale Probleme wie Arbeitslosigkeit und Wohnungsmangel. Dies förderte die Neigung, Sündenböcke für persönliche Miseren zu finden. Als Stadtbevölkerung mit höherer Bildung als der Bevölkerungsdurchschnitt waren Juden in weit höherem Maße unter Angestellten, in der Verwaltung, aber auch im Handel vertreten, als es ihrem Anteil an der Bevölkerung entsprach. Damit wurden sie zur Zielscheibe einer Kritik, die sich nicht gegen das ganze System richtete, sondern nur gegen seine angebliche Deformation durch »zu viele« Juden. Diese Kritik war nicht konterrevolutionär gemeint, aber die Partei unterstellte dem Alltagsantisemitismus genau diese Zielsetzung.

Zunächst wurde die Judenfeindschaft im Parteischrifttum als Reaktion auf soziale Veränderungen erklärt, wobei versucht wurde, bei einzelnen Gruppen wie der Intelligenz aufgrund konkreter Konkurrenzsituationen zu jüdischen Mitbewerbern besonders starken oder schwachen Antisemitismus zu diagnostizieren. Seit 1928, als die Propaganda durch Beschlüsse der Agitpropabteilungen der ZKs für die UdSSR, Weißrußland und die Ukraine forciert wurde, galt Antisemitismus als bewußt eingesetztes Mittel der Konterrevolution. Es wurde behauptet, daß die »Verlierer«-Klassen (Kulaken, Bourgeois, Geistlichkeit, Adel) ungebildete, vom Land stammende Arbeiter auf »jüdische Werktätige« hetzten, um damit den Sturz der Sowjetmacht vorzubereiten. Um dies zu beweisen, wurden Schauprozesse organisiert, zahlreiche Broschüren gedruckt, Anweisungen für den Schulunterricht und die Komsomolarbeit herausgegeben. Da nach der offiziellen Definition die konterrevolutionäre antisemitische Propaganda darauf baute, daß die Sozialstruktur der Juden nicht der Bevölkerungsmehrheit entsprach, war ein wichtiges Erziehungsmittel der Besuch jüdischer Landkolonien, der zeigen sollte, daß die Juden »normale« Menschen seien, die normal arbeiteten. Der Kampf gegen den »Antisemitismus« war eine Maßnahme zum Schutz der »jüdischen Werktätigen« – nicht der Juden an sich. Besonders die jüdischen Parteisektionen wachten darüber, daß der Kampf gegen den »Antisemitismus« nicht den jüdischen nėpman schütze – dies wäre »bürgerlicher Nationalismus«.

Von der Parteispitze kamen nur wenige Äußerungen zum Thema Antisemitismus. Auch auf den Parteitagen und -konferenzen wurde darüber nicht diskutiert. Es mußte sich einerseits von selbst verstehen, daß Antisemitismus nicht erwünscht sei, andererseits wollte sich die Parteiführung nicht zu sehr als »Beschützerin« der Juden identifizieren lassen. Nach 1930 gab es vor allem von den Gewerkschaften und der Roten Armee noch einige Maßnahmen gegen Judenfeindschaft, nach 1931 hörten die Meldungen über Vorfälle allmählich auf, es erschienen auch keine Einzelschriften mehr. Das Selbstverständnis der Partei hatte sich gewandelt, sie galt nun als »Siegerin«, mit Kollektivierung und Industrialisierung schien der Durchbruch zum Sozialismus geschafft. Die alten »Ausbeuterklassen« waren geschlagen, Antisemitismus konnte damit keine Waffe mehr in ihren Händen sein, mit der sie über die Beeinflussung des Proletariats den Aufbau sabotieren konnten. Daher wurde nach 1931 weniger über dieses Thema berichtet. Wahrscheinlich gab es auch weniger Vorfälle, weil die Strafwürdigkeit antisemitischer Übergriffe nach einigen spektakulären Gerichtsverfahren breit bekannt wurde. Daran änderte auch die De-Ideologisierung der Rechtsprechung nichts, die nach 1930 nicht mehr jede Auseinandersetzung mit Werktätigen anderer Nationalität als »konterrevolutionär« einstufte.

Es kam bis 1930 häufig vor, daß Gerichtsurteile gegen angebliche Antisemiten durch den Komsomol oder lokale Zeitungen wegen ihrer Milde kritisiert wurden. Dies ist typisch für die ganze Kampagne, die meistens durch Druck von »unten« intensiviert wurde. Es ist eines der Paradoxa des Stalinismus, daß dieser einerseits Produkt eines Aufbruchs in der Partei war, der von seinen Trägern als endgültiger »sozialistischer« Angriff verstanden wurde, der nicht nur mit ökonomischen Formen der NEP, sondern auch mit zahlreichen negativen Erscheinungen des Alltagslebens endgültig aufräumen wollte. Dazu gehörte der Antisemitismus, der in einem Eifer bekämpft wurde, der bereits an die Hexenjagden der dreißiger Jahre gemahnt. Andererseits absorbierte der Stalinismus den innerparteilichen und gesellschaftlichen Antisemitismus und transponierte ihn in eine Vorform des »Antikosmopolitismus« späterer Jahre.

Der Zusammenhang zwischen der »antisemitischen Welle« Ende der zwanziger Jahre und den innerparteilichen Auseinandersetzungen war komplex. Es konnte scheinen, daß die eher »jüdische« linke Opposition um Trockij, Zinov'ev und Kamenev mit einer eher »russischen« Rechten kämpfte. Aber am Kampf gegen den Antisemitismus beteiligten sich eher die »Rechten«, und auch sie konnten kein Interesse daran haben, daß die innerparteilichen Vorgänge anhand der nationalen Herkunft ihrer Protagonisten interpretiert werden. Dies war einerseits ihrem anationalen Denken fremd, andererseits gab es auch unter der Stalin-Fraktion Bolschewiki jüdischer Abstammung. Auch die Oppositionellen verstanden sich nicht als »Juden« und hatten schon von daher wenig Interesse, vermeintlich antisemitischen Angriffen auf sie besondere Aufmerksamkeit zu schenken. In der innerparteilichen Diskussion spielte diese Frage daher eine verschwindend geringe Rolle. Erst in den dreißiger Jahren verfaßte Trockij Texte, in denen er Stalin vorwarf, eine antisemitische Kampagne inszeniert zu haben. Da er an die politische Integrität der »Arbeiterklasse« glauben wollte, schien es ihm schwerzufallen, an die Spontaneität von antisemitischen Pöbeleien oder von Resolutionen gegen die »geborenen Spekulanten« Zinov'ev und Trockij zu glauben. Trockij konnte keine überzeugenden Belege einer Steuerung der Kampagne vorbringen. Dennoch ist nicht von der Hand zu weisen, daß Stalin von der antisemitischen Welle mit nach oben getragen wurde. Wenn für den Kampf gegen den Antisemitismus festgehalten werden kann, daß dieser nicht einfach nur auf Anordnungen von oben an- oder aus-»geschaltet« wurde, so gilt dies auch für die Vermengung von innerparteilichen Auseinandersetzungen mit »nationalistischen« Tendenzen. Der Druck, der antisemitische und prostalinistische Strömungen teilweise fusionieren ließ, kam von unten. Stalins Sieg über die Opposition ist weniger durch seine Konzeption denn durch seine Rezipierbarkeit ein erster großer Schritt hin zu einer »Nationalisierung« des Sowjetkommunismus. Diese wurde Ende der zwanziger Jahre zwar noch nicht proklamiert – es wurde aber ein Grundstein für die Schaffung des Sowjetpatriotismus gelegt.

Die Schauprozesse der dreißiger Jahre setzten die Tendenzen des Kampfs gegen die Opposition fort. Ebensowenig wie in den zwanziger Jahren wurde auch hier das Tabu verletzt, die Angeklagten als »Juden« zu diffamieren. Der hohe Anteil von Juden bei den Prozessen mußte aber ins Auge fallen, und die Prozeßführung war voll mit Anspielungen auf die »Vaterlandslosigkeit« der Angeklagten. Auch in den Haßtiraden der Zeitungen und Belegschaftsresolutionen klangen antisemitische Motive unüberhörbar an. Darunter waren Formulierungen und Anspielungen, von denen sich die Partei in den zwanziger Jahren klar distanziert hatte. Die offizielle Sprache drückte in den dreißiger Jahren eine Abwehr des »Internationalismus« aus, des »fremden Elements«, das in der alten Garde der Bolschewiki mit ihren prominenten Juden verkörpert war. Die Angriffe auf »Judas-Bucharin«, dem man Haß auf »alles Russische« vorwarf, zeigen, daß es nicht um jüdische Abstammung an sich ging. Es gab auch Parteiführer jüdischer Herkunft, die über die ganzen dreißiger Jahre hinweg zum engsten Kreis um Stalin gehörten, was von der

Propaganda nicht verschwiegen wurde. Mit L. Kaganovič war in der Zeit der Schauprozesse der zweite Mann im Staat ein durch seinen Namen zu identifizierender Jude.

Die Massenverhaftungen vor allem des Jahres 1937 hatten für nationale Minderheiten fatale Folgen. Das betraf keineswegs nur die Juden. Ein enormer Anteil der Vertreter der jiddischsprachigen Nationalkultur und der ehemaligen jüdischen Parteisektionen (diese wurden 1930 wie andere Minderheitensektionen aufgelöst) verschwanden in Lagern und Erschießungskellern. Im Gegensatz zur Nachkriegszeit scheint es in den dreißiger Jahren keine zusätzlichen Diskriminierungen jüdischer GULag-Häftlinge gegeben zu haben. Auch der Sowjetpatriotismus hatte keine klar antijüdische Ausrichtung. Als er 1934 propagiert wurde, hatte er noch deutlich transnationale Züge. Erst allmählich verschob sich der Schwerpunkt in Richtung einer russisch-nationalen Staatsideologie. Diese bot aber auch Sowjetbürgern jüdischer Herkunft Identifikationsmöglichkeiten und stellte die jüdische Nationalität nicht stärker als andere Völker hinter die Russen – diese waren die »Ersten unter Gleichen« – zurück.

Die sowjetische Wahrnehmung des Antisemitismus außerhalb des eigenen Territoriums war durch die ideologischen Vorgaben stark eingegrenzt. Prinzipielle Judenfeindschaft, die »Klasseninteressen« ignoriert, war für die Bolschewiki unvorstellbar. Hinter Judenverfolgungen in Polen, Rumänien, aber genauso im nationalsozialistischen Deutschland sahen sie nicht mehr als ein Ablenkungsmanöver der herrschenden Klassen dieser Länder. Daher sollte man nicht unterstellen, Fragen der Abstammung der Außenpolitiker (Litvinov vs. Molotov) hätten eine wesentliche Rolle zur Anbahnung der Annäherung an Deutschland 1939 gespielt. Antisemiten, die von außen auf die Sowjetunion blickten, meinten – auch ohne daß die Sowjetführung dies bewußt kalkuliert hatte – in Stalin die Verkörperung judenfeindlicher Tendenzen zu erkennen. Hitler sah Stalin als nationalen Führer, der sich der Juden genauso souverän entledigte, wie er sich ihrer bedient habe. Wenn Hitler sich dabei auf angebliche Stalin-Äußerungen berief, sollte man dies nicht für eine wichtige Quelle für den sowjetischen Antisemitismus halten. Wer selbst Antisemit war, hielt auch Stalin für einen. Wer aus der relativen hohen Zahl prominenter Bolschewiki den Schluß des »jüdischen Bolschewismus« zog, mußte glauben, daß ihre Absetzung den Sieg einer »antijüdischen« Bewegung bedeutete. Damit wird der »Stalinsche Antisemitismus« zum Komplementärmythos des »jüdischen Bolschewismus«.

Daß Stalin überzeugter Antisemit war, läßt sich nicht belegen. Es gibt nur einige nicht sehr zuverlässig übermittelte Äußerungen von ihm, die als Indizien angesehen werden könnten: jedoch nicht für eine durchgängige Judenfeindschaft, die Stalins politisches Handeln beeinflußt hätte, sondern dafür, daß Stalin in der Wahl seiner politischen Mittel wenig Hemmungen hatte. Er scheint bisweilen hohe Parteifunktionäre jüdischer Herkunft mit judenfeindlichen Ausdrücken beleidigt zu haben. Ihm war klar, daß die Staatsideologie – auch im Zeitalter des russozentrischen Sowjetpatriotismus – von der Gleichheit aller Nationalitäten auszugehen hat. Dem hat Stalin nie offen widersprochen.

Antisemitismus ist in den ersten beiden Jahrzehnten der Sowjetgeschichte eng mit der aufholenden Modernisierung durch die Sowjetdiktatur und der besonderen Sozialstruktur der jüdischen Bevölkerung verbunden. Die Bolschewiki eroberten die Macht in einem rückständigen agrarischen Land, in dem die Juden in kleine urbane Inseln einer moderneren Lebensweise eingeschlossen waren. Aus der zaristischen Diskriminierung – der Zwangsansiedlung in der Stadt – erwuchs für die Juden nach der Revolution eine oftmals bessere Startchance unter dem neuen Regime als für die große Masse der übrigen Bevölkerung. Dieser konnten die Juden als Profiteure der Veränderungen erscheinen und damit als Sündenböcke für Schwierigkeiten dienen, die die Veränderung des Alltagslebens mit sich brachte. Mit der Figur des »Juden« wurde größerer Ehrgeiz, Karriere im Apparat, aber auch Unzuverlässigkeit assoziiert. Von diesen oft unbewußten Ressentiments, die sich eher auf eine Abstraktion denn auf alle Juden bezogen, waren die Politiker um Stalin und er selbst nicht frei. Der Schritt zur Instrumentalisierung solcher Vorurteile in zynischen Manipulationen erfolgte erst nach 1939. Der stalinistische Sowjetpatriotismus der Vorkriegszeit schuf aber die Grundlagen der antisemitischen Wende späterer Jahre.

Abkürzungen

APPO	Agitacionnyj Propagandno-Političeskij Otdel = Abteilung für Agitation und politische Propaganda
ARR	Archiv Russkoj Revoljucii
Bl.	Blatt (Zählung bei Akten)
BO	Bjulleten' Oppozicii
BSĖ	Bol'šaja Sovetskaja Ėnciklopedija = Große Sowjetenzyklopädie
CIK	russisch Central'nyj Ispolnitel'nyj Komitet, deutsch Zentrales Exekutivkomitee
CK	russisch Central'nyj Komitet, deutsch ZK
ČK	russisch Črezvyčajnaja Komissija (po bor'be s kontrrevoljuciej ...), deutsch Tscheka
CMRS	Cahiers du Monde russe et soviétique
DA	Dobrovol'českaja Armija, die »weiße« Freiwilligenarmee
EKKI	Exekutivkomitee der Kommunistischen Internationale
ET	Evrejskaja Tribuna
F, O, D	Fond, Opis', Delo: Aktenkennzeichnung russischer Akten: Fond, Verzeichnis, Akte
GARF	Gosudarstvennyj Archiv Rossijskoj Federacii = Staatsarchiv der Föderation Rußland, ehemaliges Zentralarchiv der Oktoberrevolution
IJA	Institute of Jewish Affairs, London
JC	Jewish Chronicle
JBGO	Jahrbücher für Geschichte Osteuropas
JTA	Jewish Telegraphic Agency
KO	Kommunističeskaja oppozicija v SSSR 1923 – 1927. Iz archiva L'va Trockogo v četyrech tomach, Edition der Dokumente des Trockij- Archivs, siehe »T«
KA	Krasnyj Archiv
KP(b)B	Kommunistische Partei Weißrußlands
LW	Lenin Werke
MGK	Moskovskij Gorodskoj Komitet = Moskauer Stadtkomitee (= MK)
MK	Moskovskij Komitet = Moskauer Komitee der RKP/KPdSU
NM	Novyj Mir
Ozet	Obščestvo po zemel'nomu ustrojstvu trudjaščichsja evreev = Gesellschaft für die Landansiedlung der werktätigen Juden
OE	Osteuropa
PA AA	Politisches Archiv des Auswärtigen Amtes, Bonn
RCChIDNI	Rossijskij Centr Chranenija i Izučenija Dokumentov Novejšej Istorii = ehemaliges Parteiarchiv der KPdSU
RKP	Rossijskaja Kommunističeskaja Partija = KP Rußlands
RKI	Raboče-Krest'janskaja Inspekcija = Arbeiter- und Bauerninspektion
RN	Revoljucija i Nacional'nosti

SJA	Soviet Jewish Affairs
Sp.	Spalte (bei manchen Zeitungen und Enzyklopädien)
sten. otčet	Stenografischer Bericht
SV	Socialističeskij Vestnik
T	L. Trockijs Archiv, aufbewahrt in der Houghton Library, Harvard (meistens zitiert nach KO)
VCSPS	Vsesojuznyj Central'nyj Sovet Professional'nych Sojuzov = Allunionszentralrat der Gewerkschaften
WKP	eig. VKP(b) Vsesojuznaja Kommunističeskaja Partija (Bol'ševiki) = Unionsweite Kommunistische Partei, KPdSU; als WKP Kürzel für die Akten des Smolensker Parteiarchivs
ZKK	Zentrale Kontrollkommission (russ. CKK)

Quellen- und Literaturverzeichnis

Dieses Verzeichnis enthält die für diese Arbeit benutzten Quellen und Literatur. Als Bibliographie zu den behandelten Themenbereichen ist es insoweit unvollständig, als ich die wenigen mir bekannten, aber unzugänglichen Texte nicht aufgenommen habe. Wenn sie wichtig sein könnten, habe ich sie in den Fußnoten zum Text mit genauen bibliographischen Angaben angeführt. Nicht in diese Bibliographie übernommen ist Literatur zu Nebenaspekten. Dazu gehören Arbeiten, auf die ich in der Einleitung verweise; Texte, die Bezüge zu aktuellen Diskussionen herstellen; zahlreiche Schriften russischer Emigranten; die literaturwissenschaftlichen und biographischen Arbeiten zum Unterkapitel über S. Esenin. Alle Einzelbeiträge, die in den unten aufgelisteten zeitgenössischen Periodika erschienen, sind ebenfalls nur in den Fußnoten belegt.

Bibliographien und Nachschlagewerke

Bol'šaja Sovetskaja Ėnciklopedija, 1. Auflagen 1926 – 1947, 2. Auflage 1949 – 1957, 3. Auflage 1970 – 1978

Dejateli SSSR i Oktjabrskoj revoljucii. Ėnciklopedija Granat, Bd. 41, T. 1 – 3, Moskau 1927 – 29 [Nachdruck 1989]

Encyclopaedia Judaica, Jerusalem 1971 ff.

Encyclopaedia Judaica. Das Judentum in Geschichte und Gegenwart, Berlin 1929 ff.

Evrejskaja Ėnciklopedija. Svod znanij o evrejstve i ego kul'ture v prošlom i nastojaščem, Sankt Petersburg 1908 ff.

Louise R. Fluk, Jews in the Soviet Union. An Annotated Bibliography, New York 1975

Martin Gilbert, The Jews of Russia. Their History in Maps and Photographs, o.O. 1976

Gershon David Hundert, The Jews in Poland and Russia. Bibliographical Essays, Bloomington 1984

Jevrejs'ka Avtonomna Oblast' Birobidžan. Spysok literatury, Kiew 1936

A. Kirzšnic, Di jidiše prese i ratnfarband (1917 – 1927), Minsk 1928

I. Knižnik, Čto čitat' po obščestvennym naukam. Sistematičeskij ukazatel' kommunističeskoj i marksistskoj literatury, 1917 – 1923gg., Leningrad 1924

Wolfgang Lubitz, Trotsky Bibliography, München/New York/London/Paris 1988

Yelena Luckert, Soviet Jewish History, 1917 – 1991. An Annotated Bibliography, New York/London 1992

A. Magid, »Evrejskij vopros v dorevoljucionnoj Rossii«; »Istorija evrejskoj pečati v dorevoljucionnoj Rossii«; »Antisemitizm v Rossii«, in: Evrejskij Samizdat, Bd. 16, Jerusalem 1978, S. 196 – 200, S. 201 – 203, S. 333 – 337

Jack F. Matlock, An Index to the Collected Works of J. V. Stalin, New York/London 1971 [Reprint der Ausg. 1955]

Sylvia Orenstein, Source Book on Soviet Jewry. An Annotated Bibliography, o.O., 1981

B. Pinkus/A. A. Greenbaum, Russian Publications on Jews and Judaism in the Soviet Union, Jerusalem 1970

B. Pinkus, Soviet Jewry 1917 – 1973 (Bibliography of Jewish History, 1), Jerusalem 1974

(Jacques Rossi) Žak Rossi, Spravočnik po GULagu. Istoričeskij slovar' sovetskich penitenciarnych institucij i terminov, svjazannych s prinuditel'nym trudom, London 1987, Moskau 1992

Kh. Shmeruk (Hrsg.), Jewish Publications in the Soviet Union 1917 – 1960, Jerusalem 1961
Stadtbibliothek Frankfurt a.M., Katalog der Judaica und Hebraica. Erster Band: Judaica, Frankfurt a.M. 1932
The Universal Jewish Encyclopedia in 10 Vols., New York 1942 ff.

Unveröffentlichte Quellen

Rossijskij Centr Chranenija i Izučenija Dokumentov Novejšej Istorii (ehem. Parteiarchiv des Inst. für Marxismus-Leninismus beim ZK der KPdSU):
F[ond] 17, O[pis'] 3, D[ela] 609 – 808, Rešenija PB CK (Tagesordnungen und Ergebnisprotokolle der Politbürositzungen) 1927 – 1930
F 445, O 1, Central'noe bjuro evrejskich sekcij pri CK VKP(b) 1918 – 1930
F 17, O 60, CK KPSS, otdel agitacii i propagandy 1920 – 1927

Gosudarstvennyj Archiv Rossijskoj Federacii (ehem. Zentralarchiv der Oktoberrevolution):
F 5451, O 13, D 519; O 12, D 645; D 648, VCSPS, Kul'totdel
F 5453, O 12, D 194; D 202, CK Koževnikov

Akten des Smolensker Parteiarchivs, in Mikroverfilmung im Bundesinstitut für ostwissenschaftliche und internationale Studien Köln:
Records of the All-Union (Russian) Communist Party, Smolensk Distrikt, Record Group 1056, National Archives Microfilm Publication no. T 87,
WKP 27 – 29, WKP 143 – 144, WKP 155, WKP 291, WKP 303 – 306, WKP 309, WKP 335, WKP 358, WKP 478 – 490, WKP 497, WKP 499, WKP 508

Politisches Archiv des Auswärtigen Amtes, Bonn:
Politische Abteilung IV, Rußland:
Pol. 5, Innere Politik, Russ. Emigranten u. Monarchisten im Ausland, 1922 – 1933
Pol. 6, Nationalitätenfrage und Fremdvölker 1920 – 1931
Juden 1 Allg. 1933 – 36

Zeitgenössische Periodika

Archiv Russkoj Revoljucii, Berlin 1921 – 1930
Bezbožnik, Moskau 1927 – 1929
Bjulleten' Oppozicii, Paris 1929 – 1941
Bol'ševik, Moskau 1925 – 1939
Bor'ba Klassov, Moskau 1931 – 1934
Der Emes, Moskau 1926 – 1929
Evrejskaja Letopis', Petrograd-Leningrad/Moskau 1923 – 1926
Evrejskaja Mysl', Petrograd-Leningrad 1922, 1926
Evrejskaja Nedelja, Moskau 1917 – 1918
Evrejskaja Starina, Petrograd-Leningrad 1918 – 1930

Evrejskaja Tribuna, Paris 1922 – 1924
Evrejskij Krest'janin. Sbornik, Moskau 1925 – 1926
Evrejskoe Slovo, Reval 1920
Izvestija, Moskau 1926 – 1939
Jewish Chronicle, London 1919 – 1925
Jewish Telegraphic Agency, Daily News Bulletin, London/New York 1923 – 1939
Kommunističeskaja Revoljucija, Moskau/Leningrad 1926 –1935
Komsomol'skaja Pravda, Moskau 1926 – 1929
Krasnaja Gazeta, Leningrad 1928
Krasnyj Archiv, Petrograd-Leningrad/Moskau 1922 – 1941
Leningradskaja Pravda, Leningrad 1929
Novyj Mir, Moskau 1929 – 1939
Ogonek, Moskau 1927 – 1938
Oktjabr', Moskau/Leningrad 1925 – 1939
Pravda, Moskau/Petrograd-Leningrad 1923 – 1939
Rabočaja Gazeta, Moskau 1926
Rabočaja Moskva, Moskau 1926
Razsvet, Berlin/Paris 1922 – 1926
Revoljucija i Nacional'nosti, Moskau 1930 – 1937
Revoljucija Prava, Moskau 1927 – 1929
Socialističeskij Vestnik, Berlin/Paris 1921 – 1939
Sobranie zakonov i rasporjaženij Rabočego i Krest'janskogo Pravitel'stva SSSR, Moskau 1924 – 1938
Spravočnik partijnogo rabotnika, Moskau 1921 – 1935
Sputnik Agitatora, Moskau/Leningrad 1926
Tribuna evrejskoj sovetskoj obščestvennosti, Moskau 1927 – 1937
Unter dem Banner des Marxismus, Moskau/Leningrad/Berlin/Wien 1925 – 1936
Večernjaja Moskva, Moskau 1929, 1936
Vestnik evrejskogo otdela Narodnogo Komissariata po delam nacional'nostej, Moskau 1920
Volja Rossii, Prag 1926
Žizn' Nacional'nostej, Moskau 1918 – 1924

Gedruckte Quellen

Ab antysėmityz'me (Matėryjaly dlja dakladčykaŭ i hrupavych ahitataraŭ), hrsg. v. d. Agitprop-Abtlg. des ZK der KP(b)B, Minsk 1927
Abramova, Vragi li trudovomu narodu evrei (Partija Socialistov-revoljucionerov, 29), Moskau 1917
A. Afinogenov, »Čudak. P'esa v četyrech aktach«, in: ders., P'esy, Moskau 1956
S. Agurskij, Evrejskij rabočij v kommunističeskom dviženii (1917 – 1921), Minsk 1926
(ders.) »The Great Terror and the Jews«, eingel. u. komment. v. L. Hirszowicz, in: Soviet Jewish Affairs, 4 (1974), Nr.2, S. 80 – 86

Alfarbandiše baratung fun di jidiše sekcies fun der al. k. p. (b.), Dezember 1926, Moskau 1927

M. Ja. Aleksandrov, Klassovyj vrag v maske (o nacionalizme i antisemitizme), Moskau/Leningrad 1929

M. Aleksandrov, Otkuda beretsja vražda k evrejam i komu ona vygodna, (Prostye besedy), Moskau/Leningrad 1929

Swetlana Allilujewa, Zwanzig Briefe an einen Freund, Wien 1967

dies., Das erste Jahr, Wien 1969

Marija Ančarova, Kto i počemu ustraival evrejskie pogromy?, Moskau 1917

Die Anklageschrift gegen das »Unionsbüro« der Menschewiki und der Wortlaut des Urteils, eingel. v. H. Remmele, Hamburg, Berlin 1931

Antisemitizm i nacional'naja politika partii. (Materialy dlja agitatorov), hrsg. v. APO des Gouvernementskomitee der VKP Tula, Tula 1927

V. A. Antonov-Ovseenko, Zapiski o graždanskoj vojne, 4 Bde., Moskau/Leningrad 1924 ff.

Peter Arschinow, Anarchisten im Freiheitskampf. Geschichte der Machno-Bewegung (1918 – 1921), Zürich 1971 [Nachdruck der Ausgabe Berlin 1923]

Razden Arsenidse, »Iz vospominanij o Staline«, in: Novyj Žurnal, Nr. 72 (1963), S. 218 – 237

Isaak Babel, Tagebuch 1920, Berlin 1990

Léon Baratz, »La situation des Juifs en U.R.S.S.«, in: La Revue Juive de Genève, Nr. 58, Mai 1938, S. 353 – 356

Alexander Barmine, One who Survived. The Life Story of a Russian under the Soviets, New York 1945

(B. Bažanov) Boris Baschanow, Ich war Stalins Sekretär, Frankfurt a.M./Berlin/Wien 1977

Dem'jan Bednyj, Paki i paki pro popovskie vraki, Moskau/Leningrad 1928 (1. Auflg. 1923)

S. Bezborodov, Signaly (Ob antisemitizme), Leningrad 1929

I. M. Bikerman, K samopoznaniju evreja. Čem my byli, čem my stali, čem my dolžny byt', Paris 1939

Vladimir Bonč-Bruevič, Znamenie vremeni. Ubijstvo Andreja Juščinskogo i delo Bejlisa (Vpečatlenija kievskogo processa), Petrograd 1921

I. Bobryšev, Melkoburžuaznye vlijanija sredi molodeži, Moskau/Leningrad 1928

A. Bragin/M. Kol'cov, Sud'ba evrejskich mass v Sovetskom Sojuze, Moskau 1924

E. Brauer, Dos land fun di bafrajte jidn. Cum cvancigsten jartag fun'm ratn-farband, Bratislava 1937

Ja. Bromberg, Rossija, Zapad i evrejstvo. Opyt peresmotra evrejskogo voprosa, Prag 1931

Anna Larina Bucharina, Nun bin ich schon weit über zwanzig. Erinnerungen, Göttingen 1989

N. A. Buchbinder, Istorija evrejskogo rabočego dviženija v Rossii, Leningrad 1925

Dimitri Bulaschow [= Benjamin Segel], Bolschewismus und Judentum, Berlin 1923

Vladimir Burcev, »Protokoly sionskich mudrecov« – dokazannyj podlog, Paris 1938, Nachdruck in: ders., V potoke za provokatorami, Moskau 1991

D. Burmenko-Ortenberg, Antysemityzm – zbroja našych vorohiv, Charkow 1927

A. Bucenko, Čoho chočut' antysemity?, Charkow 1927

B. N. Buchbinder, Istorija evrejskogo rabočego dviženija v Rossii, Leningrad 1925

Joseph Carlebach, »Der Witebsker Prozess gegen den Cheder«, in: Jeschurun, 11. Jahrg., Sept./Okt 1924, S. 393 – 419

The Case of Leon Trotsky. Report of Hearings on the Charge Made against Him in the Moscow Trials by the Preliminary Commission of Inquiry, (John Dewey u. a.), New York/London 1937

Četyrnadcataja konferencija RKP(b), April 1925, sten. otčet, Moskau 1925

Četyrnadcatyj s-ezd VKP(b), Dezember 1925, sten. otčet, Moskau/Leningrad 1925

L. Chasanowitsch, Die Polnischen Judenpogrome im November und Dezember 1918. Tatsachen und Dokumente, Stockholm 1919

M. P. Chavkin, Evrejskaja avtonomnaja oblast' k svoej pervoj godovščine, Moskau 1935

I. Ja . Chejfec, Mirovaja reakcija i evrejskie pogromy, Charkow 1925

(N. S. Chruščev), Chruschtschow erinnert sich, hrsg. v. S. Talbott, Reinbek 1971

Nikita Chruščev, Vospominanija. Izbrannye otryvki. Hrsg. v. V. Čalidze, New York 1982

ders., Vospominanija. Kniga vtoraja, New York 1981

Andrij Chvylja, Antysemityzm, Charkow 1929

Committee of the Jewish Delegations, The Pogroms in the Ukraine under the Ukrainian Governments, (1917 – 1920), London 1927

Michail Čumandrin, Fabrika Rablė, Moskau/Leningrad 1930

Stanislav Danilov/Horst Temmen/Armin Hetzer (Hrsg.), Sozial- und Wirtschaftsgeschichte der Sowjetunion für die Jahre 1917 – 1941, Quellensammlung in drei Bänden, o.O. o.J.

Joseph E. Davies, Als USA-Botschafter in Moskau. Authentische und vertrauliche Berichte über die Sowjet-Union bis Oktober 1941, Zürich 1943

Lucy S. Dawidowicz (Hrsg.), The Golden Tradition. Jewish Life and Thought in Eastern Europe, New York/Chicago/San Francisco 1967

L. Dejč, Di jidn in der rusišer revolucie. Zichronot vegn jidn-revolucionern, Berlin 1923 [russ. Rol' evreev v russkom revoljucionnom dviženii, Moskau/Leningrad 1925]

A. I. Denikin, Očerki russkoj smuty, Paris/Berlin 1922 – 1926

Desjatyj s-ezd RKP(b), März 1921, sten. otčet, Moskau 1963

S. M. Dimanštein (Hrsg.), Programma dlja Ozetseminarov i kružkov, Moskau 1934

A. Divil'kovskij, Gonenie na evreev – gonenie na samych sebja!, Moskau 1919

Dlja čoho i jak kulaky c'kujut' proty jevreïv, Odessa 1920

Ef. Dobin, Pravda o evrejach, Leningrad 1928

Ju. L. D'jakov /T. S. Bušueva, Fašistskij meč kovalsja v SSSR. Krasnaja Armija i Rejchsver. Tajnoe sotrudničestvo 1922 – 1933. Neizvestnye dokumenty, Moskau 1992

Documents sur les Pogromes en Ukraine et l'assassinat de Simon Petlura à Paris (1917 – 1921 – 1926), Paris 1927

Doklad po evrejskomu voprosu C. Komiteta partii K.-D. Prikazy vlastej. Raznye dokumenty. Istorija odnogo pogroma, o. O. 1916

M. V. Drujanov, Evrejskaja avtonomnaja oblast' (Birobidžan), Moskau 1934

Simon Dubnow, Die neueste Geschichte des jüdischen Volkes, Band X: das Zeitalter der zweiten Reaktion (1880 – 1914). Nebst Epilog (1914 – 1928), Berlin 1929

(ders.) S. M. Dubnow, History of the Jews in Russia and Poland. From the Earliest Times until the Present Day, Philadelphia 1916 – 1920

(ders.) S. Dubnov, Kniga žizni. Vospominanija i razmyšlenija. Materialy dlja istorii moego vremini, 3 Bde., Riga 1934 – 1940

Dvenadcatyj s-ezd RKP(b), sten. otět, Moskau 1968

E. Ėjdel'man, Ot čerty osedlosti do avtonomnoj oblasti, Moskau 1934

Ilja Ehrenburg, Das bewegte Leben des Lasik Roitschwanz, Berlin o.J. [Original: Burnaja žizn' Lazika Rojtšvaneca, Berlin 1928, nachgedruckt in: I. Ėrenburg, Staryj skorbnjak i drugie proizvedenija, 2 Bde., hrsg. v. M. Vajnštejn, Jerusalem 1983]

ders., Menschen, Jahre, Leben, 3 Bde., München 1965

Sergej Esenin, Sobranie sočinenij v dvuch tomach, Moskau 1990

A. Ja. Ėstrin, Ugolovnoe pravo SSSR i RSFSR, Moskau 1931

A. Evgen'ev, Carskie pogromščiki, Petrograd 1919

Evrei, klassovaja bor'ba i pogromy, Petrograd 1919

Evrei v carskoj Rossii i v SSSR. Kratkij putevoditel' po vystavke, Leningrad 1939

Evrei v SSSR (Materialy i issledovanija, 4), Moskau 1929

Evrejskaja kommunističeskaja partija, Rezoljucii i postanovlenija, prinjatye na vtoroj vsepartijnoj konferencii, sostojavščejsja v Char'kove, 16. – 23. Juni 1920

Evrejskie pogromy. 1918 – 1921, Moskau 1926

Evrejskij Kommunističeskij Sojuz Molodeži, Protokoly i rezoljucii 1-oj vserossijskoj konferencii (1 – 4 sentjabrja) i Farbands Rata (24 – 28 janvjarja), Moskau 1921

Evrejskij pogrom na zavode »Novki«, Witebsk 1920

Evrejskoe Statističeskoe Obščestvo, Evrejskoe naselenie Rossii po dannym perepisi 1897g. i po novejšim istočnikam, Petrograd 1917

Iring Fetscher (Hrsg.), Marxisten gegen Antisemitismus, Hamburg 1974

Lion Feuchtwanger, Moskau 1937. Ein Reisebericht für meine Freunde, Amsterdam 1937 [russ: L. Fejchtvanger, Moskva 1937. Otčet o poezdke dlja moich druzej, Moskau 1937]

A. Flegon/Ju. Naumov (Hrsg.), Russkij antisemitizm i evrei, London 1968

Friedel Fürnberg, Die Judenfrage und der Antisemitismus, Kiew 1938

T. B. Gejkel'man, Istorija obščestvennogo dviženija evreev v Pol'še i Rossii, Moskau/Leningrad 1930

N. Gergel, »Jidn in der ruslendišer komunistišer partej un in komunistišn jugntfarband«, in: JIVO-Bleter, 1 (1929), S. 62 – 70

M. N. Gernet, Prestupnost' i samoubijstva vo vremja vojny i posle nee, Moskau 1927

A. A. Gercenzon, Bor'ba s prestupnost'ju v RSFSR. Po materialam obsledovanija NKRKI SSSR, Moskau 1928

Geschichte der Kommunistischen Partei der Sowjetunion (Bolschewiki). Kurzer Lehrgang, Berlin 1946 [urspr. russ. 1938]

Jewgenia Ginsburg, Gratwanderung, München/Zürich 1980

dies., Marschroute eines Lebens, München/Zürich 1986

I. Gir (Hrsg.), Žid. Sbornik, Leningrad 1929

V. Glebov, Sovremennyj antisemitizm i bor'ba s nim, Moskau/Leningrad 1927

Ju. Gol'de, Evrei – zemledel'cy v Krymu, Moskau 1931

Salomon Goldelman, Löst der Kommunismus die Judenfrage? Rote Assimilation und Sowjet-Zionismus, Prag 1937

(ders.) Solomon Gol'del'man, Lysty žydivs'koho social-demokrata pro Ukraïnu. Materijaly do istoriï ukraïns'ko-žydivskych vidnosyn za čas revoljuciï, Wien 1921

I. T. Goljakov, Sbornik dokumentov po istorii ugolovnogo zakonodatel'stva SSSR i RSFSR 1917 – 1952gg., Moskau 1953

M. Gorev, Protiv Antisemitov. Očerki i zarisovki, Moskau/Leningrad 1928

Maksim Gor'kij, Iz literaturnogo nasledija. Gor'kij i evrejskij vopros, hrsg. v. Michail Agurskij/Margarita Šklovskaja, Jerusalem 1986

M. Gor'kij, O evrejach, Petrograd 1919

ders., O evrejskom narode (rasskazy, publicistika), hrsg. v. M. Vajnštejn, Jerusalem 1986

(ders.) Maxim Gorkij, Unzeitgemäße Gedanken über Kultur und Revolution. Geschrieben von Maxim Gorkij in Petrograd und veröffentlicht in der Tageszeitung »Novaja Žizn« (Neues Leben) von 1917 bis 1918, Hrsg. u. komm. v. B. Scholz, Frankfurt a.M. 1972

N. Gorlov, Temnye sily, vojna i pogromy, Petrograd 1919

(Ju. Got'e), Time of Troubles. The Diary of Iurii Vladimirovich Got'e. Moscow, July 8, 1917 to July 23, 1922, hrsg. v. Terence Emmons, London 1988

Igor Gouzenko, The Iron Curtain, New York 1948

Elias Heifetz, The Slaughter of the Jews in the Ukraine 1919, New York 1919

Abraham Heller, Die Lage der Juden in Russland. Von der Märzrevolution 1917 bis zur Gegenwart, Breslau 1935

Otto Heller, Der Untergang des Judentums. Die Judenfrage, ihre Kritik, ihre Lösung durch den Sozialismus, Wien/Berlin 1931 [auch: 2. Auflage 1933]

Gustav Hilger, Wir und der Kreml. Deutsch-sowjetische Beziehungen 1918 – 1941. Erinnerungen eines deutschen Diplomaten, Frankfurt a.M./Berlin 1955

In klem ... Cu di farfolgungen fun der cionistišer jugnt in ratn-rusland. Eršter zamlbuch, arojsgegeben fun der ojslendišer cionistišer jugnt-organizacie in rusland, Tel Aviv 1927

Sergej Ingulow, Die Presse in Sowjetrussland. Ihre Lage und Arbeitsverhältnisse (Pavillon der U.d.S.S.R. auf der internationalen Ausstellung »Pressa«, in: Köln), Moskau 1928

S. Ingulov, Samokritika v dejstvii, Moskau/Leningrad 1930

Information Bureau of the Committee for the Defense of Jews in Poland and other East European Countries, Evidence of Pogroms in Poland and Ukrainia. Documents, Accounts of Eye-Witnesses, Proceedings in Polish Parliament, Local Press Reports, Etc., New York 1919

J. M. Isler, Rückkehr der Juden zur Landwirtschaft. Beiträge zur Geschichte der landwirtschaftlichen Kolonisation in verschiedenen Ländern, Frankfurt a.M. 1929

Panaït Istrati, Auf falscher Bahn. Sechzehn Monate in der Sowjetunion. Bekenntnisse eines Besiegten, Frankfurt a.M./Wien, 1989

Peter Jakir, Kindheit in Gefangenschaft, Frankfurt a.M. 1972
M. Janovskij, Kommuna sta tridcati trech, Leningrad 1929
E. Jaroslawski, Was fordert die Partei vom Kommunisten, Moskau 1936
Jidn in vssr. Statistiše materialn, Minsk 1929
Jur. Jur'in, Ego šagi. P'esa v 3ch dejstvijach, Moskau 1926
M. I. Kalinin, Evrejskij vopros, Charkow 1927
E. D. Kantor, Komu nužna vražda narodov, Moskau 1923
ders., Komu potribna vorožneča narodiv, Charkow 1925
Ja. Kantor, Nacional'noe stroitel'stvo sredi evreev v SSSR, Moskau 1934
Pavel Kanceljarskij, Sovetskaja vlast' i evrejskoe naselenie v SSSR, Dnepropetrowsk 1929
D. A. Karnickij/G. K. Roginskij/M. S. Strogovič, Ugolovnyj kodeks RSFSR. Postatejnyj kommentarij, 2. Auflage, Moskau 1929
M. Kiper, Antisemitizm un jidišer nacionalizm, Kiew 1929
ders. (Hrsg.), Na borot'bu z nacional'noju vorožnečeju i šovinizmom. (Proty antysemityzmu), Charkow 1931
S. M. Kirov, Izbrannye stat'i i reči (1912 – 1934), Moskau 1957
E. Kočetkov [= Arnošt Kolman], Vragi-li nam evrei?, Moskau/Leningrad 1927
David Koigen, Apokalyptische Reiter. Aufzeichnungen aus der jüngsten Geschichte, Berlin 1925
Kommunističeskaja oppozicija v SSSR 1923 – 1927. Iz archiva L'va Trockogo v četyrech tomach, hrsg. v. Ju. Fel'štinskij, New York 1988 [Moskau 1991]
Lew Kopelew, Und schuf mir einen Götzen. Lehrjahre eines Kommunisten, München 1981
A. Kossarew, Die jungen Patrioten des Sowjetlandes. Tätigkeitsbericht des Zentralkomitees des Leninschen Kommunistischen Jugendverbandes der Sowjetunion auf dem X. Kongreß am 11. April 1936, Moskau 1936
M. E. Kozakov, »Čelovek padajuščij nic«, in: Zvezda 4/1928, S. 5 – 45
KPSS v rezoljucijach i rešenijach s-ezdov, konferencij i plenumov ck (1898 – 1986), Moskau 1983 ff.
Pinchos Krasnyj, Tragedija ukrainskogo evrejstva (K processu Švarcbarda), Charkow 1928
Krasnyj terror v gody graždanskoj vojny. Po materialym Osoboj sledstennoj komissii po rassledovaniju zlodejanij bol'ševikov, hrsg. v. Ju. G. Fel'štinskij, London 1992
Victor A. Kravchenko, Ich wählte die Freiheit. Das private und politische Leben eines Sowjetbeamten, Hamburg o. J.
P. Kretzer, Die beruflichen und sozialen Verhältnisse der Juden in der Sowjetunion, Diss. Oec. Berlin 1930
W. G. Krivitsky, Ich war in Stalins Dienst!, Amsterdam 1940
M. Kubanin, Machnovščina. Krest'janskoe dviženie v stepnoj Ukraine v gody graždanskoj vojny, Leningrad 1927
Joshua Kunitz, Russian Literature and the Jew. A Sociological Inquiry into the Nature and Origin of Literary Patterns, New York 1929
Jurij Larin, Evrei i antisemitizm v SSSR, Moskau 1929

Bernard Lecache, Au Pays de Pogromes.. Quand Israël meurt ..., Paris 1927
G. Ledat, Antisemitizm i antisemity. Voporosy i otvety, Leningrad 1929
(V. I. Lenin) N. Lenin, O evrejskom voprose v Rossii, Moskau 1924
W. I. Lenin, Über die Judenfrage (Kleine Leninbibliothek, 8), Wien/Berlin 1932
V. I. Lenin, Werke, Berlin (DDR) 1955 ff.
S. Leningradskij, Kto i za čto ustraival pogromy nad evrejami, Moskau 1924
Jakov Leštšinski, Dos sovetiše jidentum. Zejn fargangenhejt un kekenvart, New York 1941
Wladimir Lewitzkyj/Gustav Specht, Die Lage der Juden in der Ukraine, Berlin 1920
Matwej Liebermann, Im Namen der Sowjets. Aus Moskauer Gerichtsakten, Berlin 1930
L. Ljadov, O vražde k evrejam, Moskau/Leningrad 1927
S. G. Lozinskij, Social'nye korni antisemitzma v srednie veka i v novoe vremja, Moskau 1929
A. Lunačarskij, Ob antisemitizme, Moskau/Leningrad 1929
Solomon Lur'e, Antisemitizm v drevnem mire. Popytki ob-jasnenija ego v nauke i ego pričiny, Petrograd 1922, Nachdruck Tel Aviv 1976
V. L'vov-Rogačevskij, Russko-evrejskaja literatura, Moskau 1922
Eugene Lyons, Assignement in Utopia, New York 1937
Nestor Machno, Vospominanija, Moskau 1992
(ders.) Nestor Makhno, La lutte contre l'état et autres écrits, (1925 – 1932), Paris 1984
V. Majakovskij, Polnoe sobranie sočinenij v tridcati tomach, Moskau 1959
Anton S. Makarenko, Ein pädagogisches Poem. »Der Weg ins Leben«, Frankfurt/Berlin/Wien 1979
Sergej Maksudov (Hrsg.), Neuslyšannye golosa. Dokumenty smolenskogo archiva. Kniga pervaja 1929: Kulaki i partejcy, Ann Arbor 1987
Sergej Malaškin, Luna s pravoj storony ili neobyknovennaja ljubov', Moskau 1928
M. Ju. Malcev, Sud nad antisemitizmom v 3 aktach, Leningrad 1928
Nadežda Mandel'štam, Vospominanija, Moskau 1989 [dt. Das Jahrhundert der Wölfe. Eine Autobiographie, Frankfurt a.M. 1973]
dies., Vtoraja kniga, Moskau 1990
Arnold P. Margolin, The Jews of Eastern Europe, New York 1926
Ėster Markiš, Stol' dolgoe vozvraščenie ..., Tel Aviv 1989
Material Concerning Ukrainian-Jewish Relations during the Years of the Revolution (1917 – 1921), München 1956
Hersch Mendel, Erinnerungen eines jüdischen Revolutionärs, Berlin 1979
S. P. Melgunow, Der rote Terror in Rußland. 1918 – 1923, Berlin 1924
Boris Mirsky (Mirkine-Getzevitch), Les Juifs et la Révolution Russe, Paris 1921
V. M. Molotov, Konstitucija socializma. Reč' na Črezvyčajnom VII. Vsesojuznom s-ezde sovetov 29 nojabrja 1936g., Moskau 1937
»Monarchija pogibla, a antisemitizm ostalsja«, in: Neizvestnaja Rossija. XX Vek, Bd. 3, Moskau 1993, S. 324 – 358
Na bor'bu s antisemitizmom. Materialy dlja agitatorov i besedčikov, hrsg. v. APPO des Leningrader Gebietskomitee der VKP(b), Leningrad 1929

E. Nevel'štejn, Frajdorfskij Evrejskij nacional'nyj rajon (Krym), Moskau 1934

(B. Nikolaevskij), Power and the Soviet Elite. »The Letter of an Old Bolshevik« and Other Essays by Boris I. Nicolaevsky, hrsg. v. D. Zagoria, New York/Washington/London 1965

O bor'be s antisemitizmom v škole (Glavnoe upravlenie social'nogo vospitanija RSFSR. Serija instruktivnych i metodičeskich pisem dlja rukovodstva v rabote škol povyšennogo tipa, pis'mo 16-e), Moskau/Leningrad 1929

Ob antisemitizme (Metodičeskie posobija dlja dokladčikov i gruppovych agitatorov, vypusk 10) Moskau 1927

Ob antisemitizme (Metodičeskie posobija agitatorov), Moskau/Leningrad 1929

Ob opasnosti vojny (Metodičeskie posobija dlja dokladčikov i gruppovych agitatorov, vypusk 11) Moskau 1927

Ob-edinenie russko-evrejskoj intelligencii v Pariže, Evrejskij mir. Ežegodnik na 1939 god, Paris 1939

Erwin Oberländer (Hrsg.), Sowjetpatriotismus und Geschichte. Dokumentation (Dokumente zum Studium des Kommunismus, 4), Köln 1967

Odinadcatyj s-ezd RKP(b), März – April 1922, sten. otčet, Moskau 1961

(A. Orlov) Kreml-Geheimnisse. Berichtet von Alexander Orlow, ehemals Sowjetdiplomat und Leiter der Gegenspionage, Würzburg o.J.

R. Orlowa-Kopelew, Eine Vergangenheit, die nicht vergeht. Rückblicke aus fünf Jahrzehnten, München/Hamburg 1985

Z. Ostrovskij, Komu nužna vražda k evrejam, Moskau/Leningrad 1931

Otečestvennoe ob-edinenie russkich evreev zagranicej, Rossija i evrei. Sbornik pervyj, Berlin 1924 [deutsch: Vaterländischer Verband russischer Juden im Auslande: Die Umwälzungen in Rußland und das Schicksal der russischen Juden. Ein Sammelwerk, Berlin 1925]

Kurt Pätzold/Günter Rosenfeld (Hrsg.), Sowjetstern und Hakenkreuz 1938 bis 1941. Dokumente zu den deutsch-sowjetischen Beziehungen, Berlin 1990

Pierre Pascal, Mon Journal de Russie, 4 Bde., Lausanne 1975 – 1982

D. S. Pasmanik, Russkaja revoljucija i evrejstvo (Bol'ševizm i Iudaizm), Berlin 1923

Pereselenčeskoe delo. Sbornik dekretov i rasporjaženij po pereseleniju, u. d. Red. v. M. A. Bol'šakov, Moskau 1927

Pervyj vsesojuznyj s-ezd »Ozet« v Moskve, 15. – 20. November 1926, Stenografičeskij otčet, Moskau 1927

Benjamin Pinkus (Hrsg.), Evrei i evrejskij narod. 1948 – 1953. Sbornik materialov iz sovetskoj pečati, 7 Bde., Jerusalem 1973

Pjatnadcataja konferencija VKP(b), Okt. – Nov. 1926, sten. otčet, Moskau/Leningrad 1927

Pjatnadcatyj s-ezd VKP(b), Dezember 1927, sten. otčet, 2 Bde., Moskau 1961

Elisabeth K. Poretsky, Our Own People. A Memoir of ›Ignace Reiss‹ and His Friends, London 1969

Prestupnik i prestupnost', Sbornik II, unter der Red. v. E. K. Kranuškin, M. Segal, S. M. Fejnberg, (Naučnye raboty kabineta po izučeniju ličnosti prestupnika i prestupnosti), Moskau 1927

Process Švarcbarda v parižskom sude, zus. gest. v. I. Budovnic, Leningrad 1928

Protiv antisemitizma, unter der Red. v. Gleb Alekseev/Konst. Bol'šakov/Sergej Budancev/Pavel Dorochov/L. Ostrover/Pavel Suchotin, Leningrad 1930

The Protocolls and World Revolution, Including a Translation and Analysis of the »Protocols of the Meetings of the Zionist Men of Wisdom«, Boston 1920
Prozeßbericht über die Strafsache des antisowjetischen »Blocks der Rechten und Trotzkisten«, Moskau 1938
Prozeßbericht über die Strafsache des sowjetfeindlichen trotzkistischen Zentrums, Moskau 1937
Prozeßbericht über die Strafsache des trotzkistisch-sinowjewistischen terroristischen Zentrums, Moskau 1936
Leonid Radiščev. Jad. Ob antisemitizme našich dnej, Leningrad 1930
M. Rafes, Dva goda revoljucii na Ukraine. (Ėvoljucija i raskol »Bunda«), Moskau 1920
ders., Očerki istorii evrejskogo rabočego dviženija, Moskau/Leningrad 1929
ders., Očerki po istorii »Bunda«, Moskau 1923
Lev Razgon, Nepridumannoe. Povest' v rasskazach, Moskau 1989
Reabilitacija. Političeskie processy 30 – 50-ch godov, Moskau 1991
A. Revucki, In di švere teg ojf ukraine. Zichronot fun a jidišn ministr, Berlin 1924
Rezoljucija pervoj vsekrymskoj konferencii trudjaščichsja evreev, (7. – 11. August 1926), Simferopol 1926
Joseph A. Rosen, Founding a New Life for Suffering Thousands. (Report of Dr. Joseph A. Rosen on Jewish Colonization Work in Russia), Philadelphia 1925
Arthur Ruppin/Issai Klimow, Die jüdische landwirtschaftliche Kolonisation in Rußland (Schriftenreihe der Jüdischen Rundschau, 3), Berlin 1928
M. I. Šachnovič, Komu služit »Religija Izrailja«?, Leningrad 1929
ders., Social'naja suščnost' Talmuda, Moskau 1929
Jurij Sandomirskij, Puti antisemitizma v Rossii, Moskau/Leningrad 1928
Lidija Šatunovskaja, Žizn' v Kremle, New York 1982
Schauprozesse unter Stalin 1932 – 1952. Zustandekommen, Hintergründe, Opfer, Berlin 1990
Paul Scheffer, Augenzeuge im Staate Lenins. Ein Korrespondent berichtet aus Moskau 1921 – 1930, München 1972
A. W. Schestakow, Kurzer Abriss der Geschichte Russlands, Zürich 1947 [= dt. Übers. von: A. V. Šestakov, Kratkij kurs istorii SSSR, Moskau 1937]
Willi Schlamm, Diktatur der Lüge. Eine Abrechnung, Zürich 1937
Ščit. Literaturnyj sbornik, u. d. Red. v. L. Andreev/M. Gor'kij/F. Sologub, Moskau 1916
John Scott, Behind the Urals. An American Worker in Russia's City of Steel, Boston 1942
I. B. Šechtman, Pogromy Dobrovol'českoj Armii na Ukraine (K istorii antisemitizma na Ukraine v 1919 – 1920gg.), Berlin 1932
Leo Sedow, Rotbuch über den Moskauer Prozeß 1936. Trotzkis Sohn klagt an, Frankfurt a.M. 1988 [Reprint der Ausgabe Antwerpen 1937]
V. Selichova, Tovarišč Rivkin. P'esa v 9 kartinach, Moskau/Leningrad 1933
Semnadcataja konferencija VKP(b), Januar 1932, sten. otět, Moskau/Leningrad 1932
Semnadcatyj s-ezd VKP(b), 26 Jan. – 10. Feb. 1934, sten. otčet, Moskau 1934
Victor Serge, Beruf: Revolutionär. Erinnerungen 1901 – 1917 – 1941, Frankfurt a.M. 1967

Šestnadcataja konferencija VKP(b), April 1929, sten. otčet, Moskau 1962
Šestnadcatyj s-ezd VKP(b), sten. otčet, Moskau/Leningrad 1930
A. Simon, Rod poslednij dlja rabstva ...Mysli o evrejstve, Tallin 1935
Grégoire Simon, Les Juifs règnent en Russie ..., Paris 1931 [russ. G. Simon, Evrei carstvujut v Rossii. (Iz vospominanij amerikanca), Paris 1929]
Ervin Sinkó, Roman eines Romans. Moskauer Tagebuch, Köln 1962
Boris Smolar, Soviet Jewry Today and Tomorrow, New York/London 1971
Sojuz Russkich Evreev v N'ju Iorke, Evrejskij Mir. Sbornik II, New York 1944
Sojuz russkogo naroda. Po materialam črezvyčajnoj sledstvennoj komissii vremennogo pravitel'stva 1917g, zus.- gest. v. A. Černovskij, Moskau/Leningrad 1929
V. Sokolov, Krasnoarmeec na bor'bu s antisemitizmom! (Delo antisemita Vakulina), Moskau/Leningrad 1930
Spione und Saboteure vor dem Volksgericht in Moskau. (Bericht über den Hochverratsprozeß gegen Ramsin und Genossen vom 25. November bis 7. Dezember 1930 im Gewerkschaftshaus in Moskau), Berlin 1931
F. Šprach, Di fašistiše kontrrevoliucie un di jidiše burzšuazie, Moskau 1933
ders., Šovinizm. Funvanen vakst er un vi darf men im bakemfn, Kiew 1929
Z. M. Šrajber, Černye semena, Moskau 1932
J. Stalin/L. M. Kaganovich/P. Postyshev, Questions Concerning the History of Bolshevizm. A Symposium, Moskau 1932
J. V. Stalin, Werke, Hamburg 1971 [Nachdruck der Ausgabe Berlin 1950 ff.]
(ders.) I. V. Stalin, Sočinenija (1934 – 1953, hrsg. v. Robert H. MacNeal), Stanford 1967
Stenografičeskij otčet vtorogo vsesojuznogo s-ezda sojuza voinstvujuščich bezbožnikov, Moskau 1930
N. I. Štif, Pogromy na Ukraine. Period Dobrovol'českij armii, Berlin 1922
Michail Stogov, Komu nužny pogromy?, Petrograd 1917
G. Strel'cov, »Ob antisemitizme«, in: Sputnik Kommunista, 7 (40), 16.4.1927, S. 13 – 19
V. V. Struve, Fašistskij antisemitizm – perežitok kannibalizma, Moskau/Leningrad 1941
I. Sudarskij, Birobidžan i Palestina, Moskau 1930
V. V. Šul'gin, »Čto nam v nich ne nravitsja ...« Ob antisemitizme v Rossii, Paris 1929
ders., Dni, Belgrad 1925
ders., »1920 g.« Očerki, Sofia 1921 [auch Nachdruck: Dni. 1920, Moskau 1989]
ders., Tri Stolicy. Putešestvie v krasnuju Rossiju, Berlin 1927 [auch Nachdruck: Tri stolicy, Moskau 1991]
Zosa Szajkowski, An Illustrated Sourcebook of Russian Antisemitism 1881 – 1978, 2 Bde., New York 1980
A. S. Tager, Carskaja Rossija i delo Bejlisa. K istorii antisemitizma, Moskau 1934 [engl. Alexander B. Tager, The Decay of Czarism. The Beiliss Trial, Philadelpia 1935]
V. G. Tan-Bogoraz (Hrsg.), Evrejskoe mestečko v revoljucii. Očerki, Moskau/Leningrad 1926
I. Tšerikover, Antisemitizm i pogromy na Ukraine 1917 – 1918gg. (K istorii ukrainsko-evrejskich otnošenij), Berlin 1923
I. Trajnin, Bespravie i proizvol v fašistskoj Germanii, Moskau/Leningrad 1935
ders., Nacional'nij vopros v kapitalističeskich stranach i v SSSR, Moskau 1931

Trinadcatyj s-ezd RKP(b), Mai 1924, sten. otčet, Moskau 1963
(L. Trockij) Leon Trotsky, The Challenge of the Left Opposition (1923 – 1925), 3 Bde., New York 1975
(ders.) The Trotsky Papers. 1917 – 1922, hrsg. u. komm. v. Jan M. Meijer, London/Den Haag/Paris 1971
(ders.) L. Trotzki, Die wirkliche Lage in Russland, Hellerau 1930
ders. Fragen des Alltagslebens. Die Epoche der »Kulturarbeit« und ihre nächsten Aufgaben, Hamburg 1923
(ders.) Leon Trotsky on the Jewish Question, New York 1970
(ders.) L. Trotzki, Mein Leben. Versuch einer Autobiographie, Frankfurt a.M. 1987
(ders.) Léon Trotsky, Œuvres 1933 – 1940, Paris 1978 ff.
(ders.) L. Trotzki, Stalin, Köln/Berlin 1952
(ders.) Lev Trotzkij, Schriften Bd. 1. Sowjetgesellschaft und stalinistische Diktatur (1929 – 1940), Hamburg 1988
(ders.) L. Trockij, Sočinenija, Moskau 1925 – 1927
(ders.) Leon Trotsky, »Thermidor and Antisemitism«, in: The New International, VII (1941), Nr. 5, S.91 – 94
Ugolovnyj kodeks RSFSR redakcii 1926g. S izmenenijami na 1 ijulja 1938, Moskau 1938
Ukrainischer Pressedienst, Die Judenpogrome in der Ukraine und die ukrainische Nationalbewegung, Berlin 1921
Upadočnoe nastroenie sredi molodeži. Eseninščina, Moskau 1927
M. Vajntrob, Pričiny proischoždenija antisemitizma. Opyt social'no-psichologičeskago analiza, Riga 1927
N. Valentinov (Vol'skij), Novaja ėkonomičeskaja politika i krizis partii posle smerti Lenina. Gody raboty v VSNCh vo vremja nėp. Vospominanija, hrsg. v. J. Bunyan u. V. Butenko, Stanford 1971
I. Vejcblit, Deražnja. Sovremennoe evrejskoe mestečko, Moskau/Leningrad 1929
V. Vešnev (Hrsg.), Neodolennyj vrag. Sbornik chudožestvennoj literatury protiv antisemitizma, Moskau 1930
Volin, Die unbekannte Revolution, Hamburg 1977
Vosemnadcatyj s-ezd VKP(b), 10.-21. März 1939, sten. otčet, Moskau 1939
Vragi li evrei rabočim i krest'janam?, Petrograd 1918
Vragi li evrei rabočim i krest'janam?, [Ukr. Soc. Sov. Resp.], Odessa 1919
Alexander Weissburg-Cybulski, Hexensabbat, Frankfurt a.M. 1977
Ulf Wolter (Hrsg.), Die Linke Opposition in der Sowjetunion 1923 – 1928, 5 Bde., Berlin 1976 f.
Avram Yarmolinsky, The Jews and other Minor Nationalities under the Soviets, New York 1928
D. Zaslavskij, Evrei v SSSR, Moskau 1933
ders., Rycar' černoj sotni V. V. Šul'gin, Leningrad 1925
»Žid«. Po rasskazu G. A. Mačteta, Moskau/Leningrad 1925
G. Žigalin, Prokljatoe nasledie (Ob antisemitizme), Moskau/Leningrad 1927
I. Zil'berman, »Sud v bor'be s antisemitizmom«, in: Eženedel'nik Sovetskoj Justicii, 4/1929, S. 83 – 85

L. G. Zinger, Evrejskoe naselenie SSSR (Dviženie za vremija s 1897 po 1923 g. i paspredelenie po respublikam i poselenijam), Moskau 1927
ders., Evrejskoe naselenie SSSR v tablicach i diagrammach, Moskau 1930
D. Zlepko (Hrsg.), Der ukrainische Hunger-Holocaust. Stalins verschwiegener Völkermord 1932/33 an 7 Millionen ukrainischen Bauern im Spiegel geheimgehaltener Akten des deutschen Auswärtigen Amtes, Sonnenbühl 1988

Darstellungen

Henry Abramson, »Jewish Representation in the Independent Ukrainian Governments of 1917 – 1920«, in: Slavic Review, 50 (1991), S. 542 – 550
Heinz Abosch, Antisemitismus in Rußland. Eine Analyse und Dokumentation zum sowjetischen Antisemitismus, Darmstadt 1972
A. N. Acarkin u. D. N. Galkova, Komsomol v bor'be s trockizmom (1923 – 1927), Moskau 1985
Arthur E. Adams, Bolsheviks in the Ukraine. The Second Campaign, 1918 – 1919, New Haven/London 1963
Mihail Agurskij, »Existait-il une infiltration de droite dans le système politique soviétique?«, in: Cahiers du Monde russe et soviétique, XXI (1980), Nr. 2, S. 279 – 294
(ders.) Michail Agurskij, Ideologija nacional-bol'ševizma, Paris 1980
(ders.) Mikhail Agursky, »Stalin's Ecclesiastical Background«, in: Survey, 28 (1984), Nr. 4, S. 1 – 14
ders., The Third Rome, Boulder 1987
M. Altshuler, »The Attitude of the Communist Party of Russia to the Jewish National Survival, 1918 – 1930«, in: YIVO Annual of Jewish Sciences, XIV (1969), S. 68 – 86
ders., »Russia and her Jews – The Impact of the 1914 War«, in: The Wiener Library Bulletin, XXVII (1973), Nr. 30/31, S. 12 – 16
ders., Soviet Jewry since the Second World War. Population and Social Structure (Studies in Population and Urban Demography, 5), New York/West Port/London, 1987
Anton Antonow-Owssejenko, Stalin. Porträt einer Tyrannei, Frankfurt a.M./Berlin 1986
Ruth Apter-Gabriel (Hrsg.), Tradition and Revolution. The Jewish Renaissance in Russian Avant-Garde Art 1912 – 1928, Jerusalem 1988
Gregor Aronson, Soviet Russia and the Jews, New York 1949
Gregor Aronson/Jacob Frumkin/Alexis Goldenweiser/Joseph Lewitan (Hrsg.) Russian Jewry 1917 – 1967, New York/South Brunswick/London 1969
Howard Aster/Peter Potichnyj, Jewish-Ukrainian Relations. Two Solitudes, New York 1987
Paul Avrich, Kronstadt 1921, Princeton 1991 [urspr. 1970]
Alan M. Ball, Russia's Last Capitalists: The Nepmen, 1921 – 1929, Berkley/Los Angeles/London 1990
David Bankier, »The German Communist Party and Nazi Antisemitism, 1933 – 1938«, in: Leo Baeck Institute Year Book, XXXII (1987), S. 325 – 340
Frederick C. Barghoorn, Soviet Russian Nationalism, New York 1956
Salo W. Baron, The Russian Jew under Tsars and Soviets, New York 1987 [urspr. London 1964]

Yehuda Bauer, My Brother's Keeper. A History of the American Jewish Joint Distribution Committee 1929 – 1939, Philadelphia 1974

F. Beck/W. Godin, Russian Purge and the Extraction of Confession, London (usw.) 1951

Ewa Bérard-Zarzycka, »Ilya Ehrenbourg. Juif, Russe et Européen. 1981 - 1928«, in: Cahiers du Monde russe et soviétique, XXVI (1985), S. 219 – 242

Tamar Bermann, Produktivierungsmythen und Antisemitismus. Eine soziologische Studie, Wien 1973

Manfred v. Boetticher, Industrialisierungspolitik und Verteidigungskonzeption der UdSSR 1926 – 1930. Herausbildung des Stalinismus und »äußere Bedrohung«, Düsseldorf 1979

Arlen Blyum, »Hebrew Publications and the Soviet Censor in the 1920s«, in: East European Jewish Affairs, 23 (1993), Nr. 1, S. 91 – 99

J. F. N. Bradley, Civil War in Russia 1917 – 1920, London/Sydney 1975

Heinz Brahm, Trotzkijs Kampf um die Nachfolge Lenins. Die ideologische Auseinandersetzung 1923 – 1926 (Abhandlungen des Bundesinstituts zur Erforschung des Marxismus-Leninismus, 4), Köln 1964

Nelja Brateško, Dokumenty po istorii bor'by s antisemitizmom v SSSR v 20-e gody, Diplomarbeit, Moskau 1993

Peter Brod, Die Antizionismus- und Israelpolitik der UdSSR. Voraussetzungen und Entwicklungen bis 1956, Baden-Baden 1980

Alain Brossat/Sylvia Klingberg, Le Yiddishland révolutionaire, Paris 1983

Robert J. Brym, The Jewish Intelligentsia and Russian Marxism. A Sociological Study of Intellectual Radicalism and Ideological Divergence, London 1978

Joel Carmichael, Säuberung. Die Konsolidierung des Sowjetregimes unter Stalin 1934/38, Frankfurt a.M. 1972

E. H. Carr, A History of Soviet Russia in fourteen Volumes, London/Basingstoke 1958 – 1978

O. I. Chochunova, »Iz istorii bor'by partii so smenovechovstvom«, in: Vestnik Moskovskogo Universiteta, 4/1976, S. 3 – 21

Bernard Choseed, Reflections of the Soviet Nationalities Policy in Literature: The Jews, 1938 – 1948, Phil. Diss., Columbia 1968

ders., »The Soviet Jew in Literature«, in: Jewish Social Studies, XI (1949), S. 259 – 282

Elliot E. Cohen (Hrsg.), The New Red Anti-Semitism. A Symposium, Boston 1953

Norman Cohn, Die Protokolle der Weisen von Zion. Der Mythos von der jüdischen Weltverschwörung, Köln/Berlin 1969

Robert Conquest, The Great Terror. A Reassessment, Oxford 1990

Feliks Čuev, Sto sorok besed s Molotovym. Iz dnevnika F. Čueva, Moskau 1991

Feliks Čuev, Tak govoril Kaganovič. Ispoved' stalinskogo apostola, Moskau 1992

Dittmar Dahlmann, Land und Freiheit. Machnovščina und Zapatismo als Beispiele agrarrevolutionärer Bewegungen (Studien zur modernen Geschichte, 35), Stuttgart 1986

Robert V. Daniels, Das Gewissen der Revolution. Kommunistische Opposition in der Sowjetunion, Berlin 1978

Norman Davies/Antony Polonsky, Jews in Eastern Poland and the USSR, 1939 – 46 (Studies in Russia and East Europe), London 1991

Mark Dejč/Leonid Žuravlev, »Pamjat'« kak ona est', Moskau 1991

Alex de Jonge, Stalin and the Shaping of the Soviet Union, Glasgow 1987
Isaac Deutscher, Stalin. A politcal Biography, London 1988 [urspr. 1966]
ders.: Trotzki. II: Der unbewaffnete Prophet. 1921 – 1929, Stuttgart 1962
ders.: Trotzki. III: Der verstoßene Prophet. 1929 – 1940, Stuttgart 1963
John B. Dunlop, The Faces of Contemporary Russian Nationalism, Princeton 1983
Lester Samuel Eckman, Soviet Policy towards Jews and Israel, New York 1974
Israel Emiot, The Birobidzhan Affair. A Yiddish Writer in Siberia, Philadelphia 1981
Efim Etkind, »O poėtičeskom ›importe‹ i, v častnosti, o evrejskoj intonacii v russkoj poėzii dvadcatych godov«, in: Cahiers du Monde russe et soviétique, XXVI (1985), S. 193 – 218
Merle Fainsod, Smolensk under Soviet Rule, Cambridge 1958
S. A. Fedjukin, »Iz istorii bor'by s buržuaznoj ideologiej v pervye gody nėpa«, in: Voprosy Istorii KPSS, 1/1972, S. 79 – 88
Ju. G. Fel'štinskij, »Dva ėpizoda iz istorii vnutrepartijnoj bor'by: konfidencial'nye besedy Bucharina«, in: Voprosy Istorii, 1-3/1991, S. 182 – 203
(ders.) Yuri Felshtinsky, »The Legal Foundations of the Immigration and Emigration Policy of the USSR, 1917 – 27«, in: Soviet Studies, XXXIV (1982), S. 327 – 348
ders., »Lenin, Trotsky, Stalin and the Left Opposition in the USSR 1918 – 1928«, in: Cahiers du Monde russe et soviétique, XXXI (1990), S. 569 – 578
O. Figes, »The Red Army and Mass Mobilization During the Russian Civil War 1918 – 1920«, in: Past & Present, Nr. 129 (1990), S. 168 – 211
Sheila Fitzpatrick (Hrsg.), Cultural Revolution in Russia. 1928 – 1934, Bloomington/London 1978
dies., Education and Social Mobility in the Soviet Union. 1921 – 1934, Cambridge usw. 1979
dies. u.a. (Hrsg.), Russia in the Era of NEP, Bloomington 1991
Ingeborg Fleischhauer, Der Pakt. Hitler, Stalin und die Initiative der deutschen Diplomatie 1938 – 1939, Berlin/Frankfurt a.M. 1990
Jonathan Frankel, Prophecy and Politics. Socialism, Nationalism, and the Russian Jews, 1862 – 1917, Cambridge 1981
Theodore Freedman (Hrsg.), Anti-Semitism in the Soviet Union: Its Roots and Consequences, New York 1984
Saul S. Friedman, Pogromchik. The Assassination of Simon Petlura, New York 1976
Jacob Frumkin/Gregor Aronson/Alexis Goldenweiser (Hrsg.), Russian Jewry (1860 – 1917), New York/London 1966
Arye Gelbard, Der jüdische Arbeiter-Bund Rußlands im Revolutionsjahr 1917 (Materialien zur Arbeiterbewegung, 26), Wien 1982
N. Gergel, »The Pogroms in the Ukraine in 1918 – 21«, in: Yivo Annual, 6 (1951), S. 237 – 252
J. Arch Getty, Origins of the Great Purges. The Soviet Communist Party Reconsidered, 1933 – 1938, Cambridge 1987
ders./Gábor T. Rittersporn/Viktor N. Zemskov, »Victims of the Soviet Penal System in the Pre-war Years: A first Approach on the Basis of Archival Evidence«, in: American Historical Review, 98 (1993), S. 1017 – 1049

Yehoshua A. Gilboa, A Language Silenced. The Suppression of Hebrew Literature and Culture in the Soviet Union, New York 1982

ders., The Black Years of Soviet Jewry. 1939 – 1953, Boston, Toronto 1971

Zvi Y. Gitelman, A Century of Ambivalence. The Jews of Russia and the Soviet Union, 1881 to the Present, New York 1988

(ders.) Z. Gitel'man, »Formirovanie evrejskoj kul'tury i samosoznanija v SSSR: Gosudarstvo v kačestve social'nogo inženera«, in: Sovetskaja Ėtnografija, 1/1991, S. 33 – 43

ders., Jewish Nationality and Soviet Politics. The Jewish Sections of the CPSU, 1917 – 1930, Princeton 1972

Abbott Gleason/Peter Kenez/Richard Stites (Hrsg.), Bolshevik Culture: Experiment and Order in the Russian Revolution, Bloomington 1985

B. Z. Goldberg, The Jewish Problem in the Soviet Union. Analysis and Solution, New York 1961

Solomon I. Gol'del'man, Žydivs'ka nacional'na avtonomija v Ukraïni 1917 – 1920 (Zapysy naukovoho tovarystva im. Ševčenka, 192), München/Paris/Jerusalem 1967

Erich Goldhagen (Hrsg.), Ethnic Minorities in the Soviet Union, New York/Washington/London 1968

Eric A. Goldman, »The Soviet Yiddish Film, 1925 – 1933«, in: Soviet Jewish Affairs, 10 (1980), Nr. 3, S. 13 – 28

Guido G. Goldman, Zionism under Soviet Rule (1917 – 1928), New York 1960

Anatole Goldstein, The Soviet Attitude toward Territorial Minorities and the Jews, Institute of Jewish Affairs, World Jewish Congress, New York 1953

D. L. Golinkov, Krušenie antisovetskogo podpol'ja v SSSR, 2 Bde., Moskau 1978

Alfred A. Greenbaum, »Hebrew Literature in Soviet Russia«, in: Jewish Social Studies, XXX (1968), S. 135 – 145

ders., Jewish Scholarship and Scholarly Institutions in Soviet Russia 1918 – 1953, Jerusalem 1978

Baruch Gurevitz, »Un cas de communisme national en Union Soviétique. Le Poale Zion – 1918-1928«, in: Cahiers du Monde russe et soviétique, XV (1974), S. 333 – 361

ders., »The Liquidation of the Last Independent Party in the Soviet Union«, in: Canadian Slavonic Papers, XVIII (1976), S. 179 – 186

Z. Halevy, »Jewish Students in Soviet Universities in the 1920s«, in: Soviet Jewish Affairs, 6 (1976), Nr. 1, S. 56 – 70

Heiko Hauman, Geschichte der Ostjuden, München 1990

Klaus Heller, Revolutionärer Sozialismus und nationale Frage. Das Problem des Nationalismus bei russischen und jüdischen Sozialdemokraten und Sozialrevolutionären im Russischen Reich bis zur Revolution 1905 – 1907, Frankfurt/Bern/Las Vegas 1977

Taras Hunczak, »A Reappraisal of Symon Petliura and Ukrainian-Jewish Relations, 1917 – 1921«, in: Jewish Social Studies, 31 (1968), S. 163 – 183

Felix Philipp Ingold, Dostojewskij und das Judentum, Frankfurt a.M. 1981

Gérard Israel, The Jews in Russia, New York 1975

V. M. Ivanov, Iz istorii bor'by partii protiv »levogo opportunizma«. Leningradskaja partijnaja organizacija v bor'be protiv trockistko-zinov'evskoj oppozicii v 1925 – 1927gg., Leningrad 1965

Allan L. Kagedan, »American Jews and the Soviet Experiment: The Agro-Joint Project, 1924 – 1937«, in: Jewish Social Studies XLIII (1981), S. 153 – 164

ders., The Formation of Soviet Jewish Territorial Units, 1924 – 1937, Phil. Diss. Columbia 1985

P. Ja. Kann, »Bor'ba bol'ševikov s p'janymi pogromami (Nojabr' – dekabr' 1917g.)«, in: Istorija SSSR, 3/1962, S. 133 – 136

Rudolf Karmann, Der Freiheitskampf der Kosaken: die weiße Armee in der russischen Revolution 1917 – 1920, Puchheim 1985

Peter Kenez, Civil War in South Russia, 1919 – 1920, Berkley/Los Angeles/London 1971

Elise Kimerling, »Civil Rights and Social Policy in Soviet Russia. 1918 – 1936«, in: Russian Review, 41 (1982), S. 24 – 46

John D. Klier/Shlomo Lambroza (Hrsg.), Pogroms: Anti-Jewish Violence in Modern Russian History, Cambridge usw. 1992.

John D. Klier, »Zhid: Biography of a Russian Epithet«, in: Slavonic and East European Review, 60 (1982), S. 1 – 15

Lionel Kochan (Hrsg.), The Jews in Soviet Russia since 1917, Oxford/London/New York 1978

Gerd Koenen/Karla Hielscher, Die schwarze Front. Der neue Antisemitismus in der Sowjetunion, Reinbek 1991

Aleksandr Kolesnik, Chronika žizni sem'i Stalina, Moskau 1990

Lew Kopelew, Im Willen zur Wahrheit. Analysen und Einsprüche, Frankfurt a.M. 1984

William Korey, »The Origins and Development of Soviet anti-Semitism: An Analysis«, in: American Quarterly of Soviet and East European Studies, 31 (1972), S. 111 – 135

ders., The Soviet Cage. Anti-Semitism in Russia, New York 1973

Paul Kretzer, Die beruflichen und sozialen Verhältnisse der Juden in der Sowjetunion, Diss. Oec. Berlin 1930

Karl Kröhnke, Lion Feuchtwanger – Der Ästhet in der Sowjetunion. Ein Buch nicht nur für seine Freunde, Stuttgart 1991

David Lane (Hrsg.), Labour and Employment in the USSR, Brighton 1986

Walter Laqueur, Deutschland und Rußland, Berlin o.J.

ders., Der Schoß ist fruchtbar noch. Der militante Nationalismus der russischen Rechten, München 1993

George Leggett, The Cheka: Lenin's Political Police. The All-Russian Extraordinary Commission for Combating Counter-Revolution and Sabotage (December 1917 to February 1922), Oxford 1981

Léon Leneman, La tragédie des Juifs en U.R.S.S., Paris 1954

Nora Levin, The Jews in the Soviet Union since 1917. Paradox of Survival, 2 Bde., New York/London 1988

dies., While Messiah Tarried. Jewish Socialist Movements, 1871 – 1917, New York 1977

Norman Levine, »Lenin on Jewish Nationalism«, in: The Wiener Library Bulletin, XXVIII (1975), Nr. 51/52, S. 42 – 54

W. Bruce Lincoln, Red Victory. A History of the Russian Civil War, New York/London [usw.] 1989

K. B. Litvak, »Političeskaja aktivnost' krest'janstva v svete sudebnoj statistiki 1920-ch godov«, in: Istorija SSSR, 2/1991, S. 129 – 142

V. Litvinov, »Machno i evrei«, in: Dvadcat' Dva, Nr. 22, S. 191 – 206

Reinhard Löhmann, Der Stalinmythos. Studien zur Sozialgeschichte des Personenkults in der Sowjetunion (1929 – 1935) (Politische Soziologie, 3), Münster 1990

Heinz-Dietrich Löwe, Antisemitismus und reaktionäre Utopie. Russischer Konservatismus im Kampf gegen den Wandel von Staat und Gesellschaft, 1890 – 1917 (Historische Perspektiven, 13), Hamburg 1978

ders., The Tsars and the Jews. Reform, Reaction and Anti- Semitism in Imperial Russia, 1772 – 1917, Chur 1993

Alfred D. Low, Soviet Jewry and Soviet Policy, New York 1990

Leonid Luks, Entstehung der kommunistischen Faschismustheorie. Die Auseinandersetzung der Komintern mit Faschismus und Nationalsozialismus 1921 – 1935 (Studien zur Zeitgeschichte, 26), Stuttgart 1984

G. P. Makarova, Narodnyj Komissariat po delam nacional'nostej RSFSR. 1917 – 1923gg. Istoričeskij očerk, Moskau 1987

Michael Malet, Nestor Makhno in the Russian Civil War, London 1982

Maločislennye nacional'nosti juga Ukrainy: Istorija i sovremennost'. Tezisy k oblastnoj naučno-praktičeskoj konferencii 19 – 20 oktjabrja 1990g., Saporoshje 1990

Sonja Margolina, Das Ende der Lügen. Rußland und die Juden im 20. Jahrhundert, Berlin 1992

Rudolf A. Mark, »Symon Petljura und die UNR. Vom Sturz des Hetmans Skoropads'kyj bis zum Exil in Polen«, in: Forschungen zur osteuropäischen Geschichte, 40 (1988), S. 7 – 228

Roy A. Medwedew, Die Wahrheit ist unsere Stärke. Geschichte und Folgen des Stalinismus, (hrsg. v. D. Joravsky/G. Haupt), Frankfurt a.M. 1973

(ders.) Roj Medvedev, O Staline i stalinizme, Moskau 1990

ders., Oni okružali Stalina, Moskau 1990

Ezra Mendelson, Class Stuggle in the Pale. The Formative Years of the Jewish Workers Movement in Tsarist Russia, Cambridge 1970

Gert Meyer, Sozialstruktur sowjetischer Industriearbeiter Ende der zwanziger Jahre. Ergebnisse der Gewerkschaftsumfrage unter Metall-, Textil- und Bergarbeitern 1929 (Schriftenreihe für Sozialgeschichte und Arbeiterbewegung, 24), Marburg 1981

Meir Michaelis, »Jewish Bolshewism and Russo-German Relations in 1933: a Documentary Note«, in: Soviet Jewish Affairs, 1 (1971), Nr. 2, S. 112 – 118

ders., »Stalin, Ribbentrop and the Jews« in: Bulletin on Soviet and East European Jewish Affairs, 5 (Mai 1970), S. 91 – 93

ders., »The Third Reich and Russian ›National Socialism‹, 1933: A Documentary Note«, in: Soviet Jewish Affairs, 5 (1975), Nr. 1, S. 88 – 94

Jack Miller, »Kalinin and the Jews: A Possible Explanation« in: Soviet Jewish Affairs, 4 (1974) Nr. 1, S. 61 – 65

Moskovskie Bol'ševiki v bor'be s pravym i »levym« opportunizmom, 1921 – 1929gg., Moskau 1969

Samuel R. Mozes, »Żydowska Agencja Telegraficzna w Polsce (1920 – 1939)«, in: Biuletyn żydowskiego institutu historicznego w Polsce, 1/1976, S. 109 – 122

Nacional'naja pravaja prežde i teper'. Istoriko- sociologičeskie očerki. Čast' 1: Rossija i russkoe zarubež'e, Sankt Petersburg 1992

O. B. Nebogin/M. D. Slanskaja, »Nel'zja ostavit' v rjadach partii. Kak L. M. Kaganoviča isključili iz KPSS«, in: Voprosy Istorii KPSS, 5/1989, S. 91 – 102

Joseph Nedava, Trotsky and the Jews, Philadelphia 1972

Gottfried Niedhart (Hrsg.), Der Westen und die Sowjetunion: Einstellungen und Politik gegenüber der UdSSR in Europa und in den USA seit 1917, Paderborn 1983

Hans-Heinrich Nolte, »Drang nach Osten«. Sowjetische Geschichtsschreibung der deutschen Ostexpansion (Studien zur Gesellschaftstheorie), Köln/Frankfurt a.M. 1976

L. G. Običkina, «Iz istorii bor'by RKP(b) protiv antisovetskich partij i tečenij (1921 – 1923gg.)«, in: Voprosy Istorii KPSS, 2/1969, S. 100 – 110

Č. Panavas, Bor'ba Bol'ševikov protiv opportunističeskoj teorii i politiki Bunda. (1903 – oktjabr' 1917 g.), Moskau 1972

Robert Payne, Stalin. Aufstieg und Fall. Eine Biographie, Stuttgart 1967

Yoav Peled, Class and Ethnicity in the Pale. The Political Economy of Jewish Workers' Nationalism in Late Imperial Russia, Basingstoke, London 1989

Victor Peters, Nestor Machno. Das Leben eines Anarchisten, Winnipeg 1969

Bianka Pietrow, Stalinismus, Sicherheit, Offensive. Das Dritte Reich in der Konzeption der sowjetischen Außenpolitik 1933 bis 1941 (Kasseler Forschungen zur Zeitgeschichte, 2), Melsungen 1983

David Pike, Deutsche Schriftsteller im sowjetischen Exil 1933 – 1945, Frankfurt a.M. 1981

Benjamin Pinkus, The Jews of the Soviet Union. The History of a National Minority (Soviet and East European Studies, 62), Cambridge 1989

Léon Poliakov, Geschichte des Antisemitismus, Bd. 6 ff., Worms 1987 ff.

Peter J. Potichnyj/Howard Aster (Hrsg.), Ukrainian-Jewish Relations in Historical Perspective, Edmonton 1988

Oliver H. Radkey, Russia goes to the Polls. The Election of the all-Russian Constituent Assembly, 1917, Ithaka 1989

Daniel Rancour-Laferriere, The Mind of Stalin. A Psychoanalitic Study, Ann Arbor 1988

Louis Rapoport, Stalins War Against the Jews. The Doctors' Plot and the Soviet Solution, New York/Toronto [usw.] 1990

John S. Reshetar, The Ukrainian Revolution 1917 – 1920. A Study in Nationalism, Princeton 1952

T. H. Rigby, Communist Party Membership in the U.S.S.R. 1917 – 1967, Princeton 1968

Régine Robin, »Les difficultés d'une identité Juive soviétique. Le premier Congrès des écrivains soviétiques de 1934«, in: Cahiers du Monde russe et soviétique, XXVI (1985), S. 243 – 254

L. S. Rogačevskaja, Likvidacija bezraboticy v SSSR 1917 – 1930gg., Moskau 1973

Hans Rogger, Jewish Policies and Right-Wing Politics in Imperial Russia, Berkley/Los Angeles 1986

Michael Rohrwasser, Der Stalinismus und die Renegaten. Die Literatur der Exkommunisten, Stuttgart 1991

Reinhard Rürup, Emanzipation und Antisemitismus. Studien zur »Judenfrage« der bürgerlichen Gesellschaft, Frankfurt a.M. 1987

Thomas E. Sawyer, The Jewish Minority in the Soviet Union, Boulder/Folkestone 1979

Leonard Schapiro, Die Geschichte der Kommunistischen Partei der Sowjetunion, Frankfurt a.M. 1962

ders., »The Rôle of the Jews in the Russian Revolutionary Movement«, in: ders., Russian Studies, London 1986, S. 266 – 289 [urspr. in: The Slavonic and East European Review, XL (1961)]

Peter Scheibert, Lenin an der Macht. Das russische Volk in der Revolution 1918 – 1922, Weinheim 1984

Hans-Henning Schröder, Arbeiterschaft, Wirtschaftsführung und Parteibürokratie während der Neuen Ökonomischen Politik. Eine Sozialgeschichte der bolschewistischen Partei 1920 – 1928 (Forschungen zur Osteuropäischen Geschichte, 31), Berlin 1982

Zinovy Sheinis, Maksim Litvinov, Moskau 1988

Elias Schulman, A History of Jewish Education in the Soviet Union, New York 1971

Victor Serge, Leon Trotzki. Leben und Tod, München 1981

Edmund Silberner, Kommunisten zur Judenfrage. Zur Theorie und Praxis des Kommunismus, Opladen 1983

Gerhard Simon, Nationalismus und Nationalitätenpolitik in der Sowjetunion von der totalitären Diktatur zur nachstalinschen Gesellschaft, Baden-Baden 1986

Henri Slovès, L'état juif de l'Union soviétique, Paris 1982

Peter H. Solomon, »Criminalization and Decriminalization in Soviet Criminal Policy. 1917 – 1941«, in: Law and Society Review, 16 (1981/82), S. 9 – 43

ders., »Local Political Power and Soviet Criminal Justice«, in: Soviet Studies, 37 (1985), S. 305 – 329

Alexander Solschenizyn, Der Archipel GULAG 1918 – 1956. Versuch einer künstlerischen Bewältigung, 3 Bde., Bern 1974 – 76

Boris Souvarine, Stalin. Anmerkungen zur Geschichte des Bolschewismus, München 1980

Sovetiše jidn: faktn un cifern (Bibliotek fun »sovetiš hejmland«, 9/10), Moskau 1980

Richard Stites, Revolutionary Dreams: Utopian Vision and Experimental Life in the Russian Revolution, New York/Oxford 1989

Herbert Strauss/Norbert Kampe (Hrsg.), Antisemitismus. Von der Judenfeindschaft zum Holocaust, Frankfurt a.M./New York 1985

Solomon Švarc, Antisemitizm v Sovetskom Sojuze, New York 1952

ders., Evrei v Sovetskom Sojuze s načala vtoroj mirovoj vojny (1939 – 1965), New York 1966

(ders.) Solomon M. Schwarz, The Jews in the Soviet Union, Syracuse 1951

Svidetel'stvujut fakty. Evrejskaja oblast': Pravda sil'nee lži (Na beregach Biry i Bidžana), Chabarowsk 1988

Zosa Szajkowski, Jews, Wars, and Communism. Vol. I: The Attitude of American Jews to World War I, the Russian Revolution of 1917, and Communism (1914 – 1945), New York 1972

ders., Jews, Wars, and Communism. Vol. II: The Impact of the 1919 – 20 Red Scare on American Jewish Life, New York 1974 ders., Kolchak, Jews, and the American Intervention in Nothern Siberia, 1918 – 20, New York 1977 [= Jews, Wars, and Communism. Vol. 3]

ders., »A Reappraisal of Symon Petliura and Ukrainian-Jewish Relations, 1917 – 1921: A Rebutal«, in: Jewish Social Studies, 31 (1968), S. 183 – 213

Nicholas S. Timasheff, The Great Retreat. The Growth and Decline of Communism in Russia, New York 1946

Henry J. Tobias, The Jewish Bund in Russia. From its Origins to 1905, Stanford 1972

Elijahu Tšerikover, Di ukrainer pogromen in jor 1919, New York 1965

Robert C. Tucker/Stephen F. Cohen (Hrsg.), The Great Purge Trial, New York 1965

Robert C. Tucker, Stalin as Revolutionary. 1879 – 1929. A Study in History and Personality, New York 1973

ders., Stalin in Power. The Revolution from Above 1928 – 1941, New York/London 1990

Nina Tumarkin, Lenin Lives! The Lenin Cult in Soviet Russia, Cambridge/London 1983,

Bela Vago/George L. Mosse (Hrsg.), Jews and Non-Jews in Eastern Europe. 1918 – 1945, New York/Toronto/Jerusalem 1974

Vestnik Evrejskogo Universiteta v Moskve, Nr. 1, Moskau, Jerusalem 1992

Mark Vishniak, »Antisemitism in Tsarist Russia. A Study in Government-Fostered Antisemitism«, in: Koppel S. Pinson (Hrsg.), Essays on Antisemitism, New York 1946, S. 121 – 144

Dmitrij Volkogonov, Triumf i tragedija. Političeskij portret I. V. Stalina, Moskau 1989

ders., Trockij. Političeskij portret, 2 Bde., Moskau 1992

I. Voroncov, Leninskaja programma ateističeskogo vospitanija v dejstvii (1917 – 1937), Leningrad 1973

Robert Weinberg, »Purge and Politics in the Periphery: Birobidzhan in 1937«, in: Slavic Review, 52 (1993), S. 13 – 28

Bernard W. Weinryb, »The Concept of ›Anti-Semitism‹ and its Meaning in Soviet Russia: A Study of Soviet Semantics«, in: Annual of Jewish Studies, I (1977), S. 80 – 96

N. Werth, »Qui étaient les premiers tchékistes?«, in: Cahiers du Monde russe et soviétique, XXXII (1991), S. 501 – 512

Benjamin West, Struggles of a Generation, Tel Aviv 1959

Elie Wiesel, Die Juden in der UdSSR. Antisemitismus im Sowjetreich, München/Esslingen 1967

Ilse Elisabeth Yago-Jung, Die nationale Frage in der jüdischen Arbeiterbewegung in Rußland, Polen und Palästina bis 1928, Phil. Diss. Frankfurt a.M. 1976

Aryeh Y. Yodfat, »The Closure of Synagoges in the Soviet Union«, in Soviet Jewish Affairs, 3 (1973), Nr. 1, S.48 – 56

Wilhelm Ziehr, Die Entwicklung des »Schauprozesses« in der Sowjetunion. Ein Beitrag zur sowjetischen Innenpolitik 1928 – 1938, Phil. Diss. Tübingen 1967

V. M. Zlobina, Bor'ba partii bol'ševikov protiv melkoburžuaznogo vlianija na rabočij klass v gody nėpa (1921 – 1925gg.), Moskau 1975

[illegible] am Anfang [illegible]
gegen Ende [illegible] [illegible]
alles [illegible] wegen des [illegible].
Wäre nicht wenigstens bis 1941 [illegible]
[illegible]?
Neo-Stalinismus?